国家哲学社会科学成果文库

NATIONAL ACHIEVEMENTS LIBRARY
OF PHILOSOPHY AND SOCIAL SCIENCES

刑法的根基与信仰

刘艳红 著

法律出版社
LAW PRESS·CHINA
北京

图书在版编目（CIP）数据

刑法的根基与信仰 / 刘艳红著. -- 北京 : 法律出版社, 2025. --（国家哲学社会科学成果文库）.

ISBN 978-7-5244-0062-2

Ⅰ. D924.04

中国国家版本馆 CIP 数据核字第 2025CR1502 号

刑法的根基与信仰
XINGFA DE GENJI YU XINYANG

刘艳红 著

责任编辑 王　珊
装帧设计 李　瞻

出版发行 法律出版社
编辑统筹 学术 · 对外出版分社
责任校对 王晓萍
责任印制 胡晓雅　宋万春
经　　销 新华书店

开本 710 毫米×1000 毫米　1/16
印张 34.5　　**字数** 448 千
版本 2025 年 5 月第 1 版
印次 2025 年 5 月第 1 次印刷
印刷 北京盛通印刷股份有限公司

地址：北京市丰台区莲花池西里 7 号（100073）
网址：www.lawpress.com.cn
投稿邮箱：info@ lawpress.com.cn
举报盗版邮箱：jbwq@ lawpress.com.cn

销售电话：010-83938349
客服电话：010-83938350
咨询电话：010-63939796

书号：ISBN 978-7-5244-0062-2
定价：158.00 元

凡购买本社图书，如有印装错误，我社负责退换。电话：010-83938349

《国家哲学社会科学成果文库》
出版说明

为充分发挥哲学社会科学优秀成果和优秀人才的示范引领作用，促进我国哲学社会科学繁荣发展，自2010年始设立《国家哲学社会科学成果文库》。入选成果经同行专家严格评审，反映新时代中国特色社会主义理论和实践创新，代表当前相关学科领域前沿水平。按照“统一标识、统一风格、统一版式、统一标准”的总体要求组织出版。

全国哲学社会科学工作办公室

2025年3月

一时意气之言，虽随风而逝，仍锐可当锋；

一时意气之刑，虽陟罚臧否，却刀可伤人。

——刘艳红

目 录

CONTENTS

自　序

刑法的灵魂是自由人权

当下全球正处在高风险时代，如何规避和有效化解风险，尤其是面对风险带来的加剧的社会矛盾，如何有效化解风险实现社会的安全治理，成为各国面临的重大难题。多元化社会治理虽然为各国所倡导，然而，欧美以及我国的社会治理实践均表明，刑事治理在社会治理中发挥着越来越重要的作用，犯罪圈的扩大和刑罚处罚的加重表明一个重要事实，即刑法并未因为市场经济的发达和民法的日益重要而式微，相反，刑法似乎比任何时候都重要。这种将社会治理等同于刑事治罪，以刑法治罪代替其他治理手段的做法，在提倡国家治理体系和治理能力现代化的今天尤其需要反思。

两千多年前人类历史上诸如亚里士多德等璀璨思想家限制国家权力的法治思想，启蒙主义时期诸如孟德斯鸠等思想家的自由人权之理念，古典学派恪守的罪刑法定的法治国原则，乃至近代学派的行为人中心主义对人的终极关怀，无不体现了刑法的根基是保障公民自由，刑法的信仰是坚持罪刑法定。探究刑法的根基，进而追问刑法的本质，且基于这种刑法根基探寻刑法信仰，对于当今刑法学而言，更具有理论与现实意义。日本学者西原春夫曾指出："把刑法学正确地置于自己的人生观上，并向人们讲明白，希望人们理解这种针对立足于其他人生观的刑法学所作的发言，至少也是一种理论，应当说这是不可缺少的前提条件。"

刑法的根基是保障自由权利。对刑法根基的探寻必须与国家的起源及其合法性等问题结合起来进行分析。国家学说看似纷纭，但在国家权力与刑法的产生问题上，诸说关注的不外乎刑法从哪里来、为什么需要刑法、需要刑法做什么，这些问题就是刑法的根基问题。当代国家与权力理论的根依然深扎在 17 世纪、18 世纪的契约论之中，在国家的起源与刑罚权的正当性根据上，它都是核心与基础的理论。结合不同历史时期的契约论进行分析，国家与刑罚权的起源及正当性都来自人民权利的转让，个人权利的有效维护是国家以及国家权力（包括刑罚权）之正当性的唯一依凭，因此，刑法的根基是保障自由权利，它通过限制国家权力保障公民自由权利。

刑法的信仰则是罪刑法定主义。国家刑罚权来源于公民的权利转让亦即人民的意志，因此，国家刑罚权的行使是有一定边界的，这个边界就是不能超越法律的限度，保障公民自由的规则、国家权力的唯一根据以及国家刑罚权的边界，都是由法律明文规定的，这就是罪刑法定主义。罪刑法定主义的实质侧面通过限制立法权确立了刑事立法所应当具备的三项品质或要求，奠定了刑法的“良法”基础；罪刑法定主义的形式侧面通过限制司法权保障了刑法的妥善适用，最终逐步实现“善治”目标。在“良法善治”的实现过程中，社会的公平正义和公民的自由权利都得到保障，公众的刑法信仰得以确立、巩固和发展。

当下，我国犯罪结构发生了重大变化：轻罪大幅上升，重罪大幅下降。轻罪时代的犯罪治理目标是“构建轻罪治理体系，治罪与治理并重”，该目标能否实现成为关乎法治建设和社会治理的时代命题。然而，当下我国刑事立法和刑事司法一直在犯罪化与重刑化的道路上发展，这与轻罪时代犯罪治理的目标要求格格不入。数年来，醉驾犯罪治理过程中产生的系列负面影响和相关司法解释打通其出罪通道的做法，证明了刑事治罪在某种程度上的失灵。对以轻罪为代表的当下犯罪的治理而言，与其被反推着从“治罪为主”转向“治罪与治理并重”，莫如主动回溯刑法的根基，坚守刑法的信仰，恪守人权保障，少治罪多治理。如何有效而合理治罪进而实现国家治理体系和治理能力现代化，是当下摆在刑事立法者、理论工作者和司法实务者面前的难题。这道难题可以有多种解法：行政处罚优先、多元纠纷化解、“枫桥经验”推广、重民轻刑模式下的民刑共治等等。在无数种方法中，刑事治理不应该成为唯一正解，治罪不能优先于治理。在我国正全力推行全面依法治国的今天，公民自由权利的保障状况决定着国家法治的发展状况，公民法治信仰的程度则决定着法治中国的建设进程。刑法理应走出泛刑化和重刑化的泥沼，将罪刑法定的刑法信仰与保障公民自由权利的刑法根基有机结合，以罪刑法定巩固和保障公民自由权利的刑法根基。根基需要信仰培植，信仰可以牢根固基。

刑法是保护公民权利的盾牌，而不是悬在公民头上的利剑。

是为序。

刘艳红

2024 年 4 月 17 日

第一章
刑法的异化与根基信仰之确立

当下社会形势的变迁空前地导致了刑法的扩张，使刑法对社会生活的介入愈加广泛和深刻；而这在提升政府社会治理效率的同时，也增加了刑法异化的风险。自20世纪初期开始，刑法不断增加法定犯，以顺应政府扩充行政职能和加强社会管制的需求。21世纪以来，刑法又增设了为数不少的预防性和象征性立法，以适应从农业社会到工业社会再到风险社会这一变迁中的安全保障需要。因此，伴随社会的发展变化，“日益增加的需要刑法保护的法益，是增设新罪的最重要理由”[1]。换言之，刑法适度地推进犯罪化以扩张规制范围，整体上是为了更好地保护法益。然而，当刑法以维护社会秩序和保障安全等名义频繁地推进犯罪化时，其自身已陷入不确定和不安定之中，并逐渐偏离其初始的保障公民自由权利的刑法根基与恪守罪刑法定原则的刑法信仰，导致公众对刑事司法产生惴惴不安之感。那么，由此带来的新问题是：在刑事立法活性化、司法适用活跃化、理论问题多样化的时代，刑法应当如何自处与他处，刑事治理模式应该如何维护自身的根基与信仰，才能在维护公民自由权利的基础上坚守罪刑法定主义？

事实上，在传统刑事治理模式逐渐失效或者存在过度治理之虞的前提下，如若一味地推崇积极刑法观，反而会事倍功半。面对当前社会治理中产生的

1　张明楷：《增设新罪的观念——对积极刑法观的支持》，载《现代法学》2020年第5期，第155页。

种种矛盾以及刑法因过度介入而面临的异化危机，在刑事治理过程中坚持保障公民自由权利的刑法根基和恪守罪刑法定的刑法信仰，并将其落实到刑事治理过程中的各个环节，是契合社会发展现状的应然之举。质言之，只有坚持刑法的根基与信仰，破解刑法政治化、工具化、技术化的困境，才能真正促使刑法符合社会治理和法治现代化的发展需要。

第一节　刑法的异化与危机

在刑事裁判过程中，刑法既是法官的裁判准则，又是公民的行动指南，对刑法的合理解释与应用关系到刑事司法的实际质效，并影响公众对刑法的直接观感。然而，在社会风险广泛存在、社会治理难度加剧与失范行为纷繁复杂的多重挑战下，当下刑法出现了种种异化现象，突出表现为刑法的过度政治化、工具化、技术化倾向，由此导致当前刑法在司法实践中面临过度政治化引发的法治危机、过度工具化导致的理性危机以及日益技术化产生的本体危机；上述危机不仅可能动摇刑法谦抑性原则的基石，还可能同时引发公众对于刑法公正性的质疑。

一、刑法的政治化及法治危机

任何社会都无法脱离政治，讲政治是现代公民的基本素养。法治与政治从来都不是对立的事物；二者具有共通性，是相辅相成的关系。当代中国的法治建设深受政治逻辑影响，[1] 例如，在反腐败领域，通过将全面从严治党的政治逻辑与建立常态稳定的反腐败机制的法治思维结合起来，我国组建了反

1　参见瞿郑龙：《当代中国法治建设的政治逻辑——以证成性与正当性为分析框架》，载《法制与社会发展》2014 年第 6 期，第 67 页。

腐败专门机构，进行了反腐败专门立法，有效地减少了腐败存量，遏制了腐败增量，从而实现了腐败治理的有序化。又如，在扫黑除恶领域，将维护社会稳定的政治逻辑与依法惩处违法犯罪的法治思维结合起来，仅经过一年的扫黑除恶专项斗争，“全国刑事案件数量同比下降 7.7%，八类严重暴力案件数量同比下降 13.8%”[1]。以上事实表明，法治与政治具有紧密的关联性，中国法治建设不仅需要立法、司法以及相关理论的完善，还有赖于本土政治建设的支撑。

然而，不管是在过往的还是在当下的刑事法治发展过程中，实际上都存在过度政治化倾向。我国刑法的过度政治化特征在早期主要体现为既有苏俄式的刑法理论，尤其是社会危害性理论和平面的犯罪构成理论，也有以政治权力和政治意识形态直接干预司法判断和理论建构的做法。[2] 其后，随着学界刑法知识的去苏俄化和刑法教义学化的共同努力，早期刑法的去政治化已基本完成。然而，早期刑法去政治化的成功并不意味着可以避免当下刑法的过度政治化问题。当下，我国刑法过度政治化突出表现为将政治逻辑与刑事法治思维对立。

在地方执法实践中，存在用运动式思维取代法治思维来惩治刑事犯罪以实现“政治目的最大化”的做法，这无疑曲解了政治与刑法的关系。事实上，欲塑造良好的政治生态，就要坚决破除“运动式造势等形式主义、官僚主义问题”[3]。运动式思维介入刑法的突出表现是将执法工作指标化，以最大化实现（以指标形式呈现的）政治目标为依归。例如，受过度政治化的运动式思维影响，扫黑除恶执法工作被一些地方“指标化”。时任最高人民检察院副检

---

1 倪弋：《公安部挂牌督办四十八起重大涉黑案件　去年全国刑事案件同比下降 7.7%》，载《人民日报》2019 年 1 月 29 日，第 12 版。

2 参见欧阳本祺：《中国刑法学的去政治化》，载《法学研究》2013 年第 1 期，第 58 页。

3 习近平：《在新的起点上深化国家监察体制改革》，载《思想政治工作研究》2019 年第 4 期，第 10 页。

察长孙谦在十三届全国人大二次会议海南团小组会审议最高人民法院、最高人民检察院（以下简称“两高”）报告时指出：“我们在督查和调研中发现，一些地方对于‘扫黑除恶’下指标了。比如，要求这个县公安局必须要办几个案子。”[1] 很显然，扫黑除恶的目的绝非使刑法政治化，也不是将执法工作指标化。此外，在反邪教组织犯罪[2]、反腐败[3]、禁毒[4]等执法实践中，也存在运动式执法和执法指标化的现象。这种做法，既不符合政治逻辑，也不符合法治思维，更是对二者关系的根本性误解。

过度政治化会导致对犯罪的打击规格升高，而这意味着犯罪认定标准的实际降级。运动式执法无论是一种“不得已而为之”的治理模式，还是“用着顺手”的治理模式，法学家几乎一致地对其持批评或质疑态度。对运动式执法方式的反驳大致可分为两种类型，即在制度上对它进行批评和在效果上对它进行质疑。法学家在制度上的批评主要是，这种执法方式可能对法律体系的稳定性和法治建设造成破坏。法学家在效果上的质疑主要是，运动式执法仅具有短期效应，且它可能会带来一系列新问题。[5] 高强度的运动式执法有时是不得已而为之的一种非制度性举措，但不恰当地运用可能导致犯罪治理严重脱离法治轨道。

政治与法治固然存在相容性，但二者相容的前提是各自独立。根据耶林的看法，科学性是法学作为一门学科的根本标志。[6] 刑法学要想成为一门独立的学科，必须有专门的刑法理念、刑法目的、学术话语与治理模式，必须关

1　李玉坤：《最高检副检察长谈“两高”报告中的数字：不是越大越好》，载《新京报》2019 年 3 月 13 日，第 2 版。

2　参见黄鹏、杨明光：《关系视角下的邪教问题与反邪教研究》，载《天津法学》2013 年第 4 期，第 100 页。

3　参见赵乐际：《坚持和完善党和国家监督体系　为全面建成小康社会提供坚强保障》，载《人民日报》2020 年 2 月 25 日，第 3 版。

4　参见张洋：《确保禁毒斗争各项措施取得实效》，载《人民日报》2018 年 8 月 31 日，第 2 版。

5　参见胡伟强：《运动式执法的社会效果》，载《法律和社会科学》2017 年第 1 期，第 254 页。

6　参见［德］鲁道夫·冯·耶林：《法学是一门科学吗?》，李君韬译，法律出版社 2010 年版，第 91-92 页。

注法律规范与适用方法。鉴于此，过度政治化实际上曲解了政治与刑法的关系，弱化了刑法的科学性，侵蚀了刑法的独立性，同时也损害了刑事法治建设。

二、刑法的工具化及理性危机

在当前的刑事司法实践中，刑法因为被频繁使用而面临工具化的理性危机。其工具化倾向主要体现在以下四个方面：

1. 在刑事立法方面，增设新罪扩容老罪。一方面，刑法中的新罪名不断增加。十二部刑法修正案将现行刑法中的罪名数量由 1997 年的 412 个增至 483 个。大量本不应入刑的罪名由此产生，如高空抛物罪、催收非法债务罪、拒不支付劳动报酬罪、代替考试罪、资助非法聚集罪等。新罪的不断增加代表着刑法被当成工具，以满足打击犯罪的诉求。另一方面，刑法中的老罪名被不断扩容。非法经营罪、寻衅滋事罪、聚众斗殴罪、破坏生产经营罪、以危险方法危害公共安全罪、破坏计算机信息系统罪等老罪名在司法实践中因为兜底条款的包容性而被扩大解释甚至类推解释，从而被无限扩容为“口袋罪”。迄今为止，“口袋罪”的数量仍在增加，帮助信息网络犯罪活动罪、非法利用信息网络罪、聚众扰乱社会秩序罪等罪名均有走上“口袋化”之路之嫌。事实上，“口袋罪”的数量增多表明刑法的工具性增强，而这并不利于刑法充分发挥自身的价值机能。

2. 在刑法理念方面，倡导“打早打小”“用足用好”。我国近年来的刑法理念是“打早打小”，它被运用于打击邪教犯罪、恐怖犯罪、网络犯罪、黑社会性质组织犯罪等，并同步体现在刑事立法、司法解释以及司法实践三个层面。“打早打小”是指各级政法机关必须依照法律规定对有可能发展成为重大犯罪的行为进行及早处理，绝不能让其形成“尾大不掉”之势，要趁犯罪行为尚处在低级形态或初步形态即展开刑事追责。虽然相关司法解释明确指出，对犯罪的认定、处理应“打早打小”，但依然要准确认定，既不能“降格”，也不能“拔高”。[1] 然而，“打早打小”仍不可避免地带来法益保护过早化、抽象危险犯入刑化等问题。同时，在刑事犯罪治理中，司法实务愈加强调用足用好刑法。最高司法机关要求严厉惩处各类违法犯罪，用足刑罚制裁手段以有效维护社会秩序。最高司法机关期待能通过严厉打击刑事犯罪来发挥刑法强大的震慑力，使刑法真正成为“有牙齿的老虎”。关于用足用好刑法的要求，体现在最高司法机关发布的会议纪要、司法解释和实务办案要求之中。譬如，2020 年 2 月 6 日，最高人民法院、最高人民检察院、公安部、司法部（以下简称“两高两部”）联合发布的《关于依法惩治妨害新型冠状病毒感染肺炎疫情防控违法犯罪的意见》规定，“用足用好法律规定，依法及时、从严惩治妨害疫情防控的各类违法犯罪”。又如，为了有效遏制高空抛物行为，“用足用好刑法现有规定，对于故意从高空抛弃物品，尚未造成严重后果，但足以危害公共安全的，依照《刑法》第一百一十四条规定的以危险方法危害公共安全罪定罪处罚”[2]。所谓用足，意在把刑法吃透用够，对但凡涉及犯罪的行为一律定罪；若没有用足，就可能等于没有用好刑法。用足在前，用好在后，这意味着用足是前提，用好是我们追求的效果。然而，“用足用好”理念在一定程度上将刑法导向了有罪必罚，尤其是在用足的前提下能否用好刑法，这本就值得怀疑。

3. 在刑法理论方面，客观解释远离立法原意。比如，根据《民法典》第 127 条的规定，网络虚拟财产受法律保护。早在 2009 年，我国已出现第一例

---

1 参见《全国部分法院审理黑社会性质组织犯罪案件工作座谈会纪要》（法〔2015〕291 号）。

2 孙航：《切实维护人民群众“头顶上的安全”——最高法研究室负责人就〈最高人民法院关于依法妥善审理高空抛物、坠物案件的意见〉答记者问》，载《人民法院报》2019 年 11 月 15 日，第 3 版。

因盗窃虚拟财产而被适用《刑法》（2006年）第264条（盗窃罪）的案例。[1]在该案例中，法院所用的解释方法是客观解释，其认为“财产”概念应该随着时代的变化而变化，将虚拟财产纳入“财产”范畴。但时至今日，游戏账号是否为网络虚拟财产等问题仍进一步挑战着客观解释的边界。换言之，客观解释可以客观到什么程度？本书认为，游戏账号是游戏玩家用来登录游戏客户端的，其本质是身份识别代码，本身不具有财产属性，不宜将其作为虚拟财产进行保护。当下，立法原意较易探寻，有立法意见书、立法草案、立法说明等文件，这些都是立法原意所在之处。立法原意是罪刑法定主义所要求遵循的内容，是法治主义对刑法解释的约束，以免刑法解释离题万里，变成纯粹的“六经注我”。远离立法原意可能使客观解释者变成实际的立法者。

4. 在司法实践方面，刑法有时沦为“在先的管理法”。刑法是所有部门法的保障法，只有当其他部门法无法解决问题时，才能动用刑法，它具有一定的事后性。然而，在刑事司法实践中，刑法常常被当作“在先的管理法”，比如，在合力抗疫期间，刑法可能在民法、行政法等之前被适用，即适用刑法率先打击违法行为。然而，适用刑法的成本高昂，不当适用所带来的反作用还非常大；若适用错误，则可能实质挑战公众的正义观念，甚至挫伤全社会的法治信仰。比如，2020年2月10日，成某通过微信从山东某公司以19万余元购入1725桶共约9吨的75%浓度的桶装酒精，之后通过微信在熟人之间销售，被查获时已销售了40桶。检察院认为，成某在新冠疫情防控期间违反国家规定，在未获得存储、销售危化品资质的情况下销售医用酒精，其行为已构成非法经营罪。检察院于2月17日作出批准逮捕决定，后以成某涉嫌非法经营罪向法院提起公诉。一审和二审法院均支持了检察院的公诉意见。[2] 然而，成某事实上究竟违反了何种“国家规定”？从案

1 参见吴允波：《“网络虚拟财产盗窃第一案”审结 大学毕业生“黑客”获刑四年》，载《大众日报》2009年11月9日，A3版。

2 参见（2020）沪0115刑初870号刑事判决书、（2020）沪01刑终625号刑事裁定书。

件报道来看，成某在未获得存储、销售危化品或医用酒精资质的情况下，从事75%浓度的桶装酒精的购入、存储与销售活动，其行为触犯了《刑法》第225条第1款之规定，构成非法经营罪。然而，75%浓度的酒精是否属于“危化品”本就存在争议，根据国务院2013年12月修订的《危险化学品安全管理条例》和2018年2月颁布的《危险化学品目录》之规定，只有无水酒精才属于“危化品”，它的乙醇含量为99.5%以上。因此，本案中的75%浓度的酒精显然不在“危化品”之列，不应认定成某违反了非法经营罪的前置性国家规定。

三、刑法的技术化及本体危机

当前，刑法理论日益陷入技术化的泥淖而不能自拔。刑法是公法，与哲学关系紧密，同时刑法又是处罚人的法；因此，追问其正当性是不可或缺的功课。然而，在当下，也许受高科技时代的影响，刑法正在日益丧失对正当性的追问而转向技术化。这种技术化倾向体现在以下三个方面：

1. 刑法研究内容日益技术化。比如，非法、不法、合法、违法、主观违法、客观违法，主观归责、客观归责、自我答责，主体间性、解释熵值、累积犯等术语使刑法内容看似日益丰富，实则日益繁杂，学者沉浸于国外刑法概念的引进不能自拔。然而，遗憾的是，这种繁杂化与实效性之间好像并无直接的逻辑联系。日益繁杂的刑法学似乎给他人传递了这样的印象：刑法学者只对新的概念、新的名词、新的规则感兴趣，刑法日益技术化，甚至有些问题已经被技术化至超出犯罪概念的涵盖范围，比如，自杀是否构成犯罪、强奸自己是否构成犯罪、酒后驾车造成本人重伤是否构成交通肇事罪等问题都陷入过度技术化的桎梏，其中自杀是否有违法性这一缺乏现实意义的理论问题，被我国法理学者认为是“依靠形式主义甚至某种神秘主义来维护司法权威，恐怕只会适得其反”[1]。

2. 刑法研究方向日益科技化。网络科技的大潮对刑法学研究的冲击是全方位的，网络犯罪日益呈现新样态。事实上，研究网络犯罪无可置疑，然而，关于犯罪本身的研究也日益追随网络科技的发展，涉及爬虫、人脸识别、人工智能（AI）、区块链等新型技术的犯罪问题大有成为刑法研究新方向之势，导致有相当一部分研究者放弃了对刑法理论的追寻与发展，忽视了基础理论，盲目追赶技术潮流以争创学术热点。可以说，刑法在网络科技的影响下日益技术化。

3. 刑法研究主体日益工匠化。刑法理论研究者日益脱离实际，更像是工匠、技匠。学习法学需要工匠精神，工匠也不是贬义词；但是如果研究者匠气十足，则会成为炫耀繁杂技艺或者新型学科名词的“炫技派”。连篇的德文、日文文献，烦琐的归责理论，虽细致但可能难以被适用的法益衡量原理，以及种种看似精致又新奇的法教义学概念等，都使刑法研究看似日益高深，实则可能早已偏离了它本来的航道。连篇累牍的新奇概念堆砌了很多一般人看不懂的学术文章，学者的主体性日益丧失，而匠气日益凸显，研究者的情怀慢慢退场，“没有灵魂的红烧肉”也越来越多。

刑法的技术化稀释了刑法的学术性，易使人误以为刑法的创新就是技术的创新。可以说，刑法学丢失了理论基础、不再追问正当性如同放弃了刑法的信仰。在风险社会时代、科技时代、法定犯时代，新的社会问题和违法犯罪方式方法层出不穷，使得人们对社会治理的需求爆炸式增长，但刑法却只有一个。鉴于此，面对如此复杂的局面，单凭刑法能否应对以及如何应对？这正是对刑法的根基与信仰的现代追问。

---

1 戴昕：《“教义学启发式”思维的偏误与纠正——以法学中的“自杀研究”为例》，载《法商研究》2018年第5期，第92页。

第二节　刑法根基与信仰的回归

刑法的政治化、工具化与技术化倾向体现的是20世纪以来刑法的活跃化立场，但这一立场会逐渐偏离刑法的根基与信仰。过于活跃的刑法在积极治理主义模式下，也需要冷静思考刑法异化所带来的本源问题：刑法为何频繁变动而难以维持其安定性？欲回答这一问题，必须寻找刑法的根基。

一、刑法的根基：保障公民自由权利

探究刑法的根基，进而追问刑法的本质，且基于这种刑法根基探寻刑法信仰，对于当今刑法学而言，更具有理论与现实意义。日本学者西原春夫曾指出："把刑法学正确地置于自己的人生观上，并向人们讲明白，希望人们理解这种针对立足于其他人生观的刑法学所作的发言，至少也是一种理论，应当说这是不可缺少的前提条件。"[1]

纵观刑法思潮的发展演变，刑法的产生与国家权力的合法性问题紧密相连，因此，对刑法根基的探寻必须与国家的起源、发展及国家的合法性等问题置于同一层面进行分析。在人类历史上，国家学说异彩纷呈。为什么需要国家以及需要国家做什么？简言之，国家何以是必需和必然的？这成为哲学家、思想家、法学家共同关心的问题。在寻求国家合法性和正当性的过程中，刑法的根基随之扎下。国家学说看似纷纭，但是在国家权力与刑法的产生问题上，诸学说都关注以下三个问题：一是国家权力（刑罚权）的来源，二是国家权力（刑罚权）的目的，三是国家权力（刑罚权）的边界。换言之，刑法从哪里来、为什么需要刑法、需要刑法做什么，这些问题就是刑法的根基

1　［日］西原春夫：《刑法的根基与哲学》，顾肖荣等译，中国法制出版社2017年版，第18页。

问题。

（一）国家权力（刑罚权）的来源

国家权力（刑罚权）从何而来？这一问题与国家的起源问题密切相关。在人类历史上，这一问题的答案先后经历了以亚里士多德等为代表的自然主义国家观、以奥古斯丁等为代表的神权国家观、以阿奎那等为代表的社会共同体国家观、以启蒙和古典主义思想家（格劳秀斯、霍布斯、洛克、贝卡里亚、费尔巴哈、康德等）为代表的社会契约论国家观、以边沁及穆勒为代表的功利主义国家观、以赫伯特·斯宾塞和孔德为代表的社会有机体国家观、以黑格尔为代表的客观精神论国家观，等等。在众多的国家起源学说中，中轴线无疑是社会契约论。它发轫于公元前 341 年至公元前 270 年欧洲大陆雅典的伊壁鸠鲁学派，历经古希腊时期政治权利理论的塑造，正式成型并兴盛于启蒙主义时期，及至后来，被古典学派的法学理论家付诸实践。在穿越时间的长河之后，社会契约论从欧洲大陆到达美洲大陆，被自称康德门徒的罗尔斯改造为新社会契约论。基于不同自然状态之前提而产生的社会契约论，其从理论到现实政治的过程乃是一个法律化的过程。法律就是社会契约的一般规范表达，[1] 而刑法则是这些一般规范表达中最为严肃的规范表达。在论证国家起源及国家权力合法性的问题上，契约政治理论是贯通法治史上下两千多年的政治逻辑和解释工具。

格劳秀斯作为近代社会契约论国家观的倡导者，认为国家起源于人类的契约（而非上帝的创造）：国家是人们为了享受法律利益和谋求共同福利而组成的最完善的联盟；其中，刑法的惩罚权并不是来自自然本身，而是来自约

---

1 参见谢晖：《论社会契约说从乌托邦到法律——制度修辞的一种证成根据》，载《法学论坛》2018 年第 5 期，第 32 页。

定，或者说来自人定法。[1]

霍布斯从性恶论的自然状态出发，以一个虚构的自然状态为起点，提出了自然法、自然权利的基本原则，建立了以保护生命权为宗旨的社会契约论这一国家起源模式。然而，近代自由主义思想家洛克在人性论、自然状态、缔约原因、缔约形式、权利范围等方面的主张均与霍布斯的主张有所不同。在缔约原因方面，洛克的观点与霍布斯的观点完全相反。霍布斯基于性恶论指出，人类之所以愿意和国家签订契约，是为了摆脱像豺狼一样的那种状态，以求自我保全；而洛克则基于白板论指出，自然状态固然美好，但没有多少人能长期在这种状态中共同生活，因为自然状态存在三大缺陷，即缺少确定的法律、缺少公正的裁判者以及缺少执行判决的权力，因此，人类很快就被迫加入社会。[2] 在国家起源与缔约形式方面，洛克的观点是双重契约论，而霍布斯的观点是单一契约论。洛克认为，政治权力的形成过程是，首先由社会成员放弃其自然权利，把所有自己想向社会请求保护的事项都交由社会处理，[3] 再由社会交给它所设置的统治者处理，[4] 这构成了洛克的双重契约论思想，即人们通过一致同意，联合组成一个政治社会，并将各自所放弃的惩罚权力交由其中被指定的人来专门行使。[5] 因此，洛克认为，人们是为了保护自己的财产而加入社会，当立法机关或君主在行动上背离人们的委托时，人民就享有恢复自己原本的状态的权利。[6] 简言之，在洛克看来，要以订立契约的方式形成国家，只有经过大多数人的同意或者决定才能办到。

与前人相比，在缔约原因与国家起源的问题上，卢梭断言，国家起源于

1　参见卢玮：《战争与和平法：格劳秀斯国际思想的法律表达》，载《赤峰学院学报（汉文哲学社会科学版）》2013 年第 4 期，第 54 页。

2　参见［英］洛克：《政府论》（下篇），叶启芳、瞿菊农译，商务印书馆 2017 年版，第 77-78 页。

3　参见［英］洛克：《政府论》（下篇），叶启芳、瞿菊农译，商务印书馆 2017 年版，第 53 页。

4　参见［英］洛克：《政府论》（下篇），叶启芳、瞿菊农译，商务印书馆 2017 年版，第 109 页。

5　参见［英］洛克：《政府论》（下篇），叶启芳、瞿菊农译，商务印书馆 2017 年版，第 78 页。

6　参见［英］洛克：《政府论》（下篇），叶启芳、瞿菊农译，商务印书馆 2017 年版，第 139 页。

契约。随着私有制的出现，人们越来越受到相互掠夺和残杀的威胁。在这种情况下，人们被迫去寻找自由和安全的新出路，即要求订立社会或国家契约。[1] 在缔约形式上，卢梭认为，人民既是国家的成员，又是主权者中的一员，[2] 这个社会契约一旦被破坏，每个人就重新获得了为了约定的自由而放弃的天然的自由。[3] 在卢梭看来，社会契约的核心是权利的转让。他认为，权利的转让是毫无保留的，每个结合者及其自身的一切权利全都转让给整个集体。[4] 然而，卢梭又提出，既然每个人都是向社会全体奉献出自己，那么，这意味着每一个与全体结合的个人只不过是在服从自己本人，并且仍像以往一样自由。[5]

贝卡里亚继承了卢梭的社会契约论。他对社会契约论的基本主张包括：第一，关于国家权力与刑罚权起源的理论是社会契约论。人类被战争迫害得筋疲力尽，无力享受那朝不保夕的自由，从而牺牲这一份自由以形成一个国家的君权。[6] 第二，国家权力与刑罚权是有限的。贝卡里亚首先在理论上采用社会契约论来证明国家的刑罚权是有限的。他同当时的资产阶级思想家一样，竭力用"原子论"来解释社会的概念，使用在逻辑上先于社会而存在的个人利益和需要来论证组建社会的必要性。然而，贝卡里亚对当时的一些资产阶级学者所主张的社会契约论作了一个微妙的修正。他指出，每个人都希望交给公共保存的自由尽可能少些，没有人会为了公共利益而毫无保留地将自己的自由捐赠出去。[7] 为此，刑罚应当不超过必要限度，[8] 即只有为了维护对公共利益的集存以及防范对个人的践踏，才有防卫的必要，"一切额外的东西都

---

1 参见［法］卢梭：《社会契约论》，何兆武译，商务印书馆2003年版，第18-19页。
2 参见［法］卢梭：《社会契约论》，何兆武译，商务印书馆2003年版，第22页。
3 参见［法］卢梭：《社会契约论》，何兆武译，商务印书馆2003年版，第19页。
4 参见［法］卢梭：《社会契约论》，何兆武译，商务印书馆2003年版，第19-20页。
5 参见［法］卢梭：《社会契约论》，何兆武译，商务印书馆2003年版，第19-20页。
6 参见［意］切萨雷·贝卡里亚：《论犯罪与刑罚》，黄风译，北京大学出版社2008年版，第7页。
7 参见［意］切萨雷·贝卡里亚：《论犯罪与刑罚》，黄风译，北京大学出版社2008年版，第8-9页。
8 参见［意］切萨雷·贝卡里亚：《论犯罪与刑罚》，黄风译，北京大学出版社2008年版，第8页。

是擅权而不是公正，是杜撰而不是权利”[1]。刑罚应该严格恪守这一必要限度，若超越了此限度，它就会转变为对社会的新侵害或新威胁。该如何掌握这一限度？贝卡里亚提出了一个简略的标准，即“最大多数人分享最大的幸福”[2]。

费尔巴哈继承了古典思想家的社会契约论思想，并将刑法理论与国家统治的合法性理论相联系。他认为，除民事契约外，还需要国家权力来保障公民自由和其他权利，只有公民自愿地服从于国家，国家权力才会被认为是正当的。[3] 正因如此，服从契约便与统治原则达成一致，关于公众意志的解说便得到了市民的认可。[4]

康德接受了卢梭等启蒙思想家的社会契约论，并将此作为国家刑罚权的来源，但康德的社会契约论又与之前的社会契约论不一样。在他看来，真实契约的道德力量借助于两个不同的理念：自律和互惠。自由是康德道德哲学的拱心石，康德坚信人生来就有自由。社会契约不是一个历史事实，而是出于理性原则。契约的根据是自由原则，契约制定者是遵守平等法则的国家公民。康德认为，所谓契约，就是“人民中所有的个别私人意志结合而成为一个共同的和公共的意志”[5]。人们组织起来以保障每个人的普遍权利，这样才能建立一个公平的社会。一个正义的社会以权利为基础，大家通过协商制定一个保护每个人所拥有的权利的契约。[6] 然而，康德又认为，这个国家一旦成立，公民就负有绝对服从的义务，国家也享有绝对的支配公民的最高权力，公民本身没有对抗、推翻现存政权的权利，哪怕国家滥用权力，公民也必须

1　[意] 切萨雷·贝卡里亚：《论犯罪与刑罚》，黄风译，北京大学出版社 2008 年版，第 9 页。

2　[意] 切萨雷·贝卡里亚：《论犯罪与刑罚》，黄风译，北京大学出版社 2008 年版，第 152–153 页。

3　参见徐久生：《费尔巴哈的刑法思想——费氏眼中的刑法与社会》，载《北方法学》2013 年第 5 期，第 92 页。

4　参见徐久生：《费尔巴哈的刑法思想——费氏眼中的刑法与社会》，载《北方法学》2013 年第 5 期，第 92 页。

5　[德] 康德：《历史理性批判文集》，何兆武译，商务印书馆 1990 年版，第 190 页。

6　参见 [德] 康德：《历史理性批判文集》，何兆武译，商务印书馆 1990 年版，第 190–192 页。

服从这个国家所制定的法律，即使这个法律是恶法。[1] 总之，康德的契约理论是理性主义而非自然主义的；但毋庸置疑，它仍属于契约政治理论的范畴，只不过该契约理论的根据是理性原则，即“立足于人民是自我立法的理性存在者”[2]。

我国学者谢晖指出，把“政治—法律”统治视同契约，这一思想不仅存在于近现代的西方国家中，而且存在于其他文明体中。比如，在中国，荀子早就形象地以水和舟为喻，[3] 把庶人安政与君子安位的道理置于一种类似于契约的理念之下，在此意义上，社会契约观念明显具有普遍性。[4] 订立契约的前提在于，人们要摆脱不受保护的自然状态。所有支持契约论的学者都有一个关于国家产生之前的自然状态的设想，但无论是何种自然或原初状态，所有哲学家都从中推导出众人愿意缔约建立国家这一结论。在自然状态下，人们的生活虽自然但并不美好，所以人们才要将自然的力量转让给共同体，这样就形成了国家的主权。根据契约政治理论，国家以及国家的权力包括刑罚权都来源于公民权利的让渡。为了摆脱自然状态，人民通过订立契约寻求公共权力，建立国家。

总之，契约政治理论的精神实质在于，正义原则来自人民的同意，选择公正原则的理据在于契约。作为个体的人，在社会中具有自由、平等、自在的本质，因而个人权利先于国家权力，个人权利转让是国家权力的正当来源。契约本质上是自由的人们为了更好地享受自己的自由而缔结的协议。契约论

1　参见李秋零主编：《康德著作全集（第6卷）：纯然理性界限内的宗教、道德形而上学》，中国人民大学出版社2007年版，第329-331页。

2　李秋零主编：《康德著作全集（第6卷）：纯然理性界限内的宗教、道德形而上学》，中国人民大学出版社2007年版，第231页。

3　“马骇舆则君子不安舆，庶人骇政则君子不安位。马骇舆则莫若静之，庶人骇政则莫若惠之。选贤良，举笃敬，兴孝弟，收孤寡，补贫穷，如是，则庶人安政矣。庶人安政，然后君子安位。传曰：‘君者，舟也；庶人者，水也；水则载舟，水则覆舟。’此之谓也。”见《荀子·王制》。

4　参见谢晖：《论社会契约说从乌托邦到法律——制度修辞的一种证成根据》，载《法学论坛》2018年第5期，第32页。

与近代国家的政治体制及其思想相适应：它既充分说明了国家权力来源的正当性，也蕴含了国家权力分化制衡与制约的内在理念，因而它成为现代政治体制和公法制度的基础理论。当代国家与权力理论的根依然深扎在 17 世纪、18 世纪的社会契约论之中。由此理论出发，国家与刑罚权的起源及正当性都来自人民权利的转让。

（二）国家权力（刑罚权）的目的

国家权力（刑罚权）为何而生？基于契约政治理论产生的国家以及包括刑罚权在内的国家权力，其目的是什么？个人权利的有效维护是国家以及国家权力（包括刑罚权）之正当性的唯一依凭。

国家的目的是确保公民幸福地生活，此乃成立国家之最广泛的善业，亚里士多德的这一至善国家目的论奠定了后世国家目的论的基础。亚里士多德的自然主义国家观主张，假如仅仅为了生存，那么野兽也可以组成城邦，拥有道德观念正是人类区别于其他动物的特征。[1] 他认为，国家的价值并不高于个人的价值，国家的目的是实现某种“善业”，即全城邦的人可以得到自足而至善的生活。[2] 国家至善目的论虽然体现了一种浪漫主义色彩，但为后世的保护公民权利之国家目的论奠定了重要的思想基础。比如，阿奎那尤其强调国家目的的伦理性，他提出国家的目的就是谋求人的“公共幸福”，就是追求一种“有德性的生活”。[3]

思想家在探讨国家起源问题的同时发现，犯罪是人们绝对自由意志选择的后果。由于每个人都有自由意志，所以奥古斯丁认为恶行的缘由在于意志

1　参见［古希腊］亚里士多德：《政治学》，颜一、秦典华译，中国人民大学出版社 2003 年版，第 88 页。

2　参见［古希腊］亚里士多德：《政治学》，颜一、秦典华译，中国人民大学出版社 2003 年版，第 90 页。

3　参见吕世伦、程波：《转向“人法”的桥梁——托马斯·阿奎那法律思想的合理成份》，载《法制与社会发展》2007 年第 3 期，第 89 页。

的自由选择，如果我们缺少自由选择，就不会犯罪，我们既可以将自由意志用于追求正当的生活，也可以将之用于犯罪。[1] 他还指出："如果我们行事不靠意志，那就无所谓罪恶或善事了。"[2] 这种绝对的自由意志（权利）观构成了近代以来的民主和文明国家的基础，即尊重和维护个人基于自由意志而生活和行为的自由权利。[3] 阿奎那则明确指出，虽然国家享有了人民让渡的权利，但是作为这种权利让渡的结晶，国家权力不是绝对自主的，它不能设置任何障碍来妨碍人民的精神生活，国家的存在只是为了保证人民的最终精神目的能得到考虑。[4]

契约政治理论中的国家目的论是更为明显的权利保障论。基于天赋人权论，契约政治理论家们认为，人们经过明示或默示，同意订立契约以建立足以保障人民自然权利的国家和政府。天赋人权论还推导出国家存在的目的：遵守自然法，保护公民的生命、财产和自由。虽然在不同自然法学家看来，权利保障论的重点内容不同，但其实最终殊途同归。

霍布斯认为，人类的自然状态是一种人人相互为战的战争状态，所以在此状态中，生命权无疑是所有权利中的第一位权利，是人求生的本能属性。[5] 因此，在霍布斯看来，对公民个人自由权利的保障，就是保障公民享有按照本人愿意的方式来保全自己的天性的自由，即以自己的判断和理性去做任何事的自由。[6]

洛克作为自由主义的鼻祖，认为人们联合组成国家并置身于政府之下的

---

1 参见［古罗马］奥古斯丁：《论自由意志——奥古斯丁对话录二篇》，成官泯译，上海人民出版社 2010 年版，第 97-100 页。

2 ［古罗马］奥古斯丁：《论自由意志——奥古斯丁对话录二篇》，成官泯译，上海人民出版社 2010 年版，第 100 页。

3 参见黄裕生：《原罪与自由意志——论奥古斯丁的罪-责伦理学》，载《浙江学刊》2003 年第 2 期，第 10 页。

4 参见［美］撒穆尔·伊诺克·斯通普夫、詹姆斯·菲泽：《西方哲学史》，邓晓芒、匡宏等译，北京联合出版公司 2019 年版，第 186 页。

5 参见［英］霍布斯：《利维坦》，黎思复、黎廷弼译，商务印书馆 1985 年版，第 95-97 页。

6 参见［英］霍布斯：《利维坦》，黎思复、黎廷弼译，商务印书馆 1985 年版，第 97 页。

重大目的是保护财产。[1] 然而，这并不表明保护财产权是唯一的目的。洛克认为，人生来就完全享有与世界上的其他人相同的自由权利，享受自然法所赋予的一切权利和利益，也就是说，人自然地享有一种权利，即他的生命、自由和财产不受其他人侵害和侵犯。[2] 洛克继承了格劳秀斯的自然法思想中的保护财产权观念。格劳秀斯认为不得侵犯他人的财产，违法犯罪行为应当受到惩罚。[3] 每个人都是他自身和财产的绝对主人，最基本的人权是对自己的身体拥有所有权，因而对自己的劳动具有所有权。劳动创造出来的财产当然归劳动者所得；顺次推演，财产权也就具有了人权的色彩，它和生命权、自由权一样，成为天赋人权中的一种。因此，洛克用“生命、自由和财产”来界定财产，认为三者是不可分割的。人们在自然状态中享有的权利是一种自然权利，即天赋人权；其中，自由权利是第一位权利，是其他自然权利的基础。在洛克看来，法律其实是自由的同义语。只有人们放弃处罚他人的自然权利，把所有他可以向社会请求保护的事项都交由社会处理，才能使得政治社会拥有保护所有权的权力。[4] 换言之，国家在取得了公民所让渡的权利之后，它的目的则是保障公民的财产权利。

孟德斯鸠在展开其权力制衡理论时，充分论述了国家的目的是保障公民权利与自由。“保障自由”是孟德斯鸠刑法思想的写照。关于自由与法律的关系，孟德斯鸠认为，在一个有法律的社会里，自由是做他应做的事；倘若一个公民可以做法律所禁止的事情，那就没有自由可言了，因为其他人也同样拥有这个权利。[5] 鉴于此，孟德斯鸠将公民的自由归结为，不是愿意做什么就

1　参见［英］洛克：《政府论》（下篇），叶启芳、瞿菊农译，商务印书馆 2017 年版，第 77 页。

2　参见［英］洛克：《政府论》（下篇），叶启芳、瞿菊农译，商务印书馆 2017 年版，第 52 页。

3　参见［荷］格劳秀斯：《战争与和平法》（修订版）（第 1 卷），［美］弗朗西斯 · W. 凯尔西等英译、马呈元译，中国政法大学出版社 2018 年版，第 41-43 页。

4　参见［英］洛克：《政府论》（下篇），叶启芳、瞿菊农译，商务印书馆 2017 年版，第 52-53 页。

5　参见［法］孟德斯鸠：《论法的精神》（上卷），许明龙译，商务印书馆 2009 年版，第 184 页。

做什么的权利，而是做法律所许可的一切事情的权利。[1] 同时，这种自由应当是安全的。接着，孟德斯鸠又提到，对于安全的威胁，没有什么比在接受公或私的控告时所遭受的威胁更大了，所以说，公民的自由主要依赖于优良的刑法。[2]

卢梭继承了孟德斯鸠的观点。基于契约理论，他认为国家的主权实质上是全体人民的共同意志，而国家与刑罚的目的是保障公民的自由。[3] 卢梭指出，国家秩序是为了个体实现，是为了借由联合体的整体力量为所有社会成员的人身和财产提供保护。[4] 在契约社会中，他将自由权视为首要权利。卢梭的权利保障目的观是从其公意论中展开的。同样，基于意志自由，卢梭认为守法即自由，因为法律是一种公意，它包括了守法人自己的意志；所以服从法律就是按自己的意志行事，[5] 根本不存在没有法律规定的自由。[6] 为了保障自由的实现，必须实行法治；只要有一个人可以不遵守法律，那就意味着其他人都可以不遵守法律。

贝卡里亚基于洛克、卢梭等人的契约理论指出，只有“以不可磨灭的人类感情为基础”的政治才是“道德的政治”，[7] 国家的目的是确保公民自由。“公民们通过这种方式（通过社会契约论成立国家）获得自己人身与财产的安全。这种方式是正当的，因为它是人们结成社会的目的；这种方式是有用的，因为它能使人们准确地衡量每一罪行所带来的不便。通过这种方式，人们也将获得一种独立的精神，然而，它已不表现为摆脱法律和无视最高司法官员。不过，如果有人胆敢把屈服于他的专断强横的软弱称为美德的话，那

---

1 参见［法］孟德斯鸠：《论法的精神》（上卷），许明龙译，商务印书馆 2009 年版，第 184 页。
2 参见［法］孟德斯鸠：《论法的精神》（上卷），许明龙译，商务印书馆 2009 年版，第 222 页。
3 参见［法］卢梭：《社会契约论》，何兆武译，商务印书馆 2003 年版，第 19–21 页。
4 参见［法］卢梭：《社会契约论》，何兆武译，商务印书馆 2003 年版，第 19 页。
5 参见［法］卢梭：《社会契约论》，何兆武译，商务印书馆 2003 年版，第 47 页。
6 参见［法］卢梭：《社会契约论》，何兆武译，商务印书馆 2003 年版，第 26 页。
7 参见［意］切萨雷·贝卡里亚：《论犯罪与刑罚》，黄风译，北京大学出版社 2008 年版，第 8 页。

么，这种独立精神对他倒是桀骜不驯的。”[1] 换言之，签订契约的形式使公民明白，是自己让渡的权利换来了国家对自己人身与财产安全的保障，转让的权利与获得的权利保障二者之间形成了付出利益与获得利益的对价关系。国家及其权力的目的正是确保公民人身与财产的安全，确保公民的自由。刑罚权的目的同样如此，“一切合理的社会都把保卫私人安全作为首要的宗旨，所以，对于侵犯每个公民所获得的安全权利的行为，不能不根据法律处以某种最引人注目的刑罚”[2]。由此可见，在贝卡里亚看来，刑罚并不是少数人的工具，而是基于保护公民权利之要求的必然存在。

费尔巴哈十分重视由人的自由意志所形成的权利和效力。他认为个人自由是每一项公共事业的前提和条件；国家的任务在于保障社会权利，并依据民意贯彻和实现国家目的。[3] 国家的最高目的是保障全体公民的自由，保障公民能够充分地行使权利。[4] 同样地，康德向来主张人是目的而不是手段，自由是其道德哲学的基石，他对自由的定义尤为严格。他认为，若我们像动物一样追求享乐、满足欲望、回避痛苦，那么我们并没有真正的自由，反而成为这些欲望和冲动的奴隶，真正的自由在于服从纯粹理性的行动准则。[5] 康德进一步指出，正是这种自由行动的能力赋予了人类独有的尊严，尊重人类的尊严意味着人绝不能仅仅作为手段被用于满足他者的意图，成为被混同于物的法权的对象。[6] 这就是我们要尊重他人的尊严、维护他人的权利的原因。犯罪是一种严重违反法律义务的行为，同时在主观上也表现为行为人在内心违反

---

1 ［意］切萨雷·贝卡里亚：《论犯罪与刑罚》，黄风译，北京大学出版社 2008 年版，第 13-14 页。

2 ［意］切萨雷·贝卡里亚：《论犯罪与刑罚》，黄风译，北京大学出版社 2008 年版，第 23 页。

3 参见徐久生：《费尔巴哈的刑法思想——费氏眼中的刑法与社会》，载《北方法学》2013 年第 5 期，第 92 页。

4 参见徐久生：《费尔巴哈的刑法思想——费氏眼中的刑法与社会》，载《北方法学》2013 年第 5 期，第 92 页。

5 参见李秋零主编：《康德著作全集（第 6 卷）：纯然理性界限内的宗教、道德形而上学》，中国人民大学出版社 2007 年版，第 220 页。

6 参见李秋零主编：《康德著作全集（第 6 卷）：纯然理性界限内的宗教、道德形而上学》，中国人民大学出版社 2007 年版，第 343 页。

了道德规律的要求，若行为人基于自由意志实施犯罪行为，就必须对该行为承担相应的责任。因此，在康德看来，国家以及刑罚权的目的都是维护公民的自由。

总之，国家权力（刑罚权）的目的是保障公民自由权利，是基于契约的对价而给予公民所交出的自己部分权利的补偿。如果当权者总是把刑法看作便于统治的工具，那么根本不需要制定刑法，[1] 因为没有刑法或者说没有法律的约束反而更便于统治国家。有效维护个人权利是国家权力包括刑罚权正当性的唯一依据。

（三）国家权力（刑罚权）的边界

国家权力（刑罚权）应该如何实施？国家权力的行使并非绝对，在契约的约束下，它具有边界。那么，国家权力包括刑罚权的边界何在？笔者认为，国家权力的边界在于“法律限度”。

国家刑罚权能否超越法律限度？国家权力包括刑罚权是否应该受到法律限制？对这些问题的回答在人类历史上经历了从不受限制到限制的发展过程。

早期，亚里士多德的至善国家目的论直接引出了限制国家权力的法治思想。“最好的城邦的目的是让人民有美好的德行，过上最幸福的生活。”[2] 他主张公民有权利要求实现城邦（国家）利益和公民利益的平衡。同时，他将正义区分为分配正义与矫正正义，前者关注的是在社会成员之间配置权利、义务时所需要遵循的比例原则，后者通常是指一方遭受另一方侵害时需要通过法律的矫正而使双方恢复到受侵害之前的或应有的状态。通过论述这两种正义的内在逻辑及其实现过程，他提出了均衡正义原则，亦即“公正是一种

---

1 参见王剑：《保障自由——孟德斯鸠刑法思想述评》，载《河南理工大学学报（社会科学版）》2007年第4期，第436页。

2 ［古希腊］亚里士多德：《政治学》，颜一、秦典华译，中国人民大学出版社2003年版，第230页。

适度”，是过多与过少之间的适度，是达到比例的平等。[1] 一方面，若根据每个人的良莠情况来不平等地分配官职，则错误是一目了然的；另一方面，对于特殊的任务可以给予特殊的优待。[2] 为了避免一人拥有凌驾于全体公民之上的权力，法治更为可取，即使由个人统治更好，也应该使其成为法律的捍卫者和监护者。[3] 为此，亚里士多德提出了立法和行政应该相互制约的权力理论，希望能借此在维护城邦整体利益的同时保护公民的各种利益。他在《政治学》一书中提出了一个关乎法治的著名论断：优良法治包含两层含义，一层含义是公民恪守业已颁订的法律，另一层含义是公民所遵守的法律是制定得优良得体的法律。[4] 他的法治观，即限制国家权力以保障公民最幸福地生活，成为国家权力包括刑罚权之边界的重要学说。

其后，霍布斯由人性恶论出发，将国家作为一个让人望而生畏的人造巨人“利维坦”进行研究，国家的权力无限，不受约束。人们通过彼此之间订立信约，将代表全体人格的权利授予个人或集体，国家就按约成立了。由于主权者拥有的权力是人们彼此之间的信约所授予的，所以主权者不受契约本身的约束，其得到的权力是至高无上、不可动摇的。[5]

自洛克之后，关于国家权力应该受到公民所转让的权利约束的观点成为了主流。洛克主张立法权、司法权、外交权相互制衡。[6] 在社会与政府的关系中，应当区分社会的解体与政府的解体。如果社会解体了，那么政府必然不能继续存在，但人民还可以自由地建立一个新的立法机关。当立法机关或者

1　参见［古希腊］亚里士多德：《尼各马可伦理学》，廖申白译注，商务印书馆 2017 年版，第 147-160 页。

2　参见［古希腊］亚里士多德：《政治学》，颜一、秦典华译，中国人民大学出版社 2003 年版，第 95-97 页。

3　参见［古希腊］亚里士多德：《政治学》，颜一、秦典华译，中国人民大学出版社 2003 年版，第 109-110 页。

4　参见［古希腊］亚里士多德：《政治学》，颜一、秦典华译，中国人民大学出版社 2003 年版，第 132 页。

5　参见［英］霍布斯：《利维坦》，黎思复、黎廷弼译，商务印书馆 1985 年版，第 133-142 页。

6　参见［英］洛克：《政府论》（下篇），叶启芳、瞿菊农译，商务印书馆 2017 年版，第 91-93 页。

君主在行动上违背人民的委托时，人民则享有恢复原本的状态的权利。[1] 因此，洛克认为，国家权力受委托目的的限制，当委托目的显然被忽略或者遭受践踏时，委托必然被取消，权力又回到当初的授权者手中。[2]

孟德斯鸠则从国家刑罚权的发动以及国家刑罚权的程度出发论述了国家刑罚权的实质和形式边界。孟德斯鸠认为国家刑罚权的发动应受法律限制，[3] 这体现了他的国家刑罚权边界思想。孟德斯鸠是罪刑法定主义学说的首倡者，他主张根据法律来定罪量刑，国家不得随意发动刑罚权，法官只能严格根据法律行事。[4] 具体而言，什么是犯罪、什么罪处什么刑，都应由法律事前明文规定，法官只能严格地根据法律决定罪之性质和刑之轻重，而且还必须依照法定的程序适用法律。法官是“法律的代言人”，只能严格依法办事，裁判“只能是法律条文的解释”，惩罚犯罪只能依照法定的程序进行。孟德斯鸠认为：“在宽和的政体下，即便是最卑微的公民，他的生命也是最宝贵的，不经过仔细的审查，绝不能剥夺他的荣宠和财产。除非受到国家的控诉，谁也不能剥夺他的生命，而国家对他提起控诉时，必须赋予他一切可能的辩护手段。”[5] 孟德斯鸠主张，国家刑罚的程度应该与罪行相适应，这是其国家刑罚权边界思想之体现。

卢梭的刑法思想比较特殊，他不主张罪刑法定，也不主张对国家权力予以限制，而主张如自然赋予每个人支配自身肢体的绝对权力一样，社会公约也赋予政治体支配其成员的绝对权力。对于一个公民能为国家所做的任何服务，一经主权者要求，该公民就必须立即去做。[6] 任何人若拒不服从公意，全

---

1 参见［英］洛克：《政府论》（下篇），叶启芳、瞿菊农译，商务印书馆 2017 年版，第 138-139 页。
2 参见［英］洛克：《政府论》（下篇），叶启芳、瞿菊农译，商务印书馆 2017 年版，第 94 页。
3 参见［法］孟德斯鸠：《论法的精神》（上卷），许明龙译，商务印书馆 2009 年版，第 224 页。
4 参见［法］孟德斯鸠：《论法的精神》（上卷），许明龙译，商务印书馆 2009 年版，第 93 页。
5 ［法］孟德斯鸠：《论法的精神》（上卷），许明龙译，商务印书馆 2009 年版，第 92 页。
6 参见［法］卢梭：《社会契约论》，何兆武译，商务印书馆 2003 年版，第 38-39 页。

体就要强迫其服从公意。[1] 社会约定是为了保全缔约者，若依靠别人来自我保全，在必要时就应当为了保全别人而奉献生命，为了保护自己，人们才同意“假如自己做了凶手的话，自己也得死”[2]。为非作歹的人由于犯有罪行，所以就不再是国家的成员，应将其当作公约的破坏者而流放出境，或是将其当作公敌而处以死刑。[3] 由此可见，卢梭对犯罪的评价采取的是实质性标准，即一个行为之所以被认为是犯罪，是因为它对社会共同体具有危害性，是“在向国家开战”。受此观念影响，人们通常很难认为在卢梭的思想中存在罪刑法定这一表明刑法独立性与自主性的原则。[4]

贝卡里亚对刑罚权能否超越法律限度这一问题同时从质和量两方面进行了论述，因而他对国家刑罚权的边界问题有着最深刻的认识。贝卡里亚关于刑罚权边界的综合观点是，国家权力以及作为权力一部分的刑罚权应当只限于维持市民生活安全的最小必要限度。[5] 他主张，关于什么是犯罪以及对犯罪处以什么样的处罚，都应由法律事先作出明确的规定，[6] 对罪犯的处罚只应与其行为的社会危害性相适应，而不能因身份不同而量刑有异。在质亦即处罚范围方面，贝卡里亚认为，刑罚要与犯罪情节相对称是由法律规定的，[7] 而且法律必须是非含混的和公开的，这是因为，如果法律由人们无法明确的语言所写成，那么人民无法掌握自己的自由。[8] 超出法律规定的范围而发动刑罚权就是不正义的。从司法上说，任何司法官员都不得以公共福利为名，对犯罪人增加既定刑罚。[9] 此外，贝卡里亚强调了立法权与司法权的区别，认为君主

1　参见［法］卢梭：《社会契约论》，何兆武译，商务印书馆 2003 年版，第 24 页。

2　［法］卢梭：《社会契约论》，何兆武译，商务印书馆 2003 年版，第 43 页。

3　参见［法］卢梭：《社会契约论》，何兆武译，商务印书馆 2003 年版，第 43 页。

4　参见赵国勇：《理想国中的压制性法——从卢梭的刑法思想谈起》，载《黑龙江省政法管理干部学院学报》2008 年第 2 期，第 11–12 页。

5　参见［意］切萨雷·贝卡里亚：《论犯罪与刑罚》，黄风译，北京大学出版社 2008 年版，第 9 页。

6　参见［意］切萨雷·贝卡里亚：《论犯罪与刑罚》，黄风译，北京大学出版社 2008 年版，第 10 页。

7　参见［意］切萨雷·贝卡里亚：《论犯罪与刑罚》，黄风译，北京大学出版社 2008 年版，第 112 页。

8　参见［意］切萨雷·贝卡里亚：《论犯罪与刑罚》，黄风译，北京大学出版社 2008 年版，第 15 页。

9　参见［意］切萨雷·贝卡里亚：《论犯罪与刑罚》，黄风译，北京大学出版社 2008 年版，第 10 页。

只能制定法律，不能判决某个人是否违反社会公约，而需要一个法官来对具体事实作出单纯的肯定或否定。[1] 在这里，司法官员必须依据“社会契约”作出独立判决。在量刑亦即处罚程度方面，贝卡里亚指出，我们要有一种精确的、普通的犯罪与刑罚之阶梯，用以衡量自由和暴政之程度。[2] 刑罚既要达到维护社会秩序的目的，又不应对犯罪人造成多余的损害。一旦超过这个必要的限制，刑罚就是多余的，就是对社会的新侵害。他还认为，不对犯罪处以合适的刑罚，不仅难以取得制止犯罪的效果，而且容易诱使人们去实施更加严重的犯罪行为。如果对社会侵害程度不同的两种犯罪处以相同的刑罚，那么人们就找不到更有力的手段去制止那些能带来更多“好处”的犯罪。[3]

费尔巴哈则主张用市民社会的形式条件来限定国家刑罚权的发动。他指出，有关刑法的最高原则在于，刑罚的目的是保护外在的权利，通过惩罚给予犯罪者心理强制的、恶的法律后果。基于该最高原则，费尔巴哈提出了“无法无罪”“无法无刑”“有罪必罚”的观点，[4] 这既是反映市民社会刑罚权合法性的结果，也是用市民社会的形式条件限制国家政权的结果。同时，“法无明文规定不处罚”的思想很早就在贝卡里亚的著作中有相应的表述，较早便为大家所接受。[5]

需要说明的是，限制国家发动刑罚权与刑法处罚恶行之间并不矛盾。刑罚的本质就是“罚罪酬善”，这是一条绝对的正义原则。“我们相信法律，因而我们必须试图理解，即理解法律对这事的惩罚是不是公正。”[6] “法律允许

---

1 参见［意］切萨雷·贝卡里亚：《论犯罪与刑罚》，黄风译，北京大学出版社 2008 年版，第 10-11 页。

2 参见［意］切萨雷·贝卡里亚：《论犯罪与刑罚》，黄风译，北京大学出版社 2008 年版，第 18 页。

3 参见［意］切萨雷·贝卡里亚：《论犯罪与刑罚》，黄风译，北京大学出版社 2008 年版，第 19 页。

4 参见［德］安塞尔姆·里特尔·冯·费尔巴哈：《德国刑法教科书》（第 14 版），徐久生译，中国方正出版社 2010 年版，第 31 页。

5 参见徐久生：《费尔巴哈的刑法思想——费氏眼中的刑法与社会》，载《北方法学》2013 年第 5 期，第 94 页。

6 ［古罗马］奥古斯丁：《论自由意志——奥古斯丁对话录二篇》，成官泯译，上海人民出版社 2010 年版，第 77 页。

一个旅行者出于自卫而杀死强盗，或允许任何男人或女人，为了抗暴而杀死性侵犯者。”[1] 因此，惩罚犯罪乃是公义。如果坚持它，就不会出现刑法无力化的现象。

综上所述，刑法的根基是保障公民的自由。“个人自由是每一项公共事业的前提和条件”，“个人自由权的行使是法秩序的最高准则”[2]。人类的自然状态是国家权力的基础，自然的力量迫使人们如此行动，即通过自愿联合形成国家这一共同体及国家主权，刑罚权来源于公民权利的转让。刑罚权的目的是保障公民人身、财产与自由，以确保公民能够幸福生活。刑罚权必须在法律的必要限度以内实施。以上三点正是对刑法从哪里来、为什么需要刑法以及刑法的边界在哪里这三个问题的回答，也是对刑法根基的静态回答。从个体到国家再到个体，从转让权利到形成权力再到保护权利，这便是刑法根基的动态过程。法治的根本目的必须是保障公民权利，法治归根结底必须落脚至有效保障公民权利，以更好地实现人权。[3] 刑法根源于公民的保障自由权利之诉求，如果用一句话总结，即刑法的根基是保障自由，它通过限制国家权力以保障公民自由权利。当近代刑法开始提出刑法的任务是保护法权亦即后来我们所说的法益时，刑法的根基已定，法益论或规范论、报应论或预防论不过是以“限制国家权力”作为根基的刑法“大树”所长出的“枝丫”。

二、刑法的信仰：恪守罪刑法定主义

当前，我国正在全力推行全面依法治国，公民对法治的信仰程度决定着

1　［古罗马］奥古斯丁：《论自由意志——奥古斯丁对话录二篇》，成官泯译，上海人民出版社 2010 年版，第 78 页。

2　徐久生：《费尔巴哈的刑法思想——费氏眼中的刑法与社会》，载《北方法学》2013 年第 5 期，第 92 页。

3　参见周佑勇：《推进国家治理现代化的法治逻辑》，载《法商研究》2020 年第 4 期，第 8 页。

法治中国的建设进程。公民的法治信仰在作为部门法的刑法中体现为罪刑法定主义。国家刑罚权来源于公民的权利转让亦即人民的意志，国家刑罚权的目的是保障公民自由，对公民权利的有效维护是行使国家权力包括刑罚权唯一的正当性依据。国家刑罚权的边界是不超越法律的限度，保障公民自由的规则、国家权力的唯一根据以及国家刑罚权的边界，都是由法律明文规定的。

（一）罪刑法定对刑法信仰的承载

贯穿于国家与刑法起源及权力根基中的契约政治理论，以自然法学为依托，以人本主义为起点，以理性主义为核心，以自然状态、自然权利、自然法为理论依据，以实现法治为目的，以法律中所展现的普遍和永恒的精神理想为基本信念。[1] 根植于契约政治理论的刑法信仰就是从无到有、从学说到理论、从理论到原则的罪刑法定主义，它是近代文明法治国家的象征，是刑法学的精神支柱。通过它，“古典自然法学家对法律所调整的某些要素和原则进行了详尽的阐释，而这些原则和要素则是一个成熟的法律制度的基本先决条件”[2]。

贝卡里亚指出：“每个公民都应当有权做一切不违背法律的事情，除了承担其行为本身所造成的后果外，不用担心会遇到其他麻烦。这是一条政治信条，它本应得到人民的信任，本应得到廉正地守护法律的、高尚的司法官员们的宣扬；这是一项神圣的信条，舍此就不会有一个正当的社会。”[3] 公民的行为是被禁止的还是被许可的，有赖于刑法的明文规定。刑法的规定成为个

1　参见龚培：《古典自然法学的信仰之维》，载《合肥工业大学学报（社会科学版）》2004 年第 6 期，第 89-90 页。

2　［美］E. 博登海默：《法理学：法律哲学与法律方法》，邓正来译，中国政法大学出版社 2004 年版，第 74 页。

3　［意］切萨雷·贝卡里亚：《论犯罪与刑罚》，黄风译，北京大学出版社 2008 年版，第 23 页。

人的行动指南，同时也构成了国家干预个人行为之边界，公民对刑法的信赖源于其创设了合法的自由行动空间。

刑法具有两面性，它既设立国家刑罚权，又限制国家刑罚权。“刑法的目的不仅是要设立国家在刑罚上的权力，而且还要限制国家在刑罚上的权力，它不仅是可罚性的渊源，而且还是可罚性的限度。”[1] 通过观察人类的发展史可以发现，刑法的发展过程体现为，从以犯罪人为规制对象转向以国家为规制对象。在近代法治建立之后，基于契约政治理论，国家及其权力包括刑罚权之正当性来源于人民权利的转让，国家刑罚权的目的在于保护公民的自由，刑罚权的行使应该被限定在法律规定的最小必要限度以内。因此，刑法规制的对象不是公民而是国家，对于人们的自由而言，最大的危险并非来源于犯罪，而是来自国家刑罚权的滥用。正因如此，罪刑法定主义才成为近代以来的刑法的最主要基石。[2] 因此，为了塑造公众的刑法信仰，除规定犯罪与刑罚以宣示行为之合法与非法边界外，更应当限制国家的刑罚权，以在立法和司法上为公民行使自由权利预留必要的合法空间，这正是罪刑法定主义的核心要义。

洛克、孟德斯鸠、贝卡里亚、费尔巴哈等人的罪刑法定主义思想，经由现代刑法理论的发展逐渐形成了罪刑法定主义的形式侧面与实质侧面，而刑法的信仰深深根植于罪刑法定主义的这两个侧面之中。

罪刑法定主义的实质侧面构成了产生刑法信仰的客观基础。伯尔曼指出：“法律必须被信仰，否则它将形同虚设。”[3] 然而，信仰法律并不等于恶法亦法，对于公众而言，法律必须值得被信仰才具有意义。那么，什么样的法律才值得被信仰？简言之，法律必须能够实现正义。具言之，值得被信仰的刑

1 ［德］拉德布鲁赫：《法学导论》，米健译，商务印书馆2013年版，第141页。

2 参见赵国勇：《理想国中的压制性法——从卢梭的刑法思想谈起》，载《黑龙江省政法管理干部学院学报》2008年第2期，第12页。

3 ［美］伯尔曼：《法律与宗教》，梁治平译，中国政法大学出版社2003年版，第28页。

法必须具备三项品质。一是明确性，它要求刑法必须明确传达什么是犯罪、犯罪应被判处什么样的刑罚等，以向公众明示禁止与非禁止行为的边界，不被法律确定的刑罚将归于无效。二是禁止处罚不当罚的行为，它要求刑法应设定合理的处罚范围。刑法以构成要件描述犯罪行为，为刑罚提供依据。在现代刑法中，构成要件除了具有形式意义，更重要的是它还具备“甄别需要被处罚的侵害法益的行为”之新机能，即“作为被立法者选定的犯罪类型，它是那些在立法者看来侵害法益达到了处罚的必要性和合理性程度的行为”[1]。因此，确定刑法所保护的法益范围至关重要。一般而言，有利益的地方就有法律，但并非所有利益都应由刑法保护，刑法只保护其中重要的利益。当然，利益的重要程度处在不断变动之中，过去重要的利益可能在当下被认为不重要。例如，过去许多国家都将堕胎视为对胎儿的犯罪，而现在绝大多数国家都认为堕胎是妇女的私人权利，并将堕胎合法化。过去不重要的利益也可能在当下上升为刑法保护的法益。例如，在网络不发达的年代，人们不太关心个人信息泄露问题，甚至通过递名片、发电子邮件等方式传递个人信息以促进商业交往；然而，随着网络的发展，人们对个人信息的经济价值挖掘得愈加深入，相关的违法犯罪不断增多，《刑法》增设第253条之一侵犯公民个人信息罪，将个人信息作为独立的法益加以保护。这意味着，甄别需要被处罚的侵害法益的行为是立法合理性的重要前置保障。三是禁止不均衡的刑罚。传统报应主义的刑罚观在现代刑事法治中依然发挥着双重作用：一方面，它通过配置与犯罪情节相适应的刑罚，向公众传递朴素的正义观，以获取公众信任；另一方面，它划定了刑罚的界限，避免对行为人施加过重的刑罚。以上三项要求构成了罪刑法定主义对立法权的限制，要求立法必须保障刑法的良善性，反对恶法亦法。通过嵌入罪刑法定主义的实质侧面的三项要求，立法者所制定的刑法即具备了值得公众信仰的“良法”品质。

---

1 刘艳红：《实质刑法观》（第2版），中国人民大学出版社2019年版，第236页。

罪刑法定主义的形式侧面旨在限制司法权，以此推动“善治”。在议会至上被确立为现代法治国的基本原则之后，如何适用议会制定的刑法，成为了新问题。历史表明，人们对司法的不信任主要源于司法的恣意性，人们对司法的信任则主要源于刑法的确定性和公正性。因此，罪刑法定主义的形式侧面有四项基本要求。一是成文法主义，即犯罪与刑罚只能由刑法进行规定，行政规范不能设定刑事罚则，判例和习惯也不是刑法的渊源。成文法主义源于对司法权的不信任。贝卡里亚指出：“严格遵守刑法文字所遇到的麻烦，不能与解释法律所造成的混乱相提并论。这种暂时的麻烦促使立法者对引起疑惑的词句作必要的修改，力求准确，并且阻止人们进行致命的自由解释，而这正是擅断和徇私的源泉。”[1] 因此，制定成文法的主要目的是减少因自由裁量而生的恣意裁判。二是禁止事后法，即犯罪与刑罚必须由刑法事先规定，因为要求人们遵守事先根本不存在的法，不仅是荒唐的，而且会增加公众对刑法的不信任感。三是禁止类推解释，特别是禁止不利于行为人的类推解释，因为类推解释在方法上与罪刑法定主义背道而驰，其本质属于罪刑擅断。四是禁止绝对的不确定刑，即刑罚的种类和幅度应当具有相对确定性。罪刑法定主义的形式侧面确立了刑法的司法适用规则，以减少司法过程的恣意性与司法结果的不确定性，将“良法”导向“善治”，“只要法院严格执行议会制定的法律，人们的自由就有了保障”[2]。由此，公众对刑法的信仰在司法过程中得以强化。

综上所述，“现代法治追求的是以良法善治为核心的制度化治理，它以法治的人民性为本质要求、以保障社会公平正义和人民权利为根本价值取向”[3]。罪刑法定具有承载刑法信仰的重要功能，或者说罪刑法定本身就是对刑法信仰的凝聚和表达。罪刑法定主义的实质侧面通过限制立法权确立了刑

---

1 ［意］切萨雷·贝卡里亚：《论犯罪与刑罚》，黄风译，北京大学出版社 2008 年版，第 13 页。

2 张明楷：《罪刑法定与刑法解释》，北京大学出版社 2009 年版，第 27 页。

3 周佑勇：《推进国家治理现代化的法治逻辑》，载《法商研究》2020 年第 4 期，第 3 页。

事立法所应当具备的三项品质或要求，奠定了刑法的“良法”基础；罪刑法定主义的形式侧面通过限制司法权保障了刑法的妥善适用，最终逐步实现“善治”目标。在“良法善治”的实现过程中，社会的公平正义和公民的自由权利都得到保障，公众的刑法信仰得以确立、巩固和发展。

（二）通过罪刑法定巩固刑法根基

当代刑法将罪刑法定的刑法信仰与保障公民自由权利的刑法根基有机结合，从而将实现罪刑法定与保障公民自由权利统一起来，以罪刑法定巩固保障公民自由权利的刑法根基。罪刑法定主义通过实质侧面保证了“良法”的生成，通过形式侧面保障了“善治”的实现，统筹二者，使公民自由权利在“良法善治”的过程中得以充分保障。

然而，立法上总存在一股扩张的力量，使得刑法过于早期化、宽泛化地参与社会治理，与罪刑法定主义的实质侧面形成柔性冲突。十二部刑法修正案体现了高度活跃的刑事立法积极推进犯罪化，“立”“改”成为立法趋势，“立”主要是创设新罪，“改”则主要是扩容老罪。其中，有的新罪名欠缺设置的必要性，例如，《刑法》第 287 条之二帮助信息网络犯罪活动罪属于网络犯罪的帮助行为正犯化，此类行为原本可通过共同犯罪理论而得到有效规制。又如，《刑法》第 286 条之一规定了拒不履行信息网络安全管理义务罪，此罪在司法实践中常常与其他罪名发生竞合而极少得到适用，几乎成为象征性立法。从更深层次来看，近年来增加的法定犯以及预防性、象征性立法导致刑法的规制范围扩展得过于宽泛，限缩了公民的自由权利范围。

同样，在司法解释、司法实践、刑法理论方面也充满了突破罪刑法定的诱惑与冲动。例如，在某案例中，某县公安局局长陆某利用职务上的便利，在处理矿群纠纷、炸药审批等事项上给予某煤矿公司关照和帮助，隐瞒该公司的违法犯罪行为，并收受贿赂人民币 10 万元。就此事实，一审和二审法院均认为陆某的行为构成了受贿罪和徇私枉法罪，应数罪并罚。[1] 然而，根据《刑法》第 399 条第 4 款的规定，司法工作人员收受贿赂，且有徇私枉法行为，同时构成受贿罪和徇私枉法罪的，依照处罚较重的规定定罪处罚。刑法理论一般认为，司法工作人员因受贿而徇私枉法的属于牵连犯，应从一重处断。尽管理论上对牵连犯的概念存在较大争议，但即使不适用牵连犯理论，而根据罪刑法定原则直接适用《刑法》第 399 条第 4 款的规定，也能够得出从一重处断而非数罪并罚的结论。上述司法裁判在认定陆某同时符合受贿罪和徇私枉法罪的构成要件之后，绕过《刑法》第 399 条第 4 款的规定，直接对陆某进行数罪并罚，这种做法固然有助于严惩此类犯罪行为，但从根本上与罪刑法定主义相抵牾。又如，根据《刑法》第 253 条之一第 1 款的规定，“违反国家有关规定”是成立侵犯公民个人信息罪的前置条件。何为“国家规定”?《刑法》第 96 条作出了明确定义，即应当限于“全国人民代表大会及其常务委员会制定的法律和决定，国务院制定的行政法规、规定的行政措施、发布的决定和命令”。然而，2017 年 5 月 8 日“两高”发布的《关于办理侵犯公民个人信息刑事案件适用法律若干问题的解释》第 2 条将违反部门规章的行为视为“违反国家有关规定”，这显然与《刑法》第 96 条的规定形成了冲突，由此导致了侵犯公民个人信息罪的入罪标准降低，犯罪圈随之扩张。司法的眼光“首先要盯着法律明文规定的犯罪，而不是首先盯着法律没有明文规定的‘犯罪’”[2]。将应当判为一罪的行为数罪并罚、将原本不构成犯罪的行为犯罪化等做法，都属于司法上的犯罪化。此种犯罪化要么无成文法依据，要么直接与成文法相背离；若真如此，即使有“良法”，也难以实现“善治”，更遑论在公众心中留下对刑法公平正义的信仰。

罪刑法定的刑法信仰要求现代刑法不能过于政治化和工具化，它提倡刑

---

1 参见（2017）黔 23 刑初 10 号刑事判决书、（2017）黔刑终 363 号刑事判决书。

2 张明楷：《刑法格言的展开》（第 3 版），北京大学出版社 2013 年版，第 41 页。

事惩罚的合理性与适当性。现代刑法不能仅为了满足国家维护社会秩序的需求而将自己变成政治维稳措施，因为刑法的过度政治化会使刑法的适用欠缺足够的缓冲空间。同时，过度政治化会弱化刑事法治的内在逻辑，使刑法仅成为维护社会秩序的工具。刑法工具化的教训也不容被忽视，德国近代以来的预防性立法及象征性立法对公民自由权利的伤害历历在目，刑法介入的早期化、法益概念的抽象化和精神化遭到了学界的普遍质疑。刑法是最严厉的法，“惩罚作为一种特殊情况”[1] 而非作为一种社会常态存在。在国家治理层面，将刑法的惩罚作为一种特殊情况是正常的，若它成为常规情况，反而是不正常的，因为那将意味着国家和社会治理的失范。刑事惩罚受到侵害法益的严重程度、刑罚的必要性等多种因素共同影响，不适当的惩罚，即根本不应当实施的惩罚，或者超过了犯罪之社会危害性的惩罚，是对刑法的一种伤害。[2]

罪刑法定的刑法信仰也要求现代刑法不能过于技术化，不能为了应对技术化风险就推进犯罪化。在创新刑法理论的要求下丰富和发展各种刑法解释论不等于刑法的技术化。在技术化的过程中，要时时回望刑法的根基。如果沉浸于技术化的规则创新而忽视了适用刑法的基本立场，忘却了刑法保障公民自由权利之根基，那么，很可能会南辕北辙，在错误的道路上做得越多，就错得越远。现代社会是风险社会，犯罪形态日新月异，犯罪数量不断攀升，犯罪分子日益狡猾，锁定犯罪证据也日益困难，种种情况都可能成为动摇刑法根基的因素。1999 年至今，先后通过的十二部刑法修正案不断推进犯罪化立法，先后制定的数量繁多的司法解释通过无数的司法判决推进犯罪化司法，立法和司法的犯罪化做法颇受当下风险治理的青睐，导致公民自由权利空间萎缩。这种现象在其他学科中也存在，比如，在行政法领域，规则技术主义

1 ［美］杰弗里·布兰德：《法治的界限：越法裁判的伦理》，娄曲亢译，中国人民大学出版社 2016 年版，第 26 页。

2 参见［丹］努德·哈孔森：《立法者的科学：大卫·休谟与亚当·斯密的自然法理学》，赵立岩译，浙江大学出版社 2010 年版，第 153 页。

也日益严重，以至于有学者指出："应以功能主义立场取代规则中心主义，借助均衡性的法律原则与功能性的自我规制技术，化解司法审查中的滥用职权'滥用'之主观动机认定难的问题。"[1] 公法的治理有共通的原理，即限制国家权力以扩大公民权利，遵循罪刑法定主义或者比例原则，这些是公法的共同信仰。无论现实社会的风险有多大，都应当坚守刑法保障公民自由权利的本性。其实，越是处于风险社会，就越应强调罪刑法定，以限制国家刑罚权。若能如此，则现代文明国家的法治根基可固，公民的自由权利可彰，人类社会即便受到风险的冲击，也不至于因失守底线而丢失尊严。在持续推进犯罪化的时代背景下，只有坚守罪刑法定主义，才能保障公民自由权利，巩固刑法之根基。

总之，信仰可以牢根固基，罪刑法定主义为保障公民自由权利打下了坚实的基础。罪刑法定的刑法信仰确立了刑法适用的底线，信仰罪刑法定，就是信仰刑事法治。以保障公民自由权利这一刑法根基为基础而衍生的罪刑法定主义这一刑法信仰，它既具有自然事物的一面，经过近现代以来各国刑事法治实践确认能够为经验所证明，又具有超自然事物的一面，因为经由亚里士多德、洛克、孟德斯鸠、贝卡里亚、费尔巴哈、康德等各个时代的哲学家、法学家的思想沉淀，它具有先验的合理性。赋予罪刑法定主义以刑法信仰之地位，是为了发挥其作为信仰的张力作用，从而通过刑法信仰塑造公民的守法信仰，最终保障公民的自由权利。

第三节　本章小结

自 20 世纪 70 年代以来，美国和英国用新惩罚主义政策代替新社会防卫论，导致刑法扩张化与刑罚严厉化，大陆法系国家乃至我国的刑法都步其后尘，刑法日益偏离保障自由权利之根基。德国更意图直接以风险刑法或安全刑法取代

1　周佑勇：《司法审查中的滥用职权标准——以最高人民法院公报案例为观察对象》，载《法学研究》2020 年第 1 期，第 52 页。

传统刑法，日本刑法也一直深陷立法活性化、处罚扩大化的“泥沼”之中，刑法的根基受到动摇。刑法本应是部门法的保障法，如果为了满足预防风险、维护社会稳定等需要，出现政治化、工具化、技术化倾向，则之后刑法只会更加“无力”。因此，刑法应该回望出发点，面对各类新型违法犯罪行为不冒进、不扩张、不情绪化。“无物该被渴望，除非它领我们走向至善；无物可被恐惧，除非它带我们远离至善。”[1] 允许剥夺人们自由的唯一理由是，剥夺一项自由可以带来更多的自由，任何法律限制都必须具有正当性理由，唯一的正当理由只能是这种限制会带来更多自由。刑法若要继续保持它是所有部门法的保障法之地位，就必须寻根固本，发挥其限制国家权力以有效保障公民权利的机能，继续成为公民用以保护自己权利的盾牌，而不是成为悬在公民头上的利剑。刑法应以保障公民自由权利为根基，以罪刑法定主义为信仰。学习刑法，不能仅仅满足于获取知识与养成技艺，还需要形成正确的刑法理念，以维护社会的公平正义。当前刑事司法实践中出现的各类异化问题，究其根本，乃是刑法在根基和理念上偏离了其初衷，过度政治化导致其法治危机，过度工具化导致其理性危机，而过度技术化则导致其本体危机。鉴于此，只有在刑事司法实践中遵循保障公民自由权利的刑法根基并恪守罪刑法定主义的刑法信仰，才能真正在司法实践中完善刑事治理模式，提升刑事治理质效，进而重归刑法的根基与信仰。

总之，对刑法的根基与信仰的探寻，是一场有关刑法理念或观念的讨论，理念或观念的力量是无穷的。世界之变不过是观念之变幻而已。正如20世纪最杰出的自由思想家之一、英国哲学家以赛亚·伯林在《观念的力量》一书中所表达的，观念是一种望远镜，使我们得以观看思想和社会的来时路，观念也是一种显微镜，使我们得以解剖细察内在的纹理和血脉。[2]

---

1 ［古罗马］奥古斯丁：《论自由意志：奥古斯丁对话录二篇》，成官泯译，上海人民出版社2010年版，第21页。

2 参见［英］以赛亚·伯林：《观念的力量》，胡自信、魏钊凌译，译林出版社2019年版，第60-62、88-89页。

第二章
刑法根基与信仰的本土建构

在我国当前的刑事法治实践中，应当树立符合中国本土现状的刑法根基与信仰，从而真正实现良法善治的价值目标。符合法治精神的刑法实践需要提倡以自由刑法观作为刑罚的价值根据，当前固有的安全刑法观实际上会导致刑法偏离公众所期待的价值诉求，随之导致长久以来作为刑罚正当化根据的法益论的全面崩溃。换言之，只有坚持并强化自由刑法观作为未来刑法的发展方向，才能真正推动中国刑法的转型。基于自由刑法观的价值指引，我国刑法应该充分发挥其实质出罪的价值机能，在形式入罪的同时强调实质出罪，将自由刑法的价值理念贯穿刑事法治实践全过程。

在构建刑法根基与信仰的过程中，要充分认识到我国现有的丰富的刑事立法与司法资源，充分发掘我国刑法传统中的精华，并与当前的社会发展现状相结合，真正实现刑法根基与信仰的本土建构。事实上，基于自由刑法的价值根基，我国刑法需要在新的时代背景下坚持守正创新，不仅要在当前的技术风险时代妥善处理刑法治理与公民权利保障之间的关系，还要在当前立法活性化时代面对犯罪扩容的现状下坚持罪刑法定原则，并且在民刑共治时代促进公法与私法之间的交叉融合关系，最终在多元语境下推动刑法的转型升级，构建出一条恪守刑法根基、坚守刑法信仰的刑事法治现代化道路。

第一节 我国刑法的根基坚守：自由刑法之提倡

风险社会中各类新的犯罪行为层出不穷，刑事立法活动一直处在废改立释的忙碌期，以十二部刑法修正案为代表的刑事立法不断扩大刑法犯罪圈，轻罪立法成为刑事立法的特色与趋势，刑法日益主动参与社会治理，以自由主义为核心的法益理论日益式微。从现行刑法施行以来十二部刑法修正案的内容可以发现，当下刑事立法推进了中国安全刑法的不断发展，其最终在第十一部刑法修正案出台以后得以正式形成。如何对这种以安全价值为导向的刑事立法予以必要反思，以及安全刑法正式形成后，其对传统自由刑法的挑战体现何在，尤其是未来中国刑法发展方向究竟是安全刑法还是自由刑法，显然是值得深入思考的重要问题。

一、近三十年来我国刑法的价值导向：安全至上

传统的自由刑法以保护公民个人自由和权利为目的，犯罪的本质是对刑法所保护的利益的侵害，刑法所禁止的也必须是对法益有侵害的行为。安全刑法侧重于维护社会的安全与秩序，在安全刑法背景之下，“刑法是公民安全的代理人，并且安全是一个经验性的理念”[1]，而非权利价值的诉求。中国刑法一直行进在安全刑法的形成之路上，直到《刑法修正案（十一）》出台，中国刑法作为安全刑法得以最终形成。

（一）前十部刑法修正案的主要修正内容：安全刑法的逐渐形成

从《刑法修正案（一）》到《刑法修正案（十）》，十部刑法修正案以及

---

1 Winfried Hassemer, Sicherheit durch Strafrecht, Strafverteidiger, 2006, S. 11.

1998 年全国人大常委会《关于惩治骗购外汇、逃汇和非法买卖外汇犯罪的决定》(增设骗购外汇罪) 总共新增了 58 个罪名，这 58 个新增罪名使中国刑法一步步显露安全刑法的特色。排除已废除和合并修改的罪名，这 58 个罪名中，绝对新增罪名数是 55 个。需要说明的是，《刑法修正案（十)》将侮辱国歌行为规定为犯罪，在原来《刑法》第 299 条选择罪名的基础上增加了一种行为对象即国歌，但是罪名个数保持不变，没有新增。

根据前十部刑法修正案以及《关于惩治骗购外汇、逃汇和非法买卖外汇犯罪的决定》的内容可知，它们的立法目的都是保护社会公共安全、市场经济安全以及社会秩序安全；它们没有针对《刑法》分则第一章“危害国家安全罪”和第十章“军人违反职责罪”增加罪名。在新增的 58 个罪名中，《刑法》分则第二章“危害公共安全罪”有 10 个罪名，第三章“破坏社会主义市场经济秩序罪”加上前文提到的骗购外汇罪有 16 个罪名，第四章“侵犯公民人身权利、民主权利罪”有 6 个罪名，第五章“侵犯财产罪”有 1 个罪名，第六章“妨害社会管理秩序罪”有 18 个罪名，第七章“危害国防利益罪”有 2 个罪名，第八章“贪污贿赂罪”有 2 个罪名，第九章“渎职罪”有 3 个罪名。除第四章、第七章、第八章和第九章 4 个章节立法新增的 13 个罪名外，剩下的 45 个罪名都分配在危害公共安全类犯罪、破坏社会主义市场经济秩序罪、妨害社会管理秩序罪这三大类犯罪中。

危害公共安全类犯罪的 10 个新罪，主要包括三类犯罪。一是妨害道路交通安全的危险驾驶罪，以“加强对民生的保护，增加一些新的犯罪规定，加大惩处力度”[1]。二是危害劳动生产安全的重大安全生产事故犯罪，主要是《刑法修正案（六)》增设的强令违章冒险作业罪，大型群众性活动重大安全事故罪，不报、谎报安全事故罪。三是恐怖活动犯罪，主要涉及《刑法修正

1　李适时：《关于〈中华人民共和国刑法修正案（八）（草案）〉的说明——2010 年 8 月 23 日在第十一届全国人民代表大会常务委员会第十六次会议上》，载《中华人民共和国全国人民代表大会常务委员会公报》2011 年第 2 期，第 135-139 页。

案（三）》新增并被《刑法修正案（九）》修改的帮助恐怖活动罪，以及《刑法修正案（九）》增设的 5 个罪名：准备实施恐怖活动罪，宣扬恐怖主义、极端主义、煽动实施恐怖活动罪，利用极端主义破坏法律实施罪，强制穿戴宣扬恐怖主义、极端主义服饰、标志罪，非法持有宣扬恐怖主义、极端主义物品罪。这些恐怖犯罪的新罪罪名，其本意就在于“从总体国家安全观出发”“维护公共安全，加大对恐怖主义、极端主义犯罪的惩治力度”[1]。可见，新增危害公共安全类犯罪，致力于维护从交通安全到生产安全，从行业安全到社会一般性的公共安全。

破坏社会主义市场经济秩序罪的 16 个新罪名，主要包括四类犯罪。第一类是走私犯罪，即《刑法修正案（四）》增设的《刑法》第 152 条第 2 款走私废物罪。第二类是妨害对公司、企业的管理秩序罪，具体包括《刑法修正案（一）》增设的《刑法》第 162 条之一隐匿、故意销毁会计凭证、会计账簿、财务会计报告罪，及其将原第 168 条徇私舞弊造成破产、亏损罪修改为 2 个罪名，即第 168 条国有公司、企业、事业单位人员失职罪和国有公司、企业、事业单位人员滥用职权罪。此外，还包括《刑法修正案（六）》增设的虚假破产罪和背信损害上市公司利益罪，以及《刑法修正案（八）》增设的对外国公职人员、国际公共组织官员行贿罪。第三类是破坏金融管理秩序罪，具体包括《刑法修正案（五）》增设的妨害信用卡管理罪，窃取、收买、非法提供信用卡信息罪，《刑法修正案（六）》增设的骗取贷款、票据承兑、金融票证罪，背信运用受托财产罪，违法运用资金罪，《刑法修正案（七）》增设的利用未公开信息交易罪，以及骗购外汇罪。第四类是金融诈骗类犯罪，主要包括《刑法修正案（七）》增设的组织、领导传销活动罪，《刑法修正案（八）》增设的虚开发票罪、持有伪造的发票罪。这些“关于破坏金融管理秩序

---

1 李适时：《关于〈中华人民共和国刑法修正案（九）（草案）〉的说明——2014 年 10 月 27 日在第十二届全国人民代表大会常务委员会第十一次会议上》，载《中华人民共和国全国人民代表大会常务委员会公报》2015 年第 5 期，第 829 页。

的犯罪”和“关于严重损害上市公司和公众投资者利益的犯罪”[1]的修订等都是“为了适应打击犯罪的需要”[2]，维护社会主义市场经济秩序的稳定和经济安全，从而将一些经济失范行为规定为犯罪。

妨害社会管理秩序罪的18个新罪名，主要包括两类犯罪。第一类是扰乱公共秩序罪，主要是《刑法修正案（九）》增设的使用虚假身份证件、盗用身份证件罪，组织考试作弊罪，非法出售、提供试题、答案罪，代替考试罪，拒不履行信息网络安全管理义务罪，非法利用信息网络罪，帮助信息网络犯罪活动罪，扰乱国家机关工作秩序罪，组织、资助非法聚集罪，编造、故意传播虚假信息罪。此外，还有《刑法修正案（七）》增设的非法获取计算机信息系统数据、非法控制计算机信息系统罪，提供侵入、非法控制计算机信息系统程序、工具罪，《刑法修正案（三）》增设的投放虚假危险物质罪和编造、故意传播虚假恐怖信息罪，以及《刑法修正案（六）》增设的开设赌场罪。第二类是妨害司法活动罪，即《刑法修正案（九）》增设的虚假诉讼罪，泄露不应公开的案件信息罪，披露、报道不应公开的案件信息罪。可见，妨害社会管理秩序罪的立法完善，主要是《刑法修正案（九）》完成的，即“坚持问题导向，从我国国情出发，针对实践中出现的新情况、新问题，及时对刑法作出调整，以适应维护国家安全和社会稳定的需要”[3]。将类似于组织考试舞弊、开展信息网络犯罪活动、进行虚假诉讼等侵害公共秩序与司法活动秩序的行为纳入刑法规制范围，被立法者认为是为了进一步发挥刑法在维护社

---

1 安建：《关于〈中华人民共和国刑法修正案（六）（草案）〉的说明——2005年12月24日在第十届全国人民代表大会常务委员会第十九次会议上》，载《中华人民共和国全国人民代表大会常务委员会公报》2006年第6期，第426-429页。

2 胡康生：《关于〈中华人民共和国刑法修正案（五）（草案）〉的说明——2004年10月22日在第十届全国人民代表大会常务委员会第十二次会议上》，载《中华人民共和国全国人民代表大会常务委员会公报》2005年第2期，第115-116页。

3 李适时：《关于〈中华人民共和国刑法修正案（九）（草案）〉的说明——2014年10月27日在第十二届全国人民代表大会常务委员会第十一次会议上》，载《中华人民共和国全国人民代表大会常务委员会公报》2015年第5期，第829页。

会主义核心价值观、规范社会方面的引领和推动作用的重要立法。

前十部刑法修正案虽然也新增了侵犯公民个人法益的犯罪，如第四章“侵犯公民人身权利、民主权利罪”共增加6个罪名，即雇用童工从事危重劳动罪，组织残疾人、儿童乞讨罪，侵犯公民个人信息罪，组织未成年人进行违反治安管理活动罪，组织出卖人体器官罪，虐待被监护、看护人罪，以及第五章“侵犯财产罪”增加1个罪名，即拒不支付劳动报酬罪。但是，这类保护个人法益的罪名数量在整个新增罪名中只占12%，前十部刑法修正案以保护安全法益为绝对的价值导向，是毋庸置疑的。

（二）《刑法修正案（十一）》的主要修正内容：安全刑法的正式形成

如果说，前十部刑法修正案的主要修正内容，体现了我国刑法在朝着安全刑法方向逐步发展，那么，以保护社会安全为首要目的与核心价值的《刑法修正案（十一）》的颁行，则意味着我国安全刑法的正式形成，安全刑法最终成为我国刑法的性质和特色。

1.《刑法修正案（十一）》集中体现了积极刑法观的立法特征

以安全作为刑法的首要价值，在刑事立法上，就会秉持积极刑法观，主张通过积极预防主义，及时回应社会关切，刑事立法的犯罪化程度高；通过编织严密的刑事法网，有效预防与惩治犯罪。

（1）《刑法修正案（十一）》是建立在以往刑事立法预防和惩治犯罪程度仍然有待提升的基础上的，它是立法活性化的集中体现。虽然我国刑事立法一直行走在安全刑法的形成之路上，但是，对于立法者而言，为了确保将社会风险扼杀在摇篮之中，前十部刑法修正案的立法扩张还远远不够。因此，全国人大常委会起草《刑法修正案（十一）》时明确指出：“1997年全面修订刑法以来先后通过了一个决定、十个刑法修正案和十三个有关刑法的法律解释，及时对刑法作出修改、补充和明确适用。总体看，现行刑法适应当前我国经济社会发展总体情况和预防、惩治犯罪的需要。同时，也需要根据新任务、新要求、新情况对刑法作出局部调整。”[1] 可见，出于风险防范的考虑，立法者认为以往的刑法修正案还不足以发挥安全保护的作用，必须出台《刑法修正案（十一）》以进一步积极干预社会治理。

（2）《刑法修正案（十一）》编织了更加严密的刑事法网，将对社会风险的防范发展到了极致。一方面，《刑法修正案（十一）》新增了17个罪名，从社会公共安全到市场经济秩序和社会管理秩序的维护，对于驾驶、安全作业、药品管理、商业秘密保护、警察执行公务、上学就业等资格被冒用、高空抛物、催收非法债务、英雄烈士人格名誉受到侵害、境外赌博、生物安全、野生动物保护、自然资源安全等领域频发的风险，都加以刑事规制，从而在“涉及安全生产、食品药品、金融秩序、企业产权、公共卫生与其他领域六大维度”[2] 编织起严密的刑事法网。另一方面，《刑法修正案（十一）》中那些并非新增罪名而是修改以往条文的立法，也是在进一步严密刑事法网。例如，其第1条关于刑事责任年龄的修改，通过降低部分犯罪的刑事责任年龄，从而使部分犯罪主体的范围得以扩张。又如，通过修改既有罪名的客观或者主观要件，从而扩大了刑罚处罚范围。再如，修改生产、销售假药罪和生产、销售劣药罪的行为方式，使之由仅包括生产、销售变为包括“提供”行为在内；通过删除洗钱罪的主观明知要件，从而扩大该罪认定范围；增加或修改既有罪名犯罪情节方面的规定，从而扩张构成要件的效力范围。还如，增加了《刑法》第218条销售侵权复制品罪的定罪情节，使本罪由数额犯变为情节犯。此外，《刑法修正案（十一）》还修改、细化了法定刑以及个罪量刑方

1　李宁：《关于〈中华人民共和国刑法修正案（十一）（草案）〉的说明——2020年6月28日在第十三届全国人民代表大会常务委员会第二十次会议上》，载《中华人民共和国全国人民代表大会常务委员会公报》2021年第1期，第132-133页。

2　高铭暄、孙道萃：《〈刑法修正案（十一）（草案）〉的解读》，载《法治研究》2020年第5期，第9-10页。

面的规定，包括提升法定刑幅度、增加其他情节对应的法定刑幅度、删除或者增加罚金刑的比例限制等，都使得惩罚力度提升，法网变相地更加严密。比如，修改提升非国家工作人员受贿罪、集资诈骗罪的法定刑等。最后，《刑法修正案（十一）》大量采用了实害犯加危险犯的规定，进而构建从立法前置保护到立法事后保护的刑事法网，比如新增的强令、组织他人违章冒险作业罪及危险作业罪等均为适例。

2.《刑法修正案（十一）》体现了刑事立法绝对的安全与秩序导向

《刑法修正案（十一）》是一部完全以安全为价值追求的修正案。无论是在修改刑法的必要性，还是修改刑法的总体思路，抑或修改刑法的主要内容上，都体现了安全价值至上。

《刑法修正案（十一）》首先确立了安全至上的修法宗旨，“加强保护人民群众生命财产安全，特别是有关安全生产、食品药品、环境、公共卫生等涉及公共、民生领域的基本安全、重大安全”[1]。可以说，没有一部刑法修正案像《刑法修正案（十一）》一样全方位地涵盖了从公民个人出行安全到生产安全，从食品药品安全到环境安全，从金融安全到产权安全，从重大公共卫生安全到国家安全，总之，在全世界因为突发公共卫生事件引发社会风险的大背景之下，在推进和贯彻中国总体国家安全观的时代背景下，《刑法修正案（十一）》全方位地贯彻和推进了刑法的安全价值。

在具体内容的修改上，《刑法修正案（十一）》新增的17个罪名和修改的原有罪名，都是为了实现刑法的安全价值，而不是为了保护公民个人自由或者权利。（1）维护生产安全。为了维护人民群众“头顶上的安全”和出行安全，加大对安全生产犯罪的预防惩治。新增妨害安全驾驶罪以维护人民群众出行安全，新增高空抛物罪以维护人民群众“头顶上的安全”，将原来刑法

1 李宁：《关于〈中华人民共和国刑法修正案（十一）（草案）〉的说明——2020年6月28日在第十三届全国人民代表大会常务委员会第二十次会议上》，载《中华人民共和国全国人民代表大会常务委员会公报》2021年第1期，第132–133页。

中的强令违章冒险作业罪修改为强令、组织他人违章冒险作业罪与危险作业罪，以维护劳动生产中的安全。(2）维护食品药品安全。为进一步强化食品药品安全，保护人民群众安全，修改或新增了食品药品安全方面的罪名。取消生产、销售假药罪和生产、销售劣药罪，将其修改为生产、销售、提供假药罪和生产、销售、提供劣药罪，新增妨害药品管理罪。(3）维护金融安全。《刑法修正案（十一)》大力完善对破坏金融秩序犯罪的规定，以更好地防范、化解金融风险，保障金融改革，维护金融秩序，保护人民群众利益。一是完善了证券犯罪规定，取消欺诈发行股票、债券罪罪名，修改为欺诈发行证券罪。二是从严惩处非法集资犯罪。修改提升非法吸收公众存款罪和集资诈骗罪的法定刑，加大对非法集资类行为的惩处力度。三是严厉惩处非法讨债行为，新增催收非法债务罪。(4）维护产权安全。为进一步加强企业产权保护和优化营商环境，刑法对于涉企业产权安全领域的犯罪作了进一步修改和完善。一是对于侵害民营企业财产的犯罪加大惩处力度，将非国家工作人员受贿罪、职务侵占罪、挪用资金罪的法定刑作了提升。二是修改骗取贷款、票据承兑、金融票证罪的入罪门槛规定，将骗取贷款、票据承兑、金融票证罪的处罚范围适当缩小。三是修改侵犯商业秘密犯罪，将侵犯商业秘密罪的构成要件进行扩充，并提高了刑罚；增加规定商业间谍的行为为犯罪，即增设为境外窃取、刺探、收买、非法提供商业秘密罪。(5）维护公共卫生安全。为了更好抗击突发公共卫生事件引发的社会风险，保护公共卫生安全，进一步强化公共卫生刑事法治保障，新增了一系列公共卫生领域的罪名或者修改了原有罪名。一是修改了妨害传染病防治罪的构成要件，扩大其效力范围。二是为维护国家安全和生物安全，防范生物威胁，与生物安全法衔接，增设了一系列新罪，即非法采集人类遗传资源、走私人类遗传资源材料罪，非法植入基因编辑、克隆胚胎罪，非法引进、释放、丢弃外来入侵物种罪。三是修改了野生动物有关犯罪的规定。取消了非法猎捕、杀害珍贵、濒危野生动物罪和非法收购、运输、出售珍贵、濒危野生动物、珍贵、濒危野生动物制品罪，将之修改为危害珍贵、濒危野生动物罪一个罪名；新增非法猎捕、收购、运输、出售陆生野生动物罪，从而实现了从源头上防范和控制重大公共卫生安全风险。四是修改了国家自然资源保护类犯罪，新增破坏自然保护地罪，修改了危害国家重点保护植物罪。（6）其他维护社会秩序的修法。主要包括新增袭警罪，冒名顶替罪，侵害英雄烈士名誉、荣誉罪，组织参与国（境）外赌博罪，妨害兴奋剂管理罪，以及修改侮辱国旗、国徽、国歌罪，食品、药品监管渎职罪。需要说明的是，安全与秩序其实是互通的，例如，经济秩序也可以称为经济安全，环境管理秩序也可以称为环境安全，故安全刑法的价值导向内容包括安全与秩序，对维护社会秩序类犯罪的修改，体现的也是对安全价值的强化。

总之，《刑法修正案（十一）》共计 48 个条文，其中涉及个体权利的罪名只有负有照护职责人员性侵罪，其余内容除总则性条文即修正案第 1 条，技术性条文即修正案第 48 条，以及 2 个涉及军人违反职责罪的条文即修正案第 46 条和第 47 条外，共有 44 条内容，都属于强化安全与秩序保护的范畴。

3.《刑法修正案（十一）》不断体现对集体法益的保护倾向

“只有针对侵害法益的行为，立法者才能通过刑罚予以惩处”[1]，法益也因此成为评价刑事立法正当与否的理论工具。法益理论的诞生基于对个人法益的保护而发展至今，然而，随着社会风险的剧增，“以保护法益的方式，刑法在为实现公共福祉和维护共同秩序服务”，“刑法的任务是要保卫国家共同体的根本性基本价值，维护社会秩序框架内的安定稳定”[2]，以《刑法修正案（十一）》为代表的安全刑法，其重要特征是对集体法益的保护日益明显。

集体法益是相对于个人法益的概念，它也被称为公法益或者超个人法益。

---

1 ［意］埃米利奥·多尔契尼：《意大利法律制度中犯罪的概念及其体系论》，吴沈括译，载赵秉志主编：《走向科学的刑事法学》，法律出版社 2015 年版，第 198 页。

2 ［德］约翰内斯·韦塞尔斯：《德国刑法总论》，李昌珂译，法律出版社 2008 年版，第 5 页。

为了继续保持法益论的现实意义，集体法益也被认为属于法益的范畴，法益并不局限于个人法益，对集体法益的保护也符合法益保护原则。但集体法益的抽象特征会导致法益概念的稀薄，集体法益在某种程度上已经背离真正意义上的法益内涵。《刑法修正案（十一）》除新增的负有照护职责人员性侵罪（以保护个人法益为目的）、前述1个总则性条文和1个技术性条文，以及2个涉及军人违反职责罪的条文外，剩下的44个条文都是以保护集体法益为内容的。从公共安全法益到经济秩序法益，再到社会管理秩序法益，都是典型的集体法益。例如，妨害药品管理罪直接指向的是药品管理秩序，欺诈发行证券罪直接指向的是金融秩序，尽管袭警罪包括警察的人身安全利益，但其直接指向的是社会管理秩序。催收非法债务罪与侵害英雄烈士名誉、荣誉罪直接指向的是社会秩序，有关环境领域的生物安全的刑法保护也具有鲜明的集体法益特征，等等。

出于对安全与秩序价值的诉求，刑事立法日益呈现一种预防导向型、政策导向型与未来导向型的态势。在预防导向方面，大量以危险犯的立法形式设置个罪的构成要件。在政策导向方面，无论是政策制定者对刑事立法的直接影响，还是因热点事件而引发的社会舆论，都通过政策的媒介更为直接地作用于刑事立法活动，均显示出政策影响立法的特征。在未来导向方面，刑法不仅试图保护当下的安全利益而且着眼于未来的安全内容，从而在立法层面实现未雨绸缪，并填补一些立法空缺。无论从安全刑法的特征与刑事立法的契合程度还是从刑事立法的发展轨迹与规范现实来看，《刑法修正案（十一）》已然标志着中国安全刑法的正式形成。

二、安全刑法对自由刑法的冲击：刑法根基的背离

当下我国刑事立法不断体现自由刑法向安全刑法的转向，是出于刑事立法自身的发展规律、中国社会发展的日新月异、刑法结构的逐渐变迁与刑事立法

理念的不断更新等原因的考虑。法益论在此转向中尽管也可以作为安全刑法的根据，但法益的实质内涵已然由个体法益偏向集体法益，同时法益论也在无形之中让步于规范论，至于规范论背后的立法正当性则缺乏足够的论证与说明，也缺乏法益论在实质内容上的有力佐证。安全刑法从逐渐发展到正式形成，对自由刑法的法益概念造成了极大冲击，在实质层面，法益概念的内涵其实已经崩溃。

（一）价值层面：安全作为刑法首要价值与法益自由权利冲突引发法益崩溃

法益论的实质内涵是以权利自由为基础，刑法以保护法益为目的是指刑法以保护个体的权利自由为首要价值，刑事立法不能过于限制个体的行动自由，权利自由价值在诸多的价值范畴中处于首要地位。一旦安全秩序成为刑法的首要价值，权利自由则会成为刑法间接或者附带性保护的利益，个体权利与集体安全就会出现本末倒置的现象，安全秩序与权利自由之间就会发生价值论层面的冲突。

以自由和权利为核心内容的法益概念，无论在立法还是司法层面，都是提供正当性根据的存在。这意味着，刑法的法益保护而非安全维护才是动用刑罚惩罚的正当化根据。在立法层面，前实定法的法益概念或者说实质的法益概念对于立法具有限制机能。法益概念一般被理解为："在保障基本权的情况下，为了（公民）在国家体之中自由安宁地共同生活提供所需前提的一切实在。……按照作为现代民主和基本法基础的社会契约思想范式，主权者（人民）向国家让渡刑罚权力，目的只是用来保护他们的自由和权利（而不是用来推行道德设想和意识形态，也不是用来实现家长式的监护）。如果国家将刑罚权力用于并无法益保护基础的目的，那么国家就违反了由合比例原则上导出的过度禁止。"[1] 生活利益的价值与不可或缺最终需要落实到个体的权

---

1 ［德］克劳斯·罗克信：《德国〈基本法〉60 周年（第三篇）——从刑法角度看 60 年〈基本法〉》，陈晰译，载赵秉志等主编：《当代德国刑事法研究》2016 年第 1 卷，法律出版社 2017 年版，第 134 页。

利自由上，这正是法益概念的重要意义，以此为基础，它帮助划定立法的边界，或者说是“立法者界定刑事不法行为时采用的指导标准”“倘若刑法对于被视为第一序列的法益不给予保护或者不提供相称的保护，却以极端的方式保护明显价值位阶更低的法益”[1]，那么法益概念就可能丧失指引立法的功能，甚至可能催生新的犯罪。立法层面的法益同样需要从个体的权利自由出发予以推导。“刑法条文建立在对生活利益有价值的判断之上，这些生活利益在社会中不可或缺，所以应被作为国家强制力的刑罚所保护。”[2] 对生活利益的价值与不可或缺最终需要落实到个体的权利自由上，而纯粹的道德伦理秩序以及其他社会秩序均不能像纯粹的权利自由那样具有基础意义。

在司法层面，后实定法的法益概念或者说形式的法益概念在解释论的意义上具有相应的指引作用，尤其是对违法性要件的解释。“法益是进行法律解释的普遍标准，对此我们通常不怀疑其合理性。”[3] 我国刑法从类罪法益到个罪法益的立法体例为解释论层面的法益功能发挥奠定了基本的体系基础。“分则条文的保护法益并不是直接根据某种行为的所有直接危害与间接危险确定的，而是取决于构成要件内容。”[4] 这意味着，刑法构成要件的规定其实就是为了帮助确定罪名保护的法益是什么，进而通过所确定的法益来指导个罪解释适用。同时，正因为法益概念的核心是自由，在解释论层面，“法益概念作为对犯罪构成事实限制解释的手段”[5]，其正是以权利自由为前提来展开对构成要件的指导解释作用的。如果偏离了权利自由之内容，法益在司法层面的解释作用其实是名存实亡的。“只有对侵害权利的行为进行惩罚才能体现出国

1　［意］埃米利奥·多尔契尼：《意大利法律制度中犯罪的概念及其体系论》，吴沈括译，载赵秉志主编：《走向科学的刑事法学》，法律出版社2015年版，第197页。

2　Jescheck/Weigend，Lehrbuch des Strafrechts Allgemeiner Teil，5. Aufl. 1996，S. 7.

3　Hans Kudlich，Relevanz der Rechtsgutstheorie im modernen Verfassungsstaat，ZStW 127（2015），S. 637ff.

4　张明楷：《催收非法债务罪的另类解释》，载《政法论坛》2022年第2期，第5页。

5　［德］米歇尔·库宾希尔：《对法益概念内涵的最新判例评述》，江溯译，载赵秉志等主编：《当代德国刑事法研究》2016年第1卷，法律出版社2017年版，第206页。

家刑罚权的正当性。”[1] 如果不能从权利侵犯的角度证明违法性的成立，那么定罪量刑在严格意义上说就是缺乏正当性的。

然而，当安全成为刑法的首要价值，其所保护的便不再是公民的权利自由，而是社会的集体法益。集体法益可以为社会上的不同群体所共享，它不可分割，也不能还原为个人法益，它是某种社会集体价值的共同体现，“集体法益具有不可分配性，亦即，无论是从法律上还是从事实上，集体法益不可能分配给公民”[2]，它以社会的稳定与秩序为内容，与个人自由和权利相对应。在内容上，法益以自由权利为实质内涵的特点，与安全以秩序稳定为实质内涵的特点，天然就是相左的。法益的保护是事后的，而安全的保护是前置的；法益的保护取决于对公民自由和权利的侵害结果，安全的保护不取决于事后的结果，而是基于风险可以预测和防范管控这一立场而采取的刑法前置性预防措施。在法益保护需求下，国家刑罚权的发动具有滞后性和被动性；而在安全价值的维护需求下，国家刑罚权的发动具有主动积极性。可见，当安全成为刑法保护的首要价值，国家刑罚权的正当化根基受到冲击，法益论就会退居其次甚至全面崩溃，并使刑法条款日益履行安全保护功能，而不是法益保护的自由权利保护功能。

（二）形式层面：不同类型安全对法益论的逐步蚕食助推法益论的全面崩溃

安全刑法对不同形式的安全有不同的保护，根据安全价值在不同层面的类型划分，在价值优先性的意义上，刑法的安全价值与权利自由价值的冲突有不同类型。每一种类型虽然保护的是不同层面的安全，但其共同点是，安全刑法对不同形式安全的保护追求逐渐蚕食法益理论，导致法益论的全面崩溃。

---

1 Thomas Vormbaum，Einführung in die modern Strafrechtsgeschichte，4. Aufl. 2019，S. 52.

2 张明楷：《刑法学》（第 6 版），法律出版社 2021 年版，第 82 页。

安全刑法会对国家安全和社会安全追求无尽的保护，社会安全包括公共安全、经济秩序安全和社会管理秩序的安全。对每一种安全的片面追求都会伤害和冲击法益论所保护的公民权利与自由。一是安全刑法会对国家安全追求不断的保护，这会不合理地限制公民的自由权利。由于国家安全不同于一般意义上的公共安全，其具有更为鲜明的政治性和整体性，其本身作为集体法益固然是十分重要的，但对国家安全的过度保护可能会限制公民的权利自由。假如为了保护国家安全而禁止公民的行为显然是对公民权利自由的侵犯，则此时国家的安全与秩序就会与公民的权利与自由之间存在冲突。二是安全刑法会对公共安全追求周全的保护，从而侵占行政法的规制范围。如果一项对公共安全有害的行为可以通过行政法实现有效规制，但刑法却对此设置相应的罪刑规范，此时安全秩序与权利自由之间就会存在冲突。例如，《刑法修正案（八）》增设的醉酒型危险驾驶罪就引起了该类危害公共安全的行为是否可以通过加强行政执法力度而得到有效规制的争论。三是安全刑法为了保护纯粹的经济秩序而不惜对行为人进行刑事处罚，导致经济秩序与权利自由之间的冲突，这在法定犯中尤为多见。基于社会生活的发展需求而从事经济活动，比如王某军收购玉米，只要没有妨碍他人利益亦即不存在法益侵犯，单纯地违反经济规制的目的，就不应该动用刑法。当经济秩序与权利自由发生冲突时，刑法对经济秩序的维护不应当无端挤压个人权利自由的空间。四是安全刑法为了保护社会管理秩序而对一般违法意义上的侵权行为予以犯罪化，导致社会秩序与权利自由之间的冲突。例如，高空抛物行为的犯罪化，就属于以刑法手段实现维护社会秩序目的的典型立法，它虽然保护了公民“头顶上的安全”，却不当地限缩了公民权利和自由。五是为了维护安全秩序使刑法在整体意义上出现不合理的犯罪化以及刑罚过于严厉的情形。由于违反罪刑相适应的原则，犯罪化的立法设置会对公民的权利自由造成侵犯。

对安全价值的追求，使刑法陷入盲目犯罪化的趋势，违背行为的损害原则；而对于没有社会损害的行为如果也施以刑罚惩罚，就会违反刑法的比例原则。刑法“通过科处刑罚所追求的社会效益（预防具有社会危害性的行为）应当与刑罚本身蕴含的成本（尤其是人身自由、财产以及名誉等方面的牺牲）在观念层面做相应的对比”[1]。如果刑罚的社会效益与刑罚成本之间比例失衡，就意味着刑罚的正当性存疑。过度追求安全价值的刑法，意味着不计代价地发动刑罚来限制公民的权利与自由，从而最终使法益保护让位于安全维护，刑法的法益论也因此逐渐崩溃。

（三）实质层面：安全刑法中的法益内涵在实质层面的全面崩溃

法益概念本身是自由刑法的概念，其以权利自由为核心价值，将权利自由作为优先保护的对象，刑法在整个法体系中处于绝对的保障法地位，而安全刑法显然已经背离了自由刑法与法益论的核心特征。从实质层面来看，安全刑法中的法益内涵在实质层面全面崩溃。

法益概念本身有形式与实质之分：前者是刑法所保护的法益，是从法规范的层面而言的；后者是指法益的内涵，“实质的法益概念则仅将特定的东西、能力和状态视为法益，它们除了满足形式法益概念所说的条件以外，还要在内容上至少满足一定的条件，例如，它们能够增进个体的自由发展”[2]。然而，虽然安全刑法也使用法益概念，但是，“法益理论首先有一个重要任务，就是对实际上只是个人法益，却被认为是集体法益之假象的集体法益提出批评”[3]。这意味着，在安全刑法背景下刑法可能只是表面上仍然使用法益

1 ［意］埃米利奥·多尔契尼：《意大利法律制度中犯罪的概念及其体系论》，吴沈括译，载赵秉志主编：《走向科学的刑事法学》，法律出版社 2015 年版，第 199 页。

2 ［德］阿敏·英格兰德：《通过宪法振兴实质的法益理论?》，马寅翔译，载赵秉志等主编：《当代德国刑事法研究》2016 年第 1 卷，法律出版社 2017 年版，第 94–95 页。

3 ［德］许迺曼：《法益保护原则——刑法构成要件及其解释之宪法界限之汇集点》，何赖杰译，载许玉秀、陈志辉合编：《不移不惑献身法与正义——许迺曼教授刑事法论文选辑》，台北，公益信托春风煦日学术基金 2006 年版，第 244 页。

概念，而这样的法益概念在实质内涵上早已全面崩溃。一是法益的内核由权利自由转变为安全秩序。法益的内核应当是权利自由，“自由概念是通过理性就某些由于它而在感官世界中有可能的结果而言的因果性来充分地阐明自己的实在性的，而这种因果性是理性在道德法则中不容反驳地公设的”[1]。晚近的很多刑事立法是以安全秩序为内核的，它们使权利自由意义上的法益概念退居次要位置，刑法对安全秩序的直接维护伴随间接保护公民的安全利益，并提升了社会整体的安全感。二是以安全和秩序为首要目标的集体法益内容不断增多。集体法益区别于个人法益的重要方面就是其以安全和秩序为内核，而集体法益的增多意味着安全与秩序价值不断挤压权利与自由的空间，权利自由在刑法保护的意义上逐渐依附于安全秩序价值的实现，法益论原有的基础意义受到动摇。个人法益是真正意义上的法益概念，而集体法益本身已然超出法益论的范畴。集体法益趋于抽象化，但个人法益必须具体化，如果集体法益在实质上并不能完全包括个人法益，那么以安全秩序为优先价值的集体法益就不属于真正意义上的法益内容。集体法益的刑法保护条款增多，最终从实质上掏空了个人法益或者说法益论的内容，因此，此法益即集体法益非彼法益即个人法益。三是缺乏法益保护与立法实效的象征性立法现象不断增多。刑法的增设如果只是为了表明某种规制风险的姿态，但并未实现对法益的切实保护，就会因欠缺立法实效性而成为象征性的刑事立法，那么法益论对于此类立法的制约意义就着实有限。很多新增罪名的立法只是出于象征性立法的考虑而不是为了保护法益，刑事立法一旦象征化，无论法益概念的内容如何，其已经与法益概念本身相去甚远。四是安全刑法中的法益论逐渐偏向规范论。刑法规制的对象逐渐由结果转向行为，刑法日益注重行为规范的作用，倾向于积极的一般预防。“积极的一般预防是对社会生活中连犯罪意思都没有的正常人的预防……将传统刑法论中预防的对象从犯罪人、潜在的

1 ［德］康德：《判断力批判》，李秋零译注，中国人民大学出版社 2011 年版，第 289 页。

犯罪人扩大到日常生活中的普通市民。”[1] 传统自由刑法的报应和预防功能转变为抽象的、一般的、整体的预防目的。五是法益限制刑事立法的功能不断减弱。刑事立法是把“双刃剑”，其通过设置犯罪与刑罚的手段来遏制对社会有严重危害的行为，为了防止刑罚权的运行对公民和社会造成侵犯，就有必要对包括刑事立法在内的刑罚权运行予以有效限制，而以权利自由为依据的法益论则恰好可以有效约束刑罚权。刑法的法益保护目的中的法益，并非一个空洞的法律概念，而是一个意在限定刑罚处罚范围的、具有合理现实内容的概念。如果法益不能有效约束刑法的制定与施行，甚至成为犯罪化不断扩张的理论工具，那么此时的法益论本身就是崩溃的。

总之，从价值层面来看，安全作为刑法的首要价值与法益保护的自由权利之间存在严重冲突，从而引发了法益崩溃。在形式层面，不同类型的安全价值与刑法保护对法益论的逐步蚕食助推法益论的全面崩溃；在实质层面，安全刑法中的法益内涵也全面崩溃。从价值论到形式体现再到实质内涵，法益论都受到安全刑法全方位冲击而难以维持。

三、坚守刑法根基的未来发展方向：自由刑法的回归

以安全价值为导向的中国刑事立法，有效契合了总体国家安全观，贯彻了对各种社会安全风险的积极预防原则，因应了社会安全风险的防范需求，是我国通过构建完备的安全法律法规体系回应社会风险的重要体现。然而，未来中国刑法的发展方向，是继续走安全刑法的发展之路，还是应该朝自由刑法的发展方向前行，仍需要深入探讨。

---

1 黎宏：《预防刑法观的问题及其克服》，载《南大法学》2020 年第 4 期，第 11 页。

（一）中国刑法必须对安全刑法进行理性反思

安全刑法具有顺应时代发展现实的意蕴，对于及时维护社会的稳定与安宁具有规范意义，但安全刑法对传统刑法的冲击及其存在的一些弊端也是值得反思的。只有在对安全刑法有所认识的基础上，全面理性地对安全刑法予以必要的反思并在未来中国刑法走向的意义上作出分析，才能有效发挥刑法在整体社会治理层面的积极意义。

首先，社会治理是整体面向的，刑法在社会治理中的空间有限，以安全秩序为优先价值的刑法会不断出现参与社会治理的冲动。安全刑法“通过刑罚实现安全的理论兴起以来，可以看到这一领域的不断扩张。一旦安全需求变多，或者一旦出现新的安全需求，刑法就会进入。自 19 世纪中期以来，一个全面的财产和经济刑法一直在发展”，“与国家保护有关的刑法在每个政治时期都在持续扩展。与道路交通和环境有关的刑法在刑法典中占据了越来越多的空间。较少被关注的附属刑法成为刑法所要满足的安全需求的一个巨大蓄水池”[1]。对于刑事治理而言，在决定其所采用的治理手段时，必须紧扣时代的需求，所有治理手段必须“服务于当下中国不断深化改革发展的时代潮流，致力于推进国家治理体系和治理能力现代化”[2]。由于刑法方式相对于其他社会治理方式而言更多体现出简单粗暴、立竿见影的效果，这在无形中导致其他社会治理手段的萎缩并拉低了整体的社会治理能力，从而离国家治理体系和治理能力现代化的目标越来越远。中国式现代化要求刑事治理尽量摆脱刑法工具主义的物本逻辑，最大化地实现以人为中心的尊重公民权利自由的人本逻辑，而这些目标的达成，都需要将安全刑法控制在适当的界限以内，

1　Wolfgang Naucke, Die robuste Tradition des Sicherheitsstrafrechts, Kritische Vierteljahresschrift für Gesetzgebung und Rechtswissenschaft, 2010, S. 132f.

2　周佑勇：《中国行政法学学术体系的构造》，载《中国社会科学》2022 年第 5 期，第 118 页。

大力倡导自由刑法而不是安全刑法。

其次，法治国的基础价值就是对公民权利自由的保障，在权利自由价值尚未全面深入人心的情况下，以安全秩序作为优先价值或者将权利自由与安全秩序作为同等价值，将会损害现代社会法治国的根基。人类发展的历史和法治的文明进化史告诉我们，从启蒙运动时代到古典社会再到现代社会，自由一直占据着核心地位，“是自由而不是安全赋予现代国家以正当性……安全无非是对所有人的自由进行平衡。安全并不优先于自由，相反，自由是安全甚至是安全感不可或缺的保障。自由的理念在康德的哲学中被有力地加以表达。其中，自由——也只有自由——被认为是人类存在的根本原因”[1]。保障公民的权利与自由也因此成为刑罚正当化的根据。在刑法的起源上，是自由而不是安全赋予刑法产生的基础。因为刑法来源于对人的自由意志的承认，“它是以人能自行决定其行为，并且能依据其意志自由在法与非法之间做出决定的自我责任为前提的”[2]。遵循这样的以人的自由（意志）为前提的罪责基础，以及惩罚犯罪人正是尊重他人自由的存在之法哲学根据，刑罚的适用才能进一步让人的自由得到全面而充分的发展。离开对公民权利自由的保障，以社会的安全作为刑法的首要价值和目的，就意味着仅仅出于防卫的需要而对于没有罪责的行为也可以适用刑法，也因此会产生诸如挖两株野生兰花回家栽种未认识到其是名贵植物而被判刑[3]等大量类似案例。国家与社会安全的维护如果是以牺牲公民权利与自由为代价的，最终结果将得不偿失。人类历史证明了这一点。“在失去自由这方面，欧洲有着充足的经验。这些关键词就足够了：魏玛、佛朗哥政权、萨拉查政权、希腊军事独裁……从这些例子可

---

1 Peter-Alexis Albrecht, Die vergesse Freiheit: Strafrechtsprinipien in der Europlischen Sicherheitsdebate, Kritische Vierteljahresschrift für Gesetzgebung und Rechtswissenschaf, 2003, S. 127.

2 ［德］马迪亚斯·雅恩：《“没有大到不能绳之以法的主体”——在基本法下对一个企业协会刑法典的宪法异议》，刘家汝译，载赵秉志主编：《走向科学的刑事法学》，法律出版社 2015 年版，第 469 页。

3 参见张剑：《上山挖兰花草，女子被判刑》，载《安徽商报》2022 年 5 月 18 日，第 8 版。

以看出，在个体自由权利的背脊上扩大国家安全意味着什么。从这些例子中，人们可以了解到自由是如何被保护的，安全本身并不是一个好的指导者。从这些例子中加以学习，对于自由主义刑法来说将是一个好的欧洲式的开始。”[1] 因此，即使出于抵御风险与保卫社会的目的，刑法也不能出现淡化权利自由价值的情形。“在运用刑法与风险作斗争时，必须保护法益关系和其他法治国的归责原则。在无法做到这一点的地方，刑法的干涉就必须停止。”[2] 失去自由的安全，其实是最大的不安全，因为这种安全可能都是表面性和短暂性的。

最后，安全刑法会导致刑法的范围随着风险的增加而扩张，使犯罪圈持续扩大，最终使得刑法对安全利益与公民权利自由的维护出现失衡。由于社会不断出现新的风险，出于社会治理的目的，会有新的需求要求刑法在安全秩序的意义上对风险进行规制，安全刑法的边界会呈现扩张态势。在整体的价值体系内容相对稳定的情况下，安全秩序的价值不断扩张就意味着权利自由价值渐趋压缩，即使基于安全秩序是手段而权利自由是目的的立场来解释这种扩张立法，也无法改变安全秩序取代权利自由之事实，或者说也无法改变刑罚处罚正当性被动摇的事实。“对普遍的安全有害的欲望的实现”[3]，结果就是安全刑法越来越不受权利与自由的制约，安全刑法如同脱缰的野马，在追求安全的道路上日益丧失安全性。安全刑法将可罚性的重心放在危害社会安全的思想意识的表现之上，通行的自由刑法正是在广泛遵循预防的基础上转变成了预防性的安全刑法。但是，这样的转向与宪法的权利概念或者与法治国原则都是不相协调的，法治国家的建设应该在未来更加关注这个问题，

1　Peter-Alexis Albrecht，Die vergesse Freiheit：Strafrechtsprinipien in der Europlischen Sicherheitsdebate，Kritische Vierteljahresschrift für Gesetzgebung und Rechtswissenschaf，2003，S. 128.

2　［德］克劳斯·罗克辛：《德国刑法学总论》（第 1 卷），王世洲译，法律出版社 2005 年版，第 19 页。

3　Fichte，Die Bestimmung des Menschen（1800），in：Fichtes Werke，hg. V. I. H. Fichte，Band Ⅱ（ND 1971），S. 189.

从而根据宪法精神和法治国原则正确地限制国家刑罚权。为此，安全刑法应当接受自由刑法的制约，要树立“以自由为前提的安全观”。刑法对安全与秩序价值的直接维护必须保持谨慎态度，不能过于积极地予以刑事立法，尤其在社会治理的意义上应当优先寻求其他有效的社会治理手段。刑法作为风险社会时代社会治理的最后手段，不能舍本逐末而放弃权利保障之底线。对于重大的安全利益以及维持法益存续的必要社会秩序予以刑法保护是毋庸置疑的。即使秩序与安全需要刑法予以必要的保护，其也应当接受自由主义刑法的理论审查与价值平衡，而不是以社会治理为借口，通过刑事立法保护集体法益或者超个人法益。

总之，对安全刑法的追逐不能过度，否则预防性的制裁模式将取代惩罚式制裁模式，刑事制裁将会从对危害行为及其结果的关注转为对行为人身份的关注，刑罚的惩罚将会变得丧失正当性根基。在国家治理现代化背景下，应对安全刑法予以及时反思并合理控制，着力削弱刑法的工具主义属性，以实现中国式法治现代化所要求的尊重和保障人权的时代要求。

（二）中国刑法的发展方向：自由刑法

对于整个国家和社会来说，权利自由、安全秩序等均是不可或缺的价值内容，安全刑法尽管也会对权利自由予以保护，但自由刑法所倡导的权利与自由，只是处于被间接保护的状态。如果没有安全秩序的环境，那么稳定而持续的权利自由就无从谈起，因此刑法对安全秩序的保护在很多时候会有利于权利自由的实现。但是，从中国式现代化的实现要求来看，中国刑法的发展方向应该是自由刑法，而非以安全为首要价值的安全刑法。

首先，自由刑法才能维护法益论实质内涵及刑法行为主义，才能维护现代刑法体系。现代刑法体系的两大支柱是违法与有责，违法是指行为的违法性，有责是指行为人的有责性，行为是基础，行为人只是实施行为之人。维护自由刑法的存在，就意味着对法益概念的坚守，也意味着对行为主义的维持，这样才能维护现代刑法的体系。自由刑法“通过限制国家刑罚权的行使，面对恣意的刑罚守护国民，从而保障其自由”[1]。而法益保护，则是通过对侵害法益行为的制裁来限制国家刑罚权的适用和保障公民的权利自由，所以自由刑法与法益概念紧密相连，同时，从二者都可以推导出行为主义。一方面，从自由刑法可以推导出行为主义。“因为自由主义刑法涉及的是一种回溯压制型的行为刑法，所以这种刑法所导出的只能是事实上对法益造成损害的行为方式。”[2] 在犯罪的认定上坚持行为主义由此成为自由刑法的必然结果，“在自由主义刑法中，指控不法进行责难的核心不在于行为人对其行为的内心态度，而在于对与刑法有关的法益所造成的可感知的损害”[3]。另一方面，从法益保护可以推导出行为主义，法益侵害行为亦即实际的外部行为，“以这种实际的行为以及法益侵害或危险为必要的观点，被称之为‘行为主义’或者‘侵害行为主义’”，而“要保护法益，通常情况下，只要禁止实际引起法益侵害或危险的行为”[4]。正是行为构成了违法性评判的对象，“对于将某个行为评价为不法而言，正当化事由乃是与之相对立的容许规范。按照这种设计，仅当不存在正当化事由的时候，某个符合构成要件的举止才是具有违法性的”[5]。简言之，违法性的评价正是针对行为，恰如有责性的评价是针对行为人。如果离开自由刑法及其法益概念，危险是显而易见的，“如果主要考虑的是行为人的思想世界和动机，就有可能离开行为刑法而转向行为人刑法。这种情形的核心问题在于，被责难的行为往往远远早于事实上的法益侵害”[6]。

1　[日] 前田雅英：《刑法总论讲义》（第6版），曾文科译，北京大学出版社2017年版，第4页。

2　Sven Großmann, Liberales Strafrecht in der komplexen Gesellschaft, Baden-Baden: Nomos, 2016, S. 76.

3　Sven Großmann, Liberales Strafrecht in der komplexen Gesellschaft, Baden-Baden: Nomos, 2016, S. 80.

4　[日] 松原芳博：《刑法总论重要问题》，王昭武译，中国政法大学出版社2014年版，第15页。

5　[德] 乌尔斯·金德霍伊泽尔：《刑法总论教科书》（第6版），蔡桂生译，北京大学出版社2015年版，第49页。

6　Anneke Petzsche, Die Kriminalisierung von Vorbereitungshandlungen-Abschied vom Strafrecht?, Zeitschrift für die gesamte Strafrechtswissenschaft, 2019, S. 578.

因此，必须坚持行为主义，以及以行为为评价对象的违法性理论，以此支撑现代刑法的体系。自由刑法与法益概念有助于从客观角度评价犯罪行为，有助于促进个人自由与平等观念的发展，这对于现代国家而言都是很重要的。

其次，中国刑法应树立以自由为前提的安全观，通过适度的安全刑法逐步回归自由刑法。随着社会经济的不断发展与民众思想观念的进步，新型的犯罪类型必然还会继续出现。“社会分工的深化以及产业链的延伸创造了更多的犯罪机会和犯罪类型，科技知识的普及以及科技产品的商业化则为罪犯提供了更多的犯罪技术和作案手段；在现代社会，犯罪与其他产业一样，也出现了‘结构性升级’，这都是科技进步带来的负面后果。”[1] 在现代科技不断发展的背景下，犯罪化的立法也是刑法对社会新增犯罪行为的回应，是刑事立法因应社会发展的规范体现，也是刑法体系自身不断趋于完善的必然要求。“随着社会发展，刑法的适用面应该有所增加，刑法关系也会变得更加复杂化。”[2] 未来中国刑法在总体的规范数量方面会有所增加，并且会以轻罪立法的类型为主。“从古今中外的历史看，如果以刑法的修改和条文数量为标准进行考察，那么刑事立法的总趋势应当说是犯罪化的。”[3] 但刑法适度的犯罪化不同于立法的积极主义以及对安全秩序的优先保护。在中国当前犯罪化不断发展的过程中，比较自由刑法与安全刑法这两者的特征及其相应立场后，应当坚持适度的安全刑法，并在此基础上回归或者说坚守传统自由刑法。“目前预防主义刑法观处于主流地位，国家主义远胜个人主义，对此应该回归到刑法理性主义，坚持刑法的谦抑性原则。”[4] 刑法对安全与秩序等价值的保护不

---

1 桑本谦：《科技进步与中国刑法的近现代变革》，载《政法论坛》2014 年第 5 期，第 42 页。

2 孙禹：《超越刑法的刑法学——“社会变迁与刑法学发展”学术研讨会综述》，载《人民检察》2020 年第 5 期，第 68 页。

3 王世洲：《中国刑法的修改与中国刑法理论的进步》，载《西南科技大学学报（哲学社会科学版）》2021 年第 1 期，第 48 页。

4 孙禹：《超越刑法的刑法学——“社会变迁与刑法学发展”学术研讨会综述》，载《人民检察》2020 年第 5 期，第 68 页。

能脱离作为法治国基本价值的权利自由保障。中国式现代化要求国家刑事治理应该摆脱泛刑化与重刑化进而“将良法善治的价值理念融入立法目的和基本原则条款及整个制度体系构建中”[1]，并据以形成人道化的刑法立法、人本化的刑法制度。刑法应当保护安全与秩序，但对安全秩序的维护一定要受到权利自由的限制，唯此才能助推国家治理的良法善治和刑法的人性化发展。

最后，权利自由是基本人权和国家刑罚权的根基，中国刑法的最终发展方向是自由刑法。尽管安全刑法已然形成，但不可否认的是，在目前整个刑法规范体系中，自由刑法还是具有举足轻重的地位。自由刑法的核心思想在于，“自由主义刑法必须保证个体的自由，不仅要对抗国家权力，还要对抗社会权力，即经济权力”[2]。随着对安全刑法的反思以及整体社会治理能力的提升，未来中国刑法会在一定程度上回归自由刑法，而在回归之前，一定时期内自由刑法与安全刑法可能处于并行状态，这种意义上的回归与并行主要体现在两个方面。一方面，自由刑法涉及的犯罪多为自然犯，而自然犯具有相对的稳定性，因此安全刑法向自由刑法的回归在规范层面并不意味着会增设大量的自然犯，而是注重对于一些已有的自然犯与法定犯在自由刑法的理念下合理平衡犯罪化与非犯罪化的活动。“犯罪化与非犯罪化作为刑法发展的两条逆向轨迹，在修订刑法的过程中应当得到统筹兼顾。只有维持犯罪化与非犯罪化的平衡，才能使犯罪圈保持在合理的范围，从而实现刑事法治的良性运行。”[3] 一直以来，中国刑法在立法层面主要体现为犯罪化而欠缺必要且及时的非犯罪化。未来中国刑法关注并践行适时的非犯罪化也属于安全刑法不断扩张背景下的自由刑法对安全刑法的合理矫正，刑法的结构也会继续发生变化。“现代化的刑法结构应是可持续的刑法结构：严而不厉。严密刑事法

1　周佑勇：《中国行政基本法典的精神气质》，载《政法论坛》2022 年第 3 期，第 61 页。

2　Vgl. Roxin/Greco，Strafrecht Allgemeiner Teil，5. Aufl. 2020，S. 70.

3　齐文远：《修订刑法应避免过度犯罪化倾向》，载《法商研究》2016 年第 3 期，第 12 页。

网，适度扩大犯罪圈。”[1] 而应急式的刑事立法有损刑法的正当性，且刑法结构的变化是一个相对缓慢的过程，其应当始终以权利自由和罪刑法定为底色，这主要是由刑法自身的性质所决定的。另一方面，除刑法规范本身的变动外，在自由主义刑法理念的影响下，刑法的人文关怀精神会不断呈现，刑法将会越来越重视“对预先确定的法益——它们当时被认为是独立于国家的个人权利法则——加以保护，而不是打击违反特定国家规定的行为”[2]。以惩罚为社会治理主要方式的现状会逐渐改变，在中国式现代化背景下，以及《民法典》的颁行所带来的法典化运动之下，各部门法的法典化渐成趋势，刑法之外的其他部门法力量将日益强大，它们在国家治理的舞台上将会和刑法平分秋色甚至发挥更大的作用，多法并治将会成为国家治理现代化的重要体现，法秩序的统一性会逐渐趋于完备，刑法与其他部门法之间在规范意义上的协同治理将会进一步加强。刑法的教育意义会进一步优先于惩罚意义，刑罚的执行方式也会随之多元化与人文化。此外，对于解释论的出罪需求必然更为明显，能动司法会继续存在并得以发展，目的论解释的方法依然会占据十分重要的地位。

第二节 犯罪概念的出罪功能：自由刑法之基石

在刑事司法实践中，犯罪概念中的实质出罪机能是自由刑法的基石，只有积极发挥刑法的实质出罪机能，才能真正体现保障公民自由权利的刑法根基与恪守罪刑法定主义的刑法信仰。《刑法》第 13 条中混合的犯罪概念具有入罪与出罪两大功能，但结合《刑法》第 3 条规定的罪刑法定原则及四要件犯罪构成等因素来看，其出罪功能明显暗弱，在许多情况下犯罪概念的出罪

1 储槐植：《1997 年刑法二十年的前思后想》，载《中国法律评论》2017 年第 6 期，第 4 页。

2 ［德］伊沃·阿佩尔：《通过刑法进行法益保护？——以宪法为视角的评注》，马寅翔译，载赵秉志等主编：《当代德国刑事法研究》2016 年第 1 卷，法律出版社 2017 年版，第 52-53 页。

功能甚至沦为政策性导向的附庸，这无疑会延迟我国业已开启的刑事法治化进程。鉴于此，在构建人权法治国的大背景下，刑法混合的犯罪概念应该实现由目前兼具入罪与出罪的双重功能到削弱入罪功能而只发挥其出罪功能的转换，同时，这种功能转换又不能仅仅停留在《刑法》第 13 条犯罪概念的“但书”部分，而应立足于整体的犯罪概念。因为我国的罪刑法定原则在具有人权保障机能的同时，承担着社会保护机能，而“排除犯罪性事由”在四要件犯罪构成中的地位模糊不清，在“秩序下的人权”价值取向下，其会使犯罪概念的入罪与出罪功能难以避免地向入罪功能倾斜。所以，在我国刑法典短时间内难以确立形式的犯罪概念及犯罪论体系难以有实质性变更的情况下，实现刑法犯罪概念的功能转换以切实保障人权，不失为推进刑事法治进程的可选方案。

一、混合犯罪概念的二元化功能：入罪与出罪

尽管域外刑法学说及立法例对犯罪概念的表述不尽相同，但其大抵被划分为形式的犯罪概念、实质的犯罪概念与混合的犯罪概念三种。混合的犯罪概念首先由苏联的 H. Д. 杜尔曼诺夫提出，其指称犯罪系“危害社会的、违反刑事法律的、有责任能力的和依法应受惩罚的作为或不作为”[1]。即犯罪的形式特征是以违法性、罪过和人的责任能力为条件的应受惩罚性，而实质特征是行为的社会危害性。其实，这一混合的犯罪概念是在苏联（俄）刑法学者对资产阶级刑法理论中形式的犯罪概念进行批判所孕育出的实质的犯罪概念基础上成型的。基于特定时期的特殊国情，实质的犯罪概念及混合的犯罪概念相继被我国 1950 年的《中华人民共和国刑法大纲草案》及 1954 年的

1 转引自［苏联］A. A. 皮昂特科夫斯基等：《苏联刑法科学史》，曹子丹等译，法律出版社 1984 年版，第 22 页。

《中华人民共和国刑法指导原则草案》采纳，1979 年《刑法》首次正式确认了这一混合的犯罪概念的效力。《刑法》第 13 条规定的犯罪概念，就承袭于 1979 年《刑法》第 10 条。“应该说，刑法学界就‘我国刑法中的犯罪定义是犯罪的实质概念和形式概念的统一’这一点是不存在争议的。”[1] 也就是说，我国《刑法》第 13 条规定的犯罪概念系混合的犯罪概念。

“法律概念可以被视为是用来以一种简略的方式辨识那些具有相同或共同要素的典型情形的工作性工具。”[2] 德日刑法大抵是在犯罪概念下直接展开构成要件理论，“将犯罪定义为具备构成要件符合性、违法性与有责性三项属性的行为，即形式意义的犯罪概念，目的在于合乎逻辑地整理犯罪，建立体系”[3]。而形式的犯罪概念与实质的犯罪概念之争连接着犯罪本质学说及作为构成要件理论核心内容的违法性理论，违法性理论基本上是对犯罪本质学说的具体展开，这架构起了犯罪概念与构成要件理论之间实质的“纲”与“目”的关系。究其根源，在自然法与实定法二分法上发展起来的规范（Norm）与法规（Gesetz）的分离，导致了违法与犯罪的分野，其后的刑法学者以此为起点不断探索完善，最终确立了违法性理论在犯罪论体系中至今不可动摇的基础地位，且规范与法规的分离在罪刑法定原则的人权保障机能的推动下酝酿出推动犯罪构成阶层化的原动力，古典犯罪阶层体系之后的犯罪阶层体系（包括目的论犯罪阶层体系）无不延续了贝林、李斯特开创的犯罪构成阶层化的合理内核。

与之相对，我国刑法学界对该犯罪概念的阐释具有特有的二重结构，即作为犯罪基本属性的严重的社会危害性、刑事违法性、应受刑罚性（三特征

1　高铭暄、赵秉志主编：《犯罪总论比较研究》，北京大学出版社 2008 年版，第 13 页。

2　［美］E. 博登海默：《法理学：法律哲学与法律方法》，邓正来译，中国政法大学出版社 1999 年版，第 501 页。

3　［日］曾根威彦：《刑法总论》（第 3 版），弘文堂 2007 年版，第 46 页。

说）与作为犯罪具体特征的四要件犯罪构成。[1] 传统通说认为，相当严重程度的社会危害性既是犯罪概念的本质属性，也是犯罪构成的本质属性，且犯罪概念与犯罪构成之间表现为抽象与具体的关系。[2] 因此，要切实把握我国刑法中的犯罪，必须全面把握这一二重结构。“社会危害性与刑事违法性的关系，已经涉及犯罪认定的具体标准，因而是一个犯罪构成问题，应当在犯罪构成的体系中得以妥当地解决。”[3] “从基本属性方面对犯罪本质的说明是确立犯罪的总标准，是犯罪特征的高度概括；从具体特征对犯罪成立的构成条件的说明，是犯罪本质的具体化。”[4] 我国犯罪概念所特有的二重结构及其彼此交织不清的关系，深刻地影响着我国犯罪概念的功能——集入罪与出罪两大功能于一身，而结合我国罪刑法定原则确立的历史，其二元化功能更加明显。

（一）混合的犯罪概念之入罪功能

我国刑法关于犯罪概念的规定分为确立犯罪与排除犯罪两部分，其中前者可称为非“但书”部分，后者为“但书”部分。在罪刑法定原则于刑法典中叙明前，犯罪概念的非“但书”部分，兼具入罪与出罪功能，但出罪的功能相对暗弱，在类推制度的助推下其入罪功能愈加明显。“为了使我们的司法机关能及时有效地同刑法虽无明文规定，但实际上确属危害社会的犯罪行为作斗争，以保卫国家和人民的利益，就必须允许类推。”[5] 这是当时刑法理论中的主流观点，对法律实务影响甚为深远。“按照类推原则确定的犯罪行为，

1　参见王世洲：《中国刑法理论中犯罪概念的双重结构和功能》，载《法学研究》1998 年第 5 期，第 117 页。

2　参见马克昌主编：《犯罪通论》，武汉大学出版社 1999 年版，第 75-76 页。

3　陈兴良：《刑法研究》（第 5 卷），中国人民大学出版社 2021 年版，第 91 页。

4　王世洲：《中国刑法理论中犯罪概念的双重结构和功能》，载《法学研究》1998 年第 5 期，第 117 页。

5　高铭暄编著：《中华人民共和国刑法的孕育和诞生》，法律出版社 1981 年版，第 126 页。

同样具有违反刑法的特征，即这种行为是依照刑法第 10 条确认的犯罪行为，是按第 79 条规定的条件和程序认定的。”[1] 易言之，在刑法“无明文规定”的情势下，基于整体治安状况等秩序价值的考量，要实现对“犯罪”的惩处——入罪——必须求诸犯罪概念之严重的社会危害性属性，因为该属性是类推制度的重要存在根据，是四要件犯罪构成完成形式上入罪的实质性根据。

现行刑法在废除类推制度的同时确立了罪刑法定原则，由此衍生的问题是：我国犯罪概念所具有的入罪功能，是否因罪刑法定原则的确立而成为历史的遗迹？笔者对此持怀疑至少是保守的态度，尽管《刑法》第 3 条中“法律明文规定为犯罪行为的，依照法律定罪处刑”（积极侧面）之立法本旨被阐释为“只有法律将某一种行为明文规定为犯罪的，才能对这种行为定罪判刑，而且必须依照法律的规定定罪判刑”[2]，即其突出的是“依法”，是对司法机关的限制。部分学者也将其解读为：不宜将法律有明文规定的必须定罪处刑理解为罪刑法定原则的应有之义。[3] 有学者则主张，《刑法》第 3 条前段不是关于罪刑法定原则的规定，而是基于我国刑法分则条文的特点，为了限制司法机关的出罪权、控制司法上的非犯罪化所作的规定。[4] 但从罪刑法定原则在刑法中的确立过程看，其不无疑问；[5] 若将视域扩大至同时代的宪法规定，则上述阐释愈加缺乏说服力。

备受诟病的积极侧面的罪刑法定原则难以发挥限制司法机关入罪的功能。追溯罪刑法定原则的渊源，其原本即被赋予了限制国家刑罚权的旨趣，再通过积极侧面强调“依法”，以明示对司法机关的限制及禁止法外制裁，这与消极侧面（“法律没有明文规定为犯罪行为的，不得定罪处刑”）在立法技术

---

1 杨春洗等：《刑法总论》，北京大学出版社 1981 年版，第 90 页。

2 胡康生、李福成主编：《中华人民共和国刑法释义》，法律出版社 1997 年版，第 5 页。

3 参见陈兴良：《刑法研究》（第 3 卷），中国人民大学出版社 2021 年版，第 176 页。

4 参见张明楷：《司法上的犯罪化与非犯罪化》，载《法学家》2008 年第 4 期，第 65 页。

5 关于罪刑法定原则在我国的提出及其在刑法中的确立过程，可参见张军、姜伟、郎胜、陈兴良：《刑法纵横谈（总则部分）》，北京大学出版社 2008 年版，第 1-20 页。

上是实质性的重复；而积极侧面的内容与宪法的相关规定、刑法的目的和任务，在立法技术上是形式上的重复。《宪法》第28条规定："国家维护社会秩序，镇压叛国和其他危害国家安全的犯罪活动，制裁危害社会治安、破坏社会主义经济和其他犯罪的活动，惩办和改造犯罪分子。"所以，"法律明文规定为犯罪行为的，依照法律定罪处刑"，在我国刑法规定的目的和任务下不容置疑，附加积极侧面的重复式表述实无必要。即使实务中出现了司法权的恣意或法外制裁，也不应简单归责于单纯消极侧面的罪刑法定原则隐含的弊害，域外刑法对罪刑法定原则的表述仅采取了消极侧面表述而已，故所谓的司法权的恣意或法外制裁，大抵是相关法律规定未得到切实落实而出现的偏差或异化。但与作出限制司法机关之解释的立场相适应的是，罪刑法定原则的人权保障机能正逐步受到关注，并向还正该机能的方向推进，这应予肯定。

类推制度被废除后，犯罪概念之严重的社会危害性要发挥入罪功能，大抵并非依靠赤裸裸地对抗罪刑法定原则，或粗暴地凌驾于刑事违法性之上，而是更多地借助刑法对秩序价值的倚重，通过寻求社会保护机能、扩张解释等现代刑法所允许之形式，变相突破刑事违法性要件。其实，在相对罪刑法定原则的旗帜下刑法的双重机能是并重的，个人自由得到保障的同时社会秩序亦得以顾及，[1] 更毋庸说与社会保护机能更加难以脱离联系的我国《刑法》第3条之"中国特色"的罪刑法定原则。这里尤需强调社会危害性与刑事违法性之间的交叉重叠关系。

长期以来，社会危害性与刑事违法性被公认为我国犯罪概念的两大基本属性，且二者之间的关联被定位为：刑事违法性系以社会危害性为依据，是由社会危害性所决定及派生的属性。[2] "只有当危害社会的行为触犯了刑律的时候，才构成犯罪。行为的社会危害性是刑事违法性的基础；刑事违法性是

1 参见陈兴良：《刑法研究》（第3卷），中国人民大学出版社2021年版，第85-88页。
2 参见杨春洗等：《刑法总论》，北京大学出版社1981年版，第88页。

社会危害性在刑法上的表现。”[1] 单纯立足于严重的社会危害性与刑事违法性之间的逻辑思辨，二者的关系似乎条分缕析、清晰明了，但若结合犯罪构成尤其是违法性理论来分析，上述关系则混杂不清，甚至舛误尽显。前已述及，违法性理论肇始于规范与法规的分离，其后的形式违法性论与实质违法性论、主观违法性论与客观违法性论、行为无价值论与结果无价值论拓展了违法性理论的内涵，并奠定了其在犯罪论体系中的基础性地位。随着以德日刑法学理论为先锋的大陆法系刑法学理论在我国渐获认同和展开，社会危害性理论的传统通说地位正逐步丧失其根基，这加剧了社会危害性与刑事违法性之间的紧张关系。

事实上，传统通说所坚守的社会危害性与刑事违法性之决定与被决定（基础与表现）的关系，是以否定或排斥刑事违法性之实质违法性意涵为前提的，即刑事违法性仅限于单纯地违反刑法法规。这样，即使在类推制度（1979 年《刑法》第 79 条）的框架下，“法无明文规定”却具备严重社会危害性的行为也不致因缺乏刑事违法性而难以入罪。毕竟，经社会危害性否定或排斥了实质违法性后的刑事违法性，实质上丧失了实际内容而轮廓极为模糊，在秩序价值左右下赋予行为单纯地违反刑法法规的属性以入罪——寻找赖以定罪判刑的“最相类似的条文”，实非难事。在此意义上，“依照类推原则确定的犯罪，也是符合行为违法性这一特征的”[2]。即使罪刑法定原则叙明后，在社会保护机能、扩张解释等合理形式下满足单纯地违反刑法法规之刑事违法性属性，亦非难事。

我国刑法理论一般认为，犯罪的刑事违法性，是指犯罪是违反刑事规范的行为，即刑事违法性系行为违反了刑法，是形式意义上的刑事违法性（形式违法性）；而侵害法益是违法性的实质，是实质违法性；刑事违法性与实质

1 高铭暄、马克昌主编：《刑法学》（第 10 版），北京大学出版社、高等教育出版社 2022 年版，第 44 页。

2 杨春洗等：《刑法总论》，北京大学出版社 1981 年版，第 90 页。

违法性的关系，就是刑事违法性与社会危害性的关系。[1] 然而，“事实上，形式的违法性亦与实质的违法性，同样具有实质上的违法”[2]。因此，即使是刑事违法性与社会危害性之间也并非单纯的决定与被决定（基础与表现）关系，而是一种交叉重叠关系。恰是这种交叉重叠关系衍生出了社会危害性与刑事违法性之间的冲突，也埋下了犯罪概念与四要件犯罪构成之间不协调的隐患。易言之，建立于犯罪概念之上的四要件犯罪构成，至少在形式上具备可以将犯罪概念之刑事违法性属性展开的作用，即违反刑事规范行为之入罪，在形式上借助齐备四要件犯罪构成的诸要件来完成；在实质上其至少是对犯罪概念之社会危害性属性的展开，即具备严重的社会危害性行为之入罪，也得求诸齐备四要件犯罪构成的诸要件来完成。传统通说宣称：“从整体上看，犯罪构成是通过其诸方面要件的齐备来具体体现犯罪概念中的两个基本特征（社会危害性与刑事违法性）的。”[3] 然而，社会危害性与刑事违法性之间的交叉重叠，使得对犯罪概念基本属性具体展开的四要件犯罪构成诸要件与社会危害性、刑事违法性之间的关系趋于笼统、抽象，甚至诸要件之间出现实质性的重叠。在四要件犯罪构成中，犯罪客体是被侵犯的法益，而犯罪客观要件、主体要件与主观要件，都是从不同角度说明行为侵犯的是何种法益以及侵犯程度。[4] 由此导致的问题是：四要件的齐备或有机统一如何量化社会危害性与刑事违法性？实际上四要件中的任何一个要件本身均不能说明行为的社会危害性与刑事违法性，因此，四要件中各要件的独立作用和意义是什么并不明确，也难以明确。社会危害性、刑事违法性作为犯罪的特征，系文理解释的结论，其出发点仅限于解释犯罪的特征，而没有考虑犯罪概念对于建构犯罪

1　参见张明楷：《刑法学》（第6版），法律出版社2021年版，第137-138页。
2　林山田：《刑法通论》（上册）（增订10版），2008年自版发行，第308页。
3　马克昌主编：《犯罪通论》，武汉大学出版社1999年版，第75-76页。
4　参见张明楷：《刑法学》（第6版），法律出版社2021年版，第152页。

论体系的作用。[1] 于是，求诸前述的基本属性与具体特征之二重结构来阐释犯罪，实为无奈之举。与此相适应，域内外违法性理论在犯罪论中的体系性地位迥然不同，在我国形式违法性及实质违法性与犯罪的本质联系在一起被置于犯罪概念中加以阐释，这不同于德日等国在形式的犯罪概念下展开构成要件理论，并在违法性阶层中探讨形式违法性与实质违法性问题。

其实，形式违法性并非指行为只具有形式上的违法性，而无实质上的违法性，而是仅仅从法律的形式规定——构成要件该当行为又不存在阻却违法事由——即可判断其违法性；实质违法性系指行为对受法律规范保护的法益造成的实害或危险。[2] 即形式违法性与实质违法性是从不同角度来阐释违法性的，而非将浑然一体的违法性恣意地一分为二。德日违法性理论中形式违法性与实质违法性与我国作为犯罪概念的刑事违法性属性之内涵迥然有别，但二者并非毫无可比性。

导源于苏俄的严重的社会危害性，系犯罪概念的本质属性，揭示了犯罪的本质，而德日是将犯罪之本质置于实质的违法性论中借助法益侵害与规范违反来阐释的，在此意义上，严重的社会危害性与德日刑法学中实质的违法性地位及功能大抵相当，而作为混合的犯罪概念属性之一的刑事违法性则至多相当于德日形式的犯罪概念下的构成要件符合性属性。若此，则“构成要件符合性→违法性→有责性”三阶层之构成要件与犯罪概念在形式与实质的布局上经由形式到实质，层次相当分明，也使形式的违法性与实质的违法性并不抵触且相辅相成；而“犯罪客体—犯罪客观方面—犯罪主体—犯罪主观方面”之四要件犯罪构成在诸要件布局上则是实质先于形式或二者交叉进行，即犯罪客体是刑法所保护而为犯罪所侵害的社会关系，“这就是实质性的价值判断”[3]，且犯罪构成诸要件与犯罪概念基本属性之间的关系含混不清，量化

---

1 参见张明楷：《刑法学》（第6版），法律出版社2021年版，第115页。

2 参见林山田：《刑法通论》（上册）（增订10版），2008年自版发行，第308页。

3 周光权：《犯罪构成理论与价值评价的关系》，载《环球法律评论》2003年第3期，第297页。

基本无从谈起。纵使主张犯罪客体是对社会危害性的展开，其他三要件是对刑事违法性特征的细化，并硬生生地建立四要件犯罪构成受罪刑法定原则节制的联系以彰显人权保障机能，仍难逃包含了价值判断之犯罪客体在传统诸要件排列顺序中过于前置而易于入罪并侵犯人权的诟病；若为坚持由形式到实质、由客观到主观的判断过程以保障人权而删除犯罪构成中的犯罪客体要件，[1] 在“犯罪客观方面—犯罪主体—犯罪主观方面框架下诠释犯罪概念之基本属性与犯罪构成之间的抽象与具体关系，则在犯罪概念中交叉重叠的社会危害性与刑事违法性，在犯罪构成中却异化为完全意义上的实质性重叠”，[2] 这将更加弱化刑事违法性包含的形式违法性内涵，虚化罪刑法定原则的人权保障机能，助力社会危害性标准成为定罪中的终极标准，扩张犯罪概念的入罪功能。

（二）混合的犯罪概念之出罪功能

犯罪概念的严重社会危害性属性，在对秩序价值的追求下具有入罪功能，但在以人权价值为取向或“秩序下的人权”价值取向下，要求四要件犯罪构成可以实现出罪的功能；而犯罪概念的“但书”部分，通过对“情节显著轻微危害不大”之严重社会危害性的否定，也同样获得了出罪功能。申言之，我国犯罪概念的出罪功能包括以下两种：

1. 消极的出罪功能。“社会危害性是犯罪的本质特征……这一特征还表

1　张明楷教授甚至认为，犯罪客体是刑法所保护的法益，是刑法的目的问题，不是构成要件。参见张明楷：《犯罪构成体系与构成要件要素》，北京大学出版社 2010 年版，第 80-87 页。

2　有学者认为，在罪刑法定原则之下，犯罪只有一个特征，就是行为符合刑罚规范的规定，即具有刑事违法性。参见黎宏：《罪刑法定原则下犯罪的概念及其特征——犯罪概念新解》，载《法学评论》2002 年第 4 期。但其承认《刑法》第 13 条关于犯罪的总则性规定，意味着在判断某一行为是不是符合《刑法》分则某一条文规定时，不能仅从形式上观察，必须从该行为的社会危害性的实质方面来考量，且刑事违法性与社会危害性并非同一层次上的概念。这种逻辑思辨的新解其实同样无法克服作为犯罪概念展开的四要件犯罪构成因社会危害性与刑事违法性之间交叉重叠而带来的混杂关系，即使是删除犯罪客体后的犯罪构成，也会因社会危害性与刑事违法性完全的实质性重合而陷入困境。

明，某种行为是否具有社会危害性和这种危害性的大小，是区别犯罪与非犯罪的重要标志。”[1] 在刑法典叙明罪刑法定原则之前，带有鲜明政治色彩的“惩罚与宽大相结合”的刑事政策承担着社会整体性或局部性治安稳定器的功能，尽管其潜含的弊害相当明显。因为“惩罚与宽大相结合”的刑事政策之核心内容是区别对待。这难免受到类似于“对其所谓重罪进行违宪的‘刑法超载主义’，就其所谓非重罪部分采行‘法定司法失职主义’”[2] 的诟病。即：“惩罚与宽大相结合”的刑事政策之“宽”在缺乏罪刑法定原则的节制下，极易异化为对所谓“非重罪”之处罚予以空洞化、松弛化及执行减刑化，甚至在秩序价值的推动下不惜以此为代价将省出的人力、物力、财力等用以对付非法监禁并带有明显刑罚剩余色彩的所谓“重刑犯”，以迎合政治决策层与一般国民所期待的虚幻的安全感。在此意义上，我国犯罪概念之消极的出罪功能恰恰与彼时刑事政策所具有的宽缓的一面相吻合，这有别于犯罪概念“但书”部分所孕育的积极的出罪功能。

另外，即使在罪刑法定原则叙明之后，与“惩罚与宽大相结合”的刑事政策一脉相承且政治色彩依旧浓厚的“宽严相济”的刑事政策，其核心内容依旧是区别对待，而在刑事一体化框架下该原则的人权保障机能被弱化或虚化的风险始终存在，尤其是在社会整体性或局部性治安呈现出令政治决策层产生担忧的状况时，秩序下的人权价值取向会使司法解释借助罪刑法定原则难以明晰的边界为社会治安提供“整治”路径。“但目前司法已抵挡不住一种诱惑，司法原本应依据刑法条文作出有利于被告人的阐释，现在却走刑法条文的极端，尽量利用不利于被告人的解释，对于未来的刑法，这种弹性条文解释也许是灾难。”[3] 这种高度危险的法律政策，无非是政治决策层因对社

1 杨春洗等：《刑法总论》，北京大学出版社 1981 年版，第 88 页。

2 郑逸哲：《法学三段论法下的刑法与刑法基本句型（一）——刑法初探》（增修 4 版），2009 年自版发行，第 678 页。

3 ［德］拉德布鲁赫：《法学导论》，米健、朱林译，中国大百科全书出版社 1997 年版，第 97 页。

会整体性或局部性治安状况担忧，而在罪刑法定原则框架下无奈地作出追求或放任的一次注脚而已。因此，在刑法典业已确立罪刑法定原则轮廓的情形下，我国犯罪概念的出罪功能更多地彰显于已为此起彼伏的“专项整治行动”所维系的“安全感”的间隙，及贯穿为省出人力、物力、财力以更加严厉地惩治“重刑犯”而让渡出对“非重罪”的惩处予以空洞化、松弛化及执行减刑化之空间。其有益价值可以被阐释为对被积压的罪刑法定原则之人权保障机能的限缩式释放，也是对不时遭受扭曲的罪刑法定原则的适度性还正。或许，正是在此意义上归属于刑法新派的李斯特才一反常态地道出了振聋发聩的格言：罪刑法定原则是刑事政策不可逾越的藩篱！因此，犯罪概念之消极的出罪功能，在刑事政策宽缓的一端相对明显一些。

2. 积极的出罪功能。我国犯罪概念所秉持的积极的出罪功能，大抵求之于“但书”部分。聚焦于犯罪概念的“但书”部分是否具备出罪功能，我国刑法理论中长期以来就存在肯定说与否定说的对立，其中肯定说基本居于优势地位，但肯定说中也存在不同观点，而晚近的动向是在维持定罪标准之犯罪构成一元论的基础上，确立犯罪概念“但书”部分对犯罪构成的实质性解释作用，以“内化”的形式发挥“但书”的出罪功能。但否定说并非没有地位。例如，1986 年陕西汉中发生了我国首例“安乐死”案，1991 年 4 月汉中地区中级人民法院对涉嫌故意杀人罪被起诉的蒲某升、王某成，依据犯罪概念“但书”出罪，即两被告人行为属于剥夺公民生命权利的故意行为，“但情节显著轻微，危害不大，不构成犯罪”而做出无罪判决。一审后检察院以定性错误为由提出抗诉，但二审法院维持了一审判决。[1] 又如，上海市静安区人民检察院诉张某华伪造居民身份证案。[2] 上海市第二中级人民法院认为，

---

1 参见张波：《刑法学的若干基本理论探讨——对张明楷教授的若干观点的商榷》，载《现代法学》2004 年第 6 期，第 43 页。

2 参见上海市静安区人民检察院诉张某华伪造居民身份证案，载《最高人民法院公报》2004 年第 12 期，第 26-28 页。

《刑法》第13条的规定揭示了犯罪应当具有社会危害性、刑事违法性和应受刑罚惩罚性等基本特征，其中作为犯罪本质特征的社会危害性是“认定犯罪的基本依据”，“某些表面符合刑法分则规定的犯罪构成客观要件的行为，只要它属于《刑法》第13条规定的对社会危害不大不认为是犯罪的行为，也就不具有刑事违法性和应受刑罚惩罚性。因此，把握行为的社会危害性程度，是界定罪与非罪的关键”。可见，审判实践中是支持直接依据犯罪概念之“但书”出罪的。

犯罪概念“但书”部分发挥出罪功能必须以犯罪构成在定罪中是唯一的且最终的标准为前提，否定借任何理由脱离这一前提即符合犯罪构成却直接依据犯罪概念的“但书”宣告某种行为无罪的论调和做法。毕竟，犯罪概念不是认定犯罪的具体标准，但“也对司法机关解释、适用刑法有关犯罪的具体规定起着重要的作用，即司法机关对具体犯罪的构成要件应当进行实质的解释”[1]。而“但书”部分“涉及司法官的自由裁量权的问题”[2]，这决定了“但书”部分发挥出罪功能的形式，能且只能是对犯罪构成的实质性解释，将“情节显著轻微危害不大”的精神内化到运用犯罪构成认定犯罪的过程中去。此外，在四要件犯罪构成模式下，为满足罪刑法定原则的形式性要求不得不确立犯罪构成在定罪中的一元性标准，而社会危害性是通过四要件犯罪构成综合、整体地反映出来的，这样要维持犯罪概念积极的出罪功能，不可避免地求诸实质的解释论的方法。与此相适应，犯罪概念的“但书”部分在司法过程中呈现不同的表现形式，如公安机关的不立案、检察院的不起诉或撤诉、法院的宣告无罪等。

---

1 张明楷：《刑法学》（第6版），法律出版社2021年版，第113页。

2 张军、姜伟、郎胜、陈兴良：《刑法纵横谈（总则部分）》，北京大学出版社2008年版，第93页。

二、犯罪概念功能二元化对刑法根基与信仰的侵蚀

“法律是一个有意识服务于法律价值与法律理念的现实。因此，法律概念直接指向了法律理念。”[1] 但“概念的专横乃是‘产生大量不正义现象的根源’”[2]。我国混合的犯罪概念同样难以克服这一弊端。前已述及，我国现行的混合的犯罪概念承袭于1979年《刑法》第10条，其更早的渊源为苏俄刑法典中的犯罪概念。众所周知，苏俄刑法典中包含实质内容的犯罪概念是在批判资产阶级形式的犯罪概念基础上孕育出来和发展起来的，带有浓厚的意识形态色彩。[3] 我国刑法中的犯罪概念大体上继受了这一特色，但罪刑法定原则叙明后犯罪概念的意识形态色彩逐渐淡化，并有为“秩序下的人权”价值取向所替代之势。只是这一影响赋予了我国混合的犯罪概念之二元化功能以诸多弊端。

（一）对罪刑法定原则的异化

我国混合的犯罪概念与罪刑法定原则之间是否存在冲突？该问题自现行刑法修订之初就聚讼纷纭，且至今未有定论。肯定说认为，我国的犯罪概念之社会危害性属性与罪刑法定原则之间存在冲突。其中，肯定说内部又存在不同观点。

例如，有论者认为罪刑法定原则有其基本要求，它为犯罪概念的确立提供了一定的规范标准，而混合的犯罪概念包含了规范标准与社会危害性标准，

1　［德］G. 拉德布鲁赫：《法哲学》，王朴译，法律出版社2005年版，第31页。

2　［美］E. 博登海默：《法理学：法律哲学与法律方法》，邓正来译，中国政法大学出版社1999年版，第508页。

3　参见［苏联］A. A. 皮昂特科夫斯基等：《苏联刑法科学史》，曹子丹等译，法律出版社1984年版，第15-29页。

社会危害性的笼统、模糊、不确定不利于体现罪刑法定原则，更是类推制度的理论基础，且其系社会政治的评估，并非法律规范上的概念。[1]

又如，“我们应当看到犯罪的形式概念与罪刑法定主义在内在精神上的一致性，以及犯罪的实质概念与罪刑法定主义在逻辑上的相悖性。就此而言，实质主义是值得警惕的”[2]。甚至有论者更为担忧地指陈，社会危害性基于其超规范性特征，“不仅通过其‘犯罪本质’的外衣为突破罪刑法定原则的刑罚处罚提供一种貌似具有刑法色彩的理论根据，而且也在实践中对于国家法治起着反作用”[3]。

结合前文相关分析，我国混合的犯罪概念所具有的社会危害性与刑事违法性之基本属性与罪刑法定原则之间的矛盾是客观存在的，且犯罪概念之社会危害性标准所具有的入罪与出罪功能在“秩序下的人权”价值取向下会使入罪功能取得对出罪功能的优势性抑或压倒性地位。在中国的罪刑法定原则的助推下，入罪功能的扩张风险倍增，而以此为原点：罪刑法定原则的社会保护机能将愈加压缩其人权保障机能，有陷入异化之虞。

尽管“罪刑法定原则传统上的目的性基础（透过权力分立保障自由之理念），并未因现代法律理论及社会科学的知识而丧失，只是被修正而已”[4]，但在我国，罪刑法定原则在蕴含人权保障机能的同时还附加了社会保护机能。这有着深刻的时代根源。法治不是我国的优良传统，法律在现实“挑战—应对”模式下带有强烈的实用理性色彩，尽管罪刑法定原则在中华人民共和国成立前的法典中已然出现，但其人权保障机能屡因时局动荡等因素的影响而

1　参见樊文：《罪刑法定与社会危害性的冲突——兼析新刑法第 13 条关于犯罪的概念》，载《法律科学》1998 年第 1 期，第 27 页。

2　陈兴良：《刑法研究》（第 5 卷），中国人民大学出版社 2021 年版，第 83 页。

3　李海东：《刑法原理入门（犯罪论基础）》，法律出版社 1998 年版，第 8 页。

4　［德］许迺曼：《无法律即无刑罚？法律发现在刑法中的法理论意涵以及宪法意涵》，徐育安译，载许玉秀、陈志辉合编：《不移不惑献身法与正义——许迺曼教授刑事法论文选辑》，台北，公益信托春风煦日学术基金 2006 年版，第 13 页。

被虚化、消解，故法典化的罪刑法定原则大体被悬置。法律的价值在“文革”结束后得以凸显，“那个时候亟须制定一部刑法，结束无法无天的日子”，“我们刚刚进行刑事立法的时候，更强调的是社会的保障……怕就怕遗漏犯罪”[1]。在对秩序价值极度渴求的背景之下颁行的1979年《刑法》，不可避免地烙上了时代的印记。

罪刑法定原则缺位的同时类推制度法典化，既是苏俄刑法模式影响与意识形态因素使然，也是实质合理性与秩序价值合一的表征。这种影响在修订后的《刑法》中同样存在，在当下仍未消除殆尽。因此，即使《刑法》对罪刑法定原则只采取了消极侧面的表述，其人权保障机能在秩序价值下也难免受到某种程度的弱化，甚至虚化。

作为法治国精华浓缩的罪刑法定原则，在中国，其社会保护机能无论在形式上还是实质上都能取得超越人权保障机能的地位，故罪刑法定原则之积极侧面即使是出于“限制司法机关”的本意，秩序价值也会迫使其额外地承担起社会保护机能，这在维系社会治安稳定的政策性需求下愈加突出。

据此，我国罪刑法定原则的社会保护机能及人权保障机能完全能够与混合的犯罪概念之入/出罪的二元化功能相契合，在“秩序下的人权”价值取向及维系社会治安稳定的政策性导向下，犯罪概念的社会危害性标准并不能突破罪刑法定原则所包含的形式合理性要求，从而扩张入罪功能。如果这样下去，无疑会对我国刑事法治化进程产生不可估量的负面影响，值得警惕。

（二）对犯罪构成的干涉

四要件犯罪构成在定罪中是否具有自足性，是否为定罪中的唯一的且最终的标准，即我国的定罪标准是否是一元的？对该问题的争议持久而激烈。穷本溯源，这种争议在苏联（俄）时期就已存在。A. A. 皮昂特科夫斯基与

---

1 张军、姜伟、郎胜、陈兴良：《刑法纵横谈（总则部分）》，北京大学出版社2008年版，第6-7页。

A. H. 特拉伊宁是苏联时期两位最著名的刑法学权威学者，[1] 其中前者于1954年发表了《社会主义法制的巩固与犯罪构成学说的基本问题》一文，主张《苏俄刑法典》第6条对犯罪行为所规定的一般概念，仅负有从政治上对苏维埃刑法中的犯罪行为作一般说明的任务。[2] 对此，A. H. 特拉伊宁提出了尖锐的批判："这种说法把政治评价和法权评价割裂开来，从而歪曲了苏维埃刑事立法中政治原则与法权原则的相互关系；这种说法是直接违背苏维埃刑事立法的总的方针和苏维埃立法者一再表述的意志的。"[3] 这样，围绕着赞同与否定"把犯罪概念和犯罪构成割裂开来的'二元论'观点"，苏联的刑法学者内部形成了较大的分歧。

就我国当前存在的定罪标准一元化与否的问题而言，其争议焦点大抵有二：一是犯罪概念"但书"的出罪与犯罪构成的关系问题；二是法定阻却事由与犯罪构成的关系问题。可见，其核心映射的仍然是犯罪概念与犯罪构成的关系问题。

就前者而言，一种观点认为，犯罪概念的"但书"对罪刑法定原则存在突破，即行为在具有刑事违法性的前提下可能不构成犯罪，这样犯罪的认定分为两步：第一步，看是否符合犯罪构成，如果不符合，则直接排除其犯罪性（形式判断）；第二步，如果符合犯罪构成，再看是否情节显著轻微危害不大，如果是则不认为是犯罪，否则才认为是犯罪（实质判断）。[4] 犯罪概念之社会危害性判断标准高于犯罪构成包含的社会危害性判断标准。其逻辑上的推论为：犯罪概念可以作为定罪的直接依据。这样的定罪标准无疑是犯罪概念与犯罪构成二元化的。其实，定罪的二元化标准长期以来在刑法理论与实

---

1 参见何秉松：《犯罪构成系统论》，中国法制出版社1995年版，第50页。

2 参见［苏联］A. H. 特拉伊宁：《犯罪概念和犯罪构成》，载中国人民大学刑法教研室编译：《苏维埃刑法论文选译》（第2辑），中国人民大学出版社1956年版，第4页。

3 ［苏联］A. H. 特拉伊宁：《犯罪构成的一般学说》，薛秉忠等译，中国人民大学出版社1958年版，第52页。

4 参见储槐植：《刑事一体化》，法律出版社2004年版，第485-486页。

务中并非没有话语权。

例如，有学者主张犯罪的社会危害性、罪过、犯罪行为，也包括犯罪构成，都属于定罪根据的范畴，犯罪构成是定罪的根据之一，并在定罪根据中占有重要的地位，但并不是唯一的定罪根据。[1] 又如，有学者认为“在考察某种行为是否构成犯罪时，固然必须根据刑法条文的规定，同时需要认定该行为的社会危害性程度，如果行为情节显著轻微危害不大的，就应当适用《刑法》第 13 条但书的规定，不认为是犯罪”，且“在判决宣告无罪时，可在宣告无罪判决的法律文书中，同时引用刑法第 13 条和刑事诉讼法第 15 条第 1 项的规定作为法律根据”[2]。

承认定罪标准的二元化，无非是容忍定罪中犯罪概念对犯罪构成的干涉，前述“安乐死”案与张某华伪造居民身份证案即为例证。前已论及，我国犯罪概念兼具入罪与出罪两大功能。如果这种干涉以出罪为内容又不抵触基本的正义价值，那么尽管可能面临诸多诟病，但在性质上其仍属于保障人权的手段之一。毕竟，保障的程度如何是水平问题，最差的保障手段仍不失为探索，而保障人权与否则是态度问题，是探索与被诟病的分界线。然而，我国犯罪概念的入罪与出罪功能在“秩序下的人权”价值取向下存在博弈，二者的博弈只会使入罪取得对出罪的优势性或压倒性地位，这潜藏着以迟延刑事法治化进程为代价的巨大风险。而在司法实务中犯罪概念的“但书”适用率低，且会造成标准失衡，故在缺乏与行政法之惩处措施有效衔接的情况下，“但书”规定的出罪并非福音。[3] 可见，利弊权衡之下定罪标准的二元化之论调与做法，实非可取。

另一种观点认为，“但书”之出罪功能表现在其指导法官实质地理解与适用犯罪构成之解释机能上，即犯罪构成是认定犯罪的唯一标准，社会危害性

1　参见杨春洗主编：《刑法基础论》，北京大学出版社 1999 年版，第 238–239 页。
2　高铭暄、马克昌主编：《刑法学》（上编），中国法制出版社 1999 年版，第 74–75、81 页。
3　参见陈兴良：《刑法研究》（第 5 卷），中国人民大学出版社 2021 年版，第 92–93 页。

不是直接认定犯罪的标准，司法者仅以社会危害性为指导实质地解释犯罪构成要件。[1] 这恪守了犯罪构成在定罪中的至上地位，维持了定罪标准的一元化。目前该说在刑法理论与实务中居于优势地位。

就后者而言，法定阻却事由在我国的定罪中对四要件犯罪构成似乎具有相对独立性。因为，“在犯罪构成学说的范围内，没有必要而且也不可能对正当防卫和紧急避险这两个问题作详细的研究”[2]。这是苏联时期有力的学说。受其影响，“在正当防卫、紧急避险等这一类排除犯罪性的行为的场合，没有犯罪构成形式的存在。因为随着社会危害性的被排除，刑事违法性也被排除，犯罪构成也就当然不存在了。这种评价是由社会主义刑法学所强调的犯罪构成的实质特征决定的”[3]。我国当下的刑法理论依旧受其影响，这从犯罪论体系中“排除性犯罪行为”独立于犯罪构成理论即可见端倪。

尽管“事实上，司法机关在对犯罪构成的某一要件符合性进行判断时，总是会同时考虑排除犯罪的事由；而非待所有构成要件符合性判断结束后，再考虑排除犯罪的事由”[4]，但渊源于苏俄的、长期占据通说地位的四要件犯罪构成理论，并非在犯罪构成内融入正当防卫、紧急避险等正当化事由。这样，“不构成犯罪的情形作为构成犯罪的例外，不应在犯罪构成体系中考虑，而应当在犯罪构成体系之外，作为正当化事由专门加以研究”[5]。甚至有人认为，法定阻却事由在形式上具备犯罪构成要件，可以说形式上构成了犯罪或外表是犯罪，其在形式上是违法的行为，但在实质上并不违法，而是有益于

---

1 参见张明楷：《刑法学》（第6版），法律出版社2021年版，第118-119页。

2 ［苏联］A. H. 特拉伊宁：《犯罪构成的一般学说》，薛秉忠等译，中国人民大学出版社1958年版，第272页。

3 马克昌：《犯罪通论》，武汉大学出版社1999年版，第69页。

4 张明楷：《刑法学》（第6版），法律出版社2021年版，第134页。

5 陈兴良：《刑法研究》（第6卷），中国人民大学出版社2021年版，第236页。陈兴良教授在其后的《违法性理论：一个反思性检讨》一文中指出：“笔者主张将正当防卫、紧急避险等正当化事由作为一个违法性判断的问题，纳入犯罪论体系中考虑，这样做的直接后果是直接采纳大陆法系中构成要件该当性、违法性、有责性的递进式结构，摈弃苏俄及我国刑法学中犯罪客体—犯罪客观方面—犯罪主体—犯罪主观方面的耦合式结构。”陈兴良：《刑法研究》（第5卷），中国人民大学出版社2021年版，第125页。

社会的，受法律保护或容忍的行为。[1] 这对理论和实务有相当的影响。例如，至今仍有学者坚持认为："将所有问题（包括法定阻却事由）统统直接并入犯罪成立体系，对司法运用来说并非一种最优安排……'排除犯罪性的行为'应该作为一种特殊形态在犯罪成立体系之外，另行以专章形式设定不同的主客观标准专门讨论。"[2] 该类观点在本质上同样容忍了定罪标准的二元化，无法摆脱前文所述的困境。

法定阻却事由是否符合犯罪构成，即定罪标准是否一元化，在苏俄就曾出现过彼此对立的观点，[3] 类似的情形在我国同样存在。尽管部分学者竭力主张犯罪构成是犯罪成立的唯一标准，即既否认犯罪概念等是认定犯罪的具体标准，又否认法定阻却事由是宣告无罪的具体标准，认为"司法机关只能根据刑法规定的犯罪构成认定行为是否成立犯罪，而不是直接以社会危害性的大小认定犯罪。如果行为符合犯罪构成，当然成立犯罪；如果行为不符合犯罪构成，自然不成立犯罪"[4]。但在犯罪论体系中，法定阻却事由同样被置于犯罪构成之外加以阐释。[5] 这种格局直到犯罪构成由客观（违法）构成要件与主观（责任）构成要件两阶层组成之见解的提出，才得到了实质性改观，定罪之犯罪构成一元化标准在逻辑上才逐步趋于周延，即"完全不符合犯罪构成"的法定阻却事由，在犯罪论体系中是作为客观（违法）构成要件之违法性阻却事由（紧急避险可能是有责性阻却事由）加以阐述的。[6]

（三）对超法规的违法性阻却事由的排斥

所谓超法规的违法性阻却事由，系指无刑法明文规定的违法性阻却事由。

1　参见杨春洗主编：《刑法基础论》，北京大学出版社 1999 年版，第 242-244 页。
2　冯亚东：《中德（日）犯罪成立体系比较分析》，载《法学家》2009 年第 2 期，第 95 页。
3　参见陈兴良：《刑法研究》（第 5 卷），中国人民大学出版社 2021 年版，第 124-125 页。
4　张明楷：《刑法学》（第 6 版），法律出版社 2021 年版，第 128 页。
5　参见张明楷：《刑法学》（第 6 版），法律出版社 2021 年版，第 307-314 页。
6　参见张明楷：《刑法学》（第 6 版），法律出版社 2021 年版，第 250-251 页。

“行为纵令该当构成要件而且并不符合刑法上明文所规定的违法性阻却事由，若符合整体法秩序，亦可否定违法性之事由。”[1] 其主要包括自救行为、义务冲突（用于否定不作为犯的成立）、被害人承诺。

超法规的违法性阻却事由起源于新古典学派实质违法性中主张法规与规范分离的文化规范理论，“Mayer 则认为犯罪所违反者，乃系国家所承认的文化规范，而并非单仅违反刑法规范，因此导出超法规违法事由的概念”[2]。这样，在阶层式犯罪论体系下即使构成要件该当行为并不具备法定的违法性阻却事由，也未必具有违法性。在域外，“目前学说与实务，均接受实质违法性的观念”[3]。与此相应，对超法规的违法性阻却事由的承认也已是共识，这致使违法性阻却事由走向了开放化。但刑法理论对超法规的违法性阻却事由的态度依旧谨慎，“只是，所希望的是尽可能把违法性阻却事由理解为具体条文基础的东西，只有在不可能用条文来解释时才应该承认超法规的违法性阻却事由”[4]。而审判实践中也往往做法不一。例如，在日本，尽管东京高等法院（东大泼泼罗剧团案）与东京地方法院（舞鹤归国者救护局案）的判决都认可了超法规的违法性阻却事由，但最高法院在 1963 年与 1964 年的两次判决中都否定了这一理论。[5]

前已述及，作为我国犯罪概念基本属性的社会危害性与刑事违法性系交叉重叠关系。这使实质的违法性在域内外犯罪论体系中的地位迥然有别，从而导致了超法规的违法性阻却事由在刑法理论与实务中迥异的地位与命运。在域外阶层式犯罪论体系中，超法规的违法性阻却事由一般被置于违法性阶层中加以阐释，并与实质的违法性相对应；在我国，由于违法性理论是在犯

1　陈子平：《刑法总论》（2008 年增修版），中国人民大学出版社 2009 年版，第 173 页。

2　靳宗立：《刑法总论 I——刑法基础理论暨犯罪论》，2010 年自版发行，第 152 页。

3　冯亚东、胡东飞、邓君韬：《中国犯罪构成体系完善研究》，法律出版社 2010 年版，第 79 页。

4　［日］大塚仁：《刑法概说（总论）》（第 3 版），冯军译，中国人民大学出版社 2003 年版，第 321 页。

5　［日］大谷实：《刑法总论》，黎宏译，法律出版社 2003 年版，第 187 页。

罪概念的刑事违法性属性中展开的，因此，在坚持定罪之四要件犯罪构成一元化标准框架下，超法规的违法性阻却事由在四要件犯罪构成中就难以获得正当而明晰的地位。但我国司法实务中被害人的承诺、推定的承诺、自救行为、自损行为、义务冲突等超法规的违法性阻却事由，事实上是存在的。[1] 因此，刑法理论上必须作出相应的“合理”解释。这恰恰是传统通说在四要件犯罪构成之外以专章的形式补充“排除犯罪性行为”的根源和动力。

即便认为实质违法性在四要件犯罪构成中是以犯罪客体或犯罪客体与其他全部或部分要件展开的，实际上超法规的违法性阻却事由确实“至少涉及两方面要件（客体与主观方面）”[2]，但将其置于犯罪构成的任何一个要件中加以阐释，都存在逻辑与体系上的不周延，同时也有割裂违法性判断之嫌。然而，以专章形式将其置于犯罪构成体系之外加以阐释所延伸出的更大的问题在于：超法规的违法性阻却事由与四要件犯罪构成大体处于同一位阶，这默许了定罪标准的二元化。即超法规的违法性阻却事由在犯罪论体系中超然地位的获得，也是以牺牲定罪标准的一元化为代价。

为摆脱传统通说在超法规的违法性阻却事由上陷入的困境，有学者提出：“我国刑法中的排除犯罪性事由并不符合或者具备犯罪构成的全部要件，只是在客观方面与某些犯罪相类似。”[3] 但其缺陷同样明显。“既然正当防卫、紧急避险（同样包括超法规的违法性阻却事由）只是在客观方面与某些犯罪类似，因为需要说明其不构成犯罪或者不符合犯罪客观要件，那么，就应当在客观要件中（或之后）将正当防卫、紧急避险作为消极的构成要件论述，而不应在犯罪构成之后、更不应在罪数之后论述正当防卫、紧急避险。”[4]

其实，犯罪概念借助超法规的违法性阻却事由形式发挥出罪功能，在超

---

1 参见张明楷：《刑法学》（第6版），法律出版社2021年版，第307-314页。
2 冯亚东：《犯罪构成与诸特殊形态之关系辨析》，载《法学研究》2009年第5期，第134页。
3 马克昌主编：《刑法学》，高等教育出版社2003年版，第120页。
4 张明楷：《违法阻却事由与犯罪构成体系》，载《法学家》2010年第1期，第34页。

法规的违法性阻却事由于四要件犯罪构成体系中地位不甚明确也难以明确的情况下，该出罪功能极易沦为秩序价值的附庸，且超法规的违法性阻却事由在域外审判实践中的适用也相当谨慎，而法官基于自身的风险考量，在自由裁量范围内排斥超法规的违法性阻却事由之适用，造成犯罪概念的出罪功能让位于入罪功能，这并非不可想象。审判实践中一部分可定性为正当防卫的案件被处理为防卫过当，同时法官通过宣告缓刑来平衡各方利益以规避自身风险。此种情势下期待法官会适用在形式上“无刑法明文规定”的超法规的违法性阻却事由以出罪，不无疑问。例如，张某以 1.9 万元买了一名外籍妇女刘某后，二人预谋由刘某从国外物色妇女，之后卖出去赚钱。刘某回国后听陈某说想找对象，遂以到中国找对象为名带陈某偷越边境到河南某市，经张某托人寻找到买家王某，王某相中陈某，并当场商定价格付给张某 1.8 万元，陈某也表示同意嫁给王某，王某付过钱后将陈某带走一起生活。后张某和刘某被公安机关抓获。[1] 审判中，对于被害人承诺能否阻却拐卖妇女罪的成立，分歧明显，而构成犯罪的肯定意见居于优势地位。

三、犯罪概念的出罪化及其对自由刑法的保障

我国《刑法》第 13 条确立的混合的犯罪概念兼具入罪与出罪两大功能，而作为犯罪概念基本属性之一的社会危害性对四要件犯罪构成具有刑法解释机能，在秩序价值下其能够借助现代刑法所允许的扩张解释等形式将某些行为不当入罪，从而使犯罪概念的入罪功能大于出罪功能，可能产生侵犯人权的风险。据此，笔者主张对我国混合的犯罪概念应作入/出罪与出罪的功能转换，即包含社会危害性属性的我国犯罪概念具有入罪和出罪两大功能，且在理论与实务中都具有话语权，对此应强化犯罪概念的出罪功能，虚化其所具

1　参见付黎明：《被害人承诺能否阻却拐卖妇女罪成立》，载《检察日报》2010 年 7 月 6 日，第 3 版。

有的入罪功能，实现犯罪概念由入/出罪两大功能向单一出罪功能转换以彰显人权保障功效。这大体涉及三个方面：

首先，还正罪刑法定原则的人权保障机能，正本清源地为犯罪概念由入/出罪二元化功能向单一的出罪功能转换提供保证。

解决问题，扬汤止沸只是权宜之计，釜底抽薪才是根本之道。罪刑法定原则之人权保障机能的还正，才能为犯罪概念的功能转换提供原动力，并消解犯罪概念之入罪功能反向地异化罪刑法定原则的人权保障机能。

承前分析，我国《刑法》第 3 条规定的罪刑法定原则兼具社会保护机能与人权保障机能。要实现犯罪概念出罪功能单一化，必须使其更多地受罪刑法定原则之人权保障机能的节制，这需要压缩或削减该原则的社会保护机能。毕竟，在我国的刑事法治化进程中，缺乏的不是对秩序价值的强调，而是在秩序价值下如何彰显人权价值。我国的罪刑法定原则更为突出的是出罪禁止的社会保护机能，甚至可以认为其积极侧面无异于入罪原则。在某种程度上压缩了其本身所兼具的人权保障机能，亦远离了以限制国家刑罚权为内容、以维护个人自由权利为首要或主要目标的原初意义上的罪刑法定原则。

社会保护机能在域外并非完全或主要由罪刑法定原则承担。罪刑法定主义肇始于 18 世纪，其本意在于防止罪刑擅断，但是随着社会利益重要性的不断凸显，法律为保障共同利益，有时不得不限制个人利益。我国 1979 年《刑法》在未规定罪刑法定原则的情况下，社会保护机能更多地由刑法的任务、犯罪概念、犯罪构成等来承担。修订后的《刑法》叙明了包含积极侧面的罪刑法定原则，使兼具人权保障与社会保护两大机能的罪刑法定原则之社会保护机能得到了凸显。而还正罪刑法定原则的人权保障机能，大抵有两条路径可供选择：一是“立法中心主义”的路径，即通过刑事立法删除或省却罪刑法定原则的积极侧面，为该原则人权保障机能的彰显提供出路；二是“释法中心主义”的路径，即以“补正解释”的形式作出有利于被告人的解释，亦即通过积极侧面严禁司法权的恣意行使，防止不当入罪，以最大化地消解其负面影响。显然，前者是根本之道，后者为权宜之计。

所谓的“省却罪刑法定原则的积极侧面”，其依据在于，由立法技术视角观之，较之1979年《刑法》第1条，修订后的《刑法》省却了“刑法的指导思想”，是由于指导思想在现行宪法的序言中有明文规定；同时，作为国家根本大法之宪法具有至上的权威，故“根据宪法”制定的刑法出于立法技术考虑，省却了同一法律体系内不必要的重复式表述。同理，对罪刑法定原则之积极侧面作省却处理后，社会保护机能将更多地交由刑法的目的、任务等承载，从而还正罪刑法定原则原初意义上的人权保障机能，为犯罪概念向单一的出罪功能转换奠定基础。

其次，在入罪时严守犯罪构成在定罪中唯一的且最终的标准，确立犯罪概念之出罪功能对犯罪构成解释的绝对地位，虚化以至否定犯罪概念之入罪功能对犯罪构成的解释功效。

当下我国的犯罪论体系正酝酿一场深刻的变革，主张犯罪构成的阶层化是演进方向中的有力学说，但四要件犯罪构成仍旧在刑法理论中居于优势地位，且在司法实践中始终占据着压倒性优势。然而，不可否认的是四要件犯罪构成确实隐含着诸多弊病。其中，法定阻却事由（正当防卫、紧急避险等）与超法规的违法性阻却事由对四要件犯罪构成之定罪标准一元化冲击巨大，且这似乎是四要件犯罪构成本身难以克服的固有弊端，因此，去其弊端并求诸犯罪论体系的实质性变更，并非绝对不可期待的方向。毕竟，真理的惯常命运往往是：始于异端，终于迷信（赫胥黎语）。

只是即使在犯罪论体系甚为发达的德国，其每一种体系都必须从其精神史根源和前一阶段人们通过学术体系的重建而加以改造和克服的计划的联系中去解释。以此为鉴，我国犯罪论体系的演进，更多地依赖于中西方之间、理论实务之间、不同观点学者之间的博弈，在利弊权衡中逐步确立基本方向，这不可避免地决定了我国犯罪论体系的演进，是一条日趋彰显人权的“渐变”之路，而非一蹴而就或“毕其功于一役”的“激变”之路。就违法阻却事由造成的定罪标准二元化的弊害而言，在违法阻却事由导致的于四要件犯罪构成中尴尬地位难以化解的情况下，犯罪概念借助违法阻却事由形式发挥出罪功能，虽然会造成逻辑及体系上的不周延，也会导致对犯罪概念与犯罪构成之定罪二元标准的默许，但仍不失为彰显人权的方法之一，在探索到更好的解决途径之前，也只能是不得已而为之的权宜之计。其实，牺牲人权保障来实现犯罪论体系的周延，无疑是一条凶险的歧途；而牺牲犯罪论体系的周延以贯彻人权保障的价值理念，在“秩序下的人权”取向下可能为人所诟病，但这并非完全不可接受。因此，在入罪时应严守犯罪构成在定罪中唯一的且最终的标准，虚化以至否定犯罪概念之入罪功能对犯罪构成的解释功效，限缩犯罪圈；同时确立犯罪概念之出罪功能对犯罪构成解释的绝对地位，彰显人权，并努力寻求解释论周延上的突破与可能的根本解决之道，待理论与实务的时机成熟时再作实质性调整。

这样，剩下的问题就只是如何防止犯罪概念的出罪功能沦为秩序价值的附庸。与此相关，我国部分刑法学者指出：“在苏式体系的代表作《犯罪构成的一般原理》一书中，可以看到特拉伊宁运用犯罪构成及其四要件的原理对大量案例所做的分析，其得出无罪及罪轻结论的事例比比皆是（占所举出案例的半数以上）——仅此一客观情形也足以说明该体系是完全可用于出罪分析的。”[1] 如前文分析，我国犯罪概念兼具的入/出罪功能可以表现在其指导法官实质地理解与适用犯罪构成之解释机能上。因此，否定四要件犯罪构成能够出罪的论调着实不妥，但以既有的犯罪构成具有出罪机制为由，无视我国犯罪概念的入/出罪功能在“秩序下的人权”价值取向下难以避免地倒向博

1　冯亚东、胡东飞、邓君韬：《中国犯罪构成体系完善研究》，法律出版社 2010 年版，第 141 页。

弈后占据优势地位的入罪之窘境，而对犯罪构成故步自封或不作实质性改进，则其前景不免暗淡。

对于上述问题，可备选择的解决之道是，在还正我国罪刑法定原则的人权保障机能后，严格以其作为“宽严相济”的刑事政策的指导总纲，坚决反对刑事政策突破或变相地突破罪刑法定原则的节制，而刑事政策的“宽”与“严”作为社会整体性或局部性治安的风向标，仅对犯罪的惩处起宏观的指导作用，而不涉及个案的具体规制，以消解政策性风险。坚决反对基于对社会治安状况的担忧或刑事政策之宽严等理由，以“刑罚过剩”或变相“刑罚过剩”为载体来承负刑罚“教育”或“改造”等目的，厘清刑罚报应与矫正目的的层次及位阶，防范“刑法超载主义”与“法定司法失职主义”。在具体案件的处理中，犯罪构成是入罪的唯一根据，但容忍在还正人权保障机能后的罪刑法定原则之框架下犯罪概念之出罪功能对犯罪构成的解释功效，矫正司法实务中存在的犯罪概念之入罪功能对出罪功能的优势地位，从而使入/出罪二元化走向实质性的出罪一元化。

最后，对犯罪概念中社会危害性与刑事违法性之间的交叉重叠问题，有必要对既有的社会危害性理论与刑事违法性理论做理论上的探索创新，化解对犯罪概念的基本属性与具体特征之二重结构的依赖，在此基础上逐步厘清犯罪概念与犯罪构成之间的关系，最终在彰显人权的基本立场上确立定罪之犯罪构成一元化标准。

针对我国犯罪概念中社会危害性与刑事违法性之间的交叉重叠关系，迫切需要寻求解释论上的解决之道，并探索彻底的化解办法，消除刑法理论与司法实务对犯罪概念之二重结构的依赖，从而实质性地厘清犯罪概念与犯罪构成之间的关系，赋予我国刑法典犯罪人“大宪章”的特色。令人欣慰的是，我国已有刑法学者开启了这样的方向，如主张社会危害性是危害行为的客观属性，其评价不应当为行为人的主观内容所左右，应将主观要素排除在认定基础之外。[1] 对此，应给予肯定的评价。但后续的探索仍任重道远，有待刑法理论与实务双向的不懈努力。

混合的犯罪概念之社会危害性与刑事违法性之间的混杂关系源于特定的历史原因，而该历史原因的弊害在短时间内难以消除，当下混合的犯罪概念在我国存在的根基依旧牢固，企图一步到位地废除我国刑法典中的混合的犯罪概念并代之以形式的犯罪概念的论调，无非是刑法学者们一厢情愿的美好愿景。在正视我国刑事法治客观情势的前提下，其逻辑进路似乎更应该是：在尊重我国混合的犯罪概念这一既定事实的基础上，将二元化的犯罪概念的入/出罪功能转化为一元化的出罪功能，在彰显人权之路上逐步完善犯罪论体系实现定罪标准一元化，从而虚化实质的犯罪概念之出罪解释功效，最终确立形式的犯罪概念。在此过程中，我们应当坚信："将来刑法是否可获成效，取决于将来的刑事法官是否将歌德在'马哈德，大地之主'中所说的话铭刻心上，即：他应惩罚，他应宽容；他必须以人性度人。"[2]

综上所述，发挥我国犯罪概念的出罪功能，维护刑法的根基与信仰，就要消除社会危害性与刑事违法性之间的交叉重叠关系，仅确立犯罪概念之出罪功能对四要件犯罪构成的解释功效，虚化以至否定犯罪概念相应的入罪功能。同时，探索犯罪概念与犯罪构成之间的关系，寻求解释论或相关理论上的突破，消除理论与实务对混合的犯罪概念之二重结构的依赖，确立实质的违法性理论在犯罪论体系中清晰而明确的位置与位阶，彻底实现定罪标准之犯罪构成一元化，虚化犯罪概念的出罪功能。最终，在还正了人权保障机能的罪刑法定原则框架下，逐步确立形式的犯罪概念，并在此基础上展开符合我国客观情势的能够切实保障人权的犯罪论体系。

我国《刑法》第 13 条混合的犯罪概念有其深刻的时代根源，而该犯罪概

1　参见黎宏：《浅谈社会危害性的基本内容》，载陈泽宪、贾宇、曲新久主编：《刑法理论与实务热点聚焦》（上卷），中国人民公安大学出版社 2010 年版，第 49-54 页。

2　［德］拉德布鲁赫：《法学导论》，米健、朱林译，中国大百科全书出版社 1997 年版，第 99 页。

念赖以存在的条件在当下依旧存在，且短时间内难以有效消除，因此，欲在我国刑法典中确立形式的犯罪概念，并在此基础上构建以人权保障为价值取向的犯罪论体系，则明显存在有违我国刑事法治现实的客观情势之嫌，带有浓厚的主观主义色彩。无视我国法治的诸多客观拘束条件，“激变”式地将其付诸司法实践，其可能产生的负面效应不言而喻。在刑法混合的犯罪概念之现实一时难以被有效改变的格局下，坚持强化其出罪功能，虚化其所具有的入罪功能，实现混合的犯罪概念由入/出罪两大功能向单一出罪功能转换，并以此来指导当前的刑法司法实务从而践行人权保障的理念，逐步向形式的犯罪概念与犯罪论体系的实质性变更过渡，无疑更为理性而切合实际。当然，混合的犯罪概念功能向出罪一元化转换并非毫无代价，其同样存在出罪时一定程度上牺牲定罪之四要件犯罪构成一元标准的弊害，即犯罪概念发挥出罪功能时，难以明晰正当防卫、紧急避险、超法规的违法性阻却事由在四要件犯罪构成中的地位，这实质上容忍了定罪标准之四要件犯罪构成与犯罪概念的二元化。另外，伴随这一转换过程的是，对我国罪刑法定原则之人权保障机能作必要的修正，并在该原则与犯罪构成之间建立起实质性的联系，加速刑法兼顾犯罪人人权保障的进程；降低甚至消解脱离罪刑法定原则节制的刑事政策等对定罪的干涉，弱化刑事司法的政策性风险；积极推进社会危害性理论、违法性理论、犯罪构成理论等刑法基本理论的创新，在学说交锋中为犯罪论体系的完善提供不可或缺而可备遴选的有益素材。

第三节　根基与信仰的时代命题：刑法理论的守正创新

当下人类所处的是一个科技领航、风险频发、市场经济活跃的时代，所以刑法根基与信仰的本土化构建便需要回应时代变化的深刻命题，在急速发展的社会中推动刑法理论的守正创新。21 世纪的重大科学成就基本上都转化为了相应的科学技术，在经济和社会生活中发挥着重大作用，这些技术“威力更大，也更难被人类所控制”“更加高深”，这个时代的显著特点是它是一个“高技术时代”，[1] 亦即科技时代。然而，“科学技术不断发展所带来的副作用使人类社会逐渐进入一个风险社会，而当今全球化的力量正在不断地形塑出一个世界风险社会”[2]；当下中国“在社会转型和全球化双重压力的时空背景下，从一个正进入风险社会时代的社会快速地变成一个高风险时代的社会”[3]。为了加强对风险社会时代的法律治理，刑法不断增加新的犯罪或修改以往罪名，并直接催生了“立法活性化时代”[4] 的到来。科技时代与风险社会时代使国家行政管理的职能和行政目的日趋增多，基于行政取缔目的的法定犯也不断增多，“法定犯时代的到来”[5] 由预言变成了现实。科技的发展也推动着我国经济高速发展，市场经济呼唤与之相适应的民法典。2017 年的《民法总则》开启了民法典时代，2020 年 5 月 28 日《中华人民共和国民法典》于第十三届全国人民代表大会第三次会议审议通过，标志着“民法典时代”的全面到来；如何处理好“民法典时代”民法与其他法律的关系，尤其是公法（刑法）与私法（民法）之间融合的关系，也成为时代性问题。

刑法作为所有部门法的保障法，应秉承谦抑主义而不可主动作为，但亦不可落后于时代发展而后防失守；刑法理论如何因应时代发展并随之应变，迎接科技时代、风险社会时代、立法活性化时代、法定犯时代以及民法典时代所带来的挑战，成为学术研究应该直面并回答的问题。基于时代需求，刑法理论应处理好以下五种关系以因应时代发展：科技时代传统刑法理论与新问题之间的关系；风险社会时代刑法安全治理与权利保障之间的关系；立法

1　参见吴国盛：《科学的历程》（第 4 版），湖南科学技术出版社 2018 年版，第 583 页。

2　林丹：《乌尔里希·贝克风险社会理论及其对中国的影响》，人民出版社 2013 年版，“导言”第 1 页。

3　夏玉珍、卜清平：《高风险时代的中国社会问题》，载《甘肃社会科学》2016 年第 1 期，第 159 页。

4　井田良「刑事立法の活性化とそのゆくえ」法律时报 75 卷 2 号（2003 年）。

5　储槐植：《要正视法定犯时代的到来》，载《检察日报》2007 年 6 月 1 日，第 3 版。

活性化时代刑事立法“立改”与“废释”之间的关系；法定犯时代法定犯的不断扩容与罪刑法定原则底线坚守之间的关系；民法典时代公（刑）法与私（民）法之间融合的关系。唯有如此，刑法理论才能顺应时代的发展并形成自己的时代特征。

一、技术风险时代刑法治理与公民权利保障之间的关系

党的二十大报告指出，新一轮科技革命和产业变革深入发展，国际力量对比深刻调整，我国发展面临新的战略机遇。2023 年 9 月 7 日，习近平总书记在新时代推动东北全面振兴座谈会上指出要“加快形成新质生产力，增强发展新动能”。新质生产力以科技创新来实现关键性颠覆性技术突破，从而推动科技创新与技术创新。对于社会治理而言，科学技术既是第一生产力，又是一把“双刃剑”；既带来机遇与机会，也带来风险与挑战。在强调新质生产力创新的技术风险时代，刑法作为规制风险的主要手段之一，如何平衡刑法参与社会治理的边界与公民权利保障的底线，坚守刑法的根基与信仰，是值得思考的问题。换言之，只有在技术风险时代协调好刑法治理与公民权利保障之间的关系，通过构建完备的刑法保护体系来为技术创新保驾护航，才能真正实现技术合规发展，最终实现新质生产力的创新发展目标。

（一）科技时代传统刑法理论与新问题的关系梳理

我们所处的时代是一个科技时代，科学和技术的“联姻”导致技术力量日益强大，直至今天成为主宰人类社会发展的力量。科技改变了自然，也改变了人与人、人与自然的关系，带来很多全新的问题，并对传统刑法理论提出了严峻挑战。

根据科学家的划分，科技时代由“原子能时代”“航空航天时代”“电子

技术与信息时代”“生物技术时代”这四个时代构成。[1] 前两个时代的主要任务是释放自然的神秘力量，但与普通人的生活距离较远；后两个时代则与人们生活息息相关，并带来了很多新的法律问题。在我们所处的科技时代里，互联网科技是处于最领先地位的科技，它以泛在的网络推动人类社会生活方式全方位改变以及由此导致（刑）法学理论的变革。电子技术与信息时代其实是与 20 世纪的第三次技术革命相适应的概念，网络技术与信息时代才是与 21 世纪网络的迅猛发展相适应的概念。而生物技术在 20 世纪呈现初始发展之势，21 世纪的当下才是其迅猛发展之时，生物科技时代这一称呼完全没有过时。因此，科技时代所带来的传统刑法理论与新问题之间的关系问题，其实就是网络技术和信息与生物科技所带来的传统刑法理论与新问题之间的关系问题。

网络技术与信息繁荣导致网络犯罪井喷式增长，并给刑法的适用带来了挑战。网络技术时代 AI 成为最闪耀的主角。人工智能的发展看似催生了很多刑法问题，但这些问题很多是伪问题。比如，有观点认为，机器人也有话语权，这种权利受到美国宪法《第一修正案》保护。理由是，机器人表达所传输的是“实质性信息”，即使是机器人发送或者接收的信息，只要这些信息对于被接收方而言是可识别的，那么这些信息就是交际性言论，故应被视为“言论”。在此基础上，通过“无意图言论自由”规则界定机器人表达具有“效用”价值，从而提出《第一修正案》能够包含并保护机器人的表达。[2] 如果认同 AI 有话语权这种主张，那么衍生的问题则是刑法如何保护 AI 的言论自由？哪些情况下 AI 传播不实言论构成诽谤罪或者诬告陷害罪等言论犯罪，哪些情况下又不构成？这种基于“泛 AI 保护”的权利论显然属于人工智能法学研究中的反智化体现，其对刑法适用的挑战是伪挑战，因为对它们予以刑

1　参见吴国盛：《科学的历程》（第 4 版），湖南科学技术出版社 2018 年版，第 587、602、629、648 页。

2　参见［美］罗纳德 · K. L. 柯林斯、大卫 · M. 斯科弗编：《机器人的话语权》，王黎黎、王琳琳译，上海人民出版社 2019 年版，第 60、67、82 页。

法规制或者保护实现的正义，早已偏离法律价值意义上的正义，而是一种“代码正义观”或“算法正义观”。[1] 当然，如果在未来，AI或机器人作为一个新物种在人类社会得到认同，人类社会的哲学理念也因此发生了彻底改变，人工智能和自然人并列为这个世界上的两种主体，那时再讨论基于人工智能或机器人的发展所带来的刑法问题也许不迟；但也许，那个时候人类的刑法已非当下我们所熟悉的刑法。事实上，大数据与人工智能的法律问题主要是如何将之运用于法律领域的问题，即结合类似于司法领域等具体场景解析“技术知识与专业知识的深度融合、明晰技术权力对专业权力的介入边界”[2]以及运用规则等。

去伪存真，网络技术与信息时代对刑法的真正挑战在于：如何将传统刑法理论适用于新型网络犯罪。科技发展所带来的新问题首先是刑法如何规制科技发展中的新事物。例如，当下引发热议的人脸识别技术的刑法规制问题。人脸识别的研究始于20世纪60年代末。早期的人脸识别研究主要采用提取人脸几何特征以及模板匹配的方法。[3] 如今的人脸识别技术经过多年的发展，对人的信息安全等会造成威胁，因此涉及他人甚至包括公权力主体对公民个人信息的滥用，如何降低并规制技术的使用带来的不可预知的风险，刑法是否应当在防范以及制裁方面等承担相应的功能，这些都是需要考虑的全新问题。在具体刑法规范适用层面，当穷尽解释的路径后，现行规范体系的合理性则是需要直面的问题。其核心首先是如何将快速变化的事实如爬虫、人脸识别等科技事实，置于相对稳定的规范体系之下予以解释适用。其次则是如何在新的场景下理解和适用传统概念的问题。例如，首个深度链接构成侵犯著作权罪案，首个流量劫持构成破坏计算机信息系统罪案，首个刷单炒信人

1 杨延超：《机器人法：构建人类未来新秩序》，法律出版社2019年版，第23页。
2 王禄生：《大数据与人工智能司法应用的话语冲突及其理论解读》，载《法学论坛》2018年第5期，第137页。
3 参见张翠平、苏光大：《人脸识别技术综述》，载《中国图象图形学报》2000年第11期，第892页。

刑案，淘宝网首例“恶意差评师”案，通过非直接身体接触猥亵儿童的定为犯罪，等等。总之，网络科技的发展导致刑法在法益之有无、空间效力、行为构造、主体范围、对象认定等方面均面临挑战，刑法理论在科技时代如何处理好其与科技发展带来的新问题之间的关系，成为当下刑法理论必须思考和解决的问题。

生物技术时代催生了法律和伦理的新问题，并对传统刑法理论提出了挑战。生物科技时代人类使用生物工程技术辅助生殖、治疗疾病、自由选择结束或者开始生命，这些行为无不挑战着刑法的适用是否要进行道德伦理的评价等既老又新的问题，并呼唤传统刑法理论的解释论予以跟进或立法论予以解决。一直保持热度的安乐死和2019年宣判的“基因编辑婴儿”案件，都是生物科技挑战刑法理论的典型事件。

安乐死是一直困扰刑法适用的既老又新的问题。随着人类对生命质量的追求，支持并要求实施安乐死的案例在世界各地不断出现。2019年1月，浙江台州市第一起安乐死案件行为人被宣判为故意杀人罪，[1] 实施安乐死的行为人究竟无罪还是构成故意杀人罪的问题再次引发社会关注。1986年9月，陕西省汉中市发生我国首例安乐死案件，1991年5月17日法院对两名被告人作出了无罪判决。我国首例安乐死案件的无罪判决与2019年台州安乐死案件的有罪判决，反映了数十年间“安乐死的定性和是否符合伦理道德问题尚无法律依据，有待立法解决”[2] 的状态仍未得到改变。刑法在法律与伦理、科技与伦理这些重要关系的取舍上仍裹足不前。2019年5月21日，十三届全国人大常委会第十次会议分组审议民法典人格权编草案时，列席会议的全国人大代表建议，自然人享有生命权，“安乐死”应写入民法典人格权编。这一建议如被采纳，民法典如将安乐死合法化，可以预见，未来刑法也会将安乐死合

1　参见《台州“安乐死”案引发争议》，载《参考消息》2019年1月18日，第15版。

2　王鸿麟：《我国首例安乐死案件判决——汉中市法院宣告两被告无罪》，载《中国医学伦理学》1991年第3期，第27页。

法化；但是，民法典对安乐死暂时无法实现合法化，未来刑法理论如何妥当应对并处理安乐死案件的定性问题，是按无罪论还是有罪论处理，无疑是生物科技时代将持续引发讨论的问题。

与安乐死案件内容不同但性质相似的是“基因编辑婴儿”案。安乐死案件折射的问题是人是否有资格结束自己的生命，“基因编辑婴儿”案件折射的问题是人是否能够被编辑基因来开始自己的生命；两者异曲同工地体现了法律与伦理之间的冲突以及由此带来的对刑法适用的挑战。2016 年 6 月起，贺某奎团队指使个别从业人员违规在人类胚胎上进行基因编辑并植入母体，最终有 2 名志愿者怀孕，其中 1 名已生下双胞胎女婴。2019 年 12 月 30 日，法院宣判“基因编辑婴儿”案中的贺某奎等 3 名被告人，因共同非法实施以生殖为目的的人类胚胎基因编辑和生殖医疗活动，构成非法行医罪。[1] 该案虽然已宣判，然而，由该案引起的科技对传统刑法理论的挑战才刚刚开始。严格根据刑法构成要件分析，贺某奎等三人的行为在刑法中缺乏相应罪名予以规制，人类基因编辑研究事实上很难通过医疗事故罪与非法行医罪“而被涵摄到刑法领域。通过过失致人死亡罪、过失致人重伤罪等来涵摄超越人类基因编辑研究自由界限的行为，在合法性论证上也存在同样的问题”[2]。“基因编辑婴儿”案最终以非法行医罪定罪量刑，其意在于通过刑法最后防线的作用，推动和保障科技工作者“不违背科研伦理底线”这一医学界的共识得到践行；同时，本案可以促使学者对传统刑法在面临诸如“基因编辑婴儿”案件时如何进行妥当解释以及对相应的立法条款进行研究。除安乐死和“基因编辑婴儿”案之外，生物科技时代带给刑法的挑战还有很多。比如克隆人是不是刑法保护的“人”；非法代孕行为是否构成刑法中的犯罪；基因信息是否属于

1　参见王攀、肖思思、周颖：《“基因编辑婴儿”案一审宣判》，载《人民日报》2019 年 12 月 31 日，第 11 版。

2　朱晓峰：《人类基因编辑研究自由的法律界限与责任》，载《武汉大学学报（哲学社会科学版）》2019 年第 4 期，第 29 页。

《刑法》第253条之一中的个人信息；仅有受害人承诺是否阻却生物科技试验行为的违法性；买卖胚胎行为如何处理；窃取他人冷冻精子的行为如何规制；毁坏冷冻胚胎构成故意杀人、故意伤害还是故意毁坏财物罪；利用人工流产胎儿研究干细胞是否侵犯人的生命权利；等等。面对这些新问题，刑法是不断增设新罪名以适应未来生物科技的不断发展，并由此构建一种新的伦理刑法学的框架，还是让传统刑法理论甚至以牺牲法治国的罪刑法定原则为代价来“削足适履”，以及刑法如何在促进科技发展与保护法益之间实现平衡，这些都是科技时代刑法理论因应时代发展必须着重思考的问题。

总之，法律与科技之间的关系是复杂的，新兴科技给法律制度带来了前所未有的挑战，需要考虑如何让刑法在面对网络科技与生物科技的冲击时不断调适自身的概念与学说，并在理论的推动下不断更新自身的立法规范。换言之，如何处理好传统刑法理论与科技时代带来的新问题之间的关系，是当下刑法理论研究必须着重思考并解决的重要问题。

（二）风险社会时代刑法安全治理与权利保障之间的关系

从20世纪50年代关于风险问题的讨论开始，历经数十年社会变迁，风险社会由理论概念变成现实世界。“科学技术的双刃剑及由信息技术引发的风险社会”[1] 的法律治理成为迫切需要解决的问题。风险的存在呼唤着社会的治理，法治作为社会治理的重要手段自然不可或缺。刑法作为所有部门法的保障法，发挥着社会治理的最后一道藩篱的作用。刑法的治理无法在前端发挥预防风险的作用，却可能在后端发挥围追风险的作用。同时，通过对风险刑法治理的反思，刑事立法使风险行为犯罪化，从而为今后风险预防发挥作用。而刑法在风险治理中发挥作用的这两种方式，均存在社会安全价值与公民权利之间的冲突，如何处理好两者之间的关系，是刑法理论因应当下风险

1　张文显：《数字技术立法尤其要超前》，载《北京日报》2019年1月21日，第13版。

社会时代所需关注解决的问题。

近代历史中代价最高昂的灾难事件是1986年发生的切尔诺贝利核事故，其将风险社会残酷地摆在世人面前；而“9·11”事件则再次将风险社会对社会安全的冲击血淋淋地暴露出来。以战争风险、核风险、恐怖犯罪风险、基因风险、疾患风险等各类风险为代表的高风险社会成为重要的社会形态。在此风险社会中，各国皆不能幸免。中国曾经受2002年“非典”以及2008年汶川大地震两起特大风险事件冲击，其他如甲流、旱灾、洪灾、台风等大大小小的风险也时常考验着国家治理能力。我国也经受了新冠疫情风险的冲击，该风险可以说是食品风险、环境风险，也可能是包括基因风险等在内的综合性风险，风险的复杂性也意味着治理的高难度性。

风险社会时代，风险治理的现实紧迫需要时常使刑法机能徘徊在安全治理与权利保障之间；更多的时候，权利保障让位于安全治理，自由刑法让位于安全刑法。

新冠疫情防控期间，为了防止疫情蔓延，将风险降到最低限度，刑法在安全治理方面积极应对，涉疫犯罪相关司法解释要求对涉疫犯罪的办理从快从严从重，[1] 以维护防疫抗疫时期的社会稳定和社会秩序。比如，有关规范性文件规定，对于防疫期间的涉医违法犯罪行为“构成犯罪的，人民检察院应当从快审查批准逮捕、提起公诉。人民法院应当加快审理进度，在全面查明案件事实的基础上正确适用法律、准确定罪量刑。对犯罪动机卑劣、情节恶劣、手段残忍、主观恶性深、人身危险性大，或者所犯罪行严重危害公共安全、社会影响恶劣的被告人，予以从严惩处，符合判处重刑至死刑条件的，

---

1 参见2020年1月29日最高人民检察院发布的《关于新型冠状病毒疫情防控期间以来信、网络和电话方式接待群众来访工作的公告》；2020年1月30日最高人民检察院发布的《关于在防控新型冠状病毒肺炎期间刑事案件办理有关问题的指导意见》；2020年2月6日“两高两部”《关于依法惩治妨害新型冠状病毒感染肺炎疫情防控违法犯罪的意见》等。

坚决依法判处”[1]。比如在阮某等人涉嫌以危险方法危害公共安全罪一案中，阮某与其家人从某省自驾返回南方某市，后阮某在社区工作人员要求下签订了居家隔离承诺书。居家隔离期间，阮某拒不遵守居家隔离和每日测量报告体温等要求，连续多日外出，故意隐瞒真实行程和活动，且对自己已有发热咳嗽等症状刻意隐瞒，欺骗调查走访人员。当地警方以涉嫌以危险方法危害公共安全罪对瞒报阮某疫情的阮某家人予以立案侦查。[2] 司法实务部门依据司法解释的要求从快从严从重办理涉疫犯罪案件，无疑是针对实践中“实施相应的行为违反了合法行为的规制，通过刑罚（直接和间接地）对这样的行为予以制止，从而尽力保障法律状态”[3]。

当刑法被作为风险刑法在社会治理与风险防范中发挥重要作用时，也是刑法权利保障机能的发挥力有不逮之时，从而也是与刑法作为自由刑法本性相违背之时。风险是各种原因的总和，法律治理并不能有效预防风险的发生或消除已发生的风险，而其中刑法对于风险的扩散遏制作用更加有限。“生态危机、核危机、化学和基因技术所造成的危机，主要潜藏于管理上的失误和失败及由此而造成的管理系统的坍塌和崩溃之中，主要潜藏于有关科学技术和法律法规之思维理性与逻辑理念的坍塌和崩溃之中，主要潜藏于针对危及社会每一个人之风险和灾难而形成的政治安全保障机制的坍塌和崩溃之中。”[4] 社会风险的产生源于处于转型时期的现代社会“仍然沿用传统工业社会的管理方式来管理和规避风险中的风险问题”[5]。比如信息闭塞且不公开、

1　2020年2月7日国家卫生健康委，最高人民法院、最高人民检察院、公安部（以下简称“两高一部”）《关于做好新型冠状病毒肺炎疫情防控期间保障医务人员安全维护良好医疗秩序的通知》（国卫医函〔2020〕43号）第2条。

2　参见陈强、付怡：《瞒报谎报不配合　害人害己涉违法　一男子拒测体温还动粗被拘10日并处罚款》，载《羊城晚报》2020年2月6日，A5版。

3　［德］沃尔夫冈·弗里希：《国家刑罚的前提和界限》，赵书鸿译，载赵秉志等主编：《当代德国刑事法研究》2016年第1卷，法律出版社2017年版，第175页。

4　［德］乌尔里希·贝克：《从工业社会到风险社会（上篇）——关于人类生存、社会结构和生态启蒙等问题的思考》，王武龙编译，载《马克思主义与现实》2003年第3期，第37页。

5　林丹：《乌尔里希·贝克风险社会理论及其对中国的影响》，人民出版社2013年版，第8页。

不透明，缺乏民间或市场力量的充分运用，过分倚重法律的力量并导致“法律万能论”“泛刑主义”等而缺乏对风险防范制度的综合性构建等。其实，在风险治理中，“学者们早已关注到法治的不足，认为过分依赖法治也会出现风险。法律万能论和法律依赖症曾经受到严厉批评”，因为“法律万能论过于依赖法律，也是对人类‘理性构建’和‘制度文明’的极大冲击与动摇”。[1]

在风险社会治理中，刑事案件的办理要经得起权利保障标准的检验。风险发生时期与平常时期，刑事案件的标准要尽量统一。法律是理性的产物，刑事治理应实现形式合理性与实质合理性的统一，为此，刑法必须秉承共同的善德、公平、正义等基本价值内涵，“统治本身，无论其表现形式或运行机制为何，都必须依据原则，不能恣意胡来；都必须依据理性，不能为所欲为”[2]。如果用刑法能治理风险社会，那么社会上的风险早已不复存在；以牺牲权利保障为代价追求社会安全价值，无异于缘木求鱼或饮鸩止渴，因此注定是无功而返；风险社会催生的风险刑法理论具有瓦解刑法自身的极大风险，因为它倡导的是无边界的刑法。[3] 基于人权法治基本理念作为当今文明各国价值追求的普遍目标，对刑法谦抑主义的信念也不能动摇。

总之，随着科技的发展，人类对自然资源的攫取以及各类战争、暴恐等社会风险的持续存在甚至增加，刑法的适用必须坚守在罪刑法定的层面，即便是防范社会风险，也不能随意出罪或入罪，要处理好追求社会安全之价值与坚守保障权利之底线两者之间的关系。刑法作为风险社会时代社会治理的最后手段，不能舍本逐末而放弃权利保障之底线。否则，刑法的适用只能永远停留在工具主义的层面，难以进化到与公民权利保障法相适应的现代化层面。

---

1 参见何跃军：《风险社会立法机制研究》，中国社会科学出版社 2013 年版，“导论”第 6 页。

2 ［美］罗斯科·庞德：《法的新路径》，李立丰译，北京大学出版社 2016 年版，第 19 页。

3 参见［德］乌尔里希·齐白：《刑法的边界——马普外国与国际刑法研究所最新刑法研究项目的基础和挑战》，周遵友译，载赵秉志主编：《刑法论丛》第 16 卷，法律出版社 2008 年版，第 24-25 页。

二、立法活性化时代犯罪扩容与坚守罪刑法定之间的关系

在立法活性化时代，我国刑事立法一方面呈现快速增长态势，刑法根据现实情况增设了许多罪名；另一方面，在入罪理念的影响下，司法实践中非典型犯罪化的修法模式和犯罪范围的隐性扩张也加剧了犯罪圈的扩容。伴随刑法扩张的异化危机，罪刑法定的形式与实质层面均面临严峻挑战。

（一）立法活性化时代"立改"与"废释"之间的关系

立法活性化时代主要表现为立法活动过于频繁。在立法活性化时代背景下，需要正确处理好刑法的"立改"与"废释"之间的关系。晚近以来，我国刑事立法的活性化主要是犯罪化，犯罪化成为我国刑事立法"立改"的主要内容，以除罪化为内容的刑事立法的"废除"工作基本停止，刑法解释论总体繁荣，但却与立法的"立改废"之间未形成协调互动。基于当下我国刑事立法的现状，要处理好立法活性化时代刑法"立改"与"废释"之间的关系，则应停止或减少我国刑事立法的犯罪化，并充分实现"立改"与"废释"之间的协调发展。

首先，应该停止或减少我国刑事立法的犯罪化，从而处理好立法活性化时代"立改"与"废释"之间的关系。我国刑法"一直在立"并"不断在改"，通过不断地犯罪化将刑法的功能由事后惩罚演变为事先预防。风险社会的种种问题导致我国乃至世界各国刑法都朝着安全刑法的方向发展，法益的抽象化及行为无价值盛行，社会安全优于个人自由价值。然而，刑法的法益保护与人权保障是基础，刑法不能走向安全刑法，自由法治国刑法的权利本质应当维持。刑法的犯罪化意味着对权利的压制因而只具有极为相对的正当性，最终也难以塑造社会成员自觉守法的内心确信。与过度犯罪化相适应的，

是晚近我国刑事立法中的象征性。没有实效性的立法应当尽量禁止，尤其是在刑法中，其作为保障法的属性使得其更加追求经济性、明确性和简约性。象征性刑事立法是立法者回应社会关切的一种手段，体现的是刑法工具主义思想。对此，应当努力寻求一种比象征性刑事立法更为合理的风险控制方式。毕竟，刑法只是社会治理体系中的一个部分，应当将刑法置于整个社会规范以及其他非规范形式的治理体系中来考虑。未来，除应当杜绝象征性立法外，对于已经存在的一些仅具象征性意义的条款，应当适时地予以修改或者废除，进而保持刑法的明确性、实效性与谦抑性。

其次，应该充分实现立改废释之间的协调性与适时性，以处理好立法活性化时代“立改”与“废释”之间的关系。过度犯罪化与象征性的刑事立法导致刑法偏重立或改，废未当时，释论停留于学界。为此，今后我国刑事立法应该做到该立则立、该改则改、该废则废，同时刑事立法应该尽量吸收刑法解释论的合理建议，以实现刑法立改废释之间的协调发展。

该立则立。有的行为，以前可能不是犯罪但现在却可能属于犯罪，刑事立法应该及时予以犯罪化，即该立的则立。比如对他人的生命、身体、名誉等进行恐吓的行为，日本、德国、西班牙、加拿大、芬兰、俄罗斯等国均规定为犯罪，只不过罪名表述不完全相同，日本、英国和法国为胁迫罪，德国为恐吓罪，意大利和西班牙为威胁罪等。这种以加害生命、身体、自由、名誉或者财产而胁迫他人的行为，之所以被各国刑法规定为犯罪，乃因该种行为造成被害人精神恐慌，严重妨碍了公民的人身自由和精神自由。我国刑法学界一直呼吁刑法增设恐吓罪以有效保护公民自由与社会秩序。“刑法禁止的一些犯罪，不仅保护人的行动自由，而且保护人的意志活动自由。如果人没有自由意志，其一举一动完全是被决定的，那么，法律就没有必要保护人的意志活动自由。”[1] 然而，面对各种严重干扰他人正常工作和生活或导致受害

1　张明楷：《责任论的基本问题》，载《比较法研究》2018 年第 3 期，第 7 页。

者患上精神疾病甚至自杀的恐吓行为，我国刑法或用寻衅滋事罪进行错位处理，或按照违反治安管理处罚法进行处理，尚未有效遏制此类行为。总之，尽管刑法学界对增设恐吓罪的呼声一直很高，然而刑事立法对此没有作出及时的跟进和规制。

该改则改。有的行为，以往规定得不太合理或者比较粗疏，随着犯罪行为的变化或立法技术的进步，刑事立法应该及时予以修改，即该改的则改。刑法对有的犯罪构成要件的规定不合理，随着时代的发展变化理应予以及时修改。以强奸罪为例，我国《刑法》第 236 条规定的强奸罪的对象是“妇女”，而《德国刑法典》第 177 条规定的强奸罪的对象是“他人”，除了妇女还包括男性。面对实践中时有发生的强奸男性的犯罪，司法部门却只能以故意伤害罪论处，如果没有达到故意伤害罪轻伤程度则无法处理。此种立法缺漏固然和中国传统文化对性贞操、性名誉以及“重女轻男”的态度直接相关，但我国立法过程墨守成规的陋习时常作祟才是主要原因。事实上，“将男性纳入强奸罪的受害对象是立法趋势”。除德国外，“瑞典、芬兰、挪威、丹麦等国的刑法典在规定强奸罪及其他侵犯型性暴力犯罪时，都将‘被害人’表述为‘他人’”[1]。我国现行刑法的规定，不利于对男性人权的保护。如果刑事立法面对强奸犯罪形态的改变不愿意与时俱进，面对司法实践中男性被性侵害在法律上如何处理的问题不予回答，刑法作为保障法的地位和权威性势必会受到冲击。又如，《刑法》第 237 条第 1 款的强制侮辱罪以妇女为对象，第 240 条拐卖妇女、儿童罪则排斥了对成年男性的保护，人为地根据人的性别而非人之为人本该享有的基本权利来设定保护对象，从而造成了公民人权保障不力和立法滞后的状况。再如，性贿赂如同财物贿赂一样具有腐蚀性且破坏了公务人员的廉洁性和不可收买性，刑法学界一直呼吁应该修改《刑法》第 385 条受贿罪的构成要件，将性贿赂行为入罪，然而刑事立法一直未有所

1　宿广田：《男性被性侵在法律上如何认定》，载《检察日报》2017 年 8 月 24 日，第 4 版。

动。刑法对有的犯罪构成要件的规定非常粗疏，随着立法技术的提升理应予以修改明确，比如非法经营罪、寻衅滋事罪、破坏生产经营罪、聚众扰乱社会秩序罪等“口袋罪”的罪状均为适例，这些也属于该改而未改的罪名。

该废则废。有的行为，以前可能是犯罪但现在可能不是犯罪，刑事立法本该予以除罪化，却没有废除。例如，《刑法》第 253 条私自开拆、隐匿、毁弃邮件、电报罪，该罪是与传统计划经济时代的通信方式相适应的罪名，其中有的犯罪对象如电报，现在基本已消失不见；传统纸媒邮件在网络通信高度发达的背景下也日渐减少，开拆、隐匿、毁弃行为也越来越少。尤其是，即便发生私自开拆、隐匿、毁弃邮件和电报的行为，如果行为仅限于此并未发生信息泄露的风险或者结果，将之定罪纯属浪费司法资源，且违背《刑法》第 13 条犯罪概念中“但书”的规定以及罪刑法定原则只处罚值得处罚的行为这一实质侧面的要求。如果私自开拆、隐匿、毁弃邮件和电报的行为导致信息泄露，在《刑法修正案（七）》已然增设侵犯公民个人信息罪的情况下，显然莫如直接适用该罪予以处罚。可见，随着刑事立法不断增设新罪名以及刑法传统罪名所涉行为日渐消亡，刑事立法应该对第 253 条私自开拆、隐匿、毁弃邮件、电报罪予以除罪化，以此来适应犯罪形势与新的立法现状，并实现我国刑事立法的科学化和司法资源的合理配置。又如，虚报注册资本罪、抽逃出资罪、非法进行节育手术罪、传授犯罪方法罪等罪名均为应该予以除罪化的罪名。然而，刑事立法对于这些罪名却一直没有进行修改或废除。可以说，这是该废的不废。

刑法的“立改废释”之“释”是刑法适用的核心环节。“立改废”是立法层面的工作，“释”则是理论层面的内容。晚近以来，在法教义学的推动下，我国刑法的解释论有了长足发展。罪刑法定原则早已经成为公认的解释原则，刑法的解释不仅要恪守罪刑法定原则，更应当积极捍卫罪刑法定原则。对此，刑法解释应当坚持以文义解释的方法为主，保持形式入罪实质出罪的解释立场，避免随意解释的情形。刑法的解释是必然的，但有其方法与界限，解释的界限何在，比如可否允许不利于被告人的扩大解释以及允许到何种程度，通常会影响罪刑法定原则真正的规范效力，因为过度扩张刑法解释，可能会掏空罪刑法定原则的基础内涵。[1] 但制定法的文义体系又具有一定滞后性，怎么把不好的条文解释为好的，因而成为刑法解释中的重要问题。在解释的过程中，不能仅从纯事实描述中寻求答案，而要从是否有助于实现刑法的人权保障机能与法益保护目的中寻求标准，以全面评价行为是否符合构成要件。在正确的解释立场支配下发展出发达的刑法解释论，才能为刑事立法的“立改废”提供深厚的理论养分，从而实现刑事立法立改废释之间的协调发展。我国刑事立法的“立改废”固然活跃，然而，在听取刑法学界的声音亦即有效吸收刑法解释论的精华上，做得还不够，否则就不会有前述该立的不立、该改的不改、该废的不废的状况发生。刑事立法是实践性的活动，刑法解释是理论性的探讨，理论离开实践是空洞的，而实践离开理论则是盲目的。我国刑事立法的“立改废”工作今后要加强和刑法学界的互动，以实现立改废释的协调有序发展。

刑法的立改废释是一项整体性的工作，在刑事立法的过程中，必须保持刑法的新立、修改、废除和解释之间的协调性，在总体构成的意义上发挥各自不同的功能，适时对刑法予以完善。刑法立改废释的必要性与合理性审视也应放在尽可能广泛的视域中展开，由机械的规则增设转向能动的规范完善，由静态的研究法律规则转向动态的考察法律实施，由局部的价值评判法律规范转向整体的观察法治运行效果。[2] 唯此，刑法的立改废释才能合理并进。总之，刑法理论如欲因应立法活性化时代的发展，必须处理好“立改”与“废释”之间的关系，并在此基础上推动我国科学刑事立法体系不断发展完善。与此同时，刑事立法的活性化本身也需要反思，因为法律“不应过于轻易地

1　参见林钰雄：《新刑法总则》，中国人民大学出版社2009年版，第35页。

2　参见周佑勇：《新时代中国法学研究及学科发展的新任务》，载《武汉大学学报（哲学社会科学版）》2019年第2期，第8页。

修改，不应允许一种随机性的立法模式，使得任何兴之所至的繁琐性的念头都能不受约束地被转化为立法”[1]。

（二）法定犯时代犯罪扩容与罪刑法定原则底线坚守之间的关系

自20世纪初以来，随着现代行政向给付行政的转变，政府职能不断加强，行政权不断扩大，行政管理法规日趋庞杂，行政法调整的社会关系领域不断扩充，[2]行政违法行为日渐增加。相应地，刑法中的法定犯也不断增加。在21世纪科技时代与风险社会的助力下，基于社会生活安全控制的需求，刑法日益关注早期化失范化的不安全行为，“与此相适应就出现了法律上的犯罪形态的结构性的变化，也就是说，犯罪形态在数量变化上由传统的自然犯占绝对优势演变为法定犯占绝对比重这样的局面”[3]，法定犯时代全面到来。然而，法定犯数量的不断增加，除刑事立法主要是针对法定犯的犯罪化外，最主要的原因在于，法定犯构成要件不断扩容，作为刑事法治国之底线的罪刑法定原则不断被突破；如何处理好法定犯时代犯罪扩容与罪刑法定原则底线坚守之间的关系，由此成为法定犯时代的重要问题。

法定犯不断扩容的重要原因是：刑事立法的不明确为扩容留下空间。罪刑法定原则要求立法必须明确，不明确则无效，然而我国刑法对很多法定犯都没有做到立法的明确。例如，《刑法》第225条非法经营罪第4项的兜底性条款即“其他严重扰乱市场秩序的非法经营行为”，为该罪沦为“口袋罪”起到了重要作用；又如，《刑法》第287条之一非法利用信息网络罪，何为该条规定的“利用信息网络”实施犯罪，就存在内涵不清、外延不明的问题，该罪因此在实践中有成为新的“口袋罪”的趋势。立法创设时法定犯构成要

1　［德］莱因荷德·齐佩利乌斯：《法哲学》（第6版），金振豹译，北京大学出版社2013年版，第191页。

2　参见周佑勇：《行政法基本原则研究》（第2版），法律出版社2019年版，第3页。

3　储槐植：《要正视法定犯时代的到来》，载《检察日报》2007年6月1日，第3版。

件的不明确不清晰，为法定犯的扩容提供了重要的前提条件。可以说，法定犯的诸多罪名在立法创设时就存在违背罪刑法定原则因而可能被扩容的风险。

司法解释在一定程度上使法定犯不断扩容。我国采用以司法解释为主的刑事司法模式，最高司法机关颁布的很多司法解释不仅是在行使司法权，在某种意义上，更是在行使立法权。《刑法》第 293 条规定“有下列寻衅滋事行为之一，破坏社会秩序的”构成寻衅滋事罪，而“下列行为”依次是：随意殴打他人、情节恶劣的；追逐、拦截、辱骂、恐吓他人，情节恶劣的；强拿硬要或者任意损毁、占用公私财物，情节严重的，以及在公共场所起哄闹事，造成公共场所秩序严重混乱的。如果说《刑法》第 293 条规定的这四种行为本身就极为宽泛，那么，司法解释的规定则在寻衅滋事罪的扩容中起到了积极作用。2018 年 1 月 16 日“两高两部”发布的《关于办理黑恶势力犯罪案件若干问题的指导意见》以及 2019 年 4 月 9 日《关于办理实施“软暴力”的刑事案件若干问题的意见》先后规定，采用“有组织地采用滋扰、纠缠、哄闹、聚众造势”等“软暴力”，“足以使他人产生恐惧、恐慌进而形成心理强制，或者足以影响、限制人身自由、危及人身财产安全，影响正常生活、工作、生产、经营的违法犯罪手段”，属于第 293 条中的“恐吓”，构成寻衅滋事罪。“滋扰、纠缠、哄闹、聚众造势”等这些文义边界模糊的词语是两个司法解释共同规定的内容，而且只要“足以使他人产生恐惧、恐慌进而形成心理强制，或者足以影响、限制人身自由、危及人身财产安全，影响正常生活、工作、生产、经营”而无需发生实际结果就可以认定犯罪成立。通过这两个司法解释，寻衅滋事罪的构成要件被大大扩容。《刑法》第 293 条立法本身的不明确以及相关司法解释的扩张解释，使寻衅滋事罪成为“现行刑法中最具代表性的一项口袋式罪名”[1]。实践中发生的“软暴力”要账构成寻衅滋事罪的案例也因此呈现出和以往犯罪完全不同的色彩，“要账的方式是跟

1　郭道晖等：《中国法治百年经纬》，中国民主法制出版社 2015 年版，第 253-254 页。

随”，“与欠款人同吃同住”，“欠款人走到哪跟到哪，但不打骂欠款人，也不限制欠款人的自由”，[1] 这些要账行为，在一定条件下有可能被认定为寻衅滋事罪。

近年司法解释对非法放贷行为以非法经营罪定罪的规定，也是对非法经营罪这一法定犯的扩容之典型代表。2019 年 7 月 23 日“两高两部”发布的《关于办理非法放贷刑事案件若干问题的意见》，将“违反国家规定，未经监管部门批准，或者超越经营范围，以营利为目的，经常性地向社会不特定对象发放贷款，扰乱金融市场秩序，情节严重的”以《刑法》第 225 条非法经营罪第 4 项“其他严重扰乱市场秩序的非法经营行为”即兜底条款入罪。“高利贷如饮鸩止渴诱发诸多刑事犯罪”[2]，因而其社会危害性严重固有打击的必要，然而，“高利贷是私有财产的一种交易”，动用刑罚处罚违背了“民法自愿交易原则”[3]。尤其是，在我国“高利贷行为，实质是较高利息的民间借贷行为，并没有行政规范规定其需要经过国家有关部门批准或许可后才有的活动，它的存在本来是无所谓国家的批准或许可的”，“从非法经营罪‘违反国家规定’的前提考虑，没有法律法规的规定也就不存在违反‘国家规定’”。通过颁布司法解释将非法放贷行为入罪，“为刑法扩张适用范围提供了法律上的依据，并且在一定程度上挤占了规定明确的法条的适用空间”，“从而给落实罪刑法定原则带来潜在的威胁”。[4] 从构成要件符合性与坚守罪刑法定原则出发，高利贷行为能否成立非法经营罪有待商榷。

刑事司法实践在一定程度上使法定犯不断扩容。司法实务面对各类新型犯罪，从维护社会秩序和稳定出发，在急于打击而又没有直接刑法依据的情

---

1 （2018）甘 1202 刑初 184 号刑事判决书。

2 王阳：《高利贷正式纳入刑事打击范围》，载《法制日报》2019 年 10 月 25 日，第 4 版。

3 刘文晖：《高利贷是否应当入刑》，载《检察日报》2014 年 11 月 19 日，第 5 版。

4 史丰丽：《非法放贷行为以非法经营罪兜底条款入罪的反思》，载《法制日报》2019 年 11 月 27 日，第 11 版。

况下，采取对既有法定犯构成要件进行扩容的方式。以开设赌场罪为例。根据《刑法》第 303 条第 2 款的规定，开设赌场即构成本罪。该条采用的是简单罪状，对于行为没有过多描述，罪状即等同于罪名。这种简单的立法为司法实务突破罪刑法定原则将该罪构成要件扩容提供了可能。对于开设赌场行为的理解，一般认为，是指开设和经营赌场，提供赌博的场所及用具，供他人在其中进行赌博而从中营利的行为。传统刑法理论认为这里的赌场是指物理性的专供赌博之用的空间场所，如赌窟、赌坊等。虚拟的网络空间是否为开设赌场罪的赌场，司法解释已明确作了扩容处理，但只限于“建立赌博网站”，并不包括在微信群里组织赌博的行为。近年来，随着手机终端和微信用户的日益增多，利用微信组织赌博能否构成开设赌场罪成为一个新问题。对此，司法实践基本都是按照开设赌场罪对待，即将微信群里组织赌博的行为，视同开设赌场。2018 年 12 月 25 日最高人民法院发布第 20 批指导性案例，其中 105 号案例明确，以营利为目的，通过邀请人员加入微信群的方式招揽赌客，根据竞猜游戏网站的开奖结果等方式进行赌博，设定赌博规则，利用微信群进行控制管理，在一段时间内持续组织网络赌博活动的，属于《刑法》第 303 条第 2 款规定的“开设赌场”。[1] 然而，司法实践中的做法有待商榷。其一，1997 年《刑法》第 303 条将开设赌场行为规定为赌博罪，后《刑法修正案（六)》将开设赌场罪单独成罪，而微信是腾讯公司于 2011 年推出的，这表明，在刑法规制开设赌场行为以及该行为后来独立成罪时，微信还没有出现。因此，开设赌场罪所说的赌场显然不包括微信空间的“赌场”。其二，虽然最高司法机关已作出司法解释，网络虚拟空间可以认定为赌场，但是，司法解释规定虚拟空间的赌场只限于开设“赌博网站”[2]，而并不包括利用微信组织赌博。这固然与相关司法解释先后于 2005 年和 2010 年颁布而当时微

1　参见洪某强、洪某沃、洪某泉、李某荣开设赌场案，最高人民法院指导案例 105 号（2018 年）。

2　2010 年 8 月 31 日“两高一部”发布的《关于办理网络赌博犯罪案件适用法律若干问题的意见》、2005 年 5 月 11 日“两高”发布的《关于办理赌博刑事案件具体应用法律若干问题的解释》。

信也没有出现有关，但更表明，刑法中开设赌场罪中的赌场只限于传统物理空间而不包括网站这一虚拟空间，否则就不会对此问题专门通过司法解释加以扩容。其三，即便如此，司法解释将“赌博网站”解释为赌场不等于可以据此将微信群解释为赌场，因为微信群与司法解释所规定的“赌博网站”是性质完全不同的两类事物。网站是指在互联网上根据一定的规则，使用通用标记语言等工具制作的用于展示特定内容相关网页的集合。微信则是为智能终端提供即时通信服务的免费应用程序。在司法解释只规定了开设赌博网站的行为可以视为开设赌场的情况下，并不能据此推断在微信群里组织赌博的行为也构成开设赌场罪。总之，正如学界有观点认为：“开设赌场罪中的赌场，应为供赌博之用、能实际出入的物理意义上的场所。而网络赌博场地是虚拟网络空间，如果将其认定为赌场，则有类推解释之嫌，有违罪刑法定原则。”[1] 如果说司法解释将建立赌博网站解释为开设赌场已经有违罪刑法定原则之嫌的话，那么，在此司法解释的基础上更往前一步，将微信里组织赌博的行为也认定为开设赌场罪，则无异于类推解释了。通过微信组织赌博行为的危害性当然严重，然而，在《刑法》第 303 条第 2 款无法涵摄此种行为的情况下，如欲对之予以惩处，理应通过立法修改《刑法》第 303 条之规定，而非通过司法实践予以类推解释来实现。

罪刑法定原则确保对公民基本人权的尊重，它“事前以成文法的形式明确规定犯罪及其法律后果，从而使得人们能够在法律允许的范围内自由地行动”[2]，“国民才确实得以避免来自于国家权力机构的意外打击”[3]。如何准确界定行政不法向刑事不法转化的条件[4]以及法定犯处罚范围的问题，进而处理

---

1 李文静：《利用微信组织赌博构成开设赌场罪》，载《检察日报》2017 年 8 月 11 日，第 3 版。

2 张明楷：《责任论的基本问题》，载《比较法研究》2018 年第 3 期，第 3 页。

3 ［日］西原春夫：《刑法的根基与哲学》（增补版），顾肖荣等译，中国法制出版社 2017 年版，第 17 页。

4 参见魏昌东：《行刑鸿沟：实然、根据与坚守——兼及我国行政犯理论争议问题及其解决路径》，载《中国刑事法杂志》2018 年第 5 期，第 3 页。

好法定犯构成要件扩容与罪刑法定原则底线坚守之间的关系问题，由此成为法定犯时代需要持续关注的话题。

三、民刑共治时代公法与私法之间交叉融合的关系

要处理好民法典时代公法与私法之间融合的关系问题，实际上就是要处理好民法典时代刑法与民法之间融合的关系。对于这一问题，刑法学界一般在具体案件中讨论刑民交叉问题。实际上，刑民交叉所有问题的根本在于，当下我们正处在公法与私法相互融合的世界法治化进程中。而随着近年来我国民法典编纂与民法典时代的全面到来，公法与私法的融合发展以及如何处理好刑民交叉问题，成为民法典时代引人关注的话题。

当下民法典时代的趋势是传统的公法与私法之间不断趋于融合。传统的公法与私法之间的绝对划分理论早已经面临危机。19 世纪以来，公法与私法之间的界限就被学者们认为其实是模糊不清的，如边沁指出："一项法律的范围，以及民法类或单纯命令类法律同惩罚性法律之间的区别，自然含糊不清。这一含糊造成了民法典与刑法典之间、法律的民法分支与刑法分支之间界限不清。"[1] 因此，一国全部的立法哪些部分属于民法，哪些部分属于刑法，在边沁看来，都是难以清晰界分的。20 世纪开始，随着资本主义国家的经济危机促进国家干预的发展以及国家理性神话的破灭，学界对公法与私法的划分理论予以反思。[2] 公法与私法的融合是社会发展过程中的一种法现象，其一方面是法自身在调控社会事物过程中的一种客观规律性，另一方面也离不开人为的制度设计与观念作用。[3] 而公法与私法的融合主要表现为两种趋向：一是私法公法化；二是公法私法化。前者是指为了保护社会公共利益，国家对社

1　［英］边沁：《道德与立法原理导论》，时殷弘译，商务印书馆 2000 年版，第 375 页。
2　参见熊亚文：《刑法私法化：现实图景与理论空间》，载《现代法学》2016 年第 4 期，第 168 页。
3　参见张淑芳：《私法渗入公法的必然与边界》，载《中国法学》2019 年第 4 期，第 84 页。

会领域的干预突破了传统的公法和私法界限，公法原则渗透到私权自治领域并规范私法关系；[1] 后者是指由于政府职能的不断扩大，传统的私法调整方式也被逐渐引入公法领域，私法原则以及各种法律关系不断向公法领域拓展。然而，无论公法还是私法，它们作为国家法方面具有共通的性质。公法是私法的有力保障，私法是公法的适用前提，公法与私法之间的融合意味着刑法与民法的相互影响，自然人权利的刑民一体化保护机制有望更加成熟。

刑法对民法的影响随处可见。比如近年来在教育为主、惩罚为辅以及宽严相济刑事政策的影响下，刑法加大力度对未成年人合法权益进行保障，民法也做了相应跟进。《民法总则》（已失效）第 191 条规定，未成年人受到性侵害请求损害赔偿的诉讼时效期间，自受害人年满 18 周岁之日起计算，这一条款对于形成紧密衔接的刑民一体化未成年人保护机制无疑会发挥巨大作用。《刑法》第 36 条第 1 款规定："由于犯罪行为而使被害人遭受经济损失的，对犯罪分子除依法给予刑事处罚外，并应根据情况判处赔偿经济损失。"在未成年人遭受性侵害的案件中，性侵害的身体创伤以及行为是否构成强奸罪或者猥亵犯罪较易认定，但是民事损害赔偿却难以认定。因为未成年人年龄幼小难以准确认识行为对自己的伤害，同时性侵害行为给未成年人造成的心理创伤其也难以体认。因此，即便在对性侵害未成年人的案件予以刑事定性的前提下，也难以对未成年人的心理和精神创伤从民事赔偿角度予以弥补，故而在未成年人遭受性侵害的案件中可能存在"刑事可以定罪民事损失难赔"的局面。《民法总则》给予未成年人诉讼时效特别保护"给受到性侵害的未成年人提供了成年后寻求法律救济的机会，是有利于保护未成年人合法利益的"[2]，而且借此可形成刑事定罪与民事赔偿刑民一体化的保护机制，从而有利于更有效更周全地维护未成年人的合法权益。无论刑民一体化的实践是否

1　参见田喜清：《私法公法化问题研究》，载《政治与法律》2011 年第 11 期，第 86 页。
2　杨立新：《民法总则给予未成年人诉讼时效特别保护》，载《检察日报》2017 年 4 月 5 日，第 3 版。

具有动态性，是否会受到政策的影响，最终都应当遵循与发挥民法的自治原则与刑法的保障功能，唯此才能形成自然人权利的刑民一体化保护的有效机制。

民法对刑法的影响更是深刻而具体。基于公法与私法融合的背景，从刑民一体化视角分析，民法作为前置法对刑法的解释有着重要作用。《民法总则》设立的英雄烈士名誉保护条款对刑法侮辱罪、诽谤罪的影响即为重要的例证。《民法总则》第 185 条规定："侵害英雄烈士等的姓名、肖像、名誉、荣誉，损害社会公共利益的，应当承担民事责任。"为了进一步推进《民法总则》英雄烈士荣誉保护条款的实施，2018 年《英雄烈士保护法》第 2 条规定："国家和人民永远尊崇、铭记英雄烈士为国家、人民和民族作出的牺牲和贡献。近代以来，为了争取民族独立和人民解放，实现国家富强和人民幸福，促进世界和平和人类进步而毕生奋斗、英勇献身的英雄烈士，功勋彪炳史册，精神永垂不朽。"据此，《民法总则》第 185 条里所说的"英雄烈士"是指为全人类进步和平而献身的近代以来，即 1840 年鸦片战争以来的"已故之人，即牺牲者"[1]，以往民法规范只保护活着的人的名誉，而《民法总则》保护英雄烈士的名誉，这在我国民事规范中是第一次。这一规定，将会直接影响刑法相关犯罪的认定范围。

根据《刑法》第 246 条的规定，以暴力或者其他方法，公然侮辱他人或者捏造事实诽谤他人，情节严重的，构成侮辱罪或者诽谤罪。这里的"他人"，现行刑法理论通说认为是"特定的自然人"[2]，这里特定的自然人是否包括死者，"死者能否作为侮辱罪、诽谤罪的对象"[3]？曾有观点认为"死者

1　康天军：《英烈保护司法实务问题探析》，载《法学论坛》2018 年第 6 期，第 127 页。

2　高铭暄、马克昌主编：《刑法学》（第 10 版），北京大学出版社、高等教育出版社 2022 年版，第 482 页。

3　薛进展：《死者能否作为侮辱罪、诽谤罪的对象》，载《法学》1991 年第 5 期，第 25 页。

可以作为侮辱罪诽谤罪的对象”[1]，但是这种观点没有得到大家的支持。名誉权是公民人格权中的一种，对于自然人来说，一般认为人格权不可转让、不可继承也不可抛弃，其始于出生，终于死亡。[2] 因此，至今刑法学界的共识是死者不是本罪的对象。然而，在民法英烈名誉保护条款设立之后，刑法中侮辱罪诽谤罪的对象“他人”无疑会发生改变；除了活着的人，逝去的人（仅限于英雄烈士）也属于《刑法》第246条“他人”之列。《英雄烈士保护法》第26条规定：“以侮辱、诽谤或者其他方式侵害英雄烈士的姓名、肖像、名誉、荣誉，损害社会公共利益的，依法承担民事责任；构成违反治安管理行为的，由公安机关依法给予治安管理处罚；构成犯罪的，依法追究刑事责任。”显然这一规定正是对《民法总则》第185条侵害英烈荣誉民事责任条款的递进，它进一步规定了侵犯英烈荣誉的行政责任和刑事责任；而其中刑事责任的落实，便涉及对《刑法》第246条的解释适用。可见，《民法总则》英烈名誉保护条款和《英雄烈士保护法》一起，形成了刑法侮辱罪、诽谤罪完整的前置法，在违背前置法的前提之下，如果符合《刑法》第246条情节严重的构罪标准，当然成立侮辱罪或诽谤罪。

总之，在民法典时代，刑法理论研究应关注如何处理好公法与私法亦即刑法与民法之间融合的关系问题。同时，处理好这一关系的前提是，务必清楚刑法和民法的目的并不相同。刑法的目的是惩罚犯罪维护社会秩序，民法的目的是塑造市民生活自治的原则及考虑各方的最佳利益；刑法秉承罪刑法定，民法强调意思自由。民法典时代公法与私法的融合、刑法与民法的交叉，是指在各自理念和制度的交互作用下，推动形成更加完善并切实可行的自然人刑民一体化保护机制。

---

1 陈正云：《死者可以作为侮辱罪诽谤罪的对象》，载《法律科学》1991年第6期，第33页。

2 See Neethling, JM Potgieter & PJ Visser, *Neethling's Law of Personality*, Lexis Nexis South Africa, 2005, p. 13. 转引自王利明：《人格权的属性：从消极防御到积极利用》，载《中外法学》2018年第4期，第849页。

第四节　本章小结

刑法根基与信仰的本土建构需立足中国的司法实践现状，当前我国社会高速发展，而社会进步的同时也带来了刑事安全风险，导致我国刑法面临全新时代：以互联网科技为引领的科技时代；科学技术的不断发展及其副作用所引发的高风险社会时代；大量新型违法犯罪行为频发及不断进行犯罪化所带来的刑事立法的活性化时代；犯罪形态在数量变化上由传统的自然犯占绝对优势演变为法定犯占绝对比重的法定犯时代，以及以民法典编纂为标志性事件的民法典时代。在此背景之下，我国刑法应该积极治理社会发展过程中的新兴风险，并在顺应时代发展的同时，仍以恪守罪刑法定原则为核心要义、以保障公民自由权利为目标导向、以倡导消极刑法观为基本理念、以坚守实质刑法立场为思维方式、以形塑民刑共治模式为实现路径，探索坚守刑法根基与信仰的中国式刑事法治现代化道路。

一方面，构建中国式刑事法治现代化道路应恪守罪刑法定原则，它是良法善治在刑法方面的体现，是刑法学自主知识体系本土化建构的价值主线。恪守罪刑法定原则系中国式刑事法治现代化的核心要义，其根本精神是限制国家刑罚权。罪刑法定具有承载刑法信仰的重要功能，或者说公众对刑法的信仰深深根植于罪刑法定原则的形式侧面与实质侧面之中。罪刑法定原则的实质侧面通过限制立法权确立了刑事立法所应当具备的明确性、禁止处罚不当罚的行为、禁止不均衡的刑罚三项品质，要求立法必须保障刑法的良善性，反对“恶法亦法”，奠定了刑法的“良法”基础；罪刑法定原则的形式侧面确立了成文法主义、禁止事后法、禁止类推解释、禁止绝对不定期刑四项基本要求，通过限制司法权保障了刑法的妥善适用，以减少司法过程的恣意性与司法结果的不确定性，将良法导向善治。在良法善治的实现过程中，社会的公平正义和公民的自由权利都得到有效保障，公众的刑法信仰得以确立、巩固和发展，为中国式刑事法治现代化奠定坚实的根基。

另一方面，构建中国式刑事法治现代化道路应以保障公民自由权利为导向，在入罪与出罪的各个环节都坚守罪刑法定原则，借此保障公民的合法权利。刑法的运行必须致力于保护人民，犯罪的治理必须依靠人民，保证人民权利本位，尊重和保障人民权利。以人民为中心是全面依法治国的根本政治立场，也是社会主义法治的逻辑所在，法治的人民性归根结底必须落脚至有效保障公民自由权利，以更好地实现尊重和保障人权、促进社会公平正义。刑法根源于公民的保障自由权利之诉求，探索中国式刑事法治现代化道路必须以保障公民自由权利为根本目标，避免“刑法之恶”对公民个人自由和权利的伤害。保障公民自由权利既要尊重公民权利行使的意思自治、选择自由，又要保护公民权利免受国家或他人的不当干涉，前者表现为个人法益自决权之承认，后者表现为消极自由之肯定，二者并合于个人权利保护。

第三章
基于刑法根基与信仰反思我国刑事立法

坚守刑法的根基与信仰，建构因应国情的本土方案，是推进中国刑事法治现代化建设的必然举措。然而晚近以来，泛在的社会风险和剧变的社会形态给我国刑法的立法定位与性质功能带来前所未有的挑战。频繁出台的修正案映射出刑事立法的活性化，主张通过增设新罪防范风险的刑事立法积极化，以及轻罪时代单向度的刑事立法犯罪化和制裁领域的刑事立法重刑化，皆加重了刑法的异化风险，冲击了以刑法作为最后手段的传统法秩序。

随着我国逐渐步入轻罪治理时代，我国刑法结构应从传统重罪时代的“厉而不严”转向“严而不厉”，防止出现“又严又厉”的局面，因此必须立足于我国刑法的根基与信仰来推动刑法体系转型以因应时代需求。鉴于此，需要紧扣保障公民自由权利的刑法根基与恪守罪刑法定原则的刑法信仰两大主题来检视我国现行刑事立法，从保障人权出发审视立法的目的，通过罪刑法定的实质侧面考察现行立法的正当性与潜在风险，通过推动犯罪圈均衡化与刑罚轻缓化来完善轻罪治理，最终对刑事立法现状作出理性反思，为其未来完善发展指明方向。

第一节　刑事立法活性化对刑法根基与信仰的冲击

刑法领域的立法活性化通常表现为刑法条文的持续增多与刑法知识的不

断更新，过于频繁的立法活动冲击刑法体系的稳定性，导致刑法“一直在立”并“不断在改”，而这势必对刑法保障公民自由权利的根基与恪守罪刑法定主义的信仰造成冲击。当前我国的立法活性化在恐怖主义犯罪领域得到了较为集中的体现。由于“战争反恐”模式造成的人道主义危机及其有限成效，“联合国及其安理会已经从美国的反恐战争所造成的人权危机中认识到了通过法治途径治理恐怖主义的必要性和重要性”。[1] 全球反恐在“战争反恐”之外开始谋求“法治反恐”。在此大背景下，我国政府也从立法上加强了对恐怖主义犯罪的打击与治理。《刑法修正案（九）》集中增设了一批有关恐怖犯罪的新罪名，修改了原有恐怖犯罪的相关规定，编织起了体系严密的恐怖犯罪刑事法网。2015 年《反恐怖主义法》则全面系统地规定了我国反恐怖工作的体制、机制、手段和措施等，为我国依法打击暴恐活动提供了坚实的法律保障。纵观现行刑法实施至今恐怖犯罪的立法演进，其呈现出罪名从单一到多元、处罚范围从实行行为到预备行为、处罚力度从轻到重等趋势。然而，世界格局的变化可能使人们习以为常的法治期待落空，也可能使人们熟悉的犯罪治理模式失灵。当今世界频发的恐怖犯罪与其说是刑事犯罪，莫如说在一定程度上是亨廷顿所说的文化和宗教的差异而导致的世界文明之间的竞争和冲突。姑且不论对人类社会的文明冲突用法治方法予以化解是否可行，单就刑事反恐而论，“当国家的安全受到威胁时，公民自由是否处于重大危险中”[2] 便成为一个极其现实的问题。因此，分析我国恐怖犯罪刑事立法在安全与自由之间的价值立场及利弊得失，探讨恐怖犯罪的治理如何在保护社会安全与保障公民自由之间实现平衡，是当下面临的重大理论与实践课题。

---

1 参见倪春乐：《恐怖主义犯罪特别诉讼程序比较研究》，群众出版社 2013 年版，第 5-6 页。

2 ［美］凯斯 · R. 桑斯坦：《恐惧的规则——超越预防原则》，王爱民译，北京大学出版社 2011 年版，第 203 页。

一、我国刑事立法活性化的体系化考察

恐怖犯罪等罪名的修订彰显了我国刑事立法的活性化特征。恐怖犯罪罪名分为专有罪名与相关罪名。前者是指只能或主要由恐怖犯罪行为构成的罪名。这样的罪名，往往名称中冠有“恐怖”二字，它们外延清楚，不会引发“某罪名是否为恐怖犯罪”的争议。当然也有少数罪名虽然在名称中没有“恐怖”二字，但确属于公认的恐怖犯罪，比如劫持航空器罪、投放危险物质罪等。还有一些罪名，是恐怖犯罪分子常用的犯罪手段，比如故意杀人、劫持航空器、爆炸等，但它们更主要的性质还是普通刑事犯罪，因而它们只能是恐怖犯罪的相关罪名。[1] 本部分以下内容主要针对恐怖犯罪的专有罪名展开，少数地方也会涉及恐怖犯罪的相关罪名。

我国恐怖犯罪的刑事立法，肇始于 1997 年《刑法》，其中第 120 条规定的组织、领导、参加恐怖组织罪，是我国刑事立法中首次规定的恐怖犯罪罪名。但是，历经九部刑法修正案后，刑法中的恐怖犯罪立法有了很大的变化。这九部刑法修正案中，有三部（《刑法修正案（三)》《刑法修正案（八)》《刑法修正案（九)》）涉及恐怖犯罪的立法规定。其他几部刑法修正案并不涉及恐怖犯罪，故此不述。

2001 年“9·11”事件发生后，在全球高压反恐态势下，我国于当年颁布了《刑法修正案（三)》，第一次从刑事立法层面全方位展开了对恐怖犯罪罪名体系的构建。首先，新增了 3 个恐怖犯罪专有罪名：第 120 条之一自然人或者单位“资助恐怖活动组织或者实施恐怖活动的个人”的资助恐怖活动罪；第 291 条之一“投放虚假的爆炸性、毒害性、放射性、传染病病原体等物质”的投放虚假危险物质罪；“编造爆炸威胁、生化威胁、放射威胁等恐怖

1　参见李小波主编：《应急反恐法规适用全书》，法律出版社 2014 年版，第 7-9 页。

信息，或者明知是编造的恐怖信息而故意传播，严重扰乱社会秩序”的编造、故意传播虚假恐怖信息罪。其次，通过修改罪状扩大处罚范围或修改法定刑加大处罚力度，对恐怖犯罪的5个相关罪名作了修改：将《刑法》第114条投毒罪扩大罪状，修改为投放危险物质罪；将《刑法》第125条第2款非法买卖、运输核材料罪修改为非法制造、买卖、运输、储存危险物质罪；将《刑法》第127条第1款盗窃、抢夺枪支、弹药、爆炸物罪修改为盗窃、抢夺枪支、弹药、爆炸物、危险物质罪；将第127条第2款抢劫枪支、弹药、爆炸物罪修改为抢劫枪支、弹药、爆炸物、危险物质罪；在第191条洗钱罪的对象中增加恐怖活动犯罪违法所得及其产生的收益。此外，针对恐怖犯罪专有罪名，《刑法修正案（三）》修改了组织、领导、参加恐怖组织罪，对组织、领导者和积极参加者分别规定了不同的法定刑，并将法定刑由10年以下有期徒刑提升至最高无期徒刑。至此，我国恐怖犯罪刑事制裁体系初步建立。《刑法修正案（八）》则新增了恐怖犯罪活动构成累犯的规定，即恐怖活动犯罪分子在刑罚执行完毕或者赦免以后，任何时候再犯该罪的，都构成累犯，从而加大了对恐怖犯罪的处罚力度。不过，我国刑事立法真正第二次全方位展开恐怖犯罪罪名体系构建的是《刑法修正案（九）》。首先，《刑法修正案（九）》增加了5个新的恐怖犯罪专有罪名，即准备实施恐怖活动罪，宣扬恐怖主义、极端主义、煽动实施恐怖活动罪，利用极端主义破坏法律实施罪，强制穿戴宣扬恐怖主义、极端主义服饰、标志罪，非法持有宣扬恐怖主义、极端主义物品罪。其次，《刑法修正案（九）》修改了原有恐怖犯罪罪名的罪状并提高了法定刑。在《刑法》第120条之一资助恐怖活动罪的罪状中增加了“资助恐怖活动培训”，并将罪名修改为帮助恐怖活动罪；将《刑法》第311条拒绝提供间谍犯罪证据罪修改为拒绝提供间谍犯罪、恐怖主义犯罪、极端主义犯罪证据罪；将《刑法》第283条非法生产、销售间谍专用器材罪修改为非法生产、销售专用间谍器材、窃听、窃照专用器材罪；增设了《刑法》第120条组织、领导、参加恐怖组织罪的财产刑。

1997年《刑法》对第一个恐怖犯罪罪名即组织、领导、参加恐怖组织罪作出规定，经过刑法修正案的不断修改，刑法恐怖犯罪的专有罪名从1个增加到9个，恐怖犯罪的相关罪名范围也随着整个刑法罪名的增多而增多。刑法对恐怖犯罪的处罚范围不断扩大、处罚力度不断加强。对于以宪法为“立命之本”的政治国家而言，紧急状态是验证与衡量一国法治发展状态的“试金石”；[1] 对于以处罚刑事犯罪为目的之一的一国刑法而言，恐怖犯罪则是检验其刑事法治发展状态的“试金石”。如何评价我国刑事立法尤其是《刑法修正案（九）》所建立的恐怖犯罪罪名体系，事关我国恐怖犯罪法治治理状态的深层次问题。

二、刑事立法活性化隐含的立法价值倾向：安全至上

“价值蕴涵代表了一定社会公众的积极追求。立法无法回避价值问题，价值是立法之所以具有意义的终极根源。”[2] 现代社会刑法的立法价值有两种，即安全与自由。安全刑法追求“安全价值，并为此对传统刑法进行改造，在立法上扩大犯罪范围，设置抽象的危险犯”；“自由刑法则仍然坚持法治国的刑法理念，把人权保障放在第一位，坚守刑法的限制机能”。[3] 发端于风险社会的风险刑法理论主张安全是现代社会刑法所应追求的主导价值，以之为理念构建的刑法体系为安全刑法；恪守古典法学自由法治观与人权保障的理论则主张，自由是以往也是现代社会刑法所应继续追寻的主导价值，以之为出

---

1 参见刘涛：《美国紧急状态下的刑事司法：历史、述评与启示》，载《环球法律评论》2014年第3期，第117页。

2 何跃军：《风险社会立法机制研究》，中国社会科学出版社2013年版，第125页。

3 ［德］埃里克·希尔根多夫：《德国刑法学：从传统到现代》，江溯、黄笑岩等译，北京大学出版社2015年版，第4页。

发点构建的刑法体系为自由刑法。由于现代社会风险高发，因此风险刑法理论具有较大市场；而传统刑法理论所主张的自由刑法由于更能反映刑法的特性和需求，因此，其生命力也未见削弱；这也导致安全刑法与自由刑法二者之间的理念此消彼长，冲突明显。“9·11”事件对世界各国安全及自由秩序直接造成了冲击。“一方面是恐怖主义犯罪本身造成的对无辜民众的伤害、对各国社会秩序的破坏以及对国际安全局势的影响；另一方面是各国对恐怖袭击所采取的回应，特别是美国主导的‘反恐战争’严重影响了国际范围内的人权保障和维护。”[1] 反观我国恐怖犯罪刑事立法，其罪名设置与处刑规定有效地保护了公民免受恐怖犯罪的袭击，并将恐怖犯罪的治理纳入了更为合理的刑事法治轨道。然而，这绝不意味着以安全为价值导向的各国恐怖犯罪立法没有值得反思之处，更不意味着我国恐怖犯罪立法应该一味迎合当今世界各国面对恐怖主义犯罪所采取的“拓展刑法的适用范围”“减少传统的正当程序与保护手段”[2] 的大趋势。为此，从立法层面对我国恐怖犯罪立法在安全价值与自由价值之间的选择及可能存在的问题进行检省，也许有助于最大限度地实现恐怖犯罪治理中国家与社会的安全保护与公民个人自由保障之间的平衡。分析我国恐怖犯罪的刑事立法，可以说一直以来体现的是安全至上的价值取向。

（一）相关法律文件中明确以“安全”为恐怖活动规制的立法价值理念

纵观国际社会反恐犯罪各项公约及国内立法的价值取向，均是国家及社会的安全利益至上。恐怖犯罪均体现为以残暴的暴力手段侵犯正常社会与民众生活，因此，在安全与自由之间，各国对恐怖犯罪的立法均倾向于安全，

---

1 倪春乐：《恐怖主义犯罪特别诉讼程序比较研究》，群众出版社 2013 年版，第 8 页。

2 ［德］乌尔里希·齐白：《全球风险社会与信息社会中的刑法》，周遵友、江溯等译，中国法制出版社 2012 年版，第 162 页。

“安全是第一位的和基础性的，没有安全就谈不上自由”，所以反恐犯罪国际立法基本上都是通过“扩大警察等强力机关的侦查权”的权力并使公民“牺牲自己的一些自由权利”来“保障安全”，[1] 我国也不例外。

我国《反恐怖主义法》体现的是安全至上的价值理念。《反恐怖主义法》一共有10章97个条文。其中第一章总则集中体现了该部立法的价值理念，其主要条文是第1、5、6条。第1条规定：“为了防范和惩治恐怖活动，加强反恐怖主义工作，维护国家安全、公共安全和人民生命财产安全，根据宪法，制定本法。”第6条规定：“反恐怖主义工作应当依法进行，尊重和保障人权，维护公民和组织的合法权益。在反恐怖主义工作中，应当尊重公民的宗教信仰自由和民族风俗习惯，禁止任何基于地域、民族、宗教等理由的歧视性做法。”这表明，我国《反恐怖主义法》的立法目的是维护安全。该法虽然也明确要求反恐斗争绝不能忽视公民自由，以确保公民合法权益不受侵犯，但是，第1条所确立的维护国家与社会安全的立法目的，奠定了其安全至上的立法价值理念；第6条所强调的，也许恰恰是为了弥补第1条过于强调安全价值的不足，以及提醒恐怖犯罪治理中所应遵守的法治底线。《反恐怖主义法》第5条规定：“反恐怖主义工作坚持专门工作与群众路线相结合，防范为主、惩防结合和先发制敌、保持主动的原则。”该条的规定同样明确体现了安全至上的价值理念，通过先发制敌主动出击，将可能实施恐怖犯罪的犯罪分子绳之以法，从而实现对恐怖犯罪的有效预防和打击。而这种情况，则意味着对没有造成任何法益侵害的行为提前进行法律制裁乃至刑事制裁，意味着刑法中的抽象危险犯可能进一步增多，而这正是安全刑法的做法，即为了实现安全价值，防范恐怖犯罪的巨大风险，将任何有碍于人类安全的行为视为不法的。总之，我国《反恐怖主义法》虽然也强调尊重与保障公民人权，但是，国家与社会的安全价值，才是这部法律所追求的首要与终极价值。

1　胡联合：《全球反恐论：恐怖主义何以发生与应对》，中国大百科全书出版社2011年版，第11页。

我国刑事立法对恐怖犯罪的规定体现的也是安全至上的价值理念。其一，《刑法修正案（三）》正是为了配合国际社会自“9·11”事件后严厉打击恐怖犯罪的现实需求而制定，对此，全国人大常委会在《刑法修正案（三）》草案说明中明确指出，该草案的制定目的，正是“严厉打击恐怖活动犯罪，更好地维护国家安全和社会秩序，保障人民生命、财产安全”；同时，“考虑到联合国安理会于今年 9 月 29 日通过了第 1373 号决议，规定各国应将为恐怖活动提供或筹集资金的行为规定为犯罪”，[1] 所以修正案将以提供资金、财物等方式资助恐怖活动组织的犯罪行为也规定为了犯罪。总之，满足联合国自“9·11”事件后建立的反恐委员会致力于加强各国预防境内外和各区域恐怖主义行为的要求，有效打击国际国内的恐怖犯罪行为，确保国家与社会的安全，是《刑法修正案（三）》的立法目的；安全，自然成为此部刑法修正案恐怖犯罪立法所追求的价值理念。其二，《刑法修正案（八）》修改《刑法》第 66 条特殊累犯的处罚范围，将恐怖犯罪与黑社会性质的组织犯罪纳入特殊累犯之列，则是因为自《刑法修正案（三）》实施以后，恐怖犯罪案件数量上升，有些恐怖犯罪分子刑满释放后再次实施恐怖犯罪，严重危害了国家与社会安全，但是按照以往的刑法规定，前后两罪都是国家安全犯罪的才能构成特殊累犯，这一规定被认为不利于从严打击恐怖犯罪。为了“扩大特殊累犯的范围，加大对恐怖活动犯罪、黑社会性质组织犯罪的惩处力度”[2]，故而修改了《刑法》第 66 条。显然，安全价值同样是《刑法修正案（八）》恐怖犯罪立法所追求的理念。其三，《刑法修正案（九）》关于恐怖犯罪的立法理念也是安全。“1997 年全面修订刑法以来，全国人大常委会根据惩罚犯

1　胡康生：《关于〈中华人民共和国刑法修正案（三）（草案）〉的说明——2001 年 12 月 24 日在第九届全国人民代表大会常务委员会第二十五次会议上》，载《中华人民共和国全国人民代表大会常务委员会公报》2002 年第 1 期，第 19 页。

2　李适时：《关于〈中华人民共和国刑法修正案（八）（草案）〉的说明——2010 年 8 月 23 日在第十一届全国人民代表大会常务委员会第十六次会议上》，载《中华人民共和国全国人民代表大会常务委员会公报》2011 年第 2 期，第 138 页。

罪、保护人民和维护正常社会秩序的需要，先后通过一个决定和八个刑法修正案"，而这次"修改刑法的必要性"之一就是"一些地方近年来多次发生严重暴力恐怖案件，网络犯罪也呈现新的特点，有必要从总体国家安全观出发，统筹考虑刑法与本次常委会会议审议的反恐怖主义法、反间谍法等维护国家安全方面法律草案的衔接配套，修改、补充刑法的有关规定"。[1] 显然，《刑法修正案（九）》是以惩罚犯罪保护人民为目的，以维护国家与社会安全为其任务，并由此确保了其与《刑法》第1、2条刑法目的与任务的一致性，也体现了打击恐怖犯罪维护国家与社会安全利益的决心。

我国最高司法机关规范性文件涉及恐怖犯罪的规定也体现了安全至上的价值理念。2015年9月16日最高人民法院发布的《关于充分发挥审判职能作用切实维护公共安全的若干意见》指出，"充分认识维护公共安全的重大意义。公共安全是人民安居乐业、社会安定有序、国家长治久安的重要保障"。在严惩暴力恐怖犯罪活动方面，该规定指出，"暴力恐怖犯罪严重危害广大人民群众的生命财产安全，严重危害社会和谐稳定。对暴力恐怖犯罪活动，要坚持严打方针不动摇，对首要分子、骨干成员、罪行重大者，该判处重刑乃至死刑的应当依法判处；要立足打早打小打苗头，对已经构成犯罪的一律依法追究刑事责任，对因被及时发现、采取预防措施而没有造成实际损害的暴恐分子，只要符合犯罪构成条件的，该依法重判的也要依法重判"。2016年最高人民检察院工作报告指出，要"深入开展严打暴恐活动、打黑除恶等专项工作，依法惩治影响人民群众安全感的严重刑事犯罪"。[2] 2017年最高人民检察院工作报告指出，"坚决贯彻总体国家安全观，紧紧抓住影响国家安全和社会稳定的突出问题"，"坚决维护国家安全。深入开展反分裂、反渗透、反

1 李适时：《关于〈中华人民共和国刑法修正案（九）（草案）〉的说明——2014年10月27日在第十二届全国人民代表大会常务委员会第十一次会议上》，载《中华人民共和国全国人民代表大会常务委员会公报》2015年第5期，第827页。

2 徐盈雁：《曹建明作最高人民检察院工作报告》，载《检察日报》2016年3月14日，第3版。

颠覆、反邪教斗争”。2017年最高人民法院工作报告指出，“认真贯彻总体国家安全观，依法惩罚犯罪、保障人权”，“全力维护国家安全和社会稳定”。显然，无论是最高人民法院还是最高人民检察院，在贯彻恐怖犯罪治理过程中，都是与国家安全观完全保持一致的，其所遵循的也是安全至上的理念。

总之，无论是我国反恐基本法即《反恐怖主义法》，还是有效针对恐怖犯罪进行专门立法的几部刑法修正案，抑或我国最高司法机关颁布的有关规范性文件，都表明我国恐怖犯罪的相关立法都是以安全为首选价值的。

（二）恐怖犯罪刑事立法同样明确体现了安全至上的价值理念

当前我国刑事立法中恐怖犯罪的专有罪名，都是为了贯彻打早打小的恐怖犯罪刑事政策，这就意味着，恐怖犯罪的罪名适用在有些时候针对的并不是显性的恐怖犯罪分子，而只是“潜在的恐怖犯罪分子”，亦即可能是也可能不是恐怖犯罪分子，或者说是还没有被认定为恐怖犯罪分子的一般人。“人们设立刑罚分配以便有效地对未来犯罪形成威慑。如果目标是威慑其他的潜在犯罪人，是指‘一般威慑’，如果目标是威慑已抓获的犯罪人，则是指‘特殊威慑’”，“在极端的情况下，一般威慑会使惩罚无辜者正当化”，[1] 因此，一般威慑主要体现的是刑法的安全价值。我国刑法尤其是《刑法修正案（九）》规定的恐怖犯罪罪名，体现的就是刑法的安全价值。

首先，追求安全价值的刑法倾向于使用不确定的法律概念，追求自由价值的刑法则特别注重罪刑法定的明确性。就恐怖犯罪而论，最不确定的法律概念是“恐怖主义”。据不完全统计，国际学界对恐怖主义的定义有几百条之多。然而，恐怖犯罪的特殊性决定了普适性的恐怖主义以及相关的恐怖犯罪、恐怖活动、恐怖分子等的精确定义难以产生，而这恰恰极大地影响了恐怖犯

---

1 ［美］保罗·H. 罗宾逊：《刑法的分配原则——谁应受罚，如何量刑?》，沙丽金译，中国人民公安大学出版社2009年版，第8、14页。

罪的准确认定与打击，我国恐怖犯罪立法也存在这个问题。

2011 年 10 月 29 日全国人大常委会《关于加强反恐怖工作有关问题的决定》（以下简称《反恐决定》）（已失效）第 2 条第 1 款解释了什么是恐怖活动："恐怖活动是指以制造社会恐慌、危害公共安全或者胁迫国家机关、国际组织为目的，采取暴力、破坏、恐吓等手段，造成或者意图造成人员伤亡、重大财产损失、公共设施损坏、社会秩序混乱等严重社会危害的行为，以及煽动、资助或者以其他方式协助实施上述活动的行为。"《反恐怖主义法》第 3 条规定，本法所称恐怖主义，是指通过暴力、破坏、恐吓等手段，制造社会恐慌、危害公共安全、侵犯人身财产，或者胁迫国家机关、国际组织，以实现其政治、意识形态等目的的主张和行为。本法所称恐怖活动，是指恐怖主义性质的下列行为：（1）组织、策划、准备实施、实施造成或者意图造成人员伤亡、重大财产损失、公共设施损坏、社会秩序混乱等严重社会危害的活动的；（2）宣扬恐怖主义，煽动实施恐怖活动，或者非法持有宣扬恐怖主义的物品，强制他人在公共场所穿戴宣扬恐怖主义的服饰、标志的；（3）组织、领导、参加恐怖活动组织的；（4）为恐怖活动组织、恐怖活动人员、实施恐怖活动或者恐怖活动培训提供信息、资金、物资、劳务、技术、场所等支持、协助、便利的；（5）其他恐怖活动。本法所称恐怖活动组织，是指三人以上为实施恐怖活动而组成的犯罪组织。本法所称恐怖活动人员，是指实施恐怖活动的人和恐怖活动组织的成员。本法所称恐怖事件，是指正在发生或者已经发生的造成或者可能造成重大社会危害的恐怖活动。

在此，《反恐决定》《反恐怖主义法》对何为"恐怖主义"的界定就有分歧：前者强调恐怖活动的暴力性，后者强调恐怖活动的政治性；而这种分歧，只是国际学界对恐怖主义上百种定义之不同点的小小投射而已。同时，虽然《反恐怖主义法》对恐怖活动的定义尽量与刑法恐怖犯罪罪名之间保持衔接，但是，该法规定的"其他恐怖活动"这一兜底条款暴露了恐怖活动定义的模糊性。尤其是,《反恐怖主义法》虽然首次尝试对恐怖主义加以定义,但该定义实际上是《反恐决定》中对于"恐怖活动"的定义,这种重复定义的做法表明,恐怖主义也好,恐怖活动也罢,对它们进行精确的定义非常困难;也因此,才会出现将"恐怖活动"的定义移嫁到"恐怖主义"身上的情况。至于《反恐怖主义法》对于"恐怖活动组织"、"恐怖活动人员"以及"恐怖事件"等概念的解释,则均是在用"恐怖"解释"恐怖"的循环定义中进行的。

恐怖主义、恐怖活动、恐怖组织、恐怖人员或恐怖事件,无不是以"恐怖"二字为核心的恐怖犯罪基础性概念;基础性概念不清晰,无疑会带来"解释上的争议"及"给司法资源造成负担,并最终引起法的不安定性",而这正是"背离了古典自由主义的、旨在保护个人权利的刑法模式"之后新的安全刑法模式的特点,[1] 这无疑会直接影响到刑法相关恐怖犯罪罪名的准确适用,阻碍刑法有效保护国家与社会安全。罪刑法定原则的派生原则之一即为明确性原则,不明确的法律会使公民难以预测自己的行为,不确定的概念难免会因歧义众多而产生出入人罪争议,这是对罪刑法定原则的违反。"如果不能给恐怖主义下一个行之有效的定义,我们将置我们赖以生存的自由社会之运转所必需的宪法的确定性于危险的境地。"[2] 同时,这些不确定的法律概念,无疑会给恐怖犯罪的治理实践带来难题。

其次,追求安全价值的刑法倾向于犯罪化、扩张化和处罚的前置化。以《刑法修正案(九)》为例,其对恐怖犯罪的立法,正是以新的恐怖犯罪行为入罪化以及既有恐怖犯罪行为处罚范围扩大化与重刑化为内容的。由于对恐怖犯罪的事后打击难以弥补其造成的巨大损失,为此,国际社会普遍认为,

---

1 参见[德]埃里克·希尔根多夫:《德国刑法学:从传统到现代》,江溯、黄笑岩等译,北京大学出版社 2015 年版,第 25-26 页。

2 [西]马努埃尔·坎西欧·梅利亚、[德]安内克·佩彻:《犯罪意义上的恐怖主义概念》,王永茜译,载李昊、明辉主编:《北航法律评论》总第 5 辑,法律出版社 2015 年版,第 293 页。

反恐犯罪的重点在于“如何有效地做到事前预防”。[1] 这也成为中国恐怖犯罪立法所重点考虑的问题。第一,《刑法修正案(九)》新增的5个恐怖犯罪专有罪名正是对这种立法需求的回应。一是将恐怖犯罪的预备行为规定为犯罪,从而新增了准备实施恐怖活动罪;二是将制作、散发宣扬恐怖主义、极端主义的图书、音频视频资料或者其他物品,或者通过讲授、发布信息等方式宣扬恐怖主义、极端主义,或者煽动实施恐怖活动的行为,规定为宣扬恐怖主义、极端主义、煽动实施恐怖活动罪;三是将利用极端主义煽动、胁迫群众破坏国家法律确立的婚姻、司法、教育、社会管理等制度实施的行为,规定为利用极端主义破坏法律实施罪;四是将以暴力、胁迫等方式强制他人在公共场所穿着、佩戴宣扬恐怖主义、极端主义服饰、标志的行为,规定为强制穿戴宣扬恐怖主义、极端主义服饰、标志罪;五是将明知是宣扬恐怖主义、极端主义的图书、音频视频资料或者其他物品而非法持有,情节严重的行为,规定为非法持有宣扬恐怖主义、极端主义物品罪。恐怖犯罪的核心行为是暴力袭击,如恐怖主义暗杀、恐怖爆炸袭击等。通过对这些恐怖行为的犯罪化,从而实现国际社会对恐怖犯罪重在事前预防的立法需求。第二,《刑法修正案(九)》新增的恐怖犯罪的相关罪名中,有4个罪名也是对这种立法需求的回应。拒不履行信息网络安全管理义务罪,非法利用信息网络罪,帮助信息网络犯罪活动罪,组织、资助非法聚集罪四个罪名中,前三个属于信息网络安全犯罪,但它们也是恐怖犯罪的相关罪名,而且相关度极高。对于恐怖犯罪治理而言,如何采取有效措施收集恐怖活动的信息,如何加强世界范围内情报部门的合作以共筑反恐信息安全网,以及如何加强对网络犯罪的打击以实现反恐犯罪信息的共享等,[2] 都是恐怖犯罪事前预防中非常重要的环节。因

---

1 [美] Robert J. Fischer, Edward Halibozek, Gion Green:《安全导论》(第8版),任骥、赵兴涛等译,电子工业出版社2012年版,第397页。

2 参见[美] Robert J. Fischer, Edward Halibozek, Gion Green:《安全导论》(第8版),任骥、赵兴涛等译,电子工业出版社2012年版,第398页。

此，这三个罪名通过增加网络服务提供者、网络使用者的履行安全管理或合法利用信息网络等义务，将网络犯罪帮助行为设立为独立的罪名，以便营造一个更为安全的网络环境，提高准确打击网络犯罪的概率。至于组织、资助非法聚集罪，此罪名虽无“恐怖”二字，但实际上它甚至可能被纳入恐怖犯罪专有罪名之列，至少也是恐怖犯罪的相关罪名。“聚集”是一个中性词，乃集合聚会之意；非法聚集，则使聚集行为的性质发生了变化。然而，何为非法聚集，在《集会游行示威法》中找不到依据，《刑法修正案（九）》对此亦没有规定。从该罪的法益分析，只要是扰乱社会秩序的行为，似乎就可入罪。这样一来，该罪名无疑为恐怖犯罪治理提供了便捷的入罪入刑通道，为恐怖犯罪罪名的适用也提供了极大的解释空间；它意味着，一旦发现形迹可疑可能危及社会秩序的集聚行为，对于多次组织和资助者就可定罪。很显然，立法者通过该罪名以实现对这类行为的及时打击，意图建立一个无恐有序的社会环境。因此，该罪名正是为了有效实现恐怖犯罪的事前预防而设立的。第三，有些罪名虽非新罪，但《刑法修正案（九）》通过修改原有罪名的罪状扩大了恐怖犯罪的处罚范围，同样体现了对预防恐怖犯罪立法需求的回应。比如《刑法修正案（九）》第24条规定的非法生产、销售专用间谍器材、窃听、窃照专用器材罪，第38条规定的拒绝提供间谍犯罪、恐怖主义犯罪、极端主义犯罪证据罪，均扩充了犯罪对象，扩大了处罚范围。总之，为维护公共安全，严惩恐怖犯罪，《刑法修正案（九）》将一些行为犯罪化，从而扩大了恐怖犯罪的处罚范围。

《刑法修正案（九）》的恐怖犯罪立法，在将行为入罪化与扩大化的同时，还不断扩展到法益受到真正侵害之前的阶段进行提前干预，[1] 此即犯罪的前置化。准备实施恐怖活动罪，在正式的恐怖活动开始之前的准备行为，被作为犯罪行为予以规定。准备实施恐怖活动属于预备犯罪行为，恐怖犯罪属

1　参见［德］埃里克·希尔根多夫：《德国刑法学：从传统到现代》，江溯、黄笑岩等译，北京大学出版社2015年版，第27页。

于重罪，在各国刑法中，重罪的预备犯是可罚的。然而，“准备”行为究竟前移至何时可以认定为犯罪？“在刑事实体法领域，刑事问责移至犯罪行为开展之前的时点”，[1] 宣扬恐怖主义、极端主义、煽动实施恐怖活动罪，利用极端主义破坏法律实施罪，强制穿戴宣扬恐怖主义、极端主义服饰、标志罪，非法持有宣扬恐怖主义、极端主义物品罪，这几个恐怖犯罪专有罪名均体现了同样的罪责前移。成立这些罪名均不要求发生任何实害结果，只要有前置化的具有恐怖主义犯罪危险的行为即可，由此导致的问题是，因为不是具体的恐怖杀人或爆炸等恐怖犯罪行为，而只是以语言或穿着或某种状态为构成犯罪的标志，这些缺乏实体性内容的行为认定将会极大困扰恐怖犯罪治理的司法实践。比如，随意且偶尔提及恐怖主义可否认定为“宣扬”，哪些行为可以认定为“宣扬恐怖主义、极端主义”；出于宗教信仰抵制不同族群之间男女通婚是否为“利用”极端主义破坏法律实施；斜睨他人以示应予穿戴宣扬恐怖主义服饰可否认定为“强制”，哪些服饰、标志可以认定为“恐怖主义、极端主义服饰、标志”；哪些物品可以认定为“恐怖主义、极端主义物品”；没有主观上的认识因素，仅仅因为客观上手中拿着宣扬恐怖主义书籍可否认定为“非法持有”；等等。有的恐怖犯罪罪名，则表明“刑事制裁的边界可以扩展至所谓的‘状态犯’，也就是‘组织成员’这一单一状态就可以构成犯罪”，[2] 比如组织、领导、参加恐怖组织罪，而这同样是犯罪前置化的表现。

总之，我国刑法对恐怖犯罪行为的犯罪化，以及修改既有恐怖犯罪的罪状，都是为了实现处罚范围的扩大化；而对恐怖犯罪处罚的前置化，同样是为了实现处罚范围的扩大化。在此，刑法的安全价值被放大，刑法对公民自由与人权的保障功能退居其次。各国反恐实践表明，面对恐怖犯罪的袭击，

1　［德］乌尔里希·齐白：《全球风险社会与信息社会中的刑法》，周遵友、江溯等译，中国法制出版社 2012 年版，第 167 页。

2　See Scales *v.* United States，367 U. S. 203，226-229（1961）. 转引自刘涛：《美国紧急状态下的刑事司法：历史、述评与启示》，载《环球法律评论》2014 年第 3 期，第 125 页。

各国政府为了消减本国人民对于恐怖犯罪的恐惧，增加民众的安全感，无不在立法层面作出快速反应甚至是过度反应；为了达成治理恐怖犯罪的目的，传统的法治国原则，如最后手段原则、确定原则和法定原则等被削弱，并且经常成为非理性的惩罚需求的牺牲品，理应具有法的安定品质的刑法日益“灵活化”[1]，这种灵活化，正是安全刑法的特性。过于灵活化的刑法将会导致“法律被引入令人遗憾甚至是危险的方向”[2]，并直接导致“去刑法化”；刑法处罚范围进一步扩张，刑法的安全价值被凸显，刑法的目的“明显地转向预防与安全，国家在犯罪发生之前、在针对某个行为人特定犯罪的嫌疑具体化之前就已经开始介入”[3]。对于恐怖犯罪治理而言，这也许是有效的；但是对于各国人权保障而言，这也许是一个需要谨慎面对的信号。

三、安全至上价值下刑事立法活性化的人权风险隐忧

恐怖犯罪之所以恐怖，乃在于其手段的暴力性、结果的毁灭性以及对象的不特定性，为了保护民众的安全、社会的安宁，使用必要的法律手段对恐怖犯罪予以预防和惩处无疑非常必要。除恐务尽也因此是恐怖犯罪法治治理的终极目标。然而，为了确保全社会多数人的安全，是否可以牺牲无辜的少数人？为了确保反恐行为机密不外泄，是否可以赋予国家司法机关不受限制的秘密拘捕、暗杀等活动的特权？如此等等，这些问题非常重要，因为恐怖犯罪分子往往隐藏在普通民众中间，“那些用来对付或明或暗的恐怖分子以保护人民群众的强力措施，往往也可能对作为保护对象的人民群众的自由和权

1　［德］埃里克·希尔根多夫：《德国刑法学：从传统到现代》，江溯、黄笑岩等译，北京大学出版社2015年版，第31页。

2　［美］凯斯·R. 桑斯坦：《恐惧的规则——超越预防原则》，王爱民译，北京大学出版社2011年版，第1页。

3　［德］乌尔里希·齐白：《全球风险社会与信息社会中的刑法》，周遵友、江溯等译，中国法制出版社2012年版，第167、168页。

利造成伤害，这岂不正中恐怖分子下怀？因此，反恐决策真可谓是一种投鼠忌器的艰难选择”[1]。恐怖犯罪治理面临两难选择，意味着在追求恐怖犯罪安全立法价值目标之下，可能会造成一定的人权风险。

从世界反恐情况来看，自“9·11”事件之后，各国国内立法以及区域性的国际组织反恐公约均在不断强化反恐力度，“甚至超越安全和自由保障的需要”，从而导致“尊重和保障基本人权都没有得到真正的贯彻和落实，”[2] 恐怖犯罪治理中的人权风险在增加。一些国家的立法允许对外国公民长时间拘留，却没有基本的保障。[3] 比如，新西兰和瑞典新的反恐立法，不允许将恐怖嫌疑人驱逐回原住国，[4] 这种不被驱回的风险充满了人权问题上的隐忧。一些新的反恐立法规定在国家层面上可能无法提供国际人权法所要求的法律保障，[5] 比如，埃及反恐立法不但对恐怖主义采用了极其宽泛和常规的定义，并授予军事法院和国家安全法院审判被指控为实施恐怖主义的公民的权力，同时，在国外被逮捕并遣送回埃及的公民要受到单独监禁。[6] 联合国言论自由特别报告员则指出，反恐被许多国家当局当作限制互联网和出版物的手段；[7] 一

1　张国华：《投鼠忌器的艰难选择——伊格纳季耶夫的〈两害相权取其轻：恐怖时代的政治伦理〉述评》，载周展等编著：《文明冲突、恐怖主义与宗教关系》，东方出版社 2009 年版，第 136-137 页。

2　倪春乐：《恐怖主义犯罪特别诉讼程序比较研究》，群众出版社 2013 年版，第 227 页。

3　See Report of the Special Rapporteur on the Human Rights of Migrants, Ms. Gabriela Rodriguez Pizarro, submitted pursuant to Commission on Human Rights resolution 2002/62, 59th Session of the Commission on Human Rights, ECOSOC, E/CN. 4/2003/85, December 30, 2002, paragraph 25. 14.

4　See Human Rights Committee, Consideration of Reports Submitted by States Parties under Article 40 of the Covenant, Concluding Observations of the Human Rights Committee: New Zealand, 07/08/2002, U. N. Doc., CCPR/CO/75/NZL, p. 1; Sweden, p. 12.

5　See Report of the Special Rapporteur on the Question of Torture and Other Cruel, Inhuman or Degrading Treatment or Punishment, Theo van Boven, presented to the General Assembly in accordance with resolution 56/143 of 19 December 2001, General Assembly, A/57/173, July 2, 2002, paragraph 5.

6　See Human Rights Committee, Consideration of Reports Submitted by States Parties under Article 40 of the Covenant, Concluding Observations of the Human Rights Committee: New Zealand, 07/08/2002, U. N. Doc., CCPR/CO/75/NZL, p. 1; Sweden, p. 16.

7　Report of the Special Rapporteur on the Right to Freedom of Opinion and Expression, Mr. AmbeyiLigabo, submitted in accordance with Commission on Human Rights resolution 2002/48, 59th Session of the Commission on Human Rights, ECOSOC, E/CN. 4/2003/67, December 30, 2002, paragraph 34.

些国家的司法实践中也存在非常明显的侵犯人权的例子。2002 年 3 月 22 日，格鲁吉亚国家安全部门在潘基斯峡谷拘留了两个和难民一起工作的格鲁吉亚裔车臣积极分子，他们被怀疑与基地组织有关，而原因仅仅是，他们是当年仅有的去麦加朝觐的格鲁吉亚公民。[1] 加拿大消除种族歧视委员会基于《消除所有形式种族歧视国际条约》的第 13/14 次分析报告指出，加拿大在反恐斗争中存在日益增加的种族仇恨以及针对穆斯林和阿拉伯人的暴力和攻击，[2] 加拿大反恐措施的适用在一定程度上给少数民族和宗教组织、难民和寻求庇护者带来了诸多侵犯人权的不良后果。美国社会为了“打早打小”而引发的“穆斯林男孩的铅笔盒”案，就是全民反恐形势下“全民皆恐（怖分子）”的最好例证，也是以安全价值为主导的打击恐怖犯罪形势下对公民自由侵犯的最好说明。2015 年穿着印有 NASA 标志 T 恤的 14 岁美国男孩艾哈迈德·穆罕默德，带着自制的小发明在工程课上发出刺耳的尖叫，被怀疑制造“恐怖袭击”而被逮捕。警察收走他的书包、为他戴上手铐，并反复逼问“恐怖袭击”的细节。[3] 艾哈迈德·穆罕默德被逮捕并不是因其真正实施了何种恐怖行为，而是因为其来自奥斯曼帝国（现土耳其）君主的穆罕默德的名字以及带 NASA 标志的 T 恤。过分强调安全价值，会造成“人人皆似恐怖分子”的危险社会气氛。穿什么衣服、起什么名字，自制的小物件是否会不择时机地出现等，竟然成为反恐犯罪的目标。“实践表明，如果法律企图规范那些有道德异议的行为并加以禁止，往往会徒劳无功并遭致民众的嘲讽。”[4] 的确如此，“万圣节将至，幽默的网友推出了‘恐怖套装’，一件 T 恤、一个装在盒子里的闹钟，‘有了这副行头，你就会被警察逮捕哦！’”。[5] 可见，恐怖犯罪

---

1 See Human Rights Watch Interviews with Attorneys for Both the Defendants, Tbilisi, April 2002.

2 See Committee on the Eliminatio 11/2002, U. N. Doc. A/57/18, p. 338.

3 参见庞礴:《穆斯林男孩的铅笔盒》，载《南方人物周刊》2015 年第 32 期，第 88 页。

4 [英] 罗宾德·辛格爵士:《法律究竟是规范还是价值》，齐玎译，载《人民法院报》2014 年 8 月 15 日，第 6 版。

5 庞礴:《穆斯林男孩的铅笔盒》，载《南方人物周刊》2015 年第 32 期，第 88 页。

治理实践中，对于行为本身还未实施且根据证据又难以认定的恐怖犯罪及其嫌疑人，往往存在扩大化治理的倾向，而这正是人权风险之所在。

在我国，恐怖犯罪的治理也存在一定人权风险。首先，我国《反恐怖主义法》针对恐怖犯罪分子规定的安置帮教措施存在风险。《反恐怖主义法》第30条针对刑满释放的恐怖犯罪分子而设置，在出狱时要求监狱和看守所对恐怖分子的人身危险性进行“社会危险性评估”，经评估具有危险性的，由监狱和看守所向法院提出“安置教育”建议，安置教育由省级人民政府组织实施，每年均需进行评估，经评估有危险性的，要继续安置教育；评估后认为确有悔改不致再危害社会的才能解除安置教育。该条对“社会危险评估”及“安置教育”的规定，实际上是授予法院、检察院、政府对公民实施强制措施即关押的权力，这与宪法的有关规定似乎相违背。我国《宪法》第37条明确规定：“中华人民共和国公民的人身自由不受侵犯。任何公民，非经人民检察院批准或者决定或者人民法院决定，并由公安机关执行，不受逮捕。禁止非法拘禁和以其他方法非法剥夺或者限制公民的人身自由，禁止非法搜查公民的身体。”安置教育虽然名为教育，但其实际是剥夺被关押人的人身自由，其性质等同于强制措施，而且，它还没有期限规定。对于剥夺公民人身自由的强制措施，理应依据刑事诉讼法的规定由人民法院判决后方能实施，同时应该有明确的期限规定，而不是根据被安置者的“社会危险性”来决定期限。与恐怖犯罪作斗争，无论用什么方法，政府都必须保证反恐措施不会逾越自由人权保障的法律底线，在此基础上，再承担对公民的其他责任。其次，恐怖犯罪存在被任意解释的风险。前已述及，我国《反恐决定》《反恐怖主义法》对恐怖活动、恐怖主义、恐怖分子等恐怖犯罪认定中的基础性概念规定得不清晰，这不仅影响了刑法对恐怖犯罪的精准打击，而且可能导致实践中对恐怖犯罪的任意解释。“在刑法领域，我们首先要给恐怖主义下一个行之有效的定义，缺少具有确定性的犯罪意义上的恐怖主义概念，将混淆罪与非罪的界限、过分扩大恐怖主义犯罪的刑事处罚范围。”[1] 事实的确如此。《刑事诉讼法》规定，危害国家安全犯罪案件、恐怖活动犯罪案件的会见，需要侦查机关的允许。由于反恐法对恐怖犯罪的相关基础概念的规定内涵不清、外延不明，导致这一规定有可能被错误解释进而滋生恐怖犯罪的冤假错案。这绝非猜测，有调研报告显示，以上三类案件的规定存在被任意解释的风险。[2] 恐怖活动犯罪案件的被告人人权保障由此面临着不可忽视的风险。再次，我国刑法的定罪文化也增加了恐怖犯罪治理中的人权隐患。我国刑法的定罪文化是除恶务尽，天网恢恢疏而不漏。“绝不放过一个坏人”的刑事司法理念长期影响民众和司法工作人员，在此形势下，恐怖犯罪嫌疑人一旦被捕，被认定为无罪的难度非常大。“无罪判决为何难？最根本的还是有罪推定思想。非法证据为何难排除？难点在于举证。”[3] 既没有无罪推定又没有非法证据排除，同时还要实现除恐务尽，由此一来，恐怖犯罪嫌疑人的人权保障必然成为问题。最后，我国恐怖犯罪治理的司法实践中也存在一定程度的侵犯人权现象。这表明，我国刑事司法要确保恐怖犯罪的定罪量刑无懈可击，定罪证据必须确实充分，否则只能无罪释放。例如，单纯收看暴恐视频而被关押的王某案。王某为寻求刺激、缓解压力，多次通过百度搜索并非法登录境外网站，观看并下载割头、ISIS 打仗场面等涉暴恐的音视频，后被抓获。公安机关依据《反恐怖主义法》第 82 条，对王某依法处以行政拘留 15 日的处罚。[4] 这一处理即存在人权侵犯之虞。《反恐怖主义法》第 82 条规定：“明知他人有恐怖活动犯罪、极端主义犯罪行为，窝藏、包庇，情节轻微，尚不构成犯罪的，或者在司法机关向其调查有关情况、收集有关证据时，拒绝提供的，

1 ［西］马努埃尔·坎西欧·梅利亚、［德］安内克·佩彻：《犯罪意义上的恐怖主义概念》，王永茜译，载李昊、明辉主编：《北航法律评论》总第 5 辑，法律出版社 2015 年版，第 277 页。

2 参见刘长：《新刑诉法“体检”：小心旧病+后遗症》，载《南方周末》2013 年 5 月 9 日，A8 版。

3 赵凌、林战：《错案密集平反 最高法的想法和办法》，载《南方周末》2013 年 6 月 13 日，第 1 版。

4 参见郑帅：《小伙“翻墙”看暴恐视频被拘留》，载《齐鲁晚报》2016 年 4 月 26 日，C02 版。

由公安机关处十日以上十五日以下拘留，可以并处一万元以下罚款。”本案中，王某既未实施窝藏、包庇恐怖和极端主义犯罪人员的行为，也未实施“司法机关向其调查有关情况、收集有关证据时，拒绝提供”的行为，王某已明确向司法机关交代是为了“寻求刺激、缓解压力”而收看，同时只是单纯地收看而未扩散传播，这些行为并不符合该法第82条的规定；公安机关最终对王某予以行政处罚，在一定程度上是为了保护国家与社会安全而侵犯公民个人自由的不当做法。又如，四川乐山警方查获一起涉恐案件，嫌疑人郭某将其下载的部分暴恐视频上传至其QQ空间，在其使用的笔记本电脑中发现带有宣扬恐怖主义、极端主义照片的视频文件19个，台式电脑中有涉及恐怖主义、极端主义的5张照片、4个视频文件、7个音频文件。本案被公安部门以触犯《刑法》第120条之六为由移送检察院起诉。[1] 问题是，《刑法》第120条之六非法持有宣扬恐怖主义、极端主义物品罪的成立要求情节严重，而如何认定和把握情节严重，刑法条文无明确规定，案发时相关司法解释也未加以说明。司法机关仅仅根据郭某电脑中的5张照片、23个视频文件和7个音频文件，即认为郭某非法持有宣扬恐怖主义、极端主义物品情节严重，并以此罪名移送起诉，无疑令人质疑。在此，罪与非罪的界限并不清晰，“通往恐怖主义犯罪的道路是泥泞的”，[2] 反恐过程中如何尊重和保障当事人的人权，这一难题一再凸显。

总之，面对严重的恐怖犯罪，刑事立法似乎倾向于淡化罪刑法定原则的自由保障机能而更加强调国家与社会安全之保护，刑法“日渐成为控制严重扰乱社会、国家秩序行为的工具”以及“为援助”打击恐怖犯罪的各类国际

---

1 参见安源：《四川公布9大反恐典型案例网络传播暴恐事件占七例》，载法制网，http://www.legaldaily.com.cn/index/content/2016-12/19/content6923986.htm?node=20908。

2 ［西］马努埃尔·坎西欧·梅利亚、［德］安内克·佩彻：《犯罪意义上的恐怖主义概念》，王永茜译，载李昊、明辉主编：《北航法律评论》总第5辑，法律出版社2015年版，第293页。

国内“政策提供辅助性的支持”[1] 的工具。刑事立法以最快的速度和最广的覆盖面回应这个时代反恐犯罪的需求，并充分体现了惩罚犯罪保护人民这一安全刑法的价值需要。问题是，以自由为代价的安全价值正当性欠妥；刑事法治对国家与社会安全的保护，如果脱离了公民自由的前提则是没有意义的。

第二节 刑事立法积极化对刑法根基与信仰的冲击

21 世纪的当下，网络科技领航，社会飞速发展，风险日益增加，社会失范行为增多，刑事立法为了回应社会治理对安全与稳定的价值诉求，立法活动日益积极，刑法保护日益前瞻，刑事处罚日益严厉，刑法早已由事后惩治犯罪的手段变为事先预防犯罪的工具，积极预防主义成为当下刑法观的主流。《刑法修正案（十一）》正是这种积极预防性刑法观的立法实践，也是刑事立法对积极刑法观的支持，其体现了增设新罪的观念。然而，风险社会固然是现代性转型的后果，是超出理性精心策划的意外后果，但是，这并不妨碍人们询问现代立法的理性何在。立法究竟是对社会中纯社会性冲突的回应，还是对民众安全价值诉求的象征性安抚，易言之，“为了最大限度地实现法律和平与公共安全，应当制定怎样的刑法，这首先是个合目的性问题”[2]。为此，及时对《刑法修正案（十一）》积极预防性刑法观的立法实践予以分析和反思，无疑有助于我国今后刑事立法的科学化发展。

---

1 ［德］埃里克·希尔根多夫：《德国刑法学：从传统到现代》，江溯、黄笑岩等译，北京大学出版社 2015 年版，第 248-249 页。

2 ［德］汉斯-海因里希·耶赛克：《一个屋檐下的刑法学和犯罪学》，周遵友译，载赵秉志主编：《刑法论丛》总第 22 卷，法律出版社 2010 年版，第 407 页。

一、冲击刑法根基与信仰的积极预防性刑法观立法实践

刑事立法应该积极主动预防犯罪以防范风险发生这一基本立场，在刑法理论上有不同表达，有的表达为积极预防性刑法观，有的表达为积极刑法观，有的表达为积极主义刑法观。基于刑法积极立场来自风险社会以及风险刑法理论及其对犯罪预防的作用，笔者倾向于采用积极预防性刑法观。积极主义刑法观，因为“主义”二字并无实际意义，它实际上就是积极立场之后缀，和积极刑法观在实质上是同一个概念。积极刑法观体现在立法、法益等刑法理论、刑事政策等不同方面，前面冠之以“积极预防性”几个字，比如积极预防性立法、积极预防性法益概念、积极预防性刑事政策等，较之于直接称其为积极立法、积极法益、积极刑事政策等，其指向性更为清晰，内涵和外延更加清楚。为此，本部分采用积极预防性刑法观而摒弃其他两个概念。

积极预防性刑法观，即主张动用刑法作为防范社会风险的手段。在刑事立法上，它主张扩大刑法犯罪圈和刑罚处罚范围，主张提高犯罪的法定刑、加重处罚力度，使刑法成为保护社会安全的工具。衡量一部立法是否为积极预防性刑法观的体现，有两个指标：一个是在刑事实体领域的犯罪化；另一个是在刑事制裁领域的重刑化。如果犯罪化与重刑化条款所占比例超过整部立法条文的半数，则该立法无疑体现积极预防性刑法观。以此为衡量标准，我们可以发现，整部《刑法修正案（十一）》的立法是典型的积极预防性刑法观之体现。

（一）积极预防性刑法观体现在刑事实体领域的犯罪化

积极预防性刑法观体现在刑事实体领域和刑事制裁领域，前者主要通过实体领域的犯罪化来实现，后者则通过制裁领域的加重刑来达成。具体来说，

积极预防性刑法观“在犯罪实体领域发力，主要集中在超个人法益或集体法益的犯罪：第一，恐怖犯罪。第二，网络犯罪。第三，腐败犯罪。第四，食品药品犯罪。第五，环境公害犯罪。第六，公共秩序犯罪（民事行政违法行为的犯罪化）。第七，单位犯罪的显著扩充。第八，不作为犯罪的增量”[1]。易言之，通过一些集体法益犯罪领域的犯罪化，实现积极预防性刑法观。依此分析可知，《刑法修正案（十一）》在犯罪实体领域充分体现了积极预防性刑法观。

《刑法修正案（十一）》的犯罪化体现为以下两个方面：一方面，《刑法修正案（十一）》通过增加新罪来扩大刑法的处罚范围。前文已述，《刑法修正案（十一）》的犯罪化程度为前十一部刑法修正案之最，其总共新增了 17 个罪名。另一方面，《刑法修正案（十一）》通过修改原有条文或旧罪从而扩大刑法的处罚范围，这样的条文总共 15 个。具体来说，修改了《刑法》第 17 条，降低了未成年人犯罪的刑事责任年龄；修改了原《刑法》分则的 14 个既有罪名的构成要件，扩大了刑法的处罚范围：修改了第 134 条第 2 款强令违章冒险作业罪的构成要件，增加了“明知存在重大事故隐患而不排除，仍冒险组织作业”这一新的行为方式，扩大了本罪处罚范围；修改了第 141 条生产、销售假药罪，增加了“药品使用单位的人员明知是假药而提供给他人使用的，依照前款的规定处罚”的规定，从而扩大了该罪的处罚范围；修改了第 142 条生产、销售劣药罪，增加了“药品使用单位的人员明知是劣药而提供给他人使用的，依照前款的规定处罚”的规定，从而扩大了该罪的处罚范围；修改了第 160 条欺诈发行股票、债券罪，增加了发行“存托凭证或者国务院依法认定的其他证券”构成犯罪的规定，扩大了本罪的犯罪对象；修改了第 161 条违规披露、不披露重要信息罪，增加了公司、企业的控股股东、实际控制人实施或者组织、指使实施违规披露、不披露重要信息的行为构成犯罪，

---

1 高铭暄、孙道萃：《预防性刑法观及其教义学思考》，载《中国法学》2018 年第 1 期，第 168 页。

同时增加了单位犯罪；修改了第 191 条洗钱罪的构成要件，将“明知是毒品犯罪、黑社会性质的组织犯罪、恐怖活动犯罪、走私犯罪、贪污贿赂犯罪、破坏金融管理秩序犯罪、金融诈骗犯罪的所得及其产生的收益，为掩饰、隐瞒其来源和性质”实施洗钱行为的构成犯罪，修改为“为掩饰、隐瞒毒品犯罪、黑社会性质的组织犯罪、恐怖活动犯罪、走私犯罪、贪污贿赂犯罪、破坏金融管理秩序犯罪、金融诈骗犯罪的所得及其产生的收益的来源和性质”的，构成洗钱罪，从而取消了主观明知的构成要件，降低了入罪条件；修改了第 213 条假冒注册商标罪的构成要件，增加规定了“未经注册商标所有人许可，在同一种商品、服务上使用与其注册商标相同的商标”情节严重的也构成犯罪，从而扩大了本罪的处罚范围；修改了第 214 条销售假冒注册商标的商品罪的构成要件，将该罪原“销售金额数额较大的”修改为“违法所得数额较大或者有其他严重情节的”，将“销售金额数额巨大的”这一量刑加重情节修改为“违法所得数额巨大或者有其他特别严重情节的”，将本罪入罪与量刑加重标准在犯罪数额之外新增了犯罪情节，扩大了处罚范围并加大了处罚力度；修改了第 217 条侵犯著作权罪的构成要件，增加了侵犯“与著作权有关的权利”构成犯罪的规定，扩大了处罚范围；修改了第 218 条销售侵权复制品罪的构成要件，在原“违法所得数额巨大”这一入罪标准之外增加了“或者有其他严重情节的”规定，扩大了本罪的处罚范围；修改了第 219 条侵犯商业秘密罪，将原条文中“给商业秘密的权利人造成重大损失”修改为“情节严重”，从而使本罪由结果犯变为情节犯，降低了本罪的入罪门槛；修改了第 303 条第 2 款开设赌场罪的法定刑，将“三年以下有期徒刑”提高到“五年以下有期徒刑”，情节严重的法定刑由“三年以上十年以下有期徒刑”提高到了“五年以上十年以下有期徒刑”；修改了第 330 条妨害传染病防治罪的规定，将原“引起甲类传染病传播或者有传播严重危险的”规定，修改为“引起甲类传染病以及依法确定采取甲类传染病预防、控制措施的传染病传播或者有传播严重危险的”，从而将依法确定采取甲类传染病预防、控制措施的传染病传播也纳入本罪的传染病范围，并将出售、运输疫区中被传染病病原体污染或者可能被传染病病原体污染的物品，未进行消毒处理的，也作为犯罪行为处理，使本罪处罚范围大为扩张；修改了第408条之一食品监管渎职罪的构成要件，将本罪适用领域由“食品安全监督管理”扩大为“食品药品安全监督管理”，将原来“导致发生重大食品安全事故或者造成其他严重后果的”，修改为“造成严重后果或者有其他严重情节的”，使本罪的入罪标准在客观后果之外增加了难以把握的严重情节，扩大了刑法的打击面。

总之，《刑法修正案（十一）》的以上修改都是实质的犯罪化立法。所有这些毫无疑问体现的都是积极预防性刑法观。虽然有个别条文的修改体现了缩小打击面，例如，修正案第11条将《刑法》第175条之一骗取贷款、票据承兑、金融票证罪中的“或者有其他严重情节”删除，从而将本罪的处罚限定在有重大损失的情形，极大地缩小了本罪打击面。又如，修正案第13条在《刑法》第182条操纵证券、期货市场罪的构成要件中增加了“影响证券、期货交易价格或者证券、期货交易量”的规定，从而限缩了本罪的处罚范围。但是，总体而言，增加新罪或者扩大旧罪的处罚范围是《刑法修正案（十一）》的基本立场。

（二）积极预防性刑法观体现在刑事制裁领域的重刑化

积极预防性刑法观的立法“体现在刑事制裁领域，对刑罚目的理论等刑罚范畴产生一定影响，也将刑罚制度、刑罚体系及其改革推向深水区。主要包括：第一，职业禁止。第二，禁止令。第三，终身监禁。第四，生刑体系渐重。第五，刑罚减免的克制。第六，罚金刑的扩张”[1]。《刑法修正案（十一）》有13个条文体现在刑事制裁领域，是对以往刑法罪名法定刑的修改，

---

1 高铭暄、孙道萃：《预防性刑法观及其教义学思考》，载《中国法学》2018年第1期，第168页。

具体表现为：重刑化为主，生刑加重，财产刑的适用范围扩大、处罚力度加重。这与积极预防性刑法观的刑罚立法表现和方向完全一致。

《刑法修正案（十一）》提高了以往部分犯罪的法定刑，其内容主要涉及：（1）修改了第161条违规披露、不披露重要信息罪的法定刑，取消了该罪原罚金刑“二万元以上二十万元以下罚金”的幅度限制，同时将法定刑由三年以下提升到五年以下，并增加了“情节特别严重的，处五年以上十年以下有期徒刑，并处罚金”这一加重量刑档次。（2）修改了第163条非国家工作人员受贿罪的法定刑，本罪的原法定刑为“五年以下有期徒刑或者拘役，数额巨大的，处五年以上有期徒刑，可以并处没收财产”，现修改为“处三年以下有期徒刑或者拘役，并处罚金；数额巨大或者有其他严重情节的，处三年以上十年以下有期徒刑，并处罚金；数额特别巨大或者有其他特别严重情节的，处十年以上有期徒刑或者无期徒刑，并处罚金”。这一修改，将本罪原来两个量刑档次增加为三个档次，同时将法定最高刑由有期徒刑提升为了无期徒刑。同时，原来适用第二个量刑档次的仅有数额巨大这一种情况，即公司、企业或者其他单位的工作人员，利用职务上的便利索取他人财物或者非法收受他人财物，为他人谋取利益，数额巨大的，现在增加了“有其他严重情节的”，从而扩大了加重处罚的适用条件。（3）修改了第176条非法吸收公众存款罪的法定刑，取消原罚金刑“二万元以上二十万元以下”“五万元以上五十万元以下”的幅度限制，直接规定并处或者单处罚金；新增一个量刑档次，即“数额特别巨大或者有其他特别严重情节的，处十年以上有期徒刑，并处罚金”。这两处修改均是通过提升法定刑加大处罚力度。新增的第3款规定，“有前两款行为，在提起公诉前积极退赃，减少损害结果发生的，可以从轻或者减轻处罚”，这一规定有利于缩小打击范围，但它并没有动摇该罪重刑化的事实。（4）修改了第192条集资诈骗罪的法定刑，将该罪的第一个量刑档次“五年以下有期徒刑或者拘役”修改为“处三年以上七年以下有期徒刑”，删掉了原罚金刑幅度“二万元以上二十万元以下”“五万元以上五十万元以下”的规定，将数额巨大或者有其他严重情节的处“五年以上或十年以下有期徒刑”改为“处七年以上有期徒刑或者无期徒刑”；同时，在罚金刑后面增加了没收财产刑。删掉该罪中的原第三个量刑档次：数额特别巨大或者有其他特别严重情节的，处 10 年以上有期徒刑或者无期徒刑，并处 5 万元以上 50 万元以下罚金或者没收财产。本罪法定刑的修改总体也是提升的。（5）将第 213 条假冒注册商标罪的法定刑修改为“情节特别严重的，处三年以上十年以下有期徒刑，并处罚金”；将原最高刑“七年以下有期徒刑”提升到“十年以下有期徒刑”。（6）修改第 215 条非法制造、销售非法制造的注册商标标识罪的法定刑，删去了“拘役或者管制”的规定。（7）删去了第 219 条侵犯商业秘密罪的拘役刑。这种删轻刑（拘役）留重刑（有期徒刑）的做法，无疑也是提高法定刑的体现。（8）修改了第 229 条提供虚假证明文件罪的法定刑，在原法定刑的基础上新增了“处五年以上十年以下有期徒刑，并处罚金”的加重量刑档次。（9）修改了第 236 条强奸罪的量刑情节，增加了在公共场所当众“奸淫幼女的”、“奸淫不满十周岁的幼女或者造成幼女伤害的”两种加重量刑的情节。（10）将《刑法》第 237 条第 3 款猥亵儿童罪的法定刑独立规定，并将其最高刑从 5 年提高到了 15 年有期徒刑。（11）修改第 271 条第 1 款职务侵占罪的法定刑，将第一个量刑档次的 5 年以下修改为 3 年以下，并增加了罚金刑；将第二个量刑档次的“处五年以上有期徒刑，可以并处没收财产”修改为“处三年以上十年以下有期徒刑，并处罚金”；此外，增加了第三个量刑档次“数额特别巨大的，处十年以上有期徒刑或者无期徒刑，并处罚金”，通过以上修改，将本罪的法定最高刑由以往的 15 年有期徒刑提高到了无期徒刑。（12）将第 272 条挪用资金罪的法定刑由原来两个量刑档次增加到了三个，从而将本罪的法定最高刑从 10 年有期徒刑提升到 15 年。（13）将第 338 条污染环境罪加重处罚的条件“后果特别严重的”修改为“情节严重的”，并增加了“处七年以上有期徒刑，并处罚金”的量刑档次，从而将本罪法定最高刑由7年有期徒刑提升到了15年。

总之，《刑法修正案（十一）》在刑事制裁领域的一个突出体现是：扩张罚金刑，加重财产刑。修正案将一些犯罪的罚金刑幅度规定取消，从而使罚金刑的适用力度增大；增加了一些犯罪的没收财产刑，从而使财产刑的适用范围和力度加大。而另一个明显的表现是：增加一些犯罪的量刑档次，提升法定最高刑。虽然修正案对某些犯罪的法定刑的修改更加合理、科学，比如其第46条将《刑法》第431条第2款为境外窃取、刺探、收买、非法提供军事秘密罪的法定刑，由原来的“处十年以上有期徒刑、无期徒刑或者死刑”，修改为两款法定刑：“五年以上十年以下有期徒刑”和“情节严重的，处十年以上有期徒刑、无期徒刑或者死刑”。这一修改使本罪的法定刑规定更为合理。但是，这样的修改在整个《刑法修正案（十一）》中所占的比例太小。

综上所述，当社会治理日益遭受金融犯罪、腐败犯罪、环境犯罪等的威胁时，刑法的惩罚性和严厉性日益凸显。从《刑法修正案（十一）》来看，国家刑罚权并未得到控制，而是一直在扩张。

二、积极预防性刑法观之“积极预防”的内涵展开

积极预防性刑法观虽然表现为犯罪实体领域和刑事制裁领域两个方面，但是，这两个方面综合起来所体现的就是前述“主要集中在超个人法益或集体法益的犯罪”，以及“立法策略主要表现为犯罪化、危险犯配置、早期化介入等方面”。[1] 扩张罚金刑和财产刑的适用范围和处罚力度以及提升自由刑的幅度，最终也无非是“刑法不再是法益保护的范畴，而是为贯彻某个特定的

---

1 高铭暄、孙道萃：《预防性刑法观及其教义学思考》，载《中国法学》2018年第1期，第168页。

社会观念而工具化”[1] 之体现。易言之，这是积极预防性刑法观立法策略的结果。

无论积极预防性刑法观的称谓如何，可以肯定的是，预防性刑法观有消极预防性刑法观与积极预防性刑法观。消极预防性刑法观，主张为了保障公民自由与人权，限制国家刑罚权的范围和程度，防止国家刑罚权对公民自由的过度干预，减少犯罪化立法，形成预防性和有限性相结合的更为克制的消极预防性刑法理念。消极预防性刑法观是以古典学派的一般预防主义与结果主义为基础的，其根本价值取向是人权保障。然而，社会风险的频发导致刑法人权保障的价值取向发生了动摇，并逐渐转向社会安全保护，从刑法角度规制日益增高的社会风险并维护社会安全秩序成为刑法的主要目标，消极预防性刑法观早已转向积极预防性刑法观。积极预防性刑法观，主张国家为了实现社会安全治理，扩大并增强国家刑罚权的适用，通过国家刑罚权防范社会失范行为以维护社会稳定与秩序，主张犯罪化立法，形成预防性与扩张性相结合的更为开放的积极预防性刑法理念。积极预防性刑法观是以近代学派的积极预防主义与行为主义为基础的，其根本价值取向是风险预防。“预防性刑法立法活动在近来刑法修正中相继有序展开，以积极预防为导向的刑法理念正在发展”[2]，《刑法修正案（十一）》的修改力度非常大，其犯罪化主要集中在公共安全、经济秩序、社会秩序、食品药品、环境公害、金融等领域。总体而言，《刑法修正案（十一）》及时回应了社会关切的问题，对一些犯罪法定刑的调整轻重适度，对一些犯罪的立法技术更加精细，犯罪法网更加严密。这些修改对于维护社会安全、国家安全，无疑具有重要意义。

首先，《刑法修正案（十一）》的犯罪化立法集中在超个人法益或集体法益犯罪。德国学者黑芬德尔（Hefendehl）教授指出，“服务于多人或者社会

---

1 许玉秀、陈志辉合编：《不移不惑献身法与正义——许迺曼教授刑事法论文选辑》，台北，公益信托春风煦日学术基金 2006 年版，第 191 页。

2 高铭暄、孙道萃：《预防性刑法观及其教义学思考》，载《中国法学》2018 年第 1 期，第 168 页。

的法益，是集体法益（Kollektiv Rechtsgüter）或普遍法益（Universalrechtsgut）”[1]，集体法益有三个特征：非排他性（Nicht-Ausschließbarkeit，即无法排除他人享有）；非相对性（Nicht-Rivatät，即可以同时享有，如环境资源）；不可分割性（Nicht-Abnutzbarkeit）。因此，他认为，集体法益是指一切潜在的社会成员均可以对其加以利用的法益，不可能将它的特定部分分配给社会中的特定成员。[2]《刑法修正案（十一）》无论是增加的新罪还是修改的旧罪，都是侵犯集体法益的罪名。《刑法修正案（十一）》通过将高空抛物、暴力抢夺方向盘、非法讨债等民众关切的侵犯社会公共管理秩序或经济秩序等行为入罪，从而将对社会秩序等超个人法益的保护范围进一步修改扩大，体现了“在所有容易发生危险的国家、社会领域当中”，“刑法用来满足安全政策的行为需求，抑制绝对危险犯的发生”[3] 的积极预防性刑法观。

《刑法修正案（十一）》通过降低刑事责任年龄、新增行为方式、新增犯罪对象、降低入罪标准、扩大犯罪主体、取消主观明知等，扩大生产、销售假药罪等旧罪名的处罚范围，强化对集体法益的保护。这体现了风险预防理念对传统犯罪的冲击，同样是积极预防措施的刑事立法之体现。这些被修改扩容的条文，基本上来自破坏社会主义市场经济秩序罪和妨害社会管理秩序罪两类犯罪中的罪名；换言之，都是侵犯具有非排他性、非相对性、不可分割性的集体法益的罪名。然而，在将集体法益纳入刑法保护体系时应当遵循法益侵害实质化与宪法中的比例原则，避免因集体法益的抽象化与入罪标准的降低等扩大处罚范围的方式而导致刑法法益保护原则的虚空。德国联邦宪法法院明确指出，法益包括个人法益与集体法益，但其同时认为，只有对他

1　Roland Hefendehl，Kollektive Rechtsgüter im Strafrecht，2002，S. 19.

2　Vgl. Roland Hefendehl，Kollektive Rechtsgüter im Strafrecht，2002，S. 111 f.

3　［德］乌尔斯·金德霍伊泽尔：《安全刑法：风险社会的刑法危险》，刘国良编译，载《马克思主义与现实》2005 年第 3 期，第 38-39 页。

人或者公众的保护在比例原则的考量下仍应干预时，对后者的保护方为合法。[1] 以洗钱罪的构成要件的修改为例，《刑法修正案（十一）》第 14 条将该罪的明知要件取消，只要是为了掩饰、隐瞒毒品等七类犯罪的所得及其产生的收益的来源和性质的，无论是否明知，都可以构成洗钱罪。然而，洗钱作为侵犯金融管理秩序这类集体法益的行为，其侵害的实质性法益难以衡量，如果又欠缺明知，意味着今后司法机关在洗钱罪的认定上少了一个非常重要的入罪标准，[2] 司法机关再也无需为行为人是否明知而进行侦查和举证。也许有人认为，《刑法》第 14 条规定“明知自己的行为会发生危害社会的结果，并且希望或者放任这种结果发生，因而构成犯罪的，是故意犯罪”，洗钱罪是故意犯罪，即便修改取消了“明知”这一构成要件，但是根据《刑法》第 14 条的规定该罪实际上还是有“明知”要求的，此次《刑法修正案（十一）》在条文表述上形式性地取消“明知”并不影响对洗钱罪主观方面明知的认定。然而，这种看法并不成立。犯罪故意定义中的明知，是对结果的认识，而洗钱罪是对洗钱对象的事实认识的明知，二者性质不同；同时，如果这样认为，就无法解释为何《刑法》有 30 多个罪名单独规定“明知”构成要件。比如，《刑法》第 138 条要求明知校舍或者教育教学设施有危险，而不采取措施或者不及时报告才能构成教育设施重大安全事故罪；《刑法》第 144 条销售有毒、有害食品罪的构成要件是“销售明知掺有有毒、有害的非食品原料的食品”；《刑法》第 172 条持有、使用假币罪的构成要件是“明知是伪造的货币而持有、使用”；等等。可见，《刑法》分则个罪构成要件中的“明知”具有独立于《刑法》总则犯罪故意定义的意义。《刑法》分则“明知”构成要件，是针对特定犯罪而设立的主观构成要件，只有明知，才能成立犯罪故意；此种

---

1 Vgl. BVerf GE 120，224（239）.

2 2009 年 11 月 4 日最高人民法院发布的《关于审理洗钱等刑事案件具体应用法律若干问题的解释》（已失效）以及 2010 年 5 月 7 日最高人民法院、公安部发布的《关于公安机关管辖的刑事案件立案追诉标准的规定（二）》（已失效）等司法解释，均对“明知”及如何认定“明知”进行了规定。

明知是对特定事实认识的强调，以及对犯罪证据认定在刑事司法中的地位和作用的强化。《刑法》总则犯罪故意中的明知，是对故意构造自身的要求，是对规范结果与性质的认识，而不是对特定犯罪事实的认识，它是所有故意犯罪均具备的主观构成要件。易言之，犯罪故意并不等于有对特定事实的认识。总之，对于《刑法》分则特别要求具备“明知”构成要件的犯罪来说，只有具备了作为特定主观构成要件的明知，才能具备作为一般主观要素的犯罪故意。“刑法总则上所称之明知，与刑法分则上所称之明知不同。前者系作为基本主观要件之一种基础；后者则系一种特定主观要件。犯罪须具备此特定主观要件时，刑法分则之明知为第一次明知，刑法总则之明知为第二次明知。有第一次之明知，未必即有第二次之明知。但是，分则中的明知不等于总则中的明知，只有具备分则中的明知，才能产生总则中的明知。”[1]《刑法修正案（十一）》取消洗钱罪明知的构成要件，使其处罚范围扩大，可能会导致对于集体法益的保护无法实现行政法的比例原则，[2] 而比例原则对于贯彻法益保护原则具有方法论的意义。[3] 总之，《刑法修正案（十一）》有 15 个条文对刑法的既有规定作出了修改，即降低未成年人犯罪刑事责任年龄，对以洗钱罪为代表的 14 个旧罪的构成要件扩容，无疑是强化集体法益的保护、强化刑法的安全塑造功能和秩序维持功能之体现，而这些正是积极预防性刑法观植入的结果。

其次，积极预防性刑法观在《刑法修正案（十一）》中的体现是，无论通过增加新罪扩大处罚范围，还是通过修改旧罪扩大处罚范围，这些立法均体现了以增设危险犯为代表的法益保护早期化；同时，违法性的基准逐渐从结果无价值前移到行为无价值，刑法介入早期化，刑法处罚根据主观化，正是积极预防性刑法观中积极预防之体现。

1　郑健才：《刑法总则》，台北，三民书局 1985 年版，第 96 页。

2　参见周佑勇：《行政法基本原则研究》（第 2 版），法律出版社 2019 年版，第 192 页；周佑勇：《行政法原论》（第 3 版），北京大学出版社 2018 年版，第 63-64 页。

3　参见张明楷：《法益保护与比例原则》，载《中国社会科学》2017 年第 7 期，第 94 页。

危险犯的增加充分体现了积极预防性刑法观的“积极预防”。《刑法修正案（十一)》新增的罪名以危险犯为主，妨害安全驾驶罪、危险作业罪、高空抛物罪、催收非法债务罪等新增罪名均为典型代表。《刑法修正案（十一)》第2条规定，“对行驶中的公共交通工具的驾驶人员使用暴力或者抢控驾驶操纵装置，干扰公共交通工具正常行驶，危及公共安全的”，构成妨害安全驾驶罪；第4条规定，“在生产、作业中违反有关安全管理的规定，有下列情形之一，具有发生重大伤亡事故或者其他严重后果的现实危险的”，构成危险作业罪；第33条规定，“从建筑物或者其他高空抛掷物品，情节严重的”，构成高空抛物罪。这三个新罪是典型的危险犯。刑法中的犯罪根据对行为客体的侵犯强度，可分为实害犯和危险犯。前者是指“对行为客体造成了伤害，即造成了实际的价值丧失”；后者是指“凡对构成要件以之为前提条件的受保护客体造成了危险情形的”。[1] 德日刑法中的行为客体也就是指犯罪对象，保护客体也就是犯罪侵犯的法益。妨害安全驾驶罪、危险作业罪、高空抛物罪等罪名，均属尚未对行为客体造成侵害的情形，即没有因抢夺方向盘等行为致人伤亡、没有因生产作业中违反安全管理规定导致事故的发生、没有因高空抛物造成财产损失或者人员伤亡等，这些行为之所以被定为犯罪，只是因为其对刑法的保护客体亦即公共安全法益、社会秩序法益等集体法益造成了危险。的确，对行驶中的公共交通工具抢夺方向盘等行为毫无疑问会对公共安全造成危险；在矿山开采、建筑施工等生产作业活动中，如果不遵守有关安全生产管理规定会给公共安全、生产安全带来巨大的危险；随着中国城市化进程的加快，城市高层建筑日益增多，高空抛物行为会对社会生活造成危险。然而，如果危险仅仅停留在对集体法益的侵害层面，并未导致实害后果，将这样的行为予以定罪，显然是法益保护早期化的体现。将危险作业行为入罪是为了“进一步强化对劳动者生命安全的保障，维护生产安全”；而“明

---

1 ［德］约翰内斯·韦塞尔斯：《德国刑法总论》，李昌珂译，法律出版社2008年版，第13页。

确高空抛物、抢夺公交车方向盘行为的刑事责任，有利于增强民众法治意识，增强预防和震慑效应，减少和遏制此类悲剧的发生”。[1] 此时，刑法处罚的只是危险本身，而不是危险带来的结果，因为如果危险造成了实际的损失，则按照故意伤害罪、过失致人死亡罪等其他罪名处理。前述侵犯商业秘密罪由结果犯变为情节犯，体现的是不以后果而以行为为导向，以行为作为定罪的根据，这也是刑法法益保护早期化的重要体现。《刑法修正案（十一）》在新增犯罪和既有犯罪的修改扩容方面，都体现了刑法保护早期化，亦即积极预防性刑法观的积极性之所在。

总之，《刑法修正案（十一）》的立法都在强化对集体法益的保护，通过法益保护的前置化与抽象危险犯的入罪化、财产刑的扩大化与法定刑的加重化等，充分实现了刑法介入的早期化与处罚范围的扩大化。随着各种社会风险的不断增长，风险预防在刑法层面逐步被改造为预防性的风险立法治理策略。当刑法日益使用危险犯来保护集体法益时，立法者必须要详细论证此种集体法益在刑法上被保护的必要性，尤其是，“对于透过抽象危险犯将具体客体法益的保护予以前置，必须有一套理论说明其刑事政策上的必要性和宪法的合法性”[2]。如果刑法大量以危险犯的方式规制这些新领域，就是放弃了来源于法治国思想的古典刑法，而成为一种单纯的社会控制手段，那样刑法不再是保护法益的法律，而是沦为维护社会稳定的工具。立法应当适当限制刑法的范围，重返“核心刑法”[3]。

1　罗沙、熊丰、翟翔：《七大看点解析刑法修正案（十一）草案》，载《新华社每日电讯》2020年6月29日，第3版。

2　［德］许迺曼：《从下层阶级刑法到上层阶级刑法——在道德要求中一种典范的转变?》，陈志辉译，载许玉秀、陈志辉合编：《不移不惑献身法与正义——许迺曼教授刑事法论文选辑》，台北，公益信托春风煦日学术基金2006年版，第105页。

3　Vgl. Winfried Hassemer, Kennzeichen und Krisen des moderen Strafrechts, Zeitschrift für Rechtspolitik 1992, S. 379 ff.

三、积极预防性刑法观对自由刑法的冲击及其边界

积极预防性刑法观作为回应风险社会的治理手段，因其便捷性和对民众情绪的安抚功能而为各国立法者所常用。刑法虽然不是最有效的社会治理手段，但刑事立法是最为便捷的手段，因为较之于其他复杂的社会治理措施，将某种行为入罪或者修改提升其法定刑，无疑相对容易得多；而民众也极易从新罪名中实现对安全的价值诉求，获得情绪安抚。正因为如此，目前我国与德日等国一样，刑事立法都处在一个非常活跃的时期。然而，当刑法日益使用危险犯来保护集体法益时，立法者就必须详细论证此种集体法益在刑法上被保护的必要性，尤其是，“刑法的犯罪化立法是最重要的国家行为，必须为其提供正当化理由”[1]。如果立法的正当性得不到充分的说明，处罚本身就可能有违刑法保障自由和人权的精神，立法者就应及时反思立法中贯彻的积极预防性刑法观是否妥当。

一方面，要反思积极预防性刑法观对法益保护主义的冲击。易言之，如果坚持法益保护主义，就应警惕并反对积极预防性刑法观，否则就自相矛盾。

积极预防性刑法观消解的是法益保护主义者的法益观，如果一直秉持积极预防性刑法观，莫如将法益论的阵地让位于规范论。《刑法修正案（十一）》和之前的十部刑法修正案，是风险社会中各国立法尤其是德日立法活跃化的中国反映。客观而论，我国刑法从未树立消极或者积极预防性刑法观。从1979年《刑法》到1997年《刑法》，我国刑法立法从粗疏到严密，犯罪圈持续扩大，处罚日益早期化，法益概念扮演着比社会危害性理论更糟糕的立法推动角色。就法益保护来说，妨害安全驾驶罪、危险作业罪、催收非法债务罪等，危及了何种法益？在没有伤亡事故发生、没有财产损失发生之时，

---

1 姜敏：《论犯罪化的根据》，载《中国刑事法杂志》2019年第3期，第63页。

何来法益侵害之说？刑法是法治的最后屏障，亦即它只能作为最后的手段来考虑，刑法处罚必须符合必要性要求。法益是实体性的利益。贝卡里亚的社会损害理论认为刑事立法的内在界限是行为对社会的损害，“衡量犯罪的唯一和真正的标尺是对国家造成的损害”[1]。只有对社会有损害的行为，刑法才能规定为犯罪，自由主义的法益概念也因此获得了优于社会防卫论的规范论的地位，而成为刑法法教义学基础概念。“法益概念，是为了防止不当扩大犯罪概念，确保一定的市民自由不受国家干涉而引进到刑法学当中来的，从这种历史经过来看，其从当初开始，就具有自由主义的特质。”[2] 如果没有实体或者实际的损害，只有抢夺方向盘对公共安全的抽象危险或者使用暴力讨债对社会秩序的抽象风险等，就如同将寻衅滋事罪极不规范的犯罪构成要件和极抽象的社会秩序法益纳入刑法定罪范围，只会导致法益日益抽象化和精神化，并会使这些新增的侵犯集体法益之罪名沦为新的“口袋罪”；如果对这种趋势不加以遏制，则高度的抽象化和精神化最终将会消解法益概念本身，并使法益概念彻底丧失其限制刑罚处罚的功能。既然如此，主张积极预防性刑法观的学者是无论如何都无法回答为何主张法益保护却又一直在违背法益保护主义消解法益概念这一诘问的。可见，积极预防性刑法观与法益保护是相抵牾的。既然主张积极预防性刑法观，莫如直接将刑法违法性的根基从法益论置换为规范论，因为在积极预防性刑法观之下所设立的新罪不必包括人身的损害或者财产的损失，此种刑法观下的刑罚适用“不仅仅在于对假设的行为人进行威慑，而且主要还在于通过公正的刑法法规及其强有力的有规律的适用，增强公众的法律意识，使其自愿地服从和遵守法律”[3]，而这正是规范论所关心的问题。如果将法益论转为规范论，反而可以为积极预防性刑法观的未来

1 ［意］切萨雷·贝卡里亚：《论犯罪与刑罚》，黄风译，北京大学出版社 2008 年版，第 20 页。

2 ［日］曾根威彦：《刑法学基础》，黎宏译，法律出版社 2005 年版，第 6 页。

3 ［德］汉斯·海因里希·耶赛克、［德］托马斯·魏根特：《德国刑法教科书》（上），徐久生译，中国法制出版社 2017 年版，第 97 页。

发展谋求更大的空间。因为规范违反说本身不重视法益的侵害，而是根据规范的违反与否来判断是否违法，无论危险犯还是实害犯，无论抽象危险犯还是具体危险犯，只要违反刑法规范即可认定为犯罪。因此，如果坚持法益论，即使不能完全恪守古典主义刑法的实体法益观，也一定不能在抽象精神法益观的道路上一直狂奔下去，从而完全背离法益概念设立的初衷。自现行刑法实施以来，我国颁布的历部刑法修正案都是以集体法益与社会秩序的维护为最高价值，虽然“所有的法益（包括个人法益）都不可能只是个人或者少数人价值观之下的利益，而应当在公共脉络或社会关联中观察其价值”[1]，但是，正如德国联邦宪法法院所指出的，“基本法以人性尊严与自由保障为所有法律的最高价值”[2]，刑法作为所有部门法的保障法，如果背离这一法律价值的初衷，日益谋求社会秩序与公共安全的保护，此种做法实则将刑法降低为如民法、行政法等其他更多肩负维护社会秩序的法律；既然如此，刑法与民法、行政法等其他部门法的功能又有何区别？此种做法最终会消解刑法，并使法秩序统一原理中层级分明的法秩序阶梯变得模糊，从而影响国家治理体系现代化的实现步伐。

另一方面，要反思积极预防性刑法观是否过于积极。易言之，如果坚持积极预防性刑法观，就应反思积极预防的界限何在，以及其应积极到何种程度。

如果认为我国历部刑法修正案持续设立新罪的做法没有违反法益保护原则，并进而仍然坚持积极预防性刑法观，那么，接下来的问题就是：积极预防性刑法观的“积极”的边界何在？虽然持积极刑法观的学者明确指出，积极刑法观不是所谓激进刑法观，但是，如果不理性设定积极预防性刑法观的边界，那么，积极刑法观与激进刑法观也就一步之遥，甚至当下的积极预防

1 Günther Jakobs，Strafrecht Allgemeiner Teil，2. Aufl.，1991，§ 2，Rn. 10.

2 Vgl. BVerf GE 12，45（51）；28，175（189）.

性刑法观可能已是激进刑法观了。根据自由刑法的法益论与安全刑法的规范论，积极预防性刑法观与激进预防性刑法观的判断标准应该是，是否基于风险预防持续地增设危险犯，如果只是有理性、有限度地增设危险犯，则是积极预防性刑法观；如果是在增设危险犯的立法道路上持续地行进，则可能是激进预防性刑法观。

为了防范当今社会的各类风险，各国一直在不断地修改刑法。在美国，“每周都会被制定出来许多新的风险预防犯，它们同时引起广泛的关注”，“国家一直禁止任何一种可能直接造成损害的行为”，“但结果是，为了保护人们免受可能导致损害风险的新方式的侵害，对国家可以走多远并没有限制”，[1] 从而使国家以维护社会安全与秩序为名过于积极乃至激进地干涉公民的自由。在德国和日本，为了安抚民众对风险侵袭的不安情绪，象征性刑事立法日益增多，刑事立法处于相当活跃的状态。比如，在德国，刑法的变迁也体现了对安全的侧重，刑法立法普遍出现了刑罚处罚的前置化。例如，《德国刑法典》第28章“危害公共安全”中，不仅规定了大量的故意危险犯，还规定了许多过失危险犯，加大了对公共安全的保护与民众心理的照顾。[2] 同时，在理论上有学者认为：“刑罚的目的只能是预防性的，亦即只能是为了防止将来的犯罪。由于刑法是一种社会治理和社会控制的机制，它也就只能是谋求社会的目标，报应理论并不具有社会正当性。因为：在报应理论中，刑罚的科处和刑罚的幅度都跟社会必要性没有关系”[3]。刑法越来越成为预防犯罪的工具，而不是恢复正义的武器，从而导致人们忽略了一个问题，即“一旦刑法不再能保证安全和秩序，就会存在公民个人擅自司法、强者会肆无忌

1　［美］道格拉斯·胡萨克：《过罪化及刑法的限制》，姜敏译，中国法制出版社2015年版，第57页。

2　参见高铭暄、郭玮：《德国环境犯罪刑事政策的考察与启示》，载《国外社会科学》2020年第1期，第27页。

3　［德］克劳斯·罗克辛：《刑事政策与刑法体系》（第2版），蔡桂生译，中国人民大学出版社2011年版，第76页。

惮地欺辱弱者的危险”[1]。

以《刑法修正案（十一）》第34条增设的《刑法》第293条之一催收非法债务罪为例，该条规定：“有下列情形之一，催收高利放贷等产生的非法债务，情节严重的，处三年以下有期徒刑、拘役或者管制，并处或者单处罚金：（一）使用暴力、胁迫方法的；（二）限制他人人身自由或者侵入他人住宅的；（三）恐吓、跟踪、骚扰他人的。”该条的立法意图据说是因为“非法讨债可能引发故意伤害、非法侵入住宅、非法拘禁等多种犯罪行为，往往还涉及共同犯罪等问题，给司法实务处理增加了难度”，“在刑法上对暴力、‘软暴力’非法讨债进行准确定性，有利于严惩犯罪行为，强化事前预防，减少受害人可能受到的侵害”。[2] 然而，这样的立法很容易使刑法成为打击弱者和维权者的工具。实践中，民间借贷有很大的市场空间，高利贷的性质认定本身就存疑，何种债务受法律保护、何种债务不受法律保护也有疑问。在此背景下，将使用不正当手段讨债行为入刑入罪，可能会误伤合法债权人的利益；换言之，催收非法债务罪的设立很可能使维权性质的讨债行为被认定为侵权，并进而被认定为犯罪。例如，在胡某武等寻衅滋事案中，法院审理认为，被告人胡某武为牟取非法利益，实际控制、管理上海某有限公司并招募、纠集被告人吴某等人，充当“地下执法队”，插手民间经济纠纷，形成非法讨债的恶势力犯罪集团，其行为均已构成寻衅滋事罪，胡某武系首要分子，依法予以从重处罚。然而，本案中，胡某武所催讨的债务并不是非法债务，胡某武等人的“讨债行为均基于合法债务及生效的裁判文书”，[3] 与催收高利贷等违法债务有本质不同。法院仅仅根据行为本身的违法性，如在被害人的住所哄

---

1 ［德］汉斯·海因里希·耶赛克、托马斯·魏根特：《德国刑法教科书》（上），徐久生译，中国法制出版社2017年版，第2页。

2 张明楷：《妥善对待维权行为 避免助长违法犯罪》，载《中国刑事法杂志》2020年第5期，第3页。

3 （2020）沪01刑终262号刑事裁定书。

闹、堵门，给被害人的车辆安装车辆追踪器、汽车方向锁等就认定胡某武等构成寻衅滋事罪，这对合法债务的保护显然是不利的。非法催收债务行为入罪入刑更易导致不关注债务的合法性还是非法性，而仅仅根据催收债务行为本身的违法性，进而将此类行为认定为催收非法债务罪的情况。换言之，催收非法债务罪这一新罪名，可能导致维权行为打击面的扩大化。同时，从催收非法债务的行为看，该罪与寻衅滋事罪并无本质区别，以往司法实践对于采用不当手段催收合法债务的，就已经按照寻衅滋事罪处理，那么，对于采用不当手段催收非法债务的行为，按寻衅滋事罪处理并不存在构成要件适用上的问题。既然如此，新增催收非法债务罪本身就是多余的。欠债不还者大有人在，这和中国社会诚信缺失有着巨大的关系，并导致一些债权人为了维护自己的合法权益不惜铤而走险。又如，在张某某催收债务案中，被告人张某某为了催要网吧老板刘某欠自己的债务，于某日肩扛约 10 公斤重的液化气罐进入刘某的网吧，放下液化气罐后他将阀门拧开。液化气泄漏的声音以及很重的煤气味，让所有正在上网的人受到不小的惊吓。“我不想活了，想活的人赶紧出去！”张某某边喊边将液化气罐阀门关闭。紧接着，张某某又将液化气罐阀门拧开、关上。网吧工作人员赶紧给老板刘某打电话，很快民警就赶来了，张某某随即被控制。后张某某被以寻衅滋事罪定罪处罚。[1] 然而，这种案件的当事人也是为了维护自己的合法权益。张某某多次找老板刘某催要债务无果，刘某作为网吧老板本身也具有偿还能力但就是久拖不还，张某某迫于无奈出此下策，故意将煤气罐扛到网吧这样的人多之处，目的就是以此迫使刘某尽快还钱。因此，这种讨债行为，其实质不是侵权行为而是维权行为，“刑事司法机关应当善待讨债、自力救济、职业打假等维权行为，即使这些行为违反民法、行政法等法律的规定，存在不当、越权等情形，也不能轻易追究刑事责任”，“从刑事政策的角度来说，动辄将维权行为当作犯罪处理，必

1 参见（2016）陕 0111 刑初 96 号刑事判决书。

然助长违法犯罪行为”。[1] 虽然张某某在维权过程中实施了搬煤气罐到网吧并打开煤气罐制造紧张气氛的行为，但其行为总体有度，张某某一直理性地控制自己的行为，也并未造成任何法益侵害，而且“维权人的利益优于相对方的利益，不当的维权行为构成犯罪的实质条件应当更为严格”[2]。从实质可罚性的角度分析，张某某的行为根本不具有值得处罚的法益侵害，不应受到刑事处罚。前述胡某武案和这里的张某某案，都是为了强化事前预防而将之入罪，但忽视了催要债务案件中催收债务人即便催债手段不当，催债人本身也是受害人，不能为了保护被催收债务人的权利而置催债人的合法权益于不顾。反思过于积极的预防性刑法观可以让人民免于遭受刑法的粗暴侵犯；如果任由积极预防性刑法观如此“积极”下去，那就意味着“立法者其实可以处罚所有他所想处罚的”行为。[3] 如果刑事立法过于偏袒被催债人，则会激发新一轮的社会矛盾，最终难以实现刑法积极预防犯罪的效果。

虽然《刑法修正案（十一）》规定的催收非法债务罪针对的是非法债务，但基于长期的入罪化导向，基于以往对催收合法债务都以犯罪（寻衅滋事罪）处理的一贯做法，以及实务中不关注债务本身性质而只关注催收债务行为本身违法性的立场，可以预见的是，在今后的实务中，催收合法债务的按照寻衅滋事罪定罪处罚，催收非法债务的按照催收非法债务罪定罪处罚，这会造成刑法对采用不当手段催收债务的行为一网打尽的局面。易言之，该罪的设立无非是使寻衅滋事罪的适用排除催收非法债务罪的形式而已。如果说刑法中寻衅滋事罪的存在已足以令人反思“数十年之久无法被普遍接受的集体法益”[4] 这个领域的立法存在的问题，那么催收非法债务罪的设立将使该问题

---

1 张明楷：《妥善对待维权行为 避免助长违法犯罪》，载《中国刑事法杂志》2020年第5期，第3页。

2 张明楷：《妥善对待维权行为 避免助长违法犯罪》，载《中国刑事法杂志》2020年第5期，第3页。

3 参见许玉秀、陈志辉合编：《不移不惑献身法与正义——许迺曼教授刑事法论文选辑》，台北，公益信托春风煦日学术基金2006年版，第203页。

4 许玉秀、陈志辉合编：《不移不惑献身法与正义——许迺曼教授刑事法论文选辑》，台北，公益信托春风煦日学术基金2006年版，第204页。

更加严重。催收非法债务罪内涵不清、外延不明，并和刑法中既有的寻衅滋事罪、非法拘禁罪、非法侵入他人住宅罪等罪质高度重合，它的设立必然使司法机关在刑法罪名的适用上更加莫衷一是。

总之，刑事立法对于过于积极的犯罪预防，应该反思其边界。“预防思想得出与报应思想截然不同的结果。如果人们将刑罚视为犯罪的预防措施，人的责任问题从根本上来看是不确定的，因为它仅仅取决于行为人的危险性和公众的潜藏的犯罪欲望。”[1] 刑法不能成为公众欲望的“晴雨表”，而应是理性主义的代名词；否则，刑事立法将日益脱离实效性。“犯罪化根据应体现法治精神，且从刑法立法的最终意旨是保护公民自由和为公民谋求幸福”[2]；然而，过度的“犯罪化的增加”恰恰“对法治本身而言亦具有破坏作用”[3]。“现代法治作为国家治理中最重要的规则之治，实质上是良法善治。它不仅将良法融入国家制度体系，为坚持好、完善好制度，实现国家治理体系现代化奠定制度之基，而且以追求善治为目的。”[4] 刑事法治是国家法治最重要的体现，过多的积极预防性立法是否充分体现良法善治这一法治的根本目的与要求，也是值得反思的。

第三节　刑事立法犯罪化对刑法根基与信仰的冲击

当前，频繁的刑事立法实际上已经对刑法的根基与信仰产生了冲击，比如《刑法修正案（十二）》中将民营企业的背信行为犯罪化，同时进一步修改完善行贿犯罪规定，加大对行贿行为的惩治力度，这种刑事立法体现了刑

1　［德］汉斯·海因里希·耶赛克、托马斯·魏根特：《德国刑法教科书》（上），徐久生译，中国法制出版社 2017 年版，第 95 页。

2　姜敏：《论犯罪化的根据》，载《中国刑事法杂志》2019 年第 3 期，第 63 页。

3　［美］道格拉斯·胡萨克：《过罪化及刑法的限制》，姜敏译，中国法制出版社 2015 年版，第 87 页。

4　周佑勇：《推进国家治理现代化的法治逻辑》，载《法商研究》2020 年第 4 期，第 4 页。

法对社会治理介入程度的日益加重，其初衷虽然是为了构建良好营商环境，但也有可能对民营企业的发展产生不利影响。回望十二部刑法修正案的内容，我国没有停止犯罪化的立法，而且在犯罪化的道路上越走越远，呈现出“犯罪化泛滥”（overcriminalization）[1] 的局面。以醉驾犯罪、高空抛物罪等为代表的犯罪化，使民事侵权与刑事犯罪、行政违法与刑事犯罪之间的清晰界限消弭。单向度的犯罪化不利于刑法的发展与完善，非犯罪化的欠缺难免会使刑事立法趋于偏颇，并且也有违刑法谦抑性原则。党的十九大报告指出，“全面依法治国是国家治理的一场深刻革命”，必须“推进科学立法、民主立法、依法立法，以良法促进发展、保障善治”。党的二十大报告强调，“全面推进科学立法、严格执法、公正司法、全民守法，全面推进国家各方面工作法治化”，“推进科学立法、民主立法、依法立法，统筹立改废释纂，增强立法系统性、整体性、协同性、时效性”。其中，科学立法的本质要求是遵循客观规律，顺应社会发展的现实，增强立法的技术性与合理性。刑法领域的科学立法尤其需要加强对非犯罪化的关注与推进。在科学立法的视野下，如何在单向度的犯罪化的同时，适时推进非犯罪化的刑事立法，统筹刑法条文的立改废释，进而为以后刑法典的再法典化编纂做好准备，是当下刑事立法具有重要理论性与实践性的问题。

一、近三十年来刑事立法的单向度犯罪化趋势

现行刑法施行近三十年来刑事立法集中体现为单向度的犯罪化，刑法的结构与体系逐渐趋于严密，刑法参与社会治理的范围不断扩张。需要说明的是，我国刑事立法的犯罪化有两种形式，即典型的犯罪化和不典型的犯罪化。

---

1 ［美］保罗·罗宾逊：《正义的直觉》，谢杰、金翼翔、祖琼译，上海人民出版社 2018 年版，第 131 页。

典型的犯罪化，是指通过刑事立法新增罪名的方式进行犯罪化；不典型的犯罪化，是指形式上虽然没有新增罪名，但是实质上通过扩大已有罪名的构成要件，或者增加不明确、不周延的构成要件的适用，进而扩张犯罪圈。

（一）现行刑法施行近三十年来刑事立法典型的犯罪化

近三十年来，刑事立法的主导方向是犯罪化。这种犯罪化活动非常频繁，涉及很多罪名，并在十二部刑法修正案中得到鲜明的体现。虽然在此过程中也有非犯罪化的刑事立法，但这种非犯罪化活动是非常偶然的行为，涉及的罪名也只有寥寥几个。

从《刑法修正案（一）》到《刑法修正案（十）》，立法者以修正案和决定的方式总共增设了 58 个罪名。前十部刑法修正案的立法目的是保护社会公共安全、市场经济安全以及社会秩序安全，为此，修正案和决定新增的 58 个罪名大部分是为了保护各类安全秩序。例如，《刑法》分则第二章“危害公共安全罪”中有 10 个罪名，第三章“破坏社会主义市场经济秩序罪”中以及《关于惩治骗购外汇、逃汇和非法买卖外汇犯罪的决定》中有 16 个罪名，第四章“侵犯公民人身权利、民主权利罪”中有 6 个罪名，第五章“侵犯财产罪”中有 1 个罪名，第六章“妨害社会管理秩序罪”中有 18 个罪名，第七章“危害国防利益罪”中有 2 个罪名，第八章“贪污贿赂罪”中有 2 个罪名，第九章“渎职罪”中有 3 个罪名。前已述，《刑法修正案（十一）》新增了 17 个罪名；《刑法修正案（十二）》没有新增罪名，但是，它通过修改具体犯罪构成要件从而扩大其适用范围的方式扩张了犯罪圈，从实质上进行了犯罪化。

纵观十二部刑法修正案，我国刑事立法进行非犯罪化的次数极其有限。从表面上看，《刑法修正案（一）》对位于《刑法》分则第三章“破坏社会主义市场经济秩序罪”中的徇私舞弊造成破产、亏损罪进行了非犯罪化。但实际上，该罪名被分解为了两个罪名，即第 168 条的国有公司、企业、事业单位人员失职罪和国有公司、企业、事业单位人员滥用职权罪。因此，这种修改其实不是非犯罪化，而是通过细化罪名，似减实增，看似非犯罪化，实际是犯罪化。2002年3月15日“两高”发布的《关于执行〈中华人民共和国刑法〉确定罪名的补充规定》取消了奸淫幼女罪，但此种取消不是真正意义上的非犯罪化，而是将奸淫幼女的行为放到强奸罪中作为从重处罚的情节予以规定。《刑法修正案（六)》删除了违法向关系人发放贷款罪，但这种行为实质上仍然构成犯罪，它保留在《刑法》第186条第2款中，即对违法向关系人发放贷款的行为不再作为独立罪名处理，而是作为违法发放贷款罪追责。因此，和奸淫幼女罪一样，此项修改对于刑法罪名数量的减少是有意义的，但仅对该种行为更改了适用的罪名，并没有进行非犯罪化。《刑法修正案（九)》删除了位于《刑法》分则第六章“妨害社会管理秩序罪”中的嫖宿幼女罪，只有这个罪名才是真正意义上的非犯罪化。可以说，近三十年来，我国刑法实行了非犯罪化的就只有嫖宿幼女罪这一个罪名。

（二）现行刑法施行近三十年来刑事立法不典型的犯罪化

在十二部刑法修正案中，除了典型的犯罪化，还有很多不典型的犯罪化，即通过立法修改扩大构成要件的内容，扩充个罪适用范围及加重法定刑，从而使刑法规范内容不断趋于严密化；或者由于刑事立法技术的不发达导致司法对不明确或不周延的犯罪构成要件扩大适用，从而扩张犯罪圈，大量“口袋罪”就是最好的例证。

1. 刑事立法通过扩充已有罪名构成要件以实行犯罪化

这种修改扩充主要体现在修改犯罪主体要件以实行犯罪化，或修改犯罪客观要件进而扩充刑法适用范围，最终使刑法的犯罪圈不断扩张。

（1）扩充犯罪主体范围以扩张刑法犯罪圈

经由修改犯罪主体来实现犯罪化是我国刑事立法的常见举措。在《刑法修正案（十二）》之前，前几部刑法修正案也常通过此举来扩张犯罪圈。一是将特殊主体修改为一般主体。例如，《刑法修正案（九）》删除了《刑法修正案（七）》增设的第253条之一侵犯公民个人信息罪中的“国家机关或者金融、电信、交通、教育、医疗等单位的工作人员”限制，从而使该罪由特殊主体转为一般主体。二是增设单位犯罪的规定。例如，《刑法修正案（九）》在第285条非法侵入计算机信息系统罪，非法获取计算机信息系统数据、非法控制计算机信息系统罪中又规定了单位犯罪。三是对刑事责任的一般主体范围进行修改。例如，《刑法修正案（十一）》在《刑法》总则第17条中增加第3款以降低部分犯罪的刑事责任年龄，从而将已满12周岁不满14周岁的未成年人有条件地纳入部分犯罪的刑事追责范围。这当然也是一种犯罪化，而且是涉及面比单独新增一个或几个罪名范围更加广泛的犯罪化。四是扩展具体个罪中的行为主体范围。例如，《刑法修正案（十一）》在第229条提供虚假证明文件罪原先的“承担资产评估、验资、验证、会计、审计、法律服务等职责的中介组织的人员”主体之上增加了“保荐、安全评价、环境影响评价、环境监测”等类型。五是扩展一般类罪的行为主体范围。例如，《刑法修正案（十一）》在第450条中增加“文职人员”这一群体，从而扩大了《刑法》分则第十章“军人违反职责罪”的主体范围。至于司法解释扩大个罪构成要件进而实行犯罪化的例子，更是不胜枚举。

在扩张主体范围以扩张刑法犯罪圈的模式上，《刑法修正案（十二）》延续了这种不典型的犯罪化方式，即通过新增民营公司或者企业相关人员为背信犯罪的主体，将这三个背信犯罪的主体由国企负责人扩大到了民企负责人，从而扩张了背信犯罪的适用范围。首先，《刑法修正案（十二）》第1条将《刑法》第165条非法经营同类营业罪的主体范围予以扩充，将该罪原来的主体“国有公司、企业的董事、经理”修改扩充为“国有公司、企业的董事、监事、高级管理人员”，并增加了“其他公司、企业的董事、监事、高级管理人员”作为本罪的主体。这意味着，一方面，在国有企业中，本罪的主体范围由原来的国有公司、企业的董事、经理，扩充为国有公司、企业的董事、监事和高级管理人员。另一方面，通过这一修改，民营企业的人员成为本罪主体，所谓“其他公司、企业的董事、监事、高级管理人员”（以下简称“董监高”），是指第165条第1款规定的国有公司、企业之外的“其他公司、企业”的人员，而这里的“其他公司、企业”显然是《刑法》第165条第1款规定的“国有公司、企业”之外的“非国有公司、企业”，同时也包括国有参股、合资、合作的公司、企业。其次，《刑法修正案（十二）》第2条将《刑法》第166条为亲友非法牟利罪的主体范围予以了扩充，在该罪原来主体“国有公司、企业、事业单位的工作人员”的基础之上，增加了“其他公司、企业的工作人员”。与非法经营同类营业罪仅限定主体范围为国有或者非国有公司企业的“董监高”相比，本罪的主体范围毫无疑问是一般主体，即无论是国有公司、企业还是非国有公司、企业的“董监高”，抑或国有事业单位的职工，或是非国有公司、企业的其他普通员工，只要其属于公司、企业、事业单位的工作人员，都可以成为本罪主体。最后，《刑法修正案（十二）》第3条对《刑法》第169条徇私舞弊低价折股、出售国有资产罪的主体也作了扩充修改，增加“其他公司、企业直接负责的主管人员”为本罪主体。与前两个背信犯罪不同，本罪主体既不是严格公司法意义上的“董监高”，也不是一般工作人员，而是刑法中单位犯罪意义上直接负责的主管人员。总之，对非法经营同类营业罪的主体予以扩充进一步强化了刑法与公司法的对接适用，对为亲友非法牟利罪的主体修改突出的仍是一般主体的特性，对徇私舞弊低价折股、出售国有资产罪的主体修改则延续了该罪主管人员的身份，从而使三个罪名的犯罪主体的适用标准和范围并不相同。但共同之处是，三个罪名的主体范围都大为扩充，民营企业内部的背信行为得以入刑。这虽然不是形式上新增罪名的典型的犯罪化，但却是实质上扩大适用范围的不典型的犯罪化。

（2）扩充犯罪客观要件以扩张刑法犯罪圈

除了扩大已有罪名犯罪主体的适用范围，不典型的犯罪化还常常修改已有罪名客观要件以实行犯罪化，这主要体现在：一是对行为的阶段与性质作出修改。例如，《刑法修正案（九）》对某些恐怖犯罪、网络犯罪、社会秩序犯罪的规定分别体现了预备行为的实行化、帮助行为的正犯化与组织行为的正犯化。二是扩大犯罪行为对象范围。例如，《刑法修正案（九）》将《刑法》第 237 条强制猥亵、侮辱罪的对象由妇女改为他人。三是增加行为方式或者修改其他构成要件要素，从而降低一些犯罪的入罪门槛。例如，《刑法修正案（八）》在《刑法》第 264 条规定的盗窃罪的三种行为方式，即“盗窃公私财物，数额较大或者多次盗窃”规定的基础上，又增加了三种行为方式，即“入户盗窃、携带凶器盗窃、扒窃”；删除第 141 条生产、销售假药罪中的“足以严重危害人体健康”这一立法表述，从而使该罪由具体危险犯转变为抽象危险犯，其构罪范围也因此而扩大。同时，《刑法修正案（十一）》将《刑法》第 408 条之一食品、药品监管渎职罪“导致发生重大食品安全事故或者造成其他严重后果”的规定更改为“造成严重后果或者有其他严重情节”，从而通过在后果类型上增加情节类型的方式，使这类犯罪的规制范围得以扩张。另外，不典型的犯罪化也包括针对构成要件行为的类型设置，即在作为方式的基础上明确增加不作为的方式，从而扩大真正不作为犯的成立范围，而这些均属于犯罪化的不同面向。

2. 立法技术欠缺导致司法对不明确的构成要件扩大适用而实行犯罪化

这种情况主要是由刑事立法技术的欠发达或者说立法的滞后性所导致。从刑事立法技术的角度而言，在《刑法》分则个罪的罪状设置上，大量罪名使用不明确构成要件和兜底性条款，使刑法中的“口袋罪”越来越多，犯罪圈越来越大。

一方面，犯罪构成要件的不够明确，使很多犯罪沦为“口袋罪”，从而极大地扩张了刑法犯罪圈的范围。例如，《刑法》第287条之一非法利用信息网络罪规定，利用信息网络设立用于违法犯罪活动的网站、通讯群组的，发布有关违法犯罪信息的，为实施诈骗等违法犯罪活动发布信息的行为，情节严重的即构成本罪。显然，这样的规定非常不清晰，使本罪的内涵模糊、外延无限，似乎只要和违法犯罪活动沾边并使用了信息网络的行为都可以成立非法利用信息网络罪。在此基础上，本罪成为新的“口袋罪”也就不足为奇了。另一方面，很多犯罪构成要件的规定并不周延，使用“等”“其他”等兜底类描述的条款比比皆是。例如，《刑法》第287条之二帮助信息网络犯罪活动罪规定，“明知他人利用信息网络实施犯罪，为其犯罪提供互联网接入、服务器托管、网络存储、通讯传输等技术支持，或者提供广告推广、支付结算等帮助，情节严重的”，构成本罪。虽然该条对于本罪的构成要件作了相对明确的规定，但是这一列举式规定对于典型事例之外的其他帮助行为没有一一列举，导致本罪的客观要件并不周延，“等帮助”的表述使本罪的外延无限扩大，犯罪适用范围亦无限扩张。又如，《刑法》第225条非法经营罪在列举了几种非法经营的行为之后紧接着规定“其他严重扰乱市场秩序的非法经营行为”，这一兜底条款的设置使其本身“以及与之相关的司法解释本身便可以组成一部经济刑法典，尽管其内容庞杂且毫无体系性与逻辑性可言”[1]。刑法中的以其他危险方法危害公共安全罪、贷款诈骗罪、寻衅滋事罪等罪名均属此列，刑法的调整范围通过这种模糊且极不周延的表述而无限扩大，这些都是不典型的犯罪化。

总之，现行刑法施行近三十年来的单向度犯罪化立法使我国刑法的体量明显扩大，刑法罪名由1997年《刑法》颁行之时的412个，经过增改废释，发展到现在的483个，个罪的数量增长迅速。通过增设大量的轻罪、危险犯、

1 张小宁：《经济刑法机能的重塑：从管制主义迈向自治主义》，载《法学评论》2019年第1期，第71页。

不作为犯等新的犯罪类型，刑法不断加强对各类法益的保护。刑事立法不断细化构成要件与法定刑的内容，使刑法规范不断趋于精细化，而这样的精细化也是刑法趋于严密的体现。

二、刑事立法犯罪化对刑法根基与信仰的侵袭

我国刑事立法一直保持单向度的犯罪化，刑法的立改废释一直以来并未得到很好的兼顾，单向度的犯罪化立法不仅无法实现立法原意，也极大限制了个体的自由和权利，背离了刑法的根基与信仰。以《刑法修正案（十二）》为例，该部修正案之所以扩充三个背信犯罪罪名的主体范围，其原意是通过“将现行对‘国有公司、企业’等相关人员适用的犯罪扩展到民营企业”，同时当“民营企业内部人员具有上述相应行为，故意损害民营企业利益，造成重大损失的，也要追究刑事责任，进一步加大对民营企业产权和企业家权益保护力度，加强对民营企业的平等保护”[1]。然而，此次修法是否实现了对民营企业的平等保护以及能否起到加大对民营企业保护的作用，其实是需要反思的。进而言之，这种犯罪化立法的正当性及其对公民自由的危害也值得反思。

（一）相关法律已有较为完善保护及救济措施时无需动用刑法

背信犯罪的本质是受委托处理单位事务的人为了谋求利益而违背其任务致使单位遭受损失，对于背信犯罪人而言，其承担了忠实于单位并恪守其职责的义务，这一义务必须履行，不得违背，否则即为背信。民营企业内部的忠实义务是公司法的基本要求，背信行为可以通过民商事和行政法律予以追

1　周蔚：《刑法修正案（十二）草案提请十四届全国人大常委会第四次会议审议　拟加大对行贿犯罪惩治力度》，载《检察日报》2023 年 7 月 26 日，第 2 版。

责，并不需要动用刑法，把民营企业内部的违规背信行为上升为刑事犯罪。

以“董监高”的忠实义务为例。根据2023年修订的《公司法》第180条和第181条的规定，董事、监事、高级管理人员对公司的忠实义务包括：不得利用职权获取非法利益，不得侵占或挪用公司财产，不得收受贿赂、某种利益或所允诺的其他利益，竞业禁止义务，不得与公司从事自我交易，不得泄露公司秘密，篡夺公司机会禁止之义务，以及其他忠实义务。对于违反以上忠实义务的行为，《公司法》也规定了相应的法律责任，比如第188条规定，“董事、监事、高级管理人员执行职务违反法律、行政法规或者公司章程的规定，给公司造成损失的，应当承担赔偿责任”，此外该法还规定了其他法律责任。对于“董监高”的背信行为，《民法典》也有相应的责任救济条款，比如针对民营企业“董监高”徇私舞弊低价折股、出售公司、企业资产的行为，《民法典》第539条规定，“债务人以明显不合理的低价转让财产、以明显不合理的高价受让他人财产或者为他人的债务提供担保，影响债权人的债权实现，债务人的相对人知道或者应当知道该情形的，债权人可以请求人民法院撤销债务人的行为”；而对于其他民营企业内部的背信行为，《民法典》也作出了相应追责规定。此外，《证券法》第61条、第80条、第112条、第197条等，《保险法》第116条、第131条、第161条、第165条等，《信托法》第22条、第28条等，均对“董监高”的忠实义务及背信行为的责任进行了详细规定。

当民营企业内部发生背信行为时，应当根据民商事或行政性质的法律，追究当事人民事或行政责任，迄今为止，并没有足够的案件证明仅仅适用民商法或行政法不足以制止民营企业内部的背信行为，因此将其上升为刑事处理的必要性并不充分。之所以适用民商法和行政法就已足够，也是因为民营企业背信行为的社会危害性较低，并不具备值得刑法处罚的法益侵害性，而法益侵害性的有无及其程度判断则是决定刑事违法性的前提与基础，所以当其中不存在值得刑法处罚的法益侵害性时，自然不宜轻易设置罪名并加以规制。鉴于民营企业主要是个人公司、家族企业，一般不涉及社会公众利益，背信的经济行为多为谋利，对社会的危害性较低，因此大多不必追究刑事责任。除此之外，在公司知情同意的情形下为亲友牟利、低价转让资产等行为，就更没有追究刑事责任的必要。依靠民商事行政法律体系和刑事法律体系共同发挥作用可以成为轻罪时代违法犯罪治理的有效方式。

（二）不当犯罪化体现了权责不对等和不平等保护

民营企业与国有企业在经济地位、产权结构、资源配置等各方面均不平等，国有企业的生产经营活动具有涉及国家利益的特殊性，为防止国有资产流失，对国企相关人员的背信行为进行刑法规制非常有必要，并且体现了权利和义务的一致性。与之相对，将民营企业内部的背信行为入罪，则体现了权责不对等，而这恰恰是不平等保护的体现。

《刑法》第 165 条、第 166 条和第 169 条的罪名，之前都是国有公司、企业的高管、工作人员或者主管人员才能构成的罪名，这样的立法非常合理，并不需要修改。在我国的政治与经济体制下，国有企业和民营企业具有不同的地位和意义，国有企业具有“人民企业”的本质，[1] 很多国有企业所经营的产业甚至直接关乎国家的安全与稳定。对于在国有公司、企业中任职的相关人员的一些背信行为进行刑法规制，主要是为了维持国有企业在国家与社会稳定中的作用。基于国有企业和民营企业不同的产权结构和资源配置，发生在国有企业中的背信行为和发生在民营企业中的背信行为，对于国家经济管理秩序的损害效果是完全不同的。国有企业拥有国家的资源配置、政府的支持以及银行的优先贷款，资金量充足，市场占有份额大，员工待遇高福利好，本就不应该实施背信行为，而且其背信行为所违背的是国家委托管理财

1　参见蒋大兴：《作为“人民的”企业形式：超越国企改革的“私法道路”?》，载《政法论坛》2023 年第 1 期，第 104 页。

产的信任。民营企业在金融贷款、政策监管、行业准入、员工待遇、市场营销等各方面，都受到不平等对待。与大型国有企业相比，民营企业遭遇很多现实困难与压力，尤其在投资回报率、技术进步与扩张等方面迭次减速。其中既有民间投资逐利而动的周期性因素，也不能排除结构性因素和体制性因素的影响，例如民营企业获取资金、土地等要素的成本较高，部分行业仍然存在民营企业进入的“玻璃门”“弹簧门”等问题。[1] 为了谋求更多的利益与发展，民营企业内部发生背信行为的比率肯定比国有企业高，但是，此时他们违背的是民营企业的信任而不是国家的信任。

总之，性质不同的产权结构、高低不同的资源配置、来源不同的信任等级，决定了民营企业内部的背信行为在危害性上较之国有企业要小得多，尤其是一些较小规模的民营企业有关人员的背信行为更是难以产生和国有企业背信行为同等的法益侵害性。如果国家并没有赋予民营企业与国有企业同样的体制保障或者说同样的权利，就不能苛责民营企业承担与国有企业同等的法律义务。在经济地位、产权结构、资源配置等各方面都存在不平等的情况下，这种所谓的平等保护是形式上的僵化平等，在实质上恰恰是不平等保护的体现。在民营企业发展空间、资源极为有限的情况下，若将其内部的背信行为动辄入刑，那对民营企业来说无异于雪上加霜，这意味着通过刑事手段强制性地解决民营企业内部发展中的经济纠纷，可能加剧民营企业发展的恶性竞争。

（三）不当犯罪化无法起到充分的法益保护效果

《刑法修正案（十二）》增设民营企业的“董监高”或主管人员或者工作人员为三个背信犯罪的主体，其共同要件还要求“致使公司、企业利益遭受

---

1 参见罗小芳、卢现祥：《增强国内大循环内生动力和可靠性的制度分析》，载《社会科学战线》2024年第1期，第70页。

重大损失”，因此，仅有背信行为并不成立犯罪，只有造成了民营企业重大的经济损失才能构成犯罪。但是，法律对背信行为进行打击并不仅仅是为了制裁，对于经济犯罪来说，如何从后果上弥补和减少损失亦即恢复被侵害的法益才是更重要的。对民营企业内部背信行为入罪化，会使企业经营受到重大影响，并不能起到充分保护民营企业的效果。

法益的可修复性甚至是决定财产犯罪乃至经济犯罪是否成立的重要条件，因为它能够导致行为的需罚性被排除。[1] 从目前我国刑事立法、民事立法和行政立法可以看出，有关背信损害公司利益的行为均有配套且闭环的救济措施，比如民事诉讼、司法强制执行、刑事措施等，相关法律设置的最终目的是尽可能全面弥补受害企业的损失，恢复其受侵害的法益，那么此时既然法益得到修复，自然不应该入罪量刑。如果穷尽了各种措施均未能追回经济损失，即使对民营企业家或者其主管人员、工作人员入刑定罪，也无法实现弥补经济损失修复法益这一核心且唯一的目的，反而会因为将民营企业相关人员绳之以法而导致企业生产和经营遭受重大影响，进而严重削弱相关责任人和企业的法益修复的能力。尤其是考虑到《刑法》第 165 条和第 166 条均设有罚金刑，如果将民营企业责任人的背信行为定罪，极易导致因为罚金刑的执行而致使责任人履行民事赔偿的能力弱化，反而无法有效保护民营企业和企业家的合法权益。

鉴于背信行为在民营企业中普遍存在，因此对其入罪化可能导致民营企业面临普遍违法犯罪的窘境。目前，很多民营企业的管理并不规范，这些企业往往是由家族或个人经营。大量民营企业基于税收考虑、招商引资政策等原因，设立多个经营同类业务的公司，“一套人马、一个业务、几块牌子”的现象非常常见。一些民营企业存在上下游产业链公司，相互参股、经营的业

1　参见［德］汉斯·海因里希·耶赛克、托马斯·魏根特：《德国刑法教科书》（上），徐久生译，中国法制出版社 2017 年版，第 744 页。

态也十分常见。在这种情况下，非法经营同类业务、关联交易等界限不会很清晰。此时如果严格追究刑事责任，可能会导致普遍性违法犯罪，这对于民营企业的发展来说，不是保护而是制约，同时也违背了法不责众的基本法理。

（四）不当犯罪化导致刑事手段过度干预市场主体自主自治

事实上，《刑法修正案（十二）》的立意甚好，即动用刑罚打击侵犯民营企业利益的背信行为，这种刑事立法本来对于优化营商环境具有积极导向，然而，对民营企业相关人员背信行为入罪化，将导致刑事手段过度干预企业经营，有违现代公司治理的公司自治基本原则。

首先，基于公司法之私法性质，为体现私法自治的原则，在不损害第三人和社会公共利益的前提下，公司法允许当事人通过自愿协商的方式，对强制性规范之外的公司法中的规范予以选择适用与变通。[1] 这就是现代公司治理的自治原则的基本精神。为此，“公司自治就是允许公司在法律规定的范围内自主决定公司的一切事项”[2]，对于公司内部的违反忠实义务的行为，可以通过公司法的适用实现自治。充分尊重公司自治原则，对民营企业内部的背信行为通过公司纠纷解决机制予以化解。公司自治原则一直倡导将市场的事情交给市场主体自己管理，从工商登记管理到市场监督管理职能的转变，本身就是行政管理权更多地让位于公司自治原则的体现，行政管理尚且如此，比其更严苛的刑事规制理应更谨慎。对于民营企业而言，背信行为本身违背了高管的忠实、勤勉义务，属于企业内部治理范畴，公司法对相关行为也进行了规制。企业需要更多自治，而不是动辄入罪入刑，唯有如此才能“健全共建共治共享的社会治理制度，提升社会治理效能”，这类似于“在社会基层坚持和发展新时代‘枫桥经验’，完善正确处理新形势下人民内部矛盾机制”，

1　参见范健、王建文：《公司法》（第 5 版），法律出版社 2018 年版，第 41 页。
2　赵旭东主编：《公司法学》（第 4 版），高等教育出版社 2015 年版，第 37 页。

并且“及时把矛盾纠纷化解在基层、化解在萌芽状态”[1]。当公司中出现背信行为时，公司可以通过完善公司治理来加以预防，通过事前对高管进行背景调查、建立完善的内部反腐败工作机制，事中加强监督、控制，事后积极追究赔偿责任等措施保护自身权益。否则，若动辄将民营企业内部纠纷上升到刑事犯罪，长此以往，不仅司法不堪重负，而且是对公司自治原则的严重违背。

民营企业人员背信行为入罪，可能会使有关纠纷的刑事举报增多，恐沦为某些地方以刑事手段插手经济纠纷的工具。在很多家族式企业中，各种利益纠葛在一起，如果入刑门槛过低，刑罚可能成为他们互相打击的工具，造成打击面扩大。在股东与管理层纠纷中，以刑事手段插手经济纠纷的情形也时有发生，比如利用合同诈骗罪插手普通合同纠纷，以私刻印章罪插手公司治理僵局纠纷等。

其次，将民营企业人员背信行为入罪，在司法实践中可能因为“董监高”或主管人员的范围难以界定，从而使这三个背信犯罪沦为“口袋罪”，公司自治更难以实现。修改后的非法经营同类营业罪的主体是“董监高”，但是公司法对何为董事、监事并没有明确规定，只能根据其有关规定探寻解读。一是“董事”的概念。结合《公司法》的规定，董事是指由公司以某种形式民主选举产生的，由董事会聘任并对董事会负责、主持公司生产经营管理工作与组织实施董事会决议的自然人。然而，这样的概括显然失之过泛而未必准确，公司法理论上有学者对此有不同看法，并认为“董事（director），指担任公司董事职位的人”[2]，然而这样的定义属于逻辑循环，并没有真正界定何为董事，以至于关于董事的范围是否包括股东董事、高管董事、职工董事、独立董事等均存争议。二是“监事”的概念。根据《公司法》的规定，监事是指

1　习近平：《高举中国特色社会主义伟大旗帜　为全面建设社会主义现代化国家而团结奋斗》，载《人民日报》2022年10月26日，第1版。

2　李建伟：《公司法学》（第4版），中国人民大学出版社2018年版，第328页。

公司选举产生的，监督公司事务实施的自然人。但是，在公司法理论上有学者认为，“所谓监事，是指由股东大会（或及公司职工）选举产生的、监督业务执行状况和检查公司财务状况的行为能力人”[1]。与之相对，有学者认为，“监事由股东会选举产生，职责是监督董事会和经理的经营行为，对其侵犯公司利益的行为进行监督和纠正”[2]。很显然，这两种看法会导致在监事的范围认定上出现不一致的结果，比如，由公司职工通过职工代表大会、职工大会或者其他形式民主选举产生的职工代表，是否属于监事，就会存疑。三是“高级管理人员”的概念。对于“董监高”的范围，《公司法》只对高级管理人员作了明确规定，其第265条第1项规定，“高级管理人员，是指公司的经理、副经理、财务负责人，上市公司董事会秘书和公司章程规定的其他人员”。然而令人遗憾的是，这一明确规定却因为采用了兜底条款“其他人员”的方式而外延不明，而且即便明确规定了几种高级管理人员的类型比如经理和副经理，公司法的理论和实务对高级管理人员的认定也非常不统一，其外延非常大，难以界定。

“董监高”的内涵不清、外延不明，会导致司法实践中对非法经营同类营业罪的认定呈扩大化趋势。至于《刑法》第166条为亲友非法牟利罪的主体为国有企业、民营企业或事业单位中的工作人员，这一范围可谓无限大，这为灵活适用本罪提供了便利。徇私舞弊低价折股、出售公司、企业资产罪的主体为直接负责的主管人员，同样是弹性大极易导致司法实践中的扩张认定。总之，修改后的三个背信犯罪的主体范围要么内涵不清、外延不明，要么本身范围较大或者认定弹性十足，而这些都为它们的“口袋化”适用提供了可能，若果真如此，则公司难以自治，公司自治将为国家刑事治理所取代。

事实上，民营企业人员的工作内容和掌握的资源高度相关，其具体职务

---

1 李建伟：《论我国上市公司监事会制度的完善——兼及独立董事与监事会的关系》，载《法学》2004年第2期，第75页。

2 郑佳宁：《目标公司董事信义义务客观标准之构建》，载《东方法学》2017年第4期，第43页。

反而并不起决定作用，比如有的企业实控人可能不在公司任职，但负责公司的实际经营决策，这些都为背信犯罪的认定提出了难题。与此同时，大量民营企业在如何界定董事、监事和高级管理人员等人员上存在困难，这会导致司法实务弹性认定背信犯罪主体，造成背信犯罪的“口袋化”。同时，背信犯罪中“同类的营业”“不合理低价”等法律概念都需要有明确的标准，这不仅对鉴定提出了极高的要求，也为相关案件的“鉴定寻租”提供了大量的空间。

最后，将民营企业内部背信行为入罪在整体上不利于营造良好的营商环境。民营企业保护需要的常态是尽可能“出罪”，即尽可能鼓励民营企业自主自治自由选择维权方式，而非过多介入刑事手段。民营企业一旦被追究刑事责任，作为被害人的民营企业其实会因“董监高”等人员被追究刑事责任而在利益上受到重大损失，资产被没收、冻结，进而影响业务发展，结果往往是企业破产、工人失业、税收减少，最终造成巨大的公共利益损失，社会不安定因素也会随之增加。事实上，现行刑法颁布之时正是我国市场经济发展突飞猛进之时，但是，为了鼓励创业，现行刑法制定之时，其中的经济犯罪中没有针对非公有制经济行为设立太多罪名，这绝不是考虑不周，而恰恰是考虑到市场经济的发展需要更多自由空间。2021 年 4 月，中央全面依法治国委员会把“坚持少捕慎诉慎押刑事司法政策，依法推进非羁押强制措施适用”作为 2021 年度研究推进的重大问题和改革举措，将“少捕慎诉慎押”司法理念上升为党和国家的刑事司法政策。2022 年 9 月，最高人民检察院有关负责人在国务院新闻办公室新闻发布会上重申，对民营企业负责人涉嫌经营类犯罪的，依法能不捕的就不捕，能不诉的就不诉，能不判实刑的就提出适用缓刑的量刑建议。推进“少捕慎诉慎押”是我国全面推进依法治国的既定政策抓手，强调对民营企业负责人“尽量不捕不诉”，也是有的放矢地推进改善营商环境，给民营企业吃一颗“定心丸”，减少因为办案对企业造成的不必要伤害。

总之，民营企业发展在一定程度上面临体制壁垒和政策限制，技术创新、商业模式有时极易走到政策法规的“灰色地带”。对于民营企业的司法评价要谨慎，否则可能造成不可逆的伤害。在司法实践中，入罪容易出罪难，所以应该严防刑事立法增加民营企业有关罪名，同时，在设立了相关罪名后，在司法适用中应尽量合理划定入罪圈。

三、遵从刑法根基与信仰的非犯罪化科学立法需求

当前，刑法领域的单向度的犯罪化立法超越了犯罪圈的适当界限，违背了立法的科学性，一定程度上导致了刑法适用的泛滥。在轻罪时代，基于保障公民自由权利的刑法根基与恪守罪刑法定主义的刑法信仰，我国刑事立法应该满足非犯罪化科学立法需求。随着我国犯罪形势的不断变化以及科学立法的现实要求，非犯罪化的立法需求也变得更为明显，刑事立法在进行适当犯罪化的同时，应当科学立法，统筹兼顾立改废释纂，并充分体现轻罪时代宽严相济的刑事政策，适时推进非犯罪化的刑事立法。

（一）非犯罪化：轻罪时代科学立法的社会现实需求

我国的犯罪形势在不同的历史时期具有不同的特征，其也伴随着我国现代化发展的进程而变化。面临不同的犯罪形势特征以及相应的犯罪治理需要，刑事立法应采取不同的立法战略、立法技术与立法内容。立足于我国当下与未来一段时期的犯罪形势特征，贯彻科学立法的要求比以往更为迫切。

新中国成立以来，一段时期内曾出现过犯罪形势与犯罪治理严峻的态势，为此国家甚至进行了专项的严打行动。随着我国社会经济与科学技术的不断发展，民众的生活水平逐渐提高，“治安形势和犯罪结构发生了重大

变化，主要体现在‘两降两升’，即重罪率、重刑率明显下降，轻罪率、轻刑率明显上升”[1]。而在这“两降两升”的背后，实际上有更多的降升对比，具体表现为：在犯罪的整体结构上，自然犯、暴力犯数量下降，法定犯、财产犯数量上升；线下犯罪数量下降，线上网络犯罪数量上升；实害犯数量下降，危险犯数量上升；侵犯个人法益犯罪数量下降，侵犯集体法益犯罪数量上升。这样的变化，意味着我国犯罪治理已进入轻罪时代。“轻罪的持续增加标志着大部分犯罪行为的社会危害性和犯罪人的人身危险性明显降低”，同时“基于公共安全防卫和社会秩序管理的行政犯增多。破坏交通管理秩序、危害公共安全的危险驾驶罪成为被起诉人数最多的犯罪行为，破坏市场经济秩序、网络信息管理秩序犯罪不断增加”。[2] 尤其是一些本来属于或者可以属于民法与行政法调控领域的行为，被以新增罪名的形式纳入刑法调控范围。与此同时，随着网络技术的发展与网络社会的逐渐形成，以网络为对象、手段与空间的各类犯罪行为不断增长，犯罪类型呈现新的特征，犯罪治理面临新的形势和需求。为此，刑事立法的犯罪化也体现了预防性、回应性与象征性的特征。其中，预防性主要体现在将一些预备行为直接作为基本犯罪进行处罚；回应性主要是对一些热点事件引起的社会关注进行刑事立法层面的有效回应；象征性主要是指在不着重考虑刑事立法实效性的同时，通过犯罪化来提升民众的安全感，从而彰显立法者的积极作为与抗制风险的姿态。然而，这样单向度的犯罪化显然与轻罪时代的治理要求不相适应。

党的二十大报告强调，要完善社会治理体系，提升社会治理法治化水平。“面对大量的轻罪案件，如何针对轻罪案件特点，实现轻、重罪区别治理，推

---

1 万春：《学习贯彻习近平法治思想　推进中国式犯罪治理现代化》，载《国家检察官学院学报》2023年第6期，第7页。

2 靳高风、张雍锭、郭兆轩：《2022—2023年中国犯罪形势分析与预测》，载《中国人民公安大学学报（社会科学版）》2023年第2期，第3页。

动罪刑合理化、均衡化，成为新时代国家犯罪治理的重大命题。”[1] 罪刑合理化与均衡化，意味着在立法与司法两个层面，都应该秉持该定罪的定罪、不该定罪的不定罪、罪和刑要相适应等理念。轻罪时代的犯罪治理，在司法上从以往重视后果惩罚主义的犯罪治理模式，转向重视危险预防主义的源头治理模式，刑法功能也发生了极大变化。与此相适应，轻罪时代的刑事立法也应该发生转变。重末端打击的重罪时代，当然应该以犯罪化、重刑化为主；重前端预防的轻罪时代，当然应该以均衡的犯罪化与非犯罪化和轻刑化为主，亦即统筹立改废释纂。刑事立法要适应经济社会的发展和犯罪形势的变化，“必须做到立新法、改旧法、废死法”[2]，对于不适应当前犯罪形势的已有罪名，要及时进行非犯罪化，唯有如此，才能实现科学立法，并在坚持立改废释并举的同时，促成今后刑法典的再法典化编纂。

总之，科学立法意味着刑事立法单向度的犯罪化本身就是不科学的，它只重视“立”，没有重视“废”；它只重视刑罚的打击和预防，没有重视轻罪时代民事和行政治理本应发挥的共治作用，也没有体现网络时代的共享开放等特征并进而达成比例原则所要求的最低限度的犯罪化之要求。单向度进行犯罪化而不进行非犯罪化，长期维持犯罪圈“只进不出”，是非理性的不科学的立法。

（二）非犯罪化：轻罪时代科学立法的刑事政策需求

受网络科技的影响，网络空间的开放多元共享等理念也渗透到社会治理之中，2020 年 12 月，中共中央印发的《法治社会建设实施纲要（2020—2025 年）》中确立了“坚持社会治理共建共治共享”的基本原则。此后，共建共治共享也被作为党的十九届五中全会顶层设计的远景目标。党的二十大

---

1 成功、刘树德：《轻罪时代的犯罪治理及其制度供给》，载《人民法院报》2023 年 8 月 25 日，第 5 版。

2 杨临宏：《立法学：原理、制度与技术》，中国社会科学出版社 2016 年版，第 88 页。

报告也要求，“完善社会治理体系”，“健全共建共治共享的社会治理制度，提升社会治理效能”。因此，在轻罪时代如何贯彻落实共建共治共享的原则，成为社会治理中要解决的重要问题。以往我国社会治理主要依靠刑法，重刑法治罪而轻民行治理，离共建共治共享的目标还有相当的距离。而随着轻罪时代国家治理现代化的不断推进，宽严相济刑事政策与社会治理之间的关系越发密切，[1] 如何统合宽严相济刑事政策与共建共治共享的社会治理目标，成为轻罪时代完善社会治理体系背景下刑事立法必须面对的问题。

宽严相济的刑事政策，是2004年我国在构建社会主义和谐社会新形势下提出的一项重要政策，是我国的基本刑事政策，它对于最大限度地预防和减少犯罪、化解社会矛盾、维护社会和谐稳定，具有特别重要的意义。宽严相济的刑事政策与轻罪时代的社会治理存在同频共振之脉动。宽严相济蕴含的当宽则宽、当严则严之理念，不仅能指导司法，也能指导立法。以往司法部门在贯彻宽严相济的刑事政策时总是强调，“在对严重犯罪依法严厉打击的同时，对犯罪分子依法能争取的尽量争取，能挽救的尽量挽救，能从宽处理的尽量从宽处理，最大限度地化消极因素为积极因素，为构建社会主义和谐社会服务”[2]。2021年以来，在宽严相济的刑事政策基础上，最高司法机关又提出了少捕慎诉慎押作为新的刑事司法政策。在新时代背景下，最高司法机关一以贯之地强调，“要坚持用法治思维、法治方式抓落实，依法准确适用宽严相济、少捕慎诉慎押等法律政策、司法制度，该严则严、当宽则宽”[3]。这表明，轻罪时代宽严相济的刑事政策非但没有过时，反而随着轻罪治理的特殊性而在少捕慎诉慎押这一新的刑事司法政策推动下，焕发出新的活力。

1　参见付强、王周文、贾月仙：《社会治理：落实轻罪“宽严相济”的标尺》，载《检察日报》2021年6月1日，第3版。

2　2007年1月15日最高人民检察院发布的《关于在检察工作中贯彻宽严相济刑事司法政策的若干意见》第3条。

3　巩宸宇：《最高检调研组在河南调研　应勇强调　聚焦主责主业加强基层建设做实检察为民　努力让公平正义可感受能感受感受到》，载《检察日报》2023年4月14日，第1版。

宽严相济的刑事政策对刑事立法具有直接的指导作用。“刑事政策影响和指导具体的刑法立法”，同时“刑法的制定是将刑事政策的宏观策略的落实”，并“将刑事政策的内容加以规范化”，从而“确定了刑事政策对刑法影响及其影响程度的权威地位”。[1] 尤其是在轻罪时代，宽严相济的刑事政策更是起着推动犯罪治理转型的重要作用，它能够为轻罪时代的刑事立法和司法实践提供政策基础和理论养分。在刑事立法层面，宽严相济的刑事政策天然蕴含了犯罪化与非犯罪化两方面的内容，“现代刑事政策的实践犯罪化与非犯罪化截然两分，不是单向度的犯罪化或者非犯罪化，而是相伴而生、并行不悖。犯罪化的同时，应认真评估在经济刑法领域中，是否存在过剩的、不合时宜的规定”[2]，并适时推进非犯罪化。尤其在轻罪时代，很多犯罪随着网络的普及和科技的进步已经接近消亡或不再具有社会危害性，如《刑法》第227条规定的倒卖车票、船票罪，在出行方式大为丰富、手机购票普及而便捷的网络时代几乎消失不见，即便有，也可以根据民法或者行政法进行处理，而不应该再将此类罪名保留在刑法中。同时，我国没有建立犯罪前科消灭制度，轻罪定罪后的犯罪附随后果与定了重罪之后没什么不同，这就意味着，对于不再出现或极少出现的犯罪行为或者社会危害性不再严重的轻罪，应该率先进行非犯罪化。在轻罪时代，哪些轻微违法失范行为需要动用刑法治理，哪些随着社会与犯罪形势的变迁而不需要动用刑罚手段，正是宽严相济的刑事政策发挥其作用之处。不能一味地对所有轻微违法失范行为都动用刑罚手段，在此之外，必须充分发挥行政法和民法等其他法律的治理作用，由此才能实现共建共治共享的社会治理目标。然而，我国刑事立法在很大程度上背离了宽严相济刑事政策之要求，单向度的犯罪化使我国社会治理仅呈现出

---

1 聂慧苹：《刑事政策的刑法转化与限制——以我国刑事政策研究现状为视角》，载《中国刑事法杂志》2014年第4期，第8页。

2 参见孙国祥：《20年来经济刑法犯罪化趋势回眸及思考》，载《华南师范大学学报（社会科学版）》2018年第1期，第54页。

“严”而看不到“宽”，从而导致我国犯罪治理与国家治理现代化的要求相距甚远。

总之，在轻罪时代实施社会治理，要统合宽严相济的刑事政策与轻罪时代社会治理共建共治共享的原则。在刑事立法层面，我国立法机关应该形成一种习惯，即除制定新罪实行犯罪化之外，要同步进行非犯罪化，及时废止不适应社会新形势的罪名，消除社会治理的制度障碍，[1] 从单向度的犯罪化转向双向度的犯罪化与非犯罪化。对于实施了非犯罪化的罪名，则通过其他手段实现社会治理，以此提升社会治理效能。刑事立法应当与犯罪结构的变化和刑事政策的时代要求相适应，充分发挥立法对犯罪治理的引领和推动作用。

第四节　刑事立法重刑化对刑法根基与信仰的冲击

伴随当前中国社会的进步发展，刑法需要根据社会发展的需求进行及时调整，比如《刑法修正案（十二）》中加大了对民营企业的保护并从严惩治贿赂犯罪，就契合了当前社会经济发展的现实诉求。然而，当下我国犯罪治理早已迈入轻罪时代，轻罪时代的犯罪治理能否延续我国前重罪时代的重刑化方式？如何根据轻罪时代的案件特点，完成我国刑法结构从“厉而不严”到“严而不厉”的应然转型，实现犯罪治理的现代化，而不是一味地重刑化，并在此基础上进一步明确未来我国刑事立法的主要方向？这些问题是在面对《刑法修正案（十二）》时不容回避且必须思考的问题。

一、以重刑化为导向的我国刑事立法趋势

关于《刑法修正案（十二）》的相关内容如何体现重刑化立法趋势，这

1　参见周佑勇：《中国行政基本法典的精神气质》，载《政法论坛》2022 年第 3 期，第 67 页。

需要结合修正案的具体内容进行分析。《刑法修正案（十二）》对《刑法》的修改集中体现为第1条至第3条保护民营企业和第4条至第7条打击贿赂犯罪的条文，其中，打击贿赂犯罪的条文修改集中体现了刑法的重刑化。

重刑化，是指刑法对犯罪的法定刑设置较重，重刑化在不同时代有不同表现，比如在古代封建刑法中，严刑酷罚和原心论罪等是重刑主义的主要特征，即使强调“狱贵初情”，最后也大多“葫芦结案”并施以重刑。[1] 而在当下，我国刑法的重刑主义体现为轻罪重刑。《刑法修正案（十二）》为了适应反腐败斗争新形势的需要，全力贯彻党的十九大、二十大报告提出的“坚持受贿行贿一起查”的理念，对贿赂犯罪的法定刑进行了修改，修改的总体方向是加大刑事追责力度，具体修改内容则是针对单位受贿罪、行贿罪、对单位行贿罪和单位行贿罪四个罪名提升了法定刑。

《刑法修正案（十二）》惩治贿赂犯罪加重刑罚处罚的重刑化体现在四个方面。首先，《刑法》第387条第1款单位受贿罪原法定刑是“五年以下有期徒刑或者拘役”，《刑法修正案（十二）》第4条将该罪法定刑修改为“三年以下有期徒刑或者拘役；情节特别严重的，处三年以上十年以下有期徒刑”。由此一来，本罪法定最高刑从5年提升到了10年。其次，《刑法》第390条行贿罪的原法定刑有三个量刑档次，构成犯罪的，“处五年以下有期徒刑或者拘役，并处罚金”，情节严重或者使国家利益遭受重大损失的，“处五年以上十年以下有期徒刑，并处罚金”；情节特别严重或者使国家利益遭受特别重大损失的，“处十年以上有期徒刑或者无期徒刑，并处罚金或者没收财产”。《刑法修正案（十二）》第5条对行贿罪的法定刑作了较大修改，不仅将第一档次的法定刑由5年以下修改为3年以下，还将第二档次的法定刑由5年以上10年以下修改为3年以上10年以下。《刑法修正案（九）》修改了《刑

1 参见邱玉强：《殊堪矜式：“狱贵初情”的传统司法经验及其传承意义》，载欧阳本祺主编：《东南法学：学术前沿与专题研究》第6辑，东南大学出版社2022年版，第239页。

法》第383条受贿罪的法定刑，其法定刑有四个档次：第一个档次是3年以下；第二个档次是3年到10年；第三个档次是10年以上有期徒刑或者无期徒刑；第四个档次是无期徒刑和死刑。为了保持与受贿罪法定刑对等，此次《刑法修正案（十二）》修改了行贿罪的法定刑，第一档修改为3年以下，第二档修改为3年到10年，而这两处修改并不是重刑化的体现，而是为了体现"受贿行贿一起查"的理念。但除此以外，《刑法修正案（十二）》增加了多次行贿或者向多人行贿等七种行贿罪从重处罚的情节，另外将《刑法》第390条第2款减轻或者免除处罚中的"对侦破重大案件起关键作用的"修改为"对调查突破、侦破重大案件起关键作用的"，这一修改主要是为了与监察法相衔接，从而使特殊自首可以扩大适用范围。再次，《刑法》第391条第1款对单位行贿罪的原法定刑是"三年以下有期徒刑或者拘役，并处罚金"。《刑法修正案（十二）》第6条则在该档法定刑基础之上又增加了一档，即"情节严重的，处三年以上七年以下有期徒刑，并处罚金"，因此对单位行贿罪的法定最高刑从3年提升到了7年。最后，《刑法》第393条单位行贿罪的原法定刑是"五年以下有期徒刑或者拘役，并处罚金"，《刑法修正案（十二）》第7条对该罪的法定刑作了修改，即将"五年以下有期徒刑"修改为"三年以下有期徒刑"，同时增加了一档法定刑，即"情节特别严重的，处三年以上十年以下有期徒刑，并处罚金"，因此本罪法定最高刑由5年提高到了10年。

总之，经过《刑法修正案（十二）》的修改，单位受贿罪的法定最高刑从5年提升到了10年，行贿罪则增加了七种从重处罚的情节，对单位行贿罪的法定最高刑从3年提升到了7年，单位行贿罪的法定最高刑由5年提高到了10年。总体观之，刑法对贿赂犯罪的惩治力度大为加强。

二、刑事立法重刑化背离刑法的根基与信仰

虽然当下我国刑法是“重刑化与轻刑化并存的立法例”[1]，但是，当个罪法定刑的配置违背了罪刑均衡的原则和要求时，尤其是对轻罪设置相对较重的刑罚时，这种背离刑法中保障公民自由权利的根基与恪守罪刑法定主义的信仰的重刑主义就值得警惕。现行刑法颁行至今，十二部刑法修正案都呈现重刑主义，《刑法修正案（十二）》对贿赂犯罪法定刑的修改也是这种重刑主义的体现。《刑法修正案（十二）》之所以修改提升四个贿赂犯罪的法定刑，其立法原意是“进一步健全完善惩治行贿的法律法规”，“系统治理行贿犯罪问题”，“进一步发挥刑法在一体推进不敢腐、不能腐、不想腐体制机制中的重要作用”。[2] 这样的立法原意无疑是好的，但是，是否需要通过加重贿赂犯罪的法定刑来达到对腐败犯罪的系统治理，则是需要深入思考的问题。

（一）刑法加大处罚贿赂犯罪与落实“受贿行贿一起查”间并无逻辑联系

《刑法修正案（十二）》在“修改中坚持受贿行贿一起查，有针对性地对一些严重行贿情形‘从重处罚’，加大刑事追责力度”[3]。因此，在贿赂犯罪的修改中，行贿罪的修改最令人瞩目。《刑法修正案（十二）》新增的对行贿罪从重处罚的几种情形，在立法上不够明确，在理解上存在争议，这实际上并不利于对行贿罪的精准治理。行贿罪与受贿罪作为对向犯，虽然在司法实践中大多存在相互对应的关系，但这并不意味着一方行为成立犯罪时另一方

1　张明楷：《重刑化与轻刑化并存立法例下的刑法适用》，载《法学论坛》2023年第3期，第38页。

2　朱宁宁：《加大行贿犯罪打击力度　加强民营企业平等保护　全国人大常委会法工委刑法室负责人解读刑法修正案（十二）》，载《法治日报》2024年1月3日，第2版。

3　王俏：《坚持受贿行贿一起查　对严重行贿情形“从重处罚”》，载《人民法院报》2023年12月30日，第4版。

行为也必然成立犯罪，司法实践中存在大量仅有一方构成犯罪的情形，[1] 不能因为在刑事政策层面强调突出“坚持受贿行贿一起查”就将其一并纳入刑罚范围甚至拉高一方的刑罚强度，从而机械地将“受贿行贿一起查”等同于“受贿行贿同等罚”。

首先，《刑法修正案（十二）》的价值导向虽然是落实“受贿行贿一起查”，但是这并不能直接推导出加大对行贿犯罪的处罚力度以及“受贿行贿同等罚”的正当性，两者在基本目的上本就存在差异，而“受贿行贿同等罚”甚至可能会削弱“受贿行贿一起查”的实际效果。基于目的视角分析，《刑法修正案（十二）》所落实的“受贿行贿一起查”，其目的是加强对行贿犯罪的打击，查出以往司法实践中被隐藏的行贿行为，而不是和以往一样偏重打击受贿犯罪，这一设置的本意是严密刑事法网，但是严密刑事法网并不能被曲解为增加刑罚强度。“受贿行贿同等罚”的目的是增加刑罚强度来威慑潜在的犯罪行为，其本质是通过增加严刑峻法充分发挥刑罚的威慑力，但是刑罚的适用本身就具有边际效应，实证研究已经说明即使是最为严厉的死刑也不能做到完全杜绝犯罪，[2] 所以不能认为通过增加法定刑就一定能从源头遏制受贿行贿犯罪。有鉴于此，将行贿认为是腐败的源头或者行贿与受贿同害，以及主张对行贿与受贿并重惩办的观点，不符事实、不合法理、不切实际。[3] “受贿行贿一起查”的本意是完善刑事制裁模式，并不能直接推导出“受贿行贿同等罚”所期待的增加刑罚强度的目的，两者在基础目的上本就不同，在逻辑链条上也并不具有承继关系，自然也就不能将其混为一谈。

其次，在逻辑上将“受贿行贿一起查”与“受贿行贿同等罚”进行强行连接，可能片面加重行贿人的刑罚强度，不仅显失公平，还有损刑法的谦抑

1　参见张明楷：《刑法学》（第6版），法律出版社2021年版，第1617页。

2　参见吴雨豪：《死刑威慑力实证研究——基于死刑复核权收回前后犯罪率的分析》，载《法商研究》2018年第4期，第93页。

3　参见张明楷：《行贿罪的量刑》，载《现代法学》2018年第3期，第109页。

性原则。从刑法谦抑性与公平性的角度看，“受贿行贿一起查”与“受贿行贿同等罚”之间并无必然联系，如果绝对地要求对两者设置轻重相同的法定刑或者处以轻重相等的刑罚，则与罪刑相适应的刑法原则相悖。[1] 行贿人虽然实施了行贿行为，但在多数情况下应该归咎于国家机关及其工作人员在日常工作之中出现疏漏。事实上，能够合理合法地通过正常程序获取正当利益的公民并不会实施行贿行为，坚持“受贿行贿同等罚”实际上变相加重了对行贿人的惩罚强度，有违刑法谦抑性，也背离了《刑法修正案（十二）》所期待的良法善治的目标，良法善治的价值理念也会因此难以融入立法目的和基本原则之中。[2] 事实上，行贿是轻罪而受贿是重罪，因而在刑罚处罚上轻重有别，这是各国刑法的基本共识。比如，《日本刑法典》中受贿罪法定刑最高为7年，行贿罪为3年；《美国模范刑法典》规定的受贿罪法定刑最高为5年，而行贿行为则属于轻罪，其法定刑最高为1年；《葡萄牙刑法典》规定受贿罪的法定刑最高为8年，行贿罪为3年。如此区别对待行贿与受贿，才能有针对性地对贿赂犯罪进行精准治理。行贿罪与受贿罪虽然是对向犯，但是不能因此就将廉洁制度建设的任务“平等地”分配给公民与国家机关，廉洁制度的建设任务应该依赖国家机关而非普通公民，不能为了打击受贿犯罪就反向打击行贿犯罪，坚持“受贿行贿同等罚”存在过度预防之虞，所以普通公民作为行贿人不应该受到与受贿同等程度的刑罚惩罚，而应该将行贿与作为国家公务人员受贿的刑事治理区分开来。

最后，由于《刑法修正案（十二）》对行贿罪的修改存在争议，并且上述存在争议的规定会在司法实践中被放大，因此在司法实践中本就难以做到“受贿行贿一起查”，如果坚持“受贿行贿同等罚”，则被错误裁判的行贿人将会面临更为严重的刑罚，公民的合法权利将会受到严重侵害。从立法技术的视

---

1 参见孙国祥：《“受贿行贿一起查”的规范化法治化路径》，载《中国刑事法杂志》2023年第4期，第9-10页。

2 参见周佑勇：《中国行政基本法典的精神气质》，载《政法论坛》2022年第3期，第61页。

角分析，行贿罪七种从重处罚情节的规定存在较多争议，比如“（四）为谋取职务、职级晋升、调整行贿的”，存在语义过于宽泛的不足，其中谋取职务、职级晋升的内涵是否仅限于“不合理的职务、职级晋升”暂无定论，何为职务职级也众说纷纭，因而存在处罚范围过广的风险。类似的语义模糊之处也体现在“（一）多次行贿或者向多人行贿的”中的“或者”、“（五）对监察、行政执法、司法工作人员行贿的”中的“监察、行政”以及“（六）在生态环境、财政金融、安全生产、食品药品、防灾救灾、社会保障、教育、医疗等领域行贿，实施违法犯罪活动的”中的“防灾救灾、社会保障、教育、医疗”具体领域的定义。在立法过程中，立法机关本应该将自由、正义、法治、秩序等价值理念作为衡量标准和逻辑起点，[1] 而《刑法修正案（十二）》在具体制定的过程中没有完全遵循上述理念，这会导致司法机关在裁判过程中难以做到准确判断，“受贿行贿一起查”的过程本就存在争议，此时如果强行要求“受贿行贿同等罚”，实际上会增加错判的风险并容易导致难以挽回的损害后果。事实上，行贿人在整个行贿受贿过程中本就处于相对弱势的地位，因此在对其适用刑罚时需要尤为审慎，避免积极的一般预防理念下的物性刑法过度损害公民的合法权利，刑事立法的活性化趋势不能以损害公民合法权利为代价。既然在当前的司法实践中落实“受贿行贿一起查”可能存在诸多争议，更没有必要来强行推动“受贿行贿同等罚”，在立法技术尚不成熟之前，对于行贿人的定罪量刑应该尤为审慎，不宜动辄提升其刑罚强度，也不必苛求“受贿行贿同等罚”。

（二）加大行贿犯罪惩处力度会增加犯罪查处难度

此次《刑法修正案（十二）》修改的 4 个罪名中，行贿罪无疑是焦点，为此必须单独反思其修改是否合理。司法实践中，行贿方与受贿方的利益诉

1　参见周佑勇：《中国行政法学学术体系的构造》，载《中国社会科学》2022 年第 5 期，第 118 页。

求并不完全一致，为了遏制损害后果日趋严重的贿赂犯罪，应该从内部攻破行贿受贿方的“利益堡垒”，而不是设置严刑峻法导致行贿方与受贿方之间成立攻守同盟。换言之，《刑法修正案（十二）》中对于贿赂犯罪的修改，虽然强调了“受贿行贿一起查”的目的诉求，但这不能直接等同于通过“受贿行贿同等罚”的方式来实现对贿赂犯罪的治理。与之相反，在具体的治理手段的选择上，应该结合司法实践的现实情况来调整手段与方式，中国刑法的未来发展方向应该是自由刑法而非安全刑法，所以在治理手段的选择上，也应该实事求是地选择适合贿赂犯罪治理现状的手段，回归刑法理性主义，避免违背客观规律的治理方式在制裁贿赂犯罪时取得反效果。

首先，加大行贿犯罪的惩处力度乃至要求“受贿行贿同等罚”不符合司法实践的客观规律，不具有实际可行性，强行提高针对行贿犯罪的惩罚力度只会起到事倍功半的效果。事实上，裁判文书网的案件数量统计显示，从1997年《刑法》施行到2023年年底，受贿罪的裁判案例数量为108, 338件，与之相对，行贿罪的裁判案例数量为23, 677件，后者数量只占前者的21. 9%。在此情况下，即便是“受贿行贿同等罚”，也不可能做到两个罪名之间绝对对应。换言之，“受贿行贿同等罚”所期待的“在惩处一个受贿案件的同时惩处对应的行贿案件”的理想情形实际上是空中楼阁，这种设想既不尊重客观规律也不具有实际效用。在多数贿赂案件中，行贿人都是最终案发以及证据收集的重要助力，尤其是当行贿人居于绝对不平等地位时，行为人更倾向于通过检举揭发来减轻自身罪行。鉴于此，域外大多通过辩诉交易的模式来减少行贿罪的定罪量刑，基于对实质正义的内在要求惩治贿赂犯罪，[1] 降低整体的贿赂案件发生率，而我国则倾向于通过认罪认罚从宽来鼓励行贿

1 参见征汉年：《惩治贿赂犯罪引入辩诉交易可行性研究》，载《广西社会科学》2016年第7期，第89页。

人主动交代，尤其鼓励行贿人在被追诉前主动交待行贿行为以获得从宽处罚，[1] 从而增加贿赂犯罪案件的侦破率。在贿赂案件中，行贿案件的数量在客观上必然低于受贿案件的数量，比如裁判文书网的数据显示，行贿罪的案件数量仅占受贿罪案件数量的 21.9%，这是通过大数据得出的客观规律。鉴于此，在司法实践中苛求“受贿行贿同等罚”本就不具有现实可能性，加大对行贿犯罪的惩处力度反而可能会因此挫伤行贿人认罪认罚以及检举揭发的积极性，导致更多的贿赂犯罪案件无法被发现，而这显然和《刑法修正案（十二）》的初衷背道而驰，无法实现打击贿赂犯罪的初始目标。

其次，加大对行贿犯罪的惩处力度可能会反向给惩治贿赂犯罪的司法实践创设新的风险，当行贿人所遭受的惩处力度增加时，其可能会基于自保的错误理念而与受贿人达成“攻守同盟”，而这无疑会给司法机关的侦破工作造成困难。对于行贿人而言，其进行行贿行为大多并非出自本意，其和受贿人天然分属不同阵营，所以司法机关在定罪量刑时应该遵循各个击破原则，而“受贿行贿一起查”本质上是希望通过打击行贿进而“顺藤摸瓜”地惩治贿赂犯罪，从而斩断贿赂犯罪的整体利益链条，所以各个击破原则与“受贿行贿一起查”的理念并不冲突，反而是“受贿行贿同等罚”可能会将行贿人推至受贿人的利益阵营。在司法实践中，行贿人与受贿人达成“攻守同盟”大多源于受贿人的恐吓。比如在钟某甲受贿案中，钟某甲唯恐败露，威胁行为人钟某乙说：“行贿受贿要判刑”，尔后两人串通，钟某甲给钟某乙写了一份出卖旧房的假卖据，用以掩藏行贿证据。[2] 在这类案件中，行贿人实际上在两者中处于弱势地位，此时加大对行贿人的惩罚力度，会反向促使其抗拒提供行贿犯罪的证据，不利于案件的侦破。如果对行贿人不增加过度的惩罚强度，反而有利于鼓励行贿人进行检举揭发，从而帮助司法机关侦破案件。在陈某

1　参见赖早兴：《论“在被追诉前主动交待行贿行为”的认定及从宽处罚——基于 141 份行贿案刑事判决书的探讨》，载《江西社会科学》2022 年第 11 期，第 141 页。

2　参见（2016）湘刑再 6 号刑事裁定书。

友受贿案中，陈某友供述其退钱的动机是害怕被查，事情败露，所以在退钱时要求行贿人今后不要提及此事，有订立攻守同盟、掩人耳目之嫌。[1] 由此可见，在贿赂案件中，当行贿人存在检举揭发、认罪认罚等减轻刑罚的路径时，受贿人也会产生不安全感，并会因此退赔赃款，减少贿赂犯罪的损害后果，这无疑是对受贿人的“无声威慑”，而在法国的司法实践中，因顺从索要而支付受贿款项的行为人甚至可以在事后以民事诉讼的方式申请赔偿，[2] 所以对于行贿人不宜过度增加其刑罚强度，更不能机械地推行“受贿行贿同等罚”。

总之，在司法实践中，行贿人和受贿人虽然都涉及犯罪，但是两者的利益诉求与所处地位并不完全相同，如果机械地推动“受贿行贿同等罚”，只会促使行贿人与受贿人结成“攻守同盟”，那么并不利于贿赂案件的侦破，更无法落实《刑法修正案（十二）》的设立初衷，而只有尊重客观规律从内部攻破行贿人与受贿人的攻守同盟，才能准确高效地发现并规制贿赂犯罪，取得比加大行贿犯罪的惩处力度更好的治理效果。

三、刑事立法重刑化的理性反思

除行贿罪外，《刑法修正案（十二）》修改的另外三个贿赂犯罪，即单位受贿罪、对单位行贿罪和单位行贿罪，同样展现了重刑化的趋势。事实上，从现行刑法施行至十二部刑法修正案的颁行，刑事立法一直在严密贿赂犯罪的罪名体系并加大对贿赂犯罪的惩治力度，但是贿赂犯罪仍层出不穷。这说明腐败治理是一项系统工程，不是单靠刑事手段并加大惩罚力度就可以完成的。对于单位贿赂犯罪，从诉源治理的角度来看，从制度上促使它们依法合

1　参见（2017）川16刑初3号刑事判决书。

2　参见［法］米歇尔·维隆、纪尧姆·贝索尼：《法国经济刑法》，陈萍译，法律出版社2022年版，第66页。

规经营，从源头上治理腐败犯罪，可能成效更为显著，也更加契合保障自由权利的刑法根基与罪刑法定的刑法信仰。

司法实践中，针对单位贿赂犯罪也有很多案件采用了夯实企业内部制度建设的方式，从根源上推动腐败治理。这些单位贿赂犯罪的不起诉案件，采用单位犯罪的分离责任原则，对于该处罚的自然人进行刑事追责，对于单位则适用不起诉，既稳住了涉案企业的正常生产经营活动，又保住了员工的生计，还给了企业重新改过的机会。之前刑法规定的单位受贿罪、对单位行贿罪、单位行贿罪的法定最高刑是 3 年或 5 年，这样的刑期意味着这几个罪名都属于轻罪。然而，《刑法修正案（十二）》的修改使单位受贿罪和单位行贿罪的法定最高刑都提高到了 10 年，它们由轻罪变成了重罪，罪质发生了变化，这对于推动单位贿赂犯罪分离责任制来说是不利的，因为重罪不起诉是违反罪刑法定和罪刑均衡原则的。

贿赂犯罪是常见的单位犯罪，企业从根本上消除漏洞、预防犯罪风险而获得刑事激励，已成为国际社会的通行做法。在英国，起草《英国反贿赂法》（Bribery Act）的委员会认为，商业企业处于消除贿赂危害或风险的最佳地位，目前无论是刑法还是民法都无法有效打击商业企业允许其职员进行贿赂。鉴于此，与其事后打击，不如选择一种将义务转移给企业自身的模式来要求其予以贯彻。这里预防的仅仅是行贿而不是受贿。对于企业如何履行义务，英国巧妙地运用了举证责任倒置的原理。[1] 通过建立企业内部的伦理准则与制度建设，以有效改善企业的社会责任水准。在德国，一项针对德国已公开上市公司遵守《德国公司治理规则》（German Corporate Governance Code，GCGC）的研究表明，那些更好遵守该规则的公司享受着资本市场 9%的定价溢价，且

1　See Monty Raphael, *Blackstone's Guide to the Bribery Act 2010*, Oxford University Press, 2010, p. 57. 转引自张远煌等编著：《企业合规全球考察》，北京大学出版社 2021 年版，第 95-96 页。

股票表现提升了10%。[1] 针对单位贿赂犯罪建立内部防范体系，不仅有助于预防贿赂犯罪，其对公众舆论的安慰作用还有助于提升企业公信力、助力企业经济发展。正如美国2002年的《萨班斯法案》（Sarbanes-Oxley Act，SOX法案）表明，过度犯罪化或者重刑化的刑事立法模式并不能实现遏制单位犯罪的目的；相反，这种立法使宪法保护的有关审判的权利（认罪答辩的权利）持续受到伤害。[2] 因此，我国刑法提升单位受贿罪、单位行贿罪和对单位行贿罪的法定刑，并不必然有助于遏制单位贿赂犯罪，相反可能因不属于轻罪案件进入诉讼程序，浪费司法资源。

总之，单位受贿罪、单位行贿罪和对单位行贿罪是纯正的单位犯罪或纯正单位犯罪的对向犯，是企业生产经营中涉及的以追求经济效益为目的的犯罪行为，其并不直接侵害个体权益。结合保护民营经济的政策支撑和司法保护倾向，企业倾向于建立内部制度体系，修复受损法益，避免刑罚的负面效应，实现从刑事治理"'单一中心、单方强制、片面威慑'向'多元主体、多方协商、激励制约相融'的治理模式变革"[3]。

我国《刑法修正案（十二）》对贿赂犯罪的修改，体现了明显的立法重刑化和重刑主义倾向，必须在刑事立法过程中转向轻刑化思维，否则刑事立法存在转向又严又厉的结构性风险，导致公众对刑法产生畏惧感与不安全感，同时也会遏制社会的发展活力，使《刑法修正案（十二）》难以实现其预期目标。当前，我国对于犯罪的治理早已迈入轻罪时代，在犯罪治理过程中，不能延续之前传统的重刑化思路。除应谨慎地通过刑事立法展开犯罪化治理外，在刑事立法的过程中，还应对轻罪尽量实现刑罚的轻缓化，从而充分体

1　See Manacorda, Francesco Centonze, Gabrio Forti ed., *Preventing Corporate Corruption*: *The Anti-Bribery Compliance Medel*, Springer, 2014, p. 373.

2　See Lucian E. Dervan, *White Collar Over-criminalization*: *Deterrence*, *Plea Bargaining*, *and the Loss of Innocence*, Kentucky Law Journal, Vol. 101: 723 (2013), pp. 734-740.

3　周佑勇：《契约行政理念下的企业合规协议制度构建——以工程建设领域为视角》，载《法学论坛》2021年第3期，第49页。

现轻罪时代宽严相济的刑事政策，防止不当重刑化对公民权利造成损害。在轻罪时代，应该秉持严而不厉的刑法结构，在刑罚设置上坚持轻缓化，这既与刑事立法的未来发展方向相契合，也能为刑法的再法典化奠定发展基调，防止重刑化的低效刑事立法浪费立法资源，避免出现罪刑失衡的刑事治理危机。

第五节　本章小结

当前社会属于风险社会，社会经济发展的过程中各类风险层出不穷。为了有效地预防各类风险，刑法对法益的保护日益早期化、抽象化，保护个人法益的传统日益向保护集体法益转移，由此促成刑事立法的活性化、积极化。与此同时，随着构成要件越来越前置化、扩大化，立法通过增设新罪、扩容旧罪，在犯罪化的道路上越走越远，而这显然不利于社会的可持续发展，并会导致公众陷入人人自危的境地。在立法扩张的基础上，刑事制裁领域的重刑化立法更进一步影响了传统的刑罚理论，将刑罚制度、刑罚体系及其改革推向深水区，理想的“严而不厉”刑法治理结构尚未实现，反而逐步向“既严又厉”抑或“又严又厉”靠拢。总之，刑事立法在整体上呈现扩张化、重刑化的姿态，这既是当前刑法异化的重要表现，也是刑法逐渐背离自由人权之根基与罪刑法定之信仰的集中体现。

刑法虽然是社会发展过程中防范和治理风险的利器，但并不是遏制危险的万能良药，也不是预防犯罪的绝对武器，肆意而过度地适用刑事制裁只会有损刑法的公信力。事实上，我国当前刑事立法的上述实践，只是我国传统重刑主义思维下以刑为主的犯罪治理模式的延续。然而，中国式法治现代化所追求的良法善治，要求将犯罪之制转化为实现治理现代化的犯罪之治。泛刑化与重刑化的刑事立法不利于人民权利保障，无法锻造法治昌明之良法，也难以促成公平正义之善治的落地，因此，为了中国式法治现代化这一目标的最终实现与赓续向前，必须对当前的立法模式进行全面彻底的反思、批判与革新。

第四章
坚守刑法根基与信仰的立法转型与模式选择

面对当前刑事立法的活性化、积极化、犯罪化以及重刑化趋势所带来的风险与挑战，为防止刑法异化和刑法过度介入社会管理，需转变当前的立法思维与价值取向，确立符合保障公民自由权利的刑法根基与恪守罪刑法定主义的刑法信仰的刑事立法模式。一方面，保障公民自由权利的刑法根基要求我们尊重公民权利行使的意思自治、承认个人法益自决权，并在此基础上保护公民权利免受他人不当干涉，奉行消极的自由主义。因此，在刑事立法方面需贯彻有效立法、消极立法，以应对刑事立法过分积极活跃之危机。另一方面，承载了刑法信仰的罪刑法定主义要求对国家的刑罚权予以必要限制，刑事立法必须妥善处理好犯罪化与非犯罪化、重刑化与轻刑化之间的关系，以犯罪治理现代化为契机推动刑罚的轻缓化与刑事立法的轻刑化。除此之外，随着立法整体进入法典化时代，我国刑法也需在一元刑法典模式与多元刑法典模式之间做出选择，在“小国法治重精细，大国法治重统一”的宏观框架下，以保护实质法益为出发点，参酌前置法变动适时修改刑法，实现有效立法，继续采取单一刑法修正案的模式，基于法秩序统一原理来推动实质出罪，保障整体法秩序的统一性。

总之，当前我国刑事立法的转型与模式选择，应该围绕保障公民自由权利的刑法根基与恪守罪刑法定原则的刑法信仰展开。

第一节 有效立法：化解正当性危机回归刑法根基与信仰

在立法活性化时代，刑事立法因背离刑法根基与信仰而面临正当与否的一系列质疑，刑事立法的正当性关系到其是否为社会一般公众所信赖，而这直接关系到刑事立法与刑事司法的治理效果，并对刑法的公信力产生实质影响。

为及时有效应对生物安全风险，2020 年 2 月 24 日第十三届全国人民代表大会常务委员会第十六次会议通过《关于全面禁止非法野生动物交易、革除滥食野生动物陋习、切实保障人民群众生命健康安全的决定》，从禁食和禁止非法野生动物交易等角度对维护生物和生态安全作出了规定。2020 年 10 月 21 日，全国人民代表大会常务委员会在“中国人大网”公布了《野生动物保护法（修订草案）征求意见稿》，2022 年修订通过的《野生动物保护法》，真正实现了对野生动物保护法的修订完善，强化了公共卫生法治保障。2020 年出台的《生物安全法》对国家如何从制度层面防范和应对生物安全作了及时回应。《刑法修正案（十一）》适应国际国内重大突发公共卫生事件的形势变化，总结了新冠疫情防控经验和立法需求，与生物安全法等相衔接，修改了生物安全领域的既有罪名，增加了有关生物安全的新罪名。可以说，我国在生物安全犯罪领域的一系列立法是在总体国家安全观指导下的有效立法，不仅在形式上符合立法活性化的种种特质，体现了积极预防的刑法立法观，还在实质上合乎法理与事理，是化解积极预防性刑法观正当性危机的有效实践，总体上符合立法理性，贯彻了总体国家安全观的价值精髓，因此值得肯定。

一、化解正当性危机的有效立法：修改旧罪与增加新罪

现代社会的刑事立法早已随着犯罪更替和时代发展发生了巨大变化。伴

随着国家角色由传统捍卫自由主义的“守夜人”变为福利国家公民安全的“保证人”，如何解决生物技术的发展给人类生物安全带来的威胁，都成为当前传统刑法所遭受的挑战，因此亟须从法律制度层面构建合理的规范体系，尤其是发挥好刑法最后保障法的作用，这成为21世纪生物技术飞速发展之下现代刑事立法不容回避的重要问题。鉴于此，“为保护公共卫生安全，总结新冠肺炎疫情防控经验和需要，与野生动物保护法、生物安全法、传染病防治法等法律的修改制定相衔接”，刑法“修改妨害传染病防治罪”以“维护国家安全和生物安全”，“增加规定了三类犯罪行为”以“从源头上防范和控制重大公共卫生安全风险”，修改了侵害野生动物的犯罪规定，[1] 从而大大强化了公共卫生刑事法治保障，回应了生物安全法对维护国家和生物安全的有关规定。还有2013年修正的《传染病防治法》和2022年修订的《野生动物保护法》等有关前置法的规定，体现了刑法对生物安全风险积极预防的立场。

（一）生物安全犯罪立法的重要举措：修改旧罪扩大处罚范围

新冠疫情暴发之后，如何总结经验教训发挥刑法在疫情防控中的预防作用，成为彼时刑法修改中的重要问题。《刑法修正案（十一）》积极推进与《野生动物保护法》《传染病防治法》《生物安全法》等前置法的相互衔接，修改生物安全领域既有罪名，强化生物安全的刑事法治保障。

首先，《刑法修正案（十一）》第37条修改了《刑法》第330条妨害传染病防治罪，包括修改了该罪的构成要件，以及本罪作为行政犯罪但以往表述不准确的行政要素，加强了对违反疫情防控规定行为的刑事处罚，完善了与《传染病防治法》等前置法的衔接，体现了对生物安全犯罪的预

---

1 参见李宁：《关于〈中华人民共和国刑法修正案（十一）（草案）〉的说明——2020年6月28日在第十三届全国人民代表大会常务委员会第二十次会议上》，载《中华人民共和国全国人民代表大会常务委员会公报》2021年第1期，第133页。

防性立法。

第一，扩大了妨害传染病防治罪的对象范围，及时回应新冠疫情防控的现实需求，将“依法确定采取甲类传染病预防、控制措施的传染病”也纳入该条传染病的范围。

《刑法修正案（十一）》第 37 条将原《刑法》第 330 条“引起甲类传染病传播或者有传播严重危险”的规定修改为“引起甲类传染病以及依法确定采取甲类传染病预防、控制措施的传染病传播或者有传播严重危险”，从而将本罪的犯罪对象扩容，将“依法确定采取甲类传染病预防、控制措施的传染病”纳入本罪中的传染病范围。《传染病防治法》（2013 年修正）第 3 条第 1 款规定“本法规定的传染病分为甲类、乙类和丙类”，我国疫情防控正是根据《传染病防治法》确立的传染病分级制度而采取的相应防治措施。从预防接种、监测、预警等传染病的预防制度，到疫情报告、通报和公布制度，以及疫情隔离、疫区封闭等控制措施，都是根据不同级别的传染病采取轻重有别的防治措施。新型冠状病毒传染性强、传播性广、危害性大，对人类生命健康造成极大威胁，对国家疫情防控能力提出了严峻挑战。新型冠状病毒是人类历史上暴发的新型病毒，自然未规定在以往的《传染病防治法》之中。为了更好地抗击新冠疫情，合法有效地采取针对性的防治措施，2020 年 1 月 20 日《国家卫生健康委员会公告》（2020 年第 1 号）规定，“经国务院批准，现公告如下：一、将新型冠状病毒感染的肺炎纳入《中华人民共和国传染病防治法》规定的乙类传染病，并采取甲类传染病的预防、控制措施。二、将新型冠状病毒感染的肺炎纳入《中华人民共和国国境卫生检疫法》规定的检疫传染病管理。……”公告之所以将新型冠状病毒列入乙类传染病但又规定采取甲类传染病防治措施，是因为新冠肺炎虽然在危害程度上被列为乙类传染病，但是从流行程度上看，它是一种急性呼吸道疾病，主要通过飞沫和接触等方式传播，传染性非常强，如果不及时防控，很容易引起大规模传播，因而需要采取甲类传染病防治措施。公告的规定实际上修改了《传染病防治法》，将新型冠状病毒作为该法规定的乙类传染病予以明确。同时，公告的修改也符合《传染病防治法》（2013 年修正）第 3 条的规定："本法规定的传染病分为甲类、乙类和丙类"，"国务院卫生行政部门根据传染病暴发、流行情况和危害程度，可以决定增加、减少或者调整乙类、丙类传染病病种并予以公布"。因此，国家卫生健康委的公告以及《传染病防治法》的修改，不但有效而且及时，对于抗击新冠疫情发挥了良好的法治效果。为了与《传染病防治法》有效衔接，《刑法修正案（十一）》及时增加"依法确定采取甲类传染病预防、控制措施的传染病"作为本罪传染病的范围之列，满足了新冠疫情防治的现实需求，为新发突发传染病等生物安全风险的防范提供了法律支持，是刑法主动回应生物安全风险的体现。

第二，刑事立法进一步与《传染病防治法》等前置法对接，增加规定并修改了妨害传染病防治罪的行为方式，以及防疫机构的有关表述，使该罪客观行为的外延更加周延，对防疫机构的表述更加符合前置法的规定以及卫生行政机关实际运行的状况，实现对犯罪行为的精准治理。

事实上，上述这种衔接体现在两方面。一方面，新增针对出售、运输被传染病病原体污染的物品构成犯罪的情形。《刑法修正案（十一）》第 37 条规定，"出售、运输疫区中被传染病病原体污染或者可能被传染病病原体污染的物品，未进行消毒处理的"均属于妨害传染病防治罪的行为方式。针对新冠疫情防控期间病毒可经由冷链食品、快递包裹等各种途径传播，对于被传染病病原体污染的物品，《传染病防治法》（2013 年修正）第 27 条规定："对被传染病病原体污染的污水、污物、场所和物品，有关单位和个人必须在疾病预防控制机构的指导下或者按照其提出的卫生要求，进行严格消毒处理；拒绝消毒处理的，由当地卫生行政部门或者疾病预防控制机构进行强制消毒处理。"比如，在春节期间，"境外回国人员增多，境内人员流动增大，聚集性活动多，进口冷链食品和货物物流增加，进一步加大了疫情传播风险”[1]，然而，人们总是关注人口的流动和聚集，忽视了物品的传播可能导致的病毒扩散。为此，为了杜绝被传染病病原体污染的物品流通和扩散传染病毒，《刑法修正案（十一）》第37条将此种行为新增为犯罪行为，从而充分发挥了刑法在公共卫生治理中的积极预防作用。

另一方面，《刑法修正案（十一）》第37条规定，“拒绝执行县级以上人民政府、疾病预防控制机构依照传染病防治法提出的预防、控制措施的”构成犯罪，从而以“县级以上人民政府、疾病预防控制机构”取代了原《刑法》第330条中的“卫生防疫机构”。这一修改实现了与《传染病防治法》的有效衔接。《传染病防治法》（2013年修正）第6条第1款规定：“国务院卫生行政部门主管全国传染病防治及其监督管理工作。县级以上地方人民政府卫生行政部门负责本行政区域内的传染病防治及其监督管理工作。”可见，前置法中并没有使用“卫生防疫机构”概念，而是使用“县级以上地方人民政府卫生行政部门”这一概念，既然如此，刑法规定的法定犯自然应该与前置法对接，因为无论是成文还是不成文的构成要件要素，对于法定犯而言，都要违反有关国家规定，尤其是妨害传染病防治罪明确规定了本罪必须“违反传染病防治法的规定”，因而，在解释某一行为是否属于妨害传染病防治行为时，必须依据《传染病防治法》等前置法。为此，对防疫机构这一本罪基本行政要素的表述理应与前置法对接，以保持法定犯行政层面违法与刑事层面构成犯罪这一性质递进，但基本行政要素在行政法和刑法中一致的特性。这一修改也与疾病预防控制的职能配置和机构设置相一致，因而值得肯定。根据《传染病防治法》（2013年修正）的规定，疾病预防控制职权归属于县级以上地方人民政府及其卫生行政部门，各级疾病预防控制机构作为事业单

1　《最高人民检察院　公安部依法惩治妨害疫情防控秩序犯罪典型案例》，载中华人民共和国最高人民检察院网，http://www.spp.gov.cn/xwfbh/wsfbt/202102/t20210202-508240.shtml#1。

位，根据授权承担传染病监测、预测、流行病学调查、疫情报告以及其他预防、控制工作。从行政法上看，县级以上地方人民政府及其卫生行政部门属于职权行政主体，疾病预防控制机构属于授权行政主体，都是有权行使疾病预防控制职权的独立行政主体。[1] 而“卫生防疫”只是疾病预防控制职权中的一种，并不是一种独立的职权，故在《传染病防治法》中也没有使用“卫生防疫机构”这一概念。因此，较之“县级以上人民政府、疾病预防控制机构”而言，“卫生防疫机构”这一提法在行政法上本身就不够科学合理。《刑法修正案（十一）》以“县级以上人民政府、疾病预防控制机构”取代“卫生防疫机构”，符合我国现行立法的规定和防疫治理的现实，修改科学而合理。

其次，《刑法修正案（十一）》第41条修改了我国《刑法》第341条，新增非法猎捕、收购、运输、出售陆生野生动物罪，强化了对陆生野生动物的保护，扩大了野生动物犯罪的处罚范围，完善了与《野生动物保护法》的衔接，体现了刑法对野生动物犯罪的预防性立场。新冠疫情暴发后，为了维护生物安全和生态安全，国家全面禁止和惩治非法野生动物交易行为，革除滥食野生动物的陋习，《野生动物保护法》的修改也备受关注。全国人民代表大会环境与资源保护委员会在关于《野生动物保护法（修订草案）》的说明中指出，在《野生动物保护法》的“第三章增加具体规定，禁止食用国家重点保护野生动物、‘三有’陆生野生动物以及其他陆生野生动物。禁止以食用为目的猎捕、交易、运输在野外环境自然生长繁殖的陆生野生动物”[2]。为此，修改后的《野生动物保护法》第31条规定：“禁止食用国家重点保护野生动物和国家保护的有重要生态、科学、社会价值的陆生野生动物以及其他陆生野生动物。禁止以食用为目的猎捕、交易、运输在野外环境自然生长繁

1　参见周佑勇：《行政法原论》（第3版），北京大学出版社2018年版，第108页。

2　高虎城：《关于〈中华人民共和国野生动物保护法（修订草案）〉的说明——2020年10月13日在第十三届全国人民代表大会常务委员会第二十二次会议上》，载《中华人民共和国全国人民代表大会常务委员会公报》2023年第1期，第17页。

殖的前款规定的野生动物。禁止生产、经营使用本条第一款规定的野生动物及其制品制作的食品。禁止为食用非法购买本条第一款规定的野生动物及其制品。”前置法的这些修改，要求刑法提供相应的保障法作用。在野外环境自然生长繁殖的陆生野生动物的健康自然生长，对人类自身的健康发展具有重要意义。依据《2019 中国生态环境状况公报》的有关评估意见，生态环境良好与否有一系列评价指标，其中“植被覆盖度高，生物多样性丰富，生态系统稳定”，才能达到“生态环境状况指数大于或等于 75”[1] 的优秀标准。近年来，随着人类滥食野生动物行为的加剧，物种的多样性正在急剧下降。“生物多样性是生态系统生产力、稳定性、抵抗生物入侵以及养分动态的主要决定因素，生物多样性越高，生态系统功能性状的范围越广，生态系统服务质量就越高越稳定。”[2] 但是，伴随着环境的污染与破坏、人类的饕餮之欲，地球上的物种正在快速减少。“目前世界上的生物物种正以每天几十种的速度消失，这是地球资源的巨大损失，消失的物种还会通过食物链引起其他物种的消失。”[3] 因此，我国《野生动物保护法》的修改，可谓切实履行联合国《生物多样性公约》保护生物多样性的有力举措。生态环境风险的加剧，“也需要以科学的刑事机制强化侵犯生物多样性的事前预防，适当前移破坏环境和损害生物多样性行为的处罚时点与刑法防线，以期将毁损生物多样性的行为遏阻于萌芽阶段”[4]。《刑法修正案（十一)》及时与《野生动物保护法》衔接，将滥食野外环境自然生长繁殖的陆生野生动物行为犯罪化，体现了对生物多样性和生态文明的有力保护，是保护生物安全的有效预防性立法。

1　中华人民共和国生态环境部：《2019 中国生态环境状况公报》，第 38 页。

2　李奇、朱建华、肖文发：《生物多样性与生态系统服务——关系、权衡与管理》，载《生态学报》2019 年第 8 期，第 2655 页。

3　吴渭、刘永功：《基于风险社会理论视角的农业风险现代性反思》，载《安徽农业科学》2017 年第 25 期，第 232 页。

4　曹波、李沁尧：《国家治理现代化视阈中生物多样性刑法保护论纲》，载《贵州师范大学学报（社会科学版）》2020 年第 5 期，第 152 页。

总之,《刑法修正案(十一)》对既有生物安全犯罪罪名的修改,扩大了刑法对妨害传染病防治罪的处罚范围,规范了有关犯罪构成的行政要素,增加规定了滥食野生动物的行为构成犯罪,有效保障了公共卫生以及生物的多样性,对于人类生态文明建设和生物安全维护具有重要作用。

(二)生物安全犯罪立法的创新突破:增加新罪保护生物安全

《刑法修正案(十一)》第 38 条、第 39 条和第 43 条新增了三个有关生物安全的犯罪,有力回应了人类遗传资源安全管理、生物科学技术科研不端行为治理、防范外来入侵物种以确保生物多样性等生物安全法关注的重要问题。"为了维护国家安全和生物安全,防范生物威胁,与生物安全法衔接,修正案新增了三类犯罪行为:非法从事人体基因编辑、克隆胚胎的犯罪;严重危害国家人类遗传资源安全的犯罪;非法处置外来入侵物种的犯罪等。分组审议中,多位委员对这些新增罪名提出了完善意见。"[1]《刑法修正案(十一)》对生物安全犯罪的修改,及时回应科技时代对刑事立法的挑战,具有重要的时代意义。

《刑法修正案(十一)》第 38 条规定:"在刑法第三百三十四条后增加一条,作为第三百三十四条之一:'违反国家有关规定,非法采集我国人类遗传资源或者非法运送、邮寄、携带我国人类遗传资源材料出境,危害公众健康或者社会公共利益,情节严重的,处三年以下有期徒刑、拘役或者管制,并处或者单处罚金;情节特别严重的,处三年以上七年以下有期徒刑,并处罚金。'"《刑法》第 334 条是非法采集、供应血液、制作、供应血液制品罪,新增的第 334 条之一,则是将严重危害国家人类遗传资源安全的行为规定为犯罪。《刑法修正案(十一)》第 39 条规定:"在刑法第三百三十六条

---

1 朱宁宁:《公共卫生刑事法治保障如何强化——聚焦全国人大常委会审议刑法修正案(十一)草案》,载《法制日报》2020 年 7 月 7 日,第 5 版。

后增加一条，作为第三百三十六条之一：‘将基因编辑、克隆的人类胚胎植入人体或者动物体内，或者将基因编辑、克隆的动物胚胎植入人体内，情节严重的，处三年以下有期徒刑或者拘役，并处罚金；情节特别严重的，处三年以上七年以下有期徒刑，并处罚金。’”《刑法》第336条是非法行医罪，新增的第336条之一，是在原有非法行医罪的基础之上，增加规定了从事人体基因编辑、克隆胚胎等行为构成犯罪。《刑法修正案（十一）》第43条规定：“在刑法第三百四十四条后增加一条，作为第三百四十四条之一：‘违反国家规定，非法引进、释放或者丢弃外来入侵物种，情节严重的，处三年以下有期徒刑或者拘役，并处或者单处罚金。’”《刑法》第344条规定的是危害国家重点保护植物罪，新增的第344条之一，是在原有危害国家重点保护植物罪之外，增加规定了非法引进、释放或者丢弃外来入侵物种等行为构成犯罪。

根据《关于执行〈中华人民共和国刑法〉确定罪名的补充规定（七）》（以下简称《罪名补充规定（七）》）的有关规定，《刑法修正案（十一）》第39条的罪名最终确定为非法植入基因编辑、克隆胚胎罪。虽然表面上看《罪名补充规定（七）》所确定的非法植入基因编辑、克隆胚胎罪涵盖了本罪罪状中的“非法”“植入”“基因编辑、克隆胚胎”这些关键词，但具体分析罪状含义不难发现，“植入”原本修饰的是“人体”或者“动物体内”，“基因编辑、克隆胚胎”是被植入人体或者动物体内的客体，而罪名中却将“植入”放在“基因编辑、克隆胚胎”之前，给人的印象是要将某种事物“植入”到“基因编辑、克隆胚胎”之中，有混淆植入的对象与被植入的客体之嫌，导致罪名与罪状描述不太协调，容易产生歧义。因此，根据学理分析将罪名确定为非法从事人体基因编辑、克隆胚胎罪更具合理性。

《刑法修正案（十一）》第43条采用的是简单罪状。从理论上说，简单罪状基本上相当于罪名，或者说“简单罪状是罪名提示。[1] 根据罪状对犯罪构成要件的描述是否超出对罪名的概括，简单罪状可分为纯粹的简单罪状和非纯粹的简单罪状，没有超出的为纯粹的简单罪状，超出的为非纯粹的简单罪状。对于纯粹的简单罪状的罪名确定，一般采用采纳法，即对《刑法》分则条文的规定最终不加变化地直接作为罪名使用。[2] 比如，我国《刑法》第308条“对证人进行打击报复的，处三年以下有期徒刑……”，这一条文就是纯粹的简单罪状，其罪名可直接确定为打击报复证人罪。对于非纯粹的简单罪状的罪名确定，则采用采纳加筛选法，即采用分则条文的描述并对构成要件进行筛选。比如，我国《刑法》第172条规定“明知是伪造的货币而持有、使用，数额较大的，处三年以下有期徒刑……”该条就是非纯粹的简单罪状，罪名可确定为持有、使用假币罪。《刑法修正案（十一）》第43条“违反国家规定，非法引进、释放或者丢弃外来入侵物种，情节严重的，处三年以下有期徒刑……”之规定，属于非纯粹的简单罪状，其中既有对犯罪的本质特征“非法引进、释放或者丢弃外来入侵物种”的描述，也有对非本质特征“违反国家规定”“情节严重”的描述。采用采纳法和筛选法，采纳本条中的关键词“外来入侵物种”，筛选“非法引进、释放或者丢弃”中的“非法”二字并将“引进、释放或者丢弃”概括为“处置”二字，为此，《刑法修正案（十一）》第43条罪名可概括为非法处置外来入侵物种罪。针对上述犯罪，《罪名补充规定（七）》最终确定的罪名为非法引进、释放、丢弃外来入侵物种罪，这显然是直接援引了罪状所描述的行为方式。学理上所确定的非法处置外来入侵物种罪对简单罪状中的“引进、释放或者丢弃”进行了概括，这样既不会产生歧义，也使罪名表述更加精简。而《罪名补充规定（七）》所确定的非法引进、释放、丢弃外来入侵物种罪，则直接援引了法条

---

1 参见刘艳红：《罪名确定的科学性》，载《法学研究》1998年第6期，第99页。
2 参见陈兴良：《刑法研究：刑法各论Ⅰ》（第11卷），中国人民大学出版社2021年版，第14页。

内容，对行为方式进行了更为精确的描述。因此，两者都是合理的。

综上所述，《刑法修正案（十一）》新增的三个生物安全犯罪分别为非法采集人类遗传资源、走私人类遗传资源材料罪，非法植入基因编辑、克隆胚胎罪，非法引进、释放、丢弃外来入侵物种罪。无论是前述对生物安全犯罪既有条文和罪名的修改，还是新增的生物安全犯罪罪名，“这些密集修改规定，不仅极大地填补公共卫生安全领域的规范漏洞，也优化了罪名结构，合理扩充了刑法规制的对象和范围，使公共卫生安全犯罪规定不至于滞后”[1]。

二、有效立法的目的诉求：构建回应型兼顾预防型立法

为维护国家安全和生物安全，防范生物威胁，《刑法修正案（十一）》对生物安全犯罪作出了修改，从而完善了生物安全风险防范的刑法治理。那么，这样的规定究竟是积极刑法观还是消极刑法观的体现呢？进而，应当如何看待生物安全犯罪的有关立法？如果说“预防性立法仍处在局部领域，并未全面‘入侵’传统刑法体系”[2]，那么，生物安全犯罪正是局部领域积极预防性刑法观的体现。结合《刑法修正案（十一）》对生物安全犯罪的具体规定，以及积极预防性刑法观的本质，《刑法修正案（十一）》关于生物安全犯罪立法体现的是积极刑法观而非消极刑法观，同时，这种积极刑法观是有限积极刑法观，总体是理性而中肯的。尽管“当前过度依赖预防性立法率先反应的行动逻辑，也揭示理论体系的跟进不足等深层次问题”[3]，但是在生物安全犯罪立法中却不存在这样的问题，它是与其他法律法规科学配套的结果，也是

1　高铭暄、孙道萃：《〈刑法修正案（十一）（草案）〉的解读》，载《法治研究》2020 年第 5 期，第 5 页。

2　高铭暄、孙道萃：《预防性刑法观及其教义学思考》，载《中国法学》2018 年第 1 期，第 171 页。

3　高铭暄、孙道萃：《预防性刑法观及其教义学思考》，载《中国法学》2018 年第 1 期，第 171 页。

相关理论推进的结果。

（一）《刑法修正案（十一）》生物安全犯罪立法符合总体国家安全观

《刑法修正案（十一）》涉及的生物安全犯罪立法有效契合了总体国家安全观，贯彻了对生物安全风险的积极预防原则，因应了生物安全危害的不可逆性，是我国通过构建完备生物安全法律法规体系以应对生物安全风险的重要体现。

2020 年全球新冠疫情，引发了与疫情防控、风险监测等生物科技风险密切相关的生物安全问题，生物安全问题已经成为全人类面临的重大生存和发展威胁之一，世界各国均对生物安全高度重视。习近平总书记指出，“要从保护人民健康、保障国家安全、维护国家长治久安的高度，把生物安全纳入国家安全体系，系统规划国家生物安全风险防控和治理体系建设，全面提高国家生物安全治理能力。要尽快推动出台生物安全法，加快构建国家生物安全法律法规体系、制度保障体系”[1]，为此，“明确生物安全是国家安全的重要组成部分，维护国家生物安全应当贯彻总体国家安全观”[2] 成为生物安全法的重要内容。在生物安全风险日益突出的当下，刑法如何发挥好最后保障法的作用，与作为前置法的生物安全法等法律相衔接，建构起完备的生物安全法规体系，以合理而充分地部署落实国家生物安全战略，成为活性化时代刑事立法面临的重要问题。为此，全国人大在《刑法修正案（十一）》修订时，明确提出要落实国家对“食品药品安全、生态环境、公共卫生安全等领域的刑法治理和保护”的要求，“适应国内国际形势变化和当前面临的新情况、新

---

1 《习近平主持召开中央全面深化改革委员会第十二次会议强调：完善重大疫情防控体制机制 健全国家公共卫生应急管理体系》，载《人民日报》2020 年 2 月 15 日，第 1 版。

2 丛斌：《全国人民代表大会宪法和法律委员会关于〈中华人民共和国生物安全法（草案）〉修改情况的汇报——2020 年 4 月 26 日在第十三届全国人民代表大会常务委员会第十七次会议上》，载《中华人民共和国全国人民代表大会常务委员会公报》2020 年第 5 期，第 44 页。

斗争需要，与疫情防控相关的公共卫生安全、生物安全，以及知识产权领域等法律的制定修改进一步衔接，需要刑法作出相应调整，以增强法律规范的系统性、完整性、协同性”。[1] 因此，在《生物安全法》制定之后，在一系列与公共卫生有关的法律修订出台之际，在我国《民法典》也加大了保护人体基因等生物安全的力度之后，如果刑法不调整既有罪名的构成要件，不增设新的罪名，那么就无法形成生物安全保障层面的完整的法律规范体系，会形成有前置法无后续保障法，有行政民事处罚宽度但无刑事处罚力度的局面，若真如此，那么作为国家安全战略层面的生物安全保护，势必难以落到实处。《刑法修正案（十一）》强化生物安全的刑事治理，调整已有生物安全犯罪的规定，增加一些新的生物安全犯罪类型，正是基于总体国家安全观对生物安全从国家安全战略层面予以保护的重要举措。

随着高科技尤其是生物科技的快速发展和应用，国际社会早已逐渐认识到需要一种新的理念来处理风险防范，这样的理念便是风险预防原则。王服清在《论预防原则的应用与问题》一文中指出，风险预防原则“乃是针对科技创新产品的长期潜在风险的一项防范机制，以防止在欠缺具体科学证据下，可能引发对人类健康、环境保护与生物多样性之潜在风险”，通过举出必要的科学证据，对未来的风险进行事先的化解和防范。该原则在瑞典、德国、巴西、美国、俄罗斯等国得到广泛适用。1982 年 10 月 28 日联合国大会通过的《世界自然宪章》（World Charter for Nature）第 12 条 b 项规定，“应采取特殊预防措施，防止排放放射性或有毒废料”，第 13 条规定，“旨在预防、控制或限制自然灾害、虫害和病害的措施，应针对这些灾害的成因，并应避免对大自然产生有害的副作用”。这些规定，被认为首次承认了预防原则。1992 年 6 月 14 日联合国环境与发展大会通过的《里约环境与发展宣言》第 15 条规定，

1　李宁：《关于〈中华人民共和国刑法修正案（十一）（草案）〉的说明——2020 年 6 月 28 日在第十三届全国人民代表大会常务委员会第二十次会议上》，载《中华人民共和国全国人民代表大会常务委员会公报》2021 年第 1 期，第 131 页。

“为了保护环境，各国应根据它们的能力广泛采取预防性措施。凡有可能造成严重的或不可挽回的损害的地方，不能把缺乏充分的科学肯定性作为推迟采取防止环境退化的费用低廉的措施的理由”，从而进一步确立了预防原则在社会风险处理中的法律地位。1992 年 6 月 5 日联合国环境和发展大会上签署通过的《生物多样性公约》再次强调，要“注意到预测、预防和从根源上消除导致生物多样性严重减少或丧失的原因，至为重要”。总之，从 20 世纪 70 年代开始到当下，“预防原则逐渐被规定于环境、食品安全、公共卫生、贸易等领域的国家法律及国际条约，作为一种风险预防以及保护公共利益或促进永续发展的一项重要原则、策略与措施”[1]。我国作为加入了上述国际条约的缔约国，在国内法中贯彻预防原则，成为国内相关立法的重要内容。为此，2014 年修订的《环境保护法》第 5 条规定：“环境保护坚持保护优先、预防为主、综合治理、公众参与、损害担责的原则。”《生物安全法》第 3 条明确规定：“生物安全是国家安全的重要组成部分。维护生物安全应当贯彻总体国家安全观，统筹发展和安全，坚持以人为本、风险预防、分类管理、协同配合的原则。”经由这些法律的规定，预防原则成为我国环境生物安全风险领域具有法律地位的一般性原则。

积极刑法观重点也在于预防犯罪的发生，但是积极刑法观并非适用于每个犯罪领域。比如对于杀人、抢劫等自然犯而言，以法益的侵害后果为基准更有利于发挥刑法的威慑作用。但对于生物领域的犯罪而言，如果法益侵害后果已然发生再对行为人进行刑事制裁已无实际效果，因为“作为一种以生物为介质和以生物技术为最重要载体的新型安全问题，生物安全问题也具有危害后果的不可逆性，即其一旦发生，就将是不可逆转的，造成的损害也无法弥补”[2]。但是，生物安全领域的预防原则在我国并没有得到很好的贯彻，

1 洪德欣：《预防原则欧盟化之研究》，载《东吴政治学报》2011 年第 2 期，第 6 页。
2 刘长秋：《论生物经济发展视野下的生物安全法律需求》，载《法治社会》2020 年第 6 期，第 12 页。

以往的法律如《环境保护法》关于预防原则的规定被认为“主要指向具有确定性、可以量化的损害及其危险，在本质上是‘损害预防’原则，而非以科学不确定性为基础的‘风险预防’原则”[1]。至于《生物安全法》新确立的预防原则，由于其属于新法，该原则的贯彻和适用目前尚未开始。为了更好地贯彻总体国家安全观视野下生物安全领域的风险预防原则，充分发挥积极刑法观指导下预防性立法的风险防范作用，《刑法修正案（十一）》的生物安全犯罪立法，与总体国家安全观视野下生物安全领域预防原则立场一致，是贯彻生物安全国家战略的时代体现。

总之，国际社会对生物安全的保护早已适用预防原则，总体国家安全观也要求确立安全保护、风险预防的原则。《刑法修正案（十一）》的生物安全犯罪立法，贯彻了对生物安全风险的预防原则，因应了生物安全危害的不可逆性，是我国通过构建完备生物安全法律法规体系以应对生物安全风险的重要体现。

（二）《刑法修正案（十一）》生物安全犯罪立法弥补了我国刑法之不足

生物安全有广义和狭义之分，以往我国刑法保护的生物安全主要是广义的，真正意义上亦即狭义的生物安全并未被我国刑法纳入保护范围，《刑法修正案（十一）》首次将狭义的生物安全纳入，弥补了我国刑法之不足。

生物安全包含 biosafety 和 biosecurity 两个层面概念，biosafety 是 safety in biotechnology 之意，即“生物技术中的安全”；biosecurity 是 biological security 之意，即“生物安全的保障”，前者可以说是广义的生物安全，后者则是狭义的生物安全。以往我国生物安全犯罪立法主要针对 biosafety 即广义层面的生物安全而言，更多的是被动维持生物安全之立场。《刑法修正案（十一）》使

1　王康：《中国特色国家生物安全法治体系构建论纲》，载《国外社会科学前沿》2020 年第 12 期，第 14 页。

我国生物安全犯罪立法首次成为 biosecurity 即狭义层面的生物安全立法，由被动地维持生物安全转向主动防御生物安全，弥补了以往我国刑法对生物安全法益保障的不足。

生物安全是“指防范与生物有关的各种因素对社会、经济、人类健康及生态环境所产生的危害或潜在风险”[1]，它是 biosafety 与 biosecurity 的统称，“但 biosafety 强调的是防止非故意引起的生物技术及微生物生物危害，biosecurity 则是指主动地采取措施防止故意的，如窃取及滥用生物技术及微生物危险物质引起的生物危害”[2]。显然，biosafety 更多是从防病防疫的层面而言，而 biosecurity 更多是从防范生物武器和生物战的预防层面而言。易言之，前者更多从自然生物技术的层面定义生物安全，后者更多从蓄意造成生物威胁的层面定义生物安全。在《刑法修正案（十一）》之前，我国刑法已有生物安全犯罪的罪名体系，但它们更多是从 biosafety 即广义层面生物安全进行犯罪立法。

既有生物安全刑事立法可分为直接与间接两个层面。直接的生物安全犯罪立法，是指直接规定以生物安全保护为目的的犯罪，这主要集中于危害公共卫生罪和破坏环境资源保护罪两大类犯罪。具体言之，即为我国《刑法》分则第六章“妨害社会管理秩序罪”第五节“危害公共卫生罪”第 330 条至第 337 条的 13 个罪名，以及第六节“破坏环境资源保护罪”第 338 条至第 345 条的 17 个罪名。前者主要防范的是传染病对人类健康安全的威胁，后者主要治理的是污染和破坏环境资源危害生态安全的行为。与此同时，在《刑法》分则其他章节也分布着一些生物安全犯罪立法，这些立法均为间接的生物安全犯罪立法。所谓间接的生物安全犯罪立法，是指以保护其他法益为目的，但同时具有防范生物安全风险功能的立法，这主要集中在危害公共安全

---

1 中国科学院武汉文献情报中心等编著：《生物安全发展报告 2020》，科学出版社 2020 年版，第 2 页。

2 王子灿：《Biosafety 与 Biosecurity：同一理论框架下的两个不同概念》，载《武汉大学学报（哲学社会科学版）》2006 年第 2 期，第 254 页。

犯罪，生产、销售伪劣商品罪和渎职罪之中。具体言之，第一类是防范生物恐怖与生物武器威胁的罪名，包括：我国《刑法》第114条与第115条投放危险物质罪、以危险方法危害公共安全罪，第125条非法制造、买卖、运输、储存危险物质罪，第127条盗窃、抢夺危险物质罪，第130条非法携带危险物品危及公共安全罪，第120条之一帮助恐怖活动罪，第120条之二准备实施恐怖活动罪。第二类是药品与食品安全类罪名，包括我国《刑法》第141条生产、销售、提供假药罪，第142条生产、销售、提供劣药罪，第143条生产、销售不符合安全标准的食品罪，第144条生产、销售有毒、有害食品罪，以及《刑法修正案（十一）》第7条新增的我国《刑法》第142条之一妨害药品管理罪。第三类是防范外来物种入侵维护生物安全的罪名，包括《刑法》第412条商检徇私舞弊罪，第413条动植物检疫徇私舞弊罪、动植物检疫失职罪。第四类是传染病和食品安全等防治失职的罪名，包括我国《刑法》第407条违法发放林木采伐许可证罪，第408条环境监管失职罪，第408条之一食品、药品监管渎职罪，第409条传染病防治失职罪，第410条非法批准征收、征用、占用土地罪及非法低价出让国有土地使用权罪。

我国直接的生物安全犯罪立法，即危害公共卫生罪和破坏环境资源保护罪的规定，基本上属于biosafety即广义的生物安全立法，如医疗事故罪、污染环境罪等，虽然这些罪中有故意犯罪如非法组织卖血罪，也有过失犯罪如医疗事故罪，甚至对其主观方面是故意还是过失都有争议的犯罪如污染环境罪，但正因如此，它们只是“safety in biotechnology”，即“生物技术中的安全”问题，不涉及人为邪恶运用生物技术威胁人类生命健康和制造生物威胁，因此“biosafety则更多的是指相对被动的维持生物的安全状态”[1]，以往刑事立法的罪名也更多是事后惩治型，而且缺乏对故意而为之生物安全犯罪行为的刑事治理。

1　王子灿：《Biosafety与Biosecurity：同一理论框架下的两个不同概念》，载《武汉大学学报（哲学社会科学版）》2006年第2期，第255页。

与传统被动地维持生物安全的刑事立法不同，在生物科技的飞速发展导致各国生物安全备受威胁的背景下，确保生物安全成为各国国家安全层面的战略任务，增强生物安全防御手段和风险意识，提高国家生物安全防御能力，成为包括中国在内各国的追求目标。鉴于此，biosecurity 层面的生物安全概念应时而生，“biological security”即“生物安全的保障”，因为 security 本身带有可靠地保障安全之意，而这种层面的保障，仅有被动的应付显然不够充分。与 biosafety 层面生物安全的被动维持状态不同，“Biosecurity 是主动采取措施应对可能的生物威胁”[1]。如何保护和利用好人类遗传资料这本“生命的说明书”，维护人类尊严，保障生命安全，确保人类基因“生命的秘密”的纯粹性，防护和应对外来物种的入侵，保护生物的多样性等，成为国家生物安全战略计划中要主动谋求措施的内容。尤其是，面对曾经发生、以后可能会更频繁发生的生物武器的研制与生物恐怖活动，国家采用积极防御策略主动应对生物安全已成为各国立法的总趋势。

总之，我国以往生物安全犯罪的罪名体系，在维护传统 biosafety 即“生物技术中的安全”或者说广义层面的生物安全具有积极意义，但是，结合《生物安全法》的内容来看，《刑法》关于生物安全犯罪立法还缺乏针对性与防御性，不能满足 biosecurity 即“生物安全的保障”或者说狭义层面生物安全治理的现实需求。《刑法修正案（十一）》及时对接《生物安全法》，回应新冠疫情暴发、“基因编辑婴儿”、外来物种入侵等重大生物安全事件，新设三种狭义层面的生物安全犯罪，一定程度上满足了国家应对生物安全风险的制度需要和现实需求。

（三）《刑法修正案（十一）》生物安全犯罪立法是回应型兼顾预防型立法

《刑法修正案（十一）》新增的三种狭义层面的生物安全犯罪，为防范未

1　王子灿：《Biosafety 与 Biosecurity：同一理论框架下的两个不同概念》，载《武汉大学学报（哲学社会科学版）》2006 年第 2 期，第 255 页。

来生物安全风险提供了刑法保障，有效回应了实践需求，它们既是预防性立法，也是回应型立法，是扎根于司法实践的预防性立法，其预防立场理性而中肯，不过于积极更不激进。非法采集人类遗传资源、走私人类遗传资源材料罪与非法引进、释放、丢弃外来入侵物种罪的设立是贯彻预防原则的立法。生物安全关乎人类生死存亡和国家健康发展，生物因素带来的安全问题一直是人类面临的巨大挑战。尤其是进入21世纪以来，“随着全球化进程的不断加速，以及基因编辑、合成生物学等颠覆性生物技术的迅猛发展，世界生物安全威胁形势愈加严峻，主要表现为新发突发传染病频发、外来物种入侵日趋严峻、实验室生物安全存在隐患、生物技术谬用风险日益增加、生物恐怖威胁不断加剧及人类遗传资源流失时有发生等”[1]。以人类遗传资源保护为例，国务院《人类遗传资源管理条例》第2条规定：“本条例所称人类遗传资源包括人类遗传资源材料和人类遗传资源信息。人类遗传资源材料是指含有人体基因组、基因等遗传物质的器官、组织、细胞等遗传材料。人类遗传资源信息是指利用人类遗传资源材料产生的数据等信息资料。”人类遗传资源中蕴藏着人类生命本质，它的不正当使用不仅在价值层面违背了人性尊严，更会从根本意义上威胁人类存在。因为破解人类遗传资源密码，不仅意味着人类生命有了新的可能，而且带来了更大的人类危机。不法分子利用人类基因信息可以制造生物武器，发动生物学意义上的恐怖袭击，而生物技术的高端门槛又大大削弱了人类应对此类危机的能力。面对这种危害性大且难以事后应对的生物安全风险，通过刑法进行积极预防无疑是当下最为稳妥和必要的方式。《刑法修正案（十一）》将非法采集我国人类遗传资源或者非法运送、邮寄、携带我国人类遗传资源材料出境的行为适度犯罪化，并不是意味着上述非法采集、运送、邮寄、携带出境行为本身对人类遗传资源造成了损

1 何蕊等:《我国生物安全立法现状与展望》，载《第二军医大学学报》2019年第9期，第937-938页。

害，而是为了预防之后利用该遗传资源进行非法生物实验等技术滥用风险及对我国生物安全的可能威胁，因为单纯的采集、运送、邮寄、携带并不涉及对人类遗传资源信息的破译，它只是增加了人类遗传资源信息被不当使用的风险。从逻辑上看，这种立法其实是将法益关联行为犯罪化，是刑法将“使法益危殆化的法益关联性行为的规制提至具体危险发生之前的阶段”[1]，它虽然尚未触及法益的核心，但从风险程度及预防必要性来看，这种犯罪化具有合理性。同时，它也属于“面向未来的刑事立法”，“试图抢在技术发展之前就确定某些行为方式的可罚性”，[2] 尽管在立法诞生之时，这些行为在实践中还很少发生或者在技术上还难以有效实现。

类似地，《刑法修正案（十一）》增设非法引进、释放、丢弃外来入侵物种罪，也是以预防外来物种入侵风险为主要逻辑。在过去，我国对生态环境与生物多样性保护认知不高，对物种入侵的危害性认识不够，“我国对外来物种的引进存在一定程度的盲目性：50%的外来入侵植物是作为牧草或饲料、观赏植物、纤维植物、药用植物、蔬菜、草坪植物而引进的；25%的外来入侵动物是用于养殖、观赏、生物防治的引种。对外来物种只重引进、疏于管理，也可能导致外来物种逃逸到自然环境中，造成潜在的环境灾害”[3]。大量调查研究表明，盲目引进外来物种不仅不能使物种数量增加，反而会因为外来物种在引进地缺少天敌并蚕食本土生物而对生态系统造成严重破坏，“外来物种是导致生物多样性丧失的最重要的因素，已成为严重的全球性环境问题之一”[4]。正因为如此，《农业法》《进出境动植物检疫法》《生物安全法》等法律都从不同层面对物种引进予以规范。而更值得反思的是，物种入侵对生

1　嘉門優「法益論の現代的意義（二・完）」法雑 1 巻（2004 年）106 頁。

2　［德］埃里克·希尔根多夫：《德国刑法学：从传统到现代》，江溯、黄笑岩等译，北京大学出版社 2015 年版，第 27 页。

3　徐海根等：《中国外来入侵物种的分布与传入路径分析》，载《生物多样性》2004 年第 6 期，第 633 页。

4　柏成寿：《外来入侵物种管理与生物多样性保护》，载《环境保护》2002 年第 8 期，第 21 页。

物多样性和生态环境的破坏一旦发生往往是不可逆的。面对如此高昂的生态环境代价，显然不能仅通过行政处罚一罚了之。生态环境代价越是高昂就越需要与之相对应的严厉制裁手段，也越需要提前介入以预防潜在风险，在此意义上说，在损害尚未发生或者尚未恶化之前，《刑法》增设非法引进、释放、丢弃外来入侵物种罪以积极预防生物安全风险是必要的、合理的。

《刑法修正案（十一）》的生物安全立法并非全然是预防型立法，还有回应司法实践迫切要求的回应型立法，其典型代表是针对科研不端而新增的《刑法修正案（十一）》第 39 条非法植入基因编辑、克隆胚胎罪。“人类胚胎基因实验以人类胚胎或前胚胎为实验对象，在技术上有基因检测、基因诊断、基因筛选、基因编辑（基因改造）等类型，引发了一系列伦理、社会和法律争议。”[1] 为此，《生物安全法》第 34 条规定：“国家加强对生物技术研究、开发与应用活动的安全管理，禁止从事危及公众健康、损害生物资源、破坏生态系统和生物多样性等危害生物安全的生物技术研究、开发与应用活动。从事生物技术研究、开发与应用活动，应当符合伦理原则。”我国《民法典》第 1009 条也规定：“从事与人体基因、人体胚胎等有关的医学和科研活动，应当遵守法律、行政法规和国家有关规定，不得危害人体健康，不得违背伦理道德，不得损害公共利益。”这些立法上的规定和理论上的争议，正是受“基因编辑婴儿”案件的影响推动。在贺某奎等人非法行医罪一案中，法院判决贺某奎等人“贸然将基因编辑技术应用于人类辅助生殖医疗，扰乱医疗管理秩序，情节严重，其行为已构成非法行医罪”[2]。但实际上，该案并不完全符合非法行医罪的构成要件，这一判决彰显了从刑法最后保障法的角度推动树立科研伦理的重要性和迫切性，但是，与其适用并不能真正涵盖“基因编

---

1 王康：《人类基因编辑实验的法律规制——兼论胚胎植入前基因诊断的法律议题》，载《东方法学》2019 年第 1 期，第 5 页。

2 王擎、肖思思、周颖：《聚焦“基因编辑婴儿”案件》，载《人民日报》2019 年 12 月 31 日，第 11 版。

辑婴儿”行为的非法行医罪或是其他罪名，不如直接将“基因编辑婴儿”等行为规定为新犯罪。所以，《刑法修正案（十一）》新增非法植入基因编辑、克隆胚胎罪可谓科学立法的典型。“刑法对科研不端行为作出回应是大势所趋，对于具有较大社会危害性的科研不端行为进行‘入罪’处理，对于遏制相关犯罪行为，维护国家科技力量可持续发展，具有显著意义。”[1] 总之，将因人体基因编辑等科研不端而侵犯生物安全的行为入罪，已经不是积极刑法观的预防性立法了，而是在司法实务的强烈需求和其他法律反推之下，刑事立法相对被动作出的合理反映。

（四）《刑法修正案（十一）》中生物安全犯罪新罪名恪守比例原则

《刑法修正案（十一）》生物安全犯罪的三个新罪名都以“情节严重”作为入罪标准，在发挥对生物安全犯罪的预防作用的同时，避免了“行为一经实施即构成犯罪”的结果，为合理划定生物安全犯罪的定罪处罚范围提供了立法基础，因此是理性的积极预防。

生物安全保护与生物技术发展是法学与生物科学交叉的一对基本范畴，两者的协调平衡是这一新兴法学主题能否有效开拓的中心问题，它也同样是贯穿于《刑法修正案（十一）》生物安全犯罪立法的主线。《刑法修正案（十一）》增设了三个新罪名，以应对严重危害人类遗传资源安全、非法利用生物技术、非法处置外来入侵物种带来的生物安全风险，扩大刑法对生物安全的保护范围。刑法基于风险预防考量，将上述三类行为犯罪化，但是，这种犯罪化“并不禁止损害本身，而是禁止损害可能性——当实施这种犯罪时，这种损害可能性并没有（通常情况下也并没有）转变为现实危害”[2]。也因此，

---

1 荆龙：《刑法修正案（十一）草案亮相高空抛物、催收高利贷为业、侮辱诽谤英雄烈士等拟入刑》，载《人民法院报》2020 年 6 月 29 日，第 4 版。

2 ［美］道格拉斯·胡萨克：《过罪化及刑法的限制》，姜敏译，中国法制出版社 2015 年版，第 57 页。

它的犯罪化基础并不如实害犯那样坚实与可靠，对风险预防犯的理论质疑也从未间断。

从更深层次来看，风险的高度不确定性与生物技术向前发展的时代趋势共同决定了刑法对生物安全风险的预防需要找到合理的平衡点，既不能置之不理而任由风险泛滥，也不能过度预防而导致过度的犯罪化。鉴于风险的不确定性，作为最后手段的刑法在触及风险预防时需要慎之又慎，风险预防过度会面临正当性质疑，因为对没有危害的行为施加刑罚或者对危害程度低的行为施加过重的刑罚，都会“加剧刑罚的泛滥，它将损害刑法的公信力，削弱刑法的一般威慑性”[1]。为避免预防的过度化，达成生物安全保护与生物技术发展的合理平衡，《刑法修正案（十一）》新增的三个罪名中都规定了“情节严重”要件，它具有调和“法法关系”和限制入罪的重要功能。

在立法论上，“情节严重”要件的设置有助于避免陷入“行为一经实施即构成犯罪”的无边界刑法的困境。刑法有其边界性，当终止某种行为“可以通过较低代价而有效地实现时”，刑罚即不必要。[2] 物种入侵在任何时代都可能存在，只不过在过去，人类对它的危害性没有充分认识，导致刑法并未规制此类行为。当人类对它的危害性有了深刻认识之后，对这种可能严重侵害生物安全法益的行为，当然有通过更加严厉的刑法加以规制的必要。但在对物种入侵的危害性有了更深认识的同时，也要注意到刑法对解决这一问题的有限性，以及刑法的过度适用所带来的新危害。非法利用人类遗传资源及非法从事基因编辑等行为的危害性，都是随着生物技术发展而越发严重的，刑法将过去危害不严重但当下危害严重的行为犯罪化，是以法益侵害程度的时代变动为基础的。但也要关注到，生物技术的向前发展具有必然性，而且

1　Ronald L. Gainer, *Feder Criminal Code Reform: Past and Future*, Buffalo Criminal Law Review, Vol. 2: 78 (1998).

2　参见［英］杰里米·边沁：《论道德与立法的原则》，程立显、宇文利译，陕西人民出版社 2009 年版，第 130-136 页。

在很多情形下，它的发展能够惠及人类自身，不能只观其弊而不观其利，不宜不加甄别而一律禁止。由此可见，刑法设置“情节严重”要件限制生物安全犯罪的成立范围，是建立在对生物安全风险理性认知基础之上的，因而具备实质的正当性。

在司法论上，“情节严重”为将来制定有关司法解释提供指引，并为司法实践探索相关犯罪的处罚规则留下了必要的缓冲空间。对于上述三个生物安全犯罪罪名，《刑法修正案（十一）》并未就何为“情节严重”作出具体规定，可以预见的是，这三个犯罪中的“情节严重”需要在未来通过司法解释的形式予以明确，司法解释将根据行为是否“情节严重”筛选出值得刑罚处罚的情形，从而将情节轻微的情形除罪化，合理地限制犯罪圈。由于“情节严重”要件具有一定的开放性，司法解释通常采取“列举+兜底”的方式描述其类型，具体而言，先是列举司法实践中常见多发的情节严重情形，再以类似“其他情节严重情形”的表述进行兜底，从而形成了半具体半开放的规范结构。这样既能够为司法实践处理相关案件提供依据，又能够起到在司法上合理限制犯罪成立的效果。因为即使“其他情节严重情形”具有开放性，在上述“列举+兜底”的规范结构下，对兜底规范即“其他情节严重情形”的解释也应当采取同类解释规则，即“其他情节严重情形”应当与所列举情形的危害性相当，对危害性更低的行为，不能按照相关犯罪处理。

在解释论上，通过“情节严重”要件厘清“法法关系”可以使“解释或者对法律的发展能够被镶嵌进法律制度的内部关联之中，它们能够与其他规范相协调”[1]，而在“法法关系”的协调过程中，对生物安全犯罪进行合理限制解释的路径也得以明确。生物安全犯罪立法设置的“情节严重”要件，体现了生物安全领域行政违法与刑事犯罪的递进关系。刑法新增三个生物安全

1 ［德］卡尔·拉伦茨：《论作为科学的法学的不可或缺性——1966 年 4 月 20 日在柏林法学会的演讲》，赵阳译，载《比较法研究》2005 年第 3 期，第 152 页。

犯罪，在一定程度上与行政手段无力调控生物安全风险有关，但这并不意味着，当刑法增设生物安全犯罪之后，行政法的调控就要退居幕后，而应当在厘清两者关系的基础上，合理确定各自的适用范围。“情节严重”是反映法益侵害性程度的要素，合理解释“情节严重”要件是厘清两法关系、妥善调控生物安全风险的重要路径。在整体法秩序中，行政法是刑法的前置法，它拦截在前的违法行为，“对于违法行为之制裁，倘有许多措施可行时，宜先运用轻罚，俟不能达到遏阻目的时，才使用重罚”，[1] 据此，非法采集人类遗传资源，走私人类遗传资源材料，非法植入基因编辑、克隆胚胎以及非法引进、释放、丢弃外来入侵物种等行为，虽然违反了国家规定，但如果情节较轻，只需要适用《生物安全法》《野生动物保护法》等前置法给予行政处罚即可而无动用《刑法》的必要。

鉴于此，《刑法修正案（十一）》新增的三个生物安全犯罪都规定以“情节严重”作为犯罪构成要件，它体现了立法对三种犯罪行为入罪的限制，恪守了比例原则，值得肯定。在司法适用和解释上，“通过司法专业人员基于法治理性的判断，对作为行为规范的刑法条文进行合理解释，从而将积极的刑事立法对人们生活的过度干预消除或者控制在最小的范围之内”[2]，“情节严重”的规定无疑为实践中生物安全犯罪的实质出罪留下足够的空间。

综上所述，《刑法修正案（十一）》的生物安全犯罪立法，在理念上符合总体国家安全观，在实践上不仅着眼于预防，也是对已经发生的新型生物安全犯罪行为的回应。这一立法弥补了我国刑法对生物安全保护不足的缺陷，新增罪名均设置了入罪门槛，恪守了比例原则。虽然积极刑法观导致我国刑法罪名不断增加，处罚犯罪不断扩大，由此引发了学界对积极预防型立法的

1　黄铭杰：《让行政的归行政、司法的归司法——跳脱“先行政后司法”后之“先行政无司法”窘态》，载《月旦法学杂志》第2期（2012年），第92-93页。

2　黎宏：《预防刑法观的问题及其克服》，载《南大法学》2020年第4期，第1页。

担忧，[1]《刑法修正案（十一）》的生物安全犯罪立法从根本上说是积极刑法观而非消极刑法观的体现，但是由于这一立法所具有的上述合理性，其有效化解了积极刑法观的正当性危机，它是理性的积极刑法观立法的典范，因而值得肯定。

第二节 消极立法：应对刑罚权扩张的罪刑法定限权精神

积极刑法观在立法领域的实践体现了刑事立法积极化的现实态势，与之相对的消极刑法观则主张通过消极立法消弭刑法异化的风险，这种消极立法遵循了罪刑法定原则的刑法信仰，可以有效应对刑罚权扩张所引发的风险，体现了刑法的限权精神。事实上，无论是积极刑法观还是消极刑法观均认为，现代社会治理不能固守传统刑法观，解题的关键在于，什么才是“传统刑法观”，何又为“现代刑法观”。积极刑法观认为，处罚早期化、积极增设新罪、延伸刑法触角符合现代社会发展，因为现代社会风险丛生，强化刑法的社会控制效力、增强刑法与预防性刑事政策的关联才是“现代刑法观”，否则便是传统、古典、保守、落后的刑法观。在全面推进依法治国的时代背景下，“现代”或“现代化”拥有明确的衡量标准即法治，从“现代国家治理观”“现代社会治理观”到“现代刑法观”，它们秉持的基础必须是“法治观”，而法治的产生和运行是以权力制约为逻辑起点，依法治国必须要克服“御用精神和工具主义”，立足于社会而不是国家、立足于权利而不是权力、立足于治理而不是统治。[2] 刑法观究竟是“传统”还是“现代”的分水岭在于是否有助于限制刑罚权力而不是能否全面管控社会，在立法层面贯彻刑罚比例原则。因此，真正的“传统刑法观”是缺乏控权逻辑的重刑主义的刑法观，

1 参见黎宏：《预防刑法观的问题及其克服》，载《南大法学》2020 年第 4 期，第 3-10 页。
2 参见马长山：《国家、市民社会与法治》，商务印书馆 2002 年版，第 279 页。

“现代刑法观”是主张刑法有限性的谦抑主义刑法观，我国刑法在尚未完成自由刑法所赋予的法治国人权保障任务的情况下，即已匆匆步入风险刑法、预防刑法的新境地，积极刑法观迎合了基于技术驱动的恐惧感所助长的非理性需求，这使它接近刑事政策的同义转换。若要坚持“政府负责、民主协商、社会协同、公众参与、法治保障、科技支撑”的社会治理路线，需要增强的不是刑法而是刑法之前、之外的多元共治规范，更加约束好刑罚权这个最严厉、最排外的公权力。刑法接管社会治理各方面，会使国家权力越发膨胀，完全与“共建共治共享”多元化格局以及促进社会治理共同体的方向相背离。在科学推进刑事法治现代化时期，刑法学的任务应当是谋求改善传统管制畸重的法治环境，为刑事立法和司法做好称职的良法善治之引导，在社会治理中提倡消极刑法观，这是契合社会治理现代化、提升国家治理效能的应然选择。

一、社会治理中积极与消极刑法观的此长彼消

自由生活在这个世界上是每个人最基本的需求，同时也是最难实现的理想。风险社会的到来使个人与公共的对立日益尖锐，人类社会“面临着应该构建自由社会还是共同体社会的抉择”[1]。积极刑法观和预防性立法正是我国刑事治理领域在保护公民个人自由与社会共同体之间所做出的倾向于后者的选择。

刑法理论经历了古典时期到近现代的变迁。报应论的刑法思想是人类“善有善报、恶有恶报”的朴素正义观的体现，刑罚的目的就是惩罚犯罪、恢复正义。消极刑法观是与古典刑法报应刑的思想相适应的观念。然而，刑法的功能不仅仅是惩罚犯罪，随着时代变迁，预防犯罪逐渐成了现代刑法的重

1　［日］高桥则夫:《刑法总论》，李世阳译，中国政法大学出版社 2020 年版，第 3 页。

要目标。风险社会的到来更是对刑法的功能提出了新挑战，人们看到了传统刑法的不足，停留于朴素正义观的报应刑无法满足风险预防的社会治理需求，法益的威胁无时无刻不在，需要保护的法益日益增加，“刑罚处罚的漏洞日益明显”，“只有采取积极刑法观，利用刑法有效地保护法益，才能满足法益保护的合理需求”。[1] 与之相对，基于事后惩罚的以报应刑为基础的消极刑法观，被认为“可能导致刑事立法的僵化和刑事司法的机械化”[2]，以及“对宏观社会背景关注不够”[3]。从农业社会到工业社会再到风险社会的发展变迁，使得动用刑法提早介入以预防风险发生，似乎日益成为现代风险社会刑法的主要任务，经典刑法与核心刑法主张的公民自由与人权保障让位于社会安全与秩序维护。积极刑法观正是与风险社会刑法理论及预防刑相一致的刑法观念。在18世纪、19世纪和20世纪上半叶，消极刑法观是刑法的主流观念，而在20世纪后半叶尤其是当下，积极刑法观渐渐占据重要地位并大有取代消极刑法观之势。积极刑法观与消极刑法观，成为当下立法活性化时代刑法观此长彼消的一对范畴。

积极刑法观以法益侵害的风险预防为核心，这一点完全不同于消极刑法观以法益侵害的结果惩罚为核心的基本立场。“法益具有充当个体自由发展的手段的机能，因而具有价值并受到刑法上的保护，如果以损害法益的手段机能的方式改变了其实体，那么法益的价值无疑会降低，此即所谓法益侵害。”[4] 然而，积极刑法观因为过于积极，在法益的价值还没有降低亦即法益侵害还没有发生时，就已经动用刑罚处罚。如果法益侵害的手段改变了法益的实体，这样的刑法观就不是积极的了，而是传统报应刑的刑法观。积极刑

---

1 张明楷：《增设新罪的观念——对积极刑法观的支持》，载《现代法学》2020年第5期，第156-158页。

2 孙国祥：《新时代刑法发展的基本立场》，载《法学家》2019年第6期，第7页。

3 黄云波、黄太云：《论稳健型刑法立法观》，载《中国刑事法杂志》2019年第3期，第48页。

4 ［德］乌尔斯·金德霍伊泽尔：《刑法总论教科书》（第6版），蔡桂生译，北京大学出版社2015年版，第5页。

法观的重点就在于姿态的积极，不是在事后惩治而是在事前预防，因此，积极刑法观的终极目标是将刑法打造为预防性刑法。姿态的积极体现在行动上，就是超越法益的损害，而仅仅在行为有侵害法益的危险时，就将之作为犯罪对待。因此，积极刑法观所持的其实是以法益侵害的风险预防为核心的基本立场。这一立场的直接后果就是刑法保护的扩张，这种扩张是通过对集体法益保护的扩张、具体危险犯和抽象危险犯的扩张而实现的。

首先，以法益侵害的风险预防为核心的基本立场，导致对行为不法的评价呈现主观化以及刑法对集体法益的保护扩张。以法益侵害的风险预防为核心，其本质是试图把曾经只认为是偶然发生的损害结果归属于具体、当下发生的行为。易言之，立法者认为所有行为都可能导致法益侵害的风险，由此促使对行为不法的评价在时间维度上需要考虑行为将来的后果，在社会维度上需要考虑行为的社会影响。换言之，是法律把所有行为都“拟制”为风险行为，在法律上认定所有当下的行为都可能产生法所不欲的后果，从而使法益侵害风险成了所有行为所固有的特征。然而，某一行为具备的侵害法益风险是否会转化为值得刑罚处罚的法益侵害危险，从客观层面几乎无从入手，只能结合行为人的主观方面进行评价，以行为人主观的不法意图充实行为不法的内涵。但是，这种立场以行为人主观的危险要素为基础，试图将此类行为具备的法益侵害风险类型化，转化为值得刑罚处罚的法益侵害抽象危险，这导致对行为不法的评价呈现鲜明的主观化趋势，集体法益的保护范围由此显著扩张。[1]

其次，以法益侵害的风险预防为核心的基本立场，导致刑法对法益侵害风险的保护扩张，危险行为的犯罪化数量骤增。一方面，积极刑法观以法益侵害的风险预防为核心，导致刑法中的具体危险犯增多。“当利益是否遭受实

1　Vgl. Reinhard Kreissl, Sicherheita lssymbolishes Gut, in：SaskiaSteiger/JochenSchiller/LarsGerhold（Hrsg.），Sicherheitsforschun-gimDialog，Beiträgeausdem Forschungs forumöffentliche Sicherheit，2015，S. 83 .

体性损害只取决于偶然时，这种处境下的利益的价值，对于利益所有者而言，也是降低了。这种利益是否遭受实体性损害只取决于偶然的状态，人们将之称为具体危险。”[1] 例如，根据《刑法修正案（十一）》第 4 条新增的《刑法》第 134 条之一，“在生产、作业中违反有关安全管理的规定”，“具有发生重大伤亡事故或者其他严重后果的现实危险”就可构成危险作业罪。换言之，只是由于关闭、破坏直接关系生产安全的监控或篡改相关数据等行为使生产作业本身处于一种不安全状态，具有发生重大伤亡事故或者其他严重后果的现实危险亦即具体危险，因而使生产活动中的人身安全与经济价值受到潜在的威胁，因此，“将具体危险视作针对利益的独立的损害，就是完全可能的和合理的，尽管危险的状态只是短暂存在”[2]。现实危险哪怕存在的时间短暂，只要有发生法益侵害的可能，就会被基于风险预防立场而当作犯罪处理。另一方面，积极刑法观以法益侵害的风险预防为核心，会规制危及人们生活的各类抽象危险，刑法中的抽象危险犯也随之增多。“当人们无法充分确信，在投入利益之时利益不会遭受损害，人们也不会理智地投入该利益以充当自由发展的手段。”[3] 比如，当人们认为从高层建筑物下行走可能会被高空抛下来的物品砸伤导致“头上安全”得不到保障时，当人们认为在城市里行走可能会因窨井盖被偷而跌落深洞导致“脚下安全”受到威胁时，当人们开车上路可能会被醉驾的或恶意竞驶的车辆碰撞时，当人们乘坐公交车可能碰到他人抢夺方向盘危及行驶安全时，人们就不会从高层建筑物楼下行走，不会出门在城里走路，不会开车上路，不会乘坐公交车。然而，尽管人们可以如此做，“但这样就限制住了人们自由发展的可能性，对于利益所有者而言，利益

---

1 ［德］乌尔斯·金德霍伊泽尔：《刑法总论教科书》（第 6 版），蔡桂生译，北京大学出版社 2015 年版，第 5 页。

2 ［德］乌尔斯·金德霍伊泽尔：《刑法总论教科书》（第 6 版），蔡桂生译，北京大学出版社 2015 年版，第 6 页。

3 ［德］乌尔斯·金德霍伊泽尔：《刑法总论教科书》（第 6 版），蔡桂生译，北京大学出版社 2015 年版，第 6 页。

也就不具备其本来可以具备的价值。在这种情形下，理智地使用利益所需的安全条件未能得到保障，人们便可将该情形称为抽象危险。人们可能将这种意义上针对法益的抽象危险评价为独立形式的损害"[1]。因此，危险驾驶罪、《刑法修正案（十一）》第 2 条新增的《刑法》第 133 条之二妨害安全驾驶罪、《刑法修正案（十一）》第 33 条新增的《刑法》第 291 条之二高空抛物罪等罪名，均是针对法益的抽象危险而设立的罪名，亦即抽象危险犯。

总之，积极刑法观以事先预防为主要面向，完全不同于消极刑法观以事后惩罚为主要面向。以法益保护的集体化、危险行为的犯罪化为标志的犯罪处罚扩大化，是为了充分发挥刑罚的预防功能，"打早打小"可以发挥事先预防的作用。积极刑法观对违法的评价更多是基于行为人主观面向，即行为无价值，消极刑法观对违法的评价更多是基于侵害法益的结果，即结果无价值。积极刑法观处罚范围广，存在处罚早期化与法益精神化的倾向。与之相对，消极刑法观处罚范围窄，存在处罚结果化与法益实体化的倾向。事实上，由于消极刑法观具有谨慎性与滞后性，而积极刑法观对于风险社会中风险的防范具有预防性和前瞻性，故后者成为风险社会治理的重要刑法观念。

二、罪刑法定原则指导下消极刑法观之确立

尽管当前积极主义的刑法立法理念占据了一定上风，但在主体多样、利益多元的现代社会，法治化的限权逻辑一方面要求直接用规则约束权力，在刑法上即是以罪刑法定等一系列原则限制刑罚权的发动；另一方面则要求充分释放非国家主体的治理能量，转变"国家中心主义"的模式惯性，弱化社会治理的公权力依赖症。技术革命以及技术驱动的"多元性"使现代社会显

1 ［德］乌尔斯·金德霍伊泽尔：《刑法总论教科书》（第 6 版），蔡桂生译，北京大学出版社 2015 年版，第 6 页。

著区别于传统的单一物理性社会，传统社会治理对此不曾有过任何经验，适应多元社会多元主体的多元需求，成为当前时代社会治理的一条红线。正如党的十九大报告强调“打造共建共治共享的社会治理格局”，“共建共治共享”也成为《法治社会建设实施纲要（2020—2025年）》中社会治理法治化的基本原则。在这种社会变革与治理创新的背景下，刑法万能论思维已难以适应“共建共治共享”的多元节奏，使用刑法作为社会治理的主要手段的积极刑法观与法治社会治理规律不一致，消极刑法观应成为因应法治时代刑事治理的基本理念。

（一）“共建共治共享”的刑法意义

《国民经济和社会发展第十四个五年规划和2035年远景目标纲要》（以下简称《“十四五”规划和2035年远景目标》）依照党的十九届五中全会“完善共建共治共享的社会治理制度”的精神，提出“提升共建共治共享水平”“构建基层社会治理新格局”，主张“自治、法治、德治相结合”“完善基层民主协商制度，建设人人有责、人人尽责、人人享有的社会治理共同体”，这是对《法治社会建设实施纲要（2020—2025年）》所提出的“完善党委领导、政府负责、民主协商、社会协同、公众参与、法治保障、科技支撑的社会治理体系”的再次确认。其实，“七位一体”的社会治理体系的提出是一个渐进的过程：党在十六届六中全会上就提出“健全党委领导、政府负责、社会协同、公众参与的社会管理格局”；随着依法治国的推进，党的十八大将“法治保障”作为一个旗帜鲜明的独立指标纳入其中，进而发展为“五位一体”；党的十九大将“五位一体”的社会管理体制升级为“社会治理体制”，党的十九届四中全会又将“民主协商”“科技支撑”作为“社会治理体系”的新组成，强调“建设人人有责、人人尽责、人人享有的社会治理共同体”。所以，刑法在社会治理共同体中的意义必须予以明确，否则就会离“共建共治共享”的格局愈来愈远。

“共建共治共享”要求多元力量参与社会治理，而不是刑法甚至不是法律“独建独治独享”。社会治理作为国家治理的重要方面，涉及社会矛盾预防与化解的各个领域，犯罪作为危害性最大的社会纠纷，对它的治理是社会治理的最重要任务之一。毫无疑问，无论根据报应主义还是预防主义，犯罪对应的基本后果是刑罚，积极刑法观号召刑法积极参与社会治理，也只是通过对犯罪施加刑罚来体现刑法的“在场性”，所以积极刑法观所提供的方案也必定是事后惩罚措施，即便以“预防刑法”“安全刑法”“风险刑法”的名义作出“预备行为实行化”等刑法干预的前置化举措，也只是对该特定预备行为的事后处置。例如，被告人张某浩等利用信息网络为实施介绍卖淫等违法犯罪活动发布信息，二审法院认定被告人构成《刑法》第287条之一“非法利用信息网络罪”，[1] 本罪虽然是针对利用信息网络从事其他犯罪的一种提前介入，但这种积极介入也必须待被告人着手实施非法利用信息网络行为之后才可以启动，且启动的唯一途径仍是国家权力主导下的“立案—侦查—起诉—审判（定罪量刑）—刑罚执行—刑满”。这种积极刑法观导向下的所谓犯罪“积极治理”除将被告人提前送入监狱、打上犯罪标签之外，还会取得何种治理效果？刑法积极论者的唯一辩白可能就只剩下“以儆效尤”这种纯粹恐吓预防论了，如将“首案”的入罪判决作为判例告知公众：请看清楚，这种以前无罪的行为从今往后就要以犯罪论处。以此树立起来的“规范意识”，其本质仍然是用刑罚警示大众而已，积极刑法观也只是几千年以来“积极使用刑法大棒”思维的同义转换，并没有体现出任何社会治理的时代性、创新性。

更重要的是，技术驱动社会权力重新分配，社会规则的制定权主体呈现多极化，国家干预权的分量被日益增长的其他治理权稀释或弱化，因而刑法

1　参见（2020）粤19刑终字第1180号刑事裁定书。

的作用将更加羸弱。传统的社会管理模式完全是政治国家主导，非国家主体一直作为“被管理者”而在社会格局中处于边缘地位。然而，以创建“多向性”为特点的科学技术扩展了非国家主体的行动空间，网络平台甚至赋予了企业组织在社会交往中的垄断性。德国学者贝克针对风险社会中权力配置指出，“今天塑造社会的潜在可能性已经从政治系统转移到科学—技术—经济现代化的亚政治系统”，非国家主体的权利“得到了行使、被扩大解释或精心阐述，社会内部的权力关系也出现了某种程度的改变”，他将这种变化界定为“政治失势的民主化”“结构民主化”。[1] 这一点在当前可谓已经彻底成为现实，如今官方决策不再是社会治理的唯一或核心凭借，非官方主体的有效参与和民主监督早已成为更加有用的方式。在前述“七位一体”的社会治理体系中，“民主协商”“社会协同”“公众参与”“科技支撑”都是在坚持党的领导前提下逐渐适应多元化社会治理机制的科学选择，多元共治表现为两方面的意义：一方面，“民主协商”“社会协同”“公众参与”强化了市民参与社会治理的正当性，市民因参与管理“众人之事”而具备了某种“政治化的权力性”，成为超越传统政治与非政治系统的“亚政治系统”，这种“群防群治”“共建共治”向来是中国特色社会主义民主的优势。另一方面，“科技支撑”则更加揭示了国家权力的治理局限性，因为国家制度的作用管道漫长而低效，甚至具有严重的滞后性，当前时代则更需要“技术对技术”的高效化精准化治理，这也是“代码即法律”这一命题存在的基础。对于失范行为、犯罪行为的预防而言，“科技支撑”的刑法价值在于为从“打早打小”的权力思维向“打准打实”的技术思维转变提供基础。

可以说，“共建共治共享”的社会治理原则旨在创建“人人有责、人人尽责、人人享有的社会治理共同体”，刑罚权作为政治国家最刚硬的权力，若

---

1 参见［德］乌尔里希·贝克：《风险社会：新的现代性之路》，张文杰、何博闻译，译林出版社2018年版，第235页以下。

使用得过于频繁，则社会治理共同体仍会呈现“大政府、小社会”的格局，《“十四五”规划和2035年远景目标》所倡导的“积极引导社会力量参与基层治理”也将难以实现。从刑法的内容及其发动程序来看，无论将其功能或愿景渲染得多么美好，刑罚的本质都是由国家对公民发起、以政治权威为后盾的以恶制恶，只不过正当的刑罚可以被评价为容许的恶，而不正当的刑罚则属于不必要的恶，法治国家由此才会在实体与程序上确立罪刑法定、疑罪从无等法治原则去限制后一种恶。因此，刑法参与社会治理必须保持一定的限制，为其他共同体的功能发挥留出更大的余地。

（二）社会治理应当贯彻比例原则

具有宪法位阶的一项法治原则是比例原则（Verhltnismiigkeitsgrundsatz），它“源于法治国家理念及基本人权之本质”，“行政比例原则”已成为行政法上约束行政主体的基本原则，[1] 在社会治理法治化体系中“刑罚比例原则”也必须得到重视。比例原则主要包括适当性（Geeignetheit）、必要性（Erforderlichkeit）、均衡性（Angemessenheit）三个要素（三阶说），除此之外，也有观点把国家行动目标的澄清（die Klärung des Zwecks）作为权力行使的一个前提（四阶说）。[2] 综合而言，它涉及：第一，国家行动必须追求合法目的，这旨在禁止国家的意志恣意性；第二，国家采取的措施必须适合实现上述目的或至少有助于促进实现该目的；第三，该措施必须是必要的，对于受影响的人来说，不得有任何其他更适合、更温和的措施；第四，该措施必须妥当衡量所影响的相关权利、法益或利益。[3] 积极刑法观在社会治理上的目的是良好的，但目的正当不能证明手段合理：刑法使用尽量多一些还是少一些，

1　参见周佑勇：《行政法原论》（第3版），北京大学出版社2018年版，第63页。

2　Vgl. Johannes Kaspar, Verhältnismäβigkeit und Grundrechtsschutz im Präventionsstrafrecht, 2014, S. 100 ff.

3　Vgl. Mike Wienbracke, Der Verhältnismäβigkeitsgrundsatz, ZJS 2 (2013), S. 148 ff.

这更多是社会治理的手段之争，即手段对于目的实现是否具有适当性、必要性和均衡性。积极刑法观主张刑法积极干预社会生活，如倡导积极增设新罪、建构轻罪体系、使用目的性扩张解释等弥补罪刑规范供给不足。然而，积极刑法观会导致犯罪圈的扩大和刑法网的严密，其适度性需要反思。经过比例原则三个阶段检验，可以得出较为明确的结论。

第一，“积极使用刑罚”并不是优化社会治理、化解社会矛盾的适当措施，它无助于实现社会治理法治化，违反适当性原则。积极刑法观的一个最重要的目的是通过刑罚强化公众的规则意识、法律意识。然而，公民“规范意识”“法治意识”的培养根本不是依靠刑法而是需要多元化的规范集合以及多元化的宣传方式。其实，积极刑法观支持者常将自己的理论与德国的积极一般预防论（die Positive Generalprävention）联系在一起，因为二者都把培养“法律意识”（Rechtbesusstseins）、“法忠诚”（Rechtstreue）、“法秩序中的公众信赖”（Vertrauens der Allgemeinheit in die Rechtsordung）等奉为犯罪预防目标的关键词，[1] 似乎找到了德国刑法学的话语共识，积极刑法观就变得更有底气或成为域外理论中国化的最大胜利。究实言之，“法律意识”“法忠诚”的客观表现就是汉语上最为熟悉的“懂法、守法、用法、护法”。我国历来十分注重增强公民法律意识，如《法治社会建设实施纲要（2020—2025年）》的第一项便是“推动全社会增强法治观念”，其首选途径也不是刑法，而是宣传和教育，如“深入宣传宪法，弘扬宪法精神”“深入学习宣传习近平法治思想”“加强青少年法治教育”“健全普法责任制”“建设社会主义法治文化”“依法治网和以德润网相结合”等。所以，积极刑法观所期待的“训练公民的法忠诚意识”完全不需要急躁地借助沉重的刑罚责任，良好的社会政策才是最好的刑事政策，预防犯罪可谓“工夫在诗外”，刑法之前的民法典、行政

1 Vgl. Johannes Wessels, Werner Beulke, Helmut Satzger, Strafrecht AT: Die Straftat und Rn. 23; Urs Kindhäuser, Strafrecht AT, 8. Aufl. 2017, § Rn. 14.

法规等前置法以及刑法之外的行业规范、平台规则、互联网协议、商业道德、社会公德等才是更前沿的治理规范，它们才是实现“共建共治”的法律意识来源。

第二，对于社会治理而言，其他更加温和的非刑罚替代措施更能发挥治理效能，而积极刑法观则存在违反必要性原则之虞。面对所谓“世界风险社会”（Weltrisikogesellschaft）的挑战，刑事政策方案不单有扩大犯罪圈、积极使用刑罚这一种，还有制定预防犯罪的替代措施即“刑法外的”（auBer-strafrechtlich）尤其是“法律外的”（auBerrechtlich）措施。德国学者划分的措施包括：第一类是“替代性的前置预防措施”（proaktiv wirkenden alternativen SchutzmaBnahmen），例如，在网络犯罪领域借助技术手段对潜在受害者的自我保护、在医疗法中采取预防性的程序控制、在腐败预防中采用行政程序法的规制、通过消除社会问题消灭恐怖主义根源以及针对其他犯罪原因的预防（如在经济犯罪领域）或所谓的结构性预防（如在有组织犯罪领域）等。第二类是“替代性的规制系统”（alternative Kontrollsysteme），包括行政制裁、民法损害赔偿、自我监管、公私共同监管（如在互联网、新闻界）、促进私人自我预防以获得刑罚优惠的公司合规计划、特殊领域的特殊应对策略（如国际犯罪中的外交斡旋、真相与和解委员会）以及道德守则、行为准则等，它们都可以减少技术领域的滥用风险。[1] 比如，在刑法之外的法律系统内，我国关于个人信息保护已经制定了《网络交易管理办法》（已失效）、《关于加强网络信息保护的决定》、《网络安全法》、《民法典》、《个人信息保护法》等前置规范，它们规定了前置性的预防措施，形成了侵犯公民个人信息罪之外的替代性规制系统，所以事后的刑罚干预从来不是唯一必需的可选途径。

第三，刑罚措施的介入不仅不能及时保护相关被害法益，而且往往对被告人的法益造成多余的伤害。换言之，刑罚不是“损害最小”而是“损害最

1　Vgl. Ulrich Sieber，Grenzen des Strafrechts，ZStW 119（2007），S. 40 ff.

大"的治理手段。以增设新罪为例，积极刑法观主张：如果不积极增设新罪、轻罪去应对新型失范行为，那么这些行为在司法实践中往往被判更重的罪、被告人会承担更重的刑罚。言下之意，积极增设新罪、轻罪是降低刑罚过度化的合理选择，不用新的轻罪处罚行为人，他们反而会遭受更重的刑罚，增设新罪、轻罪有利无害。本书认为，这种观点似是而非，甚至有本末倒置之嫌。不可否认，不少司法机关在面对一些新型失范行为时，往往会用兜底条款予以入罪化，进而形成对行为人的严苛处罚，如"全国首例组织刷单案"俨然将非法经营罪重生为"投机倒把罪"，这种重刑主义确实值得批评。[1] 但问题的关键在于，按照罪刑法定原则，新型行为可能原本就无罪，行为人却承受了重刑责难。与无罪相比，增设新罪、轻罪并给予处罚，明显加重了而不是减轻了行为人的负担。积极的刑法立法观在此陷入了与积极的刑法司法观同样的重刑主义逻辑，即先定罪然后找一个合适的罪名，将单纯的不正当竞争等行为认定为轻罪仍然造成"刑罚过剩"。[2] 例如，"全国首例恶意反向刷单案"被认定为破坏生产经营罪，法官实际上将被告人的行为理解为妨害业务、将破坏生产经营罪修改为"妨害业务罪"，这种积极介入有违罪刑法定原则。[3] 一方面，若新罪的构成要件（何为"妨害"、何为"业务"）仍不够明确，则妨害业务罪仍然会沦为与破坏生产经营罪相同的"口袋罪"，日本

---

1 参见陈兴良：《刑法研究》（第6卷），中国人民大学出版社2021年版，第497-500页。

2 积极刑法观主张基于"同情式理解司法者"，谅解司法者适用重罪的无奈，主张为其提供更多轻罪立法的抓手。可是，谁来同情犯罪嫌疑人、被告人？司法者的困惑更多时候是他们违背罪刑法定造成的：本来《刑法》第3条规定得十分清楚，即法无明文规定不得定罪处刑，可有些司法者基于重刑主义思维，不断萌生处罚欲望，当法条不能满足其欲望时，当然会有困惑——究竟该不该出手？入罪则法条不允许，出罪则心里不痛快，索性搜肠刮肚、榨干法条含义，找个最相似的条文定罪判轻刑（如缓刑）。如果立法者都为司法者的爱好服务，那岂不是本末倒置？立法机关与司法机关是否还有主次之分？究竟谁才是罪刑法定之"法"的制定者？在积极刑法观看来，立法与司法都应当为扩张刑罚权服务，二者都是刑法工具主义流水线上的"供应商"罢了，也就不会看到这些抵牾。

3 网络空间的"组织刷单案""反向刷单案"与物理空间的"肖某灵投放虚假危险物质案""赵某华非法持有枪支案""陆某销售假药案"等案件已经成为映射我国司法者刑法技艺、法治理念、法律良知的绝佳样本。参见刘艳红：《网络犯罪的法教义学研究》，中国人民大学出版社2021年版，第304页以下。

刑事司法已经证明了这一点。[1] 另一方面，相关行为与妨害业务导致的损失之间的因果关系也往往存在认定疑问，比如从恶意刷单到营业额损失，中间介入了具有垄断地位的电商平台的处置措施（错误认定虚假交易而实施搜索降权），尤其在卖家和平台均怠于采取措施限制批量交易、批量好评的情况下，卖家是否不需要为自甘风险的交易行为分担任何责任，平台是否可以根据事后交易流量而直接认定卖家存在虚假交易进行处罚，行为人是否仅仅由于存在"恶意"就直接需要承担妨害业务罪的刑责，都存在疑问。由于管理规范的多元化，某个危害结果并不确定是哪方主体导致的，贸然让其中一方承担犯罪责任则可能走向主观归罪或结果归罪，刑法的积极介入难以通过均衡性的检验。

总之，在多元共治的理念下，刑法只是社会治理的一种手段而不是唯一手段，积极刑法观使刑法成为社会治理最为倚重的手段，这与当前社会的多元性及其契约规则、技术规则不相符合。在新时期，刑法参与社会治理应引入"共建共治共享"和"社会治理共同体"理念，在刑法干预上引入比例原则的思考，即在社会风险的预防模式上应反对积极刑法观，提倡法益保护"辅助性"的消极刑法观：在多元社会治理规范中，注重刑法规范与刑法外规范、法律外规范的比例供给，保持刑罚系统的"最小比"；强调法益保护目的与法益手段之间的匹配和均衡，保持刑法介入的"最后性"。

三、贯彻自由刑法理念的消极刑法观内容构造

随着"风险社会"的图像描画日渐清晰，社会风险因行动空间的无限延展、行为影响的极速传播而具备了"雪球效应"，人们的恐惧感及对安全感的渴求度均达到了顶点，作为法益保护手段的刑法由此难免因人的焦虑而变得

---

1 参见［日］山口厚：《刑法各论》（第2版），王昭武译，中国人民大学出版社2011年版，第195页。

不理性，让刑法变得更加活跃、积极的预防性刑法观成为立法和司法中的思潮。然而，若刑法充当风险预防的主要及首要手段，那么它实际上就不再来源于法治国思想的古典刑法，而成为一种单纯的社会控制手段、维护社会稳定的工具，风险社会的刑法更加面临“重返核心刑法”（Kernstrafrecht）的现代化任务。[1] 消极刑法观主张建构消极的法益观、消极的违法性论、消极的责任论以及消极的刑罚论，这里的“消极”不是刑法毫不作为，而是比例原则统辖下的刑法克制主义，以此实现风险社会刑事治理的法治化走向。

（一）消极的法益观

现代化刑法自身带有很多标签，如行为刑法、市民刑法、民权刑法、法益刑法等，其中法益刑法的基本命题为“刑法的目的是保护法益，犯罪的本质是侵犯法益”。当前积极预防性刑法观席卷立法与司法，入罪扩张主义、立法活跃性日益流行，社会治理中的刑法功能日益趋向单纯的社会管理法。比如《刑法修正案（十一）》将高空抛物行为侵害法益由原先针对“人”的生命财产安全转为针对“社会”的管理秩序，以及基于体育管理的便利，增设“引诱、教唆、欺骗运动员使用兴奋剂”犯罪等，此类立法导致侵害法益的虚化，“犯罪究竟侵害什么”变得不可捉摸，法益刑法受到挑战。

法益理论自20世纪90年代被引入我国刑法学以来，逐渐成为学界的通识性话语。关于法益的概念，有“前刑法的法益”和“实证刑法的法益”之分，前者属于实质的（materielle）、超体系的（systemtranszendent）法益，后者属于形式的（formell）、体系内的（systemimmanent）法益。[2] 如果法益概念停留在刑法体系内部即形式法益，则法益的内涵完全取决于立法者，无法避

1 Vgl. Winfried Hassemer, Kennzeichen und Krisen des modernen Strafrechts, ZRP 25 (1992), S. 379 ff.

2 Vgl. Armin Engländer, Revitalisierung der materiellen Rechtsgutslehre durch das Verfassungsrecht?, ZStW 127 (2015), S. 617.

免形式法治国的缺陷，因而只有诉诸前刑法的实质法益才能审视立法并进而在更高位阶上指导司法，这就是宪法性的法益概念。换言之，法益论在当今刑法学的意义来自实质法治国逻辑，实质法益概念是法益体系的支撑，法益在刑法立法之前就已存在，它是法律系统的基本法即宪法所保护的公民基本权利及其利益，宪法性法益是“法益刑法”的基础。所以，法益刑法的根本问题是在刑法范围内如何实施宪法，即如何妥当处理个人与国家之间的关系，即如何看待个人法益与超个人法益，采用何种法益观最终也就取决于信奉何种政治哲学观。《法治社会建设实施纲要（2020—2025 年）》将“加强权利保护”视为一项法治任务，强调“切实保障公民基本权利，有效维护各类社会主体合法权益”，《“十四五”规划和 2035 年远景目标》确认了“全面加强人权司法保护”的发展目标，足见中央对于宪法上尊重和保障人权的重视，也再次指明了依法治国之首要在于依宪治国。保障公民基本权利既要尊重公民权利行使的意思自治、选择自由，又要保护公民权利免受他人不当干涉，前者表现为个人法益自决权之承认，后者表现为消极自由主义之肯定，二者合并于个人权利保护。

例如，公民个人信息作为一种数据性生产资源，允许他人使用本人个人信息、收集使用他人个人信息等都会成为一种有偿利益交换，但这种交换往往因“行政管理（平台管理）的不便”或“不劳而获的不道德”而容易被归入“黑产”的处置范围。侵犯公民个人信息罪大有扩张势头，但并非该罪的处罚范围越大就越有利于保护公民个人信息，相反可能会导致该罪的异化。[1] 根据个人信息权的规定及其权利内容，个人信息权是网络信息时代的新型综合性权利，它既含有人格权的部分，又含有财产权的性质，还含有隐私的内容，必须要兼顾信息的保护与利用之间的关系。个人信息法益的核心是信息自决权，即个人有权决定自己的个人信息在何时、何地，对何人，在何种范

1　参见冀洋：《网络黑产犯罪“源头治理”政策的司法误区》，载《政法论坛》2020 年第 6 期，第 67 页。

围内公开、披露或被使用，同意规则同时具有防御性和积极授权性。换言之，个人信息的法律保护并非仅仅为了保护作为客体的信息，而更是为了保护作为主体的人，侵犯公民个人信息罪的保护法益必须聚焦于这种个人信息自决权，以突出信息权在源头上与“基本权利”（人之尊严和自由）的相关性。所以，经同意的个人信息使用行为不应轻易地被认定为违法犯罪，应准确理解个人信息自决权的实质，不能将个人信息的法益属性解读为个人无权处分的超个人法益。除经过同意后有偿提供他人个人信息的行为不构成侵犯公民个人信息罪之外，有偿收集、提供他人已公开的个人信息的行为也不应构成本罪。[1] 对此，我国《民法典》第1036条也明确规定：“处理个人信息，有下列情形之一的，行为人不承担民事责任……（二）合理处理该自然人自行公开的或者其他已经合法公开的信息，但是该自然人明确拒绝或者处理该信息侵害其重大利益的除外……”自行公开个人信息是信息自决权的表达，权利人应当知晓个人信息公开的意义（包括他人对个人信息的爬取、传播、收集甚至有偿提供），基于信息自决、意志自由以及风险认识，自行公开的个人信息之后被他人使用的，一般不需要权利人“二次授权”，信息使用人不因使用行为构成侵犯公民个人信息罪。

实际上，对个人信息自决权的进一步限缩甚至将公民个人信息法益界定为具有公共秩序管理性质的超个人法益，本质上采用的是一种偏颇的积极自由主义。概括而言，消极的自由是指免于被干涉的自由，虽然个人自由必须是有限度的，但在“划定私人生活的领域与公共权威的领域间的界限”上，消极的自由主义着眼于保留个人自由空间不受侵犯；积极的自由主义主张更高级的自由、摆脱自我冲动的理性自由、自我实现的理想自由，但积极的自由是一种被定义的自由，因为个人与世无争的“自我”并非“经验的自我”“他律的自我”，而是一种“难以置信的模拟”——人人具有相同的理性目

1 参见（2018）辽1322刑初字第174号刑事判决书；（2018）豫1426刑初字第324号刑事判决书。

的，最终这种整齐划一的个人自由就变成了超个人的“整体自由”，有机统一之后的“积极自由”也就被偷换成社会“秩序”。[1] 所以，国家任务上的积极自由主义常常与威权主义捆绑在一起，它把个人利益的自由处分看作盲目的、不利于己的，从而以高级自由的名义加以干涉，比如通过引入超个人法益即社会管理秩序法益对个人信息的处分权加以限制、压缩甚至否认个人对自己信息的自决，并由此积极援用侵犯公民个人信息罪处罚“经过同意或授权”的各种信息处分行为。与此相对，消极的自由主义的内核是多元主义，在重视个体自由方面与如下法益观相符合：“超个人法益只有在能够被解析为个人法益的情况下，即为维护个人发展条件所必需的时候，才应受到刑法的保护。……个人法益论准确反映了基本法价值秩序所规定的刑法部门法秩序中个人（Person）与社会（Gesellschaft）之间的关系。即使基本法中的‘人类图像’（Menschenbild）源于人的社会性，包含个人在内的共同体（Gemeinschaften）也必须永远只有与个人相关的支持、保护、服务的功能。”[2] 当前的社会治理呈现的是多元主义格局即“共建共治共享”，承认非国家主体治理权的实质便是肯定他们的消极自由，比如将个人信息法益界定为个人法益（私法益）而非超个人法益（公法益），充分承认信息自决权的私法后果，以免受刑罚过度干预。

由此，消极刑法观提倡来源于比例原则的消极法益观，其基本内容是，刑法的法益是以基本权利为核心的宪法利益，刑法只是“辅助性的法益保护”（subsidiäre Rechtsgüterschutz）[3]，以此为方向建构的法益体系将个人法益置于基础位置，立法与司法上的法益保护目标不能空虚化、抽象化，超个人法益也应与个人法益相关联并不损及个人法益。消极法益观对应的是消极自由主义，它们更有助于建构社会治理共同体，有助于维护法益刑法的核心功

1 参见［英］以赛亚·伯林：《自由论》，胡传胜译，译林出版社 2011 年版，第 170-183 页。

2 Detlev Sternberg-Lieben，Rechtsgut，Verhältnismäßigkeit und die Freiheit des Strafgesetzgebers，in：Roland. H.，Andrew. von H.，Wolfgang W.，Die Rechtsgutstheorie，2003，S. 67 f.

3 Vgl. Claus Roxin，Luis Greco，Strafrecht Allgemeiner Teil，Band Ⅰ，5. Aufl. 2020，S. 86-87 ff.

能——保障个人自由；而积极自由主义则以保障自由的名义重返社会治理的国家中心论，排斥其他社会治理主体，导致超个人法益的泛化，使刑法陷于秩序保护法、行政管理法中不能自拔。

（二）消极的“不法·责任论”

在犯罪论体系中，由于构成要件该当性判断中“事实与价值二分法”的崩溃，作为独立阶层的构成要件该当性应融入不法与责任（罪责），进而形成实质二阶层犯罪论体系，即不法构成要件与责任（罪责）构成要件成为犯罪论体系的两大支撑。既然不法与责任是犯罪论体系的两个阶层，那么必然要区分不法与责任，而不是将两者混为一谈，刑法教义学视野中的构成要件解释或适用也由此主要呈现“（客观）不法·（主观）责任”的格局。但积极预防性刑法观激活了刑法功能主义，功能性的刑法体系是以一般预防为导向的体系，它总是注重从结果导向转向行为导向，这看似更重视“行为”本身的意义，实则转向行为人主义，为此需要强调消极的“不法·责任论”。根据消极的不法论，违法性的基本立场是刑法客观主义的结果无价值论，反对将行为人的主观情态作为违法性判断基础的行为无价值论。结果无价值论主张违法性的本质是法益侵害，在司法上表现为行为人实施了法定构成要件行为并引起法益侵害结果（事后视角），在立法上表现为构成要件的创设要以法益侵害结果为限，构成要件规范是评价规范。与此相对，行为无价值论主张违法性的本质是对行为规范的违反，在司法上是指行为人违背了构成要件所传达的命令规范（事前视角），在立法上是指构成要件的创设以提示行为规范为目标。根据行为无价值论的违法性判断逻辑，不法论的关键词虽然是“行为”的无价值，但其看重的是行为本身的规范违法性，法益侵害及其程度对于规范违反的判断并没有任何影响，因为命令规范只作用于行为、不作用于结果，“结果”只具有附带性的意义。这本是行为无价值论的基本立场，我国的行为无价值论几乎全部为二元行为无价值论，即在违法性评价时引入了法益侵害结果（法益指向性的行为无价值论），但行为无价值论与结果无价值论本就是不相容的。二元行为无价值论虽然将不法行为界定为违反行为规范进而侵犯法益的行为，但毫无疑问，法益侵害仍然居于规范违反之后，即首先以违反事前的命令规范为标准，其次以事后的评价规范为标准，只要符合前半段则可以肯定对行为的否定性评价，结果未发生或结果经法益衡量而正当，则仍然属于需要给予刑法规制的犯罪未遂（如偶然防卫和不能犯的认定）。结果无价值论认为刑法规范首先是裁判规范，因而违法性判断是从“结果”开始向前看，即一定是客观优先，是对法益侵害结果的回应；二元行为无价值论旨在防止违反命令规范的行为，它表面上是从“行为”开始向前看，但命令规范的作用是从行为人对命令规范的心理态度或抗拒意识开始，“行为无价值”的含义是命令规范对行为人失灵，因而它一定是以行为人的主观情态为起点向后看，是对行为人敌对、忽视、挣脱命令规范的回应。[1] 所以，无论行为无价值一元论抑或二元论，都是从命令规范的“作用点”（主观规范意识）出发进行体系建构，一定是以预防为主线，是期望通过刑法规范给公众展示、提示一定的命令性规范，从而引导、规训其不实施犯罪。命令规范的本质也是“规则逻辑”，只不过它不是前述法治逻辑中的权力规制，而是针对社会公众的行为规制，对行为的有效规制需要深入到行为人的规则意识。这样的不法论在行为规制上必然是前置化的——以行为规制为目标向前规制人的主观情态（所谓“法秩序的敌对态度”“欠缺法忠诚”），这便是积极预防性刑法观在不法论中的反映，是一种积极的不法论。

积极不法论的最大缺陷是不法与责任区分的模糊化，阶层论体系又回到了不法与责任平面一体论。区分不法与责任是我国犯罪论体系转型的重要标

1　无刑事责任能力人不能理解命令规范、无规范意识，他们实施的法益侵害行为就不具有违法性（有责的不法论），对之也不能实施正当防卫。否则，一定是基于结果无价值论得出结论，而非贯彻了行为无价值论。

志，这也是德国“最近这二到三代学者在释义学上最重要的进展……是刑法释义学的重大成就而无法再走回头路”[1]。以行为无价值为核心的积极不法论追求行为规制的预防性刑事政策目的，将不法判断功能化，它要么不需要等到法益侵害的结果出现就可以认定行为的不正当性，要么将实施某种行为本身拟制为一种“结果”进而表面上保留了“法益侵害”的字句，实际上仍抛开结果认定行为无价值，二者的结局都是偏向行为人主义的“人的不法论”或“主观不法论”，它与结果无价值论在违法性的判断基础上采用的是两套不同的标准。积极不法论看重命令规范，而命令规范发挥功能的前提是规范接收人具有意志选择自由、他行为能力，命令规范发挥功能的表现是：具有规范认知能力的行为人本应被期待遵守该命令规范，但行为人实施了对抗命令规范行为，因而需要予以否定。可见，命令规范与责任论的判断内容发生重叠，以命令规范作为违法性判断的坐标则必然同时引起对行为人罪责能力的评价，责任要素全面提前亮相并与不法要素合二为一，“有责的不法论”才是其首尾一贯的结论。

可见，积极刑法观将预防因素引入犯罪论体系，导致犯罪论体系的功能化，由此产生不法构成要件的膨胀、责任构成要件的空洞。一方面，积极不法论为了贯彻一般预防目的，不仅在司法上主张构成要件解释的积极扩张以激活刑法适应性，而且在立法上容易将民法（如违约、普通侵权）、行政法（不服从行政管理）中的失范行为移入刑事不法加以评价，将预备行为、共犯行为等构成要件之外的行为类型作为独立的犯罪构成要件予以犯罪化即预备行为实行化、共犯行为正犯化，将实害犯、具体危险犯抽象化即增设新的行为犯或抽象危险犯。例如，高空抛物行为原本可以根据《刑法》第 114 条、第 115 条，以及 2019 年 11 月 14 日最高人民法院《关于依法妥善审理高空抛

1　［德］许迺曼：《区分不法与罪责的功能》，彭文茂译，载许玉秀、陈志辉合编：《不移不惑献身法与正义——许迺曼教授刑事法论文选辑》，台北，公益信托春风煦日学术基金 2006 年版，第 416 页。

物、坠物案件的意见》，认定为危害公共安全犯罪的具体危险犯和实害犯，《刑法修正案（十一）》在制定过程中却表现出了两个明显的积极预防思维：第一，草案一审稿开始将高空抛物行为增设为独立的构成要件“从高空抛掷物品，危及公共安全的，处……”，旨在向公众明示禁止高空抛物的命令性规范；[1] 第二，审定稿将高空抛物行为移入第291条之一投放虚假危险物质等罪之后，形成“从建筑物或者其他高空抛掷物品，情节严重的，处……”的表述。如果说“危及公共安全”还带有一定的具体危险属性，最终稿则完全将该行为视为秩序法益犯罪，高空抛物行为原本带有的人身安全损害转变为纯粹的抽象危险。高空抛物行为从实害犯、具体危险犯再到抽象危险犯，从危害公共安全犯罪到获得独立构成要件地位，均是基于创设命令规范启迪人们的规范意识的立场，预防性的不法论导致刑法不断修正，构成要件体系愈加庞大且愈不明确。另一方面，虽然我国明确支持功能性责任论的学者极少，规范责任论基本占据通说地位，但预防刑法盛行，责任原则的刑罚限制意义也可能变相失守，如命令规范进入违法性阶层、有责性要素不断提前、雅科布斯规范话语的日益流行等，主观罪责可能会失去在犯罪论体系中的独立性。责任是行为人实施了不正当行为之后对其意思决定的一种谴责，因而责任本身必须也是报应性、回溯性的，旨在“考问行为人主观上对命令规范的违反，由此来保障侵害原理与责任原理互不侵蚀”[2]。作为合法性原则的责任主义“不能被一般预防的功利主义模式（Nützlichkeitskategorie）所代替，也不能用一般预防加以解释，如同在目的理性刑法思维中不能抛弃独立于功利性考量的‘国家干预的价值合理性（合法性）’”。[3] 因此，罪责与预防目的的分离，保证了不法与责任的阶层性以及刑法作为事后惩罚法而非预防法的本性。

1　如下所述，这种所谓的“明示规范”只是展示立法姿态而已。

2　［日］松原芳博：《刑法总论重要问题》，王昭武译，中国政法大学出版社2014年版，第82页。

3　Hans-Joachim Rudolphi, der Zweck staatlichen Strafrechts und die strafrechtlichen Zurechnungsformen, in: Schünemann (Hrsg.), Grundfragen des modernen Strafrechtssystems, 1984, S. 67.

总之，消极的“不法·责任论”拒绝犯罪论体系上的过度功能化，而主张不法与责任相区分的实质二阶层犯罪论体系；不法论的核心是基于评价规范的结果无价值论，这在违法性判断上贯彻了行为刑法及刑法客观主义，对构成要件行为及其法益侵害结果的否定是刑法秉持事后惩罚法属性的关键；责任论的核心是对行为人违背命令规范的报应性责难，罪责介入的前提是客观不法的成立；二阶层的“不法·责任论”应当与预防性刑事政策保持消极互动，预防因素只具有“甄别值得处罚的不法与责任”的出罪解释意义（入罪的目的性限缩），不应将预防目的作为判断不法与责任的积极因素，在构成要件立法创设以及司法解释上摆脱积极刑法观的误导。

（三）消极的刑罚观

刑罚观是对刑罚功能与刑罚效果的认识论，积极刑法观必然主张刑法的积极有用性，从而宣称刑法应积极参与社会问题的治理，似乎刑法一旦干预社会成员的行为，相关问题便会迎刃而解。因此，积极刑法观的表象和实质一定是把刑法当作应对社会问题的工具，且是优先于其他社会规范的首选工具，否则就不会如此热衷于积极引导刑法闯入各个领域“耀武扬威”，将它与刑法工具主义、重刑主义等联系在一起实至名归。如果刑法工具主义、重刑主义确实能够在所谓保护法益的同时保障个人自由、襄助刑事法治，相信也不会有人冒天下之大不韪断然拒绝之。然而，积极刑法观主导形成的刑事立法条款在实践中的实效需要反思，尤其在构建“社会治理共同体”的背景下，刑法似乎也难以独立胜任社会治理法治化的远景及近景目标。

从当前的立法现状看，积极刑法观确实已经确立，但这并不是因为该理论赢得了立法者的认可而被推广，而是因为立法实践中的某种情绪酝酿出了积极刑法观，积极刑法观只是迎合了某种立法思维并以学术理论的方式进行了转化而已。以《刑法修正案（十一）》为例，很多条文仅是对某些社会热点的回应，比如《刑法》第 17 条刑事责任年龄的修改是对“少年弑母案”“少年奸杀女童案”等未满 14 周岁未成年人杀人事件的回应；增设第 133 条之二，“对行驶中的公共交通工具的驾驶人员使用暴力或者抢控驾驶操纵装置”“驾驶人员在行驶的公共交通工具上擅离职守，与他人互殴或者殴打他人”等用语针对的正是抢夺公交车方向盘、重庆公交坠江事故等新闻热点，只不过法条将“公交车”“方向盘”转换成不那么口语化的表述，在司机与乘客互殴之前添加了“擅离职守”而已；增设第 280 条之二，“盗用、冒用他人身份，顶替他人取得的高等学历教育入学资格、公务员录用资格、就业安置待遇”是对陈某秀等被冒名顶替上学事件、退伍军人件某华被冒名顶替就业事件的回应；第 291 条之二“高空抛掷物品”是对近期高发小区高空抛物的回应；第 336 条之一“将基因编辑、克隆的人类胚胎植入人体”基本是对贺某奎“基因编辑婴儿”事件的回应；第 355 条之一“引诱、教唆、欺骗运动员使用兴奋剂参加国内、国际重大体育竞赛，或者明知运动员参加上述竞赛而向其提供兴奋剂”则是对某体育明星涉兴奋剂事件及其激起的热点话题的回应。刑事立法回应民意、顺应民心、激发热情或许无可厚非，但若积极刑法观无条件、情绪化地为动用刑法方案出谋划策，便值得反思，因为这种刑法回应方案不追求制定刑罚的实际后果而仅仅展示给众人一种积极的高姿态，它也只是用某个流行的关键词告知公众：《刑法修正案（十一）》已将热门的“高空抛物”“抢夺方向盘”“冒名顶替”“基因编辑”“兴奋剂”入刑，至于入刑本身的实质合理性以及之后的刑罚效果则缺乏追问，这样的积极刑法会导致刑事立法和司法在刑法万能主义的窠臼里越陷越深。

例如，冒名顶替取得大学入学资格、公务员资格、就业安置待遇等行为导致本来具有该机遇的人丧失了发展条件，他们的生存状况普遍恶劣于冒名顶替者，类似事件的每一个旁观者其实都已经或必将在各种竞争中寻求发展前景，他们都对那些被冒名顶替者的命运充满共情心，加之相关当事人、涉事机关回应懈怠以及新闻媒体、社交平台推波助澜，更会引起观众的愤慨，因而形成了可视化的汹涌民意，立法似乎具有正当性基础。但这里存在三个问题值得思考：其一，随着个人档案管理的电子化、统一化，以后还会频繁发生冒名顶替上大学、考取公务员、获取就业安置待遇的事件吗？陈某秀被冒名顶替发生在 2004 年、退伍军人件某华被冒名顶替则发生在 1996 年，它们发生在前网络时代，彼时纸质档案管理粗放、造假容易而案发困难，冒名顶替者在长达 16 年、23 年的工作中畅行无阻。伴随电子政务的普及，年轻一代公民的档案、学籍等个人身份信息均实现了电子化管理，冒名顶替几乎不可能发生。其二，即便冒名顶替仍会发生，那么《刑法修正案（十一）》将冒名顶替行为入罪，真的能够起到预防效果吗？早年间的冒名顶替之所以能够得逞，完全是档案管理技术限制导致，在技术驱动社会发展的背景下，通过技术管理手段减少管理漏洞、降低冒用盗用的作案成功率才是治本之策。其三，冒名顶替上大学、考公务员、获得就业安置的每一个环节都非冒名顶替者独自完成，它必须假借权力之滥用，也就必然涉及腐败问题，治理冒名顶替行为也就与腐败治理处在同一个轨道。如果将“权力关进制度的笼子”，对于冒名顶替的治理会更加有效，其治理效果也绝不会再限于上大学、招录公务员、就业安置三个狭隘的领域。就此而言，《刑法修正案（十一）》增设本罪仅仅是对“年度社会热点”的回应，未来是否有真正的司法适用空间尚难定论，但这种“回应型”立法很容易成为象征性的立法，它除了迎合、宣泄某个阶段的某种情绪之外，事后的实效令人担忧。

当前社会治理的复杂性之一是对社会矛盾的认知准确性降低，随着社会交往的高频化、信息交互的虚拟化，某个话题很容易被“炒热”，“微博热搜”“朋友圈刷屏”“App 精准推送”等渠道可以迅速增强人们的关注度，事件的真相更加模糊，事件的影响范围急剧扩散，这种“雪球效应”“传染效应”直击公众内心，产生了一种集体性的风险感，进而萌生了对相关行为

"不罚不足以平民愤""不罚则不安"的偏执情绪，从来不会去想"处罚之后又能如何"，刑罚效果也只停留在"罚了再说"这种对情感的安抚阶段。在技术驱动言论自由的时代，民众言论带有的冲动、偏见是可以预见和容忍的风险，但立法者不加甄别地以此"民意"为导向启用令看官们"最解恨""最过瘾"的刑罚回应社会关切，就会导致立法本身的非理性。立法的目的完全变成了回应"体感治安"，对立法的评价标准变成了"让人们更有安全感"，而不是社会治理的效果。总之，中国式法治现代化的社会治理仍然要回到"民主协商、社会协同、公众参与、法治保障、科技支撑"的"共建共治共享"的格局中，重视刑罚之外的替代性治理措施，在比例原则指引下提倡"释放刑罚有效性"的消极刑罚观，主张刑法的"惩罚法"属性而不是迷信于"预防法"。

第三节　均衡立法：消弭刑法异化风险，维护刑法根基与信仰

在轻罪时代，随着犯罪圈的不断扩张，刑法体系变得更为严密，而在刑事立法的过程中也要积极地消弭刑法异化风险，通过均衡立法的方式维护刑法的根基与信仰。与之相应，刑法也应该在整体上逐渐实现结构转型，即进一步从传统重罪时代的厉而不严转向当前轻罪时代的严而不厉，同时保持适度的犯罪化以及刑罚的轻缓化，并在此基础上进行再法典化，这是我国刑法走向现代化的必然要求。事实上，当下我国刑法结构仍处于又严又厉的状态，而这与轻罪时代所期待的犯罪结构并不相符。"历部修正案中法定刑调整，无论是主刑还是附加刑，无论是刑种变化还是量刑区间的调整，都凸显了立法上的重刑化趋势，且重刑化趋势逐渐加剧"，"近年来的刑法修正，不但没能使得刑罚结构变得轻缓，反而在重刑化的道路上越走越远。"[1] 当下我国犯罪

1　孙万怀、崔晓：《法定刑的修订趋势及其反思》，载《法治现代化研究》2021年第5期，第32、50页。

治理已进入轻罪时代，泛刑化与重刑化的发展趋势显然和轻罪时代犯罪治理现代化要求不相适应。鉴于此，为了推动轻罪治理现代化，我国刑法首先要实现犯罪结构从厉而不严到严而不厉的整体转型，同时在犯罪圈上刑事立法应该防止过度犯罪化，在犯罪化的同时适度推行非犯罪化，在刑事立法上实现入罪与出罪的均衡发展。在轻罪时代，对于刑法中的轻罪应该规定较轻的法定刑，基于法治原则与比例原则确定刑罚强度，[1] 并在刑罚配置上防止重刑化，同时限缩重罪范围、限制重刑的适用。[2] 总之，我国刑事立法应该通过犯罪化与非犯罪化的均衡协调、以刑罚重刑化为辅与轻刑化为主的配置优化，在轻罪时代实现我国犯罪治理的现代化，并将犯罪治理现代化理念融入刑法再法典化的过程。

一、我国刑法的结构转型：厉而不严转向严而不厉

我国以往的刑法结构属于厉而不严，犯罪的类型以重罪为主，而轻罪时代的刑法应当严而不厉，犯罪的类型以轻罪为主。轻罪时代的刑事立法使我国刑法结构不断趋于严密化，但刑法结构不应过于严密化与重刑化，否则我国刑法结构就难以真正从厉而不严转向严而不厉，反而可能变得又严又厉，这不仅会导致我国刑法的犯罪治理现代化的结构转型难以完成，而且也与人类文明的发展进程背道而驰。只有这样才能满足犯罪治理现代化的需求，避免重刑化与泛刑化的刑事立法侵犯公民个人的合法权利或阻碍民营企业的正常发展，并为后续刑法的再法典化奠定整体上的发展方向。

（一）我国刑法以往采用厉而不严的结构

我国刑法一直以重罪为主，相应的法定刑设置主要是重刑的内容，这体

1 参见张明楷：《轻罪立法的推进与附随后果的变更》，载《比较法研究》2023 年第 4 期，第 1 页。
2 参见陈兴良：《轻罪治理的理论思考》，载《中国刑事法杂志》2023 年第 3 期，第 3 页。

现了其严厉性的一面。在重罪治理的时代，犯罪的类型以自然犯和实害犯为主，其明显不同于轻罪治理时代以法定犯和危险犯为主的犯罪类型。不同的犯罪治理逻辑对应不同的刑事政策与刑事立法。由于重罪时代的犯罪行为存在固有的道德违反性与社会危害性，犯罪治理的内容相对较为简单，刑法基本是重罪重刑的设置模式，但由于社会的高速发展与法定犯时代的来临，其在具有明显严厉性的同时，又缺乏刑法体系的严密性。受限于当时的社会发展状况以及相应的刑事立法技术，1979 年《刑法》的条文内容表现得非常粗疏，甚至在第 79 条中明确规定了类推的内容，而这种滞后的刑事立法模式不仅难以起到预防犯罪的效果，反而存在产生冤假错案的风险，难以体现刑法的社会保护功能。[1]

随着我国改革开放与社会经济的不断发展，旧刑法已然难以有效适应社会发展的新情况，于是 1997 年《刑法》便应运而生，但其中的相关条文内容仍然体现出粗疏且严厉的特征。事实上，正是因为相关刑法条文的体系内容较为粗疏，所以自新刑法颁布之后，刑法修正案频繁出台，围绕刑法适用问题的司法解释等司法规范性文件也非常庞杂。现行刑法除了仍旧在刑法条文的体系内容方面表现得较为粗疏，其在刑罚设置方面也继续维持了严厉性的特征，且主要表现为以下几个方面。第一，配置有死刑的罪刑规范数量仍然较多，现行刑法在 47 个条文中规定了 68 个死刑罪名，尽管《刑法修正案（八）》削减了 13 个死刑罪名，《刑法修正案（九）》削减了 9 个死刑罪名，但现行刑法中仍存在 46 个死刑罪名。第二，刑罚的种类以监禁刑为主，并且设置的徒刑以 3 年以上为主，最高法定刑为 3 年有期徒刑以上的罪名数量占我国刑法罪名总量的近 80%，属于典型的重刑化。第三，罚金等财产刑在我国刑罚的种类中属于附加刑而不是主刑，这也体现了刑罚的方式侧重人身刑而非财产刑。总之，我国刑法以往有重刑主义的传统，刑事立法过程中一直

1　参见刘艳红主编：《刑法学》（上）（第 3 版），北京大学出版社 2023 年版，第 11–12 页。

以重刑主义作为指导理念设置法定刑，[1] 相应的刑法结构也一直是厉而不严，即使后续设置了部分轻罪，但是在刑罚设置上并不均衡，甚至进一步加剧了刑法适用过程中的争议。

（二）轻罪时代应该采用严而不厉的结构

首先，轻罪时代的违法失范行为多，因此适度扩张犯罪圈符合现实需求，此之谓“严”。与此同时，轻罪时代伴随社会的转型时期，一些传统的针对人身的暴力犯罪的案件数量下降，而针对财产权以及其他权利的犯罪行为在网络技术的加持下呈现出新型化的特征，相关的案件数量也随之增多，并且治理难度大。除此之外，随着社会经济的快速发展，围绕公共安全与社会秩序的刑法保护需求也在增加，立法者为了满足安全保障方面的需求，便愈加频繁地诉诸刑法，[2] 而面对轻罪时代出现的大量违法失范行为，刑法有时不得不予以有效回应，一方面是刑法修正案频繁出台，另一方面是修正案所涉及的内容在扩大犯罪圈的意义上存在不同的方式。其中，新增的个罪又以轻罪立法类型为主，从而体现出我国犯罪治理与刑事立法的新特征。“在立法现实上，以刑法修正案的方式增设轻罪严密法网、充分发挥刑法在社会治理中的作用，已经成为我国当前及今后相当一段时期内的刑事立法取向。”[3] 轻罪时代是我国当下社会治理中的一个面向，不仅体现了刑事立法积极适应我国犯罪治理形势的新变化，还体现了我国犯罪治理理念的更新与犯罪治理效能的有效提升。因此，在轻罪时代，为了适应社会治理的现实需要，刑法在适度严密化的意义上有限地扩大犯罪圈属于刑法结构走向严而不厉的组成部分，

---

1 参见张明楷：《重刑化与轻刑化并存立法例下的刑法适用》，载《法学论坛》2023 年第 3 期，第 38 页。

2 参见［德］乌尔斯·金德霍伊泽尔：《现代社会中的刑法与两种安全》，陈璇译，载《苏州大学学报（法学版）》2023 年第 4 期，第 150 页。

3 肖中华：《轻罪的范围界定、设置原则与认定规则》，载《贵州大学学报（社会科学版）》2022 年第 1 期，第 88 页。

体现了我国刑法趋于严密性的发展趋势。

其次，轻罪时代以轻罪为主，轻罪理应轻刑，所以刑法结构应该严而不厉。罪责刑相适应是我国刑法的基本原则之一，罪刑均衡与罚当其罪是刑法实现正义的重要方面。适度的轻罪立法之所以在推进我国刑法结构走向严而不厉的过程中具有现实意义，主要是其所设置的法定刑相对较轻，而人们对法定刑的感知时常更为直观，较轻的法定刑设置至少在刑罚幅度方面体现了其不厉的一面，从而表明传统物性刑法也在逐渐吸收人性化理念，刑法的部分功能也从以惩罚为中心转向以安抚社会公众情绪为重点。在此基础上，如果轻罪立法本身的设置符合犯罪化的一般原则，那么这样的轻罪轻刑就具有合理性。在轻罪时代，一方面是立法增设的犯罪类型以轻罪为主，另一方面是司法所面临的案件类型也主要是轻罪案件，而对于轻罪的治理更要体现立法者、执法者与司法者的集体智慧。在刑事立法方面，如何科学合理地设置相关犯罪的构成要件与法定刑具有基础的规范意义。轻罪轻刑的设置在轻罪内容方面体现为刑法结构的严密性，在轻刑内容方面体现为刑法结构的非严厉性，对此，刑法结构在轻罪轻刑的维度上应当体现为刑法结构的严而不厉。

最后，国家治理现代化和刑事治理现代化要求轻缓的刑罚，所以，刑法结构更应该严而不厉。"党的十八届三中全会首次提出推进国家治理体系和治理能力现代化，将其作为全面深化改革的总目标，将对现代化的认识提升到了国家制度、国家治理体系和国家治理能力的战略高度，并以其引领国家制度和社会政治建设，具有特别重要的意义。"[1] 国家治理现代化要求在法治的道路上不断提升社会的整体治理能力，法治是国家治理现代化的重要标志，遵循法治的要求对实现良法善治具有关键意义，统一稳定与高效有序的治理体系是国家治理现代化的标配。刑法的治理体系只是这一综合治理体系中的

---

1 欧阳康：《中国式现代化视域中的国家制度和国家治理现代化》，载《中国社会科学》2023 年第 4 期，第 53 页。

一个部分，为了保持不同治理体系的协调性，刑法的治理体系需要适应新时代的犯罪治理现状。“实践证明，随着犯罪形势、特点的变化，犯罪治理的对策措施不能一成不变，而要因应不同发展阶段犯罪特点、趋势等变化而适时调整。从近十年来全国刑事犯罪的发案特点、犯罪类型、判处刑罚轻重等情况及统计数据看，我国当前刑事犯罪总体上以轻罪和法定犯为主，这就决定了我们要与时俱进调整完善犯罪对策，积极探索建立中国特色、时代特色的轻罪治理体系。”[1] 不断推进我国刑事治理现代化的发展与完善不仅是推进国家治理现代化的重要部分，也是我国社会主义法治体系建设的必然要求。刑事治理现代化倡导对于犯罪治理的多元共治，刑事治理并不局限于对犯罪行为的惩治，而是倡导教育的意义以及在整体治理层面上对相关矛盾予以及时化解，尽量维持社会的和谐稳定，否则过度的刑罚可能会促使受罚群体走向社会对立面，进而引发社会治理隐患的巨大风险。[2] 总之，刑法适当参与社会治理与刑罚的轻缓化符合国家治理现代化与刑事治理现代化的要求，对此也需要我国的刑法结构保持严而不厉，从而更好地在国家治理体系中发挥应有的保障作用。

二、适度犯罪化与非犯罪化并行的均衡立法模式

在轻罪时代，虽然刑法结构发展的大方向应当是严而不厉，但并非越严越好，适当的犯罪化是可行的，但应当反对过度犯罪化或者刑法结构过于严密化。因为过于严密化容易出现比较典型的过度犯罪化，不仅有违刑法谦抑原则，也难以实现刑法结构的严而不厉。事实上，轻罪时代严而不厉的犯罪

1 万春：《学习贯彻习近平法治思想　推进中国式犯罪治理现代化》，载《国家检察官学院学报》2023年第6期，第9页。

2 参见梁云宝：《中国式现代化背景下轻微犯罪前科消灭制度的展开》，载《政法论坛》2023年第5期，第36页。

结构并不意味着严而无度，未来我国刑事立法应该秉持适度犯罪化与适当非犯罪化，从而保证刑事立法能够反映广大人民意志、保障人民权利，[1] 真正实现我国犯罪治理现代化的目标。

（一）严而不厉的刑法结构不能过于严密化

我国的刑事立法主要是在扩大犯罪圈的意义上进行的，这就导致我国刑法结构及相关内容不断趋于严密化，其具体表现为两个方面。一方面，通过增加以轻罪类型为主的条文内容来扩大犯罪圈。例如，《刑法修正案（八）》《刑法修正案（九）》《刑法修正案（十一）》都增加了大量的轻罪类型，刑法经由轻罪立法而积极参与社会治理，从而使轻罪类型的法网在趋于严密化的同时，与重罪法网一起编织着更为严密的刑事法网。另一方面，通过修改原有旧罪的条文内容扩大刑法规制范围。例如，在《刑法》总则中扩张犯罪成立的一般范围，在《刑法》分则中具体增加新的行为方式、扩大犯罪主体范围、取消限制入罪的构成要件要素或者删除扩大出罪的构成要件要素、对于一些情节类的规定进行修改从而扩大犯罪成立范围等。在《刑法修正案（十二）》中，刑事法网的严密化主要通过扩大犯罪主体范围的方式扩大犯罪圈。事实上，轻罪时代并不仅仅指轻罪立法的数量较多，其同时体现为一种轻罪化的总体趋势，而这样一种趋势应当体现在未来的一些刑法修正活动以及刑法结构的变迁过程中。“在我国，刑法现代化就是‘厉而不严’走向‘严而不厉’即刑法结构调整的过程。”“去重刑化伴随适度犯罪化构成我国刑法现代化两翼。”[2] 轻罪时代既包括已有的制度规范内容，也包括这样一种刑事立法的现状与趋势，这在我国犯罪治理进程中是具有承前启后意义的阶段。

1　参见周佑勇：《中国行政基本法典的精神气质》，载《政法论坛》2022年第3期，第69页。

2　储槐植：《刑法现代化本质是刑法结构现代化》，载《检察日报》2018年4月2日，第3版。

在轻罪立法方面，笔者并不是反对一切的轻罪立法，毕竟轻罪行为也属于犯罪。即使当下我国刑法并未对犯罪作出明确的分层，但刑法所规定的犯罪行为也必然会存在相应的轻重序列。如果刑法的个罪规定中只剩下一些传统的重罪规定，自然也不合理。“不同时期的犯罪结构会呈现不同的特点和情状，这是由犯罪结构的时空性、多变性等决定的，也是经济体制、社会结构、社会形态以及发展等转型在犯罪发展演变中的体现。转型时期我国犯罪结构具有前所未有的特点，是特定时期犯罪发展演变的必然结果。”[1] 从中国式现代化的实现要求来看，在犯罪治理现代化的过程中要避免过度严密化的刑事立法，防止刑法为了保护社会公共安全而转向严密化的刑事立法并损害公民合法权益。在刑事立法层面，为了尽量减少因不合理的严密化而导致的泛刑化，轻罪立法应当尽量保持在合理范围内，而绝非一味地以轻罪立法推动刑法结构的严密化，更不能盲目地回应社会各界在刑事立法扩张意义上的诉求。“犯罪化不是为了迎合民众情绪、回应舆论关切的冲动性、应对性立法，而是立足于社会发展的现实和需要，科学性、审慎性立法。”[2] 事实上，虽然大众正义直觉对刑事立法与刑罚设置存在影响，[3] 但是不能牺牲刑法的理性特征而一味地迎合公众，否则刑事立法将会失去其稳定性。即使是轻罪立法，在社会整体治理的语境下，其更应当合理把握刑法谦抑原则的要求，综合评估轻罪立法的必要性，从而在轻罪治理的时代适当推进必要的轻罪立法，避免出现刑法过度干预社会治理的结果。“在面对是否要将某种行为犯罪化（如今这种情况出现得很多）或者是否要继续对某种行为适用刑事制裁的问题时，明

1 彭文华、傅亮：《犯罪结构变迁背景下犯罪刑事治理的目标与路径》，载《中国人民公安大学学报（社会科学版）》2023 年第 2 期，第 12 页。

2 刘传稿：《犯罪化语境下的轻罪治理——基于〈刑法修正案（十一）〉的分析》，载《北京联合大学学报（人文社会科学版）》2021 年第 2 期，第 20 页。

3 参见吴进娥：《性犯罪网络传播行为刑罚裁量的功能主义诠释》，载欧阳本祺主编：《东南法学》第 6 辑，东南大学出版社 2022 年版，第 176 页。

智的立法者会问自己还有没有什么别的社会控制方式可用。”[1] 由于轻罪立法所涉及的行为与一般的民事违法或者行政违法行为之间的距离更为相近，相关的刑事立法是否穷尽了其他社会控制方式也就更需要进行综合衡量。

尽管轻罪立法本身就是将一些社会危害性相对于重罪来说明显较轻的行为纳入刑法的调整范围，包括将原先一些民事侵权行为与行政违法行为升格成刑事犯罪行为，但这也会存在泛刑化意义上的过于严密化之虞。轻罪立法如果是将一些重罪或者轻罪的法定刑降低，那么此时的刑事立法应当属于轻刑化；轻罪立法如果将一些原先属于民事侵权或者行政违法的行为规定为犯罪，那么其在过于严密化的形式上就会存在泛刑化的一面。比如，《刑法修正案（八)》增设了拒不支付劳动报酬罪，《刑法修正案（十一)》增设了高空抛物罪、催收非法债务罪。从不同部门法的调整内容来看，这类立法均是刑法参与社会治理的体现，其存在一定的泛刑化特征，且具有积极的一般预防目的。“积极的一般预防是将传统刑法论中预防的对象，从犯罪人、潜在的犯罪人扩大到日常生活中的普通市民。”[2] 但泛刑化并不是指所有原先由民法或者行政法调整的行为转为由刑法调整，更不是指一切轻罪立法，因为犯罪化需要遵循一定的原则和要求，是否应当由刑法进行规制应当看相关行为的社会危害程度，严重的社会危害性并不仅仅对应重罪行为，其也应当对应一些具体的轻罪行为。此外，社会危害性的判断会存在一定的动态性，自然犯的社会危害性判断相对较为稳定，但法定犯的社会危害性除了不像自然犯那样存在普遍的社会共识外，其还会随着时代的发展而变动。原先不是犯罪的行为可能出于行政管理的需要而被作为犯罪予以规定，原先是犯罪的行为也可能出于社会经济的发展以及社会治理能力的提升而不再被当作犯罪予以规定。因此，刑法的过于严密化更多是指一种不合理的犯罪化扩张，包括重罪与轻

1 ［美］哈伯特·L. 帕克：《刑事制裁的界限》，梁根林等译，法律出版社 2008 年版，第 247 页。
2 黎宏：《预防刑法观的问题及其克服》，载《南大法学》2020 年第 4 期，第 11 页。

罪的类型。一方面，轻罪时代的立法活动存在一些必要的犯罪化，因为有些轻微犯罪的增加会由于其他部门法的调整效果不彰而使刑法作为保障法的作用得以发挥。另一方面，轻罪时代所体现的刑法体系朝着结构和内容更为轻缓的方向发展，这一趋势又要求刑法规制应当尽量慎重，从而避免刑法与社会文明发展的趋势相矛盾。

（二）过于严密化的刑法结构缺乏合理性

尽管我国刑事立法不断地对犯罪圈予以扩张，从而在形式上使刑法结构与内容呈现明显的严密化趋势，但这种严密化究竟是否合理另当别论。一方面，刑法结构的严密化不能将不应当作为犯罪的行为入罪。另一方面，刑法结构在趋于严密化的同时不能过于严厉化。刑法趋于严密化的过程应当伴随刑法结构由厉而不严转向严而不厉，从而逐渐实现我国刑法发展的现代化与犯罪治理的现代化。质言之，现代化的刑法应该是严而不厉，刑事法网严密意味着善恶分明，而善恶分明是一个民族公德水平提高的重要基础，刑罚不重、不厉实际上意味着社会的进步，意味着社会由野蛮走向了文明。[1] 刑法结构向着严密化的方向发展是刑法现代化的必然要求，但在严密化的同时如果不注意对刑法的严厉程度予以合理限制，则这样的刑法结构仍然难说属于严而不厉，而又严又厉的刑法则会趋向于重刑主义，实际上并不符合一般预防的需要。[2] 鉴于此，为了防止刑法结构变迁过程中转向又严又厉，除了刑法的严密化不能不当扩大刑事处罚范围外，相应的法定刑设置也应当趋于宽缓，至少立法本身不能习惯于提升法定刑。

刑事立法的严密化体现了刑法积极参与社会治理的面向，而这里的“治

1　参见储槐植：《走向刑法的现代化》，载《井冈山大学学报（社会科学版）》2014 年第 4 期，第 5 页。

2　参见罗翔：《犯罪附随性制裁制度的废除》，载《政法论坛》2023 年第 5 期，第 24 页。

理”一词并不是天然地就存在于刑法之中，刑法中治理概念的运用在某种意义上也体现了国家和社会对于犯罪性质的新认识。“如果说在 20 世纪五六十年代，‘综合治理’只是在治理水害时才提及的话，进入 70 年代末 80 年代初，随着改革开放的风起云涌，综合治理在社会主义现代化建设中得到广泛应用和实施，被推广到了经济、政治、文化、社会、生态环境和党的建设各个领域，使用的频次也逐渐多了起来。”[1] 事实上，治理概念在刑法中的运用表明国家、社会与民众对于犯罪现象的观念发生变化，即国家、社会与民众对犯罪的认识不再像以前那样集中于重罪观念，相应的惩治理念也因此逐渐走向治理理念。而这样的法律治理提倡体系治理与文明治理，基于良法善治的核心诉求推进国家治理体系和治理能力现代化，[2] 其与对重罪的惩治具有完全不同的理念与方法，其要求刑法在趋于严密化的同时不能过于严厉化，否则就与这样一种新的犯罪治理逻辑相违背。除了刑法现代化的特征与社会治理的理念更新外，轻罪时代下的刑法发展趋势应当是不断地走向宽缓与文明，这是刑法结构走向严而不厉的实质内涵。

在刑事立法过程中，严而不厉的刑法结构的关键在于保持一种适度的刑法规制范围，这样适度的范围被认为具有合理性。《刑法修正案（十二）》将一些涉及民营企业的背信行为纳入刑法打击范围，其属于在轻罪立法之外，以扩大犯罪主体范围的方式推进刑法的严密化。在接下来的刑事司法实践中，刑事司法应该保持该严密化的合理性，不能通过司法扩张使其过于严密化或者泛刑化。如果一律将民营企业纳入原先只是针对国有企业的个罪规定并加以规制，那么在一些具体方面会存在使刑法过于严密化的担忧。例如，在非法经营同类营业罪与为亲友非法牟利罪中，两罪涉及的民营企业类型有所不同，有些民营企业本身具有家族企业的性质，其内部的管理结构并不规范，

1　许耀桐：《当代中国“治理”概念的演进探析》，载《国家现代化建设研究》2023 年第 3 期，第 104 页。

2　参见周佑勇：《中国行政法学学术体系的构造》，载《中国社会科学》2022 年第 5 期，第 118 页。

刑事司法的积极干预有时反而容易不当干涉企业的正常运营；而对于这类企业人员的背信行为进行刑法规制，实际上更多应当依靠有效的企业合规建设，或者参照以公司法为核心的其他部门法展开体系规制。“非公有制经济享有经营自由权要求国家履行不予限制和侵害的义务。国家应当保护非公有制经济主体依法成立、合法经营、依法平等参与市场竞争、依法退出市场等各项自由权，并为非公有制经济提供相应条件。同时，国家应当致力于构建非公有制经济经营自由实现和发展的良好环境。”[1] 因此，对于民营企业的平等保护并不是单纯地在一些犯罪罪名中将犯罪主体的范围予以扩大，从而实现刑事处罚意义上的平等保护，而是应当尽量减少公权力的介入，充分保障民营企业的经营自由与创新活力，这更多的是一种发展意义上的实质平等。“实现民营经济平等发展，需要清晰界定产权，保护合法的私有财产权，保护从业人员的人身权。落实平等的市场准入要求，为公开竞争提供条件保障，使涉企政策具有确定性和稳定性。”[2] 换言之，民营企业家更需要的是一种政策与法律的稳定性，一种公平自由的发展环境。“社会多元化结构背景下，新的利益主体对利益的需求多样且较为复杂，利益分化特征开始显现。如民营企业家的利益诉求是对私有产权予以严格的保护、采取手段降低运营成本，以期实现效益最大化”。[3] 从民营企业家的诉求来看，刑法的打击范围扩大只会导致其内心产生不安定感，而只有对其相关的产权予以更好的保护，构建更为合理的法治营商环境，促进民营企业效益的不断提升，提振民营企业家的自信心，增强民营企业的社会责任意识，才是促进民营企业发展的“良方”。因此，刑法的规制范围不宜过度严密化。

---

1 韩大元：《我国宪法非公有制经济规范的变迁与内涵》，载《华东政法大学学报》2023 年第 6 期，第 19 页。

2 于文豪：《民营经济平等发展的内涵与制度体系》，载《华东政法大学学报》2023 年第 6 期，第 37 页。

3 金泽刚：《刑法修正与法益多元化理论》，载《东方法学》2023 年第 6 期，第 144 页。

（三）轻罪时代刑法应秉持适度犯罪化与适当非犯罪化

在轻罪时代，为了实现犯罪治理现代化的目标，应当牢固树立避免过度犯罪化的观念，防止我国刑法结构在现代化转向的过程中非但没有实现严而不厉的目标，反而造成又严又厉的结果。“重刑化与轻刑化并存所形成的问题，不是增设轻罪造成的，而是1997年刑法的法定刑过重造成的。从刑事立法上说，应当在增设轻罪的同时，降低原有犯罪的法定刑，而非不得增设轻罪。”[1] 适度地增设轻罪有利于刑法结构的严密化与去重刑化，重刑并不是预防犯罪的“灵丹妙药”，没有证据表明重刑对抑制犯罪具有作用，而刑罚的严厉程度实际上总是随着社会的发展而不断减轻。[2] 我国刑法秉持适度犯罪化，应当包括合理控制轻罪立法的规模与限缩犯罪的成立范围两个方面。

一方面，应当合理控制轻罪立法的规模，坚持刑法是参与社会治理的最后手段。既然轻罪立法同样属于犯罪化，那么这样的犯罪化并非就是当然合理的，其同样存在必要的边界，需要遵循犯罪化的一般审查原则。在轻罪立法的过程中，仍然应该以保护法益作为入罪前提，并在轻罪立法时强调实质法益的概念并予以审查，如果没有实质法益的概念，就无法确保刑事立法的合法性、正当性。[3] 不能因为轻罪所设置的法定刑较轻就忽视犯罪化本该保持的慎重，更不能为了实现刑法结构的严而不厉，从而对轻罪立法进行扩张。因为相较于其他部门法的制裁手段而言，轻罪刑罚的制裁手段仍然具有严厉性，而不合理的轻罪化同样属于过度犯罪化。

另一方面，除了合理控制以轻罪为代表的新罪名的增加外，对于其他犯罪的修改也应当注重限缩犯罪的成立范围。例如，在《刑法》总则中规定限

1　张明楷：《重刑化与轻刑化并存立法例下的刑法适用》，载《法学论坛》2023年第3期，第40页。

2　参见张明楷：《刑法修正的原则与技术——兼论〈刑法修正案（十二）（草案）〉的完善》，载《中国刑事法杂志》2023年第5期，第9页。

3　参见张明楷：《刑法学》（第6版），法律出版社2021年版，第79页。

缩犯罪成立范围的一些内容，在《刑法》分则中适当减少一些犯罪的主体范围与行为方式、增加限制入罪范围的构成要件要素或者删除扩大入罪范围的构成要件要素、对于一些情节类的规定同样考虑是否可以朝着有利于限缩犯罪成立范围的方向进行修改等。为了贯彻平等保护原则，《刑法修正案（十二）》在犯罪化方面，通过扩大一些背信犯罪的主体范围，将民营企业的有关人员纳入刑法打击范围，体现为一种单向度的犯罪化。为了更好地施行《刑法修正案（十二）》，刑事司法实践应该避免在解释适用中过度犯罪化，防止对民营企业可能造成的不利影响。如果刑事立法可以在涉及一些影响构成要件成立范围的内容上尽量避免导致扩大犯罪圈的修改，那么就可以保证我国刑法实现适度犯罪化而不是过度犯罪化。鉴于此，犯罪治理现代化下的刑事立法除了需要进行适度的犯罪化之外，还要进行适当的非犯罪化，主要是适时进行非犯罪化的相关立法活动，“禁止一些不必要的无意义的多余的惩罚”[1]。在刑事立法过程中，有些个罪的规定如果完全缺乏实效性或者随着社会的发展而显得不合时宜，那么在刑法修正的过程中就应当及时将这些罪名废除。事实上，适当的非犯罪化有利于在严密化刑法结构的同时减少刑法规范的总量，也有利于刑法体系的协调性与刑法规范的明确性，进而使趋于严密化的刑法结构更具有合理性。

总之，在轻罪时代，为了有效推进我国刑法结构的现代化转向，实现犯罪治理现代化的目标，需要兼顾限缩刑法扩张的适度犯罪化与适当的非犯罪化。在实际的刑事立法过程中，应该根据“刑罚应限于最小限度”的价值要求，[2] 倡导更为精准的犯罪治理，在满足保护法益的需要进行适度犯罪化时，根据保护法益的实质内涵判断是否应该增设新的罪名，同时将刑法中已有的部分不合时宜的罪名予以剔除并作非犯罪化处理，从而避免出现重刑化与泛

---

1 李正新：《犯罪化与非犯罪化的根据思考》，载《政法论坛》2017 年第 1 期，第 71 页。

2 参见［日］松原芳博：《刑法总论重要问题》，王昭武译，中国政法大学出版社 2014 年版，第 8 页。

刑化趋势，避免刑法经再法典化之后变得越发臃肿。

三、贯彻刑法根基与信仰的轻刑化均衡立法方向

纵观我国刑法的发展史，其一直存在明显的重刑主义传统。审视我国当下的刑法体系内容，其仍然具有较为明显的重刑主义特征。但是，一方面，轻罪时代刑事立法与刑事司法所涉及的主要罪行一般较为轻微，并不适合一味地重刑化；另一方面，轻罪时代所体现出的刑法在整体意义上的轻缓化趋势以及严而不厉的刑法结构发展，均要求刑罚的设置应当保持轻缓化。对此，未来我国刑事立法应该朝着轻刑化方向发展。鉴于此，我国刑法的再法典化也应该遵循这一趋势，在设置罪名时明确保护国家法益、社会法益的目的也是旨在保护个人法益，[1] 以保护实质法益为出发点，在“小国法治重精细，大国法治重统一”的宏观框架下，以犯罪治理现代化为契机推动刑罚的轻缓化与立法的轻刑化。

（一）我国当下的刑罚设置仍然属于重刑主义

狭义上的重刑主义并不包括过度犯罪化的内容，而是单就已经设定的罪刑规范来看，法定刑的设置存在过于严苛的问题。我国属于犯罪与行政违法相区分的二元体系，被作为犯罪行为予以规定的内容要具有严重的社会危害性，同时在对行为类型予以明确的基础上配置相应的法定刑。在法定刑上，我国刑法往往又以徒刑为主，而以罚金刑为代表的财产刑通常被作为一种附加刑，这就体现了以生刑为主的刑罚体系。“我国刑法中死刑多，所有罪的法定刑都必有监禁刑，罚金刑不是主刑，这三个特点就表明我们的刑罚体系是

1　参见张明楷：《刑法的解法典化与再法典化》，载《东方法学》2021 年第 6 期，第 66 页。

一个重刑的体系。”[1] 尽管近些年的刑法修正案废除了一些犯罪所配置的死刑规定，死刑罪名在我国刑法中的数量明显下降，但我国相对于其他一些国家而言，仍属于死刑罪名数量较多的国家。除此之外，从徒刑的设置情况来看，我国《刑法》总共规定了483个罪名，其中最高法定刑为3年有期徒刑及其以下的罪名有98个，那么刑事立法层面的重刑配置率仍然接近80%，这无疑属于典型的重刑体系。

除了刑罚设置方面的静态内容外，我国重刑主义的特征也表现在一直以来的重刑的社会观念上。对于立法者和司法者来说，刑法的治理方式相对简单，对于社会危害的有效遏制较为迅速；而对于社会民众来说，出于自身安全感的诉求以及内心的正义观念而容易形成呼吁刑法积极干预的思维习惯。换言之，如果仍然不能有效控制危害行为，其就会习惯于考虑是否有必要继续增加法定刑的幅度。在具体的裁判文书中，会经常性地提及“本案中被告人行凶的手段极其残忍，性质极其恶劣，影响极坏，社会影响恶劣，民愤极大，应予严惩……都应当从重处罚”之类的描述。[2] 近些年来，刑法鲜见单向度地缩小刑事处罚范围与降低法定刑的幅度，刑罚设置的重刑主义特征明显，而刑罚设置的重刑主义趋势依然存在。

（二）轻罪时代在刑罚设置方面不适合重刑化

轻罪时代的刑罚设置本应趋于轻刑化。《刑法修正案（八）》《刑法修正案（九）》《刑法修正案（十一）》增设的新罪，配置的法定刑大多为3年以下有期徒刑，轻罪时代理应相应设置轻刑。刑事立法的重刑化趋势是一种不合理的现象，其同样与轻罪时代的整体背景相矛盾。“犯罪化的目的是在既有的犯罪化不充分的情况下，对犯罪圈进行必要扩充，以逐渐构建一个更完善

1 储槐植：《走向刑法的现代化》，载《井冈山大学学报（社会科学版）》2014年第4期，第8页。
2 参见（2019）豫1625刑初90号刑事附带民事判决书。

的刑法体系。犯罪化的同时应辅之以刑罚的轻缓化，以改善刑法结构，如此才能逐步实现刑法的现代化，进一步适应并促进社会的发展，推动国家治理体系和治理能力现代化的实现。”[1] 如果个罪修正是在原先规定的法定刑基础上进行了提升，而这类法定刑的修正又欠缺实际意义，那么其只会更多地造成一种重刑化的现象，并引发司法实践中的争议。在立法修正的过程中，应当尽量维持而不是提升法定刑，否则刑法就会面临重刑化与泛刑化的风险。

自然犯的法定刑设置在罪刑均衡的意义上较为稳定，法定犯的罪刑设置通常要比自然犯更为复杂。“轻罪时代和法定犯时代的到来，加剧了刑罚配置的复杂程度和困难程度。”“法定犯多属于违反非核心道德领域的轻微反道德行为或道德无涉行为，主要是为契合社会治理需要、回应时代发展需求，因而法定犯的内涵会随着社会发展而发生变化，同一行为在不同社会背景之下可能呈现出不同的社会危害性和刑法规制必要性。”[2] 是否存在重刑化，主要看除却传统重罪重刑以外的其他犯罪及其法定刑。如果刑罚过于严苛或者法定刑的提升存在明显的象征性，那么这类立法均属于不合理的重刑化，这种不合理的重刑化对于轻罪时代所彰显的轻刑化趋势会造成不当影响，也会导致犯罪治理现代化难以为继。因为，一方面，刑法结构朝着以轻罪轻刑为主的结构方向发展，社会民众对于犯罪行为的观念认识也在朝着多元化转变，国家对于犯罪行为的治理逐渐将重心转向一些新罪和其他一些轻微犯罪；另一方面，如果对传统重罪以及介于轻罪与重罪之间的一些犯罪提升法定刑，就会使刑法结构的变迁呈现不确定性，其既可能向着严而不厉的结构发展，但也可能向着又严又厉的结构发展，从而继续向民众传达严刑峻法的社会观念，导致对于轻罪进行集中有效治理的精力被分散，围绕轻罪治理的一系列

1　卢建平、皮婧靖：《中国刑法犯罪化与非犯罪化的述评与展望——以犯罪化与非犯罪化的概念解构为切入点》，载《政治与法律》2020 年第 7 期，第 16 页。

2　罗翔、许华萍：《沈家本思想与当代重刑主义思潮的检讨性反思》，载《甘肃政法大学学报》2023 年第 6 期，第 24 页。

相关程序与制度也难以顺利地在观念与规范层面尽快落实。因此，重刑化不仅会对可见的刑法规范结构及其内容造成不当影响，而且会在无形中塑造规范背后的人的观念，而这些均会对中国刑事法治的现代化建设产生不同的影响。以民营企业的保护为例，应该坚持实质平等的原则，而非追求形式上的平等。实质平等是指权利与义务对等的平等，并在判断时充分考虑民营企业所获得的政策支持、资金支持以及薪酬支持的现实情况。对此，关心民营企业的发展并不一定要加大刑法的干预范围，刑法对于民营企业的部分发展问题的过度介入反而可能治标不治本，甚至会起到相反的作用。“宽容是现代社会最重要的伦理要求之一，人道主义成为人类共同的价值追求，体现着对人的自然本性的肯定，对人的生命价值和尊严的尊重。人道主义刑法具有公平、宽容、文明的特征，不对公民个人权利造成不当侵害，在可能的程度内尽量趋于轻缓，以改造和教育为其最终目的，促进人性的回归。”[1] 重刑化的内容不仅不符合轻罪时代的犯罪治理要求，而且与刑法现代化的逻辑相悖，有违人类文明发展的历史规律。

（三）轻罪时代我国刑法的轻刑化方向与未来的再法典化

我国刑事立法在关注构成要件内容修订的同时，对于法定刑的修改也逐渐予以关注，从而为刑法未来的再法典化奠定整体基调。例如，《刑法修正案（十一）》除增设大量轻罪外，对于一些个罪的罚金刑以及其他刑罚内容也进行了修改，体现了立法者对于法定刑修改的关注。轻罪的增设使刑事法网得以严密化，同时减少了无轻罪情况下的重罪滥用情形，而对罚金刑的倚重及刑罚幅度的多层次设置等立法趋向则增加了非羁押刑和轻刑的适用可能，由

---

1 张勇：《共享发展的民生刑法面向》，载《法治研究》2023 年第 4 期，第 90 页。

此，严而不厉的罪刑体系初具雏形。[1] 事实上，尽管罪与罚往往通过“残暴”被联系和结合起来，但是未来刑法的整体趋势仍然是倡导力求“人道”声誉的刑罚。[2] 轻罪时代的刑法轻缓化在立法层面需要以严而不厉的罪刑体系构建为目标方向，对此，我国刑法实现轻缓化的内容主要包括如下两个方面。第一，在《刑法》总则的内容修改中应当进一步规定有关减轻刑罚制裁的内容。刑法修改除涉及个罪规范外，在总则中可以继续增加与完善有关从轻、减轻或者免除处罚的规定，在发挥刑法规定正向激励作用的同时，顺应轻罪时代的轻刑化趋势。在刑罚的种类设定方面，继续逐渐减少死刑的规定，增加财产刑的适用范围，减少自由刑的范围与力度，同时“建立与微罪惩处相配套的前科消灭制度，根本性地消除微罪附随性负面后果”[3]。由于刑法总则的内容相对于刑法分则具有总体意义上的指导作用，在刑法总则中贯彻轻刑化的适用范围更为广泛，而且对刑法总则内容修改的兼顾也有利于同刑法分则的内容保持体系的协调性。第二，在刑法分则的具体条文内容修改中，应当围绕法定刑的轻缓化展开。对法定刑的具体设置同样应当注重增加有利于免除处罚、减轻或者从轻处罚的规定，主要是设定一些有利于出罪或者罪轻的情节内容。对一些相对较为稳定的法定刑规定，至少应当尽量维持原先的法定刑幅度，不能动辄提升法定刑的上限，从而造成一种严刑峻法的观念与刑法重刑化的结果。

通过适度的犯罪化、适当的非犯罪化、刑罚的轻缓化来推动我国刑法结构从厉而不严向严而不厉发展，从而在整体上体现一种轻刑化的方向，是未来我国刑法再法典化的基调。尽管以刑法修正案的方式进行刑法完善有利于

1　参见徐岱、王沛然：《中国轻罪治理体系规范检视与路径选择》，载《社会科学战线》2022 年第 10 期，第 269 页。

2　参见［法］米歇尔·福柯：《规训与惩罚：监狱的诞生》（修订译本），刘北成、杨远婴译，生活·读书·新知三联书店 2019 年版，第 60–61 页。

3　梁云宝：《积极刑法观视野下微罪扩张的后果及应对》，载《政治与法律》2021 年第 7 期，第 35 页。

尽可能地保持我国刑法典的稳定性，也符合我国一直以来的成文法与法典化的传统，但随着刑法修正案的数量增加，刑法需要在整合的意义上进行再法典化。由于刑法修正案的形式只能在局部意义上对一些刑法条文进行修补式的完善，其并未将犯罪治理现代化的趋势整体融合进刑法典之中，这种“小修小补”的模式实际上无法实现刑法轻刑化的整体诉求。因此，未来我国的刑法再法典化势在必行。既然适度的犯罪化、适当的非犯罪化、刑罚的轻缓化是未来我国刑法再法典化的基调，那么其均应当体现于当前的刑法修正案制定以及未来的刑法再法典化的过程中。对刑法规范进行科学合理的修订以及在适当的时机进行刑法的再法典化，均属于我国刑法现代化进程中的重要内容。我国刑法现代化的发展也包括形成一部更为现代化的刑法典，其对于刑事法治的全面构建具有基础意义。刑法修正案在严密法网的意义上主要围绕法定犯与轻罪立法的类型进行适度的犯罪化，刑法再法典化也会在进行系统整合的同时，根据犯罪治理现代化的现实需要进行以轻罪化为主的个罪新增与其他旧罪的修改，在进行适度犯罪化的同时进行适当的非犯罪化，从而在平时的立法修正以及刑法的再法典化过程中，保持适度犯罪化与适当非犯罪化之间的合理平衡，并在实质上推进我国刑法朝着轻刑化的方向不断发展。

在我国未来刑法完善过程中，之所以推动再法典化，就是为了避免刑法修正案的频繁发布导致具体罪名的法定刑被不断提升，最终形成又严又厉的整体格局。与之相对，在犯罪治理现代化的目标指引下，以不破不立的姿态推动刑法的再法典化，并在此过程中强调适度的犯罪化、适当的非犯罪化、刑罚的轻缓化，反而能够真正实现刑事立法的革故鼎新，并跳脱出刑法修正案的陈陈相因的困局。鉴于此，以犯罪圈的均衡化与刑罚的轻缓化作为刑法再法典化的宏观基调，符合刑法再法典化的客观现状，能够避免刑法再法典化流于形式，而是真正将轻缓化的理念与轻刑化的方向融入条文。事实上，日本刑法典也遵循了这一修改趋势，其在犯罪圈扩张的同时普遍采取程序出罪机制实现犯罪圈的均衡化，并且强调刑罚整体轻缓化，[1] 这值得我国刑法的再法典化过程借鉴。当然，在适度的犯罪化、适当的非犯罪化、刑罚的轻缓化方面，未来的刑法再法典化并不是终点，因为法典化的刑法体系内容也要适应社会的不断发展。于是，即使未来我国刑法真正发展成为严而不厉的结构，刑法的立改废释也必然存在，但轻缓化的理念与轻刑化的方向不会变。

第四节　统一立法：经由再法典化重塑刑法根基与信仰

面对当前刑事司法实践中存在的问题，刑法亟待通过再法典化来重构保障公民自由权利的刑法根基并重塑恪守罪刑法定主义的刑法信仰，从而真正实现统一立法的目的诉求。事实上，法典是法学学科体系化的载体，也是法学学科进行学术体系和话语体系建设的前提。对中国刑事法治建设而言，法典化是基础性工程。新中国首部刑法典即 1979 年《刑法》，是最具完备性、系统性和时代性的刑法典，它的诞生标志着刑事犯罪由依靠政策治理走向依靠法律治理的新时代。受社会转型时期政治经济文化的深刻变革之影响，刑法日益积极地参与社会治理，并由此进入了立法活性化时代。自现行刑法颁行以来，最高立法机关先后通过十二部刑法修正案，对《刑法》总则与分则进行较大幅度修改，最高司法机关制定了数量庞大的司法解释，对刑法作出直接或间接的续造性补充，长期累积的修改与补充也对刑法的体系性与科学性形成挑战。在《民法典》颁布实施的推动下，我国立法进入法典化时代，刑法既面临着来自社会的形式上“称典”的呼声，又面临着实质上如何再法

1　参见姜瀛：《日本刑法法典化的限度控制、技术路径及启示》，载《苏州大学学报（法学版）》2023 年第 4 期，第 124 页。

典化的问题。“在那些有法典传统的国家，人们可以期待并实现新的历史条件下的新的法典化。这就是人们所说的‘再法典化’（Re-codification）。”[1] 为此，如何对刑法典进行解构和再建构，使之无论是从形式上还是从实质上都成为一部具有典范性的法典，以更好地服务于社会转型所提出的法律变革需求，是当下我国推进国家治理体系和治理能力现代化进程中需要着力解决的重大问题。

一、刑事法治现代化进程中的刑法典解体危机

我国现行刑法在颁布之时，是一部真正意义上科学的统一刑法典。然而，随着社会的发展变迁，以及大陆法系与英美法系的立法、学说与判例的大规模引入，我国本土刑法观念与刑事法制都受到不同程度的影响渗透，刑法不得不频繁修改其内容，以适应社会治理的客观需要。这一过程的循环往复预示着刑法的核心内容正在被逐渐边缘化，刑法典面临着实质上丧失其典范性、统一性与科学性的解体危机。

（一）修补式立法与“典范不彰”的刑法

刑法典之所以被称为“典”，是因为其乃刑事法治精髓之集大成，在形式和实质上都具备了典范性特征。这里将“典”解释为典范，属于刑法语境中的目的解释，同时可以对其进行类比解释。如果说字典属于字的源泉，刑法典则应当是刑法条文的源泉，于是，其在典范性上的首要特征应该是全面和准确。“‘典范性’是法典编纂的总体气质……立法者需尽量用逻辑清晰、层次分明的质料准确地表达文本的内容，并按照体系性思维，将所有的法律文

---

1 王卫国：《民法再法典化：荷兰经验的启示（代序言）》，载王卫国主编：《荷兰经验与民法再法典化》，中国政法大学出版社 2007 年版，第 4 页。

本安置在协调统一的秩序中，形成一个价值融贯和规则联结的整体。”[1] 刑法典是基于刑事法治理性设计的“合理、明确和全面的法律制度”之“典范形式”。[2] 1979 年《刑法》被赋予了刑事法治的符号意义，其内容兼具中国特色与国际视野，可谓刑法典范的雏形。1997 年《刑法》经全面修订，充分贯彻了具有现代意义的刑事法治原则，实为当时背景下中国刑法之典范。

21 世纪以来，我国的犯罪形势发生了巨大变化，犯罪风险的泛在化、犯罪空间的网络化、犯罪手段的高科技化、犯罪类型的法定犯化，都对刑事法治提出了更高要求。与之伴随的是刑事立法的活跃化。现行刑法施行不到 30 年，立法机关已经制定了十二部刑法修正案。刑法修正的主流趋势是犯罪化，即增设新罪与扩容旧罪。频繁的立法修改与补充，既凸显了在现代社会治理中刑法的预防功能正被全面激活，也触动了刑法典的微观结构与功能基础，有损刑法的典范性。

从形式上看，立法的频繁修补破坏了刑法典微观结构的协调性。规则是法的基本单元与存在形式，法典化的前提是编纂有效的行为规则体系。借此，“人民会更进一步接受这些规则，把它们视为共同的行为标准，并承认众人都有义务加以遵守，甚至把这个服从的义务追溯至更上位的遵守宪法的义务”[3]。规则与规则联结在一起，构成了刑法典的微观结构。为了保持刑法典的稳定性，在不改变刑法条文结构的前提下，新增罪名在刑法中的位置安放采取“法益就近原则”，于是《刑法》中存在大量的“第×条之一”“第×条之二”这种表述形式。这不仅影响了刑法典的结构美感，而且，刑法典的微观结构易发生“牵一发而动全身”的情况，因此，频繁修补刑法典造成了规则与规则之间的不协调。

第一，罪的关系不协调，表现为故意犯与过失犯、危险犯与结果犯被规

1　周佑勇：《中国行政基本法典的精神气质》，载《政法论坛》2022 年第 3 期，第 62 页。

2　陈金钊：《民法典意义的法理诠释》，载《中国法学》2021 年第 1 期，第 66 页。

3　［英］哈特：《法律的概念》（第 3 版），许家馨、李冠宜译，法律出版社 2018 年版，第 178 页。

定在同一条文之中。现行刑法制定之时，基于不同罪名关系的协调性考量，立法者将故意犯与过失犯、危险犯与结果犯规定在不同条文之中。然而，刑法修改之后，为了保持条文总数不变，许多条文出现了同时包含故意犯与过失犯、危险犯与结果犯的情况。例如，《刑法》第 133 条交通肇事罪是过失的结果犯，第 133 条之一危险驾驶罪是故意的危险犯，两者的行为方式与适用规则均存在实质差异，本不应被放在同一条文之中。

第二，量刑规则不协调，即新罪与旧罪在法定刑配置上存在逻辑冲突。例如，《刑法修正案（十一）》增设的第 142 条之一妨害药品管理秩序罪，被放在第 142 条生产、销售、提供劣药罪之后，后者的行为性质及危害性明显更重，但事实上，两罪基本犯与加重犯的法定刑配置明显不协调。具体而言，前者的基本犯比后者的基本犯更为严重，但就结果加重犯或情节加重犯而言，后者反而比前者更轻，[1] 因此这种法定刑配置并不科学，甚至会引发公众质疑。

第三，制造重复性立法，表现为立法新增犯罪只是对旧罪的具体化，实质上已为旧罪所包容。例如，《刑法修正案（十一）》增设的第 293 条之一催收非法债务罪，即属于重复性立法，其所规定的三种行为类型完全为寻衅滋事罪所包容。从本质上看，催收非法债务罪是在催收非法债务的语境下，从寻衅滋事罪这一抽象规范中分离出的更为具体的规范，以此增设新罪。重复性立法表面上似乎只增加了规范数量而没有改变规范总容量，但它使法条关系更加混乱，由此引发法律规范冲突以及法律适用障碍等一系列问题。

第四，条文之间内容不协调，有的刑法条文“一拖几”，有的刑法条文则“空无一文”，即有的罪名“有条无文”，有的罪名则“有文无条”。现行刑法经过刑法修正案这类修订形式的多次修订，有的条文下面不断增设新的款项。

---

1 参见张明楷：《增设新罪的原则——对〈刑法修正案十一（草案）〉的修改意见》，载《政法论丛》2020 年第 6 期，第 13 页。

比如在《刑法》第133条交通肇事罪之后，《刑法修正案（八）》增设了第133条之一危险驾驶罪，《刑法修正案（十一）》增设了第133条之二妨害安全驾驶罪，整个第133条实际上共有三个条文，共计473字。然而，有的刑法条文却“有条无文”，比如《刑法》第199条，该条先后经过了《刑法修正案（八）》《刑法修正案（九）》两次修改，其条文内容从被部分删除到被彻底删除，目前该条文是“空无一文”，有条文序号，但是没有任何文字规定或者具体内容。现行刑法中有的罪名还存在“有文无条”的现象。1998年12月29日全国人大常委会发布的《关于惩治骗购外汇、逃汇和非法买卖外汇犯罪的决定》增设骗购外汇罪，由于该罪是由单行刑法规定的，以至于该罪迄今为止在刑法中一直没有对应的具体条文。巨型条文、空头条文以及有文无条等现象共同存在于同一部刑法典内部，充分体现了立法技术的缺陷以及条文内容之间的不协调，也说明了再法典化的迫切性。

从实质上看，在理论准备不充分的情况下修改刑法，损害了刑法典的功能性。制定一部有强大生命力的法典，应当做好充足的理论准备，“立法者事先就必须对有待规范的生活关系、对现存的规范可能性、对即将制定的规范所要加入的那个规范的整体、对即将制定的这一部分规范必然施加于其他规范领域的影响进行仔细的思考和权衡”[1]，理论准备完成之后，才能开启真正的立法活动。然而，在犯罪化趋势下，当出现新问题时，立法机关就习惯性地修改刑法，而没有充分考量立法的必要性。新罪创设快，适用快，消耗也快，有的法律制定根本没有做足理论准备。回顾现行刑法颁布以来的刑法修正历程，立法机关先后制定了十二部刑法修正案，其中有的犯罪在不同程度上体现了象征性立法的特点。例如，《刑法修正案（九）》新增5个恐怖主义犯罪，降低入罪门槛，提高处罚力度，这充分体现了我国向国际社会与国内

---

1 ［德］卡尔·拉伦茨：《论作为科学的法学的不可或缺性》，赵阳译，商务印书馆2021年版，第36页。

民众所表达的坚定的反恐立场与态度；又如，《刑法修正案（九）》新增拒不履行信息网络安全管理义务罪，主要是为了向民众传递政府维护信息网络秩序、保障社会安全的姿态。象征性立法重在传达立法者姿态、安抚公众情绪，然而由于欠缺法益保护的实质基础，象征性立法虽然较为活跃，但实质效果欠佳，其增设更多地贯彻了国家治理的政策逻辑，因而象征性大于功能性。

（二）续造型司法与“体系分化”的刑法

我国刑法奉行成文法主义，因此，最高司法机关制定的司法解释和作出的司法裁判都必须以成文法为依据，不能创设新规则。换言之，我国刑法天然地排斥英美法系的续造型司法，法官的“判决选择和论证选择”应当受到刑法典及其规则的约束，“法典化的法律体系将强化这种约束，并且使法律成为约束法官的因素”[1]。然而，立法的有限性也决定了法官在个案裁判中需要对法律规则进行解释，亦即自由裁量。于是，最理想的成文法在法官自由裁量上留下了最小的余地，法官所受约束与法官自由裁量处在功能性的关联中，二者共同构成了现代刑事司法理念的核心内容。

然而，受刑法规定自身不完善以及英美法系的影响，我国最高司法机关的司法解释早已突破了解释的极限，其名为解释实为创设新规则。在司法实践中，最高司法机关创立的案例指导制度，以及从总则指导到分则适用的司法解释，都在实际上产生了补充刑法典内容的作用。补充即续造，是在立法规定不完善的前提下，为了完善立法而创设新规则。例如，2000 年 11 月 15 日最高人民法院发布的《关于审理交通肇事刑事案件具体应用法律若干问题的解释》第 5 条第 2 款规定：“交通肇事后，单位主管人员、机动车辆所有

---

1 ［德］温弗里德·哈斯默尔、乌尔弗里德·诺伊曼、弗兰克·萨利格主编：《当代法哲学和法律理论导论》（第 9 版），郑永流译，商务印书馆 2021 年版，第 343 页。

人、承包人或者乘车人指使肇事人逃逸，致使被害人因得不到救助而死亡的，以交通肇事罪的共犯论处。”交通肇事罪是过失犯，教唆他人逃逸的行为构成共犯的潜在含义是两个过失行为也可以成立共同犯罪，这与《刑法》第25条关于共同犯罪只能由两个故意行为构成的规定相抵触。又如，2017年5月8日“两高”发布的《关于办理侵犯公民个人信息刑事案件适用法律若干问题的解释》第2条规定：“违反法律、行政法规、部门规章有关公民个人信息保护的规定的，应当认定为刑法第二百五十三条之一规定的‘违反国家有关规定’。”这与《刑法》第96条关于国家规定的制定主体仅限于全国人民代表大会及其常务委员会和国务院的规定相冲突。以上做法，与英美法系中法官或法院作为立法者的续造型司法同质，[1] 是司法对立法的实质侵越。

在最高司法机关主导下，诸多司法解释汇聚在一起，等同于对刑法典之分化，破坏了刑法典的统一性。统一是法典化的内核与优势，在特殊的国势民情时代，能否制定统一的法典甚至关乎法治事业的成败。法律的不统一，或“在一国之中实行无数的特别法”，会“导致不公，产生不和谐”，[2] 因此，法典化的重要价值在于统一法度、维护公平正义。制定统一的刑法典，事关国家刑事法制的健全与民族的团结。近世各国如法国、德国、意大利等的法典编纂，皆基于统一主义的编纂策略。我国刑法典编纂具有深厚的统一主义传统。新中国刑法典的编纂自1949年启动，历经30年，至1979年初步完成。1997年修订刑法时仍然坚持统一刑法典模式，在1979年《刑法》的基础上，“制定一部统一的、比较完备的刑法典”，这是“进一步完善我国刑事法律制度和司法制度的重大步骤，对于进一步实行依法治国，建设社会主义法制国家，具有重要意义”。[3] 在制定统一刑法典之后，能否坚守法典的统一

1　参见［奥］凯尔森：《法与国家的一般理论》，沈宗灵译，商务印书馆2013年版，第221-222页。

2　［日］穗积陈重：《法典论》，李求轶译，商务印书馆2014年版，第33-34页。

3　王汉斌：《关于〈中华人民共和国刑法（修订草案）〉的说明——1997年3月6日在第八届全国人民代表大会第五次会议上》，载《人大工作通讯》1997年Z1期，第39页。

性同样重要，这关乎法典究竟在多大程度上助力于法治发展。司法解释对刑法典的适用当然具有重要作用，然而值得反思的是，其是否对统一刑法典体系产生了分化和破坏。在续造型司法的助推下，副法体系仍有扩大的趋势，刑法典与副法体系彼此分化，甚至有时副法较之刑法更具权威性。因为司法解释来源于最高司法机关，而司法系统内部存在上下级领导、审查、监督关系，因此对副法的适用可能会代替对刑法典的适用，从而导致法律疑义百出、争讼不息的情况。“法律的形体虽完备，而其实质若不善良，则成峻法严律，其逞荼毒之害。”[1] 因此，科学的法必须形体与实质皆完备，必须是规定明确的法、富有实效的法与公平正义的法。

值得注意的是，现行刑法典中累积着的为数不少的病理性法条，主要有两类：具有重复性特征的注意规定与有碍公正的“口袋罪”条文。

刑法典中有大量的注意规定，包括《刑法》第 156 条关于走私罪共犯的规定，第 287 条关于利用计算机实施犯罪的提示性规定，第 310 条第 2 款关于窝藏、包庇罪共犯的规定，第 382 条第 3 款关于贪污罪共犯的规定，等等。注意规定本质上属于赘文即重复性立法，即使《刑法》中没有该规定，也不影响定罪量刑。例如，《刑法》第 156 条规定：“与走私罪犯通谋，为其提供贷款、资金、帐号、发票、证明，或者为其提供运输、保管、邮寄或者其他方便的，以走私罪的共犯论处。”在走私犯罪情境下，为走私罪犯提供贷款、资金、帐号、发票、证明，为其提供运输、保管、邮寄或其他方便的，属于典型的帮助行为，依照《刑法》总则关于共犯的规定也能得出同样的结论，无需分则条文作出重复规定。因此，刑法理论认为，注意规定的唯一正面功能是“在刑法已作基本规定的前提下，提示司法工作人员注意、以免司法工作人员忽略的规定”[2]。

---

1 ［日］穗积陈重：《法典论》，李求轶译，商务印书馆 2014 年版，第 5 页。

2 张明楷：《刑法分则的解释原理》（第 3 版）（下册），高等教育出版社 2024 年版，第 668 页。

即使认为注意规定具有提示功能，也应认识到，注意规定毕竟是重复性规定，对刑法中的注意规定一定要节制使用，不应任其在刑法典中越来越多。虽然从表面上看，注意规定似乎只是有违立法经济性，但实质上，它在条文解释上容易引起疑义与误导。例如，《刑法》第238条第2款后半段规定，非法拘禁“使用暴力致人伤残、死亡的，依照本法第二百三十四条、第二百三十二条的规定定罪处罚”。对此，有的判决认为其属于注意规定，[1] 有的判决认为其属于法律拟制，[2] 而不同的理解直接影响对案件的定性。如果认为其属于注意规定，则对非法拘禁罪中使用暴力过失致人死亡的行为人，应以故意伤害罪（致人死亡）论处；反之，如果认为其属于法律拟制，则无论行为人主观上是否存在杀人故意，均应以故意杀人罪论处。同一条文有时被认为是注意规定，有时又被认为是法律拟制，反映了注意规定容易与法律拟制混淆。它的存在增加了司法误判的可能性，进而累及裁判结论。若刑法典删除注意规定，则以上问题随之消解。

除此之外，“口袋罪”是刑法中的另一类病理性条文，事实上难以规避，因为删除这类条文会使刑法产生漏洞；但若置之不理，同样可能造成定性与量刑的不公正。由流氓罪分解而来的《刑法》第293条寻衅滋事罪，由投机倒把罪分解而来的《刑法》第225条非法经营罪，以及《刑法》第114条以危险方法危害公共安全罪等，是典型的传统“口袋罪”。随着旧罪扩容与新罪增设，《刑法》第276条破坏生产经营罪、第286条破坏计算机信息系统罪、第287条之一非法利用信息网络罪、第287条之二帮助信息网络犯罪活动罪等新型“口袋罪”相继出现。这些犯罪要么罪状不明确，要么兜底条款被无节制扩张，最终影响司法的公正性。客观地说，“口袋罪”既有必要的成分又有不合理的内容，既不能直接删除又不能置之不理。可行的方案是，对“口

---

1 参见（2017）赣刑终126号刑事判决书。
2 参见（2017）皖01刑初24号刑事判决书。

袋罪”进行合理优化与科学改造。据此，未来我国刑事立法应当继续分解“口袋罪”以明确犯罪的边界，防止其在司法实践中被滥用。

总之，刑法典颁布至今已近30年，由于修补式立法、续造型司法以及病理性法条等因素的共同影响，已经难以有效维持其典范性、统一性与科学性。刑法典中的问题累积达到一定程度，意味着以刑法修正案的方式对刑法进行局部修改的边际效益已经不大。这既意味着刑法典的自身发展逐步面临“瓶颈”，也为刑法典迎来了从整体上进行再法典化的契机。

二、刑法再法典化的模式选择：统一立法

刑法的再法典化既有守成之意，又有更新之维，是在现有刑法典的基础上，响应社会新事态的更新与完善。面对现代化进程中的刑法典解体危机，刑法的再法典化是为了重构其典范性、统一性与科学性。这首先涉及路径的选择，即我国刑法的再法典化究竟是应当选择多元刑法模式还是继续坚守一元刑法典模式。而对于这一问题的解答，关系到我国未来刑事司法乃至社会发展的整体性方向选择。

（一）解法典化语境下的多元刑法模式及其批判

所谓解法典化（decodification），意指层出不穷的例外规则（leggeeccezion-ale）聚拢形成特别法，特别法又经过长期变换聚合为稳定的、自主的规范体系或“微观系统”。它们先是与规定在法典中的内容分庭抗礼，“在一个冲突的阶段之后将进入一个确定的取得优势的阶段，最终完全取而代之”。最终，特别法“抽空了法典法体制的内容，表达出具有相当普遍的重要性的原则”，它们所组成的“微观系统”占据中心地位，法典仅“起着剩余法

(diritto residuale)作用，调整一些特殊规范不调整的情形”。[1] 因此，刑法解法典化的最终结果是，在刑法典之外形成了诸多特别刑法或行政刑法，促成了刑事立法的多中心主义，亦即多元刑法模式。然而，多元刑法模式与我国刑事法治的理论逻辑、实践逻辑以及本土国情均存在根本性抵牾。

首先，多元刑法模式认为应当在刑法典之外设立行政刑法，但在刑法典之外设立行政刑法会使刑法与前置法之间的关系更为混乱，不利于维护法秩序的统一性。多元刑法模式认为，应当将法定犯从刑法中剥离，组合形成行政刑法，以解决法典化“二次找法”的困境。“从立法论上讲，如果我国以后也采取自然犯与法定犯分散立法的体例，那么上述问题就会迎刃而解。”[2] 顺此逻辑，刑事立法应当逐步过渡到多元立法模式，特别是应当在行政法、经济法等法律中直接规定法定犯的构成要件与法定刑。[3] 据此，应当“尽快修改其他法律，在其他法律中规定各种行政犯，使刑法典中关于行政犯的规定逐渐不再适用”，最终形成“刑法典与行政刑法的双轨立法模式”[4]。然而，法定犯之所以存在“二次找法”问题，不在于是否将之规定在刑法之外的前置法中，而在于解释者能否通过正确援引前置法规定来合理解释刑法。这不是立法论的问题，而是解释论的问题。对于法定犯而言，只要解释方法合理、解释技巧恰当便不会产生解释论困境，“二次找法”实质上是个伪命题。

实践经验表明，将刑法中的法定犯移至前置法中，先形成特别刑法，再组合为行政刑法，可能导致行政机关成为事实上的法官。“行政犯的双重责任特征，既因其鲜明的‘跨界性’而具备了理论乃至学科上的独立可能性，却

---

1 [意]那塔利诺·伊尔蒂：《解法典的时代》，薛军译，载徐国栋主编：《罗马法与现代民法》第4卷，中国人民大学出版社2004年版，第98页。

2 张明楷：《自然犯与法定犯一体化立法体例下的实质解释》，载《法商研究》2013年第4期，第48页。

3 参见张明楷：《刑法修正案与刑法法典化》，载《政法论坛》2021年第4期，第3页。

4 张明楷：《刑法的解法典化与再法典化》，载《东方法学》2021年第6期，第65页。

也因为行政与刑事的交叉重叠、犬牙交错，而带来了司法实务中的一系列难题。”[1] 例如，交通肇事罪的认定要求行为违反交通运输管理法规，而行为是否违反行政管理法规，又依赖于交通管理部门认定，因此，法定犯的刑事认定对相关行政认定具有先天依赖性。如法定犯全部移至前置法，则相关法定犯的基本事实认定将由行政机关主导，行政机关由此成为事实上的法官，这褫夺了法院的裁判权。因此，区分行政不法与刑事不法，让行政归行政、刑事归刑事，对于法定犯认定而言至关重要。只有坚持自然犯与法定犯一体化立法体例，保持一元刑法典模式，才能在维持法定犯行政不法与刑事不法的二元结构中保持刑法判断的独立性。

有学者提出，一切剥夺人身自由的手段实质上都是刑罚，故应当将行政处罚法中的行政拘留纳入刑法体系。[2] 这种观点实质上是一种变相的多元刑法模式的理论主张，应当予以警惕。在一部刑法中同时规定刑事处罚与行政处罚的刑法模式，与将部分犯罪剥离刑法典而形成的多元刑法模式并无二致。一方面，行政拘留入刑的学理基础即一切剥夺人身自由的手段实质上都是刑罚，这与我国现行法律体系与制度不符。因为除行政拘留之外，我国现行法律体系中的监察法律制度要求在调查职务违法行为时，允许采取剥夺人身自由的手段，比如调查阶段的留置措施，而监察法律正是我国法律体系之中国特色的鲜明体现。若以此为理由，为了向外国法律看齐而将所有剥夺人身自由的手段纳入刑法，则势必损害业已建成的法律体系的中国特色。另一方面，以强化法益保护名义，将行政拘留纳入刑法体系，[3] 等同于刑法“独断专行”地取代了行政法律的地位。法秩序统一的前提是承认部门法的独立性。刑法

---

1 王勇：《法秩序统一视野下行政法对刑法适用的制约》，载《中国刑事法杂志》2022 年第 1 期，第 128 页。

2 参见刘仁文：《我国行政拘留纳入刑法体系构想》，载《法制与社会发展》2021 年第 5 期，第 47-67 页。

3 参见敦宁：《论行政拘留入刑》，载《内蒙古社会科学（汉文版）》2015 年第 1 期，第 70 页。

与行政法都是独立的部门法，刑事处罚与行政处罚并行不悖。将行政拘留纳入刑法，是对法秩序统一性的根本破坏。这种做法曲解了刑法在整体法秩序中的保障法地位，若将行政拘留纳入刑法，则意味着以往较为轻微的违法行为也能够被作为犯罪处理，显然，其目的是让刑法提前介入对轻微的危害行为的处理，扩张犯罪圈，以为轻罪立法提前确立对应梯度的刑罚。此时，刑法往往提前介入了本应当由行政法处理的事项，侵夺了行政法的适用空间。不仅如此，行政拘留入刑的立论逻辑也自相矛盾。相关论者认为："行政拘留被纳入刑法体系后，相关配套措施还应得到完善，比如，拘役刑的刑期下限应由 1 个月降为 1 日，以补足轻罪大规模增加后 1 个月以下的自由刑空档，并确立短期自由刑的易科罚金和易科社区服务等制度，从而最大限度地减少短期自由刑的弊端。"[1] 然而，短期自由刑的最大弊端恰恰在于威慑力不足，当行政拘留被纳入刑法后，拘役的下限将由 1 个月调整至 1 日，刑期更短、威慑效果更差。

其次，多元刑法模式主张大量增设轻罪，以最大限度激活刑法的预防功能，但这将冲淡刑事法治国色彩。在刑法之外增设轻罪是实现刑法"多元化"的重要路径。"进入 21 世纪以来，刑事立法显示出将犯罪化置于传统犯罪结果（法益侵害、危险）之前的倾向，即处罚的早期化。"[2] 这种预防主义立场的轻罪化立法虽然有利于保障社会安全，但是，它往往将法益保护前置化，某种行为的危险性就可能成为刑法的惩处对象。然而，"预防性国家行为陷入一种两难境地。在其防范自由所遭遇的个别危险的过程中，它也在整体上削弱了社会秩序的自由品质，同时，也在部分程度上侵蚀了民主与法治性的保

1　刘仁文：《我国行政拘留纳入刑法体系构想》，载《法制与社会发展》2021 年第 5 期，第 47 页。

2　［日］仲道祐树：《法益论、危害原理、宪法判断——刑事立法分析框架的比较法考察》，蔡桑译，载《苏州大学学报（法学版）》2021 年第 3 期，第 142 页。

障机制，而这些机制正是为了限制国家权力，保护个人自由而发展出来的”[1]。因此，预防过度化会动摇刑事法治根基。实践证明，大量增设轻罪，将一般违法行为犯罪化，实质上属于低效、无效的犯罪化，不仅立法无法产生预期效应，还会造成立法资源的严重浪费。此外，轻罪入罪门槛过低，加之在程序法上增加简化过滤程序，会导致程序适用上的任意性，以及罪刑失衡的治理危机。[2] 犯罪的认定很少考量实害结果，而更多地取决于不确定的危险及主观的预防必要性，过于强烈的预防导向导致刑事法治国的处罚限定机能被突破。

过多增设轻罪而构建的预防刑法体系，与我国刑事政策的演变逻辑相冲突。我国传统法文化对犯罪认定持慎重态度，认为只有具有严重社会危害性的行为才能被认定为刑事犯罪，与之相应的犯罪制裁后果也最为严厉。在这种罪感文化影响下，我国刑事政策经历了从“严打”到宽严相济的发展历程。宽严相济刑事政策在刑事司法领域的最新表现是少捕少诉慎押，即对于犯罪轻微的行为人，依法能不捕的不捕，能不诉的不诉。这表明，我国刑事司法对轻罪的处理采取较为审慎的态度。虽然社会发展变迁促进了刑事立法活跃化，但是，现代刑法以集体法益的扩张为通道推进犯罪化，并进一步通过轻罪立法降低入罪标准，使法益保护原则陷入虚空。基于刑法规制的“犯罪系严重危害社会行为”的犯罪化基本立场，我国刑法应在坚持一元刑法典模式下审慎对待轻罪立法，能“释”法、“改”法的，绝不轻易“立”轻罪。换言之，在“立改释”三者关系中，“立”即增设轻罪应位于最后序列。而且，即使出于社会发展需求增设轻罪，也必须实质判断其正当性与必要性。

最后，多元刑法模式不符合我国法典化传统与“大国法治”的中国国情。

---

1 ［德］迪特儿·格林：《宪法视野下的预防问题》，载刘刚编译：《风险规制：德国的理论与实践》，法律出版社 2012 年版，第 112 页。

2 参见冀洋：《我国轻罪化社会治理模式的立法反思与批评》，载《东方法学》2021 年第 3 期，第 136、124 页。

虽然在制定法典时人们可以借鉴国内外已有的法典，但是，对于任何国家法典的编纂来说，“法律的精神与民族法治的实践共生于一体”，“法典编纂过程中融入本土性法治实践中的经验”，法典才具有旺盛的生命力。[1] 当刑法迎来再法典化契机之时，应否学德日或仿英美，首先需要考虑的不是域外情况，而应是我国的历史和现实。

我国具有深厚的法典化历史传统。战国时期出现的首部法典《法经》，开启了我国古代法典化之路，法典模式自此成为历朝历代法制构建的主要方式。延绵不绝的法典化运动，催生了诸多富有时代特色的法典，包括《秦律》《九章律》《新律》《泰始律》《唐律疏议》《宋刑统》《大明律》《大清律例》等，其中不乏高水平的法典。例如，中国古代法典化的“代表作《唐律疏议》的法典化水平已经达到了当时世界最高的境界”，就立法技术而言，“即使当时东罗马帝国编纂的国法大全，也是无法相比的”。[2]

小国法治重精细，大国法治重统一。中国最重要的一个基本国情是：中国是一个大国，各地政治经济发展不平衡。[3] 大国意味着形成统一的法治秩序将更加艰难，意味着立法者需要考虑更多方面的利益权衡，也意味着统一性是国家法治建设的基本着力点。[4] 实践证明，我国刑事立法采取一元刑法典模式具有现实性与必然性。新中国成立以后，面对法制不健全的现实情况，制定一部统一的刑法典兼具法治意义和政治意义。1979 年《刑法》建构了我国刑事法治的雏形，它与《刑事诉讼法》的颁布实施一起，标志着我国对犯罪的治理进入了有法可依的状态，具有统一全国刑事法制的政治宣示意义。当然，1979 年《刑法》有很多缺陷，诸如条文简单、罪状不清晰、以类推规定

1　参见周佑勇：《中国行政基本法典的精神气质》，载《政法论坛》2022 年第 3 期，第 63、74 页。

2　何勤华：《法典化的早期史》，载《东方法学》2021 年第 6 期，第 10-11 页。

3　参见毛泽东：《中国革命战争的战略问题》，载中共中央文献研究室、中央档案馆编：《建党以来重要文献选编（一九二一——一九四九）》（第 13 册），中央文献出版社 2011 年版，第 474 页。

4　参见苏力：《道路通向城市：转型中国的法治》，法律出版社 2004 年版，第 35-37 页。

代替罪刑法定原则等。因此，1979 年《刑法》通过之后，立法机关又制定了大量的单行刑法和附属刑法，这在现象学意义上符合解法典化特征，但是，单行刑法与附属刑法在我国注定是一个失败的方案。在 1979 年《刑法》之外，国家为了“适应不断变迁的社会形势，立法机关先后通过了 25 部单行刑法，并在 107 个非刑事法律中设置了附属刑法规范”，这种格局“打破了 1979 年刑法的完整体系，导致刑法规范的零乱”，[1] 饱受各方诟病。之后，经过整合单行刑法与附属刑法，1997 年《刑法》再度走上统一刑法典之路。

放弃统一刑法典而转向多元刑法模式，不仅在我国法典化进程中被证明是错误的，在立法技术层面也值得质疑。法典化模式的考量因素除价值考量之外主要是技术考量。[2] 从技术层面分析，多元刑法立法模式紧扣政治经济形势的发展以便对立法适时作出调整，它从性质来说属于调控立法。因此，多元刑法模式贯彻得越彻底，刑法就越容易频繁变动而无法保持安定性。“‘稳定性’，终于进入视野。它在不停息的社会、技术、政治与经济变革的那些时代中，唯有通过一般制度的朴实无华方可得到维护”[3]，而一元刑法典立法模式有利于通过统一性更好地实现法典的稳定性。

（二）法系融合与一元刑法典模式再坚守

我国刑法应当坚守 1979 年《刑法》和 1997 年《刑法》所确立的一元刑法典模式，这种坚守当然不能排斥德日刑法与英美刑法的立法、学说与判例中的合理内核。应当立足于我国本土法治，以兼收并蓄的姿态主动迎接法系融合大势，构建统一刑法典。为此，应当处理好三组关系：一是刑法典与其修改方式的关系；二是刑法典与司法解释的关系；三是刑法典与其他部门法

---

1 高铭暄、郭玮：《我国刑法修正模式辨正》，载《法学杂志》2018 年第 12 期，第 2 页。

2 参见马怀德：《行政基本法典模式、内容与框架》，载《政法论坛》2022 年第 3 期，第 44 页。

3 ［意］纳塔利诺·伊尔蒂：《〈解法典的时代〉：二十年后》，徐铁英译，载《苏州大学学报（法学版）》2018 年第 2 期，第 68 页。

的关系。

首先，我国应该完全放弃单行刑法与附属刑法的修法方式，继续采取单一刑法修正案的模式。

采取什么样的修法方式，决定了再法典化后的刑法典以何种方式面向未来。我国应当巩固刑法典的统一性与中国特色。各国刑法修改的方式主要有三种，即颁布单行刑法、附属刑法与刑法修正案。应当说，每种修改方式各有利弊，没有最优方案，只有较优选择。哪种方式或者哪几种组合方式更合理，必须结合我国国情来判断。单一刑法修正案模式契合一元刑法典的修改，是我国目前应当坚守的刑法修改方式。从表面上看，刑法典、单行刑法、附属刑法共存的格局似乎可以在一定程度上减少刑法修正案的数量，使刑法分则看上去更加轻盈简练。然而，事实上，与单行刑法、附属刑法相比，刑法修正案模式最为精简；在刑法之外制定单行刑法和附属刑法，其实更容易造成刑法罪名膨胀。日本的大量犯罪被规定在特别刑法、行政法和经济法当中；[1] 英国仅在 1997~2006 年工党政府执政期间，便创制了约 3000 项新犯罪，至今已有约 8000 种犯罪。[2] 而我国采取刑法修正案模式，至今所有的刑法罪名加起来只有 483 个，同样起到了良好的刑事法治效果。其实，无论是单行刑法还是附属刑法，由于增加一个罪名只能适用于一个问题或一种情况，不同的单行刑法或附属刑法可能仅在某一构成要件上有区别，因此，为了解决新问题，往往需要制定大量单行刑法或附属刑法，但这几乎必然会造成刑法“肥大”，同时也在事实上制造了很多重复性立法。与之相对，在统一刑法典模式下采取刑法修正案模式修改刑法，制定或修改一个罪名，能够适用于一类问题或一个领域，罪与罪的彼此补充又能进一步弥补处罚漏洞，这就极大地精简了刑法体系。因此，坚持一元刑法典模式，应当继续采取单一刑法

1 参见张凌、于秀峰编译：《日本刑法及特别刑法总览》，人民法院出版社 2017 年版，第 1 页。

2 See Jonathan Herring, *Criminal Law: Text, Cases and Materials*, 5th edition, Oxford University Press, 2012, p. 5.

修正案模式修改刑法，既不能走单行刑法与附属刑法双轨制的老路，也不能采取刑法修正案、单行刑法与附属刑法“三足鼎立”的模式。刑法典通过之后，刑法修正案几年一小改，刑法再法典化几十年一大改，兼顾了刑法典的统一性与时代性。

其次，在重新考虑刑事立法与刑事司法解释关系的基础之上，应杜绝司法解释对刑法典的割裂。

在刑法典的再法典化过程中，必须在法系融合的背景下重新思考刑事立法与司法解释之间的关系。刑法理论一般认为，司法解释只是对刑法的解释，不能创设新规则。但不可否认，部分司法解释续造立法的现象具有一定合理性。例如，2000 年 6 月 30 日最高人民法院发布的《关于审理贪污、职务侵占案件如何认定共同犯罪几个问题的解释》对“共犯与身份”问题作出了规定，明确了无身份者与国家工作人员、无身份者与单位工作人员以及单位工作人员与国家工作人员通谋时的定罪处罚规则。刑法典没有规定身份犯之共犯，但在司法实践中，有身份者与无身份者或两个不同身份者通谋实施共同犯罪时，对于究竟如何选择罪名和确定责任（谁是主犯谁是从犯），亟待形成类型化参考。司法解释通过总结裁判经验，对身份犯之共犯的定性与归责作出规定，有助于保障裁判的统一性。已经形成的、合理的造法性司法解释，应当在刑法再法典化的过程中被吸收，因为再法典化是实质的立法活动，是对既有立法的修改和完善，可以利用立法之前已经形成的一切资料，包括“法律的实际运作状况及累积的经验”[1]，司法解释当然涵盖其中。

当刑法再法典化完成之后，应当排斥司法解释续造立法，对应当补充的立法，应交由刑法修正案负责。在成文法国家，允许司法解释造法可能导致法律被按照司法机关的习惯、类案的处理需求以及变动的刑事政策等随意解释，违反了罪刑法定原则的形式侧面要求。当前，最高司法机关作出的司法

1　周佑勇：《中国行政法学学术体系的构造》，载《中国社会科学》2022 年第 5 期，第 115 页。

解释主要涵括三种类型：一是当刑法规定不合理时，通过司法解释使之更为合理。这实质上属于修改立法，应当被禁止。二是当刑法没有规定时，通过司法解释作出新规定。这实质上属于补充立法，应当被禁止。三是当刑法作出规定，但规定不明确或法律关系被遮蔽时，需要进一步明确法条的真实含义，这类以刑法典规定为基础的司法解释才应当被允许。因此，刑法再法典化后，修改或补充立法的任务交由刑法修正案，司法解释仅能阐释刑法典的含义，两者泾渭分明、互不侵越。

最后，坚守一元刑法典模式，应参酌前置法变动，适时修改刑法以保障整体法秩序的统一性。

刑法作为其他部门法的保障法，对应《公司法》《专利法》《商标法》《著作权法》《行政处罚法》等特别法，都规定了相应的犯罪条文。刑法中的罪名并非孤立存在，而是与前置法条文直接或间接关联。前置法与刑法协同共治，构建起了法益保护的一体化屏障。法秩序统一的重要体现是刑法与民法、行政法等其他部门法的协同性，刑法所固有的违法性应以承认刑法与其他部门法协同一体为前提。

基于法秩序统一性原理，既然刑法的重要任务在于保障前置法实施，那么当前置法发生变动，并且这种变动足以影响定罪量刑时，刑法中的相关规定宜适时作出调整。例如，2020 年修正的《著作权法》，将“电影作品和以类似摄制电影的方法创作的作品”的表述修改为“视听作品”，将网络短视频、自媒体文章等纳入保护范围。与之相适应，《刑法修正案（十一）》修改《刑法》第 217 条侵犯著作权罪，对应调整了本罪的成立范围，实现了刑法与著作权法的有效衔接。坚守一元刑法典模式，应当以刑法和前置法有序衔接、协同一体为前提，避免刑法与前置法在基本概念、保护范围以及行为定性等问题上产生冲突。否则，直接适用刑法将与参考前置法后再适用刑法所得出的处理结论不一致，这既是法秩序不统一的体现，也会在实质上割裂刑法典，使刑法陷入谬误之中。

三、遵循根基与信仰的刑法再法典化改革方案

从法典化到再法典化，包含着法治层次向上发展的趋势，是法律之进化，“其进化之事实，于吾人对于法律之价值判断之基础可与以暗示”[1]。因此，刑法再法典化绝不是仅有形式的坚守和调整，还应当遵循保障公民自由权利的根基与恪守罪刑法定主义的信仰，在刑事立法过程中基于比较法考察、司法经验、动态法秩序变化等对刑法典内容进行实质性的改革创新。

（一）刑法总则的制度改革与配套完善

刑法总则是我国本土刑法与域外刑法交流碰撞的主阵地。现行刑法总则的规定总体上来源于 1979 年《刑法》，相关立法规定深受苏俄刑法影响。因此，在当前刑法理论“德日化”的背景下，对刑法总则的理论反思层出不穷，涵盖刑法的基本原则、犯罪概念、犯罪未完成形态、刑法正当化事由、共同犯罪、单位犯罪等各方面。德日刑法理论及其构建的刑法体系，对我国刑法总则的修改完善具有启发意义，同时，扎根于中华文化、立足于我国司法实践的刑法典又积累了丰富的中国经验。因此，如何处理好本土刑法与域外刑法的关系，使域外刑法知识及法治经验尽可能地符合中国刑事法治的实践需求，促进刑法典的改革完善，是刑法再法典化的重要课题。以此为契机，刑法总则修改一方面要吸收德日刑法立法、理论与实务的有益经验，另一方面要结合中国现实对相关制度进行改革完善。

1. 刑法总则宜对行为的可罚性根据作出一般规定

犯罪的实质是侵害或威胁法益的行为。刑法理论对于行为及其诸要素进

---

1 ［日］牧野英一：《法律上之进化与进步》，朱广文译，中国政法大学出版社 2003 年版，第 8 页。

行了广泛而深入的研究，而我国刑法总则对行为的规定欠缺体系性，与之形成鲜明对照的是，域外刑法总则对行为及其诸要素作出了详尽规定。例如，《德国刑法典》第 13 条至第 17 条规定了行为可罚性之根据，包括不作为、为他人而行为、故意和过失行为、事实认识错误、违法性认识错误等诸多方面。我国刑法的再法典化宜参照域外刑法规定，结合成熟的行为理论，将行为诸要素类型化为总则规定。具体而言：

一是规定不作为犯。刑法理论认为，犯罪行为分为作为与不作为，作为系“不应为而为”，即违反刑法禁止性规范而成为刑法处罚对象；不作为系“应为（能为）而不为”，即违反义务性规范因而受到刑法处罚。以不作为方式构成犯罪的行为，与自然意义上及日常生活意义上的行为概念有实质差异，因此，刑法理论对行为的研究侧重于不作为。基于法的明确性，刑法总则规定不作为犯，有助于从形式上区分作为与不作为两种行为方式，从实质上把握不作为犯的义务来源。

二是规定认识错误，包括事实认识错误与违法性认识错误。一方面，对构成要件的事实认识错误，在司法实践中往往影响定罪量刑。典型案例如小偷千里送玉石案。2012 年 6 月，黄某在火车站盗窃了玉器商人林某的手提包，其中包含 53 件翡翠玉石以及手机、现金等，价值 141.8 万元。之后，黄某从顺德千里迢迢到江苏失主家中送还玉石（2600 元现金与手机不见）。因涉嫌盗窃，黄某被逮捕归案。关于本案，法院认为，“被告人不远千里将所盗玉石归还失主的行为，不论其是出于自身的良知还是对法律的敬畏，都应该在道德上予以肯定和在法律上予以正面评价，并且可以也应该成为其改过自新之路的起点”。因此，法院仅将未归还的 2600 元及手机认定为被盗财物，判处黄某有期徒刑 7 个月，缓刑 1 年。[1] 按照传统刑法理论，黄某已经窃得玉石，

1　参见郜小平：《小偷千里迢迢赴江苏找失主送还百万玉石》，载《南方日报》2013 年 6 月 1 日，A7 版。

其行为应当构成盗窃罪，因数额特别巨大，对应的刑罚为 10 年以上有期徒刑。然而，如此判决显然过重，不符合宽严相济的刑事政策，亦无法实现法律效果与社会效果的有机统一。在本案中，法院定罪量刑的内在逻辑是，黄某一开始没有盗窃数额特别巨大财物的故意，由于客观原因将数额巨大的财物误认为数额较大的财物，属于构成要件事实中的数额认识错误。据此，法院认定黄某仅具有盗窃数额较大财物的故意，进而定罪量刑。因此，在刑法总则中确立事实认识错误的一般规则，具有重要的实践价值。另一方面，将违法性认识错误作为刑法处罚限定事由，对于避免对法定犯处罚过重具有积极意义。刑事立法活跃化的一个重要表现是法定犯数量日益增多。自然犯是自体恶，法定犯是法定恶，法定犯因自体恶不够明显，其违法性不易为公众感知。由于现行刑法中的许多法定犯被配置了较重的法定刑，故行为人一旦构成犯罪，可能面临严重的法律后果，极易造成个案中定罪量刑与基本法理、公众认知相冲突。比如在闫某天掏鸟窝案中，行为人闫某天非法猎捕燕隼 12 只，被以非法猎捕珍贵、濒危野生动物罪判处有期徒刑 10 年，量刑明显过重。根据《德国刑法典》第 17 条规定，违法性认识错误至少可以减轻处罚。将这一规定引入我国刑法总则，有助于化解法定犯刑罚配置不合理以及由此导致的司法实践中定罪量刑失衡的问题。

2. 构建阶层式出罪体系并增补法定出罪事由

德日刑法中的犯罪阶层论较之我国的四要件理论具有明显优势，因此，关于犯罪论体系构建的刑法理论，要么是阶层式的，要么是仿阶层式的改良。阶层论对刑法总则的最大借鉴意义有二：一是在犯罪评价中区分违法与责任两个层次；二是借由法益衡量、非难可能性等理论评价，构建违法阻却事由与责任阻却事由。

我国刑法总则中的出罪制度乃基于四要件理论，仅有正当防卫与紧急避险两大法定违法阻却事由，除此之外，还有《刑法》第 13 条后半段的“但书”作为补充。然而在司法实践中，行为人的行为不符合正当防卫、紧急避险的构成要件，但是存在出罪必要性的各种情形，几乎都援引“但书”予以出罪，由此导致“但书”在司法实践中被过度透支。除此之外，“但书”是一个相对具有开放性的条文。何为“情节显著轻微危害不大”存在较大的自由裁量空间，这使“但书”出罪功能的明确性不足，为恣意裁判埋下了隐患。因此，我国现行刑法的出罪制度存在较大的改善空间。

借鉴德日的犯罪阶层论及衍生的法益衡量、非难可能性等理论，我国刑法总则可以将出罪事由划分为违法阻却事由和责任阻却事由，结合司法实践状况进一步从“但书”中分解出若干新的法定出罪事由，以适当增补总则立法。具体而言：

可以增补的违法阻却事由有：一是被害人承诺。例如，在阿某涉嫌强奸罪一案中，检察机关认为，苏某与阿某“自愿发生性关系，被害人仅为轻度精神发育迟滞，性自我保护能力削弱，其对性行为仍有一定的认识，存在部分性自我防卫能力”[1]，故阿某的行为不符合强奸罪的构成要件，决定不起诉。二是自陷风险。例如，在孙某某涉嫌过失致人死亡罪一案中，检察机关认为：“孙某某驾车追赶宋某某，并给其打电话、发微信，是让宋某某停车，以免发生交通事故……宋某某当时可以选择停车，其未停车且靠着道路右侧超速行驶，属自陷风险行为。”[2] 因此，检察机关决定对孙某某不起诉。三是自救行为。例如，在杜某某涉嫌危险驾驶罪一案中，检察机关认为，杜某某虽然符合醉酒条件，但“该案客观上车辆有纠纷属前因，主观上杜某某在紧急状况下驾驶车辆属保护车辆的自救行为，没有主动意识的驾驶车辆行为，并且车辆挪动仅在一米左右范围”[3]，其行为不构成危险驾驶罪，决定不起诉。

1　新疆维吾尔自治区和田县人民检察院和田县检一部刑不诉（2021）8 号不起诉决定书。
2　山西省阳泉市盂县人民检察院盂检刑不诉（2018）36 号不起诉决定书。
3　内蒙古自治区乌兰浩特市人民检察院乌检刑不诉（2020）Z47 号不起诉决定书。

可以增补的责任阻却事由有：一是期待可能性。例如，在王某涉嫌包庇同案犯一案中，检察机关认为，王某在犯罪后，实施了向司法机关作虚假证明的包庇行为，但其在掩盖同案犯犯罪行为的同时，也是为了掩盖自己的部分犯罪行为，减轻自己的罪责，其行为在一定程度上缺乏期待可能性，不能再以包庇罪论处，于是决定不起诉。[1] 二是基于正当理由的违法性认识错误。《德国刑法典》第 17 条前半段规定："行为人行为时没有认识其违法性，如该错误认识不可避免，则对其行为不负责。"这在德国为欠缺违法性认识的行为出罪提供了立法依据。我国立法对此没有规定，但类似做法在司法实践中获得了认可。例如，在郝某某酒后驾驶两轮电动车案中，检察机关认为：虽然案发时电动车的车速达到法律规定的机动车标准，但"公众普遍认知超标电动车不属于机动车，醉酒驾驶超标电动车的行为人不具有危险驾驶机动车的违法性认识，郝某某醉酒驾驶超标电动车的行为不构成犯罪"[2]，故不起诉。

在以上案件中，司法机关出罪的依据均是"但书"，然而在说理部分都援引了德日阶层论体系下的被害人承诺、自陷风险、期待可能性等出罪事由。这表明，刑事司法话语已经明显受到阶层论的影响。由于"但书"出罪的实质要件即"情节显著轻微危害不大"相对不确定，故在类似案件中，对于有的案件，司法机关依据"但书"予以出罪，有的案件则没有适用"但书"而认定行为人有罪，两种截然相反的结果与统一裁判思想、统一标准尺度的"同案同判"逻辑相抵触。为化解"但书"被过度透支所引发的司法问题，推进刑法再法典化，宜参照阶层论区分违法阻却事由与责任阻却事由。考虑我国当前的司法实践接受状况，在立法上相应增补被害人承诺、自陷风险、期待可能性等作为法定出罪事由。这样既能够充分吸收阶层论的核心价值，

1 参见云南省红河哈尼族彝族自治州人民检察院红检一部刑不诉（2020）1 号不起诉决定书。
2 内蒙古自治区赤峰市元宝山区人民检察院元检刑不诉（2021）29 号不起诉决定书。

又有利于走出因过度依赖“但书”而陷入的司法恣意化困境。

3. 参照德日的区分制增补过失共同犯罪类型

关于我国刑法总则的共同犯罪究竟采取何种体系，理论上存在较大争议，主要分歧围绕单一制与区分制展开。应当认为，我国刑法对共同犯罪采取的是实质区分制，它既不是单一制，也不同于德日的区分制，而是以行为人在共同犯罪中所起的实质作用大小作为分类依据。德日的区分制是形式与实质相统一的区分制，与之相比，我国的共同犯罪体系欠缺形式要件的入罪约束，直接依据实质作用大小定罪量刑，对行为的定性定量分析取决于法官的主观价值判断。而且，我国刑法总则对预备犯之共犯原则上予以处罚，这在共同故意的语境下容易扩大处罚范围。同时，《刑法》第 29 条还另行规定了教唆犯，这一区分制下的概念与我国的共同犯罪体系存在一定的不兼容性，围绕该条第 2 款中“被教唆的人没有犯被教唆的罪”的解释，更是在理论上引发了极大的分歧。

客观主义与形式入罪实质出罪理念，在现代刑法中已达成共识，同样应当适用于共同犯罪体系构建。我国的共同犯罪体系形成于参照苏联刑法而制定的 1979 年《刑法》，并且当时我国的刑法学理论也深受苏联刑法的影响，1997 年《刑法》全面修订时未对此作出明显调整。虽说在刑法条文不变的情况下，通过刑法解释可以使刑法适用合理化，然而，我国共同犯罪的法条规定已经超出合理解释的极限，彼此之间也不协调。事实上，司法实践也有意识地适用区分制下的概念与原理解决共同犯罪问题，如行为共同说、片面共犯、共犯从属性等概念与原理，在司法实践中得到了广泛运用。因此，宜参照德日的区分制对共同犯罪进行本土化改造，在刑法总则的共同犯罪规定中，依照分工分类法，在形式上区分正犯、教唆犯与帮助犯。同时，考虑到正犯概念的客观实质化，应当保留刑法总则中集团犯罪、首要分子等实质性的正犯概念。

刑法总则中有关共同犯罪的规定在借鉴德日的区分制的同时，基于我国司法实践现状，宜增加过失共同犯罪。尽管在刑法理论上关于过失能否成立共同犯罪还存在较大争议，但是在我国司法实践中，过失共同犯罪已经事实上成为共同犯罪的一种形态，而设立过失共同犯罪，也有利于弥补刑法处罚漏洞。例如，根据司法解释规定，交通肇事后，单位主管人员、机动车辆所有人、承包人或者乘车人教唆肇事者逃逸，致使被害人因得不到救助而死亡的，构成交通肇事罪的共犯，这是典型的过失共同犯罪。又如，在央视大火案中，徐某在任中央电视台新址办主任兼央视国金公司董事、总经理期间，在明知中央电视台办公室下发《关于春节期间禁放烟花爆竹的通知》的情况下，仍然擅自决定在中央电视台新址施工区内燃放烟花，并指派邓某某等人筹办燃放烟花的相关工作。在此项工作推进中，烟花购买渠道合法，仓储符合规范，对点火亦做了相应的保障措施。然而，最终烟花燃放造成重大火灾，致1名消防队员死亡、8人受伤，建筑物过火过烟面积21,333平方米，直接经济损失达人民币1.6亿多元。对于以上事实，北京市第二中级人民法院及北京市高级人民法院均认为，徐某等人构成危险物品肇事罪，系过失共同犯罪。[1] 在刑法总则中规定过失共同犯罪，明确过失共同犯罪的成立条件及处罚限制，是从根本上堵住立法疏漏及改变立法与司法在过失共同犯罪问题上背道而驰状态的最佳方案。

4. 弥补罪数论的总则立法空缺并统一司法实践

我国刑法总则缺失了罪数论，导致分则的规范不统一、司法裁判混乱。例如，关于牵连犯，国外刑法总则要么规定从一重处断，要么规定应当数罪并罚。然而，由于我国刑法总则欠缺一般规定，分则规定极不统一。分则中有的条文规定了从一重处罚，如《刑法》第399条第4款；有的条文规定了从一重罪从重处罚，如《刑法》第253条第2款；有的条文规定了独立的法

---

1 参见（2010）二中刑初字第697号刑事判决书、（2010）高刑终字第346号刑事裁定书。

定刑，如《刑法》第 321 条第 2 款；还有的条文规定了数罪并罚，如《刑法》第 198 条第 2 款。在司法实践中，对于分则没有作出规定的牵连犯，有的判决认为应当数罪并罚，[1] 有的判决认为应当从一重处断。[2] 其他的罪数概念，如连续犯、吸收犯，由于欠缺总则规定，在分则立法及司法实践中也存在相似问题。罪数论是刑法中犯罪论、刑罚论之外的“第三核心板块”，在刑法总则中区分形式一罪、实质一罪与实质数罪，有助于廓清刑法分则的法条关系，指导司法实践正确适用刑法规范。

5. 规定轻微罪的前科消灭制度来预防犯罪

《刑法》第 100 条规定了前科报告制度，即被定罪的行为人，在入伍、就业时原则上应当报告自己受刑事处罚情况，不得隐瞒。前科制度的两大效应备受质疑：一是“标签效应”，行为人一旦被定罪，就终身背上了“犯罪人”标签；二是“连坐效应”，“犯罪人”标签不仅影响行为人自身，还累及行为人的近亲属。这将导致行为人难以重新社会化，与恢复性司法理念存在根本抵牾。积极增设轻罪是现行刑法犯罪化的主要趋势，然而，受制于前科制度，在现行刑事司法程序中，无论是审查起诉阶段还是审判阶段，都无法有效去除前科的犯罪标签泛化，[3] 这导致轻罪的实质制裁并不轻微。对于抽象危险犯、轻微过失犯以及可以判处缓刑的故意犯，由于有的仅具有法益侵害的危险性，有的行为人已经通过积极行为极大地降低了法益侵害性，定罪量刑足以实现刑罚效果，故没有必要附加终生前科。刑法总则应当建立轻微罪前科消灭制度，这有助于从根源上遏制前科制度的负面效应，避免无效的刑事制裁，为曾经实施轻微罪的行为人重新社会化留下空间。

---

1 参见（2018）粤刑终 1006 号刑事裁定书。

2 参见（2019）陕刑终 106 号刑事判决书。

3 参见梁云宝：《我国应建立与高发型微罪惩处相配套的前科消灭制度》，载《政法论坛》2021 年第 4 期，第 35–37 页。

（二）刑法分则的体系再造与结构优化

我国刑法分则主要进行犯罪化的修改，同时，分则的修改都是通过刑法修正案进行局部性修订，而不是对分则进行体系化和再法典化。全面推进刑法的再法典化，在宏观上应当强化刑法分则的体系性塑造，构建“严而不厉”的刑法结构，在微观上应以科学的立法技术指导刑法分则的条文修改。

首先，刑法分则的体系性，不仅关系到分则章节及各罪名的协调问题，还涉及如何确定同类犯罪的保护法益，以及根据类罪的保护法益指导构成要件解释，从而合理划定犯罪的成立范围。

我国《刑法》分则共十章，其中，侵害国家法益的犯罪有五章，分别是“危害国家安全罪”“危害国防利益罪”“贪污贿赂罪”“渎职罪”“军人违反职责罪”；侵害社会法益的犯罪有三章，分别是“危害公共安全罪”“破坏社会主义市场经济秩序罪”“妨害社会管理秩序罪”；侵害个人法益的犯罪有两章，分别是“侵犯公民人身权利、民主权利罪”和“侵犯财产罪”。从排序来看，按照“国家法益→社会法益→个人法益→社会法益→国家法益”排序，这种体系顺序没有很好地体现出不同性质法益之间的优位关系。

刑法分则体系的设计，应当体现出不同性质法益之间的优位关系，以确定法益衡量依据、指导刑法解释。刑法保护的法益分为国家法益、社会法益和个人法益。自由主义者倡导个人法益优先，集体主义者主张国家或社会法益在前。然而，各种法益性质不同，它们各有其目的和体系，个人法益较之国家法益、社会法益并不必然具有优越性。刑法分则的体系设计不单纯是理论立场的问题，更需要基于一国的国情民情，因此，有的国家将个人法益放在分则首位，有的国家将国家法益放在分则首位。我国刑法典兼具刑事法治意义和政治宣示意义，承载着人民的价值观念。在社会主义核心价值观中，“富强、民主、文明、和谐”的国家建设目标位于第一层次，“自由、平等、公正、法治”的社会建设目标位于第二层次，“爱国、敬业、诚信、友善”的个人行为目标位于第三层次。因此，将国家法益放在分则首位，社会法益次之，最后是个人法益，这样的体系排序在我国较为妥当。

不管在立法上采取何种排序，在刑法解释适用时，都可以通过将国家法益、社会法益实体化来避免随意出入人罪而牺牲个人法益。如虚开增值税专用发票罪，虽然从体系定位上看，其所保护的法益是国家发票管理制度，但是发票管理制度的建立从根本上说是为了保护国家税款安全。据此，存在真实交易而“有货代开”增值税专用发票的行为，并没有侵害国家税款安全，故不属于本罪中的“虚开”行为，不构成虚开增值税专用发票罪。这一观点也得到司法实践认可。如在张某强虚开增值税专用发票案中，最高人民法院指出：“张某强以其他单位名义对外签订销售合同，由该单位收取货款、开具增值税专用发票，不具有骗取国家税款的目的，未造成国家税款损失，其行为不构成虚开增值税专用发票罪，法院认定张某强构成虚开增值税专用发票罪属适用法律错误。”[1] 于是，最高人民法院裁定将案件发回一审法院重审，经重审后，依法宣告张某强无罪。因此，刑法分则采取国家法益→社会法益→个人法益的体系顺序，只要综合运用罪刑法定原则、法益理论等内容来科学地解释刑法，就不会导致国家法益和社会法益对个人法益的侵蚀。

在确定章节顺序基础上，刑法分则章节应当采取大章制还是小章制的问题，会影响刑法分则体系的协调性与个罪的解释规则。大章制难免会导致每章下的罪名多，不过这并不影响确定同类法益的内容；相反，章罪名确定了整章的保护法益，入罪解释都应当受本章保护法益的体系性约束。小章制主张在章之下不设节，或者直接“变节为章”，这将导致刑法分则的类型化不足、体系性减弱。

小章制虽然便于灵活解释，但也隐藏着扩张入罪的风险。有学者认为，

1　(2016) 最高法刑核 51732773 号刑事裁定书。

小章制可以解决大章制无法解决的选择性保护法益问题。例如，诬告陷害罪单独成章之后，本罪的保护法益可以被解释为公民人身权利或司法秩序，行为人诬告陷害的行为只要侵害两者之一，即可构成诬告陷害罪。[1] 提倡小章制及选择性保护法益概念，显然是为了扩大处罚范围。然而，所谓选择性保护法益，系公法益与私法益两者居其一即可构成犯罪，既然如此，相关犯罪完全可以拆成两个犯罪。事实上，刑法中选择性法益对应的犯罪都是法定犯。而现行刑法分则中的犯罪，其中的法定犯基本上都是混合型法定犯，兼具法定犯与自然犯的成分。[2] 只有同时侵犯公法益与私法益，才能成立此类犯罪。立法作此设定，实质上是为了限制法定犯的成立范围。而在大章制下，类法益概念的约束及对应的法益实体化解释，稳定发挥着小章制无法做到的合理限制法定犯成立范围的作用。

其次，刑法分则的结构应当由“厉而不严”走向“严而不厉”，对必要轻罪的增设与修改成为刑法修正的主要趋势。

刑法结构“组合的形式，理论上有四种，实际上是两种：（1）严而不厉（刑事法网严密，刑罚不苛厉）；（2）厉而不严（刑罚苛厉，刑事法网不严密）”。在我国，“刑法现代化就是‘厉而不严’走向‘严而不厉’即刑法结构调整的过程”。[3] 在刑法现代化或刑法结构从“厉而不严”走向“严而不厉”的背景下，刑法分则改革是通过增加犯罪化立法以严密法网并实现刑罚的去重刑化。

实现刑事法网从不严密到严密的转变，意味着在刑法再法典化的过程中，刑法修改的主流趋势仍然是犯罪化，尤其表现为法定犯化和轻罪化。关于法定犯化，例如，《刑法修正案（八）》新增 6 个罪名，其中法定犯 3 个，占比

---

1 参见张明楷：《刑法的解法典化与再法典化》，载《东方法学》2021 年第 6 期，第 68 页。

2 See R. A. Duff, *Crime, Prohibition, and Punishment*, Journal of Applied Philosophy, Vol. 19: 2 (2002), pp. 97–108.

3 储槐植：《刑法现代化本质是刑法结构现代化》，载《检察日报》2018 年 4 月 2 日，第 3 版。

50%；《刑法修正案（九）》新增20个罪名，其中法定犯17个，占比85%；《刑法修正案（十一）》新增的17个罪名中法定犯有16个，约占94%。因此，“法定犯的范围扩大，是导致今天刑法规模和范围呈现急剧增长的最重要因素”[1]。在我国自然犯与法定犯一体化的立法体例下，刑法分则中的法定犯的增多，会逐渐改变传统刑法典以自然犯为主的格局，形成自然犯与法定犯并重的新格局，这个过程也伴随着自然犯与法定犯的彼此交融以及界限的模糊化。犯罪化的另一个趋势是轻罪化。新增的犯罪，如妨害安全驾驶罪、高空抛物罪、催收非法债务罪等，都是包绕在核心犯罪周边的外围犯罪，[2] 属于社会危害性较低的轻罪。由此，刑法分则将形成两套犯罪体系，即由传统核心犯罪构成的核心刑法以及由新增外围轻罪构成的外围刑法，后者将作为前者的补充，[3] 两者在同一个刑法体系下共同遵守刑法的基本理念、原则与制度。

未来我国的犯罪化立法还要经历一个重要转变，即从以增设新罪为主的犯罪化，逐步过渡到以修改旧罪为主的犯罪化。同时，随着法网日趋严密，犯罪化的立法将逐渐放缓。现行刑法中的犯罪化以增设新罪为主，辅之以修改旧罪，参考域外立法，结合我国现实，目前，仍有必要增设部分轻罪，包括以意志自由为保护法益的胁迫罪、以信用为保护法益的背信罪等。但是，增设新罪的立法不会永无止境。随着刑法分则规定的外围犯罪日趋完备，刑事法网日趋严密，刑法犯罪化的主要方式不再是增设新罪，而是修改旧罪，这在现行刑法修改中已有明显趋势。例如，《刑法修正案（十一）》较《刑法修正案（九）》增设新罪的数量开始减少，但是扩容旧罪的数量明显增多。

1　［美］道格拉斯·胡萨克：《过罪化及刑法的限制》，姜敏译，中国法制出版社2015年版，第162页。

2　See Douglas Husak, *Crimes Outside the Core*, Tulsa Law Review, Vol. 39: 4 (2003), pp. 756-758.

3　See Julia Geneuss, Jan Philipp Book, Boris Burghardt, Oliver Schüttpelz, *Core Crimes Inc.: Panel Discussion Reports from the Conference on "Transnational Business and International Criminal Law", held at Humboldt University Berlin, 15-16 May 2009*, Journal of International Criminal Justice, Vol. 8: 3 (2010), pp. 967-971.

同时，前置法的完善也为修改扩容旧罪的犯罪化提供了更多素材。例如，随着《数据安全法》《个人信息保护法》的颁布实施，《刑法》第 253 条之一侵犯公民个人信息罪有必要修改扩容，增加规定非法使用公民个人信息入罪的情形，以严密刑事法网，并与《个人信息保护法》相呼应。

去重刑化是我国刑罚发展的重要趋势，新罪的刑罚配置与旧罪的刑罚修改也明显体现出该特征。例如，对于《刑法修正案（八）》《刑法修正案（九）》《刑法修正案（十一）》增设的新罪，配置的法定刑大多为 3 年以下有期徒刑。关于旧罪的刑罚修改，《刑法修正案（十一）》在非法吸收公众存款罪中增加“在提起公诉前积极退赃退赔，减少损害结果发生的，可以从轻或者减轻处罚”的情形；其将职务侵占罪基准刑从“五年以下有期徒刑或者拘役”降低为“三年以下有期徒刑或者拘役”；在挪用资金罪中增加“提起公诉前将挪用的资金退还的，可以从轻或者减轻处罚”“犯罪较轻的，可以减轻或者免除处罚”等情形，去重刑化倾向明显。在去重刑化的趋势下，合理调整分则犯罪的法定刑、入罪条件等，实现重其所重、轻其所轻，是未来刑罚理性配置的重要目标。

最后，刑法分则的再法典化应当依据更加科学的立法技术，制定规定明确的法、公平正义的法与富有实效的法。

第一，基于明确性原则，修改不明确的“口袋罪”。如前文分析，若完全废除“口袋罪”，会导致刑法产生漏洞，因此，对“口袋罪”进行修改、分解，增加其明确性，是可行之方案。以寻衅滋事罪为例，《刑法修正案（十一）》以该罪为母版，分解出了催收非法债务罪，明确了使用暴力手段催收非法债务的，可以构成本罪，其行为方式与寻衅滋事罪基本一致，所侵害的法益亦为社会秩序。吸收寻衅滋事罪的合理内核，可以考虑将胁迫型寻衅滋事行为修改、分解为胁迫罪，以规制现实生活中普遍存在的、危害性极大的、现行刑法未规定的“胁迫型 PUA”等行为，严密刑事法网。

第二，基于公平正义原则，修改构成要件设定不科学或刑罚配置不合理的犯罪。有的犯罪构成要件的设置存在不合理之处，如盗窃罪、诈骗罪等数额犯，一旦满足数额要件，几乎无法出罪和从宽处罚。在个案中，犯罪数额大、情节轻微的数额犯屡见不鲜，然而受数额要件限制，对犯罪行为所判处的刑罚往往较重，极易导致罪刑不均衡。因此，建议在数额中加入情节要素，规定“数额较大且情节较为严重”为第一档法定刑，“数额巨大且情节严重”为第二档法定刑，“数额特别巨大且情节特别严重”为第三档法定刑。通过这种“数额且情节”模式，可以增加法官自由裁量空间，缓解数额犯裁判过于僵化的问题。有的犯罪刑罚配置存在不合理之处，如收买被拐卖的妇女、儿童罪仅设置了一档法定刑，法定最高刑仅为 3 年，而作为对向犯的拐卖妇女、儿童罪有三档法定刑，最高刑是死刑。收买被拐卖的妇女、儿童罪与拐卖妇女、儿童罪的保护法益具有同质性，均为妇女、儿童的人身自由、人性尊严，且收买之后往往伴随着强奸、强迫卖淫、组织儿童乞讨等关联性违法犯罪，社会危害性大。因此，建议参照拐卖妇女、儿童罪，对收买被拐卖的妇女、儿童罪设置三档法定刑，同时，考虑到收买行为较之拐卖行为轻微，收买被拐卖的妇女、儿童罪每档法定刑可以适当轻于拐卖妇女、儿童罪的法定刑。

第三，基于有效立法原则，废除或优化实效性弱的罪刑规范。象征性立法、抽象危险犯的立法基础本身不如实害犯那样坚实。前者的象征性、宣示意义大于实际价值，后者在实际适用中同样存在实效性弱的问题。例如，关于醉驾型危险驾驶罪的存废问题，在刑法理论界和实务界一直备受关注且存在争议。从有效立法角度分析，醉驾型危险驾驶罪系抽象危险犯，设立的初衷是预防犯罪风险，因此，评估本罪的一般预防与特殊预防效果，可以整体衡量立法有效性。醉驾型危险驾驶罪自 2011 年设立至今，每年犯罪数量不降反增，到 2019 年成为“第一大罪”，表明本罪一般预防效果弱。行为人醉驾后再犯率高，被定罪后难以再社会化，且容易引发新的社会问题，意味着其特殊预防效果有限。因此，醉驾型危险驾驶罪并非实质意义上的有效立法。此外，非法利用信息网络罪、帮助信息网络犯罪活动罪等，也存在类似的问题，经立法有效性评估之后可以考虑进一步修改、优化。基于同样的理由，对于《刑法》第 199 条这样的“空头条文”，应通过再法典化予以删除；对“有文无条”的骗购外汇罪这种通过单行刑法设立的罪名，应通过再法典化统一纳入刑法典，并且尽量避免今后产生这样的条文。

总之，刑法的再法典化应当兼蓄本土情怀与国际视野，在妥善处理主体性与客体性、民族性与世界性的基础上守正创新。守正强调刑法典的中国性。中国的法典编纂自古便“出于守成之策略”[1]，融入了中华文化的民族性、中国问题的现实性和中国意识的自主性。创新意味着刑法典绝不能故步自封，而要以包容的姿态、与时俱进的精神充分借鉴人类刑法文明成果，锻造、提升刑法的治理体系与治理能力。我国刑法的再法典化，应在坚守统一刑法典模式的前提下，兼蓄本土实践与域外法治，对刑法总则的基本制度进行改革完善，对刑法分则进行体系再造与结构优化，实现刑法典形式结构与实质内容的全面升级，以此捍卫刑法典的中国特色，促进刑法的现代化，并在此基础上进一步推动中国刑法学科体系、学术体系和话语体系的形成和发展。

第五节 本章小结

“推进科学立法、民主立法、依法立法，统筹立改废释纂，增强立法系统性、整体性、协同性、时效性”，是党的二十大对立法工作的基本指导方针。作为一定时期内国家犯罪治理立场的投射，刑法立法模式必须体现其科学性、民主性、法治性，将保障公民权利的刑法根据与恪守罪刑法定的刑法信仰贯

---

1 ［日］穗积陈重：《法典论》，李求轶译，商务印书馆 2014 年版，第 29 页。

彻于刑事立法工作全过程，真正提升刑事立法的质效，满足公众的合理诉求。

在刑事立法的过程中，首先需要化解当前刑事立法所面临的正当性危机，通过修改旧罪与增加新罪来实现有效立法，最终实现构建回应型兼顾预防型立法的目的诉求，在保障公民自由权利并恪守罪刑法定主义的前提下对于社会发展过程中出现的各类争议问题进行积极的事先预防。面对当前刑罚权扩张的趋势，要坚持刑罚宽缓化的价值理念，在罪刑法定原则的指导下确立消极刑法观，并在内容构造中贯彻自由刑法理念。在此基础上，我国刑法还应该实现均衡立法，将刑法的整体结构从“厉而不严”转向“严而不厉”，坚持适度犯罪化与非犯罪化并行，完成轻罪治理的刑法发展目标。除此之外，我国刑法需要在刑事法治现代化进程中化解刑法典解体危机，以一元刑法典模式捍卫刑法典的中国特色、强化统一立法的精神，适时展开刑法再法典化改革方案，并将刑法的根基与信仰融入其中，最终实现立法路径的转型和立法模式与刑事法治现代化的双向良性互动。总之，刑事立法的模式选择与转型必须契合刑事司法实践的需要，在立法过程中保障公民权利的刑法根基并恪守罪刑法定的刑法信仰，在推动刑法再法典化进程中弥补以往刑事立法的不足，从而构建日趋完善的刑法体系。

第五章
刑法根基与信仰之公民自由权利司法保障

当前，刑事立法的扩张趋势冲击了刑法的根基与信仰，而刑法典的再法典化改革尚处于方案探讨阶段，应通过刑事司法的限缩适用保障刑法的根基与信仰，推动刑事治理能力的现代化进程。在社会治理过程中，指导性案例的选择与适用关系到整个司法实践过程的有效开展，并对社会观念与社会风气的形成产生直接影响，在指导性案例中强调并融入社会主义核心价值观，可以保障公民自由权利的刑法根基并恪守罪刑法定主义的刑法信仰，将传统“扩张刑罚权、刑法处罚范围扩大”的“国权刑法”转向“限缩刑罚权、刑法处罚范围缩小”的“民权刑法”，最终助力形成与社会转型相适应的刑事治理方向。事实上，在社会刑事治理实践中，首先，我国刑法应当充分反思既有治理模式存在的不足，根据保障公民自由权利的刑法根基筛选合适的刑事治理模式，提升国家治理水平和治理能力。其次，面对技术革新带来的新型治理问题，我国刑法在惩治犯罪的同时也应极力避免“以刑代管”的传统刑治思维，防止司法过度扩张使个罪适用陷入新一代“口袋罪”的窠臼。在保障新兴技术产业发展的同时应避免刑法过度介入而阻碍新兴技术企业发展，对于帮助信息网络犯罪活动罪（本章以下简称帮信罪）等与新兴技术高度相关的刑法罪名，在刑事司法适用过程中应该对其进行实质限缩，从主观构成要件、客观帮助行为、入罪情节等各个方面来限缩刑法规制范围，并将其与其他相关罪名的适用范围进行实质界分，避免因过度规制新兴技术产业而损害公民自由权利。最后，在民营经济发展过程中，刑法也应该实质认定民营企业工作人员的犯罪主体身份，实质判断民营企业单位财物是否可以作为犯罪对象以及民营企业是否可以作为被害单位，并在保护民营经济背景下适当限缩刑罚的适用范围，将保障公民自由权利的刑法根基与恪守罪刑法定主义的刑法信仰落到实处。

总之，在当前的刑事司法实践中，要尤为注重对公民个人自由权利的保护，以社会主义核心价值观为指引，将对公民的保护融入刑事司法的各个方面，充分体现刑法的人本特征，以社会主义核心价值观指导司法实践，切实保障公民基本人权，防止司法权力扩张侵蚀刑法保障公民自由权利的根基。鉴于此，应该在新兴技术规制、民营企业保护等诸领域充分展现对公民个人自由权利的尊重与重视，真正恪守保障公民自由权利的刑法根基。

第一节　刑法根基与信仰的司法价值观：社会主义核心价值观

2014 年 10 月党的十八届四中全会审议通过的《中共中央关于全面推进依法治国若干重大问题的决定》，提出要“加强和规范司法解释和案例指导，统一法律适用标准”。案例指导制度因此具有司法改革和意识形态的双重属性。主流社会意识形态所蕴含的价值观，尤为重视对公民个人自由权利的保护，这种重视能够对案例指导制度这一司法改革任务产生积极的影响。而案例指导制度构建的基础在于指导性案例的形成，在这一过程中，主流价值观的作用得以充分体现。

从社会主义核心价值观（本节以下简称核心价值观）的自身发展来看，其对法治构建的影响也有一个过程。2006 年 10 月，党的十六届六中全会审议通过的《中共中央关于构建社会主义和谐社会若干重大问题的决定》首次提出“建设社会主义核心价值体系”的重大命题与战略任务。2016 年 12 月，中共中央办公厅、国务院办公厅印发了《关于进一步把社会主义核心价值观融入法治建设的指导意见》，进一步运用法律、法规和公共政策向社会传导正确价值取向的目的。而指导性案例的形成必然涉及法律、法规与公共政策，其除了表明基本的价值取向，也受不同价值观念的指引。核心价值观在指导性案例的形成过程中发挥的作用，主要表现为其在指导性案例形成前的司法裁判过程中的被引用与体现，以及对指导性案例形成后的分类与指引作用。

指导性案例与我国的制定法传统间存在一定的张力，而刑法又以罪刑法定原则为依托，其可以鲜明体现这样一种制定法传统的束缚，故以刑事指导性案例为视角，最能鲜明地展现核心价值观对指导性案例形成的作用。已有的研究多是围绕具体司法裁判中核心价值观的运用展开论述。有观点认为，司法裁判运用核心价值观，既要遵循政治格局，也要讲究法律程序和法律方法。[1] 还有观点主要以核心价值观作为公共政策为例，来说明法院执行公共政策的问题。例如，最高人民法院侧重制定政策，其通过发布典型案例的方式对公共政策加以执行，而地方各级法院通过将公共政策纳入裁判文书当中，以实现对公共政策的间接执行。[2] 相较而言，已有的研究对核心价值观在整个指导性案例形成过程中的作用，尤其是对刑事指导性案例的针对性探讨，则较为少见。目前，在刑事指导性案例的形成过程中，主要存在对核心价值观的司法性质缺乏准确认识以及具体适用边界不明确等问题。对此，应当首先以司法价值观为桥梁，然后明确核心价值观在刑事指导性案例中的体现与意义以及存在的现实问题，进而使核心价值观作为一项司法价值观参与到刑事指导性案例的具体形成过程，并合理控制其适用边界，以有效发挥核心价值观在刑事指导性案例形成过程中的作用。

---

1 参见彭中礼、王亮：《司法裁判中社会主义核心价值观的运用研究》，载《时代法学》2019 年第 4 期，第 1 页。

2 参见孟融：《中国法院如何通过司法裁判执行公共政策——以法院贯彻“社会主义核心价值观”的案例为分析对象》，载《法学评论》2018 年第 3 期，第 196 页。

一、核心价值观对刑事司法实践的作用与贯彻体现

核心价值观参与指导性案例的形成，主要体现为其对前期的一般司法裁判予以指引，而此种指引主要是价值对规范的指引。核心价值观具有全面性与引领性等特征，所涉内容非常广泛，其对司法的指引更多是作为一种司法价值观而发挥作用。也就是说，在司法过程中，核心价值观具有全面的道德指引意义，其一旦参与规范的说理论证，又将进一步体现出一种法理特征。对此，若核心价值观不是作为一项司法价值观参与具体的司法裁判与案例指引，至少会存在两方面的疑问：其一，核心价值观具有全面性，而司法只是社会治理体系的构成部分之一，故而那些具有司法适用意义的核心价值观，应当根据司法适用的逻辑要求，在核心价值观的各项具体内容当中进行选择；其二，核心价值观具有引领性，司法尽管具有一定的前瞻性，但主要还是事后性判断，如何在政策与规范之间保持平衡，是核心价值观参与司法裁判时的必要考量。若以司法适用为视角，则核心价值观在其基本内容展开的基础上，需进一步体现司法价值观的特征，进而发挥对司法裁判的指引作用。

（一）司法价值观意义上的核心价值观的理论逻辑

核心价值观具有全面性与普适性。对参与司法的个体而言，核心价值观的一般价值引领始终存在，但司法适用又体现为一定的特殊性，核心价值观一旦参与司法裁判的说理论证，就应当体现为一种司法价值观的特征。因此，司法价值观意义上的核心价值观之具体内容仍属于核心价值观的范畴，其既体现了核心价值观的内容要求与价值内涵，又考虑到司法适用的规范性与法理性；既体现为社会意义上的价值引领，又体现为司法意义上的价值指引。

（二）核心价值观进一步具体化为司法价值观的合理性

核心价值观符合司法价值观的要求，具有作为司法价值观的依据。不过我们也应该看到，无论是在已发布的刑事指导性案例中，还是在具体的个案裁判中，一些核心价值观的内容几乎不被引用或未能体现。由于核心价值观不完全等同于司法价值观，故首先应当从司法价值观的视角对其具体内容予以选择，以克服其内容繁杂带来的分析不便，进而对选择后的核心价值观内容在司法裁判以及指导性案例形成的过程中予以揭示。讨论司法价值观意义上的核心价值观之具体适用，也并不只是对其内容予以剪裁，而是应当对选择后的内容在指导性案例与个案裁判中予以司法说理意义上的体现，以避免纯粹的形式性引用。

1. 司法价值观的一般要求

司法价值观在个体与社会的层面上有不同的体现与要求，分别对应权利性与道德性、公共性与政策性。

（1）个体层面的司法价值观具有权利性与道德性的特征。司法的主要工作是在个案中剪裁事实，适用规范。司法以一种具有普遍认可度的方式对个体意义上的权利予以保护，而个体层面的司法价值观主要有以下两方面的特征：

第一，司法价值观具有权利性的特征。由于权利主要体现为一种个体权利，故而这样一种权利特征是个体性的体现。在哲学上，个体性是一个重要问题。例如，在莱布尼茨（Gottfried Wilhelm Leibniz）看来，个体性是存在者不可剥夺的最为基本的形而上学特征。[1] 但法学意义上的个体性，则是指现实中的个体权利之主观意义上的独立性与不受侵犯性，其又具有典型的客观实

1 参见王成军：《成熟时期莱布尼茨哲学中的个体化原则及其困难》，载《武汉大学学报（人文科学版）》2017 年第 2 期，第 50 页。

在性。国家权力的合法性根源于它对权利的保护，该命题的论证要诉诸一个基本的道德价值，故其也是一个道德哲学命题。[1] 同理，司法作为一项国家公权力，是对权利予以保护的最后屏障，司法权力的合法性根源于其对权利的有效保护，司法价值观的合理性来源于其固有的权利保护意识。

第二，司法价值观也具有道德性的特征。司法价值观的道德性主要是公共的伦理道德价值在实践中的客观体现。具体到个案裁判的过程，道德意义上的司法价值观一方面是对裁判者的要求，另一方面是对当事人的道德因素的考量。

（2）社会意义层面的司法价值观具有公共性与政策性的特征。社会意义层面的司法主要体现为具体的司法治理功能。此种意义上的司法，需对法律效果与社会效果予以兼顾。

首先，司法价值观应具有公共性的特征。详言之，一是个案裁判的规范依据具有公共意志的属性。在代议制的民主政体下，规范本身就是公共意志的体现，这是衡量规范正当性的一项重要标准。二是在个案裁判过程中，说理论证的环节需要遵循基本的法律原则与公共准则。个案裁判也会用来显现公共行为的准则，所以其也是某种程度的公共判断。[2] 公共判断的属性，导致了司法价值观具有一定的公共性特征。三是司法作为一种治理方式，其与国家治理体系相关联，而国家治理本身就具有公共性。法官个人的司法能力是国家治理体系的构成部分，甚至可将法官的司法能力归入国家司法能力的范畴。[3] 而司法裁判者的说理论证，也应当对社会的整体功能有所反映。四是价值观作为一种哲学意义上的概念，其自身的分类也说明它并不限于对社会层面的考量，而司法价值观作为价值观的一个具体类型，其自然也包含社会意

1　参见朱振：《权利与自主性——探寻权利优先性的一种道德基础》，载《华东政法大学学报》2016年第3期，第27页。

2　参见陈景辉：《案例指导制度与同案同判》，载《光明日报》2014年1月29日，第16版。

3　参见李红海：《案例指导制度的未来与司法治理能力》，载《中外法学》2018年第2期，第499页。

义上的具体面向。

其次，司法价值观的公共性，在一定程度上决定了其具有政策性的特征。广义上的公共政策具有秩序功能，其决定了公共政策必然是功利导向的。[1] 以功利主义为特征的政策，具有相较于法规范而言的灵活回应优势。法与政策本身又具有一定的对立性，以刑法为例，政策本身会对法的形式价值造成损益。人权保障和社会保护均为社会所需要，由此也会引发矛盾与冲突。[2] 在法与政策的关系问题上，司法价值观倾向于权利保护还是社会保护，将直接决定该价值观的基本立场。但无论倾向如何，由于社会利益的考量不可或缺，故而司法价值观必然需要政策性的体现，以政策为导向的司法价值观，体现了司法在公共治理方面的本质特征。

以指导性案例和司法解释为例，有观点认为，司法解释与指导性案例是法院参与公共政策的不同路径，法院不能止于传统的纠纷解决，还应当承担一些政策回应职能。[3] 除个案中的政策考量会影响对法律的解释外，在司法参与社会治理的过程中，政策因素也会存在。政策在影响法律的同时，也会适时地被法律化。以司法的社会治理为视角，司法价值观需要体现政策性的特征，但功利的政策考量必须具有一定的边界，应当受到规范的限制，以防止政策对规范的侵蚀进而造成权力侵犯权利的后果。在大多数情况下，功利考量可以证成国家以公民不喜欢的方式对待公民的行为是正当的。[4] 因此，政策的权力意志性应当受到规范与权利的有效监督。

2. 核心价值观作为司法价值观的依据

如前所述，核心价值观在司法领域的具体化，除了自身的全面性特征，

---

1 参见卢建平：《风险社会的刑事政策与刑法》，载《法学论坛》2011 年第 4 期，第 22 页。

2 参见孙国祥：《论司法中刑事政策与刑法的关系》，载《法学论坛》2013 年第 6 期，第 41 页。

3 参见廖丽环：《最高人民法院参与公共政策的路径选择》，载《烟台大学学报（哲学社会科学版）》2018 年第 4 期，第 47 页。

4 参见［美］道格拉斯·胡萨克：《过罪化及刑法的限制》，姜敏译，中国法制出版社 2015 年版，第 156 页。

也符合这样一种司法价值观的要求。核心价值观的内容对应了司法价值观的社会性与个体性，其既是司法的形式权威性来源，也是司法的实质权威性要求。

（1）核心价值观是司法权威的体现。自由、平等、公正、法治既体现了法的社会性特征，也体现了法的一般性要求，它们是司法的实质权威性来源。由于这些内容具有法理意义上的法律原则性特征，也就更适合作为指导司法的价值观内容。例如，自由与平等被视为现代法治的价值根基，自然亦可作为司法价值观的重要内容。此外，法律本身是一个价值存在，是意义与规则的统一。以自由和平等作为司法价值观的具体内容，本身就是对法治权威与法律价值的彰显。公正与法治也是法具备权威性的要求。法治的构建是一项体系性的社会工程，应科学地整合法治要素，综合发挥法治功能，形成法治建设的合理格局。[1] 其中，自由、平等、公正、和谐等是法治系统的具体构成要素。而核心价值观中的“法治”，除追求法治的一般目标外，更具有意识形态意义上的引领作用。法治的实现需要价值共识予以支撑，而法治对核心价值观中的其他内容也具有保障作用。[2] 以法治为核心的价值观有利于从不同层面加强司法的实质权威性。

（2）核心价值观具有规范性与道德性的特征。法律规范与道德规范存在一定的重合。在社会转型时期，容易出现部分道德缺失的情形，一些人难以出于理性而自觉遵循基本的道德自律。道德的基础甚至不在理性，而在于种种主观感性的因素。[3] 以核心价值观指引法的规范适用，有利于更好地遵循基本的道德规范与具体的法律规范。例如，“诚信”主要是指遵循诚实守信的基本道德准则，这种道德层面的核心价值观内容，既是对司法者和当事人的要

1　参见李林：《习近平全面依法治国思想的理论逻辑与创新发展》，载《法学研究》2016 年第 2 期，第 18 页。

2　参见陈金钊：《对法治作为社会主义核心价值观的诠释》，载《法律科学》2015 年第 2 期，第 5 页。

3　参见张汝伦：《西方现代性与哲学的危机》，载《中国社会科学》2018 年第 5 期，第 31 页。

求，也是对公民的基本行为要求，其还可以转化为一般的法律原则或相应法理。总之，核心价值观在规范性与道德性的要求上与司法价值观的要求是一致的，故将其中的一些内容具体化为司法价值观是合理的。

（三）司法价值观意义上的核心价值观之内容选择

核心价值观应当在一般指引意义的基础上充分发挥作为司法价值观的具体指引作用。在具体的司法适用过程中，不能将二者的内容完全等同。否则，一方面由于核心价值观的具体内容较多，不利于对个案裁判进行有效指导；另一方面也难以体现核心价值观的全面性与司法价值观的个别性。通过对刑事个案裁判和刑事指导性案例之内容的考察可以看出，“富强”“文明”“爱国”等核心价值观的内容很少在司法适用层面上发挥指导作用，甚至在形式上被引用的也很少。这些内容并不具有直接作为司法裁判理念的内涵。司法价值观必须对核心价值观的内容予以选择。在司法价值观的意义上，还可以根据司法适用的逻辑以及刑事指导性案例和具体个案裁判中的内容出现频率，对核心价值观的内容在案例指导与司法适用的意义上予以选择与明确。

具体而言，首先，在核心价值观的内容中，既符合司法适用的逻辑要求，又在刑事指导性案例和刑事个案裁判中具有较高出现频率且适合对个案裁判发挥指引作用的，就是司法价值观的内容。这里的司法价值观内容，其实是核心价值观内容的一部分，并以司法价值观的逻辑将之不断展开和完善，这样不仅能保证核心价值观的适用边界，也可以更有效地将其融入指导性案例与个案裁判的说理过程。其次，从“两高”发布的 154 个刑事指导性案例（此数据统计截至 2024 年 4 月 11 日）来看，所体现的核心价值观内容主要是“公正”“秩序”“和谐”“法治”。而在一些具体的刑事个案裁判中，还会出现“诚信”“自由”“平等”“友善”“敬业”。以刑事个案裁判为例，“诚信”一词多出现在具有欺诈类构成要件的犯罪案件中，例如涉及合同诈骗罪和拒不执行判决、裁定罪等的案件；“自由”“平等”“秩序”则多出现在侵犯市场秩序类的刑事案件裁判中，因为市场强调自由与平等的交易秩序，而这些内容同时也属于法的价值论范畴，具有较强的法理属性，符合司法适用的逻辑要求。因此，适合作为司法价值观的核心价值观之具体内容，主要是“公正”“秩序”“和谐”“法治”“诚信”“自由”“平等”“友善”“敬业”。在对这些内容的引用与体现过程中，一方面需要发挥其在社会价值观意义上的政策宣传与价值引领作用，另一方面也应当对其在法理与规范的意义上进一步展开相应的说理论证。

（四）核心价值观在刑事指导性案例形成过程中的体现

这主要包括两个层面，一是在已形成的刑事指导性案例中的体现，二是在具体的刑事个案裁判中的体现。具体而言，其在刑事指导性案例中的体现，主要是后者对核心价值观内容的直接引用或明显体现核心价值观之相应内容的指引；其在具体刑事个案裁判中的体现，主要是对核心价值观内容的直接引用。

1. 核心价值观在刑事指导性案例中的体现

核心价值观在刑事指导性案例中存在被引用与体现等不同的情形。对此，应合理加以区分，进一步加强司法价值观意义上的核心价值观在刑事指导性案例形成过程中的指导作用。

（1）核心价值观的一些内容在刑事指导性案例中的被引用与体现相对较多。通过对“两高”发布的154个刑事指导性案例的研究，可以发现，在最高人民法院发布的38个刑事指导性案例中，没有直接出现“社会主义核心价值观”一词的指导性案例。在这38个指导性案例中，直接对核心价值观的具体内容加以引用的有5个，主要是在裁判理由与裁判要点中对“公正”“和谐”的引用；在判决中直接体现核心价值观内容的指导性案例有2个，这2

个案例的判决均提到了化解社会矛盾的目标，而化解社会矛盾是为促进社会和谐，故而这可被视为“和谐”价值观的直接体现。就此而言，在刑事指导性案例中，核心价值观内容被引用与得以体现的案例比例约 18.4%。而在最高人民检察院发布的 116 个刑事指导性案例中，同样未直接出现包含“社会主义核心价值观”一词的指导性案例。在这 116 个刑事指导性案例中，直接引用了核心价值观之具体内容的有 17 个，具体而言，被直接引用的核心价值观主要是“和谐”“法治”“公正”“秩序”；直接体现核心价值观内容的指导性案例有 39 个，其多是对“公正”“秩序”价值观的体现。就此而言，在最高人民检察院发布的刑事指导性案例中，核心价值观之内容被引用与直接体现的案例比例接近 48.3%。将上述两方面情况综合来看，可以发现，在“两高”目前发布的所有刑事指导性案例中，核心价值观内容被直接引用与体现的案例比例接近 40.9%，数量相对较多。

（2）核心价值观在刑事指导性案例中被直接引用的情形。在“两高”发布的 154 个刑事指导性案例中，核心价值观被直接引用的有 41 个，所占比例为 26.6%。此处所谓的“直接引用”，是指裁判要点、裁判理由或者要旨与指导意见里面直接出现了核心价值观的内容，例如“公正”“秩序”“法治”等。并且，这样的内容对于刑事指导性案例大多具有切实的影响。在上述指导性案例中，也存在对核心价值观内容的直接表达。例如，在最高人民法院 2011 年 12 月 20 日发布的第 4 号指导性案例当中，其裁判要点明确地提到“有效化解社会矛盾，促进社会和谐”。这属于对“和谐”的直接引用。该案被告人的“罪行极其严重，论罪应当判处死刑”，但该案“系因婚恋纠纷引发”，被告人又是临时起意，后坦白悔罪，“且平时表现较好”，这些理由表述均表明了法院倾向于不判处死刑，也不适用死刑缓期执行的方式。但被害人亲属对被告人不予谅解，要求法院依法从严惩处。最终，为有效化解社会矛盾，法院依然判处了被告人死刑，但予以缓期执行，同时对其限制减刑。在此，核心价值观就从司法价值观的视角切实地对刑事判决产生了影响，法院出于有效化解社会矛盾、促进社会和谐的目的，对行为人的量刑进行调整。

（3）核心价值观在刑事指导性案例中明显得以体现的情形。根据“两高”发布的154个刑事指导性案例，核心价值观在其中明显得以体现的有41个，所占比例接近26.6%。此处所谓的“明显得以体现”，是指可以从案件裁决中直接推导出核心价值观的内容。有的指导性案例在裁判要点中归纳出了核心价值观的内容，但原审法院的判决中却并没有直接出现核心价值观的内容，而只是较为明显地予以体现。例如，在最高人民法院2012年9月18日发布的第12号指导性案例中，仅裁判要点中存在“从尽量化解社会矛盾角度考虑”这样的表述。最高人民检察院2021年3月2日发布的检例第103号“胡某某抢劫案”中，多次提及“其犯罪原因主要是身心不成熟，亲子矛盾处理不当”，最终针对胡某某的犯罪源于亲子矛盾这一“症结”，检察机关协同公安民警、被害人、法律援助律师、法定代理人从法、理、情三个层面真情劝诫，胡某某表示要痛改前非，从而实现家庭关系、社会关系的整体和谐。与之相对，在前述第4号指导性案例中，其裁判要点中的表述不仅包括“有效化解社会矛盾”，还包括“促进社会和谐”。第4号指导性案例就属于对核心价值观内容中的“和谐”予以直接引用，而第12号指导性案例、检例第103号则属于明显体现作为核心价值观具体内容之一的“和谐”的案例。

2. 核心价值观在刑事个案裁判中的体现

在刑事个案裁判中，除“核心价值观”这一概念本身被直接引用外，被引用较多的核心价值观之具体内容，主要有“和谐”“法治”“平等”“公正”“诚信”等。核心价值观在个案裁判中存在不同的被引用方式，其在刑事判决中被直接引用，主要是一种形式意义上的被引用，更多承载价值宣示与道德教育的作用。在适用核心价值观的司法实践中，尽管法院在裁判中对核心价值观进行了宣示，但从规范意义上实现司法价值仍处于起步阶段。[1] 这也是需要以司法价值观的意义适用核心价值观的原因之一。核心价值观主要存在两种被引用方式：一是正反向被引；二是概念的被引用与适当展开。

（1）核心价值观被正向引用与被反向引用的情形。在刑事个案裁判中，此处所称的核心价值观被正向引用，是指在判决中出现诸如“根据社会主义核心价值观的要求”之类的表述。此类裁判多存在于相对轻微的伤害类案件中。例如，叶某甲与叶某乙故意伤害案的一审判决书中提到“出于弘扬社会主义核心价值观和中华民族传统美德……”，[2] 这属于对“社会主义核心价值观”这一概念本身的直接引用。而核心价值观被反向引用，通常是指明案件中的行为是与核心价值观相悖的，其一般会导向从重的处罚后果，不过也存在对刑罚不产生直接影响而仅具有道德谴责意味的情形。例如，在王某故意伤害案一审中，其裁判文书里写道：“本案发生在亲属之间，与人友善是每个人应遵循的价值准则，也是社会主义核心价值观……”的要求。[3] 此类行为对核心价值观的违背并不会对刑罚产生影响，其更多是作为一种道德谴责与刑罚的裁量相联系。

（2）核心价值观概念的被引用与适当展开。此处所称的“核心价值观”概念本身被直接引用的情形，是指出现诸如“行为应当践行核心价值观”等类似的表述。另外的情形是适当地对核心价值观之内容予以展开。例如，在前述王某故意伤害案一审中，其判决书中指出“与人友善是每个人应遵循的价值准则，也是社会主义核心价值观”的要求，[4] 这就属于对核心价值观的内容予以适当展开，指明了友善是每个人应当遵循的价值准则，而该案行为

1　参见江秋伟：《价值的司法适用及方法——以法院适用社会主义核心价值观的案例为对象》，载《西安交通大学学报（社会科学版）》2019 年第 3 期，第 143 页。

2　（2015）湖安刑初字第 603 号刑事判决书。

3　（2014）武中刑初字第 8 号刑事判决书。

4　（2014）武中刑初字第 8 号刑事判决书。

人的行为违反了核心价值观中的“友善”这一具体内容。如此一来，核心价值观被引用就变得相对具体，判决书中也就体现为核心价值观的形式概念被引用外加具体的类型说明。此外，将核心价值观予以适当展开的做法，也并不仅指涉其具体的内容，还包括对核心价值观的精神内涵予以说明的情形。

（3）核心价值观之具体内容被引用的情形较为集中。首先，“和谐”一词在裁判文书中被引用较多。这是由于其与社会秩序等存在联系。而刑法的任务，除保障权利外，也包括对社会秩序的维护。例如，被告人符某故意伤害案的一审判决书中就写道：“为严明国法，依法惩处故意伤害犯罪，确保公民身体健康和生命权益不受非法侵害，维护社会秩序的安定和谐……”[1] 这里的“和谐”是与社会秩序等相关的。其次，“公正”和“法治”在个案裁判中被引用也相对较多。这是因为它们不仅是核心价值观层面的要求，而且属于法的重要价值，具有法理属性，所以其在判决书中被引用的频率自然相对较高。此外，从加强判决书法理性论证的角度，无论是从核心价值观内容层面的被形式引用还是从法理性的实质展开来看，“公正”和“法治”等内容被引用的可能性都较大。例如，刑事判决对核心价值观在“法治”层面的引用，主要包括如下几个类型：一是法治的观念、精神与人文关怀；二是强调以法治的精神和途径推进公平正义的实现；三是倡导营造公平公正的法治环境；四是将其体现为法治原则及相应的法律规定。最后，与那些已发布的刑事指导性案例不同的是，在刑事个案裁判中，除了存在对“核心价值观”这一概念本身的直接引用，也存在对“敬业”“诚信”“友善”的引用。就“敬业”一项而言，首先，其主要表现为单位出具的意见可以作为从宽量刑的情节。例如在吉某孝故意伤害案中，山西省煤炭地质 114 地质勘查院出具了“吉某孝爱岗敬业乐于助人、人品端正德行优良”的证明材料。[2] 这是以单位

1　（2014）三亚刑初字第 10 号刑事判决书。

2　参见（2016）晋 04 刑初第 75 号刑事判决书。

提供证明材料的形式对“敬业”的内容予以彰显。其次，“爱岗敬业”可以作为从轻处罚的根据，或者宣示性地说明行为违背了爱岗敬业的准则。例如，在潘某受贿案中，一审法院认为，潘某在前期工作期间，爱岗敬业、表现突出，依法可以酌情从轻处罚。[1] 此处所称的“敬业”表现，被作为一项酌定从轻处罚的理由。在引用“诚信”方面，主要是指在道德教育意义的层面上要求行为人应当遵循诚信的基本原则，或者相应犯罪的构成要件中，本身就含有违背诚信的内容。例如生产销售伪劣产品罪、合同诈骗罪、拒不执行判决裁定罪等，其本身的构成要件描述或者单纯的罪名中就体现了对诚信要求的违背。

（五）刑事指导性案例以核心价值观为指引的意义

我国案例指导制度的政策性目标以及核心价值观的抽象性特征，决定了核心价值观可以在司法价值观的意义上对指导性案例形成前后发挥有效的指引作用。

1. 核心价值观的指引有利于在追求法律效果的同时实现社会效果

在指导性案例的选择上，那些具有社会影响且公众较为关注的案件通常更容易被遴选入内。其裁判结果通常在实现法律效果的基础上，对社会效果也予以体现。在个案裁判中，强调司法直接关注社会效果，有时容易产生司法被民意“绑架”的情形，会削弱司法的公正性。将核心价值观在司法意义上作为判决理由或者裁判要点予以体现，可以缓冲民意对司法的不当干扰。由于核心价值观在全社会具有共识性，故而，司法在规范意义上对核心价值观的内容予以体现，就是社会效果的最佳实现。这样，一方面可以避免由于过多关注社会效果而导致司法的规范性与中立性受到损害，另一方面也可以防止司法因对社会缺乏关注而导致裁判的僵化。

1　参见（2013）望刑初字第00277号刑事判决书。

指导性案例被公布后，其通常也更容易体现法律效果与社会效果的统一。司法判决对社会效果的实现，需要相应的价值观念予以指引。由于单纯的社会观念具有多样性特征，司法对社会要求的回应也就较为困难。而核心价值观在我国具有统一性与共识性，以核心价值观为指引，可以避免指导性案例在回应社会时出现随意的情形，并在社会一般共识的意义上予以司法价值观意义上的体现与回应，从而兼顾指导性案例的法律效果与社会效果。此外，核心价值观的一些内容既具有社会意识的特征，又与法的价值存在一定重合，这为指导性案例和个案裁判更好地兼顾法律效果与社会效果提供了有力支持。如果一个案件判决不公正，就容易使公民对法律产生误解，不利于法治观念的形成。而在司法价值观的意义上，以核心价值观的一般精神与具体内容为指引，有利于形成后的指导性案例对公民的法治观念予以塑造。

2. 核心价值观有利于指导性案例的政策践行

政策具有以社会为导向的特征。指导性案例的形成过程，必然体现一种司法政策的倾向性与基本立场，这是司法政策的社会导向之体现。指导性案例有利于在规范的意义上实现社会政策的功能。司法具有体现或形成社会政策的功能。核心价值观有利于让新的政策受到基本价值观的指导与制约，防止政策的功利性损害个体权利；在个案裁判、法律规范与指导性案例之间实现法与政策的社会互动，从而在总体上体现核心价值观的指引作用。

政策也具有以解决问题为目标的功利导向。对此，以较为稳定的价值内容对指导性案例予以司法价值观意义上的规范指引，有利于每一个指导性案例保持一定的生命力。核心价值观具有稳定性、概括性与全面性的特征，其所体现出来的价值具有普适性。这种普适性的价值在作为政策本身的同时，也对其他政策具有指引作用。

3. 核心价值观有利于增强法官的说理论证能力

发挥核心价值观在指导性案例形成过程中的指引作用，对法官的说理论证能力与其他综合素养就提出了较高的要求。法官的司法能力主要包括说理论证的能力和其他综合素养，具体则是指法官通过判决书说理，使判决理性化、正当化，这是国家整体司法治理能力的重要面向。[1] 核心价值观既是对公民的一般要求，也是对法官的行为要求。法官围绕不同层面的核心价值观之具体要求，结合制定法意义上的解释论证，对自身说理能力的提升具有重要意义。当然，核心价值观并不只是形式意义上的被引用，若作为司法价值观意义上的内容展开，还需要将其具体化，进而从形式与实质的不同层面发挥其在判决说理方面的指引作用。法官说理论证能力的提升是指导性案例得以具有智识认同性的重要基础，这也是指导性案例具有理性权威的重要体现。

对此，指导性案例之所以能被下级法院遵从，一是因为其具有理性权威，二是因为其具有制度权威。理性权威需要指导性案例的论证和说理，而制度权威则需要赋予指导性案例以约束力。[2] 理性权威对于制度权威的塑造与生成具有重要的作用。只有说理充分、论证严谨的判决，才有可能从理性的意义上得到大多数人的认同。理性是我们认识的最高权威，但这个最高权威所蕴含的秩序是我们心灵构造的秩序。[3] 法官裁判说理能力的提升可以使裁判获得这种心灵意义上的理性权威，进而得到法共同体成员与社会民众的认可与遵循。这也有利于后案法官对已有指导性案例进行发展和完善，使一些具有指导性的案例和原则不断发展，进而走向成熟，而成熟的指导性案例需要经过多年积累沉淀才能形成。[4] 核心价值观本身就有一个沉淀与凝练的过程，其对于法官说理论证能力的提升，亦有利于我国的案例指导制度不断趋于完善。

---

1 参见李红海：《案例指导制度的未来与司法治理能力》，载《中外法学》2018 年第 2 期，第 499 页。

2 参见徐凤：《论扩大指导性案例产生主体的路径及理论支撑》，载《法学》2019 年第 4 期，第 39 页。

3 参见张汝伦：《西方现代性与哲学的危机》，载《中国社会科学》2018 年第 5 期，第 25 页。

4 参见马燕：《论我国一元多层级案例指导制度的构建——基于指导性案例司法应用困境的反思》，载《法学》2019 年第 1 期，第 188 页。

4. 核心价值观有利于缓和形成后的指导性案例间的冲突

同法律规范之间可能存在冲突一样，指导性案例间也可能会在横向或纵向的意义上产生冲突。尽管对于各种冲突存在相应的解决对策，但从本源上尽量减少冲突无疑是更为理性的选择。

核心价值观可以尽量避免指导性案例间的冲突。一方面，核心价值观的内容之间具有体系性，而作为价值来源的内容又具有普适性，故而核心价值观各具体内容间的冲突可能性较小。若作为指引的价值内容间的冲突较小，则价值指引下的指导性案例间出现冲突的可能性自然也会较小。即使核心价值观的内容之间存在冲突，那也是法理意义上的法律价值冲突，例如自由与秩序之间的优先性问题。但法理意义上的价值冲突只有在司法裁判的意义上才会产生，而作为一种社会价值观念，这种冲突并不像纯粹法理意义上的冲突那样明显。另一方面，核心价值观的内容具有稳定性，这种稳定性源于其普适性与全面性的特征。若一个指导性案例在司法的意义上体现了核心价值观的内容，则很难出现它很快就与社会观念以及后续规范或其他指导性案例产生冲突的情况。而以不同的核心价值观内容对指导性案例进行分类，更有利于减少指导性案例之间的冲突。

二、刑事司法实践中司法价值观背离根基与信仰的不当运用

尽管核心价值观对于指导性案例的形成具有积极意义，从刑事指导性案例及刑事个案裁判视角考察核心价值观的具体运用可以发现，核心价值观尽管能够参与个案的裁判，在指导性案例中也有所体现，但现阶段刑事司法实践中对其的运用仍然存在一些局限性。

对于核心价值观在个案裁判中的功能，有学者将法院适用核心价值观的案件分为三种类型，分别是道德教育宣示型、直接证成结果型与补强证

成结果型。[1] 如果以刑事案件为对象进行考察，那么可以发现：道德教育宣示型的功能有限；直接证成结果型因构成要件的规制无法影响定罪，而在量刑层面会产生影响；补强证成结果型以制定法的规范为前提，在此基础上以核心价值观的内容对论证的理由予以补强，在刑法中通常不会影响定罪，但会作为酌定的量刑情节，进而对刑罚裁量产生影响。但无论对核心价值观作何种类型的司法适用，从刑事判决的表述来看，依然存在较明显的局限性。

（一）核心价值观的内容在司法适用层面上较为繁杂

核心价值观从国家、社会和公民等层面对具体的内容进行了分类，有一定的全面性、概括性与体系性，但其内容仍较为繁杂。例如，核心价值观中有的具体内容几乎不会在司法裁判中被引用，或者说其在道德观层面被认为是理所当然的。例如“民主”“文明”等只能间接地证成司法的权威性。以“两高”发布的154个指导性案例为样本，其中出现的核心价值观之具体内容包括“公正”“和谐”“秩序”“法治”。核心价值观必然是一套公民意义上的人生观与价值观，其中存在一些不适合直接为司法裁判所引用的内容。

由于其具体内容在司法适用层面较为繁杂，核心价值观在指导司法的过程中也就容易产生混乱或者造成其他干扰。就司法适用层面而言，核心价值观内容的体系较为繁杂，主要体现为两个方面：一是核心价值观要作为指导司法的价值观，其现有内容尚未经过进一步筛选，也没有对那些适合用来指导司法适用或者在指导性案例与个案裁判中出现情形较多的核心价值观之具体内容予以明确；二是核心价值观各内容要素之间缺乏逻辑关联性。这种逻辑关联的缺失，使得在司法实践中运用核心价值观时，难以形成系统、连贯的指引，影响核心价值观对司法工作指导作用的有效发挥。

---

1 参见江秋伟：《价值的司法适用及方法——以法院适用社会主义核心价值观的案例为对象》，载《西安交通大学学报（社会科学版）》2019年第3期，第136页。

（二）刑事个案裁判中的核心价值观内容较为抽象

在个案裁判中，核心价值观的具体内容对刑事判决的指引作用体现为一定的主动性，而不是事后从已经形成的判决中寻找核心价值观的内容并提炼概括出核心价值观的精神内涵。在刑事指导性案例中，核心价值观的内容并不限于被直接引用，其对之后个案裁判的影响，主要是规范意义上的观念指导。

核心价值观对于刑事个案裁判的指引应具有主动性、明确性与示范性，而其对于刑事指导性案例的指引也应有这样的体现。不能将案件朝着核心价值观的内容予以无限抽象进而认为一切案件均应体现或者体现了核心价值观。对核心价值观内容的体现需要一个衡量标准，何种意义上的体现才算是核心价值观内容的切实体现？如果一个判决被认为是公正的，其是否就体现了核心价值观的内容指导呢？退一步说，即使没有核心价值观的指引，仅仅作为司法的基本要求，判决也应当是公正的。因此，这种事后对于司法判决的公正评价，就不是核心价值观的体现。

（三）核心价值观内容在刑事指导性案例中被引用与体现的情形不够明确

核心价值观的内容对刑事指导性案例的指引，主要包括后者对前者具体内容的引用或者体现。但这样一种意义上的引用或者体现并不明确。

对核心价值观之具体内容的直接引用较为明显，但也存在观念区分的问题。例如，刑事指导性案例中常会出现“秩序”一词，但作为刑法保护的“秩序”以及作为法益内容的“秩序”，与作为核心价值观具体内容之一的“秩序”之间是一种重合关系，后者的范围包括前者。如此一来，刑事指导性案例中的“秩序”一词对核心价值观内容的引用可能就是无意的，但在划分上也属于一种直接引用。

（四）核心价值观被引用常流于形式

核心价值观被引用流于形式的问题，不仅存在于刑事指导性案例当中，也更多地体现在刑事个案裁判之中。从指导性案例的适用逻辑出发，欲形成合理的指导性案例，就应当重视每一个案件的具体裁判。在个案裁判中，那些仅具有道德宣示意义的核心价值观内容被引用，在某种意义上就属于流于形式的表现。刑事指导性案例中并不存在直接引用“社会主义核心价值观”一词的情形，但在个案裁判中会存在。例如，只写上“为了弘扬社会主义核心价值观”之类表述的形式性引用，对案例裁判说理来说意义不大，因为这样一种只是引用了“社会主义核心价值观”这一名称的形式，究竟是否对个案产生了真正的实际影响，其实是不得而知的。

核心价值观被引用流于形式，主要包括如下几个方面的情形：一是仅仅具有文义上的形式，但对什么是核心价值观以及本案事实所体现的核心价值观之具体内容等并未予以说明。二是对核心价值观的引用体现了一定的主观性。例如，公正效应的社会衡量就具有一定的主观性。主观性往往对应一定的随意性，缺乏规范标准。除此之外，主观的形式性被引用容易导致一些规则的适用出现疏漏。有观点将其称为“规则逃逸”。所谓规则逃逸，是指有可适用的法律规则却不适用，而是主要适用社会主义核心价值观作为裁判依据。[1] 三是核心价值观被引用体现一定的伦理性。例如，个案判决书中有时会出现诸如“违背善良风俗”之类的表述等。

（五）核心价值观内容的适用范围不够明确

核心价值观内容的全面普适性，决定了其可以综合司法适用的逻辑与社会的主流价值观，但核心价值观在司法实践中的适用范围仍不明确，尤其是

---

1 参见于洋：《论社会主义核心价值观的司法适用》，载《法学》2019 年第 5 期，第 63 页。

在刑事案件的裁判过程中。无论是在具体的个案裁判中，还是在指导性案例中，核心价值观在指导司法适用方面应当具有一个基本的适用范围，以确保这种指导不会与法治的基本原则与精神理性相违背。

核心价值观在刑事指导性案例中的适用范围不够明确，主要体现在两个方面。一是在刑事指导性案例与个案裁判中，核心价值观的内容与刑法中的犯罪构成要件之间存在要素的重合。例如，销售伪劣商品类犯罪、诈骗类犯罪以及拒不执行判决、裁定类犯罪本身就具有欺骗的行为属性，其构成要件的表述中也体现了这样的行为特征，但这与作为核心价值观具体内容之一的“诚信”间的关系就需要被明确。二是核心价值观的规范属性有待明确，这也是由于其存在被形式性引用的情形所致。被形式性引用就会体现一定的主观性与伦理性。

三、刑事司法实践中核心价值观践行根基与信仰的适用边界

核心价值观的内容具有全面性，但就其在指导性案例形成过程中的指引作用而言，尤其是作为个案裁判的指引原则，应当从司法价值观的意义上对核心价值观的具体内容予以选择，进而将相应的具体内容类型化，综合发挥道德观念引领与价值判断指引的功能，明确其具体适用的边界，以更好地发挥其作为一般社会价值要求与作为司法价值观的指引作用。

（一）明确核心价值观具体内容在指导性案例中的引用与体现

应当在现有统计的基础上，对核心价值观的具体内容在指导性案例中被引用或者体现的情形予以明确。

此处所称的核心价值观之具体内容被指导性案例引用，是指指导性案例中直接出现了“公正”“和谐”“秩序”“法治”等核心价值观的具体内容。

例如，在最高人民法院2018年6月20日发布的第93号指导性案例“于某故意伤害案”中，其裁判要点的第四点指出，“防卫过当案件，如系因被害人实施严重贬损他人人格尊严或者亵渎人伦的不法侵害引发的，量刑时对此应予充分考虑，以确保司法裁判既经得起法律检验，也符合社会公平正义观念”。这属于对核心价值观内容的直接引用，并对该类案件判决书的生成与刑事指导性案例的内涵具有重要影响，因为上述表述表明了对正当防卫与防卫过当的具体认定应符合公平正义的观念。这里的公平正义观念并非主观的，也不是纯粹伦理性的，而是社会意义上的公平正义观念，亦即不能无视社会意义上的普遍公平正义观。

总之，此处所称的指导性案例体现了核心价值观的具体内容，是指可以从指导性案例当中很明显地看出或者直接推导出核心价值观的内容。例如，最高人民检察院第26号检察指导性案例“陈某申诉案”中所强调的“切实强化证据裁判和证据审查意识”“防止冤假错案”“坚持疑罪从无原则”等，就体现了公正与法治的原则，而在司法实践中将公正与法治的原则予以落实，则体现出刑法的根基与信仰的价值。

（二）细化核心价值观在指导性案例形成中的指引效果

在刑事司法实践中，可作为司法价值观的核心价值观之具体内容，主要包括“公正”“秩序”“和谐”“法治”“诚信”“自由”“平等”“友善”“敬业”，而上述理念本就与保障公民自由权利的刑法根基以及恪守罪刑法定主义的刑法信仰相吻合。对此，也应将各价值观内容之间的要素关联类型化，进而从公众的一般价值观念向相应的法理论证层面展开，借助核心价值观来实现刑法中根基与信仰的价值诉求。

1. 明确核心价值观在个案裁判中的作用范围

就核心价值观在个案裁判中的具体适用内容而言，形式意义上的道德教育宣示功能应当控制在合理的范围之内。以刑事司法为例，在个案裁判中对核心价值观的引用可以适当地对量刑产生影响，并且应当着重发挥从轻影响的作用，但不能对罪与非罪产生直接的影响。绝不能笼统地以违反核心价值观为由，进而作出从重处罚的表述。否则，该个案裁判将违背罪刑法定原则，而它一旦成为指导性案例，对于后案的不利影响就是显而易见的。

司法价值观意义上的核心价值观内容，必须体现为一定的规范说理。在指导性案例的选择、制作与发布的过程中，应重视充分的说理，而不能仅以核心价值观为主要理由，或者只顾进行道德意义上的说教。以刑事指导性案例为例，由于受到法治与罪刑法定原则的制约，它更需要合理地发挥核心价值观的作用。刑事指导性案例不应被附着太多的社会意义，不能被作为一种判决宣示而提供一种简单结论，而是应当进行充分说理，重视对例外性、补充性与平衡性的追求。[1]

核心价值观在上述两方面的功能定位是明确其适用内容的基础。一是核心价值观作为一种指导观念，可以在整个过程中发挥作用，自然也会受到规范和事实的制约。二是核心价值观作为裁判理由的组成部分之一，只具有补充性的作用，而不能被单独适用甚至随意地对规范与事实进行剪裁。

2. 加强核心价值观各内容要素之间的分类与关联

法理意义上的核心价值观内容主要是“公正”“法治”“秩序”“平等”“自由”等，而道德意义上的核心价值观内容主要是“和谐”“诚信”“友善”等。其中，法理意义上的核心价值观内容具有更强的可论证性、规范性和客观性，而道德意义上的核心价值观内容则具有更强的可衡量性、伦理性与主观性。核心价值观各个内容要素之间有时可能会存在重合的部分。例如，法治的范围相当宏大，其在某种法理意义上就包括“公正”与“平等”。但作为核心价值观内容之一的“法治”显然与这种法治并不完全一样，其更强

1　参见孙万怀：《刑事指导案例与刑法知识体系的更新》，载《政治与法律》2015 年第 4 期，第 2 页。

调一种法治的观念与意识。在此就应当区分抽象意义上的法治与具体意义上的法治要素与内容要求，以及作为治理方式的法治与法治的观念等。而且，核心价值观不同的内容要素具体到不同的部门法中，其核心意义也是不同的。例如，在刑法领域中，自由与人权保障是刑事法治的核心价值；而在其他部门法中，价值重要性就可能存在一定的差异。又如，对于“和谐”的内容来说，其既是道德意义上的核心价值观内容，也是一种社会状态与生活环境。

3. 积极发挥核心价值观的不同指引作用

就核心价值观对刑事指导性案例形成前的指引作用而言，其在个案裁判中对刑事判决的影响主要体现在量刑部分，故而其应当在量刑问题上主动发挥指引作用，在刑事判决书中体现核心价值观的逻辑，并对引用的必要性进行分析。在刑事个案裁判中，核心价值观既影响量刑，又具有政策宣传与观念教育的效果，应当区分规范要件与观念指引之间的不同。

就发挥指导性案例的教育功能而言，一方面，如果某个案裁判具有典型核心价值观的教育意义，那么它往往会被遴选为指导性案例，亦即为了弘扬核心价值观、进行普法教育而将其确立为指导性案例。这种意义上的核心价值观，既可以是事先在个案裁判中切实起到指引作用的，也可以是从个案中提炼与概括出来的，例如指导性案例中裁判要旨的提炼。另一方面，在这样一种目的与标准下形成的指导性案例，对于之后个案裁判的参照适用具有直接影响。

（三）以核心价值观的具体内容对指导性案例加以分类

在刑事司法实践中，核心价值观的内容对于指导性案例具有重要的分类功能。我国现阶段的指导性案例，除了被援引率低、传统的法学教育重视成文法适用而对案例的寻找与适用有些不适应、判决书说理不够、案例不具有充分的示范性与代表性等问题，还存在的一个问题是，指导性案例缺乏一种大致的分类。但此种分类是必要的，因为这种分类一方面有利于接受法共同体成员与社会公众的监督，另一方面对于法官的审判工作而言，其有利于减轻法官寻找案例的压力，使之更容易找到与所要解决的当下案件相类似的案例。指导性案例的形成需要一个过程，而这个过程主要是个案裁判的完成与案件的遴选，具有一定的政策倾向性。例如，为了进行某种价值宣传与道德教育，就属于一种政策目的。对于指导性案例的分类，可以按照体现“法治”“公正”“秩序”“平等”“和谐”“诚信”等不同的核心价值观内容来进行。当然，前期的案件裁判工作也应当尽可能地细致。这样一来，指导性案例就会以核心价值观的内容为分类标准，大致形成一个刑事指导性案例群，进而有利于后续法官的主动遵循，并不断地赋予案例有效性。即使是在大陆法系国家，判例的效力也是由法官持续的遵循行为所赋予的，判例编纂本身不带有任何赋予效力的意思。[1] 如何赋予指导性案例以约束力，使其更好地与成文法相配合，这项工作应当立足于我国现有的法学背景，朝着有利于提升司法者的裁判能力的方向推进。

为了对指导性案例进行有效的分类，应当进一步加强司法裁判的说理论证，这也可以防止仅仅依照语词形式而予以简单分类。事实上，核心价值观参与个案裁判的说理论证，应当具有合理性。规范说理必不可少，而作为核心价值观的法理要素内容，在表明核心价值观内容的基础上，应当进一步在内容上具体化，并展开相应的法理论证。法学的科学性在于合理分析，而不只是合理的法律发现过程。[2] 在指导性案例的发展过程中，应当注重对法理的归纳与适用。在适用指导性案例的时候，应当关注案件事实、法律规范、指导性案例以及具有关联性的相应法理。法理就包括公正、平等、法治之类的原则。法官应在核心价值观的指引与掌握法理的基础上，积极适用指导性案

1　参见杨雄：《刑事案例指导制度之发展与完善》，载《国家检察官学院学报》2012 年第 1 期，第 33 页。

2　参见［德］阿图尔·考夫曼：《法律哲学》（第 2 版），刘幸义等译，法律出版社 2011 年版，第 73 页。

例。法理的实践效果借助于指导性案例而得以彰显，体现了司法改革的制度和理念之进步。[1] 而我国当前的社会主流价值观恰恰又在司法上体现为一种法理要素，具有展开法理论证的恰当性，其一方面体现了核心价值观的内容，另一方面又符合指导性案例的法理论证要求。

此外，加强个案的说理论证，是指导性案例切实发挥作用的基础。判决已经生效的案件，对于之后案件的事实认定与法律适用均会产生一定的影响。指导性案例无非是以一种明示的方式，经过一定的程序，进而对之后的类似案件起到一种"应当参照"的适用效果而已。但从对法官具有影响的视角来讲，指导性案例与非指导性案例在某种意义上均具有影响后案裁判者的可能。一方面，二者在偶然性适用方面具有一定的相似性。另一方面，"同案同判"并不只是以通过一定程序发布的指导性案例为准，该原则对于一般的司法裁判过程也具有无形的影响。"同案同判"以一种内在的方式嵌入司法审判的深层机构之中。作为司法的内在构成性原则，它给裁判者施加了一种应予以贯彻和落实的义务，但这种义务并非绝对的、无限度的。[2] 而对于大多数非指导性案例来说，有观点将其称为自发生成的案例，是诉讼主体自发运用的案例，涵括了法院既往作出裁判的一切案例，这些案例没有任何程序化的遴选与确认，一经法院作出并公布，即可成为主体运用的对象。[3] 对于指导性案例的非明示适用，有观点将其称为指导性案例的隐性适用，其依靠"实用的主观动机"与"借用案例的行动方式"，在裁判过程中将案例遮蔽起来，从而规避了运用案例的说理负担。[4]

加强个案裁判中的说理论证是必要的，在刑事案件裁判与刑事指导性案

1 参见孙光宁：《法理在指导性案例中的实践运用及其效果提升》，载《法制与社会发展》2019 年第 1 期，第 19 页。

2 参见孙海波：《"同案同判"：并非虚构的法治神话》，载《法学家》2019 年第 5 期，第 150 页。

3 参见顾培东：《判例自发性运用现象的生成与效应》，载《法学研究》2018 年第 2 期，第 77 页。

4 参见孙海波：《指导性案例的隐性适用及其矫正》，载《环球法律评论》2018 年第 2 期，第 144 页。

例的生成过程中，无论是规范适用的指导还是案例裁判要点的归纳，都必须以罪刑法定原则为依托，以核心价值观中的法治要求为指引，进而加强相应的法理论证与规范说理。

（四）明确形成指导性案例的目的

指导性案例究竟是作为一种过渡，还是用以弥补成文法的适用不足？此问题应在我国现行的政治体制下进一步予以明确。对此，有观点认为，指导性案例除了可以统一司法适用之外，还有利于提高司法治理能力。[1] 统一司法适用无疑是形成指导性案例的初衷，但实践中的指导性案例除了具有统一司法适用的目的，还具有宣扬道德价值观的作用。其中，刑事指导性案例的形成，不仅是为了做到同案同判与统一法律适用，也是为了提升司法者的司法能力，从实质上尽可能地确保罪刑法定原则的适用。对此，一方面应当划清司法与政治和文化之间的界限，另一方面也不排斥政治与文化背景对指导性案例与案件裁判的积极影响，只是这种影响在刑事案件中由于罪刑法定原则的要求不能突破规范适用的边界。起政策宣示作用的指导性案例与起规范适用作用的指导性案例并不矛盾，但政策宣示的意义是附带的，绝不能对法律规范的适用产生不当干扰，这是刑事指导性案例形成的目的与要求。

指导性案例不能仅为了制度创新而忽视推动高质量个案裁判的努力。对于司法者而言，在个案中实现公平正义，才是对具体司法价值与一般社会价值的最好实现。法院始终在审判个案，其必须受待判个案的限制。[2] 从个案的高质量裁判到指导性案例的有效遴选，再到指导性案例指引作用的有效发挥，这是指导性案例形成的主要目的，而核心价值观的指引应当有利于更好地实现这个目的。

1　参见李红海：《案例指导制度的未来与司法治理能力》，载《中外法学》2018 年第 2 期，第 493 页。

2　参见［德］卡尔·拉伦茨：《法学方法论》，陈爱娥译，商务印书馆 2003 年版，第 302 页。

第二节 基于刑法根基与信仰实质限缩新兴技术犯罪制裁范围

伴随新兴技术逐渐深入公众日常生活的各个方面，公众对新兴技术可能了解得不够全面，而技术的革新会引发法律的革新，所以公众可能因为技术误导或认知局限而触犯帮信罪这类与新兴技术密切相关的罪名，这会导致公众抵触网络技术，并对刑事司法扩张产生危惧感。鉴于此，在刑事司法实践中，对于这类新兴技术所带来的风险，刑法在介入过程中应该尤为审慎，对于新设置的帮信罪等罪名的司法扩张进行实质限缩适用，防止司法扩张趋势损害刑法的根基与信仰，强化对公民自由权利的保护。事实上，根据2022年3月8日最高人民检察院发布的《2021年全国检察机关主要办案数据》，2021年帮信罪的起诉数量就高达12.9万人，位居全国犯罪起诉人数第三。2022年8月1日，中国司法大数据研究院发布的《涉信息网络犯罪特点和趋势（2017.1—2021.12）司法大数据专题报告》显示，在2017—2021年涉信息网络犯罪的282个罪名中，帮信罪累计案件数量排名第二，占比为23.76%；全国各级法院一审审结的帮信罪在各年度占比分别为0.06%、0.07%、0.22%、5.78%和54.27%；帮信罪2020年同比激增34倍，2021年同比再增超17倍，案件增长势头迅猛。除此之外，帮信罪的涉案对象呈现年轻化趋势，从被告人年龄分布来看，18—28周岁占比最大，为55.09%，其次为29—39周岁，占比34.23%，[1] 其中大多为低学历、低收入群体，并且近90%是没有犯罪前科的初犯，公民在此背景下实际上面临较高的刑事制裁风险，这也不利于新兴产业的发展。

由此观之，在大数据与人工智能技术升级的技术革新背景下，帮信罪可能成为刑法中新一代“口袋罪”中的代表性罪名，那么为了维护刑法的根基

---

1 参见中国司法大数据服务网，https://data.court.gov.cn/pages/，2024年4月7日访问。

与信仰，在司法实践中保障公民自由权利并恪守罪刑法定原则，就必须对帮信罪的司法扩张趋势予以遏制，实质限缩帮信罪的司法适用以保障公民自由权利。实际上，因为帮信罪的主观明知认定模糊、客观帮助行为定义不清以及入罪门槛较低，导致帮信罪天生蕴藏“口袋化”的基因，所以需要对帮信罪进行实质限缩解释后再加以适用。国家治理的核心要义在于制度之治，尤其是追求以良法善治为核心的制度化治理体系。[1] 为了消弭公众对帮信罪的危惧感，惩治犯罪时应当避免以刑代管的形式法治思维，在预防网络犯罪中合理嵌入消极刑法观的实质法治思想。总之，需要从实质出罪的角度探讨帮信罪的实质限缩适用的方案，针对帮信罪司法扩张的客观事实，从主观明知、客观帮助行为以及入罪情节入手构建实质出罪体系，并将其与掩饰、隐瞒犯罪所得罪的适用范围进行实质界分，贯彻人道化的刑法立法、人本化的刑法制度以及人文化的刑法解释，在新兴技术领域坚持保障公民自由权利的刑法根基并恪守罪刑法定原则的刑法信仰。

一、新兴技术犯罪中主观要件司法扩张趋势与实质限缩认定

在新兴技术领域，对于主观要件的认定模式因为“技术鸿沟”而较为模糊，导致公众对于新兴技术领域的罪名在认知上产生混淆。比如在帮信罪的主观认定环节，司法机关对于明确行为人是否“主观明知”尤为重视，并倾向于将主观明知作为刑事入罪的前置要件。但与此同时，司法机关对主观明知的认定呈现扩张趋势，甚至为了规制网络犯罪而采用较低的认定标准，导致对主观明知的具体解释内容产生争议。为了遏制主观明知的司法扩张，应该遵循刑法体系中对主观明知的一贯判断标准，将其解释为“明确知道”，发挥主观明知在犯罪构成中的实质限缩作用，从而维护公民自由权利的刑法根

1　参见周佑勇：《推进国家治理现代化的法治逻辑》，载《法商研究》2020 年第 4 期，第 4 页。

基，避免司法扩张导致罪刑擅断而破坏罪刑法定的刑法信仰。

（一）新兴技术领域中帮信罪主观明知的司法扩张趋势

鉴于新兴技术较为复杂，公众在使用技术时存在天然的认知壁垒，这导致司法实践中难以准确地判断行为人是否明知。而正是因为司法实践中判断困难，司法机关在判断主观明知时会倾向于扩张解释，[1] 对明知采用相对较低的认定标准，加剧了帮信罪的司法扩张趋势。

1. 将主观明知等同于“应当知道”

在主观认知层面，对明知的认定关系到行为人主观责任的判断，因此这在帮信罪的刑法解释过程中显得尤为重要。实际上，将“明知”解释为“应当知道”在司法解释中其实早已确立。2008 年 12 月 1 日，最高人民法院发布的《全国部分法院审理毒品犯罪案件工作座谈会纪要》就规定“有其他证据足以认定行为人应当知道的”也属于主观明知，将主观明知等同于应当知道，扩张了主观明知的认定范围。对于该司法解释中将主观明知等同于应当知道的解释方案，学界尚存争议，因为在毒品犯罪过程中，行为人必须认识到自己行为的对象是毒品，否则就违背了犯罪故意的基本原理，故意的认识要素是意识要素的前提，只有明确知道行为符合某罪构成要件时，行为人才可能产生损害法益或违反规范的法敌对意志。如果仅凭行为人应当知道是毒品就判定犯罪，那么这种司法解释推定无疑超越了其自身的权限。[2]

毒品犯罪在司法解释中将明知等同于应当知道，在司法实践中产生了一定争议。在童某连走私毒品案中，检察院指控童某连帮他人运送行李箱，在过海关时走无申报通道，未申报任何物品，其有多次出入境记录，应当知晓

---

1 参见冀洋：《帮助信息网络犯罪活动罪的证明简化及其限制》，载《法学评论》2022 年第 4 期，第 94-96 页。

2 参见袁国何：《论刑法中“应当知道”的教义学意涵》，载《北方法学》2015 年第 3 期，第 145 页。

携带他人物品须申报的常识，故可推定其“应当知道”。童某连则辩称自己的行为并不符合法律规定的推定明知的情形，自己未申报是因为主观上认为只是帮朋友携带衣物样品，并不知道藏有毒品，如果其主观明知，则应当走之前的安全路线规避海关检查，最大限度地减小风险，最终法院认定童某连明知是毒品的证据不足，不构成犯罪。[1] 与之相对，在黄某春走私毒品案中，检察院指控黄某春在明知孙某委托其寄递至境外的粉末状、晶体状化学品可能是毒品的情况下，帮助邮寄物品出境，但黄某春辩称自己在主观上对涉案化学品的毒品性质缺乏明知，其邮寄的既有管制品也有普通化学品，具体性质只有孙某知晓，化学品编号由孙某决定，其无法知悉编号对应的化学品品名，这充分证明其主观上缺乏明知。但是法院最终认定本罪中的“明知”是指行为人知道或者应当知道，黄某春以多种手段逃避检查，在邮寄的物品中查获毒品却不能作出合理解释，可以认定其应当知道，构成犯罪。[2] 比较上述两个相悖的裁判结果可以发现，将主观明知等同于应当知道不符合司法公正的要求，而是在主观上赋予行为人苛重的认知义务，将这种情形认定为应当知道有司法擅权之嫌。公众在面对应当知道的推定时难以自证清白，即使是相近的理由，司法机关也可能对主观认知得出相反的结论，导致公众平添“莫须有”的责任风险，这种错误地扩大解释明知的方式，容易招致新的“口袋罪”。

转换到帮信罪的视角，将帮信罪中的明知等同于“应当知道”是采用较宽的认定标准，这是在“知道”之外纳入新的主观要素，因为“应当知道”包括了“应当知道但实际不知道”的本质上无认识的情形，这本就是“不知”而非“明知”，故而扩大了主观归责的范围。在吴某帮信案中，根据2019年10月21日“两高”《关于办理非法利用信息网络、帮助信息网络犯

1　参见（2019）粤01刑初557号刑事判决书。

2　参见（2017）沪03刑初83号刑事判决书。

罪活动等刑事案件适用法律若干问题的解释》（以下简称《帮信罪司法解释》）第11条的规定，为他人实施犯罪提供技术支持或者帮助，交易价格或者交易方式明显异常的，可以认定为明知他人利用信息网络实施犯罪，法院认为本案的交易方式明显异常，吴某应当知道其提供的银行卡要被发到广东验卡后再发到菲律宾，可以认定吴某应当知道这背后存在违法犯罪。[1] 在李某怡帮信案中，法院认为李某怡是在网上看到信息后主动联系对方，在对方带领下办理了有限公司的相关手续以及对公账户并卖给对方，根据其认知水平、认知能力、行为方式及其供述，其主观上应当知道转卖结算账户可能被用于网络犯罪。[2]

上述两个案例中对明知等于应当知道的判断，大多采用外在的判断模式，根据行为人的举止以及银行卡等账户的流转来判定行为人构成明知。但这种判断方式并不科学，因为网络犯罪对公众账户或银行卡的利用方式过于复杂，很可能超出其正常认知。比如吴某帮信案中的银行卡流转方式涉及海外账户，行为人最多知道其银行卡到了广东，难以认识到其银行卡最终到了菲律宾。从文义解读上看，“知道”当然属于“明知”，但“应当知道”却不一定是“明知”，因为它还包括“应当知道而实际上并不知道”的情形。比如“李某怡帮信案”中行为人所有行为都在对方指引下进行，不能体现自己的意志，处于被操控者的地位，难以直接断定其一定明知。如同过失犯罪中，过失包括“应当预见，但因疏忽大意而没有预见”，也就是说，“应当知道自己的行为会发生危害社会的结果，但因疏忽大意而不知道”，这是过失的范畴，在相关案件中，也有行为人否认法院判处的应当知道并辩称自己是过失的情形。[3] 因此，将作为故意犯罪的帮信罪的主观明知理解为“应当知道”，实质上就把相当一部分“过失帮助信息网络犯罪活动”认定为帮信罪，这无疑扩大了帮

1 参见（2022）鲁06刑终182号刑事裁定书。
2 参见（2020）豫12刑终224号刑事裁定书。
3 参见（2020）甘0982刑初264号刑事判决书。

信罪的适用范围。实际上，这种现象在洗钱罪中也较为常见，同样是将“应当知道”是他人的上游犯罪所得但“实际上并不知道”的资金转移行为，认定为帮助他人洗钱。从刑法概念的严格角度出发，在刑法明确要求“明知”的条文中，就不应当将隶属于过失范畴的“应当知道”扩大解释成为故意犯中的“明知”，否则就有违刑法的基本原理。[1] 总之，这种认定思路下帮信罪的打击范围不够精准，还会加剧帮信罪沦为“口袋罪”的趋势，并且引发公众质疑，不利于发挥网络技术的潜力。

2. 将主观明知等同于“也许知道”

在司法实践中，除将主观明知等同于应当知道外，亦有观点将其等同于“也许知道”，[2] 该观点将行为人的主观状态从“实际知道”扩张到“莫须有”（也许知道他人会）的状态，降低了对主观罪过的证明难度，但扩张了明知的认定范围，这意味着行为人承担刑事责任的可能性增加。在王某永、付某芳贩卖毒品案中，对于两人贩卖毒品的资金来源，法院通过认定王某永也许知道付某芳的手机密码及微信支付密码，组成共同的资金来源走向，进而认定王某永明知钱款用于购买毒品。[3] 在毕某贩卖毒品案中，法院认为毕某虽然没被告诉冰毒来源及成分性质，但是他也许知道，最终认定其明知贩卖的是冰毒。[4] 通过分析两个案例可以发现，以“也许知道”作为判断行为人构成明知意味着认定标准的降低，而这也符合一贯严厉的毒品犯罪刑事政策，受贩卖毒品的正犯的委托、指派、指使，为正犯派送毒品、帮助收取毒资等行为，均成立贩卖毒品罪的帮助犯，[5] 将帮助犯中明知认定标准放宽至“也

1　参见王新：《我国刑法中“明知”的含义和认定——基于刑事立法和司法解释的分析》，载《法制与社会发展》2013 年第 1 期，第 66 页。

2　参见郝川、冯刚：《帮助信息网络犯罪活动罪的“明知”应包含“或许知道”》，载《检察日报》2020 年 9 月 23 日，第 3 版。

3　参见（2018）豫 0581 刑初 351 号刑事判决书。

4　参见（2016）赣 0430 刑初 100 号刑事判决书。

5　参见张明楷：《代购毒品行为的刑法学分析》，载《华东政法大学学报》2020 年第 1 期，第 6 页。

许知道”，会扩张对毒品犯罪的打击范围。

在帮信罪的司法实践中也存在将主观明知等同于“也许知道”的扩大化趋势，这是在“明知”要素之外类推添加了新的主观要素，并为行为人增设了不可预知的风险场景。在侯某龙帮信案中，法院认为侯某龙可能知道自己出售的银行卡会被他人用于网络犯罪，却仍将自己银行卡绑定手机卡及U盾后出售。[1] 本案中的可能知道就是也许知道，是揣度行为人的认知处于一种不确定的状态，“也许”意味着法院也无法准确判断行为人对犯罪行为与结果的认知程度，但是却据此判定行为人的刑事责任。整体来看，将帮信罪的明知解释为也许知道，有以下不足：第一，也许知道扩张了明知的认定范围，模糊了行为人责任认定的边界，使得行为人在利用网络技术时冒着较高的风险，行为人可能因为自身行为的模糊性而混淆认知，但这种认知上的“也许”却需要承担刑事责任，这意味着行为人承担了苛重的认知义务。第二，将也许知道纳入明知的范畴，不利于司法机关准确判断行为人的主观意志，判断行为人“也许知道”的状态意味着司法机关决策权限的扩张以及判断标准的模糊，司法机关面临错判的风险。第三，毒品犯罪中行为人在涉毒时一般存在部分认知，并且毒品犯罪秉持严厉的刑事政策，但是帮信罪的行为人很多时候并不了解网络技术，其危害程度和严峻程度也相对较低，所以将明知扩张至“也许知道”存在打击范围过宽以及打击力度过大的嫌疑。总之，在帮信罪中，将明知的范围扩张至“也许知道”并不符合打击帮信罪的客观需要，而且行为人也因此被赋予了苛重的认知义务，司法机关更是存在错判的风险，实际上并不利于精准打击帮信罪。

（二）新兴技术领域中帮信罪主观明知的实质限缩适用

在新兴技术领域中，对于相关罪名中主观要件的认定应该采用实质限缩

---

1 参见（2021）吉0422刑初57号刑事判决书。

模式。比如帮信罪中对主观明知的判断是最为重要的前置环节，而为了贯彻刑法谦抑性原则，应该实质限缩明知的认定，避免司法扩张。2021 年 6 月 17 日“两高一部”联合发布的《关于办理电信网络诈骗等刑事案件适用法律若干问题的意见（二）》（以下简称《电信网络诈骗意见》）第 8 条对认定明知采用“主客观综合认定方法”，参考行为人客观上租售网络渠道（银行卡、金融账户、网络账户、手机卡等）以及主观上的意识状态（认知能力、既往经历、交易对象、获利情况等），予以综合认定。鉴于此，基于实质解释立场，准确认定罪名需要对构成要件进行限缩解释，[1] 而遵循刑法体系中判断明知的一贯态度，应该综合认定帮信罪的明知并实质限缩适用。

1. 刑法体系中帮信罪“明知”的解释立场

在整体刑法体系中，以明知为主观构成要件要素的罪名都要求明确知道，明知应该仅限于“明确知道”，因为设立明知本身就是为了限缩主观构成要件的范围，设置目的在于抬高犯罪的认定标准，避免司法适用的无限扩张。在刑法的类似罪名中，对主观明知的认定都遵循了明确知道的解释思路，体现了刑法体系的一贯思路。比如，第一，在销售侵权复制品罪中，认定主观明知要求行为人明知销售的是侵权复制品，而判断标准应该是明确知道。在 2010 年美国的 Viacom 诉 YouTube 案中，法院认为该案的证据不能证明被告已经能准确定位这些侵权视频，YouTube 不属于明确知道，所以仍受到避风港原则的保护。[2] 第二，在妨害兴奋剂管理罪中对于主观明知的认定，要求行为人明确知悉“兴奋剂”和国内、国际重大体育竞赛的内涵和外延，而且要求明知该要素的法律定义不会导致证明困难。[3] 第三，在生产、销售假药罪中，

1　参见陈兴良：《虚开增值税专用发票罪：性质与界定》，载《政法论坛》2021 年第 4 期，第 56 页。

2　参见雷逸舟：《不安全的“避风港”：重新思考中国网络视频平台的著作权侵权责任》，载《电子知识产权》2020 年第 3 期，第 23-25 页。

3　参见魏东、周树超：《妨害兴奋剂管理罪的法理诠释》，载《法治现代化研究》2021 年第 5 期，第 87 页。

对各个环节以及交易渠道，要求行为人达到明确知道的程度，而明确知道意味着行为人准确认知假药性质以及交易内容，达到主观明知的要求并构成犯罪。[1] 综合来看，我国刑法中对于明知的认定一直遵循较为严格的认定标准，为了贯彻罪刑法定原则，避免司法实践中出现有罪推定，对行为人主观责任的判断秉持较为谨慎的态度。

对于帮信罪而言，继承刑法体系中的对明知采用的谨慎的认定态度，可以减少帮信罪的司法争议，而如果帮信罪的明知被解释为应当知道或也许知道，那么其司法适用可能会突破罪刑法定原则，引发公众对司法机关裁量权限的质疑。第一，将帮信罪中的明知扩张为应当知道，不符合明知的正确含义，应当知道意味着行为人实际上不知道，将应当知道强行解读为明知有违行为人的真实意志。帮信罪是网络犯罪的前端，行为人帮助行为和核心行为之间存在一定的认知差距，行为人有可能因为技术壁垒而并不知道帮助的意义，所以不能将行为人的真实意志含糊地概括为应当知道。第二，从应然角度出发，明知是行为人的一种现实认识而非潜在认识，所以明知意味着行为人已经知道某种事实的存在或可能存在，如果将应当知道某种事实的存在也认为是明知，则会混淆故意与过失的责任判定。应当知道无论如何都不属于明知，因为明知表明行为人事实上已经知道，故应当知道只属于过失的范畴，将明知的认定扩大到应当知道会违反罪刑法定原则。[2] 第三，"明知"在犯罪认定过程中可以起到限制处罚范围的作用，将应当知道纳入明知的范畴意味着明知的范围扩充，行为人可能承担刑事责任的概率随之增加，而这显然违背了设立明知的本意，应当知道和明知在实质价值内涵上存在相悖的解释方

---

1 参见陈晓钟、戚庚生：《生产、销售假药罪主观上明知及相关难点的司法认定》，载《人民司法》2012 年第 8 期，第 4-5 页。2021 年 2 月，最高人民法院、最高人民检察院《关于执行〈中华人民共和国刑法〉确定罪名的补充规定（七）》将"生产、销售假药罪"调整为"生产、销售、提供假药罪"。

2 参见张明楷：《如何理解和认定窝赃、销赃罪中的"明知"》，载《法学评论》1997 年第 2 期，第 90-92 页。

向，为了发挥出明知的出罪功能，不能将应当知道涵括在内。第四，从刑诉法上考虑，应当知道是一种有罪推定，扩大了明知的范围，违背了刑诉法中的无罪推定原则，考虑到刑事入罪是剥夺别人自由，必须有确实充分的证据，而不能仅凭借逻辑推理作出判断。如果把应当知道视为明知，意味着很多不能单独、直接证明案件的待证事实经过逻辑推演后也可能成为指证行为人主观明知的证据，但是帮信罪本身就是具有技术壁垒的罪名，行为人对网络犯罪的了解程度难以把控，通过间接证据组成证据链推定行为人的主观状态在司法实践中有误判的风险。总之，对于帮信罪而言，基于刑法体系中对明知认定的一以贯之的态度，不宜将应当知道或也许知道纳入明知的范畴，否则帮信罪的入罪门槛变低，最终会导致其刑法规制范围无限扩张。

2. 帮信罪中主观“明知”应为“明确知道”

在刑法的整体框架下，为了尽可能实现对帮信罪的精准打击，应该将主观明知实质限缩为“明确知道”，不能为了打击犯罪而降低认定标准，仅依靠推定认定明知过于模糊，存在突破罪刑法定原则的嫌疑。刑法分则中的“明知”是主观的超过要素，是对特定事实认识的强调，帮信罪中的明知意味着对网络犯罪流程存在一定程度的认知，对自己提供的前置性的帮助渠道以及帮助方式都存在明确的认知，并在此基础上提供帮助行为。裁判文书网上的数据显示，判决书提及“确实知道”（45.1%）和“可能知道”（54.2%）的比例相近，这说明司法实践中判断明知很多时候采取“可能知道”这一较低标准，[1] 而这会加剧司法认定的混乱。鉴于此，帮信罪的主观明知应该要求行为人实际认识到自己的行为有可能产生法益损害结果，而自己希望或放任法益损害结果的发生，即只有达到“明确知道”才能追责。

对于帮信罪中明确知道的判断，应该参照《电信网络诈骗意见》的规定

1　参见周振杰、赵春阳：《帮助信息网络犯罪活动罪实证研究——以1081份判决书为样本》，载《法律适用》2022年第6期，第87页。

进行主客观综合认定，这是实质限缩适用的前提。第一，对于明确知道的标准，应该限于有证据证明行为人知道自己行为会造成相应的法益损害后果，这里需要充分考虑行为人在网络产业中的从业时间与经历。比如前述吴某帮信案的行为人只是买卖自己的银行卡，对于卡去向的了解也局限在国内的广东，其并非专门从事网络犯罪，难以想象自己的银行卡会被带到菲律宾用于网络犯罪。因此，相较于完全不了解网络产业的一般人，已经从事相关产业的行为人显然更了解自己提供技术支持或者账户支持将会导致何种法益损害后果，如果有证据能够直接证明网络犯罪的行为人已经在事前告知其提供的帮助将会应用于何种方向，此时就可以确认行为人是明确知道，达到了明知的要求。第二，除了行为人内部的自我认知，外部力量的介入和提醒也可以作为判断行为人是否明确知道的依据。比如行政主管部门已经对行为人的行为提出过整改通知、警告乃至行政处罚，那么此时可以认定行为人应该在外部力量的介入下明确知道。这里的外部力量不仅包括行政部门，也包括帮助的对象以及帮助的受害者。比如在全国首例微信解封案中，行为人在提供微信解封业务前，已经多次确认被解封的微信群是用于电信诈骗，却仍然帮助解封，所以是明确知道，[1] 本案中帮助的对象从外部印证了行为人明确知道帮助行为的法益损害后果。总之，帮信罪中的明知被限定为明确知道，对明知的判断应该围绕明确知道进行主客观综合认定，认定过程中要重视客观证据的展示，而非依靠自身的逻辑推演，应该摆脱有罪推定的思维，考虑网络技术壁垒，在判断时充分考虑行为人先天性的认知不足，实质限缩明知的认定范围。

二、新兴技术犯罪中客观要件司法扩张趋势与实质限缩认定

在新兴技术领域，技术模式的复杂程度大多超出了一般社会公众的日常

---

1 参见（2020）浙 0104 刑初 413 号刑事判决书。

认知范畴，其中的具体行为模式也越发复杂，导致对于罪名的客观要件的司法认定存在扩张趋势。比如在帮信罪的解释过程中，帮助行为是认定帮信罪成立的核心要件，但这一过程受到了新兴技术的干扰与影响。比如《反电信网络诈骗法》（以下简称《反电诈法》）第 25 条就强调了不得为他人实施电信网络诈骗活动提供支持或者帮助，并列举了 7 种主要的帮助行为模式。鉴于网络犯罪愈演愈烈，司法实践中对帮信罪客观帮助行为的认定也呈现扩张的趋势，主要体现为帮助行为边界和对象的无限扩张，为了实质限缩对客观帮助行为的认定，需要将帮助行为限定为对正犯的帮助，并将帮助行为的对象限定为“利用信息网络实施犯罪”之人。

（一）新兴技术领域中帮信罪客观帮助行为的司法扩张趋势

在新兴技术领域中，技术模式的进步会导致行为模式类型的增加，进而导致具体罪名中的客观要件的范围扩张。比如在帮信罪中，对帮助行为的认定整体上呈现扩张趋势，不仅帮助行为的边界无限扩张，而且帮助行为的对象也无限扩张，而司法扩张主要是因为刑法规范及司法解释中存在大量异质的、不同类型的行为规定，导致司法机关难以准确判断，并诱发产生“口袋罪”的风险。[1]

1. 将帮助行为的边界无限扩张

司法实务中关于帮信罪中帮助行为的认定较为宽松，只要涉嫌利用网络实施犯罪活动的，都被认定为帮助行为。司法实践中对帮助行为的定义主要参考现行的法律规范与司法解释的规定，《反电诈法》第 25 条列举了 7 种行为，而《电信网络诈骗意见》第 7 条也规定了 2 种帮助行为，分别涉及金融账户与通信账户。综合来看，两部规范文件中虽然都对帮助行为进行了类型

1　参见张明楷：《〈刑法修正案（十一）〉对口袋罪的限缩及其意义》，载《当代法学》2022 年第 4 期，第 3 页。

化处理，但是其内涵依然过于广泛，并影响了司法实践。司法机关对帮助行为的认定，既包含正犯的帮助行为，也包含从犯或者胁从犯的帮助行为，甚至对帮助行为的帮助也被涵括在内，帮助行为的边界无限扩张。实际上，在网络犯罪利益链条中，帮助行为本质上是一种相对独立的行为，[1] 就帮信罪的立法初衷而言，针对从犯、胁从犯的帮助行为都不应处罚而应该出罪，帮助行为应该是正犯的帮助行为，也就是对实行犯的帮助。

在司法实践中，帮助行为的定义混乱，导致帮信罪中帮助行为的认定存在争议。在孙某超帮助取款案中，孙某超知道柯某从事犯罪活动，却三次帮助柯某从银行卡中取现金 13 万余元并获得好处 1 万元，[2] 对于孙某超帮助取款的行为，司法机关将其定性为支付结算的帮助行为。但是本书认为帮助取款严格来说并不属于支付结算，这是对帮助行为的过度解释，因为取款行为并没有像银行或者其他金融机构那样把控资金流向，不符合支付结算的要求，只是普通的帮助行为，而且涉案数额刚达到司法解释的立案标准，所以不应处罚。在吴某亮帮助解冻卡案中，吴某亮把自己的银行卡交给其兄使用，后因其兄使用该卡实施诈骗而被公安部门冻结，吴某亮帮忙解冻该卡后被追责，并退缴违法所得 1500 元。[3] 本案同样存在对帮助行为的类推解释，行为人解冻卡的行为并不是支付结算的核心流程，支付结算是把控资金流向，而吴某亮的行为只是日常行为，而且涉案金额极低，应该认定为普通帮助行为。司法判决中将此类与银行终端相关的行为当作支付结算，也就是将资金流转的相关行为视为支付结算，但是这些行为与支付结算的核心无关，是典型的类推解释，扩大帮助行为的认定范围。实际上，虽然司法机关提出要强化打击帮信罪黑灰产业，但这种司法扩张趋势却在具体入罪上存在显性或变种的“恶意论”，反而不利于对帮信罪的精准治理。

---

1 参见喻海松：《网络犯罪二十讲》，法律出版社 2018 年版，第 100 页。

2 参见（2020）豫 1325 刑初 405 号刑事判决书。

3 参见（2022）湘 0181 刑初 641 号刑事判决书。

2. 将帮助行为的对象无限扩张

帮信罪的设立本来是针对帮助网络犯罪活动的行为，但司法实践中帮助行为的对象已经不限于此，帮助网络违法活动的行为也作为帮信罪处理。在刘某博微信解封案中，刘某博组织推广微信解封，其中部分账号并非犯罪账号而是违法账号，但是刘某博为违法账号提供解封帮助也被视为帮信罪的行为。[1] 本案中帮助行为对象的扩张显然不尽合理，违法账号的性质恶劣程度与法益损害程度远小于犯罪账号，帮助这类账号的法益损害后果也相对较低，并未达到入罪门槛。值得注意的是，司法实务中的这种扩张趋势不只是实务部门的实践操作，而是也来源于最高司法机关司法解释的授权。《帮信罪司法解释》第 12 条第 2 款规定“确因客观条件限制无法查证被帮助对象是否达到犯罪的程度，但相关数额总计达到前款第二项至第四项规定标准五倍以上，或者造成特别严重后果的”，应以帮信罪追责。第 13 条则规定“被帮助对象实施的犯罪行为可以确认，但尚未到案、尚未依法裁判或者因未达到刑事责任年龄等原因依法未予追究刑事责任的”，不影响帮信罪的认定。质言之，司法解释中对帮助行为对象的无限扩张，导致帮信罪的帮助行为与中立帮助行为难以区分，这不符合帮信罪的设立初衷，并导致实务部门难以作出准确判断。

根据帮信罪的规定，帮助行为的对象应是“利用信息网络实施犯罪”之人，但实践中帮助对象的无限扩张导致司法机关忽视了考察被帮助人实施犯罪是否“利用了信息网络”，甚至也不管被帮助人是否真正实施了犯罪，而是泛泛地理解为“实施违法犯罪”。言下之意，构成帮信罪的限度是只要行为人主观上“明知他人实施违法行为”即可，这就把帮信罪扩张理解为“帮助犯罪活动罪”、“帮助违法犯罪活动罪”甚至“帮助违法罪”，其中后三类帮助者的帮助行为要么是对象并非犯罪，要么是帮助行为与后续的损害结果并不

1 参见（2021）辽 09 刑终 28 号刑事判决书。

存在直接的因果联系，不符合帮信罪中“帮助”的实质内涵，实际上都不应该被纳入帮信罪中“帮助”的范畴，这明显是一种涉嫌类推解释的“降维打击”。考虑到司法实践中对“主观明知”的认定也存在松散化情况，如果帮助行为对象的认定标准模糊导致司法扩张，帮信罪甚至有沦为“促进违法犯罪实施罪”的“口袋罪”的风险，那么设置帮信罪的价值也就荡然无存。

（二）新兴技术领域中帮信罪客观帮助行为的实质限缩适用

在新兴技术领域中，由于行为模式多样会导致司法认定扩张，应该将客观要件的认定进行实质限缩，从而保障公民自由权利的刑法信仰，并恪守罪刑法定原则的刑法根基。作为帮信罪中判断行为人刑事责任的客观基础，对帮助行为的解读应该根据帮信罪的实质法益以及立法初衷进行实质限缩，将帮助行为限定为对正犯的帮助，并将帮助行为的对象限定为“利用信息网络实施犯罪”之人，而只有将这两个标准结合起来，才能真正实现对客观帮助行为的实质限缩适用，从根源上遏制帮助行为的司法扩张趋势。

1. 帮助行为应限定为对正犯的帮助

在《刑法修正案（九）》颁布之前，帮信罪被当作诈骗罪等犯罪的帮助犯处理，但随后帮信罪作为帮助行为的正犯化被设置。其作为独立罪名的设立初衷是考虑到网络犯罪中的帮助行为应该独立于被帮助的网络犯罪行为，两者在行为的整体联系上已经出现实质性的间隔，帮信罪的行为性质与行为后果都具有较强的独立性，所以其是典型的将共犯帮助行为独立入罪所新增的罪名。网络犯罪的帮助行为不再根据所帮助的行为性质定罪而是单独定罪，有利于对这些帮助行为进行具有针对性的打击。[1] 对于以帮信罪为代表的含有“帮助”“协助”“提供”等要求的具有帮助行为性质的罪名，如果“正犯”没有实施符合构成要件的不法行为，那么这些罪名是否成立就存在争议。基

1 参见陈兴良：《刑法研究》（第13卷），中国人民大学出版社2021年版，第269页。

于保护法益的角度，脱离了对正犯的帮助，那么帮信罪的法益损害会随之降低，并且不具备实质可罚性。换言之，只有帮助了正犯的帮信行为，损害的保护法益才因为受正犯的影响达到了入罪门槛。鉴于帮信罪属于独立罪名，罪名的内涵具有正犯性，所以帮信罪的处罚范围应该限缩为与正犯直接挂钩的帮助行为，而且帮助行为必须对正犯提供实质帮助才构成犯罪。退言之，在帮信罪中，如果行为人明知他人要实施网络犯罪活动而提供相应的帮助支持，但是他人后来没有实施该犯罪活动或者虽然实施了犯罪活动但没有凭借其提供的帮助支持，那么行为人不构成帮信罪的根据并非罪名的属性是否为帮助行为正犯化，而是这种帮助行为不具有实质的可罚性，也就是并未对正犯提供实质性帮助。因此，在刑事归责的过程中，应该坚持以正犯为中心并分析其因果性，只要帮助行为与正犯的不法具有因果性，而且帮助者明知正犯的行为与结果，并希望或者放任这种结果的发生，就可以认定其成立帮助犯，并根据帮助犯的正犯化适用帮信罪，[1] 从而将帮助正犯作为刑事入罪的实质标准。

鉴于网络犯罪产业链较为复杂，所以网络犯罪中各个环节之间存在较强的联系，网络空间中帮助行为对上游犯罪行为的促进作用程度与帮助行为的危害性、独立性直接相关，但是间接帮助行为作为对帮助行为的帮助，实际上难以根据帮信罪予以刑事处罚。如果将这种跨越了一个环节的间接帮助行为纳入刑事处罚范围，那么由于帮信罪的帮助行为与正犯之间的关系本身就存在诸多不确定性，增加一个间接环节将会使帮助的因果联系性进一步削弱，导致帮信罪的处罚更缺乏定型性。因为网络犯罪参与结构逐渐从金字塔式的阶层结构转向链式的扁平结构，所以帮信罪对正犯的帮助是其行为独立性的实质表现，帮信罪只有帮助正犯，才能完成犯罪流程，并且只有对正犯的帮

1　参见孙运梁：《帮助信息网络犯罪活动罪的核心问题研究》，载《政法论坛》2019 年第 2 期，第 80 页。

助才能够导致具备完整因果关系链的法益损害后果。在域外，对帮助网络犯罪的刑法规制范围也大多加以限定：日本对网络平台服务提供者涉及提供有害信息的帮助行为，在刑事追责上较为缓和，只有对正犯产生直接帮助才追究刑事责任，坚持“间接帮助是对从犯的帮助，帮助犯是对正犯的帮助”的追责立场。[1] 德国对国外网络服务器上放置色情或纳粹资料采取限制性模式，行为人不会因为粘贴资料、转发消息的行为而被判定为帮信犯罪，只有对正犯提供实质帮助才构成犯罪，[2] 从而通过限制性模式实质限缩规制范围。总之，帮信罪的帮助行为必须帮助正犯造成了相应的法益损害后果，只有对正犯提供帮助才具有实质可罚性，从而避免其适用范围无限扩张，防止对网络犯罪产业链进行无限溯源。

2. 帮助行为的对象应限定为“利用信息网络实施犯罪”之人

帮信罪的犯罪构成要求“明知他人利用信息网络实施犯罪”而提供帮助，而《帮信罪司法解释》第 12 条也强调了对帮助对象的要求。申言之，构成帮信罪被限定为帮助行为必须针对利用信息网络实施犯罪活动的人，帮助没有实施犯罪之人或者不确定是否为犯罪之人，不能构成帮信罪。然而在司法实践中，这一限定并没有得到彻底的贯彻，引发了公众的质疑。实际上，只有将帮助行为的对象限定为“利用信息网络实施犯罪”之人，才能将帮信罪与网络犯罪的正犯直接挂钩，体现出帮信罪独立的法律性质，[3] 而不是将帮信罪误解为泛泛的帮助行为来定罪，以体现帮信罪设置的针对性。

如将帮信罪的对象实质限缩为“利用信息网络实施犯罪”之人，则要求在是否具有实质可罚性的基础上甄别帮助行为，通过文义解释与目的解释限定帮助行为。第一，根据文义解释，如果被帮助者实施的犯罪没有“利用信

1 福田平『全订 刑法総论（第 5 版）』（有斐閣，2011 年）291 頁参照。

2 参见［德］乌尔里希·齐白：《全球风险社会与信息社会中的刑法：二十一世纪刑法模式的转换》，周遵友、江溯等译，中国法制出版社 2012 年版，第 434 页。

3 参见张明楷：《论帮助信息网络犯罪活动罪》，载《政治与法律》2016 年第 2 期，第 2 页。

息网络”，那么帮助者不构成帮信罪，因此被帮助者必须在行为上实质控制并利用了网络，采用“实质控制论”划定被帮助者的主体范围，[1] 这是帮助行为形式上的要求。如果被帮助者通过其他手段实施犯罪，那么就不成立网络犯罪，行为人提供的帮助也就无法在网络层面发挥效用，这样的帮助行为并未涉及网络犯罪核心领域，而只是一般的帮助犯罪行为。在犯罪认定中，基于事物本质所做的实质判断是不可或缺的。[2] 帮信罪的设立很大程度是因为被帮助的网络犯罪具有自身的技术特征，导致帮助的技术行为实质上值得刑罚处罚，而如果后续的犯罪并非网络犯罪，那么适用帮信罪的客观环境就不复存在，帮助行为不具备刑事制裁的紧迫性，自然也就不成立帮信罪。第二，根据目的解释，如果被帮助者客观上没有实施网络犯罪等犯罪行为，或仅实施了一般行政违法行为，那么帮助行为就缺少引起网络犯罪法益侵害的因果性，不符合帮信罪的法益保护目的，因而没有实质可罚性。保护法益是刑法的重要任务，所有刑法规范都以对重要法益的积极评价为基础，[3] 设置帮信罪是为了严密刑事法网，填补网络共同犯罪中的刑罚漏洞，但是这不代表其可以肆意扩张刑事处罚范围。将帮信罪中帮助行为的对象实质限缩为利用信息网络实施犯罪之人，本质在于明确行为人的帮助行为与被帮助者侵害的保护法益存在因果关系，只有在法益损失上存在联系，帮助行为才具有客观可罚性。对于一般违法行为而言，其导致法益损失的程度未达到犯罪的标准，而且法益损失与帮助行为的联系也较弱，所以更加无法认定行为存在可罚的法益侵害性。总之，将帮信罪的帮助对象实质限缩为利用信息网络实施犯罪之人，从形式上要求帮助对象的犯罪行为“利用信息网络”，在实质上要求帮助

1　参见王禄生：《区块链与个人信息保护法律规范的内生冲突及其调和》，载《法学论坛》2022 年第 3 期，第 81 页。

2　参见陈兴良：《刑法教义学中的类型思维》，载《中国法律评论》2022 年第 4 期，第 91 页。

3　参见［德］汉斯·海因里希·耶赛克、［德］托马斯·魏根特：《德国刑法教科书》（上），徐久生译，中国法制出版社 2017 年版，第 11 页。

对象的行为法益侵害，从形式和实质两个方面限缩帮助对象的范围，可实现对帮信罪的精准治理。

三、新兴技术犯罪中入罪情节司法扩张趋势与实质限缩认定

当前，新兴技术犯罪愈演愈烈，司法机关在裁判时对入罪情节的判断呈扩张趋势，而这可能动摇刑法的根基与信仰。比如在帮信罪刑法规制过程中，就存在帮信罪的打击范围过大、入罪门槛较低等问题，引发公众对帮信罪的危惧感，他们甚至会抗拒网络技术，这种“因噎废食”的举措显然违背了帮信罪的设置初衷。为了消弭帮信罪的司法适用乱象，需要对其实质限缩适用，综合认定其中的“情节严重”，并构建形式入罪实质出罪的司法适用路径。

（一）新兴技术领域中帮信罪入罪情节的司法扩张趋势

在新兴技术领域中，司法机关为了遏制犯罪趋势而倾向于扩张入罪情节，比如帮信罪入罪情节的司法扩张在实务中屡见不鲜，而这正是导致帮信罪被质疑的直接原因。由于种类繁多的司法解释对帮信罪的入罪情节进行扩张，法官在裁判时难以决断而降低了入罪门槛，这实际上并不能达到打击网络犯罪的目的；相反，对帮信罪采用过于宽泛的打击立场会过度消耗司法资源。

1. 司法解释对帮信罪入罪情节采取扩张立场

帮信罪的成立要求达到情节严重，而司法解释中对情节严重的认定采用了较为宽松的标准，并且不同的司法解释中分别规定了情节严重的认定标准，导致入罪情节扩张且内容繁复。第一，《帮信罪司法解释》第 12 条规定了情节严重的 7 条认定标准，分别是 5 条机械的数量标准，搭配“被帮助对象实施的犯罪造成严重后果”与兜底性的“其他情节严重的情形”，在规定上较为单一且存在争议。第二，对于《帮信罪司法解释》中“其他情节严重的情

形”的定义，《电信网络诈骗意见》第9条补充规定了两种类型。第三，2022年3月22日“两高一部”《关于“断卡”行动中有关法律适用问题的会议纪要》（以下简称《断卡纪要》）第4条规定，“出租、出售的信用卡被用于实施电信网络诈骗，达到犯罪程度，该信用卡内流水金额超过三十万元的”按照情节严重处理，并且规定在适用这一标准时单向流入涉案信用卡中的资金应超过30万元，且其中至少3000元经查证系涉诈骗资金。行为人能够说明资金合法来源和性质的，应当予以扣除。以上情形认定行为“情节严重”的，要注重审查行为人的主观明知程度，出租、出售信用卡的张数、次数、非法获利的数额以及造成的其他严重后果，综合考虑与《帮信罪司法解释》第12条第1款其他项适用的相当性。综合来看，司法解释已经意识到其对帮信罪中情节严重的规定较为粗疏，导致帮信罪的入罪门槛较低，所以希望通过《电信网络诈骗意见》《断卡纪要》补救《帮信罪司法解释》的不足，以实现司法解释之间在帮信罪情节严重认定上的重点化构建、系统化推进与协同化衔接。

现有司法解释对于情节严重的判断采用了列举加“其他情节严重”的兜底式规定，这意味着情节严重是开放式的入罪情节，并尝试达到适用相当性。已明确的列举式情节严重的认定标准，如“三个以上”“二十万元”“五万元”“一万元”等机械条件，并未顾及行为人实施帮助行为的主客观原因以及个人情状等综合因素，这种草率且机械的条文规定与解释无法触及问题的根本，[1] 并使作为扰乱公共秩序罪的帮信罪似乎变成了经济犯罪，但同时，对没能列举完的情节又采用兜底条款，并且在《电信网络诈骗意见》中为其提供参考依据，这种规定方式又是扰乱秩序犯罪的情节认定之常用方式。由此一来，帮信罪的情节既按照经济犯罪的数额标准认定，又按照侵犯集体法益的秩序标准认定，可谓天网恢恢疏而不漏，对于帮信行为“一网打尽”。换言

1　参见张明楷：《催收非法债务罪的另类解释》，载《政法论坛》2022年第2期，第3-4页。

之，无论是数额大的还是情节严重的，都可以仅依其一便能定罪，由此导致帮信罪的处罚范围大为扩张。为此，应该遵守一定的裁量基准以限制帮信罪的情节认定，即在法律授权范围内通过对裁量权予以情节细化和效果格化来限制司法权的适用。[1] 一旦司法机关超越法律的原意范围对违法情节与犯罪后果进行扩张解释，就涉嫌违法裁量与司法造法。实际上，虽然司法解释的目的是限缩犯罪构成要件，但实践证明其有时会导致惩罚范围扩张，而这种扩张会导致刑法规制机能的稀释以及刑法解释的细致化，导致刑法原有的规范功能丧失，难以实现打击特定目标的目的。

2. 司法实务对帮信罪入罪情节采取扩张立场

因为刑法规范和司法解释对于帮信罪入罪情节的规定莫衷一是，导致了入罪情节的扩张，实务中适用的数额、次数等标准非常机械，一旦达到即构成犯罪，甚至在实务中一切被司法机关认为严重的情节都可能被认定为情节严重并构成犯罪。在楚某鹏帮信案中，楚某鹏仅办理 1 张中国农业银行卡为他人提供支付结算服务就构成犯罪，[2] 而操作 1 张银行卡就构成帮信罪显然和公众的一般认知存在出入，这是次数上的机械认定。在陈某权帮信案中，被告人陈某权明知他人利用微信账号涉嫌犯罪因而账号被冻结，仍然为其解封微信账号提供帮助，但每个仅收费 1 元，[3] 这是数额上的机械认定，也引发了公众对情节严重入罪门槛的质疑。在刘某、王某帮信案中，案件的争议之处在于王某不同于刘某销售主要软件给开设赌场的人，其只是提供配套软件并帮助刘某邮寄，但司法机关认为两者在犯罪活动中作用相当，[4] 王某也达到了情节严重的标准，但根据实际分工的差异，这里认为王某达到情节严重显然

1　参见周佑勇：《中国行政法学学术体系的构造》，载《中国社会科学》2022 年第 5 期，第 103－105 页。

2　参见（2021）豫 1322 刑初 58 号刑事判决书。

3　参见（2020）粤 1581 刑初 886 号刑事判决书。

4　参见（2018）苏 0706 刑初 610 号刑事判决书。

有失公允。

正如波斯纳将法官定义为“受约束的实用主义者”并认为其应当关注裁判的系统性、长远性后果，在司法实践中，法官在裁判帮信罪中对情节严重的解释也是为了使裁判结果更加科学合理。实际上，帮信罪上游罪名多导致个罪金额难以区分，涉案环节多导致资金来源难辨别，帮助人数多导致金额取证困难，对情节严重的判断也产生不利影响。总之，为了司法机关能够准确判断帮信罪的入罪情节，对情节严重的判断应该进行实质限缩，并且通过“形式入罪实质出罪”来认定情节严重，避免司法裁判结果和公众的一般认知相悖。

（二）新兴技术领域中帮信罪入罪情节的实质限缩适用

在新兴技术领域，为了促进新兴技术发展，刑法在提供保障的同时需要合理地限制自身的介入尺度，实质限缩入罪情节。比如对于帮信罪入罪情节扩张的司法现状，为了实现对帮信罪的精准打击，应该实质限缩帮信罪的入罪情节，一方面在司法实务中综合认定情节严重，另一方面贯彻形式入罪实质出罪的解释思路，对情节严重作实质判断。

1. 司法实务对帮信罪情节严重应综合认定

司法实务中对帮信罪情节严重的认定，不应该机械地秉承司法解释的规定，不宜采用唯数额论或者唯次数论等传统观点，而是应该采用量化标准加其他标准来综合认定情节严重，并在当前不同代际网络技术共生的背景下，根据利益衡量原则来划定刑法规制界限。[1] 在量化标准的基础上进行综合认定，是在既有司法解释规定标准的基础上进行实质判断，对于各种量化指标，尽可能在不突破其限制的前提下选择与行为人造成的法益损失相符合的刑罚

1　参见储陈城：《以利益衡量作为网络领域刑事治理的原则》，载《法学论坛》2021 年第 5 期，第 67 页。

措施。

实际上，当前很多地方的司法机关已经对情节严重的综合认定进行了有益的尝试。2021 年 4 月 25 日，重庆市高级人民法院、重庆市人民检察院、重庆市公安局发布《关于办理电信网络诈骗及其关联犯罪案件法律适用问题的会议纪要》，其第 13 条规定，为其犯罪提供帮助，指上游犯罪达到刑法追诉标准，能够认定为犯罪。如上游犯罪为电信网络诈骗犯罪，则指利用电信网络技术手段实施诈骗，诈骗公私财物价值 3000 元以上。这就在构成要件及证明责任上进行了有益的限定，以在罪刑法定原则和刑事证明标准的框架内，对电信网络诈骗犯罪“打准打实”。上述纪要明确帮信罪上游犯罪必须达到犯罪的刑法追诉标准，这大大地限缩了帮信罪的适用范围，帮信罪的上游犯罪不仅要达到成立犯罪的标准，而且将具体数额限定为 3000 元以上，如果上游犯罪不成立，帮信罪自然也不成立。采用这一综合认定标准意味着对入罪的判断会考虑前置犯罪流程，基于系统化思维来考虑帮信罪的入罪标准，以一体化思维来衡量帮助行为造成的法益损失，如果前置犯罪行为所造成的法益损失未达到标准，那么后置帮信行为也不应该受到刑罚处罚，比如“陈某权帮信案”中的行为就因为法益损失过低而被排除出刑法规制范围，实质限缩了帮信罪的形式入罪。

与之相对，《断卡纪要》对帮信罪入罪标准的综合认定，主要起到补充解释的作用，细化《帮信罪司法解释》的标准，并提出以相当性作为审查指标。第一，认定帮助行为的涉案资金不再单一考虑资金的数额，而是考虑资金的来源，要求其必须是单向流入，避免多重资金流入导致虚增数额，而且要求至少 3000 元经查证系涉诈骗资金，这也为认定资金设置了最低门槛。第二，计算涉案资金数额要求扣除能够说明资金合法来源和性质的部分，这就给行为人提供实质出罪空间，意味着其可以将不涉案资金排除出情节严重的计算范畴，更能保护行为人的合法权益。第三，提出以相当性作为情节严重的认定标准，对规定较为模糊的司法解释，要求在数量判断上和其他已有明确规定的司法解释数量标准保持一致，注重审查行为人的主观明知程度、出租、出售信用卡的张数、次数、非法获利的数额以及造成的其他严重后果，将这些指标涵括在判断过程中，说明适用相当性标准融入了利益衡量思维，有助于情节严重的判断结果被公众接受。

但值得注意的是，虽然《断卡纪要》采用了更加科学合理的综合认定方式，但是仍然存在不足。比如其第 3 条规定违法所得的计算中行为人收卡等“成本”费用无须专门扣除，这显然加重了行为人的刑事责任。因为“断卡”行动的展开，公民个人账户在黑市的售价水涨船高，如果行为人收购个人账户后还未来得及展开大规模的帮助活动，那么违法所得的计算显然应该减去其收购成本，最终考虑其是否构成情节严重。实际上，对于这种刚刚从事帮助活动的行为人，不宜将其一概入罪，而应该尽可能实质出罪，给这类零星从事帮助活动的行为人改过自新的机会，在判断时考虑行为人的投入成本。在杨某荣帮信案中，行为人就辩称自己对佣金不具有决定权，并且所获佣金还要支付软件开发运营等技术成本，[1] 本案中对涉案金额的计算不能仅考虑其收入，也需要考虑其投入成本的客观事实，所以《断卡纪要》中将成本扣除的认定方式应该予以改进。总之，司法实务中对帮信罪情节严重标准的认定，应该采用综合认定的方式，保证在认定过程中适用相当性，选择科学合理的判断标准，保持司法适用的刑法谦抑性。

2. 通过“形式入罪实质出罪”认定帮信罪中的情节严重

在设置帮信罪之后，司法解释不断优化入罪标准，在原有的机械入罪标准的基础上不断细化，但是依然存在缺乏出罪通道的问题。在郑某帮信案中，郑某因为提供支付结算帮助，在银行卡内汇入资金 223, 030 元而被法院认定为达到了情节严重的 20 万元标准，但涉案金额中有 4 万元可能属于掩饰、隐

1　参见（2021）陕 0622 刑初 43 号刑事判决书。

瞒犯罪所得，而且其最终获益仅6000元，达不到1万元的标准，[1] 所以行为人存在帮信罪的出罪空间。实际上，帮信罪用于网络技术这一新兴领域，基于实质出罪论的法教义学解释规则，应该通过贯彻技术导向性原则消弭合法性原则与合理性原则之间的矛盾，在不同的解释方法论中选择兼具合法性与合理性的解释，对技术的解读不能仅遵循机械的认定标准，而是要进行合法合理的解释，对不熟悉技术的人进行实质出罪。“正义”的价值内涵极其丰富，既容纳形式法治的工具价值，又包含实质法治的目的价值。[2] 刑法是为了处罚值得处罚的行为，对于形式上刚达到帮信罪入罪标准的行为，还要看其他情节是否严重，如果不严重就应该实质出罪，亦即通过形式入罪实质出罪的方法，构建一个轻重有序责任有别的实质出罪通道。

第一，在形式入罪上，坚持以帮信罪构成要件中的“情节严重”作为入罪门槛。在形式上坚持成立该罪应受双重“情节严重”的限制，即正犯行为和帮助行为均需满足限制要求。对于情节的把握应采取综合判断的方法，全面考察行为人的认识程度、意志因素、客观风险、因果关系、危害后果等，综合判断入罪的必要性，将主观恶性小、社会危害性低、危害结果轻微的行为人排除出刑法规制范围。退言之，即使行为不属于中立帮助行为，亦可综合判断后予以出罪，而出罪的法定依据是《刑法》第13条“但书”的规定，这可以进一步限缩帮信罪的入罪门槛。第二，在实质出罪上，运用共犯理论及处罚原则予以出罪，对于帮助行为的帮助，可不认为构成犯罪。尽管帮信罪将帮助行为正犯化，理论上对于帮助行为的帮助亦可定罪处罚，但多数情形下其因果关系射程较远，可认为与正犯行为不具有刑法上的因果关系，此时上述行为的法益侵害紧迫性遭受质疑。在情节严重的判断上，对帮助行为的帮助与法益损失之间的因果联系较弱，对应的实质法益损失不能按照一般

---

1 参见（2021）陕0725刑初55号刑事判决书。

2 参见周佑勇：《中国行政基本法典的精神气质》，载《政法论坛》2022年第3期，第69-70页。

标准进行机械认定，而是应该综合评定法益损失，最终判断其是否具有值得刑罚处罚的法益基础。第三，在实质出罪中需要准确把握帮助行为行刑衔接的规定，发挥行政规制的分流作用。《反电诈法》中列举了为电信网络诈骗违法犯罪活动提供通信帮助和互联网帮助的行为，并在第六章明确规定上述行为的行政责任。通过行刑衔接的综合治理，可以避免因为对刑法规范的肢解所导致的行刑衔接困难，[1] 对情节严重存疑的帮助行为适用行政处罚。比如郑某帮信案中行为人造成的损失可以适用行政处罚，就不必苛求刑事处罚，借助法秩序统一性原理来限定处罚范围，从而通过行政处罚替代刑罚“一家独大”的情况，对帮助行为实质出罪。总之，以“形式入罪实质出罪”构建帮信罪的实质出罪路径，是对情节严重进行更加科学合理的衡量，在实质限缩帮信罪入罪门槛的基础上，构建完备的实质出罪机制，避免刑法对新兴技术的过度规制给公众的日常生活造成负面影响。

四、新兴技术犯罪中罪名适用界限混淆情形与界限实质划分

在新兴技术领域，新兴技术的发展在带来技术红利的同时也导致了司法认定扩张，并且新兴技术相关的罪名之间也存在混淆情形，因此屡屡突破罪刑法定原则的刑法信仰，并侵犯保障公民自由权利的刑法根基。鉴于此，在刑事司法实践中应该对新兴技术领域中的罪名的适用界限进行实质划分，避免界限混淆而导致公众产生惴惴不安之感。事实上，近年来司法机关会同有关部门始终对电信网络诈骗及其关联犯罪保持从严打击的力度，治理成效日益凸显，有力遏制了电信网络诈骗犯罪持续高发的势头。与此同时，随着“断卡”行动深入推进和金融机构风控的不断加强，为了规避金融机构风控措施、降低犯罪成本和减少风险，行为人在出售、出租本人银行卡时，多被犯

---

1 参见张明楷：《刑法修正案与刑法法典化》，载《政法论坛》2021 年第 4 期，第 3-4 页。

罪分子要求到场配合转账或者提供“刷脸”等验证服务，这已逐步成为当前涉“两卡”犯罪案件的主要形态。关于如何准确定性提供银行卡并帮助转账、套现、取现的行为，理论观点争议颇多，司法裁判也莫衷一是，存在认定为帮信罪还是掩饰、隐瞒犯罪所得罪之分歧。区分两罪应当坚持主客观相统一的原则，从主观明知、客观行为以及对上游犯罪事实的依附等方面把握两罪的界限，实现准确适用、依法裁判、罚当其罪，更加精准有力惩治涉“两卡”犯罪。

（一）主观明知内容与认定标准的异同

帮信罪与掩饰、隐瞒犯罪所得罪均将“明知”作为主观构成要件要素，明知系决定行为人是否构成犯罪、构成何种犯罪的关键。两罪明知的内容及程度有所不同：前者明知的内容是“他人利用信息网络实施犯罪”，行为人认识到他人利用信息网络实施严重危害社会的行为即可，不要求知道所帮助的违法犯罪行为的具体类型，对于所涉钱款与上游犯罪关联关系的认知程度相对较低，可以理解为一般概括性的知道；后者要求明知的内容是“他人犯罪所得”，行为人知道是他人通过犯罪直接得到的赃款、赃物即可，不要求确切知道是何种犯罪所得，对于所涉钱款与上游犯罪关联关系的认知程度相对较高，可以理解为高度盖然性的知道。

司法机关对于帮信罪与掩饰、隐瞒犯罪所得罪主观明知的认定，采取较宽的认定标准，包括“明确知道”和“应当知道”。司法解释总结归纳了帮信罪七种可以推定“明知”的情形：一是经监管部门告知后仍然实施有关行为的；二是接到举报后不履行法定管理职责的；三是交易价格或者方式明显异常的；四是提供专门用于违法犯罪的程序、工具或者其他技术支持、帮助的；五是频繁采用隐蔽上网、加密通信、销毁数据等措施或者使用虚假身份，逃避监管或者规避调查的；六是为他人逃避监管或者规避调查提供技术支持、帮助的；七是其他足以认定行为人明知的情形。司法实践中，围绕案件具体事实，应当坚持主客观相一致原则，根据提供技术支持或帮助的对象、次数、类型、行为方式、犯罪工具、非法获利等情况，结合行为人的认知能力、职业身份、既往经历、与信息网络犯罪行为人的关系及其供述和辩解等综合认定帮信罪的“主观明知”。

司法解释要求在判断掩饰、隐瞒犯罪所得罪的主观明知时，应当结合行为人的认知能力，接触他人犯罪所得的场景，犯罪所得的种类、数额、转换、转移方式，以及本人的供述等主客观因素进行综合认定。以涉“两卡”类掩饰、隐瞒犯罪所得罪案件为例，可以重点从既往经历的异常性、聊天记录的异常性、银行卡内资金流动的异常性（流入流出的频率、时间、金额等）、行为的异常性（提供银行卡的数量、次数、参与时间、帮助转账的时间地点等）、获利的异常性以及金融机构的提醒警示等方面进行审查，进而判断行为人主观是否明知转移的资金系犯罪所得。行为人明知他人利用信息网络实施犯罪，仍以提供银行卡等方式予以帮助的，构成帮信罪，但是不能不加分析论证，仅因提供银行卡后又帮助转账或者刷脸验证，即一律升格为掩饰、隐瞒犯罪所得罪。转账行为本身不能说明行为人明知所涉钱款系“他人犯罪所得”。要具体分析案件的客观行为表征是否证实行为人具有更高程度的“明知”，确保罚当其罪。一般来说，对多次或使用多个银行账户帮助他人频繁转账、套现、取现，利用虚拟货币转账、套现、取现，通过非法支付平台、跑分平台转账、套现、取现，就转账、套现、取现行为额外收取异常“手续费”的，可以认定为具备掩饰、隐瞒犯罪所得罪的“主观明知”。

（二）客观行为方式与发生时间的差异

帮信罪的客观行为主要表现为“提供互联网接入、服务器托管、网络存储、通讯传输等技术支持，或者提供广告推广、支付结算等帮助”；而掩饰、隐瞒犯罪所得罪的客观行为主要表现为“窝藏、转移、收购、代为销售或者以其他方法掩饰、隐瞒”，具体到最为常见的涉“两卡”犯罪中，主要是指提供资金账户、代为转账、套现、取现，或为配合他人转账、套现、取现而提供人脸识别认证、手机验证码、协助解冻等帮助行为。

掩饰、隐瞒犯罪所得的行为属于事后帮助，只能在上游犯罪既遂后实施。因此，掩饰、隐瞒犯罪所得的行为只能发生在上游犯罪分子实际取得被害人财物之后，在这种情况下，行为人对上游犯罪的犯罪所得进行藏匿、转移、销赃等，以达到逃避司法机关查处之目的。受传统线下作案方式的限制，犯罪行为完成后，犯罪分子通常会通过现金或者转账的方式直接收取被害人款项，资金流转方式较为简单，此时犯罪已经既遂，赃款已被上游犯罪分子实际控制，其他人若出售、出租银行卡给犯罪分子使用，则涉嫌掩饰、隐瞒犯罪所得罪。对于事前与上游犯罪分子通谋形成意思联络，知悉具体犯罪的内容、性质等，主观上确切知道是何种犯罪所得，帮助转账、套现、取现的，应当以共同犯罪论处。

为他人利用信息网络实施犯罪提供技术支持、广告推广、支付结算的行为属于事前或者事中帮助，通常发生在上游犯罪行为实行后、既遂前。帮信罪实质上是网络帮助行为正犯化，即刑法分则将上游犯罪的帮助犯独立成罪。随着网络犯罪形成比较完整的产业链，实行行为和帮助行为被分为若干个环节，这些环节紧密联系，又带有相对独立性，在电信网络诈骗犯罪中出现了专门为上游犯罪提供银行卡等支付结算工具的黑灰色产业。在上游犯罪实施过程中，直接收取被害人款项的人往往并不是最终获得资金的人，只是提供了一个资金结算渠道，涉案资金经过多次流转才会到达上游犯罪分子手中。因此，在被害人按照犯罪分子的指令将钱款打入该银行卡之前，为犯罪分子提供银行账户的行为系为他人利用信息网络实施犯罪提供支付结算帮助，涉嫌帮信罪。

（三）对上游犯罪事实的依附程度不同

掩饰、隐瞒犯罪所得罪与帮信罪作为下游犯罪，其罪名认定需要考虑上游犯罪事实。最高人民法院《关于审理掩饰、隐瞒犯罪所得、犯罪所得收益刑事案件适用法律若干问题的解释》第 8 条规定：“认定掩饰、隐瞒犯罪所得、犯罪所得收益罪，以上游犯罪事实成立为前提。上游犯罪尚未依法裁判，但查证属实的，不影响掩饰、隐瞒犯罪所得、犯罪所得收益罪的认定。上游犯罪事实经查证属实，但因行为人未达到刑事责任年龄等原因依法不予追究刑事责任的，不影响掩饰、隐瞒犯罪所得、犯罪所得收益罪的认定。”由此可见，掩饰、隐瞒犯罪所得罪的认定以上游犯罪“依法裁判”为一般原则，以上游犯罪已经“查证属实”但尚未依法裁判或者未达到刑事责任年龄等原因为例外。

《帮信罪司法解释》第 12 条第 2 款规定：“实施前款规定的行为，确因客观条件限制无法查证被帮助对象是否达到犯罪的程度，但相关数额总计达到前款第二项至第四项规定标准五倍以上，或者造成特别严重后果的，应当以帮助信息网络犯罪活动罪追究行为人的刑事责任。”第 13 条规定：“被帮助对象实施的犯罪行为可以确认，但尚未到案、尚未依法裁判或者因未达到刑事责任年龄等原因依法未予追究刑事责任的，不影响帮助信息网络犯罪活动罪的认定。”因此，帮信罪的认定以上游犯罪行为“可以确认”为一般原则，被帮助对象是否到案等不影响帮信罪的认定，以避免怠于对本罪的追究或者影响诉讼效率，同时针对帮助行为情节特别严重的情况，司法解释作了更为宽松的规定，即使因客观条件限制无法查证被帮助对象是否达到犯罪的程度，也可以独立追究帮助行为的刑事责任。换言之，在特殊情况下成立帮信罪可以不要求被帮助对象构成犯罪。“可以确认”与“查证属实”对犯罪事实和证据的依附程度是不同的，“可以确认”只要求有相关证据能够证明犯罪事实，至于实施了多少起犯罪以及犯罪数额在所不问。

（四）帮信罪与掩饰、隐瞒犯罪所得罪为互斥关系

在行为人提供银行卡并帮助转账、套现、取现的情形中，认定帮信罪与掩饰、隐瞒犯罪所得罪的区别在于：前者本质上是网络犯罪正犯的帮助犯，要求持卡人事前明知他人利用信息网络实施犯罪而为其提供银行账户；后者仅是事后明知卡内钱款是犯罪所得，进而代为转账、套现、取现。《断卡纪要》第5条对此予以明确规定：“……行为人向他人出租、出售信用卡后，在明知是犯罪所得及其收益的情况下，又代为转账、套现、取现等，或者为配合他人转账、套现、取现而提供刷脸等验证服务的，可以掩饰、隐瞒犯罪所得、犯罪所得收益罪论处。……”因此，帮信罪与掩饰、隐瞒犯罪所得罪是互斥关系。具体而言，行为人向他人出租、出售银行卡后，在明知是犯罪所得的情况下，又代为转账、套现、取现等，或者为配合他人转账、套现、取现而提供刷脸等验证服务的，应认定为掩饰、隐瞒犯罪所得罪。明知他人利用信息网络实施犯罪，仅向他人出租、出售信用卡，未实施其他行为，达到情节严重标准的，应以帮信罪论处。此外，如果持卡人明知他人实施电信网络诈骗而为其提供银行账户，该行为构成帮信罪（或者诈骗罪共犯），在他人诈骗罪既遂之后“黑吃黑”（俗称“掐卡”），通过直接转账或取现、挂失取现、更改密码等方式将流入银行卡内资金据为己有的，其行为属于赃物犯罪不可罚的事后行为，因为银行卡内的赃款是帮信人与诈骗人共同犯罪所得，对自己参与的犯罪所得，转移赃款行为（本犯的“自掩隐”）不构成掩饰、隐瞒犯罪所得罪。

事实上，帮信罪与掩饰、隐瞒犯罪所得罪无论在主观方面还是客观方面都有所不同。在涉“两卡”犯罪案件中，行为人明知他人利用信息网络实施犯罪，在他人犯罪既遂之前仅向他人提供银行卡，即提供银行卡的行为发生

在被害人按照犯罪分子的指令将钱款打入该银行卡之前的，构成帮信罪。行为人明知是他人犯罪所得，在他人犯罪既遂后提供银行卡又代为转账、套现、取现等，或者为配合他人转账、套现、取现而提供刷脸等验证服务的，构成掩饰、隐瞒犯罪所得罪。

总之，在新兴技术蓬勃发展的时代，新兴技术给我们社会带来巨大变化，并对刑事司法产生剧烈影响。对于随着新兴技术发展应运而生的各类新兴罪名，在司法实践中亟待对其司法扩张趋势加以遏制，并采用实质限缩认定的方式优化刑法规制范围。比如在新兴技术相关罪名中，设立帮信罪是为了完善我国刑事司法体系对网络犯罪的精准治理，构建严密的刑事法网，如果帮信罪的司法适用过度扩张，那么其很有可能重蹈“口袋罪”的覆辙，不仅无法实现精准治理的目标，而且会阻碍网络产业的健康发展，和帮信罪的设立初衷背道而驰。事实上，帮信罪司法适用的扩张不仅对公民自由权利的刑法根基造成了严重的威胁，导致公众在使用网络新兴技术时产生惴惴不安之感，同时也违背了罪刑法定的刑法信仰，甚至会因此阻碍整个网络产业的健康发展。鉴于此，针对帮信罪的司法扩张趋势，应该从主观明知、客观帮助行为以及入罪情节中情节严重的判断上进行实质限缩适用，将其与掩饰、隐瞒犯罪所得罪进行实质界分，并据此构建形式入罪、实质出罪的处理路径，在打击网络犯罪产业链中发挥帮信罪的效用，使其真正契合保障公民自由权利的刑法根基与恪守罪刑法定原则的刑法信仰。

第三节 保护民营经济背景下贯彻根基与信仰的刑事司法实践

民营企业是推动经济发展的活跃力量，是促进共同富裕的重要基础，在税收增长、技术创新、劳动就业、国际贸易等方面发挥着举足轻重的作用。党的二十大报告提出：“优化民营企业发展环境，依法保护民营企业产权和企业家权益，促进民营经济发展壮大。”在 2023 年全国两会召开期间，促进民营经济高质量发展，再次成为备受关注的议题。[1] “两高”在工作报告中强调，“坚决保护民营企业和企业家合法财产权益”“平等保护国企民企”“优化民营经济发展法治环境”。2023 年 7 月 14 日，中共中央、国务院发布《关于促进民营经济发展壮大的意见》，其中提到要“加快营造市场化、法治化、国际化一流营商环境，优化民营经济发展环境，依法保护民营企业产权和企业家权益”。事实上，对民营企业健康发展而言，依法打击职务侵占、商业贿赂等内部腐败行为，具有十分重要的意义。企业内部贪腐行为可能发生在生产经营的每一个环节，不仅直接侵夺了企业财产利益，而且损害了企业长期的市场竞争力，如“供应链贪腐”甚至直接威胁企业生存。

为保护民营企业利益，《刑法修正案（十一）》加大了对涉企业产权安全犯罪的制裁力度，如大幅提升了职务侵占罪、非国家工作人员受贿罪的法定刑，并增设了罚金刑，进一步体现了安全刑法的价值导向。而《刑法修正案（十二）》则再次强调了对民营企业的保护，增设了诸如“其他公司、企业的董事、监事、高级管理人员违反法律、行政法规规定，实施前款行为，致使公司、企业利益遭受重大损失的，依照前款的规定处罚”之类的规定，提升了对民营企业的保护水平，但同时也存在过度保护可能会干预民营企业正当发展之虞。2022 年 5 月 5 日最高人民检察院专门发布依法办理民营企业职务侵占犯罪典型案例，也进一步传递了“从严打击民营企业腐败犯罪”的政策信号。当然，刑事司法介入民营企业经营活动，严厉打击民营企业内部腐败，也应顾及非公有制经济发展的现实特点，尤其是现阶段我国民营企业经营不规范、产权不清晰、中小微企业多，企业个人化、家族化等现象仍是一种常态。《中共中央关于加强新时代检察机关法律监督工作的意见》、最高人民检

1　参见王雨萧等：《鼓励和支持民营经济和民营企业发展壮大》，载《新华每日电讯》2023 年 3 月 20 日，第 1 版。

察院《关于充分发挥检察职能服务保障“六稳”“六保”的意见》等指导意见同时强调，严格把握罪与非罪的界限，严禁以刑事手段插手民事纠纷。司法实务中关于职务侵占罪的理解适用，如何做到既注重法益保护，又贯彻罪刑法定原则，已成为一个难题。

一、民营企业工作人员犯罪主体身份的实质认定

《刑法》第 271 条规定，公司、企业或者其他单位的工作人员，利用职务上的便利，将本单位财物非法占为己有，数额较大的，构成职务侵占罪。“法不仅是立法者观念上的概念，而是来自于物质生活，具有客观性，是否符合社会实际发展而为公众所普遍接受，决定了立法能否顺利实施。”[1] 由于企业用工关系、职务聘任的灵活性，本罪主体的认定当然不应局限于形式上的劳动合同，应当根据“是否具有职务上的便利”这一核心要素予以理解。那些没有签订劳动合同的人员，只要有证据证明其事实上为本单位工作，具有主管、管理、经手单位财物的职权，就符合本罪的主体要求。这具体包括三类人员：（1）签订劳动合同，具有上述职务便利的人员；（2）未签订劳动合同，但形成事实劳动关系，具有上述职务便利的人员；（3）未建立“劳动关系”，仅属于普通“劳务关系”，但具有上述职务便利的人员。

首先，基于文义解释，《刑法》第 271 条没有限定本罪主体必须与本单位签订劳动合同。罪刑法定要求的首要解释方法是文义解释，第 271 条规定的是“公司、企业或者其他单位的工作人员”，在文义上并未作出限定。当然，所谓“单位的工作人员”，最典型的是与单位签订劳动合同的人，但也完全可以理解为“为单位工作的人员”，“劳动合同”这种形式要素并不必要。换言

1　刘艳红：《中国反腐败立法的战略转型及其体系化构建》，载《中国法学》2016 年第 4 期，第 234 页。

之，不论行为人是否与单位签订了劳动合同，只要单位赋予他工作上的职权，双方承认事实上的用工关系，其就属于“单位的工作人员”。更何况，在民营企业中，不签订劳动合同的用工关系也极为常见。例如，在赵某职务侵占案中，被告人赵某系某电力电缆公司的销售经理，负责两地市场。赵某利用职务便利，多次采取从客户公司收回货款不交回公司财务入账的手段，将公司货款 1,303,398 元非法据为己有。法院认为，赵某虽与该公司未签订劳动合同，公司亦未按月支付报酬，但根据该公司的规定和销售经理的职业特点，从赵某的工作流程及公司为其配备手机、工服等情节，可以认定其属于公司的员工，能够构成职务侵占罪。[1]

又如，在肖某某职务侵占案中，2012 年 5 月至 10 月，被告人肖某某在某消毒剂生产公司任销售业务员，负责将从该公司提取的货物对外销售，并代公司收取货款。2012 年 10 月底，肖某某分别从其经手销售的多家客户公司收取货款 37,390 元，并将上述款项据为己有。法院认为，该公司与肖某某虽未签订劳动合同，但该公司为其购买社保，且肖某某在对外进行销售时，也是依照公司规定以该公司销售人员的身份出具公司的送货单及发票与客户交易，客户公司亦是基于肖某某销售人员的身份而给付货款。因此，肖某某与该公司存在事实上的劳动关系，应构成职务侵占罪。[2]

原劳动和社会保障部《关于确立劳动关系有关事项的通知》（劳社部发〔2005〕12 号）第 1 条规定：“用人单位招用劳动者未订立书面劳动合同，但同时具备下列情形的，劳动关系成立：（一）用人单位和劳动者符合法律、法规规定的主体资格；（二）用人单位依法制定的各项劳动规章制度适用于劳动者，劳动者受用人单位的劳动管理，从事用人单位安排的有报酬的劳动；（三）劳动者提供的劳动是用人单位业务的组成部分。”据此可知，确认劳动

1 参见（2020）晋 07 刑终 83 号刑事裁定书。

2 参见（2014）穗萝法刑初字第 132 号刑事判决书。

关系的关键，在于劳动者与用人单位之间是否具有人身从属性和经济从属性。所以，在全面、准确地理解其他法律的基础上，[1] 应认为即便无书面劳动合同，但若存在“双重从属性”，劳动者与用人单位之间便形成“事实劳动关系”，该劳动者当然属于“单位的工作人员”。

其次，基于目的解释，本罪的主体也不应限定为与用人单位签订书面劳动合同的人员。职务侵占罪的行为方式是，利用职务上的便利将本单位财物非法占为己有，理论上的通说主张：“职务上的便利”是利用自己在职务上所具有的主管、管理或者经手本单位财物的便利条件；[2] 本罪的行为手段系综合手段，包括利用职务便利窃取、骗取、侵吞本单位财物等，不能将职务侵占罪之“侵占”等同于侵占罪之“侵占”。[3] 从行为模式上看，职务侵占罪是职务型财产犯罪，盗窃罪、诈骗罪是普通财产犯罪。其与二者的不同之处在于：(1) 职务侵占罪中行为人本来有主管、负责、承办某项业务的职务，进而具有主管、管理、经手单位财物的机会和便利，行为人利用了单位的委托信任关系，将本单位财物非法占为己有，属于特殊的“背信”行为。因此，职务侵占行为不同于缺少利用职务便利的窃取、诈骗行为，这也是立法设立本罪在法益保护目的上的考量。(2) 职务侵占罪的立案追诉标准远远高于盗窃罪、诈骗罪。根据最高人民检察院、公安部《关于公安机关管辖的刑事案件立案追诉标准的规定（二)》，职务侵占罪的立案追诉数额是 3 万元以上。之所以如此，也与本罪的法益保护有关。因为从本罪的发生和预防的角度来看，职务行为一般是有偿行为，行为人的职务对应着工作上的报酬，本单位的人员一般不会仅仅为一两千元的微利而自毁前程。鉴于此，与工作报酬相比，其对价值不高的财物诱惑一般很容易保持克制。

1　参见张明楷：《刑法修正案与刑法法典化》，载《政法论坛》2021 年第 4 期，第 8 页。

2　参见王爱立主编：《中华人民共和国刑法释义》（第 7 版），法律出版社 2021 年版，第 571 页。

3　参见高铭暄、马克昌主编：《刑法学》（第 10 版），北京大学出版社、高等教育出版社 2022 年版，第 517 页。

从法益保护目的上看，职务侵占罪属于一种特定的类型化的财产犯罪，法益侵害的核心要素是利用职务上的便利、违背单位给予的高度信任。这种信任关系是因实际的工作而获得的，自然不局限于书面劳动合同。因此，认定职务侵占罪主体的关键不是看劳动合同，而是看行为人是否与单位之间存在财物上的主管、管理、经手等委托信任关系。即便行为人与受害单位仅存在普通劳务关系（如聘用的企业财务顾问），若公司因实际管理需要而赋予其上述职权、给予其该种信任，其也符合职务侵占罪的主体要件。

最后，基于体系解释，本罪的主体也应按照实际的“职务”标准进行认定。贪污罪是国有单位内部的“职务侵占”，犯罪主体是“国家工作人员”，该犯罪的主体的认定已经不再纠缠于“编制论”抑或“职务论”。[1]《刑法》第93条界定“国家工作人员”的核心标准是实质上的“从事公务”。例如，立法解释规定村委会成员协助基层政府从事特定行政工作的，属于贪污罪的主体。又如，通过欺骗方式获得国家工作人员身份的，只要其代表国有单位处理公共事务，利用了该职务上的便利窃取、骗取公共财物，就构成贪污罪。贪污罪与职务侵占罪都要求“利用职务上的便利”，最高人民检察院的工作报告提出“做实对国企民企依法平等保护”，因此对贪污罪主体与职务侵占罪的主体认定标准应当作出一致解释。

例如，被告人甲自2008年至2017年与A公司签订劳动合同，2017年至2019年未签订劳动合同，2017年以来利用联系公司外贸客户、签订履行外贸合同等职务便利，通过向该公司低报真实交易价格等方式侵占公司货款。本案中，如果被告人在合同到期后未与公司续签劳动合同，但仍然在公司继续工作，那么，根据2020年12月29日最高人民法院《关于审理劳动争议案件适用法律问题的解释（一）》第34条，“劳动合同期满后，劳动者仍在原用

1　参见魏昌东：《中国特色国家监察权的法治化建构策略——基于对监察“二法一例”法治化建构的系统性观察》，载《政法论坛》2021年第6期，第168页。

人单位工作，原用人单位未表示异议的，视为双方同意以原条件继续履行劳动合同”。即便被告人的劳动合同已经断档，但只要被告人具有代表本单位联系外贸客户、签订履行外贸合同的职务便利，就属于本单位的工作人员。

综上所述，对于职务侵占罪中犯罪主体的认定，应该基于实质解释的立场来加以研判，[1] 对于“工作人员”的解读应该秉持实质刑法观，避免形而上学的教条主义，反对仅根据成文规范的规定简单地适用刑法而拒绝进一步考察有可能更明确且合适的解决方案，[2] 而应将职务侵占罪的司法适用和当前经济的整体环境结合起来进行实质分析。鉴于此，职务侵占罪中的犯罪主体的认定不必以形式上的合同作为判断依据，而是应该以实际的“职务”标准作为判断依据，通过实质分析行为人从事的职务行为过程，判断其是否利用实际职务身份的便利在具体行为中谋取不正当利益。质言之，按照实际的“职务”标准来认定“工作人员”，重点在于判断行为人的职务身份与其实行行为之间是否存在密切关联性，[3] 从而将实际的“职务”标准与实际行为紧密结合在一起加以解读，这显然比机械地依据形式上的合同标准来判断更加合理。通过对“工作人员”的实质认定，以实际的“职务”作为实质判断标准，不仅能符合“工作人员”这一犯罪构成要件的原本语义，还满足了本罪的设立目的与保护法益诉求，而且更能够实现刑法内部的体系一致性，避免刑法解释上出现冲突。总之，将实际的“职务”作为犯罪主体的身份判断标准显然更符合当前民营经济的发展现状，通过实质解释的方式来优化本罪的司法适用路径，有助于实现对民营经济的全方位保护。

1　参见周佑勇：《行政执法与刑事司法的双向衔接研究——以食品安全案件移送为视角》，载《中国刑事法杂志》2022 年第 4 期，第 55–56 页。

2　参见刘艳红：《开放的犯罪构成要件理论研究》（第 2 版），中国人民大学出版社 2022 年版，第 248 页。

3　参见［日］西田典之著，［日］桥爪隆补订：《日本刑法各论》（第 7 版），王昭武、刘明祥译，法律出版社 2020 年版，第 294–295 页。

二、民营企业单位财物作为犯罪对象的实质认定

从组成结构上看，“本单位财物”同时包含两个要素：一是该对象必须是“财物”，包括有体物和财产性利益；二是该对象必须是“本单位”占有、管理或者所有的财物。这两个要素在“本单位财物”认定中缺一不可。比如，股份属于财产性利益，但公司内部股份属于股东个人财产，内部股东可以将自己的股权进行质押，根据《民法典》第443条的规定，质权自办理出质登记时设立，不必经过其他股东或者公司同意。因此，利用职务便利将本单位其他自然人股东的股份占为己有的，属于对股东财产的侵犯，不属于侵害“本单位财物”。

从财物内容上看，“本单位财物”包括单位现存的财物，也包括确定的收益。比如，单位持有的股份，属于本单位的财产性利益，是一种确定的收益。行为人利用公司给予的职务上的便利，将对外持有的股份非法占为己有的，即属于侵害“本单位财物”，构成职务侵占罪。例如，在赵某祥职务侵占案中，2005年5月28日，被告人赵某祥与林某盛、吴某共同出资成立了某网络科技公司，注册资本为人民币1500万元。2007年11月10日，被告人赵某祥利用职务之便，伪造股权转让合同和股东会决议，将林某盛所持有60.78%的股份转至自己名下，并办理了变更登记。至2007年12月31日，该部分股份价值人民币765万余元。法院认为，股东持有的股份是公司的合法财产，从表面来看转让后该股份并未离开公司，但实际已经被赵某祥非法占有，其行为符合职务侵占罪的构成要件。[1]

“设置犯罪构成要件，以构成要件行为具有真实的危害为前提。”[2] 因此，

1 参见（2012）扬刑二终字第0038号刑事裁定书。

2 张明楷：《催收非法债务罪的另类解释》，载《政法论坛》2022年第2期，第5页。

“预期利益”是否属于“本单位财物”不能一概而论：若预期利益属于单位“必然可得”的财产性利益，则应归类为“确定的收益”，属于“本单位财物”；若预期利益只是不确定的利益，则不属于本单位财物。例如，在胡某某职务侵占案中，胡某某被任命为某房地产公司开发部经理，全面负责公司各项目开发、项目公建配套设施移交等工作。该公司设立了一家项目公司，并与重庆市某区教委签订了《重庆某某小学办学协议》。胡某某向该房地产公司报称，某某小学来函要求使用教学辅助用房，拟将多个门面正式移交给该小学使用。征得同意后，胡某某未向重庆市某区教委移交上述门面，并以王某的名义将其出租给张某，2 年的租金共计 38.4 万元。胡某某将该款据为己有，未上交该房地产公司。法院认为，胡某某利用自己职务上的便利，将属于该房地产公司的门面出租共收取租金 38.4 万元占为己有，侵害了该房地产公司的财产性利益。但是，门面租金的鉴定价格属于该房地产公司的预期利益，是否能实现具有不确定性，因此，不能将门面租金的鉴定价格作为胡某某职务侵占犯罪的数额。[1]

再以“低买高卖”为例：被告人乙系 B 公司售后配件部的员工，负责联系客户、配件报价等工作，被告人利用该职务便利，将原本向 B 公司购买配件的客户转给林某成立的 C 公司，后由客户向 C 公司下单，C 公司借助被告人的职务便利从 B 公司进货，C 公司加价出售，从中赚取差价。2022 年 5 月 5 日最高人民检察院发布了检察机关依法办理民营企业职务侵占犯罪典型案例，在 D 科技公司营销中心总监张某某、经理罗某某职务侵占案中，被告人张某某、罗某某利用负责销售业务的便利，虚增二人参股的两个公司作为总经销的中间交易环节，帮助两个公司以较低价格从本单位购入产品，随后以较高价格转卖给客户，赚取中间差价。

此类案件的共同点，是被告人在本单位与客户之间虚增了不必要的交易

1 参见（2017）渝 05 刑终 948 号刑事判决书。

环节，利用中间环节赚取差价，空手套白狼。从表面上看，本单位的销售价格被控制在单位容许的价格幅度内，获得的销售总价跟正常销售方式似乎没有差别，公司貌似没有损失。然而，正是由于被告人虚设了中间环节，产生了嵌套的法律关系，导致本单位的利益格局发生了变化，“中间的差价款”是本单位“必然可得的利润”，被告人对这一利润的侵占，导致了本单位财产性利益的减少。

首先，本单位有确定的利润损失，且应与被告人的职务直接相关。在上述两个案例中，被告人具有销售业务上的职务便利，应当为单位谋取利益，正常的销售流程为“本单位→被告人正常的职务→客户”，但被告人利用职务便利通过“低买高卖”的方式改变了该流程，将其变为了“本单位→中间商→客户”。如果被告人正常履职，实现本单位与客户直接对接，按照客户已经接受的高价，本单位当然可以赚到“中间差价”（利润）。但是，由于被告人虚设了中间环节，制造了信息偏差，被告人获取了该利润，本单位同时失去了该利润。

其次，被告人虚增的“中间商”只是侵占单位利润的工具，应当穿透中间环节。在“本单位→中间商→客户”流程中，被告人控制的中间商完全属于不劳而获，中间商没有任何成本、不承担任何风险，所销售的也是“本单位”的产品，中间交易环节只是被告人套取单位利润的手段。从客户的角度看，客户愿意且已经为产品支付了高价，被告人虚构交易环节，客户最终按高价支付货款、被告人则按低价向公司返还货款。这种行为与“以 150 元价格卖出单位产品，收款后给单位 100 元、私自截留 50 元”没有本质区别，“中间商”不是正常的市场交易主体。

最后，由于差价款已经具体确定，本单位的“预期利润”是“确定的收益”。如果被告人不实施背信行为，不制造本单位与客户之间的信息差，而是按照职务要求，为本单位谋求利益，及时披露客户信息及客户价格底线，客户便不会走中间环节，差价款最终也会体现在本单位的报价上，该利润也就不存在被侵占的可能。由于交易已经完成，差价已经确定，因而这种“预期利益”也能确定。

如果预期利益是“未必可得的利益”（不确定的利益），则不属于“本单位财物”。“不能为了打击犯罪而致使打击面过宽，将非犯罪行为认定为犯罪行为。”[1] 例如，D公司的销售人员丙成立了与本单位主营业务相同的E公司，将D公司的客户推给了E公司，抢夺本属于D公司的交易机会，导致D公司客户流失、销售额下降、预期利润减少。与前述“低买高卖”案件不同，E公司拥有自己的产品，E公司不是空壳的中间商，而是正常的市场交易主体，丙既没有虚增中间商，也没有利用职务便利“倒卖”D公司产品。那么，对于D公司来说，其既没有通过合同销售任何产品，也没有锁定任何可得的利润。因此，D公司的预期利润只是一种“计划的利润”“推导的利润”“想象的利润”“不确定的利润”，缺少现实性，因而不是“本单位财物”。实践中，单位人员的“背信行为”大量存在，如经营同类业务，抢夺本单位客户资源，导致本单位利润减少，刑法没有将这种背信行为直接规定为犯罪，这种单纯的侵占商业机会的行为，不构成职务侵占罪。

综上所述，因为对于“本单位财物”的认定关系到后续的量刑轻重，所以，对于职务侵占罪中“本单位财物”的认定需要尤为审慎，既要避免计算上出现纰漏，也要防止财物的认定范围过度扩张加重行为人的负担。“本单位财物”既应包括单位现存的财物，也应包括确定的收益，这种判断模式更适合当前经济发展的结构转型特征，尤其是对于很多“轻资产”的小型互联网企业，对于“本单位财物”的认定更要注重对“确定的收益”的计算。在此基础上，对于“预期利益”的判断，则应该根据“预期利益”的性质进行区

1　齐文远：《“少捕慎诉慎押”背景下打早打小刑事政策之适用与反思——以网络犯罪治理为视角》，载《政法论坛》2022年第2期，第69页。

别化探讨，如果“预期利益”属于单位“必然可得”的财产性利益，即这里的“预期利益”属于“确定的收益”，那么，其也应该被纳入“本单位财物”的范畴内。与之相反，如果预期利益是“未必可得的利益”（不确定的利益），则不属于“本单位财物”。事实上，随着社会的发展，财产关系日益复杂化，自从推行市场经济体制以来，经济形态逐渐由“相对静态”转向“频繁交易”。[1] 因此，在对预期利益的计算上，要坚持以确定性为标准，否则，复杂且动态的经济形态会混淆预期利益的形态，导致司法机关在量刑时面对复杂情况无法准确判断，行为人也可能因为判断标准的模糊不清而对具体的刑罚结果产生疑问。

三、民营企业作为被害单位的实质认定

职务侵占罪的被害单位是行为人所在的“本单位”，在两个以上单位的合作关系中，被害单位的确定需要穿透复杂的法律关系，[2] 从行为人的劳动归属关系和行为人利用职务便利损害的利益归属于哪一方来分析。

首先，行为人属于哪一单位的人员、利用了哪一单位的职务便利？职务侵占罪是本单位的工作人员，利用在本单位的职务便利，将本单位所有、占有、管理的财物非法占为已有的行为。因此，需要确认行为人的劳动关系或者劳务关系归属，即行为人与哪一单位存在职务信赖关系。

例如，F 公司与 G 公司共同出资成立 F 公司分车间，F 公司授权 G 公司以 G 公司资产、设备、人员组织生产，分车间独立核算，对外以 F 公司分公司的名义销售并开具发票，且约定生产的产品只能销售给 F 公司指定的代理商。被告人丁系 G 公司销售经理，负责产品销售等事务。丁利用职务便利虚

1 参见张明楷：《法益初论》（增订本）（下册），商务印书馆 2021 年版，第 840 页。

2 参见王乐兵：《资产收益权视角下资管交易的穿透式规范》，载《政法论坛》2022 年第 5 期，第 176 页。

构代理商，从G公司拿货，转而通过网上渠道销售牟利。在本案中，丁的劳动关系归属不能只看生产车间或者所开发票的名义。虽然在形式上合作建立的车间是F公司分车间，由F公司开具销售发票，但实际上G公司是利用自身的设备、资源按照约定独立生产。G公司既负责生产，也负责按照约定将产品销售给F公司指定的代理商。因此，F公司与G公司之间的关系是独立主体之间的合同法律关系，包括承揽关系和代销关系（双方的合作协议是一种“混合型”合同）。F公司、G公司不是劳务关系，双方互不隶属，G公司的人员不从属于F公司。那么，作为G公司的销售经理，被告人丁只能被认定为G公司的人员，其利用的也是G公司给予的信赖关系，其与F公司之间既无劳动关系，也无劳务关系。

其次，行为人利用职务便利损害的利益归属于哪一方，以及损害了该方的何种利益？职务侵占罪是侵犯单位财产法益的犯罪，被害单位是行为人的职务侵占行为直接损害的单位，而非行为人因本单位违约而间接损害的单位。例如，在上述案例中，被告人丁利用担任G公司销售经理的便利，虚设代理商，从F公司拿货对外销售牟利，G公司在按照F公司的指定，向特定代理商交付产品之前，产品的所有权归G公司而非F公司。G公司既是生产者，也是销售者，只不过销售范围受到了双方合同的约束。在这一过程中，F公司不占有该产品，也不享有所有权。在这种情况下：（1）如果G公司知情默许甚至授意丁转售牟利，那么，被告人丁没有侵害G公司的利益，被告人的行为属于单位行为，不成立职务侵占罪。G公司违背了与F公司的约定，G公司构成违约，按照《民法典》第186条的规定，F公司可以请求G公司承担违约责任。（2）如果G公司不知情，则被告人丁的行为属于监守自盗，侵害了G公司对产品的所有权，构成职务侵占罪。由于合同具有相对性，F公司对于因此遭受的损失，可请求G公司承担违约责任。G公司对内可以请求被告人丁承担损害赔偿责任、返还不当得利，但被告人丁不直接对F公司承担违约责任。因此，本案职务侵占行为的被害单位是被告人丁所在的G公司，而不是F公司。

又如，2013年2月至2015年6月，被告人曾某某利用担任A公司现金出纳的职务便利，钻A公司与B公司有同一法定代表人和同一实际控股人（老板）、两家公司业务相互合作、账目独立核算的空子，借A公司承揽B公司的服装加工业务，可以自行委托对外加工，并在结算时由两家公司实际控股人在外结算单上签字后，B公司即可支付加工费之机，多次采取先行取得两家公司实际控股人在其提供的外结算单上的签字后，再篡改外加工结算单上外加工人及支付金额的手段，将B公司基于误解支付的外加工费占为己有。经审计，B公司加工结算差异总金额1,580,445.10元。法院认为，曾某某身为A公司财务人员，利用职务上的便利，借A公司与B公司为关联公司，非法侵占B公司财产，数额巨大，其行为已构成职务侵占罪。[1]

再如，被告人张某自2010年8月至2018年1月，先后同时担任公司1、公司2和公司3的法定代表人、董事长、总经理。2017年2月至10月，张某利用职务上的便利，分别安排公司16法定代表人赵某1从公司3支付给公司16的建设工程款中，支取50万元转入张某特定关系人周某1的个人账户；将公司2第一分公司的资金200万元，通过某基金、公司17、公司5、公司18及王某1的银行账户，最终转入张某本人银行账户；将公司2第一分公司的资金470万元通过某基金、公司17、公司5及李某2的银行账户，最终转入张某本人银行账户。法院认为，被告人张某的行为已构成职务侵占罪。[2]

还如，甲公司系注册在中国（上海）自由贸易试验区的公司，乙公司系注册在圣文森特的公司，均由张某1设立及实际经营，共同从事国际货运业

---

1 参见（2021）辽0882刑初11号刑事判决书。
2 参见（2022）京02刑终43号刑事判决书。

务。2012 年 10 月至 2014 年 8 月，被告人高某某在担任甲公司航运业务部经理、副总经理期间，利用负责为甲公司、乙公司对外招揽业务、洽谈合同、结算运费的职务便利，伙同被告人余某，以余某实际控制的丙公司为名义上的中间商，虚设中间交易环节，对本公司隐瞒真相后侵占货物运输费差价 306,717.23 美元。法院认为，被告人高某某、余某以非法占有为目的，共同利用高某某身为公司工作人员的职务便利，将本单位钱财占为己有，数额巨大，其行为均构成职务侵占罪。[1]

综上所述，职务侵占罪中的“本单位”，应该是行为人所在的被害单位，而在面对司法实践中两个以上单位合作的复杂情形时，司法机关对被害单位的判断，需要穿透不同单位之间的复杂法律关系，从行为人的劳动归属关系和行为人利用职务便利损害的利益归属于哪一方进行实质解释。一方面，以行为人的劳动归属关系作为判断标准，符合民营经济的发展现状，虽然很多企业之间以各种形式进行融资与合作，但劳动归属关系是无法变更的绝对关系事实，行为人的非法侵占行为所依据的身份价值就来源于这里的劳动归属关系，所以，将劳动归属关系作为判断标准，是对实质解释论的坚持；另一方面，以行为人利用职务便利损害的利益归属于哪一方作为判断标准，也是为避免形式上的争议混淆刑事归责的方向，鉴于刑法中的法益概念本身就来源于“法财”概念，[2] 因此，以利益损失的归属作为实质判断标准，尤其是以直接损害的单位为保护对象，有助于司法机关计算具体的法益损失，为后续作出公正的裁判奠定基础。总之，刺破“复杂的企业合作面纱”，以实质上的关系归属与利益损失作为判断“本单位”的实质标准，有助于维护民营企业的正常发展，推动民营企业间的互利互惠合作，构造良好的营商环境，避免因为“本单位”标准的模糊不清导致民营企业中的从业者陷入进退两难的处境。

1　参见（2019）沪 0115 刑初 3414 号刑事判决书。

2　参见［日］伊东研祐：《法益概念史研究》，秦一禾译，中国人民大学出版社 2014 年版，第 27 页。

四、保护民营经济背景下刑罚适用的适当限缩

为了进一步加强对企业产权的保护并优化营商环境，《刑法修正案（十一）》针对民营企业内部的侵害财产的犯罪行为加大了惩治力度，进一步调整了职务侵占罪、非国家工作人员受贿罪、挪用资金罪的刑罚配置，目的是落实产权平等保护的精神。[1] 《刑法修正案（十一）》对职务侵占罪法定刑的调整，主要表现在两个方面：一方面，将原来 5 年以下与 5 年以上的两档法定刑改为 3 年以下、3 年以上 10 年以下、10 年以上或者无期的三档法定刑，根据非法占有的数额大小对法定刑加以细分，体现了精细化立法的发展趋势；另一方面，取消了没收财产的刑罚措施，代之以并处罚金的财产刑，通过罚金刑来替代原来的没收财产刑，是一种正确的立法选择。[2] 上述两方面的刑罚修改，提升了刑法对民营经济的保护力度。事实上，广泛地对财产犯罪适用刑罚，在某种意义上是合理的，因为经济活动大多是在经过合理计算之后实施的，刑罚发挥威慑力的作用余地很大，且经济性利益在事后进行赔偿的话，几乎完全能够恢复。[3] 基于这一立场，结合民营经济蓬勃发展的现实境况，《刑法修正案（十一）》修改了职务侵占罪的刑罚，实际上体现了我国逐渐重视非公有制经济的发展，面对民营经济所面临的困难与挑战，希望通过修改法定刑的方式来强化对民营经济的保护。这也表明了当前刑法规制思路的转变，即对民营企业保护弱化的现实问题进行调整，减少企业权益刑法保护内

1　参见李宁：《关于〈中华人民共和国刑法修正案（十一）（草案）〉的说明——2020 年 6 月 28 日在第十三届全国人民代表大会常务委员会第二十次会议上》，载《中华人民共和国全国人民代表大会常务委员会公报》2021 年第 1 期，第 133 页。

2　参见张兆松：《职务犯罪立法的再检讨与完善——〈刑法修正案（十一）（草案）〉对职务犯罪的修改评析》，载《法治研究》2020 年第 5 期，第 95 页。

3　参见［日］平野龙一：《刑法的基础》，黎宏译，中国政法大学出版社 2016 年版，第 98 页。

部的差异性，这种立法趋势在整体上值得肯定。[1] 不过，虽然《刑法修正案（十一）》修改职务侵占罪的初衷是保护并促进民营经济的发展，但在具体刑罚措施的调整上，存在背离其设置初衷的嫌疑，导致刑罚的调整效果大打折扣。

实际上，对于民营企业的刑法保护，应该坚持实质平等的原则，而非追求形式上的平等。实质平等是指权利与义务对等的平等，并在判断时充分考虑民营企业所获得的政策支持、资金支持，以及薪酬支持的现实情况，而《刑法修正案（十二）》中将民营企业的保护地位人为地拔高，并导致刑法介入范围扩张的情形，就属于形式平等而存在违反实质平等之虞，这实际上并不利于民营企业的发展。在实践中，对民营企业中的相关人员适用职务侵占罪时，应努力做到权利与义务对等的实质平等保护。考虑到民营企业主要依靠自身资产进行生产经营，面临的经济风险较大，且自身抗风险能力较弱，因此，在刑罚的选择与适用上应该尤为审慎。事实上，《刑法修正案（十一）》《刑法修正案（十二）》对刑罚强度的整体提升以及刑法规制范围的扩张，总体上虽然加强了对包括民营企业在内的所有经营主体的保护，但在充分考虑民营企业的实际需求和实际情况方面仍有提升的空间。在具体司法过程中，如果法律界限把握不准，有可能使民营企业的从业者陷入被动境地，甚至导致民营企业中骨干精英人才流失。这与进一步改善民营企业营商环境的政策，以及《刑法修正案（十一）》《刑法修正案（十二）》保护并促进民营经济发展的总体目标不符。鉴于此，对于《刑法修正案（十一）》中对职务侵占罪的法定刑的调整，以及《刑法修正案（十二）》对非法经营同类营业罪，为亲友非法牟利罪，徇私舞弊低价折股、出售国有资产罪的刑法规制模式与范围的修改，都应该在分析其存在不足的同时，发掘其值得肯定之处，

1　参见韩轶：《企业权益刑法保护的立法更新和司法适用——基于〈刑法修正案（十一）〉的解读》，载《中国法律评论》2021 年第 1 期，第 44 页。

并基于实质平等的立场优化法定刑的司法适用，从而为民营企业提供真正意义上的平等保护，真正维护保障公民自由权利的刑法根基以及恪守罪刑法定主义的刑法信仰。

通过分析《刑法修正案（十一）》可以发现，其修改刑罚配置的初衷在于强化对民营企业的保护，营造良好的营商环境，即通过提高法定刑，将职务侵占罪升格至与在国有企业中适用的贪污罪等相关罪名一样强度的法定刑，进而体现国家对于民营企业的强力保护。《刑法修正案（十二）》同样通过扩张刑法规制对象的方式以期扩大刑法规制范围、增加刑法保护力度，在形式上提升了对民营企业的保护地位。然而，令人遗憾的是，这种整体上提升刑罚强度以及形式上提升对民营企业刑法保护地位的方式，不仅无法实现对民营企业的保护初衷，甚至会出现相反的效果，不利于对民营企业的保护。事实上，民营企业本身就与国有企业存在固有差异，无视两者间的本质差异而试图以立法手段来直接平衡两者在法定刑上的差距，实际上忽视了实质平等原则，不仅有违经济发展规律，而且会导致民营企业中的从业者面临较大法律风险，难以实现对民营企业的保护初衷。

事实上，民营企业与国有企业在模式和运行体制上存在差异，追求刑罚配置上的“形式平等”而忽视对民营企业保护的“实质平等”，违背了经济发展的客观规律。国有企业与民营企业在产业链、供应链上存在差异，国家在宏观政策上是希望民营企业和国有企业能够协同发展，并推动激励约束和尽职免责机制，[1] 避免民营企业的发展背负沉重的负担。而在现实中，民营企业与国有企业在资金、政策、效率、薪酬等诸多方面都存在不同，所以，两者在权利和义务的分配上采用了完全不同的模式。相较而言，民营企业的从业者所拥有的权利较小，所侵害的财产法益及附随的法益损害后果也较轻。

1 参见王欣、肖红军：《推动国有企业与民营企业协同发展：进展、问题与对策》，载《经济体制改革》2022 年第 5 期，第 5 页。

基于实质平等的原则，应该对相同事物同等对待，而对不同事物区别对待，民营企业的从业者面对的是波动起伏的工作，而国有企业的从业者面对的是相对稳定的工作，此时如果直接平衡两者间的量刑差异，将职务侵占罪的刑罚和贪污罪的刑罚维持在相等的水平，则忽视了两者间的固有差异。与之相反，根据权利和义务对等来设置刑罚，才是真正有助于民营企业发展的举措。如果在量刑上搞错方向，一味地提升对民营企业的从业者的惩罚强度，反而是弱化刑法保护的举措，这对于民营经济的发展而言，不仅无法做到有效保障，反而会带来诸多阻碍。换言之，只有实质平等才能实现对民营企业的真正保护，降低刑罚力度并从宽处理才是帮助民营企业发展的刑事治理良策，[1] 若肆意扩张刑法规制范围则只会导致刑法过度介入而阻碍民营经济的正常发展。《刑法修正案（十一）》《刑法修正案（十二）》的立法初衷虽然是维护民营企业的良性发展，但忽视了对实质平等的保障，导致其立法初衷难以实现。

在司法实践中，对民营企业从业者适用职务侵占罪应该尽可能追求量刑上的实质平等，避免对民营企业的从业者施以过重的刑罚。在《刑法修正案（十一）》颁布之前，在涉民营企业的苏某某职务侵占案中，苏某某以广州某公司名义与麦某签订入股合作协议，并利用职务上的便利，以支付转让中介费 150 万元的名义，将伪造的收据证明交给公司会计列入公司支出成本摊销，拟非法将该款占为己有，法院最终判处其有期徒刑 3 年，缓刑 4 年 6 个月。[2] 而在涉国有企业的孟某职务侵占案中，孟某利用担任某市某纺织厂厂长的职务便利，将本单位 144.78 万元的账外资金用于缴纳其在某公司中的个人入股资金并非法占有，法院最终判处其有期徒刑 6 年。[3] 对比两个案件可以发现，

1　参见孙国祥：《积极谨慎刑法发展观的再倡导——以〈刑法修正案（十一）〉为视角》，载《西南民族大学学报（人文社会科学版）》2021 年第 9 期，第 79 页。

2　参见（2019）粤 01 刑终 2 号刑事判决书。

3　参见（2022）辽 05 刑终 35 号刑事裁定书。

在非法占有数额相近，甚至贪污罪的涉案数额低于职务侵占罪的情况下，职务侵占罪的量刑远低于贪污罪，体现了民营企业在权利义务上与国有企业之间的差异。所以，为了实现实质平等，职务侵占罪的自由刑应该低于贪污罪，这符合民营企业的经营现状。然而，《刑法修正案（十一）》颁布之后，在同样涉民营企业的陈某2职务侵占案中，陈某2利用担任上海某股权投资管理中心实际负责人的职务便利，以对外投资的名义将钱款转入个人账户，并将其中200万元占为已有，法院判处其有期徒刑5年6个月。[1] 相较于苏某某的自由刑，陈某2的刑罚强度明显提升，甚至与国有企业中的孟某相当，都达到了5年以上，这显然不合常理。一个民营企业的从业者陈某2在获得较低权利的同时，却与国有企业中拥有较高权利的从业者孟某承担几乎相近的刑罚，这种判罚结果对陈某2而言显失公平。虽然《刑法修正案（十一）》提升了刑罚强度以期强化保护力度，但一味地加强刑罚并不一定能够取得预期的社会治理效果。换言之，虽然不能否认应该加大对非公有制经济和产权的保护力度，但若以重刑来治理财产犯罪，干预民营经济，似乎并不妥当，反而有违经济财产领域犯罪之治理的轻刑化趋势，带有较强的秩序价值观念。[2] 在司法实践中，职务侵占罪自由刑的惩罚强度提升，不仅有违实质平等的原则，还存在对民营企业的保护目的落空的风险，容易导致民营企业的从业者被赋予与权利不对等的义务，与刑法谦抑性特征及积极预防性刑法观相悖。

然而，值得注意的是，《刑法修正案（十一）》对于职务侵占罪的调整并非“一无是处”，其取消了没收财产这一处罚措施，代之以并处罚金的财产刑，就既符合民营企业的发展需要，也体现了刑法的人本性关怀，能够取得良好的社会治理效果。相较于原来只有“数额巨大”才“没收财产”，“并处罚金”覆盖在全部有犯罪数额的情节中，这可以实现对民营企业的全方位保

1 参见（2020）京03刑初170号刑事判决书。

2 参见黄晓亮：《〈刑法修正案（十一）（草案）〉的三维考察》，载《法治研究》2020年第5期，第68页。

护，在罚金刑的应用上也更加灵活，可以根据行为人的犯罪情节灵活地调整罚金刑的惩罚强度。相较于原本的没收财产，罚金刑主要适用于贪利型犯罪，对于行为人而言惩罚相对较轻，也更适合民营企业中职务侵占罪的司法适用现状，能够给基于营利目的的犯罪人有效打击，剥夺了他们继续实施经济犯罪的资本，从客观上实现了犯罪预防的目的，[1] 不仅告诫其在民营企业中保持廉洁，也降低了其再次从业时实施职务侵占犯罪的意愿，从而维护民营企业的良性运转。

综上所述，鉴于民营企业在当前经济发展过程中发挥重要作用，在宏观层面，国家希望能够对民营企业的从业者实现刑罚的轻缓化，解开民营企业从业者所受的束缚，鼓励其发展，增强经济活力。针对职务侵占罪，在司法实践中的具体量刑上，应该尽可能从轻量刑，实现刑罚的教育意义，实现对民营经济损失的修复。[2] 在《刑法修正案（十一）》调整了刑罚配置以及《刑法修正案（十二）》调整了刑法规制范围之后，坚持对民营企业的从业者进行从轻量刑，实际上是贯彻实质平等的理念，坚持权利与义务相统一。鉴于民营企业中从业者的特殊性，不宜对其施以过重的刑罚，而应该认识到其经营过程中的"难处"，在量刑上充分考虑民营经济所处的困境，尽可能对其从轻量刑，从而增强民营经济的再生力，避免挫伤其积极性，为民营经济的发展保存有生力量。

第四节　本章小结

我国传统的刑治模式强调通过刑罚对犯罪的制裁以实现犯罪控制，在这种模式下，社会治理因过于倚重刑法而不断扩张刑罚的处罚范围。这一方面

1　参见张明楷：《刑法学》（第6版），法律出版社2021年版，第704页。

2　参见［日］高桥则夫：《刑法总论》，李世阳译，中国政法大学出版社2020年版，第480页。

导致了刑法的异化和其对根基与信仰的背离；另一方面，也限制了民法、行政法等其他前置部门法的作用发挥，不利于社会治理能力与治理水平的现代化提升。以近年来的司法实践为例，诸如“男子偷割韭菜获利 8 元被判刑半年”“无业博士偷菜被刑事拘留”“小区内醉酒挪车被追究刑责”等案件，不仅引起社会广泛关注，而且其背后反映的对此类轻微不法行为动辄入罪并科处刑罚的司法理念，潜藏着社会治理过度刑法化的隐忧与危机。

刑法不是治疗社会问题的万能药。若社会治理过度依赖刑法，就会患上“刑法依赖症”。这种依赖症是近年来一些地方社会治理中出现的非理性现象，具有高度的法治风险与社会危害。一方面，它将打破国家权力与公民权利的均衡结构，最终侵蚀刑法的严肃性、严厉性；另一方面，社会治理过度依赖刑法必然导致大量轻微不法行为入刑，刑事司法过度犯罪化，其最致命的后果是削弱犯罪行为的非难性与可谴责性，消解刑法的社会认同，阻碍新兴技术产业的高速发展，使公众对整个刑事司法系统的信心逐渐衰退。

那么，在社会治理过程中应当如何克服“刑法依赖症”？需要从价值理念、刑事立法、刑事治理、司法实践等诸多层面予以调整，从而在司法实践中贯彻保障公民自由权利的刑法根基并恪守罪刑法定主义的刑法信仰。在司法实践案例中，将社会主义核心价值观巧妙地融入指导性案例之中，在裁判中形成正向的价值指引，防止指导性案例中存在不当适用的情形，并明确保障公民自由权利的刑法根基以及恪守罪刑法定主义的刑法信仰的适用范围。在具体的新兴技术领域，对于新兴技术相关犯罪的治理应尽可能避免刑法对新兴技术的过度规制而制约科技发展，对于帮信罪这类与新兴技术紧密相关的罪名，在对行为人进行刑事制裁时需要充分考虑行为人所处的现实语境，从主观要件、客观要件、入罪情节等各个方面实质限缩帮信罪等新兴罪名的刑法规制范围。为此，需构建完备的实质出罪机制，将主观恶性小、社会危害性低、危害结果轻微的行为排除出刑法规制范围，而非一味挥舞“刑罚的大棒”给公众的日常生活造成负面影响。与此同时，在当前保护民营经济的宏观背景之下，刑法的适用也要充分考虑民营企业的现实情况，不宜过度介入民营企业的正常经营。《刑法修正案（十一）》提升刑罚强度，《刑法修正案（十二）》扩张刑法规制对象范围，实际上都是追求对民营企业保护的“形式公平”，却忽视了对民营企业保护的“实质公平”。鉴于此，在刑事司法实践中应该结合社会发展的现实情况调整刑法规制模式，努力维护保障公民自由权利的刑法根基以及恪守罪刑法定主义的刑法信仰，从而真正在司法实践中发挥刑法的保障与预防作用。

首先，在价值理念层面，应维护刑法保障自由权利之根基。法治国家刑罚权合法性的基础在于保障公民自由权利，现代刑事司法理念要求刑罚权的行使应被限定在法律规定的最小必要限度内，刑法应成为公民赖以保护自身自由权利的盾牌，而非悬在公民头上的“达摩克利斯之剑”。其次，在刑事立法层面，对积极预防性刑法观应作理性反思。刑法并非遏制危险的良药，我国刑事立法应秉承理性主义并恪守核心刑法的边界，防止不断扩大的刑法处罚范围最终消损刑法自身的权威性。再次，在治理模式层面，坚持民刑共治的社会治理模式。法治社会的构建在于保持国家公权力与公民私权利之间的平衡，过多运用刑罚权不仅会侵蚀私权利的空间，而且会导致社会治理结构失衡。最后，在司法实践层面，恪守形式入罪与实质出罪的路径。司法者应仔细体会每一个案件背后的良知所在，在司法实践中遵循“入罪合法，出罪合理”的原则，通过形式入罪和实质出罪，构建形式上“有罪不一定罚”的出罪通道，从而充分实现刑法的人权保障机能。

总之，“刑法不仅仅限制自由，它还创造自由”[1]。刑法对公民自由的限制必须有清晰合理的边界，否则刑法就失去了意义和适用的空间。刑法不是

1　［德］汉斯·海因里希·耶赛克、［德］托马斯·魏根特：《德国刑法教科书》，徐久生译，中国法制出版社 2017 年版，第 3 页。

治疗社会问题的万能药，社会治理“刑法依赖症”有损刑法的正义与威信，作为“必要的恶”和“最后的手段”的刑法，应当恪守保障公民自由之根基与罪刑法定之信仰，而不应当成为阻碍社会治理能力提升的“挡箭牌”。在刑事司法实践中，必须全面地推动对公民个人自由权利的保护，避免公众对于刑法产生畏惧感，积极地发挥刑法的人权保障机能，最终利用刑法为经济发展与社会进步保驾护航。

第六章

刑法根基与信仰之罪刑法定原则司法适用

刑法的根基与信仰体现在刑事司法的各个层面，其中最为直观的体现便是将罪刑法定原则贯彻落实在司法实践之中，从而及时回应并公正处置社会所关切的问题。随着《刑法修正案（十一）》《刑法修正案（十二）》的发布，我国在积极预防性刑法观的指引下逐渐进入刑事立法活性化时代。在此背景下，我国刑事司法更应该坚持罪刑法定原则，将恪守罪刑法定主义作为刑法信仰予以贯彻。刑事法治既要有效惩治犯罪，又要避免国家刑罚权被滥用，成立犯罪必须以刑法的明确规定为前提，罪刑法定原则作为刑事法治不可动摇的信仰，其根本精神是限制国家刑罚权。因此，要协调好法益保护与安全保障的关系，分析不同罪名的具体理解与适用，将刑罚权的行使限定在法律规定的最小必要限度内，保障罪刑法定原则在司法适用过程中得到妥善运用，避免对公民自由权利产生过度侵害。

鉴于此，在罪刑法定原则的指引下，刑法对于主观构成要件的解释需要进行优化，在总则和分则中对主观构成要件进行差异化解读，并随之调整刑事入罪标准，继而影响刑罚范围。对行为构成要件的实质解释，需要在罪刑法定原则下妥善地适用体系解释与文义解释，最终基于对保护法益的实质解释来厘定行为的可罚性边界。与之相对，对于行为构成要件的类型化区分也需要在罪刑法定原则下展开，不仅要基于保护法益对行为构成要件进行实质解读，还要分析行为的客观意义，最终根据保护法益的差异区分行为类型，从而真正贯彻落实罪刑法定原则的刑法信仰。

第一节　罪刑法定原则下主观构成要件的解释优化

基于罪刑法定原则，对于刑法中犯罪构成要件的解释需要结合司法实践与社会发展现状予以调整，基于总则与分则所处的不同语境解释刑法中的主观构成要件，同时也要基于罪刑法定的刑法信仰调整入罪标准，继而调整刑罚处罚范围，在有效治理社会矛盾的同时避免刑法主观上过度介入而导致罪刑擅断。事实上，《刑法修正案（十一）》第 14 条就对《刑法》第 191 条洗钱罪作了修订，删除“明知”要件，删除“协助”要件，将自洗钱行为入罪，将跨境转移的“资金”扩大修改为“资产”，删除罚金刑比例限制，加大了刑罚惩处力度。在上述这些修改中，洗钱罪对“明知”这一主观要件的删除因为涉及自洗钱入刑而备受关注。然而，结合刑法总则与分则“明知”要件的差别与地位，洗钱罪删除“明知”要件并非仅仅意味着自洗钱行为的入罪，它还涉及是否导致洗钱罪主观构成要件的变化，是否对洗钱罪的认定发生影响等更为深层次的问题，因此在罪刑法定原则的指引下，对于洗钱罪主观构成要件的变动以及变动后的具体解释要尤为审慎。结合《刑法修正案（十一）》惩治洗钱犯罪的立法背景，刑法分则“明知”要件的作用以及删除“明知”要件后，如何在罪刑法定原则的指引下准确理解和适用洗钱罪无疑极为重要。

一、刑法总则与分则中对主观要件的差异化解读

在刑法犯罪构成中，总则与分则中对于主观构成要件的解读因为体系区

别而需要进行差异化展开，比如对“明知”的实质解读就存在不同解释路径。原《刑法》第191条规定，明知是毒品犯罪、黑社会性质的组织犯罪、恐怖活动犯罪、走私犯罪、贪污贿赂犯罪、破坏金融管理秩序犯罪、金融诈骗犯罪的所得及其产生的收益，掩饰、隐瞒其来源和性质的，构成洗钱罪。《刑法修正案（十一）》第14条将该条修改为：为掩饰、隐瞒毒品犯罪、黑社会性质的组织犯罪、恐怖活动犯罪、走私犯罪、贪污贿赂犯罪、破坏金融管理秩序犯罪、金融诈骗犯罪的所得及其产生的收益的来源和性质，实施提供资金账户等洗钱行为的，构成洗钱罪。原“明知”要件被删除，只要是为了掩饰、隐瞒毒品等七类犯罪实施洗钱行为的，就构成犯罪。那么，删除“明知”要件是否意味着洗钱罪的主观要件发生了变化？对于这一问题的解答则必须结合刑法分则中“明知”要件的地位和意义予以分析。

首先，作为犯罪主观构成要件，“明知”在我国刑法中是一个横跨刑法总则与刑法分则的概念，因此对其实质解读也需要基于不同视角进行分析。《刑法修正案（十一）》的修改内容弱化了洗钱罪的主观要素，但却在总体上强化了刑法分则中“明知”要件的作用。

我国刑法总则故意犯罪的概念规定了“明知”。《刑法》第14条规定，“明知自己的行为会发生危害社会的结果，并且希望或者放任这种结果发生，因而构成犯罪的，是故意犯罪”。据此定义，故意犯罪既要求有认识因素，即明知自己的行为会发生危害社会的结果，也要求有意志因素，即希望或放任犯罪结果的发生，认识因素和意志因素的合二为一，才是故意犯罪。

我国《刑法》分则共有45个条文总计41个罪名规定了“明知”要件。《刑法修正案（十一）》出台之前，《刑法》分则有41个条文、37个罪名要求具备“明知”要件。[1] 《刑法修正案（十一）》出台以后，将洗钱罪中的“明知”要件删除，原来《刑法》分则 37 个必须具备“明知”要件的罪名变成 36 个；同时，《刑法修正案（十一）》共有 8 个条文规定了“明知”要件，其中涉及新罪名或新罪行的有 5 个：《刑法修正案（十一）》第 3 条修改了《刑法》第 134 条第 2 款强令违章冒险作业罪，增加了“明知存在重大事故隐患而不排除，仍冒险组织作业”的规定；第 5 条修改《刑法》第 141 条，将“明知是假药而提供给他人使用的”规定为犯罪；第 6 条修改《刑法》第 142 条，将“明知是劣药而提供给他人使用的”规定为犯罪；第 7 条在《刑法》第 142 条后增加一条作为第 142 条之一，新增妨害药品管理罪，并将“明知是上述药品而销售的”行为作为本罪表现形式之一；第 44 条在《刑法》第 355 条之后新增第 355 条之一妨害兴奋剂管理罪，将“明知运动员参加上述竞赛而向其提供兴奋剂”作为本罪构成要件。在这 5 个罪名中，提供假药罪、提供劣药罪就是在原《刑法》第 141 条生产、销售假药罪和第 142 条生产、销售劣药罪的基础上分别新增了一种罪行即提供假药和提供劣药；换言之，该等罪名虽不是新增罪名，但提供假药、劣药的行为却是这两个罪名中新增的一种选择性罪行。强令、组织他人违章冒险作业罪中的组织行为也是——

---

1 这 37 个罪名是：第 120 条之六非法持有宣扬恐怖主义、极端主义物品罪，第 138 条教育设施重大安全事故罪，第 144 条生产、销售有毒、有害食品罪，第 145 条生产、销售不符合标准的医用器材罪，第 146 条生产、销售不符合安全标准的产品罪，第 147 条生产、销售伪劣农药、兽药、化肥、种子罪，第 148 条生产、销售不符合卫生标准的化妆品罪，第 171 条出售、购买、运输假币罪，第 172 条持有、使用假币罪，第 177 条之一妨害信用卡管理罪，第 191 条洗钱罪，第 194 条票据诈骗罪，第 210 条之一持有伪造的发票罪，第 214 条销售假冒注册商标的商品罪，第 218 条销售侵权复制品罪，第 219 条侵犯商业秘密罪，第 244 条强迫劳动罪，第 258 条重婚罪，第 259 条破坏军婚罪，第 265 条盗窃罪，第 285 条提供侵入、非法控制计算机信息系统程序、工具罪，第 287 条之二帮助信息网络犯罪活动罪，第 291 条之一编造、故意传播虚假信息罪，第 310 条窝藏、包庇罪，第 311 条拒绝提供间谍犯罪、恐怖主义犯罪、极端主义犯罪证据罪，第 312 条掩饰、隐瞒犯罪所得、犯罪所得收益罪，第 345 条非法收购、运输盗伐、滥伐的林木罪，第 350 条制造毒品罪的共犯，第 360 条传播性病罪，第 363 条为他人提供书号出版淫秽书刊罪，第 370 条故意提供不合格武器装备、军事设施罪，第 373 条雇用逃离部队军人罪，第 379 条战时窝藏逃离部队军人罪，第 399 条徇私枉法罪，第 415 条办理偷越国（边）境人员出入境证件罪、放行偷越国（边）境人员罪，第 429 条拒不救援友邻部队罪。

《刑法修正案（十一）》在本罪中新增的罪行而非全新罪名，另外 2 个罪名妨害药品管理罪和妨害兴奋剂管理罪则是全新罪名。

总之，目前，《刑法》分则共有 41 个罪名中规定了“明知”要件。《刑法修正案（十一）》虽然删去了洗钱罪中的“明知”要件，但是这种删除毕竟只涉及一个条款一个罪名，在此之外，却有 8 个条文并涉及 5 个新罪名或新罪行进一步突出了分则个罪中“明知”的规定，强化了刑法分则“明知”的作用。当然，虽然刑法总则与刑法分则均规定了“明知”，但二者之间是什么关系，显然还需要进一步厘清，而且，这也直接关系到洗钱罪删除“明知”要件后对该罪的理解适用。

其次，刑法总则中的明知解决的是故意犯罪中的认识因素，刑法分则中的明知是在具备总则罪过的基础之上，特殊个罪条文所要求的额外的主观要素。简言之，即便没有刑法分则个罪中的“明知”，也不影响具体个罪的主观要件的解释与认定。

申言之，分则明知不是总则明知亦即故意的前置条件。对于刑法总则与刑法分则中明知的关系，一种有力的观点是，分则明知是总则明知也即故意犯罪成立的前提条件。“刑法分则规定的明知是刑法总则规定的明知的前提，但却不是其本身的要素”，它是“对行为客体的明知被前置于构成要件，可以称为是一种前置型的明知。故意的明知被前置以后，故意的认识因素不再包括对行为客体的明知，只是对行为性质的明知以及对其他构成要件要素的明知。例如《刑法》第 172 条持有、使用假币罪，其构成要件是明知是伪造的货币而持有、使用。对假币的明知是第一次明知，这是对持有、使用假币罪的行为客体的明知。而对其行为是持有、使用假币行为的明知，则是第二次明知”[1]。按照这种观点，分则中的明知是总则中故意犯罪中明知的前提，前者是特定的构成要件要素，具备它后，才能成立一般的构成要件要素即故意

1　陈兴良：《刑法研究》（第 7 卷），中国人民大学出版社 2021 年版，第 375-376 页。

犯罪中的明知。这种看法值得商榷。

刑法分则的明知确实是对行为客体的认识。这从前述41个罪名对"明知"的规定即可发现，诸如"明知掺有有毒、有害的非食品原料的食品""明知是以上不符合保障人身、财产安全的国家标准、行业标准的产品""明知是伪造的货币""明知是无罪的人"等。然而，这不意味着刑法分则的明知是刑法总则明知成立的前提条件。一方面，刑法分则中规定了"明知"要件的犯罪并非都是故意犯罪，过失犯罪也有规定"明知"要件的。比如《刑法》第138条教育设施重大安全事故罪规定"明知校舍或者教育教学设施有危险，而不采取措施或者不及时报告，致使发生重大伤亡事故的"构成本罪。既然过失犯罪也可以"明知"为构成要件要素，这说明，"刑法分则规定的明知是刑法总则规定的明知的前提"这一说法不攻自破。另一方面，没有刑法分则的明知，丝毫不影响刑法总则明知的成立。《刑法修正案（十二）》颁布后，我国刑法分则共有483个罪名。如前所述，刑法分则规定了"明知"要件的条文仅有45条，涉及罪名41个，这意味着，刑法分则还有442个罪名都没有在故意或过失之外单独规定"明知"要件，但这丝毫不影响故意犯罪中故意罪过的认定，比如《刑法》第334条非法采集、供应血液、制作、供应血液制品罪是故意犯罪，该条并未规定"明知"要件，但这丝毫不影响本罪主观故意中明知的成立。可见，刑法分则的明知不是刑法总则明知成立的前提条件。

最后，刑法分则中的明知和刑法总则中的明知是什么关系？分析刑法分则个罪中"明知"的地位，可以发现它是刑法总则明知亦即故意之外的主观的超过要素。

"在某些犯罪中，主观要素仅存在于行为人的内心即可，不要求有与之相对应的客观事实。目的犯中的目的以及某些犯罪的动机就是如此（存在个别例外情形）……这种目的与动机，是某些犯罪的责任要素，却是主观的超过要素。”[1] 易言之，“有一些故意，除了实现构成要件的知与欲之外，还必须兼备特殊的心理愿望。这类故意，统称为‘意向犯’，包括：倾向犯、表意犯、意图犯”[2]。对于这样的心理愿望，刑法理论称为主观的超过要素，“一般对于涵盖客观要件的主观要件，亦以故意要求之，但对于超出客观要件规定范围的主观要件则称之为‘意图’或‘超出的内在倾向’”[3]。例如，刑法理论普遍认为，故意之外的特定的目的，“不是指直接故意的意志因素，而是故意的认识因素与意志因素之外的对某种结果、利益、状态、行为等的内在意向”[4]。在盗窃罪中，刑法条文并未规定非法占有的目的，但是这一目的却对实践中盗窃罪的认定起着直接作用，它就是盗窃罪故意之外的主观的超过要素。又如，在伪造货币罪中，“行使的目的是作为超出了伪造这一客观要素的‘主观的超过要素’而被规定为犯罪成立要件的”[5]。目的犯中的目的、倾向犯中的倾向或者意图犯中的意图等都是主观的超过要素。

主观的超过要素之所以名为“超过”，是因为这种要素并不要求与之对应的客观事实。刑法分则中的明知当然也是一种主观要素，但它并非故意犯罪中的明知要素，而是在故意之外的存在于行为人内心，没有客观事实与之相对应的主观要素。例如，明知是假币而运输，数额较大的构成《刑法》第171条运输假币罪，但是，明知是假币中的“明知”却并没有相应的客观事实与之相对应。又如，2017年4月27日最高人民检察院、公安部《关于公安机关管辖的刑事案件立案追诉标准的规定（一）的补充规定》第6条规定：“……明知他人以暴力、威胁或者限制人身自由的方法强迫他人劳动，为

1　张明楷：《刑法学》（第6版），法律出版社2021年版，第392页。
2　林东茂：《刑法综览》（修订5版），中国人民大学出版社2009年版，第74页。
3　柯耀程：《变动中的刑法思想》，中国政法大学出版社2003年版，第250页。
4　张明楷：《刑法学》（第6版），法律出版社2021年版，第393页。
5　［日］山口厚：《刑法总论》（第3版），付立庆译，中国人民大学出版社2018年版，第97页。

其招募、运送人员或者有其他协助强迫他人劳动行为的，应予立案追诉。”这里的明知内容，也没有与之相对应的客观事实。再如，对洗钱罪的原《刑法》第191条规定，“明知是毒品犯罪、黑社会性质的组织犯罪、恐怖活动犯罪、走私犯罪、贪污贿赂犯罪、破坏金融管理秩序犯罪、金融诈骗犯罪的所得及其产生的收益”，这一明知内容涉及行为客体的有关事实，但并无与之对应的客观事实。因为原《刑法》第191条只规定了为掩饰、隐瞒其来源和性质，提供资金账户等五种具体洗钱行为，而没有规定与明知内容相印证的客观行为。这样的明知，如同倾向犯中的倾向、表意犯中的表意、意图犯中的意图，都是主观罪过之外的特殊心理要素。

综上所述，刑法总则故意犯罪中的“明知”是对规范结果与性质的认识，而不是对特定犯罪事实的认识；刑法分则中的“明知”是主观的超过要素，是对特定事实认识的强调。因此，洗钱罪中的“明知”不是刑法总则中明知的前提要素。《刑法修正案（十一）》删除洗钱罪中的“明知”要件，只是降低对行为对象事实的证明标准，而未改变洗钱罪的主观要件，洗钱罪的主观方面仍为故意。

二、罪刑法定原则下主观要件对入罪标准的影响

《刑法修正案（十一）》删去“明知”没有改变洗钱罪的主观罪过，即洗钱罪的主观方面仍为故意。但是，对于洗钱罪的认定来说，这一删除却事关重大：它不仅意味着洗钱罪处罚范围的扩大，更意味着洗钱罪入罪标准的降低；而删除“明知”之后，洗钱罪的认定将变得更加容易。

（一）删除“明知”意味着上游犯罪本犯也被纳入洗钱罪主体范围，自洗钱行为入罪，洗钱罪处罚范围扩大

上游犯罪的主体亦即上游犯罪本犯能否成为洗钱罪的主体一直是我国刑

法学界争论的问题。从犯罪行为理论分析，一个行为是一罪还是数罪需要进行规范性的评价，“能否认为一个实行行为已经结束，这一判断依然伴随着规范性的评价”，[1] 其规范性评价的内容则是客观上行为的一体性与犯罪故意的继续性，以此为基础判断行为究竟是一个还是数个。上游犯罪本犯在实施完毒品犯罪、恐怖活动犯罪、走私犯罪等之后，如果利用自己将赃款转移境外、投资房产等方式洗钱，从行为本身规范评价分析，其主观方面仍属于一个概括的故意，即都是为了非法获取毒恐等犯罪所得及其收益。实施生产、销售毒品等利润巨大的犯罪后，如果不能将黑钱洗白，则意味着前期实施的上游犯罪无法变现，后期对上游犯罪的所得进行清洗正是基于同一犯罪意思并针对同一笔赃款所进行的行为。从行为的整体性来看，一个完整的犯罪行为分为预备行为、实行行为、事后行为。为实行行为做准备的预备行为和为实行行为做收尾的事后行为，分属不可罚的事前行为和不可罚的事后行为，当然，刑法分则有特别规定的除外。这也是盗窃罪、诈骗罪等财产犯罪分子事后销赃不单独构成掩饰、隐瞒犯罪所得、犯罪所得收益罪的原因所在。[2] “盗窃犯损坏或者消费所盗得的赃物的，由于这种损害或者消费行为与盗窃罪指向的是同一法益，属于在设置盗窃罪之际就已经预想到的情况，因而为盗窃罪所吸收，不再另外作为损坏器物罪或侵占脱离物罪予以处罚。这种情形下的损坏器物罪、侵占脱离占有物罪”，属于“不可罚的事后行为”，[3] 有观点认为其本身不再成立犯罪。更何况，实施毒恐等犯罪之后转移赃款的行为，对于毒恐等犯罪行为具有强烈的依附性，它们之间是吸收与被吸收的关系，换言

---

1 ［日］前田雅英：《刑法总论讲义》（第6版），曾文科译，北京大学出版社2017年版，第71页。

2 《刑法》第312条2006年经《刑法修正案（六）》修正，之后该条罪名被2007年10月25日“两高”《关于执行〈中华人民共和国刑法〉确定罪名的补充规定（三）》修改，由窝藏、转移、收购、销售赃物罪修改为掩饰、隐瞒犯罪所得、犯罪所得收益罪。根据确定罪名的法理，该罪名违背了罪名“力求表述简短、通俗”的原则（刘艳红：《罪名研究》，中国方正出版社2000年版，第139页），其科学简洁的表述应该为：掩饰、隐瞒犯罪所得及其收益罪。

3 ［日］松原芳博：《刑法总论重要问题》，王昭武译，中国政法大学出版社2014年版，第375页。

之，按照吸收犯的理论，上游犯罪本犯也不应成为洗钱罪主体。

在加入反洗钱国际组织和有关国际公约以后，我国对洗钱罪的刑事治理政策发生了变化。一方面，1989 年国际社会发起成立金融特别工作组（FATF），以保护国际金融体系安全，同时该组织还与各国保持联系，识别各国在金融安全层面的薄弱环节并敦促改进。1990 年 FATF 颁布《四十项建议》，历经 1996 年和 2003 年先后两次修正后，这些建议共同组成了国际公认的反洗钱与反恐怖融资国际标准，得到全球 180 多个国家的认可。2007 年 6 月 28 日 20 时，我国正式成为该组织的成员，与此同时，FATF 也对我国反洗钱工作进行了评估，评估报告指出，“执法部门查处案件、使用金融情报、开展国际合作工作时侧重上游犯罪，而相对忽视洗钱犯罪”[1]，并对我国洗钱犯罪惩治力度质疑，评估报告的第 77 条指出：“评估小组对于中国法制传统是否确实存在禁止将上游犯罪人的洗钱行为单独规定为刑事犯罪的基本原则表示怀疑。”另一方面，我国于 2003 年签署加入世界上第一部全面的反腐败国际法律文件《联合国反腐败公约》（以下简称《反腐公约》）。其中，在上游犯罪主体能否成为洗钱罪主体的问题上，《反腐公约》特别提出，缔约国“可以规定本条第 1 款所列犯罪不适用于上游犯罪的人”，即可以规定上游犯罪的人不构成洗钱罪的主体。这意味着如果不作这样的规定，实施上游犯罪的人自然成为洗钱罪的主体，因而可以说，“就公约的立法本意而言，洗钱罪的主体中包含了上游犯罪的主体”[2]。由此一来，对照 FATF《四十项建议》和《反腐公约》的要求，我国刑法理论和司法实务一致认为，我国洗钱罪的打击范围太窄。

为了履行加入国际组织和有关国际公约时承诺的打击洗钱犯罪的义务，

1　《金融行动特别工作组公布中国反洗钱和反恐怖融资互评估报告》，载中国政府网，https://www.gov.cn/xinwen/2019-04/18/content_5384062.htm。

2　马克昌：《完善我国关于洗钱罪的刑事立法——以〈联合国反腐败公约〉为依据》，载《国家检察官学院学报》2007 年第 6 期，第 5 页。

2006 年 10 月 31 日我国公布《反洗钱法》，但该法较为抽象，并未涉及具体的反洗钱措施和力度。2017 年 8 月 29 日国务院办公厅发布《关于完善反洗钱、反恐怖融资、反逃税监管体制机制的意见》，其中第 10 条规定，“推动研究完善相关刑事立法，修改惩治洗钱犯罪和恐怖融资犯罪相关规定。按照我国参加的国际公约和明确承诺执行的国际标准要求，研究扩大洗钱罪的上游犯罪范围，将上游犯罪本犯纳入洗钱罪的主体范围”。2020 年 7 月 22 日最高人民检察院《关于充分发挥检察职能服务保障“六稳”“六保”的意见》第 5 条指出，“加大惩治洗钱犯罪的力度”，“切实转变‘重上游犯罪，轻洗钱犯罪’的做法，办理上游犯罪案件时要同步审查是否涉嫌洗钱犯罪，上游犯罪共犯以及掩饰、隐瞒犯罪所得、非法经营地下钱庄等行为同时构成洗钱罪的，择一重罪依法从严追诉”。在加大对洗钱犯罪打击力度的国际和国内背景下，“为进一步防范化解金融风险，保障金融改革，维护金融秩序，保护人民群众利益，拟进一步完善刑法有关规定”。[1]

《刑法修正案（十一）》就是在这种背景下对洗钱罪的规定进行了修改完善，删除“明知”后，洗钱罪的处罚范围大为扩充，除为他人的毒恐等犯罪洗钱即传统的他洗钱构成犯罪之外，为自己实施毒恐等犯罪后的所得或收益进行洗钱的行为亦即自洗钱，也被纳入洗钱罪的打击范围。在以往我国《刑法》第 191 条规定“明知”要件的情况下，该罪特指洗钱犯罪分子明知对方所得是来自毒品犯罪、黑社会等犯罪所得及其收益，亦即有“明知”要件时针对的是他洗钱，而不包括为自己所得赃款洗钱的行为。这从以往有关洗钱罪的司法解释规定中即可看出。2009 年 11 月 4 日最高人民法院《关于审理洗钱等刑事案件具体应用法律若干问题的解释》（已失效）第 1 条规定，“刑法第一百九十一条、第三百一十二条规定的‘明知’，应当结合被告人的认知

1　李宁：《关于〈中华人民共和国刑法修正案（十一）（草案）〉的说明——2020 年 6 月 28 日在第十三届全国人民代表大会常务委员会第二十次会议上》，载《中华人民共和国全国人民代表大会常务委员会公报》2021 年第 1 期，第 132-133 页。

能力，接触他人犯罪所得及其收益的情况”等因素进行认定，如“知道他人从事犯罪活动，协助转换或者转移财物的”等。这里的“他人”，都是洗钱犯罪分子之外的实施上游犯罪的人。第191条中的“明知”所知道的行为客体事实是他人的行为事实，即上游犯罪分子及其上游犯罪的事实；上游毒品犯罪等犯罪分子和下游洗钱犯罪分子，作为两种不同的主体被区分开来，以往洗钱罪的设立，只是打击为上游犯罪洗钱的下游犯罪分子，而不涉及自己实施上游犯罪又自己洗钱的人亦即上游犯罪本犯。对于上游犯罪本犯来说，不需要规定“明知”，因为其对自己的犯罪及收益事实自然知道。

总之，《刑法修正案（十一）》删除“明知”后，再辅之以删除“协助”要件等修改，上游犯罪本犯被纳入洗钱罪的犯罪主体范围，自洗钱行为顺利实现了犯罪化。在此基础上，我国刑事立法对洗钱罪的治理终于实现了国内立法与国际立法的对接，并履行了国际组织和公约严厉打击洗钱罪的国际义务。

（二）删除“明知”后，他洗钱不再需要“明知”，洗钱罪的入罪标准降低

《刑法修正案（十一）》删除洗钱罪的“明知”后，不仅意味着自洗钱入刑，其实还意味着他洗钱的入罪不再需要“明知”，整个洗钱罪的入罪标准降低。

1. 删除“明知”后，需要讨论的问题不是洗钱罪成立是否需要证明行为人的主观要件，而是洗钱罪的入罪是否还需要“明知”要件

删除“明知”宣告我国刑法将自洗钱行为犯罪化，自洗钱自此入刑入罪。那么，他洗钱的认定是否受其影响？换言之，在主观故意之外，他洗钱的成立是否需要“明知”要件？有学者认为，“对于洗钱罪在主观方面的认定，可以分为‘自洗钱’与‘他洗钱’两种类型来理解适用：在‘自洗钱’的情形下，不存在对‘明知’的证明问题；但是，在‘他洗钱’的情况下，依然

需要证明行为人主观要件的成立”[1]。这种看法混淆了主观故意和明知之间的关系，将他洗钱是否需要“明知”的问题替换为是否需要主观要件的问题，因而是似是而非的。如前所述，刑法分则个罪中的“明知”不同于犯罪的主观要件或者罪过，“明知”是犯罪主观要件之外的超过的主观要素，是附加在个罪中对犯罪成立的证据强化要求。删掉洗钱罪中的“明知”丝毫不影响犯罪的主观要件，只是降低了对行为对象事实的认识标准，弱化了事实证明的重要性，而未改变洗钱罪作为故意犯罪这一事实。换言之，洗钱罪的主观要件仍然是故意。因此，删除“明知”后，无论是自洗钱还是他洗钱，都需要主观要件的成立。不同的是，在具备作为主观要件的故意之外，自洗钱入罪固然不再需要“明知”，他洗钱入罪是否还需要“明知”？即是否还需要证据证明行为人“明知”是毒品犯罪、黑社会性质的组织犯罪、恐怖活动犯罪、走私犯罪、贪污贿赂犯罪、破坏金融管理秩序犯罪、金融诈骗犯罪的所得及其产生的收益？这才是删除“明知”后洗钱罪面临的难题。

2. 删除“明知”后，无论是自洗钱还是他洗钱都不需要“明知”要件，洗钱罪只需要有主观故意即可，不再需要明知是毒品等犯罪所得及其收益这一事实

根据刑法的形式解释，洗钱罪的入罪不需要“明知”要件。形式解释是指根据刑法条文的字面含义从形式上所作的解释，“通过（基本的）语义解释，可以得知字词在法学或日常语境中的含义”[2]，这种“仅仅依靠形式的文理解释”[3] 而不涉及“处罚的必要性或合理性的实质判断的”[4] 解释，即为形式解释。形式解释来源于古典学派法学者的主张。“制订法律的人要比任何人

---

1 王新：《洗钱入罪的意义与司法适用》，载《检察日报》2021 年 3 月 25 日，第 3 版。

2 ［德］乌尔斯·金德霍伊泽尔：《刑法总论教科书》（第 6 版），蔡桂生译，北京大学出版社 2015 年版，第 31 页。

3 ［日］前田雅英：《刑法总论讲义》（第 6 版），曾文科译，北京大学出版社 2017 年版，第 41 页。

4 ［日］大谷实：《刑法总论》（新版第 2 版），黎宏译，中国人民大学出版社 2008 年版，第 88 页。

都更清楚，法律应该怎样执行和怎样解释。”[1] 因此，古典学派的学者反对法官对刑法进行解释，“法官唯一的使命就是判定公民的行为是否符合成文法律”[2]。法官没有解释刑事法律的权力，他们必须严格地遵守刑法文字，易言之，即便进行刑法解释，也只能进行形式的解释。

根据刑法的形式解释方法，必须对修改后的洗钱罪条文进行形式解释。根据《刑法修正案（十一）》第 14 条的规定，《刑法》第 191 条条文表述中不再有“明知”一词，即“为掩饰、隐瞒毒品犯罪、黑社会性质的组织犯罪、恐怖活动犯罪、走私犯罪、贪污贿赂犯罪、破坏金融管理秩序犯罪、金融诈骗犯罪的所得及其产生的收益的来源和性质”，实施洗钱行为的，就可以构成犯罪。为此，根据刑法的形式解释，无论是自洗钱还是他洗钱，在入罪时，都应该恪守文义解释的边界，不得擅自添加“明知”或其他构成要件要素。否则，就是超出刑法条文文字之外的解释。恪守法律条文的文字表述和字面含义是对法律主义的坚守，对罪刑法定原则的恪守，也是判断某一行为入罪是否合法的标准。形式解释是判断入罪是否合法的主要解释方法，也因此，形式解释主要被用于入罪领域，即认定犯罪成立必须要有刑法的明文规定作为根据。无论是自洗钱或他洗钱，在判断某种行为是否构成洗钱罪时，均须根据《刑法》第 191 条的基本文义，只要是为了掩饰、隐瞒毒品等犯罪的所得及收益的来源和性质而实施洗钱行为，就可以构成洗钱罪。

综上所述，根据《刑法修正案（十一）》第 14 条和《刑法》第 191 条的条文表述，在《刑法修正案（十一）》删除“明知”要件之后，洗钱罪中的主观要件仍然是故意，但是在故意之外，无论是自洗钱还是他洗钱都不需要“明知”要件。自洗钱行为因为删掉“明知”要件而得以入刑，他洗钱行为定罪也不再需要“明知”要件，洗钱罪的处罚范围大为扩张。

---

1 ［法］卢梭：《社会契约论》，李平沤译，商务印书馆 2011 年版，第 64 页。

2 ［意］切萨雷·贝卡里亚：《论犯罪与刑罚》，黄风译，商务印书馆 2017 年版，第 14 页。

鉴于此，在刑法解释过程中，基于罪刑法定原则解释刑法中的主观构成要件，对于刑法中的刑事入罪标准将会产生实质影响。在《刑法修正案（十一）》修改了洗钱罪的主观构成要件之后，洗钱罪的入罪范围也随之扩张，而这可能会动摇罪刑法定原则的价值根据。换言之，在刑法解释主观构成要件的过程中，在解释路径的选择上要基于罪刑法定原则合理限制刑事入罪标准，并应该基于罪刑法定原则的刑法信仰展开实质解释。

三、罪刑法定原则下主观要件实质影响刑罚范围

在对刑法中的主观构成要件进行解释的过程中，罪刑法定原则的刑法信仰将会实质影响刑罚范围，避免积极刑法观下刑法解释突破罪刑法定原则的限制，造成刑法在规制犯罪时肆意揣度行为人的主观认知以致社会公众陷入惴惴不安之中。比如刑法分则中的“明知”并非可有可无，它直接关系到犯罪的认定标准和入罪门槛。当删除了“明知”要件之后，在解释过程中洗钱罪入罪标准会随之降低，那么社会公众的行为将会因为对主观构成要件的错误解释而被认定为犯罪，这显然背离了罪刑法定原则，那么如何实现刑事治理对洗钱罪的精准打击就成为理论和实务中的新问题。

（一）删除“明知”要件后，要防范洗钱罪处罚的扩大化，努力实现洗钱罪的精准发力和精准打击

从《刑法修正案（十一）》修改后的洗钱罪的构成要件设计来看，洗钱罪的客观要件是实施了提供资金账户等五种洗钱行为，其中第五种规定是“以其他方法”洗钱，所以虽然条文列举了五种方式，但“以其他方法”这种兜底性条款的存在，使洗钱的行为方式外延宽广，只要是掩饰、隐瞒犯罪所得及其收益的行为均可成立犯罪；同时，本罪的成立在客观上只要有行为即可，没有情节或者数额的限制。洗钱罪的主观要件是故意，只要是“为掩

饰、隐瞒毒品犯罪、黑社会性质的组织犯罪、恐怖活动犯罪、走私犯罪、贪污贿赂犯罪、破坏金融管理秩序犯罪、金融诈骗犯罪的所得及其产生的收益的来源和性质”，实施了洗钱行为就可构成犯罪。这样的认定，从形式入罪的角度来看，并无问题。然而，形式解释对应的是实质解释，当采用形式解释入罪时，则必须采用实质解释出罪。“实质的解释，亦即对刑法罪刑规范以及个罪犯罪构成要件的解释，应该在坚持法益侵害说背景之下，根据是否达到了值得处罚的法益侵害程度来实质性地评价犯罪是否成立。”[1] 形式入罪不等于最终能够定罪，只有形式上符合法律规定和实质上具备值得处罚的法益侵害性，这种形式与实质的统一才能最终决定某一洗钱行为是否构成犯罪。申言之，形式入罪的行为只有在经过实质出罪层面的检验后仍然无法出罪的，才能最终认定为犯罪。通过形式入罪，实现入罪合法；通过实质出罪，实现出罪合理。这是弥补中国特色罪刑法定原则所欠缺的出罪机能的重要渠道，它将不值得刑罚处罚的法益侵害行为排除在犯罪圈外，建立“有罪不一定罚”的出罪机制。

《刑法》第191条洗钱罪规定在《刑法》分则第三章“破坏社会主义市场经济秩序罪”中的第四节“破坏金融管理秩序罪”之中，因此，本罪的设立是为了打击洗钱活动以维护金融管理秩序，简言之，金融管理秩序是本罪保护的法益。《刑法修正案（十一）》之所以删掉“明知”，正是因为“明知”要件的存在极大地制约了洗钱罪的认定，不利于维护金融管理秩序。“有关部门反映，行为人对特定上游犯罪具备‘明知’是认定洗钱罪的一个重要要件。然而证明行为人对某一具体上游犯罪具备‘明知’，在司法实践中有难度。从事洗钱的犯罪行为人常抗辩其不深究经手资金的来源，以此否认对某一种具体上游犯罪具备‘明知’。”[2] 比如，从1997年《刑法》规定洗钱罪后

1　刘艳红：《实质出罪论》，中国人民大学出版社2020年版，第433页。

2　许永安主编：《中华人民共和国刑法修正案（十一）解读》，中国法制出版社2021年版，第136页。

至2009年，“全国法院审理的以《刑法》第191条洗钱罪追究刑事责任的洗钱案件仅20余件”[1]。随着洗钱罪的几次修改将上游犯罪的范围扩大，近几年洗钱罪的案件数量有所上升，“2020年，全国检察机关共批准逮捕洗钱犯罪221人，提起公诉707人，较2019年分别上升106.5%和368.2%”[2]。然而，这一数量的绝对数仍然不高。《刑法修正案（十一）》删掉“明知”要件正是为了排除以往洗钱罪对明知事实的证明难度，降低洗钱罪的证明标准，充分预防和打击洗钱犯罪，有效维护国家金融管理秩序。

可以预见，删除“明知”要件后，洗钱罪的案件将会大幅度上升，尤其是在近年来司法机关不断加大对洗钱犯罪惩治力度的背景下，对于主观构成要件的修改以及解释将会对刑罚范围产生实质影响。如何有效防范洗钱罪不当扩大处罚范围所可能导致的法治风险，使司法机关在惩治洗钱犯罪时实现“精准发力”和“精准打击”[3] 是理论界与实务界必须回答的问题。

形式解释解决入罪的合法性，据此，只要是为掩饰、隐瞒毒品犯罪、黑社会性质的组织犯罪、恐怖活动犯罪、走私犯罪、贪污贿赂犯罪、破坏金融管理秩序犯罪、金融诈骗犯罪的所得及其产生的收益的来源和性质，实施提供资金账户等洗钱行为的，就构成洗钱罪。实质解释解决洗钱罪处罚的合理性，将不值得刑罚处罚的侵害金融管理秩序的洗钱行为排除在犯罪圈之外。为了防止将所有为掩饰、隐瞒毒品犯罪等实施洗钱的行为一律入罪，实现罪刑法定原则中刑罚法规内容的妥当性所要求的禁止“没有合理性和必要性的刑罚适用”，以及充分发挥《刑法》第13条“但书”的出罪机制，在依据刑法条文对洗钱罪形式入罪后必须再予以实质出罪，最终筑起防范洗钱罪不当

1　袁定波等：《最高法详解审理洗钱犯罪典型案例》，载《检察日报》2021年3月20日，第1版。

2　孙风娟：《最高检央行联合发布惩治洗钱犯罪典型案例》，载《检察日报》2021年3月20日，第1版。

3　周斌：《网络餐饮平台强制商家“二选一”被查处　最高检发布检察机关推进网络空间治理典型案例》，载《法治日报》2021年1月26日，第3版。

扩大处罚范围的防线。

（二）“明知”可作为不成文的构成要件要素，在他洗钱行为的定罪量刑中发挥出罪作用

基于实质出罪的立场，删除“明知”后，自洗钱自然不需要“明知”，但是，他洗钱行为在形式入罪后，可以使用“明知”作为拦截洗钱罪处罚范围扩大化的藩篱，发挥出罪作用，以助力实现司法机关对洗钱罪的精准发力和精准打击。

1. 根据修正后《刑法》第191条的条文表述，可以解释出“明知”为他洗钱的要件

删除“明知”后，《刑法》第191条洗钱罪的表述为，“为掩饰、隐瞒毒品犯罪、黑社会性质的组织犯罪、恐怖活动犯罪、走私犯罪、贪污贿赂犯罪、破坏金融管理秩序犯罪、金融诈骗犯罪的所得及其产生的收益的来源和性质”而洗钱的，构成洗钱罪。这里的“为……”，是对行为人主观认识的表达，即为了掩饰、隐瞒毒品犯罪等的犯罪所得及其收益。此处的“为了”，既像是犯罪动机，又像是犯罪目的，但无论是什么，要认定行为人是否“为掩饰、隐瞒毒品犯罪、黑社会性质的组织犯罪、恐怖活动犯罪、走私犯罪、贪污贿赂犯罪、破坏金融管理秩序犯罪、金融诈骗犯罪的所得及其产生的收益的来源和性质”，都必须对其掩饰和隐瞒的是什么犯罪所得及其收益有所认识，才能够符合“为……”这一要件。在自洗钱的场合，行为人洗自己的犯罪所得赃款，自然是只要实施了洗钱的行为就可以符合“为……”这一要件；在他洗钱的场合，只有“明知”其所洗赃款来源于毒品等犯罪所得及其收益，才能符合“为……”的规定。因此，他洗钱的认定仍然应该具备“明知”要件是修正后的《刑法》第191条规定中的暗含之意，它也从另一个角度证明了将“明知”作为洗钱罪中他洗钱的不成文的主观的超过要素是合理的、有充分根据的。

2. 根据自洗钱与他洗钱之不同，处罚他洗钱时出于合理性和必要性之考量，可以“明知”要件作为他洗钱出罪的根据

他洗钱不同于自洗钱，前者具有间接性，是本人为他人洗钱，后者具有直接性，是自己为自己洗钱。因此，他洗钱和自洗钱的危害性以及主观认识要求和证明标准理应有所不同。虽然从形式解释及其使用的文义解释角度而言，删除“明知”要件后，整个洗钱罪都不再有“明知”这一要件，但这并不意味着，从处罚的合理性和必要性的实质角度出发，洗钱罪中“明知”条件是不必要的。自洗钱既然是为自己的犯罪所得及其收益洗钱，其洗钱行为本身就是建立在“明知”的基础之上的，无需再证明。对于他洗钱，如果行为人不清楚对方的所得及其收益是毒品等犯罪所得及其收益而从事资金流转等服务就贸然对其定罪，则难以实现处罚的合理性，无法做到精准发力和精准打击。应区分自洗钱和他洗钱两种不同形式的洗钱行为，对于前者，实施了洗钱行为即定罪，对于后者，则要求应该具备“明知”要件。

在他洗钱的场合，要求具备“明知”要件并不违背罪刑法定原则。虽然《刑法》第 191 条构成要件的文字规定中不再有“明知”的身影，但是，在法理上，“明知”是可以作为不成文的构成要件要素存在的。刑法分则的构成要件有成文和不成文之分，“成文的构成要件要素，是指刑法明文规定的构成要件要素；不成文的构成要件要素，则是刑法表面上（文字上）没有明文规定，但根据刑法条文之间的相互关系、刑法条文对相关要素的描述所缺的，成立犯罪所必须具备的要素”[1]。不成文的构成要件要素和主观的超过要素并不矛盾，二者内涵和外延均不相同，但是又存在交叉。主观的超过要素既可能由成文的构成要件要素充当，也可能由不成文的构成要件要素充当。前述刑法分则个罪中明确规定的“明知”要件，就是成文的构成要件要素在充当

1　张明楷：《犯罪构成体系与构成要件要素》，北京大学出版社 2010 年版，第 120-121 页。

主观的超过要素。前述倾向犯中的内心倾向、目的犯中的目的，比如伪造货币罪中的使用目的、盗窃罪中的非法占有的目的等，都是不成文的构成要件要素，同时也是主观的超过要素。洗钱罪删除“明知”要件后，在他洗钱的场合，根据自洗钱与他洗钱的形式不同，以及他洗钱定罪时处罚合理性和必要性的实质判断，可以确立“明知”为其不成文的构成要件要素，同时它也仍然是他洗钱认定犯罪时的主观的超过要素，从而发挥他洗钱入罪时主观证明标准的作用，合理限制他洗钱的处罚范围。

3. 基于联合国国际公约对洗钱行为定罪的基本要求而将“明知”要件作为他洗钱的出罪根据

2000 年 11 月 15 日联合国大会通过《联合国打击跨国有组织犯罪公约》（以下简称《有组织犯罪公约》），2003 年 9 月 29 日公约正式生效，中国政府于 2003 年 9 月 23 日向联合国秘书长交存批准书，并声明对该公约第 35 条第 2 款关于通过仲裁和国际法院解决争议条款作出保留，该公约于 2003 年 10 月 23 日对中国生效。《有组织犯罪公约》第 6 条规定，“洗钱行为的刑事定罪：一、各缔约国均应依照其本国法律基本原则采取必要的立法及其他措施，将下列故意行为规定为刑事犯罪：1. 明知财产为犯罪所得，为隐瞒或掩饰该财产的非法来源，或为协助任何参与实施上游犯罪者逃避其行为的法律后果而转换或转让财产；2. 明知财产为犯罪所得而隐瞒或掩饰该财产的真实性质来源、所在地、处置、转移、所有权或有关的权利”。简言之，虽然我国刑法不再以“明知”作为洗钱罪的要件，但是，《有组织犯罪公约》对洗钱罪中“明知”要件的强调不容忽视。那么，这一规定对经过《刑法修正案（十一）》修正后的我国洗钱犯罪的认定是否有约束作用就会存在争议，并需要结合罪刑法定原则的刑法信仰加以实质解释。

实际上，根据国际法的基本法理与我国刑法的规定分析，我国作为《有组织犯罪公约》的加入国，公约对洗钱罪“明知”的规定，对我国认定洗钱罪毫无疑问仍然是有效的。

鉴于此，根据《维也纳条约法公约》第26条之规定，凡有效之条约对其各当事国有拘束力，必须由各该国善意履行。中国作为《有组织犯罪公约》的缔约国，除提出保留的条款外，应遵守公约的相关规定。因此，公约对中国的刑法有制约作用。中国的《宪法》《立法法》《缔结条约程序法》中没有关于国际法与我国法律关系的明确规定，但是中国坚持和平共处五项基本原则等国际法基本原则，遵守国际条约，善意履行国际义务的立场是毫无疑问的。从实践中看，对于国际条约在国内的具体适用方式，中国采用“并入法”，并区分“自身可执行”（self-executing）条约与“非自身可执行”（non-self-executing）条约。[1] 对于前者，无须国内立法机关予以补充或细化，可直接由国内法院予以适用；对于后者，必须经过国内立法机关的补充或细化，才能在国内法院直接适用。此外，《刑法》第9条规定：“对于中华人民共和国缔结或者参加的国际条约所规定的罪行，中华人民共和国在所承担条约义务的范围内行使刑事管辖权的，适用本法。”可见，中国刑法已明确规定依照有关国际条约承担义务，同时《有组织犯罪公约》第6条的内容并非我国提出保留的条款内容，对于第6条中的“明知”要件，我国所缔结的相关条约采取的是“自身可执行”的方式。根据我国刑法的规定和国际法的基本法理，《有组织犯罪公约》对洗钱罪的“明知”规定，仍然适用于我国刑法。从公约所规定的洗钱行为来看，并不包括自洗钱，仅指他洗钱，否则不会使用“协助”等这种他洗钱行为中才有的文字，因此，对于这里的“明知”，应该解释为仅限定适用于他洗钱，而不包括自洗钱。

1　参见《国际公法学》编写组编：《国际公法学》（第2版），高等教育出版社2018年版，第69-77页。

4. 基于基础事实与推定事实之间的联系，通过刑事推定完成事实认定，从而实现对“明知”要件的证明，发挥“明知”在他洗钱犯罪认定中限制处罚范围的作用

我国刑法分则个罪中的“明知”之证明，都是采用刑事推定的方式完成的。包括关于洗钱罪的原《刑法》第 191 条中的“明知”，由于它们是超过的主观要素，不存在与之相对应的客观行为事实，“不能从其行为中直接确证”，“为此，在司法活动中对主观要素采取了推定的证明方法。尤其是有关司法解释通过设置推定规范，为明知的司法认定提供了法律根据”。[1] 《反腐公约》第 28 条规定：“根据本公约确立的犯罪所需具备的明知、故意或者目的等要素，可以根据客观实际情况予以推定。”使用推定的方式来证明是否明知，是立法、理论与实务的共同做法。在他洗钱犯罪认定中，如果解释确定“明知”为其不成文的主观超过要素，则可以延续以往通过刑事推定完成事实认定的有效做法，将整个洗钱罪的认定限制在合理范围之内。

从程序法上看，对明知的刑事推定主要从基础事实、证明责任以及证明标准三个层面展开。详言之，首先，由控方承担基础事实的证明责任，[2] 通过基础事实的证明实现他洗钱的“明知”推定。犯罪的主观构成要素是一种内心活动，在被告人拒不供认或矢口否认的前提下难以查明。因此，可适度降低检察机关证明负担，实现对犯罪主观构成要素的证明，为推定的适用提供现实依据。起初，通过基础事实完成对推定事实的认定是由法官根据经验积累所作出的，这种积累的经验被事实认定者们普遍接受，并由法律所确认之后便具备法律效力，最终成为法律推定。对他洗钱犯罪明知的推定就是法律推定的典型例证，如检察机关通过对《关于审理洗钱等刑事案件具体应用法律若干问题的解释》第 1 条第 2 款规定的七项基础事实的证明即可推定被告

1 陈兴良：《刑法研究》（第 7 卷），中国人民大学出版社 2021 年版，第 382 页。

2 参见杨宗辉：《刑事案件的事实推定：诱惑、困惑与解惑》，载《中国刑事法杂志》2019 年第 4 期，第 124 页。

人对洗钱罪明知。其次，需要通过证明责任的转移实现对他洗钱犯罪明知推定的反驳，以达到验证明知推定正确与否的目的。但这在降低检察机关对主观构成要素证明负担的同时，也可能会导致认定错误概率提升。因此，推定规则的有效运行还需要设定一项新的机制以弥补错误概率提升可能带来的弊端。在此背景下，对他洗钱犯罪的明知推定在适当减轻控方举证责任的同时，也要使辩方负担一定的举证责任。[1] 如辩方有证据证明对他洗钱犯罪明知中的基础事实确实不知情，则此时推定的明知状态即被推翻。但如若辩方举证不能，则推定的明知即成立。最后，关于洗钱罪的推定的适用要区分基础事实与反驳事实的证明标准。依据我国现行《刑事诉讼法》之规定，对案件事实的证明需要达到事实清楚，证据确实、充分的标准，[2] 但为保障无罪之人不受刑事追究，证明标准需要根据基础事实与反驳事实的不同而作出区分，即只在基础事实的证明上，检察机关需要达到事实清楚，证据确实、充分的标准。上述推定的过程表明，他洗钱的明知推定具有严格的限定范围。鉴于此，在基础事实上，明知的推定应当严格限缩在经由法律确定的基础事实上，法定之外的事实不得作为他洗钱的明知推定。同时，明知推定必须经过反驳证据的检验，当存在可反驳证据时不能实现对明知的认定。此外，对基础事实的证明应达到事实清楚，证据确实、充分的程度，对未能达到此标准的基础事实，不能据此推定明知成立。

综上所述，删除“明知”要件后，要防范洗钱罪处罚范围扩大化，努力实现洗钱罪的精准发力和精准打击。为此，应该采用实质解释论，将“明知”确立为他洗钱犯罪认定中的不成文的构成要件要素，同时也是主观的超过要素，将形式上符合洗钱罪构成要件但实质上不具备处罚合理性与必要性的他洗钱行为排除在外。也就是说，以“明知”为他洗钱的出罪条件；通过刑事

1　参见缪劲翔：《证券内幕交易罪的认定——基于刑事推定的展开》，载《比较法研究》2013 年第 4 期，第 90 页。

2　参见李勇：《刑事证据审查三步法则》，法律出版社 2017 年版，第 310 页。

推定完成事实认定，从而实现对“明知”要件的证明，发挥“明知”在洗钱犯罪主要是他洗钱犯罪认定中限制处罚范围的作用。

自1997年《刑法》颁布至今，洗钱罪经历了三次修正。《刑法修正案（三）》扩大了洗钱罪上游犯罪的范围，将恐怖犯罪纳入其中，并提高了原来的法定刑。《刑法修正案（六）》再次扩大洗钱罪上游犯罪的范围，将贪污贿赂犯罪、破坏金融管理秩序犯罪、金融诈骗犯罪纳入其中，并将“协助将财产转换为现金或者金融票据”修改为“协助将财产转换为现金、金融票据、有价证券”。《刑法修正案（十一）》对洗钱罪的修正，秉承了前两次刑法修正案加大力度严惩洗钱罪的思路，删除“明知”要件、修改行为方式等前述修改，使洗钱罪的处罚范围扩大，惩罚力度加强。然而，我国洗钱罪是要一直秉承国际社会的要求朝着扩大化和严厉化的方向发展，还是应该结合我国刑法自身特点对洗钱罪处罚范围和力度保持适度模式，其实一直是困扰我国刑事立法和司法实务的问题。以《刑法修正案（十一）》删除“明知”为例，如果删除“明知”，那么在打击自洗钱的同时也降低他洗钱的入罪证明标准，这些做法能够有效遏制洗钱犯罪。立法的修改固然值得肯定，但是，从1997年至今的洗钱罪实务发展表明，无论将洗钱罪的范围扩大到多大，国际社会始终认为窄了。即便此次修改也将自洗钱行为纳入洗钱罪的制裁范围，但如何在法理上解决洗钱罪打击自洗钱行为这一刑法不可罚的事后行为，如何解决洗钱罪与《刑法》第312条掩饰、隐瞒犯罪所得、犯罪所得收益罪之间的关系，尤其是后者是否也意味着可以惩处隐瞒自己犯罪所得或其收益的行为，都是此次洗钱罪修改后出现的新问题。修改刑法是容易的，但如何保证刑法的修改不违背基本的法理却是困难的，在修改刑法的同时体系性地思考整部刑法典各个条文之间的关系以使之保持和谐统一更是难上加难。值得强调的是，修改刑法与有效治理犯罪之间并不能画等号；如何通过科学合理的刑事立法，提升国家刑事治理体系和治理能力的现代化，是未来我国刑事理论与实践需要进一步探讨的问题。

总之，在解释刑法罪名主观要件的过程中，因为主观要件具有主观擅断、标准不清等一系列问题，在解释刑法的主观构成要件时要尤为审慎，若一味地删除或者修改主观要件，则可能导致刑法规制范围肆意扩张，而这显然会有违刑法谦抑性原则。鉴于此，在刑法规制过程中，应该基于罪刑法定原则的刑法信仰与保障公民自由权利的刑法根基来合理解释主观要件，实质限缩刑罚范围，确保刑罚范围不会超出公众的合理预期。

第二节　罪刑法定原则下行为构成要件的实质解释

对于行为构成要件的实质解释，也需要基于罪刑法定主义这一刑法信仰展开，综合运用刑法解释方法中的体系解释、文义解释等多种方法，对实行行为进行充分合理的解释，在解释并规制行为时确保其符合社会公众的一般预期，且不会侵犯公众的自由权利。在具体的解释过程中，应实质解释保护的法益并据此厘定行为的可罚性边界，真正落实罪刑法定原则的价值目标，确保刑法不会过度介入公众的日常生活并干扰正常的经济社会秩序。

伴随社会进步，我国刑法开始逐渐深度介入社会生活治理的各个方面，但这也会招致一些质疑，并可能对恪守罪刑法定原则的刑法信仰造成干扰。《刑法修正案（十一）》第 31 条规定：“将刑法第二百七十七条第五款修改为：‘暴力袭击正在依法执行职务的人民警察的，处三年以下有期徒刑、拘役或者管制；使用枪支、管制刀具，或者以驾驶机动车撞击等手段，严重危及其人身安全的，处三年以上七年以下有期徒刑。’”根据 2021 年 3 月 1 日施行的“两高”《关于执行〈中华人民共和国刑法〉确定罪名的补充规定（七）》的规定，该条确立的罪名为袭警罪。自《刑法修正案（十一）》施行开始，截至 2021 年 4 月 1 日，全国各地共发生 101 起袭警案。[1] 为维护国家

1　参见沙雪良：《刑法修正案施行满月　101 人涉袭警罪被诉》，载《新京报》2021 年 4 月 25 日，A01 版。

法律的尊严和人民警察的人身安全，以及准确贯彻执行《刑法修正案（十一）》关于袭警罪的新规定，我国刑法学界有必要对袭警罪的成立要件尤其是其中的“暴力”行为要件展开分析。《刑法修正案（十一）》实施后，对袭警罪中关于暴力行为的实质解释的一些问题关系到该罪的入罪标准，以袭警罪为分析视角，可以判断在刑法解释过程中如何基于罪刑法定原则来实质解释行为构成要件，并结合社会发展的现实状况评判行为构成要件的解释模式对罪刑法定原则的影响，继而真正落实罪刑法定原则的刑法信仰。

一、罪刑法定原则下行为构成要件的体系解释

在罪刑法定原则下，对于行为构成要件的解释需要充分利用体系解释方法，从整体的刑法的逻辑框架分析行为的实际内涵，从而遵守罪刑法定的刑法信仰，确保刑法规制体系的整体协调。比如在袭警罪中，规定“暴力袭击正在依法执行职务的人民警察的”构成袭警罪。如何理解这里的“暴力袭击”，是理解袭警罪行为构成要件的重要内容，并且关系到能否在刑法解释过程中坚持罪刑法定原则。事实上，通过分析我国部分地区发生的首例袭警罪案例可以发现，人们对于袭警罪中“暴力”的理解和认定存在不规范、不统一的问题，在构成要件的定性上缺乏基本的标准，导致司法实务部门对该罪的认定存在过于随意与扩大化的倾向。鉴于此，必须结合我国刑法关于该罪构成要件的规定对“暴力”的性质作出实质分析。

对于袭警罪中“暴力”一词的最基本含义，需要结合暴力的行为场域进行综合分析，“暴力”是指暴露出来的力量。在日本，暴力主要涉及暴力团以及暴行罪的概念。所谓暴力团通常是指“软暴力”和“硬暴力”等各种手段。“暴力团的概念并不明确，但在刑事政策上称为问题的暴力团，是以团体的威力为背景，实施犯罪乃至不法行为，据此而获得生活资

金的团体。"[1] 这种暴力是一种团体的性质，包括"软暴力"和"硬暴力"等各种手段，其会排斥合法竞争，并给市民的生活造成各种不安。在日本的刑法罪名中，有一个罪名是暴行罪。"暴行罪的保护法益是身体之安全。……所谓暴力（暴行），是指对他人的身体施加物理力。最典型的例子是，对他人身体实施拳打、脚踢、拉拽等行为，也包含利用噪声、放射线、电流、强光等物理力的情形……广义的暴力，也包含指向他人而施加物理力（间接暴行）的情形，妨害执行公务罪中的暴力就是如此。"[2] "暴行只要是对人的身体施加、能够威胁到人的身边就够了，并不需要接触到身体。"[3] 但是，暴行必须对人具有物理的作用力。我国刑法中的暴力一般是指对被害人实施物理性的强制力，即"硬暴力"，而不包括"软暴力"，即心理的强制力。因为只有物理性的强制力才是暴露出来的力量。然而，自 2019 年我国刑事司法解释创立"软暴力"的概念之后，对刑法中暴力的解释，就不能再持单一的"硬暴力"思维，而应区分"硬暴力"与"软暴力"的范畴。由于袭警罪是明确以"暴力"为构成要件的犯罪，因此必须对其暴力是"硬暴力"还是"软暴力"抑或两者兼而有之加以厘定。

在此基础上，对于暴力行为的解释应该从不同视角予以综合分析，根据体系解释，袭警罪中的暴力应仅限于"硬暴力"而不包括"软暴力"。体系解释是基于法律领域或者法秩序的内在体系，尽可能合乎体系地解释某个规定。"一个价值判断尽可能一致的体系和'意义构造'，法律适用者在解释其单个组成部分时，不能孤立、不注意其规范性的语境。"[4] 体系解释既包括将一个规范置于整个法律体系的内部进行合乎体系的解释，也包括将一个规范

1　［日］大谷实：《刑事政策学》（新版），黎宏译，中国人民大学出版社 2009 年版，第 385 页。

2　［日］西田典之著，［日］桥爪隆补订：《日本刑法各论》（第 7 版），王昭武、刘明祥译，法律出版社 2020 年版，第 41-43 页。

3　［日］大塚仁：《刑法概说（各论）》（第 3 版），冯军译，中国人民大学出版社 2003 年版，第 49 页。

4　［奥］恩斯特・A. 克莱默：《体系解释的基本问题——以德语区和瑞士的法律方法论为视角》，周万里译，载陈金钊、谢晖主编：《法律方法》第 25 卷，中国法制出版社 2018 年版，第 21-22 页。

置于同一法律体系的内部进行合乎体系的解释，“它也意指规整脉络中许多条文间事理上的一致性、对法律的外部安排及其内在概念体系的考虑”[1]。前者如将侵害英雄烈士名誉、荣誉罪置于《英雄烈士保护法》《国家勋章和国家荣誉称号法》《民法典》《刑法》等烈士名誉、荣誉保护的一般法律、行政法律、民事法律、刑事法律等法秩序体系内，对“英雄烈士”的范围进行合乎体系的解释；后者如将刑法分则中以“明知”为要件的个罪进行归纳，并分析“明知”在刑法分则个罪中的地位和意义。在制定了成文刑法典的国家，法秩序既是外部统一的法律规制，也是内部自洽的法律体系。因此，“应当基于所在法律领域的内在体系，以及最终是整个法秩序的内在体系，尽可能‘合乎体系’地解释单个规定。对于法秩序的内在体系不契合的，并且似乎无道理地单独存在因此是体系外的规定，必须限缩解释，甚至不应当类推适用”[2]。对袭警罪中暴力的定性，不能脱离体系解释。由于“暴力”一词并未如同“英雄烈士”“增值税发票”等词一样涉及多个部门法，因此对其所作的体系解释主要在刑法内部即可进行。

根据体系解释，刑法中的暴力有其固定的含义，一般是指“硬暴力”，即对他人的身体施加物理力。因此，所谓“硬暴力”，其实就是对人的物理性强制力，它契合“暴力是暴露出来的力量”这一文义解释。在《刑法修正案（十一）》颁布以前，我国《刑法》中出现“暴力”的地方有 45 处，涉及 31 个条文共 27 个罪名，其中有 4 个条文虽然规定了“暴力”但是并非罪名条款，即《刑法》第 157 条第 2 款抗拒缉私的规定、第 242 条第 1 款暴力阻碍国家机关工作人员解救被拐卖妇女儿童构成妨害公务罪的注意规定、第 269 条转化型抢劫的规定、第 451 条关于战时含义的规定。剩下的就是 27 个条文

---

1 ［德］卡尔·拉伦茨：《法学方法论》，陈爱娥译，商务印书馆 2003 年版，第 207 页。

2 ［奥］恩斯特·A. 克莱默：《体系解释的基本问题——以德语区和瑞士的法律方法论为视角》，周万里译，载陈金钊、谢晖主编：《法律方法》第 25 卷，中国法制出版社 2018 年版，第 21-22 页。

规定的27个罪名，[1] 如《刑法》第123条规定的暴力危及飞行安全罪、第244条规定的强迫劳动罪、第263条规定的抢劫罪、第333条规定的强迫卖血罪等。这27个罪名中的“暴力”都是对被害人的“身体施以外在有形力的打击或强制”[2] 的“硬暴力”。

2019年4月9日施行的“两高两部”《关于办理实施“软暴力”的刑事案件若干问题的意见》（本章以下简称《“软暴力”司法解释》）第1条规定：“‘软暴力’指行为人为谋取不法利益或形成非法影响，对他人或者在有关场所进行滋扰、纠缠、哄闹、聚众造势等，足以使他人产生恐惧、恐慌进而形成心理强制，或者足以影响、限制人身自由、危及人身财产安全，影响正常生活、工作、生产、经营的违法犯罪手段。”该司法解释颁布以后，我国刑法中的暴力就包括两类：“硬暴力”与“软暴力”。2015年《反家庭暴力法》第2条规定：“本法所称家庭暴力，是指家庭成员之间以殴打、捆绑、残害、限制人身自由以及经常性谩骂、恐吓等方式实施的身体、精神等侵害行为。”该条规定中的家庭暴力其实就包含“软暴力”，只不过“软暴力”作为独立的概念是在《“软暴力”司法解释》中首次出现的。那么，袭警罪中的暴力是“硬暴力”还是“软暴力”呢？

质言之，刑法中的“暴力”是与“威胁”相并列的独立行为类型，因此，这样的暴力可以称为“硬暴力”。但是，“软暴力”却是与威胁、恐吓

1　这27个罪名依次是：2017年《刑法》第121条规定的劫持航空器罪，第122条规定的劫持船只、汽车罪，第123条规定的暴力危及飞行安全罪，第125条之五规定的强制穿戴宣扬恐怖主义、极端主义服饰、标志罪，第202条规定的抗税罪，第226条规定的强迫交易罪，第236条规定的强奸罪，第237条规定的强制猥亵、侮辱罪，第238条第1款规定的非法拘禁罪，第240条规定的拐卖妇女、儿童罪，第244条规定的强迫劳动罪，第246条规定的侮辱罪，第247条规定的暴力取证罪，第256条规定的破坏选举罪，第257条规定的暴力干涉婚姻自由罪，第262条之一规定的组织残疾人、儿童乞讨罪，第263条规定的抢劫罪，第277条规定的妨害公务罪，第278条规定的煽动暴力抗拒法律实施罪，第294条规定的组织、领导、参加黑社会性质组织罪，第307条第1款规定的妨害作证罪，第318条规定的组织他人偷越国（边）境罪，第321条规定的运送他人偷越国（边）境罪，第333条规定的强迫卖血罪，第347条规定的走私、贩卖、运输、制造毒品罪，第368条规定的阻碍军人执行职务罪，第426条规定的阻碍执行军事职务罪。

2　参见刘艳红主编：《刑法学》（下）（第2版），北京大学出版社2016年版，第280页。

等概念相类似的概念，它使刑法中的行为类型相互趋同、边界不清。根据体系解释，刑法中的暴力从来就没有“软暴力”之说；袭警罪中的暴力也应采用刑法中暴力的体系性内涵，应将其理解为“硬暴力”，而不包含“软暴力”。

前述31个条文共27个罪名中的暴力，都是“硬暴力”。《“软暴力”司法解释》对“软暴力”的规定，极大地扩张了刑法中暴力的范围，使暴力有了软硬之分。但是，这并不意味着刑法中的暴力全部应该根据该司法解释进行扩张。“软暴力”看似一个独立的暴力类型，实则与刑法中的威胁等行为类似。威胁类似于胁迫的概念，“胁迫就是出于使他人产生恐惧心理的目的而告知他人不利后果，这是广义上的胁迫；狭义的胁迫是强迫有恐惧感的对方实施作为或者不作为；最狭义的胁迫是使人产生难以反抗程度的恐惧心”[1]。《“软暴力”司法解释》第4条规定：“‘软暴力’手段属于《刑法》第二百九十四条第五款第（三）项‘黑社会性质组织行为特征’以及《指导意见》第14条‘恶势力’概念中的‘其他手段’。”该解释第5条规定：“采用‘软暴力’手段，使他人产生心理恐惧或者形成心理强制，分别属于《刑法》第二百二十六条规定的‘威胁’、《刑法》第二百九十三条第一款第（二）项规定的‘恐吓’，同时符合其他犯罪构成要件的，应当分别以强迫交易罪、寻衅滋事罪定罪处罚。”可见，“软暴力”在性质上是黑社会性质组织犯罪中的一个概念，类似于日本的暴力团。为了满足扫黑除恶的需要，因而在“硬暴力”之外创制了一个“软暴力”的概念。但是，“软暴力”概念使他人产生恐惧心理的又属于威胁或者恐吓，而威胁和恐吓正是《刑法》规定的以暴力为行为要件的罪名中常常出现的与暴力并列的手段，如《刑法》第202条规定的抗税罪中以暴力、威胁方法拒不缴纳税款，第256条规定的破坏选举罪中以暴力、威胁等方法破坏选举等手段。这表明在司法解释创制出“软暴力”概

1 ［日］曾根威彦：《刑法学基础》，黎宏译，法律出版社2005年版，第144页。

念之前，刑法中的暴力与威胁根本不是同一种行为类型，前者不包含威胁或恐吓等行为，而只是单纯的暴露出来的力量亦即“硬暴力”。但是，根据前述司法解释的规定，“软暴力”本身并没有暴露出力量，而只是一些非暴力性但带有闹事性质的行为如滋扰、纠缠、起哄等，衡量其效果的标准是两个“足以”，即足以使人产生恐惧心理或者足以危及人身财产安全等。如在“套路贷”案件中，当受害人无力还债时，犯罪分子对受害人实施贴报喷字、拉横幅、播放哀乐、摆放花圈、泼洒油漆等行为，逼迫受害人偿还虚高债务，贴报喷字、拉横幅等行为就是“软暴力”的表现，因为它们足以让被害人产生恐惧心理或者足以危及被害人的人身或财产安全。由于刑法规范未明确“软暴力”的行为内涵，其外延过于宽泛，即一切足以使人产生恐惧心理或足以威胁到他人人身或财产安全的行为都是“软暴力”，因此，“软暴力”与刑法中的威胁等行为类型之间的边界就不清晰了。

如果将刑法中的暴力全部扩大解释为包含“软暴力”，那么刑法中的威胁行为就可以取消了。这意味着我国整个刑法分则中关于暴力罪名的构成要件都要进行修改。果真如此，显然违反罪刑法定原则。虽然司法解释规定了“软暴力”概念，但是由于目前该概念主要适用于涉黑犯罪中的行为类型，同时它在性质上又常常和威胁等行为接近，因此，“软暴力”概念不宜扩大适用到其他非涉黑的案件中。这也与“软暴力”概念作为司法解释拟制规定的地位相一致。“软暴力”概念属于司法解释创制的拟制规定，而非刑事立法规定的概念，对于拟制概念，只应该在解释规定的犯罪领域中适用，而不得擅自扩大到其他领域。设立袭警罪是为了保护警察在执行公务的过程中免受违法犯罪分子的攻击，这种执法行为的对象是不同的个体，袭警行为的发生也是因为对警察执法行为有抵触，对国家法律有抗拒，袭警行为显然不是黑恶势力犯罪，打击袭警犯罪行为也不是扫黑除恶，不能将袭警罪中的暴力解释为包括“软暴力”。基于刑法体系解释的立场，袭警罪中的暴力只能是与刑法分则其他罪名中的暴力一样的“硬暴力”。如果盲目将袭警罪中的暴力扩大解释为包含“软暴力”，那么意味着它与刑法其他有关暴力的罪名中的暴力都不相同，从而导致即便在同一刑法典之内，对暴力的认定都无法统一。

另外，袭警罪中的暴力只限于“硬暴力”从《关于依法惩治袭警违法犯罪行为的指导意见》（以下简称《袭警意见》）的有关规定中也可以看出。《袭警意见》第 1 条规定，暴力袭警行为包含两种：一种是实施撕咬、踢打、抱摔、投掷等行为，对民警人身进行攻击；另一种是实施打砸、毁坏、抢夺民警正在使用的警用车辆、警械等警用装备的行为，对民警人身进行攻击。这两种暴力，前者是对人的暴力，后者是对物的暴力。无论是对人的暴力还是对物的暴力，这里的暴力都是暴露出来的力量，而不是以“两个足以”为判断标准的“软暴力”。

二、罪刑法定原则下行为构成要件的文义解释

在罪刑法定原则下，对于行为构成要件的解释与分析需要基于行为的基本含义进行分析，尽可能在文义解释的框架内分析行为的具体内涵，防止对行为的解释超出社会公众的一般预期，同时防止其违反罪刑法定原则。鉴于袭警罪的行为是“暴力袭击”，因此对该罪中暴力的理解不能脱离“袭击”二字进行，“袭击”也因此成为袭警罪中暴力的限定语，并使该罪中的暴力多了与刑法中其他暴力犯罪中的暴力不同的特性。在一般语境下，“袭击：乘敌人不意或者不备突然实施攻击的作战行动。是进攻的基本方法之一。主要样式有伏击、急袭、奔袭、偷袭、破袭、袭扰等。目的是打敌措手不及，快速歼敌，以小的代价换取大的胜利。具有手段多样、行动迅速、主动灵活、隐蔽突然等特点”[1]。因此，突袭的特点就是行为具有突发性、瞬时性和意外

1 夏征农、陈至立主编：《辞海》（第 6 版），上海辞书出版社 2010 年版，第 2462 页。

性，从而才可以达到出其不意的效果。袭警罪中的“暴力”正因为伴随突然袭击，即行为人突然采用暴力，在乘人不备时发动攻击，即便暴力程度未必严重，也因为暴力的发生具有突发性而往往使警察措手不及，因而其在执行公务时会受到妨害。如果暴力的发生并不具有这种突发性，那么即使体现出一定的暴力特征，也不宜认定为袭警罪中的暴力。

（一）罪刑法定原则下文义解释强调出罪思维

基于罪刑法定原则，在对行为构成要件的文义解释过程中应该强调出罪思维，不能一味地扩大行为的内涵范围，或者模糊行为的特征造成刑法打击范围扩张，而是应该实质分析行为构成要件的特征，并在此过程中强调出罪思维。比如，在袭警罪的解释中要强调暴力的突发性，这种突发性主要体现为行为人对警察实施了突然攻击行为，在具体的行为特点上表现为行为的快速迅捷。事实上，基于罪刑法定原则在文义解释中强调暴力的突发性有利于限制袭警罪的成立范围，体现的正是实质出罪的理论思维。在《刑法》31 个条文共 27 个罪名所涉及的 45 处“暴力”中，对行为均不要求以突发性为核心特征，甚至对暴力的特别限定都较为罕见。作为不成文的构成要件要素，只有抢劫罪要求暴力的实施具有当场性，但这主要是为了体现构成要件的个别化机能，以便与绑架等罪相区分。相较于抢劫罪对暴力的特别要求，袭警罪对暴力突袭性的限定要求贯彻形式入罪实质出罪的解释论立场。因为相较于抢劫罪等暴力犯罪而言，袭警罪毫无疑问属于轻罪，从司法中的罪刑均衡方面考虑，不宜将该罪的成立范围扩大化，所以应当通过对行为要件的限缩来控制该罪的成立范围。需要指出的是，如果行为人先以将要实施暴力相威胁，之后再实施暴力的，那么此时的暴力仍然具有突发性。暴力是否具有突发性需要结合事件的类型以及暴力本身进行判断，即使行为人预先以将要实施暴力相威胁，但纯粹的言语行为具有某种逞强耍横的性质，不影响之后暴力的突发性特征。如果之后没有实施突发的暴力，单纯以暴力相威胁但确实阻碍了公务的执行，那么应以妨害公务罪论处；如果没有阻碍公务的执行，那么对行为人给予治安管理处罚即可。

虽然并不要求袭警罪中的暴力起码造成轻伤的结果，但是暴力应当在属于“硬暴力”的同时，体现出行为的快速迅捷。如果行为人只是推搡警察，而没有实施快速迅捷的行为，那么就不能认定该行为为袭警罪中的暴力。以贵州省贵阳市云岩区发生的首例袭警案[1]为例，2020年11月9日，贵州省贵阳市公安局云岩分局网格民警沙某某、辅警邓某某在云岩区万科大都会现场处置一起纠纷案时，在对苟某某采取强制措施的过程中，苟某某采取语言辱骂、吐口水、用脚踢踹的方式攻击沙某某、邓某某。经贵州省贵阳市云岩区第二人民医院诊断，两名出警人员均存在不同程度的软组织挫伤。随后，贵州省贵阳市云岩区人民法院依法以袭警罪判处苟某某有期徒刑7个月。在该案中，符合袭警罪中暴力特征的是卡脖子、脚踹等行为，但该行为并不是突袭意义上的行为，相较于突袭的卡脖子、脚踹等行为缺少行为的突发性，因为此时警察正在实施强制措施。因此，该行为在实质解释的意义上可以出罪，对行为人的行为给予行政处罚即可，而不应认定为袭警罪。袭警罪中的暴力不包括纯粹的言语行为，如辱骂行为就不是袭警罪中的暴力，这种言语行为就是语言表达本身，但如果这种声音是通过一种物理的力量发出的，进而对警察的听力造成某种伤害，那么这种言语行为就可能是一种暴力。

在文义解释过程中应该基于罪刑法定原则塑造行为的判断标准，就暴力突发性的判断标准而言，暴力的突发性所表现出来的出其不意的效果应该包括两个方面：一是一般人的标准，即在一般人看来，暴力是具有突发性的，可以达到出其不意的效果；反之，如果暴力在一般人看来具有通常性或者说是合乎情理的，那么此时的暴力就不再具有突发性。例如，警察在执法过程

---

1 参见罗华：《贵阳首例袭警罪案件宣判》，载《贵州日报》2021年3月13日，第4版。

中遭遇行为人的推搡和撕扯，这种相对缓和且具有情绪性的行为因欠缺突发性而不宜被认定为袭警罪。这也是立法论层面的刑法谦抑原则在解释论层面的具体延伸。“刑罚这种制裁具有强制力，由于它同药效大的药物一样伴有副作用，判断以什么作为刑法的对象时，必须慎重考察对某种行为是否有必要动用刑罚来抑制。”[1] 将因情绪而表现出的与警察之间的推搡或者撕扯行为入罪，既不符合袭警罪中暴力的突发性特征，也有违刑法的谦抑原则和袭警罪的规范目的。尽管警察具有执法权，而相对人具有配合的义务，但是并不等于说在执法过程中不会出现一些冲突。二是在警察和执法相对人的主体层面需要就具体情形作具体分析。如果警察意识到行为人确实具有暴力倾向，而行为人也确实处于一定的意志能力下降的状态，那么此时的暴力就不具有突发性。例如，在大多数的警察执法活动中，若行为人实施袭击警察的行为，则这种暴力通常具有一定的突发性，但如果行为人是在较为激动的状态下实施轻微的反抗行为，那么对行为人的行为就不宜按袭警罪处理。

强调暴力的突发性意味着暴力的发生若不具有突然袭击的效应，则不能构成袭警罪；否则，就意味着现实生活中经常出现的在警察执法中个人与警察之间发生的所有肢体接触和碰撞以及语言冲突行为都被纳入刑法规制的范围，将会导致所有抗拒警察执法的行为都构成袭警罪的后果。暴力发生的突然袭击效应包括一定强度的突发行为以及暴力突然升级的行为。此外，个别警察在执法过程中因自身执法素质较低，可能存在袭警挑拨行为，而行为人一旦实施肢体行为，就可能被认定为袭警罪。这不利于文明执法理念的贯彻和法治社会的构建。警察在正常执法过程中面临突然的暴力袭击，对于作为被害人的警察而言其在主观上具有被动性，因此行为人在侵犯警察人身安全的同时妨害其执行公务，进而侵犯公共秩序。以山东省德州市临邑县发生的

1　［日］西田典之著，［日］桥爪隆补订：《日本刑法各论》（第7版），王昭武、刘明祥译，法律出版社2020年版，第23页。

首例袭警案[1]为例，被告人陈某在其好友饮酒后仍劝其驾驶车辆并乘坐该车辆。该车辆被民警拦下检查，被告人陈某因不满巡逻民警现场录像取证而情绪失控，陈某对巡逻民警进行辱骂，并突然用其手机将其中一名巡逻民警面部砸伤，随后在抗拒控制过程中又将其面部抓伤。经鉴定，该民警伤情系轻微伤。司法机关认定陈某的行为构成袭警罪。在该案中，陈某因抗拒执法辱骂警察，并在辱骂的过程中突然用手机砸向警察，其行为具有突发性，属于暴力袭击，并妨害了警察执行公务，侵害了社会公共秩序，人民法院认定其行为构成袭警罪是合理的。然而，如果仅有暴力，但暴力并不具有突然袭击的性质，那么就不应认定为“暴力袭击”，从而不应认定行为人的行为构成袭警罪。以湖南省湘潭市发生的首例袭警案[2]为例，被告人赵某酒后驾驶摩托车与一台小车发生剐擦事故，交警到达现场处理该事故，赵某拒不配合执法，多次辱骂交警，并采取故意阻拦、推搡的方式妨害交警正常执法活动。民警将赵某带上警车后，赵某多次用手捶打和用脚踢警车玻璃，硬拽警车车门，致使警车车门拉手损坏。赵某因行为涉嫌构成袭警罪于2021年3月26日被刑拘，4月2日被逮捕。在该案中，暴力不具有突发性的特征，虽然赵某也实施了轻微的暴力行为，但是暴力属于双方在争吵过程中的冲突，不是突然发生的攻击，无论是推搡、辱骂行为，还是之后在车里对车辆实施的捶打行为，均不具有针对警察人身安全的突发性。尽管《袭警意见》在《刑法修正案（十一）》之前规定，实施打砸、毁坏、抢夺民警正在使用的警用车辆、警械等警用装备，对民警人身进行攻击的，应当以妨害公务罪定罪并从重处罚，但是袭警罪中的暴力行为并非指纯粹的对物实施的暴力，对物实施暴力是袭警行为的从重情形，并且对物实施的暴力应当以对警察的人身安全造成侵害或者威胁为目的，如警察正在警车中，行为人在车外面突然实施砸车行为，

---

1 参见（2021）鲁1424刑初83号刑事判决书。

2 参见於广强：《辱骂民警还破坏警车，男子被刑拘》，载《潇湘晨报》2021年4月16日，A6版。

该种行为就属于袭警行为。故在上述案件中，赵某的行为不应构成袭警罪，对其给予治安管理处罚即可。

（二）罪刑法定原则下文义解释强调全面思维

基于罪刑法定原则，在解释行为构成要件时，应该基于全面思维来梳理行为模式，从不同视角分析行为的不同类型模式，在罪刑法定原则的框架下尽可能全面地分析行为可能的潜在模式，避免刑法规制范围出现缺漏。比如对于袭警罪中的暴力行为，鉴于暴力的突发性往往伴随瞬时性特征，这种瞬时性会导致警察根本就来不及防备，那么此时暴力行为可能有多种样态，并可能是从无到有或者从一种行为到另一种行为，这在行为的实质解释过程中都应该予以考虑。比如，在执法过程中，如果行为人有一些持续性的辱骂行为或者推搡行为，但行为呈现一定的稳定性，那么就不能认定该行为为袭警罪中的暴力行为。

第一，基于暴力的瞬时性特征，在实质解释行为时应该考虑行为可以是从无到有的样态，在罪刑法定原则的框架下将符合条件的行为纳入刑法规制范围。例如，在警察执法的过程中，行为人突然实施暴力，并且这种暴力达到了对警察的人身安全具有侵害或者侵害危险的程度，进而对公务的执行造成妨害，也侵犯了社会秩序。这样的从无到有的暴力，其本身的暴力程度就已达到袭警罪要求的暴力程度，并且在这种情况下，暴力体现了突发性和瞬时性的特征。以重庆市渝中区发生的首例袭警案[1]为例，2021 年 3 月 5 日下午，重庆市渝中区交巡警支队民警依法在大黄路立交桥附近开展交通违法整治工作。当日 17 时许，王某驾驶无牌摩托车逆向行驶，且未戴安全头盔。执勤民警及时警告，示意王某停车接受检查，王某担心自己的违法驾驶行为被

1　参见李立峰等：《多地检察机关适用新法办理“首案”》，载《检察日报》2021 年 3 月 22 日，第 4 版。

查处，便想逃避检查。于是他突然加速冲卡，将执勤民警撞倒后弃车逃逸。当晚，王某被重庆市公安局渝中区分局抓获，并以涉嫌袭警罪将其刑事拘留。在该案中，行为人面对交警的执法活动，突然加速冲卡进而导致民警的人身安全受到伤害和遭遇危险，该暴力的类型即属从无到有的类型，即之前并不存在任何暴力行为，行为人只是将车在距离卡点不远的地方缓慢停下，当民警要求驾驶人接受检查时，行为人才猛然加快车速冲卡并导致民警倒地受伤，此种暴力属于具有突发性和瞬时性的暴力，其行为构成袭警罪。

第二，基于暴力的瞬时性特征，在实质解释行为时还应该考虑行为可以是从一种行为到另一种行为转型升级的样态，在不违背罪刑法定原则的前提下，将符合条件的行为纳入刑法规制范围。例如，之前存在持续性的推搡行为和辱骂行为，但行为人突然用强光灯照射警察的眼睛，或者突然朝警察喷洒辣椒水或者其他类似的喷雾，妨碍警察执行公务，此种暴力符合袭警罪的暴力特征。在行为转换或者暴力升级的情况下，要求不同阶段的暴力能够对警察的人身安全造成损害。如果之后的暴力突然升级，但其针对的对象不是警察的人身，而是警车之类的财物，或者对物实施的暴力不会危及警察的人身安全或者产生现实的危险，那么这种暴力就不应被认定为具有突发性和瞬时性的暴力升级行为。

（三）罪刑法定原则下文义解释强调现实语境

在罪刑法定原则的指引下，对于行为构成要件的文义解释应该强调现实语境，综合分析行为构成所属的现实情况调整解释模式，避免对行为构成要件的解释脱离公众的一般预期，同时避免刑法规制范围无序扩张。比如在袭警罪中，警察作为执法主体，对在执法过程中被执法对象可能实施的暴力应该具有一定的预见性，对于警察能够预见的暴力，除非暴力程度严重并确实妨害公务的正常执行，一般情况下不应以袭警罪定罪处罚。由此，对于袭警罪中行为构成要件的分析，就充分地考虑了社会发展的现实语境，要求袭警行为的定义和社会观念发展相契合，而不是将可以预见的、程度较低的暴力行为一概纳入刑法规制范围。

在司法实践中，对于行为的认定要充分考虑行为人所处的现实语境及行为人可能做出的自然反应。“所谓预见其能发生所指的就是根据一般的、抽象的情况来判断事实发生的可能性。”[1] 在处置一些暴力冲突事件以及实施醉酒约束措施时，警察一般能够预见行为人可能实施的暴力，这种暴力的突袭效果会大大降低，并且此时执行公务的直接任务就是抗制暴力。例如，当警察面对醉酒的人采取醒酒措施时，尽管《袭警意见》规定醉酒的人实施袭警犯罪应当负刑事责任，并且《刑法》第 18 条第 4 款明确规定，醉酒的人犯罪，应当负刑事责任，但是这些规定的存在并不代表对醉酒人实施的袭警行为与对未醉酒人实施的袭警行为可以采用同一标准进行定罪处罚。

事实上，醉酒不同于酗酒，无论是根据社会一般人的观念，还是站在执法主体的立场思考，有些醉酒的人在醉酒之后会具有一些暴力倾向。警察在对醉酒的人执法之前应当预料到一些被执法者可能会实施暴力。如果警察在执法之前能够预料到行为人醉酒后的一些行为可能性，那么在其对醉酒的人采取强制约束措施时，行为人即使实施了推搡、撕咬、碰撞等行为，对该类行为也不应按袭警罪处理。被执法者醉酒后自身意志能力和控制力都大为减弱，借酒闹事较常见，即便醉酒者对警察实施暴力，警察也很容易防备并将其制服。易言之，由于在此种情况下醉酒者实施的暴力一般不会妨害警察正常执行公务，因此对醉酒者实施的行为一般不宜按袭警罪处理。将一种存在预见可能性且暴力程度不明显的行为认定为犯罪有违刑法的法益保护原则和谦抑原则。如果行为人确实处于醉酒状态，只要其实施的不是比较严重的暴力，那么警察应当具有预见可能性，即使行为人实施的是严重的暴力，警察

1　黄荣坚：《刑法问题与利益思考》，台北，元照出版有限公司 1995 年版，第 34 页。

也可以进行正当防卫，并可能按照其他罪名对行为人的行为进行处罚。这也充分体现了现代刑法的宽恕精神。在刑事法治的语境下，实质出罪的主要目的之一就是实践刑法的这种精神和理性。

对于实施明显的暴力升级行为或者具有突发性和瞬时性的暴力来说，处于一般醉酒状态的行为人应当被认定为袭警罪中的暴力主体；对于完全处于醉酒状态的行为人而言，其行为不宜按照袭警罪处理。事实上，处于深度醉酒状态的行为人几乎没有攻击方面的优势，在行为人处于深度醉酒状态时，无论谁去控制行为人，都会面临被攻击的危险。也就是说，无论是执法主体还是一般人，都能够预料到可能会出现这类暴力，即这种暴力的突发性明显下降。以山东省济南市发生的首例袭警案[1]为例。被告人池某某饮酒后驾驶一辆小型轿车，在路口处因醉酒昏睡。凌晨0时许，山东省济南市交警支队历下区交警大队民警刘勇、辅警曲哲超接警后，穿制式警服、驾驶警车赶至现场处理警情。因被告人池某某醉酒，民警刘勇、辅警曲哲超遂驾车欲将池某某带回公安机关做进一步的处理。当曲哲超驾驶警车行至龙鼎大道与龙景路交叉口附近时，被告人池某某企图跳车。民警刘勇、辅警曲哲超遂对其提出口头警告，并对其进行控制。其间，被告人池某某用拳头对曲哲超面部进行击打。经鉴定，曲哲超所受损伤程度被评定为轻微伤；被告人池某某血液中的酒精含量为200.8（±8.5）mg/100ml，系醉酒状态。被告人的行为最终被认定构成袭警罪。分析该案，在醉酒的状态下，一旦出现推搡和纠缠行为，行为人的捶打行为更像是弱者的本能防卫行为，甚至是无意识的行为或者出于恐惧的行为，因此，无论是从暴力程度看还是从暴力的突发性看，该案被告人的行为均不宜认定为袭警罪。

当前，公安机关的执法环境日益复杂且执法任务趋于繁重。在现实生活中，警察队伍是庞大的，其职能也是多样的，除打击犯罪以外，在处理一般

1　参见（2021）鲁0102刑初107号刑事判决书。

的暴力冲突事件或者一些群体性事件时，不宜轻易地将警民冲突行为认定为袭警罪。因为这些冲突行为通常并不具有意外性，将此类行为一律入罪只会激化警民矛盾。以江西省分宜县发生的首例袭警案[1]为例。江西省分宜县分宜镇女子梁某在与邻居周某（女）发生纠纷并吵架后仍不解气，为泄心中不满，于2021年3月2日10时许持刀闯入邻居家中，将其家中电冰箱、电视机等财物砸坏，并扬言要砍杀其孩子，后周某报警。接警后，分宜县公安局城东派出所民警等立即赶往现场处置。此时，梁某得知民警赶到现场后躲进屋内将房门反锁，现场民警表明身份并对其进行口头传唤，梁某拒不开门并对民警进行辱骂、威胁，考虑到梁某手持菜刀且情绪激动，如果不妥善处置，很有可能发生意外，为保障其他人的人身安全，民警立即找来锁匠将其家门打开，梁某见民警进入家中，顿时情绪激动，手持菜刀对着民警就是一顿劈砍，民警手持盾牌进行防御将梁某按倒在地，在制服过程中，一民警左肋部被菜刀划伤，一辅警身体多处被抓伤。警察在处置这类事件时，已预见行为人会使用暴力，故该暴力已与袭警罪中的暴力无关。因为此时的执行公务本身就是对抗和制止暴力，所以暴力的实施并不具有意外性。在该案中，就行为人的行为而言，完全可以考虑其行为是否构成故意毁坏财物罪以及非法侵入住宅罪，而不应考虑是否构成袭警罪。

总之，通过分析袭警罪中实行行为的特征可以发现，在判断行为是否属于刑法规制范围时，应该充分考虑行为人所处的现实语境。对于行为人而言，在醉酒、情绪激动等特殊语境下，其行为本就容易超出自身控制，而社会公众在相同语境下对于行为人所作出的“稍微出格”的行为举动也存在心理预期，那么此时这类“稍微出格”的行为就不宜纳入刑法规制范围，否则会造成刑法打击范围过宽而导致公众陷入惴惴不安之中，同时也存在违反罪刑法定原则的嫌疑。

---

1 参见黄辉：《女子持刀劈砍辱骂民警被刑拘》，载《法治日报》2021年3月24日，第6版。

三、实质解释保护法益厘定行为的可罚性边界

由于法益概念既是检验刑法分则各犯罪构成要件正当性的出发点，也是宪法用以限制刑事立法的工具，因此，在司法实践中对于具体保护法益的实质解释将会决定行为的可罚性边界，并关系到能否贯彻罪刑法定原则。比如在袭警罪的刑法解释中，确定袭警罪侵犯的法益是什么，对于理解该罪的构成要件具有直接的指导作用，并且，通过袭警罪行为样态与保护法益之间的共通性，可以准确判断袭警罪行为构成要件的符合性。总之，在司法实践中基于罪刑法定原则实质解释刑法的保护法益，有助于明确行为的可罚性边界，并根据可罚性边界来限制刑法的过度扩张，从而恪守刑法的根基与信仰。

（一）基于罪刑法定原则明确保护法益

在实质解释行为构成要件过程中，首先需要基于罪刑法定原则明确保护法益，从而以保护法益为核心来判断行为的可罚性边界，避免刑法规制范围无限扩张。以袭警罪为例，从形式看，设立袭警罪所保护的法益是双重的，即警察的人身安全法益和社会公共秩序法益。袭警罪是法定犯，虽然法定犯严格来说并未侵犯法益，只是不服从管理违反了行政秩序，但是，在法益论仍然是犯罪本质最主流理论的背景下，还须在法益论这一分析框架下讨论法定犯个罪中的诸多问题。设立袭警罪所保护的法益是警察的人身安全和社会公共秩序，其中以公务执行为核心的社会公共秩序是主要法益，警察的人身安全是次要法益。袭警罪是法定犯，法定犯分为纯正法定犯与不纯正法定犯，两者的区分标准是其是否具有反伦理道德性。纯正的法定犯是不带有任何自然犯性质或者说不违背伦理道德的犯罪，某种行为之所以构成犯罪是因为其违背国家行政法规取缔之目的，如《刑法》第 158 条规定的虚报注册资本罪、

第 159 条规定的抽逃出资罪等；不纯正的法定犯则是带有一定自然犯性质的犯罪，在违背国家行政法规取缔目的的同时也具有反伦理道德性，既违背国家行政法规取缔之目的，也侵犯公民人身或者财产等自然权利，如《刑法》第 335 条规定的医疗事故罪、第 345 条规定的盗伐林木罪等。袭警罪属于不纯正的法定犯，它以侵犯警察的人身安全为前提。因为行为人侵犯的对象是警察，而警察的身份决定了对警察实施暴力具有不同于对一般普通公民实施暴力的社会意义。前者还体现了对国家机器、法律权威、法治秩序等的冒犯；后者只是单纯地侵犯了公民的人身法益。因此，设立袭警罪所保护的法益其实是双重的，即警察的人身安全法益和社会公共秩序法益。

然而，从实质看，设立袭警罪所保护的法益是社会公共秩序，只不过行为人对公共秩序法益的侵犯，是通过侵害警察的人身安全进而妨害公务来实现的。

一方面，设立袭警罪所保护的法益是以警察公务活动为核心的社会公共秩序。根据袭警罪在我国刑法分则中的条文位置，在人身安全和社会公共秩序这两种法益中，社会公共秩序法益才是主要法益，否则就无法理解为何《刑法修正案（十一）》将袭警罪放置于《刑法》分则第六章第一节，而不放置于第四章“侵犯公民人身权利罪”之中。由于《刑法》第 277 条被放置于第六章“妨害社会管理秩序罪”第一节“扰乱公共秩序罪”之中，因此该罪保护的主要法益并非警察的人身安全，而是在警察人身安全遭受侵犯的同时被损害的国家的法律权威和社会的公共秩序。这意味着，对警察人身安全的侵害必须最终使社会公共秩序受到侵害。易言之，设立袭警罪所保护警察的人身安全只是手段，防止扰乱社会公共秩序才是设立该罪期望达到的目的。

另一方面，袭警罪保护的公共秩序法益过于抽象。根据该罪的立法沿革，对于公共秩序法益的判断可以具体化为行为是否妨害公务。确定了设立袭警罪所保护的法益是什么，并不等于法益可以直接发挥甄别值得处罚的犯罪构成要件行为的作用。其原因是，公共秩序法益过于抽象和宽泛，我国《刑法》分则第六章第一节规定的其他犯罪也侵犯了公共秩序法益，因此，还须结合袭警罪的罪质对该罪侵犯的法益做进一步的细化。根据袭警罪的立法沿革以及该罪与妨害公务罪之间包容与被包容的关系，该罪就是一种特殊的妨害公务罪，其罪质就是公务的妨害性，而不是暴力侵犯性，暴力侵犯只是妨害公务的手段而已。因此，对袭警罪侵犯公共秩序法益的判断可以进一步具体化为，是否妨害警察执行公务。如果妨害警察执行公务，那么必然侵犯公共秩序法益；反之，则没有侵犯此种法益。

袭警罪的罪质是公务的妨害性而不是暴力的侵犯性，从该罪的立法沿革可以看出。袭警罪的立法并非一蹴而就，而是经过了三个阶段才成为独立的罪名。第一个阶段，《刑法》第 277 条并没有单独针对袭警行为作出规定，只是在该条第 1 款规定："以暴力、威胁方法阻碍国家机关工作人员依法执行职务的，处三年以下有期徒刑、拘役、管制或者罚金"；在第 4 款规定："故意阻碍国家安全机关、公安机关依法执行国家安全工作任务，未使用暴力、威胁方法，造成严重后果的，依照第一款的规定处罚。"这两款规定实际上涵盖了针对人民警察的暴力妨害公务行为。第二个阶段，全国人大常委会以修正案的形式修改了《刑法》第 277 条的规定，将暴力袭警行为作为妨害公务罪的从重处罚情节。《刑法修正案（九）》在《刑法》原第 277 条增加了第 5 款的规定："暴力袭击正在依法执行职务的人民警察的，依照第一款的规定从重处罚。"该款的规定使对暴力袭警行为的处罚从对妨害公务犯罪行为的处罚中独立出来，其量刑基准也高于妨害公务罪的量刑基准。对此，司法解释明确规定，"暴力袭击正在依法执行职务的人民警察的，可以增加基准刑的 10%—30%"。[1] 第三个阶段，《刑法修正案（十一）》第 31 条将暴力袭警行为独立

1　参见 2017 年 3 月 9 日最高人民法院发布的《关于常见犯罪的量刑指导意见》（已失效）第 4 条"常见犯罪的量刑"之"（十一）妨害公务罪"第 3 款。

成罪，并给该罪规定了两档法定刑，其中，第一档法定刑与妨害公务罪的法定刑相同，第二档法定刑为“三年以上七年以下有期徒刑”，从而使该罪的法定最高刑为 7 年有期徒刑，远超妨害公务罪最高法定刑 3 年有期徒刑的刑期。

基于罪刑法定原则的刑法信仰，对设立袭警罪所保护法益的确定必须结合该罪的立法沿革进行。“解释法律条文时以立法过程之相关资料探求立法者的真意，立法或修法的立法理由是其中最为重要的参考资料。”[1] 袭警罪立法发展的三个阶段表明：第一个阶段，袭警行为在性质上被认为与其他以暴力妨害国家机关工作人员依法执行职务行为是相同的行为。因为警察也是国家机关工作人员的一种，所以这一阶段无论是对暴力袭警行为的处罚还是对其他妨害公务行为的处罚，其依据是相同的。第二个阶段，增加对暴力袭警行为进行从重处罚的规定表明，该阶段有关暴力袭警的立法只是认为，对正在执行公务的警察实施暴力较之对其他国家工作人员实施暴力而言，其危害性更大一些，所以才规定要从重处罚。然而，在罪质上，该阶段立法同样是基于暴力袭警属于妨害公务罪的性质这一前提的，所以只是在法定刑方面规定了从重处罚。第三个阶段，暴力袭警行为独立成罪。然而，独立成罪并不意味着这一行为与妨害公务罪没有关系。作为《刑法》第 277 条第 5 款，其与第 1 款的关系并未因独立成罪而发生变化。袭警罪的法条是妨害公务罪法条的特别法条，后者是前者的一般法条。妨害公务罪中的“国家机关工作人员”与袭警罪中的“人民警察”两个概念之间的种属关系没有发生改变，“以暴力、威胁方法阻碍”与“暴力袭击”之间的包容与被包容关系也没有发生改变。

（二）通过保护的法益甄别行为的可罚性

当基于罪刑法定原则确定保护法益之后，就应该根据保护法益的实质内涵判断并甄别行为的可罚性，从而避免正常行为被误判，实现对犯罪行为的

1　林钰雄：《新刑法总则》（第 4 版），台北，元照出版有限公司 2014 年版，第 49 页。

精准打击。以袭警罪为例，当明确本罪的保护法益之后，根据袭警罪侵害警察人身安全妨害公务从而侵犯公共秩序法益的特点，以及构成要件符合性与保护法益之间的共通性，对袭警罪“暴力袭击”这一构成要件符合性的判断不能脱离设立该罪所保护的法益。“既然构成要件的内容是通过特定的实行行为而引起结果，实行行为与法益侵害结果的内容就当然会成为构成要件符合性的判断标准。”[1] 如果没有因侵害警察人身安全而妨害公务进而侵害社会公共秩序法益，那么该行为就不能构成袭警罪；如果侵犯了警察人身安全但并未妨害公务执行，那么就不能认定该行为侵害了社会公共秩序法益，自然也不能构成袭警罪。这一点对于理解和适用袭警罪具有非常重要的意义。

1. 暴力袭警行为必须达到妨害公务执行的程度

在判断保护法益范围的过程中，行为侵害法益必须达到一定程度。比如在袭警罪中，根据《刑法》第277条第5款的规定，“暴力袭击正在依法执行职务的人民警察的”构成袭警罪。“如果犯罪的构成要件只表述了一种行为进程，而没有提及什么结果，那么，它便是朴素的行为犯。”[2] 由此可见，袭警罪是行为犯，对于“暴力袭击”，立法既不要求情节严重，也不要求造成严重后果。从形式看，只要实施暴力袭击警察的行为就会被认定构成袭警罪。然而，根据形式入罪实质出罪的实质刑法学理论，[3] 形式入罪的行为在实质上并不一定就构成犯罪，如何构建“有罪不一定罚”的出罪通道，对于袭警罪这类轻罪的认定意义重大。《刑法修正案（十一）》施行以后，我国各地司法机关对袭警罪的适用非常积极，袭警案频发。如前所述，截至2021年4月1日，全国各地发生的袭警案已达101起。按照这种趋势发展下去，袭警罪很

1 ［日］桥爪隆：《构成要件符合的界限》，王昭武译，载《苏州大学学报（法学版）》2015年第4期，第127页。

2 ［德］乌尔斯·金德霍伊泽尔：《刑法总论教科书》（第6版），蔡桂生译，北京大学出版社2015年版，第67页。

3 参见刘艳红：《实质出罪论》，中国人民大学出版社2020年版，第1页。

有可能成为继“醉驾型”危险驾驶罪之后的第二大罪名。轻罪立法本身已与我国刑法厉而不严的模式不同，如果轻罪立法化之后司法不加以控制，将所有的袭警行为都以犯罪论处，势必造成滥用刑罚的后果。任何决策作出的过程，只要存在自由选择的余地，决策者主观动机的合理性乃至合法性必定要在过程与结果中呈现出来，[1] 因此，需要根据法益来限制刑法处罚的范围，促使决定的过程趋向正当。为此，哪些“暴力袭击”警察的行为能够入罪，必须通过设立该罪所保护的法益加以甄别。通过判断暴力袭击行为是否因其对警察的人身安全法益造成侵犯进而妨害公务执行并扰乱社会秩序，从而划定值得刑罚处罚的暴力袭警行为的范围。

2. 暴力袭警行为若只具有妨害执行公务的危险则不构成犯罪

基于罪刑法定原则，对于保护法益的判断要求行为必须造成实际损害后果，在非危险犯的多数情况下，如果仅对保护法益形成危险则不能认定为损害法益，那么行为此时也不构成犯罪。比如在袭警罪中，如果暴力袭警行为只是产生了妨害执行公务的危险，而并未实际影响到公务的执行，那么这样的暴力袭警行为不应构成袭警罪。正因为袭警罪没有结果严重等定罪要求，所以才须通过设立该罪所保护的法益进行甄别。如果暴力袭击行为本身过于轻微，那么就不可能真正妨害公务的执行，也就不具备可罚性。然而，司法实务中对有些案件的认定并未体现构成要件符合性与保护法益之间的共通性。以浙江省丽水市发生的首例袭警案[2]为例。2021 年 3 月 8 日晚上，浙江省丽水市景宁畲族自治县公安局巡特警大队接到报警，当地一家餐馆内有人酒后闹事。民警赶到现场后，满身酒气的蓝某非但没有收敛，反而不断挑衅、辱骂、推搡阻碍民警执法。民警对其采取执法措施时，蓝某用脚踢民警蒋某，并用手抓伤辅警陈某。经鉴定，陈某人体损伤程度为轻微伤。分析该案，即

---

1 参见周佑勇：《司法审查中的滥用职权标准——以最高人民法院公报案例为观察对象》，载《法学研究》2020 年第 1 期，第 66 页。

2 参见（2021）浙 1127 刑初 22 号刑事判决书。

使行为人蓝某不构成醉酒状态，其实施的暴力抗拒警察执法的行为程度也极其轻微，脚踢、抓伤行为本身仅属于普通殴打，警察执法虽然受到影响，对其公务的正常执行也有一定妨害，但是这种妨害更多的是停留在“有妨害执行公务的危险”层面，而对轻罪仅有危险就处罚，很容易造成侵犯人权的后果。此时，“应当从正面来讨论保护法益，判断处罚的必要性”[1]；否则，就是处罚了不该处罚的违法行为，违反罪刑法定原则，使袭警罪的司法适用违背刑法的保障机能。

如果刑法学界和司法实务界对袭警罪中暴力的内涵与外延、入罪门槛与处罚基准不加以探讨，任由所有与警察发生撕扯或肢体接触的行为一律入罪，那么袭警罪势必成为新的“口袋罪”。由于坚持以人民为中心的法治原则需要坚持良法善治论、公平正义论和法治系统论的理论逻辑与实践方法，[2] 因此，对警民冲突的处理就不应该单纯依靠适用袭警罪来解决；否则，会激化警民之间的矛盾，加剧政府与百姓之间的对立情绪。最高人民检察院发布的全国检察机关办案数据表明，从起诉罪名看，排在第一位的是危险驾驶罪；从新罪名看，在《刑法修正案（十一）》新增的 17 个罪名中，起诉人数最多的罪名是袭警罪（101 人），其次是催收非法债务罪（91 人）、妨害安全驾驶罪（30 人）、高空抛物罪（21 人）、危险作业罪（14 人）等。[3] 这仅仅是《刑法修正案（十一）》实施 1 个月的数据，按此趋势发展下去，袭警罪成为中国第二大罪绝非危言耸听。

“作为犯罪成立要件的违法性，是对于法益侵害行为或者是引起了法益侵害危险的行为的评价，其必须具备足以奠定处罚基础程度的当罚性……在这

---

1 ［日］前田雅英：《刑法总论讲义》（第 6 版），曾文科译，北京大学出版社 2017 年版，第 52 页。

2 参见周佑勇：《推进国家治理现代化的法治逻辑》，载《法商研究》2020 年第 4 期，第 12 页。

3 参见孙风娟：《最高检发布一季度检察机关主要办案数据适用刑法修正案（十一）新增罪名公诉 258 人》，载《检察日报》2021 年 4 月 24 日，第 1 版。

个意义上，作为犯罪成立要件的违法性必须是‘可罚的违法性’。”[1] 就袭警罪而言，其中的“暴力”必须在性质上是“硬暴力”，在暴力的发生上必须具有突袭性，在处罚的基准上，必须关联设立袭警罪是对警察人身安全的侵犯从而妨害警察执行公务、侵犯社会秩序这一特点，从法益与构成要件之间的共通性出发，联系暴力袭警行为及其结果予以综合衡量，发挥法益甄别值得处罚的暴力袭警行为的功能，筛选值得作为犯罪处罚的暴力袭警行为。因此，应当将实质出罪的立场和方法贯彻在袭警罪的具体解释过程中，实现刑法在保护法益与保障人权之间保持平衡的目标，在刑法积极参与社会治理的现实背景下，尽量坚守刑法的谦抑原则。

总之，基于罪刑法定原则判断行为构成要件，需要结合行为人所处的现实语境实质解释行为。在罪刑法定原则的刑法信仰下，根据行为所处的现实语境、行为特征、法益差异等多重因素综合运用文义解释、体系解释等解释方法，在明确了保护法益之后，围绕保护法益实质解释行为构成，并基于实质出罪思维判断行为的刑事制裁边界，避免刑法规制范围的无端扩张。

第三节 罪刑法定原则下行为构成要件的类型区分

在罪刑法定原则的指引下，对于行为构成要件的解读需要进行类型化分析，首先要基于保护法益实质分析行为构成要件，其次分析行为构成的客观意义，最后对行为进行类型化分析，围绕保护法益判断行为处罚边界，避免突破罪刑法定原则的限定。比如在司法实践中，《刑法修正案（十一）》第 34 条新增了我国《刑法》第 293 条之一催收非法债务罪，而对于本罪中行为构成要件的解读就需要进行类型化分析。事实上，催收非法债务罪作为《刑法修正案（十一）》增设的最高刑为 3 年有期徒刑的轻罪之一，在 2020 年 6 月

---

1 ［日］山口厚：《刑法总论》（第 3 版），付立庆译，中国人民大学出版社 2018 年版，第 185-186 页。

该修正案草案第一次公开征求意见时，即已被列入草案。无论是否将之归因于积极主义刑法观，催收非法债务罪都无疑是近年来刑法介入社会治理的代表性罪名。催收非法债务罪要求行为人具有“使用暴力、胁迫方法”“限制他人人身自由或者侵入他人住宅”“恐吓、跟踪、骚扰他人”三种行为方式，它们在该罪的规范语境中被统称为催收行为。“理想主义法典观所预设的情景是，刑法典像一张法律地图，没有盲点，没有空白，不管是法官还是普通国民，手持一本刑法典就可以对其全部内容一览无余。”[1] 催收非法债务罪的立法表明，理想主义注定无法实现，“催收”概念的生活化来源与规范化意义的不足，以及其自身内涵不明与外延不清等先天缺陷，决定了必须从法教义学层面对之予以深入剖析。鉴于此，通过罪刑法定原则准确认定行为内涵，充分分析行为构成要件的客观意义，并基于保护法益差异来准确分析行为类型以区分本罪与其他犯罪的界限，成为刑法理论和司法实践中的重要课题，若无法对行为模式展开妥善的实质分析，就极有可能背离罪刑法定主义，造成司法实践中的裁判争议。

一、保护法益视域下行为构成要件的实质解读

对于行为构成要件的实质解释不能脱离罪刑法定原则的限制，具言之，对于行为构成要件内涵的分析应该围绕保护法益的内涵展开，即根据法益是否受损以及损害程度判断行为是否需要刑事制裁。以催收非法债务罪为例，催收非法债务罪中的“催收”行为之法教义学内容，不能简单地停留在文义讨论的层面。因为从文义解释的角度看，“催收”二字并无特别难理解之处。“单纯对刑法条文作出平义解释，往往不可能得出妥当结论。在某种意义上说，如果对某个法条或者用语的平义解释结论是合理的，就意味着对该法条

---

1 张明楷：《刑法修正案与刑法法典化》，载《政法论坛》2021年第4期，第9页。

或者用语不需要解释。”[1] 既然需要解释，就意味着对催收行为的界定只有联系本罪的立法目的及保护法益进行实质解释才是有意义的。

首先，催收非法债务罪的立法目的是严密刑事立法，规范罪刑适用，打击金融犯罪，所以对于行为的认定也需要围绕这一立法目的展开，不宜在目的选择上产生偏离。

催收非法债务罪的立法目的是严密刑事立法，规范罪刑适用。具体而言，是为了消除以往对催收非法债务行为适用寻衅滋事罪等“口袋罪”所导致的罪刑失衡，以及弥补因无法构成其他犯罪而导致的罪刑漏洞，从而编织起打击金融犯罪的严密刑事法网。

催收非法债务罪在《刑法修正案（十一）》第一次公开征求意见时，已被列入草案。关于本罪的立法目的，全国人大常委会明确指出是“为进一步防范化解金融风险，保障金融改革，维护金融秩序，保护人民群众利益，拟进一步完善刑法有关规定”，即“严厉惩处非法讨债行为”，“总结‘扫黑除恶’专项斗争实践经验，将采取暴力、‘软暴力’等手段催收高利放贷产生的债务以及其他法律不予保护的债务，并以此为业的行为规定为犯罪”。[2] 可见，本罪是高利贷等相关金融犯罪的衍生犯罪，立法动因是总结 2018 年 1 月中共中央、国务院发出《关于开展扫黑除恶专项斗争的通知》以来打击治理涉黑涉恶违法犯罪的刑事司法经验。例如，2018 年 1 月 16 日“两高两部”《关于办理黑恶势力犯罪案件若干问题的指导意见》第 17 条规定，“为强索不受法律保护的债务或者因其他非法目的”，雇佣、指使他人有组织地采用滋扰、纠缠等手段寻衅滋事的，构成寻衅滋事罪。同时，该指导意见在“依法打击非法放贷讨债的犯罪活动”一节规定，采用讨债公司、“地下执法队”

1　张明楷：《催收非法债务罪的另类解释》，载《政法论坛》2022 年第 2 期，第 12 页。

2　参见李宁：《关于〈中华人民共和国刑法修正案（十一）（草案）〉的说明——2020 年 6 月 28 日在第十三届全国人民代表大会常务委员会第二十次会议上》，载《中华人民共和国全国人民代表大会常务委员会公报》2021 年第 1 期，第 132-133 页。

等方式讨债的，还可构成黑社会性质犯罪。

上述指导意见基本确立了扫黑除恶行动中催收非法债务行为的司法应对方向。此后，“两高两部”发布的《“软暴力”司法解释》《关于办理“套路贷”刑事案件若干问题的意见》以及 2019 年 7 月 23 日发布的《关于办理非法放贷刑事案件若干问题的意见》均规定，强索“非法放贷产生的债务”、“不受法律保护的债务”以及“套路贷”中的“软硬兼施索债”等行为可认定为寻衅滋事罪、非法拘禁罪、非法侵入住宅罪、敲诈勒索罪等。在对催收非法债务行为进行了 3 年的应急司法之后，《刑法修正案（十一）》才增设了独立的催收非法债务罪，从立法上为实现常态化司法提供了法律依据。因此，本罪的立法目的是用专门的罪名规制涉及寻衅滋事、非法拘禁、非法侵入住宅的催收非法债务行为，旨在严密刑法罪刑规范，消除以往对催收非法债务行为适用寻衅滋事罪等罪名所导致的量刑过重等罪刑失衡问题，以及尚不构成其他罪名而导致的罪刑漏洞问题，从而编织起打击金融犯罪的完备、合理且严密的刑事法网。

其次，催收非法债务罪的保护法益是复合法益，即社会的公共秩序与公民的人身权利，因此对于行为的认定也要充分考虑复合法益的构造特征，避免在行为认定范围上存在疏漏，同时也要避免将部分行为误认为犯罪行为。

事实上，催收非法债务罪的保护法益不是单纯的集体法益即公共秩序，也不是单纯的个人法益即公民的人身权利或财产权利，结合本罪的立法目的，其保护法益应该是复合法益，即社会的公共秩序与公民的人身权利。

催收非法债务罪的保护法益是复合法益还是单一法益尚存争议。复合法益说认为，公共秩序和财产交易秩序是该罪的保护法益。[1] 单一法益说主张，

1　参见徐凌波：《债权行使与非法占有目的的非法性认定》，载《中外法学》2023 年第 3 期，第 723 页。

“催收非法债务罪的保护法益不是公共秩序与民间借贷秩序，也不是公民的财产权利，而只是公民的人身权利”[1]。法益具有解释论的指导意义，其对于不同犯罪类型的区分也具有显著意义。“确定法益的内容，实际上是确定刑法目的的内容。确定刑法分则具体条文的保护法益内容，就是确定规定该具体犯罪的刑法条文的目的。”[2] 根据不同催收行为所侵犯的法益，以及本罪立法目的和立法沿革，本罪侵犯的不是单一秩序法益或者人身法益，而应该是复合法益，即社会公共秩序与公民人身权利。

从催收行为的类型来看，催收非法债务罪的保护法益应当是社会秩序与他人的人身权利。不同催收行为侵犯的法益在社会与个体层面有所不同。一方面，对于社会秩序法益来说，由于该罪并列于寻衅滋事罪之后，且非法债务会对正常的借贷领域造成冲击，故其对于社会秩序的保护无疑是重要的规范目的。打击催收非法债务行为与打击“套路贷”行为一样，其意在维护社会风俗，弘风淳化。因此，催收非法债务罪的保护法益必然包括社会公共秩序。另一方面，本罪针对的是催收的债务的非法性，但实际上，如果使用合法手段催收这些非法债务是不构成本罪的，本罪中除了催收的债务具有非法性之外，催收行为本身也具有非法性。因此，从催收行为本身的非法性及催收行为的对象来看，暴力催收行为会对债务人及其相关近亲属造成人身安全与财产安全方面的侵犯，例如，殴打他人的行为，未经允许而搬走他人财物抵偿部分非法债务的行为等。鉴于此，催收非法债务罪的保护法益必然包括他人人身与财产权利。“社会秩序与人身权利、财产权利是两种不同性质的社会关系，两者并不重合。”[3] 但如同寻衅滋事罪的保护法益一样，他人的人身与财产权利方面的法益内容有相应的具体个罪予以保护，例如，殴打他人的行为致人轻伤及以上时，存在故意伤害罪的适用空间，毁坏他人财物或者劫

---

1 张明楷：《催收非法债务罪的另类解释》，载《政法论坛》2022 年第 2 期，第 3 页。
2 张明楷：《刑法分则的解释原理》（第 2 版），中国人民大学出版社 2011 年版，第 349 页。
3 陈兴良：《刑法研究》（第 13 卷），中国人民大学出版社 2021 年版，第 105 页。

取他人财物的行为存在故意毁坏财物罪、抢劫罪或者敲诈勒索罪的适用空间，侵犯他人住宅的行为存在非法侵入住宅罪的适用空间，故而从立法设计的体系角度分析，催收非法债务罪规定于我国《刑法》第六章下的扰乱公共秩序罪中，其保护法益主要是社会公共秩序，其次才是他人的人身安全。

总之，在罪刑法定原则下，保护法益与行为模式高度关联，行为上的差异导致了侵害法益的差别，继而影响罪名的适用，比如催收非法债务的行为方式不同，受侵害的法益的内容也不同，则适用的罪名会有区别，其侵害的法益具体包括社会管理秩序、人身自由、住宅安宁、财产权利等。从行为构成要件上可以看出，本罪侵害的仍是社会公共秩序、人身与财产安全等法益。就作为催收第一对象的“高利放贷产生的债务”来说，本罪还间接涉及金融秩序法益，同时也是金融犯罪的次生危害犯罪，设立本罪符合“综合治理”“齐抓共管”的政策精神。所以，根据本罪立法目的以及立法沿革，在法教义学上可将催收非法债务罪的保护法益确定为复合法益，即社会的公共秩序与公民的人身权利，那么相应的行为认定也应受此影响。鉴于此，在罪刑法定的刑法信仰下，对于行为的认定必须紧密联系保护法益的内涵，避免刑法规制的行为范围无限扩张。

二、罪刑法定原则下分析行为构成的客观意义

在刑法解释过程中，对于具体行为的客观意义的解释应该充分考虑现实语境，基于罪刑法定原则分析行为所处的整体环境，而不能将对行为的解释与生活用语混为一谈，导致公众在日常生活中无所适从。比如催收非法债务罪中的“催收”一词本是一个相对中性的词语，在具有债权债务关系的主体之间通常体现为提醒、告知以及主张权利的形式，且具有重新计算诉讼时效的作用。催收行为在日常生活中以及不同的法律部门中有不同的理解。“法教

义学是贯通实定法体系和理论体系的规范遵循”[1]，对入典化后的“催收”行为的法教义学分析，必须要结合实定法亦即刑法规范和刑法的法益以及可罚性等理论体系进行解释，并归纳与总结上升为普遍有效的教义性的“催收”概念。只有对“催收”行为的客观意义进行分析，才有利于实现刑法知识的教义学化。所谓“催收”行为的客观意义，亦即其一般原理性的内容，是所有不同类型的催收行为都具有的共性特征。鉴于此，在判断行为构成的客观意义时有必要基于罪刑法定原则的刑法信仰加以分析，从而对行为模式的内涵展开实质性的探讨与剖析。

（一）行为的客观意义应该区别于生活用语

司法实践中对于行为客观意义的解释应该区别于一般生活用语，鉴于“催收”一词具有不同的含义，其本身较为中性，所以其作为生活用语的催收与刑法中的催收具有明显的区别，二者在行为对象、行为性质、规范意义以及强制性方面均有不同。刑法中的催收行为具有广义的侵犯特征，通过直接施以身体或者精神层面的强制从而达到催收的目的是刑法中的催收行为的主要特征。

首先，生活用语中的“催收”与刑法中“催收”行为所针对的对象有所不同。生活用语中的催收行为主要针对自然或者日常事物，例如农作物的催收主要是提前收获，包括采用一些技术手段进行催熟从而达到提前收获的目的，或者在还未完全成熟的时候进行采摘、收割等。生活用语中的催收多体现为对日常生活中的水电费、物业费等费用的催收。对于正常合法的其他债务的催收也较为常见。“债务催收是指当债务人出现违约或逾期还款时，债权人以其自身名义或委托第三方机构以其名义收取欠款的行为，按照债务类型

1　周佑勇：《中国行政法学学术体系的构造》，载《中国社会科学》2022年第5期，第114页。

可分为个贷催收和商账催收，根据催收主体可分为内部催收与委外催收。”[1] 作为生活用语的“催收”比较接近于民法中的债务催收，这种“催收”针对的是民法意义上的债务人，并且应基于合法的债权债务关系。而刑法中的催收行为针对的对象主要是民法意义上不予保护的债权债务关系中的债务人或者与之相关的第三人，这种侵权债务关系属于非法的债权债务关系，多属于高利贷、赌债、毒债等。除作为催收对象的债务主体与债务性质不同外，刑法中的催收对象范围明显较窄，主要是指刑法增设的催收非法债务罪中的构成要件所规定的行为对象。

其次，生活用语中的“催收”与刑法中“催收”行为的性质与规范意义不同。日常用语中的“催收”是一个中性词，不存在明显需要评价的行为性质，多体现为一种催促与提醒的行为性质，本身并无合法与否的问题，更多的涉及合理性的问题。由于很少涉及合法性的问题，其通常不具有法律规范的意义，至多可能会具有道德规范的意义。刑法中的催收行为属于违法行为，具有显著的法律规范意义。刑法中的催收行为集中体现为催收非法债务罪中规定的行为类型，具体的行为类型具有明显的违法性特征，情节严重的行为则具有刑事违法性。“从催收非法债务罪的罪状表述来看，行为方式限定为非法方法，对象限定为非法债务，两者均属重要特征。从准确表达罪状的角度，罪名应确定为非法催收非法债务罪等，但较为冗长，且在表达通顺程度上欠佳，最终突出非法债务的特征，将罪名确定为催收非法债务罪。”[2] 可见，刑法中的催收行为存在方法的非法性以及债务的非法性，从而对应于刑法规范层面的违法性。

最后，生活用语中的“催收”与刑法中的“催收”行为所产生的强制性不同。生活用语中的催收行为不具有直接的身体与精神层面的强制性。农业

1 王怀勇、刘帆：《债务催收治理的法制困境及出路》，载《南方金融》2019 年第 4 期，第 20 页。
2 喻海松：《罪名司法确定的实践逻辑与理论探究》，载《法学》2021 年第 10 期，第 86 页。

生产中的催收行为由于针对的客体是植物，因此不存在主体意义上的强制性。至于单纯针对水电费、租赁费用等方面的催收，最终至多会采取停水、停电、解除租赁合同等方式，这种意义上的强制性相较于刑法中催收行为的强制性要弱得多，尽管其也会对相关主体产生一定的强制性，但不属于身体与精神层面的强制性。刑法中的催收行为具有明显的强制性，且针对的对象具有特定性，通过对他人的身体或者精神施以强制，从而达到催收的目的。

总之，催收行为入典后，其成为我国《刑法》第293条之一催收非法债务罪的客观行为，意味着其刑法规范化地位的确立。通常用语意义上的催收行为本无必要成为刑法典中的具体行为类型，但围绕催收行为存在许多具体的行为类型，它们的主观目的也不尽相同，从而使催收行为在特定刑法规范中成为一种犯罪行为。与日常生活用语中的“催收”相比，刑法中的“催收”针对的对象、行为性质及强制性均不相同，这决定了对催收非法债务罪的“催收”行为的理解必须结合刑法规范用语及其特点，而不能根据生活用语来理解。

（二）行为客观意义的界定应充分考虑内涵与外延

基于罪刑法定原则分析行为构成要件的客观意义，需要充分考虑行为的内涵与外延，在认定过程中充分考虑现实情况的变化，适当转变行为的内涵与外延，实现对犯罪行为的精准打击。比如在催收非法债务罪中，需讨论区分于日常生活用语的刑法“催收”行为自身的规范内涵与外延。根据催收非法债务罪的立法，“催收”行为的实质内涵是以特定的暴力或者其他手段对公民人身或心理、精神形成强制，“催收”行为的形式外延则是立法规定的暴力胁迫、侵犯自由与“软暴力”三种行为方式。

1. 催收非法债务罪之“催收”行为的实质内涵

催收非法债务罪中的“催收”行为，主要是通过特定的暴力或者其他手段使债务人或其他相关人的人身或者精神受到明显强制，从而达到收取不法债务的目的。刑法中的催收行为相当于以不法的债权支配债务人以及相关其他人员的人身权与财产权，“但即使是合法的债权也不具有支配性，债务催收不得侵犯债务人的人身自由和安全；债具有相对性，第三方债务催收人未经债务人同意，不得直接联系债务人的家人、亲友及单位予以施压”[1]。催收非法债务罪中的催收行为所具有的身体或者精神层面的强制性不只针对债务人，还可能针对债务人的家人、亲友以及单位等，其内容包括人身权与财产权等。此外，根据我国《刑法》第293条之一的规定，不法的催收行为还需判断情节严重与否，只有情节严重的催收行为才能成立犯罪。至于情节严重与否，需结合催收行为的类型、催收债务的性质以及催收手段的不法程度等综合判断。

2. 催收非法债务罪之“催收”行为的外延

催收非法债务罪之“催收”行为的外延主要涉及该罪的具体行为方式。结合催收非法债务罪中催收行为的概念内涵，以及立法上的三种具体行为类型，可在外延层面将催收行为概括为三种类型：一是暴力胁迫型的催收行为；二是侵犯自由型的催收行为；三是“软暴力”型的催收行为。暴力行为是指采用殴打与伤害他人身体的方法，使他人不能抗拒或者不敢抗拒，其只包括对人暴力不包括对物暴力，只包括“硬暴力”不包括“软暴力”，这也是基于刑法体系解释所得出的结论。例如，我国《刑法》第121条劫持航空器罪中的暴力行为，《刑法》第263条抢劫罪中的暴力行为，均属于以“硬暴力”的方式压制被害人的反抗，从而达到相应的目的。暴力胁迫型的催收行为还包括胁迫行为。在刑法其他个罪的规定中，暴力行为通常与胁迫行为并列，因此，暴力行为既不同于胁迫行为又与胁迫行为密切联系。胁迫的内容是以

1　闫海、鞠阳：《美国第三方债务催收联邦立法实践及对我国的启示》，载《南方金融》2017年第8期，第59页。

将要实施暴力相威胁，也可以是已经采取一些相对轻微的暴力行为，且展现可能升级的暴力行为进行胁迫。侵犯自由型的催收行为，除了直接侵犯人身自由的拘禁类型，还包括侵入他人住宅从而对他人的居住自由造成侵犯的行为，这类催收行为既不同于暴力胁迫行为，也不同于典型的“软暴力”行为。“软暴力”型的催收行为，主要通过给他人造成现实的精神与生活困扰而实现催收的目的，它更多体现为一种精神强制，但又与暴力胁迫型催收中的胁迫行为相区别，因其精神强制程度不同且强制的当场性不同。“软暴力”型的催收行为可结合相关司法解释加以理解。

总之，催收非法债务罪中的“催收”行为来源于但又不同于日常生活用语中的“催收”，其内涵通过刑法规范而被赋予了强制性，其外延则体现为暴力胁迫、侵犯自由与“软暴力”三种不同的行为方式，这些均为“催收”行为在法教义学层面的共同点。鉴于此，在具体犯罪的行为构成中，对于行为构成的实质解释应该和日常生活用语进行有效区分，同时要厘清其内涵与外延，避免行为内涵无限扩张导致刑法规制范围肆意扩张，恪守罪刑法定原则的刑法信仰，在实质解释行为内涵时保持刑法谦抑性。

三、基于保护法益差异对行为展开类型化解读

在刑法解释过程中，应当基于罪刑法定原则和保护法益的差异实质解释行为构成，对行为展开类型化解读，依据行为的内涵以及特征判断行为是否属于刑法规制范围，并根据行为最终造成的法益损失判断行为是否值得刑事制裁以及是否可以实质出罪。以催收非法债务罪中的“催收”为例，由于其行为模式可以按照保护法益的内涵差异分为不同类型，那么对应的法益损失以及刑事制裁边界也会随之调整，必须在罪刑法定原则的框架下展开类型化解读。

（一）暴力胁迫型“催收”行为的法教义学展开

根据保护法益的内涵差异，催收行为的类型与内涵也存在不同，比如“使用暴力、胁迫方法”是我国《刑法》第 293 条之一催收非法债务罪规定的第一种行为方式，可将其简单概括为暴力胁迫型“催收”行为。暴力胁迫型催收行为，是指对他人实施物理性或精神上的强制力，以达到顺利催收非法债务的目的。和下文将要述及的主要或单纯侵犯了社会公共秩序的催收非法债务行为不同，暴力胁迫行为直接侵犯了公民的人身法益，对社会公共秩序也造成了危害。

1. 暴力“催收”行为的程度与关联性行为

暴力催收是以暴力作为催收的手段从而实现催收的目的。在刑法体系解释的意义上，暴力与刑法其他个罪中的暴力方式基本一致，但并不要求达到财产犯罪中的暴力压制程度。需注意催收非法债务罪中的暴力行为与刑法其他个罪中暴力行为的界分，从而结合该罪的保护法益与构成要件的规定认定暴力催收非法债务的行为。

一方面，暴力催收中暴力的程度不要求达到彻底压制被害人反抗的程度。尽管从刑法体系解释的角度看，催收非法债务罪中的暴力所具有的内涵与外延同刑法其他个罪中的暴力相同，但该罪中的暴力程度并不需要达到彻底压制被害人反抗的程度，如同寻衅滋事罪中的暴力程度也不需要完全压制被害人的反抗。“由于本罪保护法益中的一个维度为公共秩序，这就决定了此罪暴力行为并不等同于财产犯罪中的暴力，其程度尚不足以达到压制被害人反抗的效果。”[1] 本罪属于轻罪，暴力催债的程度符合一般常识即可，比如一般而言，轻微的推搡与拉扯行为等不属于该罪中的暴力行为；当然，如果行为人实施严重的暴力行为造成严重结果就会存在与其他犯罪的竞合。另一方面，

---

1 章阳标：《催收非法债务罪设定的合理性与规范适用》，载《人民法院报》2021 年 5 月 20 日，第 6 版。

暴力仅指对人暴力而不包括对物暴力。例如，孙某催收非法债务案中，麻某为帮助被告人孙某向冯某索要赌债，带领孙某与金某、喻某将冯某从酒店门口带至附近山上，其间持械对冯某进行殴打，迫使冯某写下一张借条，事后，冯某未实际支付。法院最终认定孙某构成催收非法债务罪。[1] 本案中，赌债属于该罪中所指的非法债务；行为人持械对债务人进行殴打是典型的暴力催收，属于非法催收方式。如果我国刑法中存在暴行罪，那么这种暴力就可以参照该罪暴力程度进行认定；但由于不存在暴行罪，故可认定为催收非法债务罪。可见，暴力催收是对他人自由意志的直接影响以及身体健康的直接损害，是对人的暴力，而不是对物的暴力。

2. 胁迫“催收”非法债务行为的分析

胁迫催收是以实施暴力等内容相威胁作为催收的手段从而实现收债目的。胁迫的性质是对他人产生精神上的强制，胁迫的内容是以当场实施暴力或者以其他侵犯公共秩序或者公民人身权利的行为相威胁。

首先，在性质上，胁迫催收是对他人的精神产生强制性。有观点认为，“胁迫是指对被害人施以威胁、压迫，进行精神上的强制，迫使被害人就范，不敢抗拒，如威胁伤害被害人及其亲属；威胁要对被害人及其亲属施以暴力；威胁要对被害人及其亲属予以奸淫、猥亵；以披露被害人及其亲属的隐私相威胁；利用被害人为难或者孤立无援的境地迫使其服从等”[2]。这种观点中的胁迫属于广义上的，实际上还包括本罪第三种催收方式即“软暴力”型催收中的恐吓行为。换言之，“胁迫”与本罪中的“恐吓”行为会有重合，二者的界限有些模糊。一般而言，胁迫与暴力紧密相连，胁迫的内容暴力性和紧迫性都比较明显，而恐吓往往是以言论为主，不具有当场产生精神压制的效果，而且恐吓的内容兼具暴力性和非暴力性。

1　参见（2021）黔 0281 刑初 742 号刑事判决书。

2　许永安主编：《中华人民共和国刑法修正案（十一）解读》，中国法制出版社 2021 年版，第 314 页。

其次，在紧迫性上，胁迫具有当场性的特征。“一般认为，胁迫就是以明显的恶害相威胁，它是指明示或者默示的对将来恶害的宣告，宣告者宣称恶害的出现直接或者间接地取决于其影响。”[1] 这种意义上的胁迫不只是在精神方面施加压力，而是达到对精神的强制状态，被害人出于害怕，不得不按照行为人的指示去实施特定的行为。因而，胁迫必须是行为人当场实施了对债务人的意志自由进行压迫的催收行为，目的就是让债务人在当时的时空环境中不得不偿还债务或者根据行为人的指示作出某种保证行为。在司法实践中，对于催收非法债务过程中的胁迫型催收行为，应当对胁迫的具体内容作出说明，不能只从司法者的主观层面认定存在胁迫。以李某催收非法债务案为例，李某去见苏某，其碰到郑某来访，遂提议三人玩纸牌，郑某称不会玩、未带钱，李某称替郑某担着，三人遂开始玩牌，两小时后三人均离开现场。后李某多次找到郑某，称郑某当天输给李某 10,000 元人民币，并多次以威胁、辱骂等方式要求郑某偿还。李某得知郑某发工资之后，遂找到郑某要求其偿还赌债，郑某因出于恐惧交给李某 5000 元人民币。大约 10 日后，李某又找郑某索要赌债，郑某未接电话，李某遂从郑某家院落围挡的空隙钻入院内进入郑某家中，辱骂并胁迫郑某偿还赌债，郑某出于恐惧交给李某 3000 元人民币。又过几日，苏某来到郑某家中，称玩牌当日郑某输给其 7000 元人民币，郑某称已将欠款给付李某，苏某遂通过电话将李某叫至郑某家中，李某到达现场后与郑某因赌债问题发生口角，拿起郑某家的炉盘将郑某头部砸伤，后李某逃离现场，郑某报警。经鉴定，郑某头部损伤程度为轻微伤。法院判决认为，“……被告人李某使用暴力、胁迫方法，并侵入他人住宅，催收赌博所产生的债务，情节严重”[2]，构成催收非法债务罪。分析本案，如果没有李某后来非法侵入郑某住宅并砸伤郑某的行为，李某的行为是否构成暴力胁迫型

---

1 陈毅坚:《论“胁迫”的结果要素必要性：基于被害人的客观视角》，载《政治与法律》2020 年第 10 期，第 119 页。

2 （2021）辽 0404 刑初 162 号刑事判决书。

催收非法债务罪是存在疑问的。李某明知郑某不会玩牌且未带钱，动员郑某玩牌且主动要求替郑某担负赌资，属明显过错方。后李某两次找郑某催要。仅从第一次郑某还了 5000 元的事实来看，李某的行为其实无法构成犯罪，因为案件中并无明确事实表明李某对郑某进行了何种胁迫以及何时实现胁迫等；如果不是李某后来非法进入郑某家并砸伤郑某，单就第一次的所谓胁迫行为而论，无论是行为方式还是情节，都不成立胁迫型催收非法债务罪。总之，对于暴力胁迫型催收非法债务罪的认定，必须紧扣暴力和胁迫行为的性质和内涵，尤其是对胁迫行为，不能将仅仅停留在口头上的不妥言论泛化认定为胁迫，以避免在暴力胁迫型催收中扩大胁迫行为的范围，使催收非法债务罪的刑事处罚范围出现不当扩张。

最后，在内容上，胁迫催收是以当场实施暴力或其他侵犯公共秩序或公民人身权利的行为相威胁。在催收非法债务罪中，由于非法债务本身就具有非法性，加之该罪在《刑法》中位于寻衅滋事罪之后，对于胁迫行为的认定宜采用较为宽泛的立场，不必像其他暴力侵财类犯罪中的胁迫那样达到完全压制被害人反抗的程度，但应当是真实的胁迫，并对被害人的意志自由造成明显影响。催收非法债务罪的法益是他人的人身安全以及社会秩序，因而胁迫的内容包括当场实施暴力和在其他场所以侵犯公共秩序或公民人身权利的行为相威胁，同时，还需要考虑胁迫催收是否对法益造成了实质损害。“公共秩序与社会秩序是十分抽象的概念，单纯的该法益内容不仅不利于解释本罪的客观构成要件，而且有损于罪刑法定原则的贯彻。”[1] 对于一般的胁迫行为，如果未对他人的人身安全产生明显损害或者未对公共秩序造成显著侵犯，则不宜按照催收非法债务罪论处，但可以给予行政处罚。“从一般意义上说，胁迫是行为人与被害人的博弈过程，行为是否影响被害人的意思决定自由，是判断胁迫的核心，至于行为人在此基础上作出什么样的处分行为，则应当

1　张明楷：《刑法分则的解释原理》（第 2 版），中国人民大学出版社 2011 年版，第 363 页。

是被害人选择的结果，是行为人在当时的状态下，自主选择的趋利避害结果。”[1] 胁迫行为必须对被害人的意志自由形成明显的控制，不能以不切实际的吹嘘行为作为胁迫的内容。此外，必须强调的是，如同抢劫罪中的胁迫一样，胁迫“催收”行为对被害人造成的强制应当具有现实性与即时性，不能以未来的或不确定性的或夸张虚构的恶害相威胁，可据此区分胁迫与恐吓以及真实胁迫与虚假胁迫的催收行为。

总之，暴力胁迫型催收非法债务罪中的暴力是指对被害人进行物理性的攻击，胁迫是指以对被害人当场实施暴力等行为相威胁，通过暴力所产生的物理性的强制力和胁迫所产生的精神上的强制力，迫使被害人顺利偿还非法债务。暴力胁迫型催收所具有的暴力侵犯性和强制性，使其成为催收非法债务罪三种具体催收行为方式中性质最为严重的一种。但总体而言，这里的暴力和胁迫，与刑法其他犯罪中的暴力胁迫的性质和内容基本一样，而鉴于这一行为与保护法益存在密切联系，所以在行为边界上也应该强调法益的内涵，防止刑事制裁范围无限扩张。

（二）侵犯自由型“催收”行为的法教义学展开

在行为认定过程中，行为对法益损害程度的差异导致了行为模式的差异，并因此影响了刑事制裁的边界。比如“限制他人人身自由或者侵入他人住宅”，是《刑法》第 293 条之一催收非法债务罪规定的第二种行为方式。公民的人身自由和住宅安宁权都是受宪法保护的基本权利，而住宅安宁权内含的是在自己支配的住宅中出于自由意志而活动的状态，以及住宅权人许可他人进入的自由权利，从本质上看，住宅安宁权也是一项自由权，亦即居住自由权，故可将以“限制他人人身自由或者侵入他人住宅的”方式催收高利放

---

1 张力：《网络软暴力行为的司法认定》，载《中国人民公安大学学报（社会科学版）》2021 年第 2 期，第 45 页。

贷等产生的非法债务概括为侵犯自由型“催收”行为，由于侵犯自由型“催收”行为直接侵犯的是公民的人身权利，也对社会公共秩序造成了侵犯，因此，侵犯自由型“催收”行为是否因情节严重而成立犯罪，应参考非法拘禁罪和侵入他人住宅罪的认定标准，将催收非法债务罪的法益侵害性的判断实质化。

1. 限制他人人身自由型“催收”行为的认定

限制他人人身自由型的催收行为，通常是将被害人限制在一定的空间中，从而剥夺其在社会生活意义上行动的自由，这种限制行为一般是通过非法拘禁的方式实施的，因此，应参考非法拘禁罪的构罪标准，来判断限制他人人身自由型“催收”行为是否情节严重，以及可否构成催收非法债务罪。

首先，限制自由的空间不限于封闭的狭小空间，也包括催收行为人可对被害人随时进行控制的一定公共空间。“一般而言，非法拘禁行为是指将被害人关押、扣押在一定的有形密闭空间内，如将被害人反锁于房屋内，派人监视。但非法拘禁行为也未必全部发生于具有私密性的空间内，如行为人委派他人将被害人看管于浴室、桌球室等公共场所，对其行踪、通话等正常活动进行密切监视，催促其通过手机尽快联系他人还钱，被害人虽然未被限制在一定的私密空间，但其人身自由也受到一定限制，可以认为成立非法拘禁。”[1] 同时，限制自由的手段不要求像绑架罪中限制自由行为那样达到以实力完全控制被害人的程度。绑架罪是重罪，所以需要行为对被害人造成严重侵害或威胁才能成立犯罪；催收非法债务罪是轻罪，限制自由行为不需要程度严重，要和其他情节综合起来判断其严重与否。

其次，限制人身自由的方式主要是非法拘禁，宜参考非法拘禁罪的认定标准判断限制他人人身自由型的催收行为是否构成犯罪，以此将限制人身自由型催收行为对人身法益侵害的判断实质化。以吴某催收非法债务案为例，

1　周洁：《索债型非法拘禁罪的行为构成》，载《人民司法（案例）》2018 年第 5 期，第 24 页。

陈某、丁某等人为了向李某索取高利贷产生的非法债务，将李某扣留在公司办公室。吴某明知此情况，仍接受丁某等人的安排，在某金融贷款公司内，伙同他人看管李某，不让其离开，限制李某的人身自由。吴某参与看管李某的时间为35小时左右，后丁某将李某手机扣留后让李某离开。[1] 分析本案，行为人将被害人置于公司内看管，拘禁时间达到35小时，根据2006年7月26日最高人民检察院发布的《关于渎职侵权犯罪案件立案标准的规定》，非法剥夺他人人身自由24小时以上的，构成非法拘禁罪，由于此种非法拘禁是为了催收非法债务，而且长达35小时的时间也表明，本案中吴某的行为情节比较严重，法院认定其成立催收非法债务罪无疑是正确的。如果本案中吴某看管李某的时间很短，比如几个小时，那么，这种拘禁行为就不构成催收非法债务罪。

最后，限制他人人身自由型的催收行为，常常和非法拘禁罪发生竞合，需要予以区分。以陈某和熊某催收非法债务案为例，陈某在一些赌场发放高利贷，王某因赌博缺少赌资，从陈某处借得高利贷本息共计11万余元，后无力偿还。2021年3月14日15时许，陈某叫上熊某开车将王某带到某浴场，两人看着王某，让其还债否则不让其离开。其间陈某和熊某轮换着看管王某。3月16日晚21时许，因陈某殴打了王某，王某报警。法院最终认定陈某与熊某构成催收非法债务罪。[2] 本案中，行为人催收的是“高利贷等产生的非法债务”，而且使用的行为方式是“限制他人人身自由”，时间长达53小时，情节严重，因而构成催收非法债务罪。与此同时，根据《关于渎职侵权犯罪案件立案标准的规定》，非法剥夺他人人身自由24小时以上的，构成非法拘禁罪，因此本案陈某、熊某的行为既构成催收非法债务罪又构成非法拘禁罪，属于一行为构成数罪的想象竞合犯。想象竞合犯的处理原则是从一重罪处罚，

1 （2021）鲁1702刑初410号刑事判决书。

2 （2021）皖1102刑初139号刑事判决书。

这意味着，在无法区分重罪与轻罪的情况下只能根据构成要件完全符合度处理案件，在能区分重罪与轻罪的情况下才能按照想象竞合犯从一重罪处理的原则处理案件。为此，根据非法拘禁和催收非法债务的不同情况，在想象竞合的情况下，具体可分两种情况处理。一种情况是，在没有殴打和致人重伤的情节下，这两个罪的法定刑都是 3 年以下有期徒刑、拘役、管制，即此时两罪的法定刑一样，分不出谁是重罪谁是轻罪，那么，就应该根据这两罪的构成要件确定最终罪名。如果采用非法拘禁等限制人身自由的方式催收非法债务，此时行为完全符合催收非法债务罪的构成要件，那么就应该以催收非法债务罪定罪处罚；采用非法拘禁等限制人身自由的行为不是为了催收非法债务而是为了其他目的，才成立非法拘禁罪。另一种情况是，在有殴打或致人重伤、死亡的情况下，非法拘禁罪的量刑要重于催收非法债务罪，应该定非法拘禁罪。根据《刑法》第 238 条关于非法拘禁罪的规定，“具有殴打、侮辱情节的，从重处罚”“致人重伤的，处三年以上十年以下有期徒刑；致人死亡的，处十年以上有期徒刑”。而催收非法债务罪只有 3 年以下有期徒刑、拘役、管制的量刑档次，在有殴打或致人重伤/致人死亡的情况下，非法拘禁罪的量刑要重于催收非法债务罪，应该根据想象竞合犯从一重罪处理的原则，定非法拘禁罪，而不是催收非法债务罪。分析陈某和熊某催收非法债务案，二人不仅限制被害人人身自由长达 53 个小时，而且在此过程中殴打被害人，具有非法拘禁罪从重处罚的情节，其量刑要重于催收非法债务罪，所以，本案中陈某、熊某二人的行为应该按照想象竞合犯从一重罪处理的原则，定非法拘禁罪，而不是催收非法债务罪，唯此才能做到罪责刑相适应。当然，由于催收非法债务罪还可以“并处或单处罚金刑”，通过并处罚金刑的方式处罚被告人在刑罚效果上同样可以达到与非法拘禁罪的从重处罚一样的效果。在陈某、熊某案中，法院并没有以非法拘禁罪给二人定罪量刑，而是最终判处二人构成催收非法债务罪。由于法院同时判处他们有期徒刑和罚金刑，在刑罚效果上也能体现罪责刑相适应原则，故而判决总体也是适当的。

2. 非法侵入他人住宅型“催收”行为的分析

非法侵入他人住宅型的催收行为，是指以非法侵入他人住宅的方式作为催收的手段，从而实现收取债务的目的。行为人在债务人的住宅外进行骚扰的，不属于非法侵入他人住宅的行为，以此区分于本罪第三种行为方式即以骚扰等方式实施的“软暴力”型催收行为。如前所述，对于催收非法债务罪中的非法侵入他人住宅行为的认定，应参考非法侵入他人住宅罪的认定标准，故本罪的认定宜以对非法侵入住宅罪的构成要件行为有所认识为前提，从而实质化地判断催收非法债务罪的法益侵害程度。

首先，非法侵入他人住宅型催收行为要件与非法侵入他人住宅罪一致，且原则上需要达到非法侵入住宅罪的构罪程度。如果行为人只是去债务人的家中催收非法债务，但并未对他人的居住自由构成侵犯，亦即未对他人住宅法益造成实质侵犯，则不构成非法侵入他人住宅型的催收非法债务罪。对于非法侵入住宅罪来说，我国《刑法》第245条的规定并不能为该罪的适用提供明确的标准，但相关司法解释具有参考价值。根据1989年11月30日《人民检察院直接受理的侵犯公民民主权利、人身权利和渎职案件立案标准的规定》（已失效）第6条的规定，非法侵入住宅罪的构罪标准大致有以下几种情况：非法强行侵入他人住宅，经要求或教育仍不退出，严重影响他人正常生活和居住安全的；非法强行侵入他人住宅，毁损、污损或搬走他人生活用品，严重影响他人正常生活的；非法强行侵入他人住宅，停尸闹事，严重影响他人正常生活的；非法强行侵入他人住宅，致使他人无法居住的。该司法解释虽然已经失效，但其中关于非法侵入住宅罪的规定自此成为理论和实务中的重要参考。据此，侵入他人住宅型“催收”行为在实质上应达到严重影响他人正常生活的程度，此时对公民人身法益的侵犯才能达到成立犯罪的程度。一般轻微意义上的进入他人住宅，包括在他人住宅内与他人突然发生争吵乃至打架的行为，均不属于侵入他人住宅。在非法侵入住宅罪的认定中，需要一些客观情形予以支持，即在实质上对他人的居住自由造成严重的影响。非法侵入他人住宅的认定在某种意义上可以作出扩张的解释，“随着对入户盗窃行为的打击力度的加强和入户盗窃行为的增多，以及伴随大量入户盗窃行为未达到起刑点或者犯罪嫌疑人拒不交代，但有破坏性手段入户等情节的案件增加，非法侵入住宅罪的适用走向常态化”[1]。未经他人同意，私自进入他人住宅且具有或者推定具有不法目的时，也可能被认定为非法侵入他人住宅。对纯粹的非法侵入住宅罪的认定，应当采取相对严格的解释。由于主观目的有时难以证明，对于私自进入他人住宅催收非法债务而后又迅速退出的行为，即使在性质上属于非法侵入住宅的行为，也不宜轻易认定为非法侵入住宅型催收行为。

其次，非法侵入他人住宅型催收行为常和非法侵入住宅罪发生牵连，此时，宜根据目的行为即按照催收非法债务罪定罪量刑，不再单独处以非法侵入住宅罪。侵入他人住宅型的催收行为在客观行为方面的认定与非法侵入住宅罪基本一致。催收行为可能同时构成非法侵入住宅罪与催收非法债务罪，例如，行为人出于收取非法债务的目的而强行居住在债务人家中。以凌某非法侵入住宅罪为例，刘某与余某共同经营公司销售煤炭，欠了公司的债务。公司派凌某等人找刘某收账，凌某等人在刘某家的客厅吃住长达一个月，直至刘某还款之后才撤离。法院判决凌某构成非法侵入住宅罪。[2] 本案中涉及的债务并不属于非法债务，对于合法债务的催收不能成立催收非法债务罪，故法院认定行为人成立非法侵入住宅罪。但是，如果行为人催收的债务属于非法债务，此时催收行为就会同时成立非法侵入住宅罪与催收非法债务罪，两罪的关系是牵连犯，根据牵连犯的处理原则，一般按目的行为即催收非法债

1　赵庆光：《非法侵入住宅罪的法律适用与司法实践》，载《法治论坛》2009年第2期，第210页。

2　参见（2021）川1503刑初26号刑事判决书。

务罪处理，不单独认定成立非法侵入住宅罪。

最后，非法侵入他人住宅型催收行为的非法性有以下几种情况：一是催收人合法进入债务人或者其亲属的家中，采取非法行为催收非法债务，即合法进入住宅加上催收非法债务。例如，催收人在被害人的住宅内实施打砸行为，强行搬走住宅内的财物，对住宅本身进行毁损等。二是催收人合法进入债务人或者其亲属的家中，在催收非法债务的过程中，经要求退出而拒不退出，即合法进入变成不作为的非法侵入外加催收债务。例如，长时间滞留在被害人的家中不走，在其住宅内睡觉和吃饭等。三是催收人非法强行闯入债务人或者其亲属的家中催收非法债务，即非法侵入住宅加催收债务。例如，催收人采取撬锁、砸门等破门而入的方式到被害人的住宅内催收非法债务。四是催收人直接越过门墙，到债务人或者其亲属家中催收非法债务，即强行非法侵入加催收债务。例如，债务人为了躲避催收而锁门，催收人翻墙而入向债务人收取债务。

总之，侵犯自由型“催收”行为包括限制他人人身自由型“催收”行为和非法侵入他人住宅型“催收”行为，其所侵犯的直接法益是包括行动自由与居住自由在内的公民人身自由，间接法益是社会公共秩序。认定侵犯自由型“催收”行为是否情节严重而成立犯罪，应结合非法拘禁以及非法侵入住宅罪的有关标准综合判断，以实现对法益侵害程度判断的实质化。在这一行为的认定过程中，对于法益的判断不仅要考虑行为所侵害的直接法益，也要考虑行为侵犯的间接法益，由于在行为认定的过程中对于保护法益的判断更加复杂，必须将其置于罪刑法定框架下进行刑法规制，避免对保护法益的认定超出罪刑法定原则。

（三）“软暴力”型“催收”行为的法教义学展开

当基于保护法益实质认定行为时，对于侵害法益程度相对较低的行为，在行为边界的判断上要更加谨慎，坚持刑法谦抑性原则以避免刑法规制范围过度扩张。比如催收非法债务罪中的“恐吓、跟踪、骚扰他人”行为作为我国《刑法》第293条之一催收非法债务罪规定的第三种行为方式，可将其概括为“软暴力”型“催收”行为。不同于暴力胁迫型催收中的“硬暴力”，“软暴力”型的催收因其暴力性质是软性暴力，故而在犯罪的认定上必须紧密结合对社会公共秩序和人身法益的侵害予以把握，如果使用了“软暴力”但并没有侵害到本罪法益或者对法益的侵害未达到值得处罚的程度，则不构成犯罪。鉴于此，上述“软暴力”型“催收”行为的法益侵害程度相对较低，因此在认定时需要尤为审慎，避免将这类行为误判为刑法规制行为，导致错误认定，背离罪刑法定原则。

1.“软暴力”型“催收”行为的实质解释

“软暴力”型“催收”行为，是指行为人为了催收非法债务，对他人实施恐吓、跟踪、骚扰等行为，足以对他人形成心理强制，或足以影响或间接限制他人人身自由，影响其正常生活工作的行为。“硬暴力”是对人实施物理性的强制力，“软暴力”则是对人实施心理精神的强制力。“软暴力”催收行为的边界相对模糊，认定其成立催收非法债务罪必须恪守其对法益的侵害达到实质可罚的程度。

首先，根据“软暴力”概念的历史沿革以及对其内涵和外延的分析，“软暴力”并非规范法学的概念，而是基于我国犯罪治理文化和司法经验的本土概括。“软暴力”这一概念最早出现于2013年4月23日“两高一部”《关于依法惩处侵害公民个人信息犯罪活动的通知》，该通知第1条规定，侵害公民个人信息犯罪活动不仅严重危害公民的信息安全，而且易引发多种犯罪，成为电信诈骗、网络诈骗以及滋扰型“软暴力”等新型犯罪的根源。对此，“软暴力”与滋扰紧密相连，滋扰他人并产生如同“硬暴力”的对他人正常工作生活的影响，成为“软暴力”的本质内涵。该通知也表明，“软暴力”

不仅体现为现实物理性的手段，也可以通过网络技术手段等实施。《“软暴力”司法解释》第1条规定：“‘软暴力’是指行为人为谋取不法利益或形成非法影响，对他人或者在有关场所进行滋扰、纠缠、哄闹、聚众造势等，足以使他人产生恐惧、恐慌进而形成心理强制，或者足以影响、限制人身自由、危及人身财产安全，影响正常生活、工作、生产、经营的违法犯罪手段。”至此，司法解释在以往规定的基础上，首次对“软暴力”的内涵和外延作了明确的界定，“软暴力”概念得以正式确立。但是，由于“软暴力”所具有的滋扰内涵比较模糊，而纠缠哄闹等行为外延也难以周全，所以该概念主要是社会学与犯罪学意义上的概念，还不是一个规范法学意义上的概念。

然而，在催收非法债务罪明确规定了“恐吓、跟踪、骚扰他人”的行为方式以后，“软暴力”概念正式进入刑事立法的视野，成为规范法学的概念。但是，“软暴力”概念本身模糊不清，为防止司法适用将“软暴力”扩大化，应将其限定为具有对他人精神的强制力，没有产生心理强制效果的不能认定为犯罪。一方面，对“软暴力”催收的认定要和暴力胁迫型“催收”行为亦即“硬暴力”催收相区分。“软暴力”是能够使他人产生恐惧、恐慌进而形成心理强制，而不是“硬暴力”型的催收行为所直接产生的心理强制。后者的心理强制较为直接，且具有即时性；前者的心理强制较为间接，且体现一定的持续性。另一方面，对“软暴力”催收行为的认定要和侵犯自由型“催收”行为相区分。根据《“软暴力”司法解释》的规定，“足以影响、限制人身自由”也是“软暴力”的特点。但是，“软暴力”型催收行为中的足以影响、限制人身自由，主要是指对人身自由的影响或者间接强制，而侵犯自由型催收行为中的非法拘禁等限制人身自由的催收行为，主要是指对人身自由的直接强制。

其次，“恐吓、跟踪、骚扰他人”的规定简单明了且极具概括性，尤其是骚扰的概念，非常具有包容性，凡是恐吓、跟踪之外的其他行为，基本都可归入骚扰行为之中。以杨某索要非法债务案为例，简某因承包房地产开发建设项目欠缺资金，便以月利率5%向杨某累计借高利贷568.2万元，其已还款435.993万元。为索要剩余的非法债务，杨某与其妻田某等人到售楼部酒店找到简某，有组织地采用静坐、滋扰、跟踪贴靠、纠缠、故意显露纹身、聚众造势等“软暴力”方式向简某索要非法债务，并将酒店住宿费用挂在简某的账上，简某还支付了付某等人部分生活费用，时间长达7日。简某十分恐惧，不敢回到所在县市，并因此失去工作，妻子也与其离婚。法院最终认定杨某构成寻衅滋事罪。[1] 通过该判决可知，法院在审理类似案件时明确使用了“软暴力”这一概念，并提到了静坐、滋扰、跟踪贴靠、纠缠、故意显露纹身、聚众造势等“软暴力”的方式。“在绝大多数涉及黑恶势力的案件中，软暴力是多种行为方式交织使用。”[2] 这些更为具体的“软暴力”方式，基本可以为催收非法债务罪中的恐吓、跟踪和骚扰三种行为类型所包含。例如，故意显露纹身、聚众造势等行为可以归入恐吓的行为类型，跟踪贴靠等行为可以归为跟踪这一类型，静坐、滋扰、纠缠等行为可以归为骚扰这一类型。

2. “恐吓、跟踪、骚扰他人”三种“软暴力”催收行为的具体分析

“恐吓、跟踪、骚扰他人”，是“软暴力”型催收行为的三种行为方式。为此，要联系本罪的立法目的与侵害法益，并根据这三种行为方式的效果，对这三种行为类型成立犯罪的情况分别进行认定。

（1）以“恐吓”方式实施“软暴力”催收非法债务行为的认定

以恐吓方式催收非法债务，是指通过威胁或吓唬他人使其害怕从而达到收债的目的。以恐吓方式催收非法债务的行为，以具有真实内容的威胁为表现形式，同时在具体的表现方式上又具有多样性，恐吓的对象可以是债务人或其近亲属等，恐吓的本质是造成心理精神的强制。

1　（2021）黔0628刑初79号刑事判决书。

2　彭新林、石魏：《黑恶势力犯罪中“软暴力”司法认定难点及其对策——以966份涉“软暴力”黑恶势力犯罪案件裁判文书为样本》，载《法律适用》2020年第18期，第44页。

首先，本罪中的恐吓，是以具有真实内容的威胁为表现形式，同时在具体的表现方式上又具有多样性的吓唬他人的行为。一方面，恐吓行为应当具有一定的真实性，不能是虚假唬人型的恐吓。例如，邮寄子弹装饰物、弹壳、仿真玩具枪等，故意携带、展示塑料制作的刀具等，均不属于恐吓行为，因为其难以符合恐吓的实质要件，即难以对被害人的意志自由造成强制。另一方面，恐吓可表现为多种形式，而不仅仅限于口头的恐吓或者行动的恐吓，还包括其他方式的恐吓，“如以邮寄恐吓物、子弹等威胁他人人身安全；故意携带、展示管制刀具、枪械；使用凶猛动物；宣扬传播疾病；利用信息网络发送恐吓信息；以统一标记、服装、阵势等方式威吓他人，使他人恐慌、屈服等”[1]。恐吓催收主要包括以下几种方式：一是向债务人或者债务人的近亲属当场展示危险性的力量，例如，显露纹身，展示刀具、枪械，包围住宅等，从而对被害人形成精神压迫使其内心慌乱，以达到催收不法债务的目的。二是向债务人或者债务人的近亲属间接展示危险性的力量或者进行危险性的预告，例如，邮寄展示暴力的物品，从而对被害人形成精神压迫使其内心慌乱，以达到催收不法债务的目的。三是向债务人或者债务人的近亲属发送或者传达恐吓类消息内容，即恐吓性的言语行为，例如，扬言将要针对债务人或者债务人的近亲属实施杀害、伤害、绑架、强奸、爆炸等行为，从而对被害人形成精神压迫使其内心慌乱，以达到催收非法债务的目的。

其次，恐吓本质是造成精神方面的强制力。恐吓型催收的行为内容应当能够对被害人形成心理压迫感，并使其处于担惊受怕的状态。恐吓行为容易和暴力胁迫型催收中的胁迫行为相混淆，但既然立法及司法解释将它们作为两种行为方式予以规定，就意味着需要从法教义学层面对之予以区分。其一，在行为的客观方面，恐吓与胁迫具有相似之处。胁迫是以恶害相通告，从而使被害人按照行为人的意志作出行为，恶害通告的内容完全可以和恐吓的内

---

1 许永安主编:《中华人民共和国刑法修正案（十一）解读》，中国法制出版社 2021 年版，第 316 页。

容一致。“单纯恐吓行为在客观方面表现为以损害他人及与其有密切关系的第三人的生命、身体、自由、名誉或者财产相通告，致使被恐吓人产生恐惧心理的行为。”[1] 其二，在行为目的以及存在的时空性上，恐吓和胁迫存在区别。恐吓行为的现实紧迫性相对较小，被害人仍然有一定的自由选择空间，恐吓行为往往会给予被害人一定的考虑时间；而胁迫行为具有当场性，即行为人与被胁迫人同时在场，行为人的目的是尽快地使被害人按照自己的意愿行动，否则恶害通告的内容将可能立马成为现实。其三，在行为所指向的对象方面，恐吓和胁迫也存在区别。恐吓行为所指向的对象范围非常广泛，包括被害人及其亲友；恐吓的内容则多与公民人身权利和民主权利相关。胁迫行为由于具有当场性，其主要指向的对象是当事人及其关系人。其四，在行为的效果方面，胁迫行为的认定要较恐吓行为更为容易。胁迫行为具有当场性，对于其是否在一定程度上压制了被害人反抗从而实现了行为目的，在客观上更容易达成一致认识；而恐吓行为对象的广泛性以及既可以具有当场性也可以具有非当场性的特点使得对其行为效果的判断较为困难。为此，对于以恐吓方式催收非法债务的行为，如果要认定其成立犯罪，必须结合行为的性质以及其对被害人产生心理精神强制的效果，并结合其他情节综合认定；而认定的标准必须是以恐吓行为催收非法债务对社会公共秩序和人身法益的侵害达到了值得处罚的程度。

（2）以“跟踪”方式实施“软暴力”催收非法债务行为的认定

以跟踪方式催收非法债务，是指通过有意地以他人能察觉的方式跟踪他人以达到催收非法债务的目的。在跟踪方式里，行为人通过对被害人的紧密跟随制造紧张和恐怖气氛，使被害人步步惊心，产生心理压力，不得不尽快偿还非法债务。

1　韩炳勋：《单纯恐吓行为的刑法规制错位与再定位——以〈刑法修正案（八）〉为视角》，载《政治与法律》2015 年第 4 期，第 129 页。

首先，跟踪行为必须是跟随他人的踪迹，如影随形，使他人的自由受到侵犯，对他人的精神形成强制力。“催收非法债务罪中的跟踪是对他人及其亲属实施尾随、守候、贴靠、盯梢等行为，使被害人在内心产生恐惧不安。”[1]跟踪行为是人对人的跟踪而不包括其他方式的轨迹追踪。例如，催收人在债务人的车辆上安装行踪记录仪的行为就不属于这里的跟踪行为，而属于侵犯公民个人信息的行为。债务催收人利用无人机等对债务人进行实时跟踪的行为，即使债务人觉察到了监测其行动的无人机，此行为也不属于以跟踪方式进行的催收行为。如果无人机的跟飞严重影响债务人的正常生活与社会秩序，则可以认定为滋扰型的催收行为。

其次，跟踪行为应当能够被债务人或者其他相关人员察觉。如果被跟踪人自始至终未发觉其被跟踪，此行为尽管属于跟踪行为，但不属于催收非法债务罪中的跟踪型催收行为，因为其未使被跟踪人产生实际的心理负担，没有侵犯被害人的行动自由。在债务催收过程中，尾随行为体现为催收人以跟随债务人的方式催债。尾随行为要求催收人与被催收人之间的距离很近，通常是并行或者一前一后。如果是远距离的跟随则不属于尾随，例如债务人去哪个城市催收人就去哪个城市，或者债务人去哪个村庄或者街道催收人就去哪个村庄或者街道，甚至是债务人去哪个楼栋催收人就去哪个楼栋等，这些均不属于尾随行为。

最后，跟踪行为中的守候行为常常伴随蹲点式的跟踪行为，它不同于远距离的跟随行为，但也属于广义的跟踪行为。例如，债务人快要离家上班的时候，催收人就去债务人的家门口守候，看到债务人就讨要欠款。贴靠行为则在距离上较尾随行为更近，通常是债务人去哪里，催收人就一起去哪里，在债务人的住宅外或者单位外长期居住等。盯梢行为主要是密切注意被催收人的一举一动，其类似于尾随行为。无论何种具体类型的跟踪行为，在实质

1 许永安主编:《中华人民共和国刑法修正案（十一）解读》，中国法制出版社 2021 年版，第 317 页。

上应当能够对被跟踪人的心理造成明显的压力，使被跟踪人的行动自由受到明显限制，并在客观上对被跟踪人的社会生活造成不良影响。

（3）以“骚扰”方式实施“软暴力”催收非法债务行为的认定

以骚扰方式催收非法债务，是指在恐吓、跟踪之外，通过欺凌、威胁、恐吓、控制、压抑他人等方式，严重干扰他人正常的工作和生活，从而对他人形成心理精神上的强制力，以达到催收非法债务的目的。

骚扰行为的方式多种多样，但无论采用何种方式，必须对社会公共秩序和他人人身法益造成实质性的侵犯。骚扰更多是一个社会学的概念，在规范学的层面对之加以定义是困难的，但其本质特征与恐吓、跟踪一样，是通过对他人造成心理精神强制从而达到催收非法债务的目的。只有对社会公共秩序和人身法益造成实际侵害的骚扰行为，才属于骚扰式催收。一方面，如果骚扰行为只侵犯了公共秩序而没有也不可能侵害公民人身权利，则不构成犯罪。根据《“软暴力”司法解释》第 2 条的规定，常见的骚扰行为包括破坏生活设施、设置生活障碍、贴报喷字、拉挂横幅、燃放鞭炮、播放哀乐、摆放花圈、泼洒污物、断水断电、堵门阻工，以及通过驱赶从业人员、派驻人员据守等方式直接或间接地控制厂房、办公区、经营场所等，也包括摆场架势示威、聚众哄闹滋扰、拦路闹事等扰乱社会秩序的行为。如果骚扰行为仅仅侵害了社会公共秩序，比如在债务人居住的小区广场拉横幅，引起众人围观和流言蜚语，但是债务人在另外一个城市长期出差对此根本不知情，这种骚扰根本没有对被害人的人身法益造成任何侵害，则不能构成催收非法债务罪。另一方面，如果对公共秩序的侵害比较轻微，但严重侵犯了公民的人身权利，则构成犯罪。例如，在江某等人催收债务案中，江某等人被某网络贷款公司聘用，负责对逾期信贷客户进行债务催收。江某等人先是通过拨打电话催收逾期借款，当债务人表示无法偿还时，则进一步收集债务人在当地医院、社保单位等的注册信息，并通过这些信息反映出的债务人工作单位、亲属关系、家庭住址等情况，反复拨打债务人的亲戚、朋友、同事、领导等的电话进行滋扰，要求告知债务人还款。[1] 本案中，江某等人催收的是逾期偿还的合法债务，所以不构成催收非法债务罪，法院最终对江某等人以侵犯公民个人信息罪定罪量刑。分析本案，其实就是以骚扰方式来追讨债务，如果本案中催收的是非法债务，则构成催收非法债务罪。江某等人骚扰的对象不仅包括债务人，还包括债务人的亲戚、朋友、同事等关系人，通过直接和间接的骚扰行为给债务人造成了心理精神方面的强制力，并对债务人的人身权利造成了比较严重的侵害，因而构成犯罪。总之，骚扰方式的催收行为不像"硬暴力"型催收行为与侵犯自由的催收行为那样清楚，对于不具有严重危害性的骚扰行为应当尽量不认定为犯罪行为。"无法定性为犯罪手段的滋扰性软暴力，部分依法可以认定为违法行为，部分没有充分的依据认定为违法行为。"[2] 由于骚扰的波及面通常较为广泛，以骚扰方式进行催收的行为主要应当围绕该罪的保护法益进行，除公共秩序法益之外，在个人法益层面，认定骚扰行为应当考虑是否对被催收人的生活和精神产生显著的负面影响，侧重结果层面的考量，从而将这一"软暴力"行为的适用限定在合理的范围之内。

综上所述，恐吓、跟踪、骚扰他人作为"软暴力"型催收行为的三种行为方式，其共同的本质特征是通过非法的行为方式对他人心理精神形成强制力，从而达到顺利催收非法债务的目的。鉴于此，在具体行为是否成立犯罪的认定上，要避免把民事上的纠纷行为拔高认定为刑事犯罪行为，避免刑事治理的泛化与扩大化，避免将刑法这种有形的工具主义发挥到极致以至于形成哪里有纠纷哪里就有刑法的局面。相反，应该紧密联系具体行为的侵犯法益对其进行实质可罚性的判断，以保护法益作为行为认定的标准，并根据行

1 （2021）湘0121刑初268号刑事附带民事判决书。

2 黄京平：《软暴力的刑事法律意涵和刑事政策调控——以滋扰性软暴力为基点的分析》，载《新疆师范大学学报（哲学社会科学版）》2019年第6期，第103页。

为的真实内涵与法益损失差异调整认定标准，从而真正落实罪刑法定原则的刑法信仰。

第四节　本章小结

在罪刑法定原则的指引下，基于刑法的根基与信仰完善司法适用过程，需要在实质刑法观指导下对个罪中具体的犯罪构成要件进行实质解释，从而真正贯彻罪刑法定主义的刑法信仰，防止司法工具主义加剧刑法异化，同时避免刑法规制范围过度扩张而损害刑法的谦抑性与人本性。

首先，在罪名选择上必须以罪刑法定原则为刑法信仰，并据此展开对犯罪构成要件的刑法解释。罪刑法定原则要求在对行为进行定罪时，要将“法律明文规定”作为基本前提。这看起来简单，但知易行难。刑法条文的语义往往是弹性的，刑法解释很容易沦为“文字游戏”，解释空间的大小反倒取决于解释者的语文功底和语言想象力，罪刑法定也从“刚性原则”变成“柔性原则”，这已是刑法方法论的长期难题。

其次，在刑法解释过程中，对于犯罪的主观构成要件，应该基于语境差异加以解读，对于“明知”这类主观构成要件的认定，需要充分认识到其在总则中与分则中的差异，不能一概而论。事实上，在刑法解释过程中，对于主观构成要件的解释关系到刑事入罪标准的调整，甚至会影响刑罚范围，所以需要在罪刑法定原则下，基于保护法益的内涵实质解释主观构成要件。

再次，在刑法适用过程中对于具体行为构成需要在罪刑法定原则下进行实质解释，通过运用包括体系解释、文义解释等多种解释方法保障解释结果的适当，避免解释错误造成行为内涵边界扩张而被刑法不当规制，应该实质解释保护法益并据此厘定行为的可罚性边界。在司法实践中，围绕保护法益调整刑法中行为构成要件的刑事制裁范围，具体的参照标准就是受刑法保护的法益本身，并且在实质分析过程中应该参照行为所处的现实语境分析行为的客观意义，结合行为对保护法益的损害差别对行为进行类型化分析，恪守罪刑法定的刑法信仰。

最后，在罪刑法定原则的适用过程中不能将其与“罪刑均衡”要求混淆，而是应该以罪刑法定原则为最高追求，适当地调整刑法适用过程中的罪名选择。事实上，“罪刑均衡”要求刑罚的轻重应与行为人所犯罪行和所承担的刑事责任相适应，属于刑法实体正义中最原始的报应正义，这种价值具有朴素性质。刑法适用突破罪刑法定的动力，很多时候正是源于追求罪刑均衡的原始正义感，即通过入罪扩张解释弥补处罚漏洞，当（重）罚则（重）罚。“从一重罪论”虽旨在扭转特殊法条处罚偏轻的问题，回应了原始正义感，为将来立法提供了修正方向，但在司法上造成处罚的宽泛，相关罪名的类型划分也会由此失去意义。而罪刑法定作为刑法第一原则的意义恰恰是，刑法解释不与超越法条用语的其他因素相妥协。入罪若只讲“合理性”而不讲“合法性”，罪刑法定也就名存实亡。因此，相较于罪刑法定原则，“罪刑均衡”不是首要的罪名选择标准，相反，如果刻意追求“罪刑均衡”而突破罪刑法定原则的限制，反而有违刑法的信仰，这会造成社会公众无所适从，甚至会因为突破罪刑法定原则而损害公众的自由权利。

第七章
刑法根基与信仰对刑事政策的调适作用

在刑事司法适用过程中，既要通过保障公民自由权利的刑法根基与罪刑法定主义的刑法信仰塑造与运用刑事政策，也要通过刑事政策调适并落实刑法的根基与信仰。事实上，刑事政策与刑法体系的关系，一直是刑法学研究的重点，从主张将刑事政策隔绝于刑法之外的“李斯特鸿沟”，到主张以刑事政策为基础建构刑法体系的“罗克辛贯通”，在社会治理迭代升级的过程中，“社会治理的演进”与“刑事政策的演进”呈现双向互动，刑法体系与刑事政策也进入协同演进的过程。

鉴于此，在我国的刑事司法实践中，一方面，需要展开恪守刑法根基与信仰的协同化刑事政策，分析当前社会治理迭代升级语境下的既有刑事政策的成效与不足，从而在消极预防性刑法理念下塑造协同化刑事政策，最终实现刑事治理模式的整体性转型升级；另一方面，在司法实践中应该充分发挥宽严相济刑事政策对刑法的调适作用，在刑事政策中所蕴含的宽严相济理念的指引下推动实质出罪，从而实现人权保障的价值，并基于人权保障理念推动刑事司法从入罪模式转换为出罪模式，最终以少捕慎诉慎押将宽严相济的实质出罪机制落到实处。

第一节　恪守刑法根基与信仰的协同化刑事政策展开

中国特色社会主义社会治理体系强调整体性和协同性，在科学技术快速更新升级的背景下，社会结构的层次呈现多元化和弥散化，使协同治理面临着一系列挑战。面对社会治理的迭代升级，在犯罪控制上应当建构与之动态适应的协同化刑事政策，避免犯罪控制政策上的持续碎片化，并在刑事政策的制定与执行过程中强调保障公民自由权利的刑法根基并恪守罪刑法定主义的刑法信仰。事实上，当前对刑事政策的制定与执行之所以对于“刑法体系的理论创新”具有重大意义，是因为刑事政策是圈定刑法体系功能运行的边界，为有效防范社会风险、实现犯罪控制，刑事政策需要随着社会治理形态、模式、结构的升级而同步调整，进而将社会学、犯罪学上的事实变动引入刑法体系的规范性建构中，为刑法体系与刑事政策之间的封闭性与开放性、稳定性与灵活性探寻最佳的动态平衡点。

一、社会治理迭代下既有刑事政策的成效与不足

当前，新兴技术在加强和创新社会治理中得到广泛应用，既深化了对智能社会运行规律及其治理规律的认识，也使传统的刑事政策在介入社会治理并取得一定成效的同时，面对新兴技术风险与社会矛盾越发乏力，即传统刑事政策越发难以在社会治理过程中取得显著成效。有鉴于此，在当前智能社会治理迭代升级的现实基础上，需要分析传统刑事政策取得的成效与不足，并结合社会发展的客观规律制定以规律性、挑战性、问题性为导向的犯罪治理政策，从而真正实现保障公民自由权利的刑法根基并恪守罪刑法定主义的刑法信仰。

（一）社会治理的迭代升级规律及其表现

伴随着大数据、元宇宙、生成式人工智能等新型技术的井喷式发展，我国逐渐推动现代化转型，社会治理相应地出现了“互联网+社会治理”的迭

代升级，新型技术手段嵌入社会治理领域，[1] 推动了社会治理的系统性变革，呈现相对于传统非信息化治理的技术优势，集中表现为以信息科技为支撑的社会治理体系网络化、智能化、联动化。在此背景下，我国的刑事政策在社会治理过程中也在发挥自身作用，努力提升刑事治理质效，具体表现为：第一，社会治理的纵横面进一步延展。社会治理的智能化既是社会交往的背景也是其结果，当高科技手段成为社会行为的新工具与新平台时，人们日益习惯用互联网获取信息、进行交流、表达诉求，虚拟社会则获得了充实的内容量，形成了社会治理的新领域。尤其 Web 3.0 成为万物互联的技术基础，社会治理信息平台、网格化管理平台、社会治理智能终端设备全面覆盖，将更多社会事实纳入社会治理，极大地延展了社会治理的“神经末梢”。[2] 第二，社会治理信息交互效率提升。互联网的本质是信息的连接和交互，信息传递呈现开放性、互动性、快捷性，借助于智能技术手段，社会信息处理成本骤降，不同社会主体之间意见传递、资源交换、需求反馈等呈现环境宽松化和迅捷化的特征。第三，社会治理的效能增强。新型智能技术的应用能够科学而精准地监测社会变化，提供了社会治理的新方式，扩大了互动、体验和分享优势，提高了社会治理的多样性、匹配性、差异性，打破了政府中心的治理形态，促进多元主体的参与。[3] 总之，在当前新兴技术高速发展的社会，传统刑事政策在治理过程中虽然发挥了一定的既有效果，但是面对新兴技术的各类风险与法律保护需求，传统的刑事治理策略也日趋乏力，因此，推动刑事政策转型、完善刑事治理模式便迫在眉睫，亟须根据社会发展需要调整刑事政策的制定与实施。

---

1 参见秦前红、李少文：《网络公共空间治理的法治原理》，载《现代法学》2014 年第 6 期，第 18 页。

2 参见李晶：《Web 3.0 时代通证平台的法律之治》，载《东方法学》2023 年第 3 期，第 116 页。

3 参见罗豪才、宋功德：《公域之治的转型——对公共治理与公法互动关系的一种透视》，载《中国法学》2005 年第 5 期，第 12 页。

（二）社会治理政策的现实困境

在社会治理过程中，传统刑事政策因为难以契合社会治理需求而逐渐陷入困境，社会治理迭代升级中存在诸如“信息不对称”导致的“权力不对称”问题、数字化监控中个人信息安全问题、主体间信任缺失问题、社会治理重要领域中行为失范问题以及技术风险管控与技术自由创新之间的矛盾问题等。[1] 因此，“谁应为技术风险负责”就成为社会治理政策中的关键问题，对于刑事责任的认定与分配、对于技术风险的宏观治理都成为当下刑事政策必须面对的问题。退言之，借助于技术手段的社会治理仍面临统治文化浓厚、自由主义不足、公私互动匮乏的局面，以国家为单一主体的公共政策虽具有迎合社会治安与互联网管制的积极属性，但以社会安全为导向的社会治理政策极可能进一步强化国家与社会、传统与新型虚拟空间的“双层次控制文化”，形成一个“高保安社会”，不利于新型社会经济的长远健康发展。可见，在社会治理的迭代升级中，社会治理政策面临“一管就死，一放就乱”的现实困境，那么在此背景下，只有积极推动刑事政策转型，结合社会发展的现实需求重塑刑事政策的治理模式，才能真正做到保障公民自由权利的刑法根基并恪守罪刑法定主义的刑法信仰。

（三）刑事治理政策的任务挑战

当前，社会治理的迭代升级在延续传统社会治理的基础上有序推进，刑事政策在适用过程中具有承继性，社会行为样态也是在传统形态基础上的有限翻新，这些决定了治理政策不可能与既往决裂而进行所谓的另辟蹊径，因此，如何协调兼顾管制与创新、秩序与自由之间的矛盾关系始终是犯罪治理

---

1 参见张康之：《论风险社会中的“去中心化”》，载《福建师范大学学报（哲学社会科学版）》2020年第5期，第80页。

过程中、刑事政策发展过程中无法脱离的重心。新型技术在加强和创新社会治理中广泛应用，将深化对智能社会运行规律及其治理规律的认识，在社会治理迭代升级的现实基础上，需要确定以其规律性、问题性为导向的“刚柔并济”的犯罪综合治理政策，尤其注重在保证技术发展基础上防范技术风险，将犯罪治理政策置于“控制失范行为”与“控制国家干预权限”的协同化任务角度，避免其对社会生活的过度干预，防范刑事政策带来的制度性风险。

“法律作为社会管理的重要方式和手段，权力与权利配置的基础来源，面对智能时代的冲击，则更需要进行及时变革，构建符合时代特点的良法善治模式，推动国家与社会的进步。”[1] 刑法理性参与社会治理是一种有目标、有定位的能动性治理，随着信息技术日新月异、社会治理迭代升级，这种社会治理的功能化走向则更加急切与明显。[2] 刑法参与社会治理需通过“政策”划定其调整的领域或疆界，从而对国家治理策略与刑法功能加以辩证统一，因而以犯罪治理政策的现状、经历及趋势为背景依据，在社会治理的迭代升级中寻找刑事政策的定位在当下显得尤为重要。

（四）社会治理的刑事政策经历及样态

面对社会治理过程中存在的问题，我国传统的刑事政策主要是以传统犯罪为基准而设定的，即以传统重刑主义/工具主义/实用主义/万能主义为基础，因而当前刑事政策调整总体仍然秉持“除恶务尽”的基本姿态。具体表现如下：

其一，扩张犯罪圈。社会治理迭代升级引发了社会系统性、结构性的问题与矛盾，社会治理压力尤其是新型主体、失范行为、危害后果涌现，导致

1　周佑勇：《论智能时代的技术逻辑与法律变革》，载《东南大学学报（哲学社会科学版）》2019 年第 5 期，第 67 页。

2　参见劳东燕：《网络时代刑法体系的功能化走向》，载《中国法律评论》2020 年第 2 期，第 101 页。

积极治理主义刑事政策的凸显，立法上不断增设新罪名、司法上不断将传统罪名无障碍地扩张适用于新行为。其二，刑法优先管控政策。由于新型技术加持的社会结构的迭代升级速度极快，一些刑法前置法尚不健全，刑法充当了优先封住底线的“急先锋”角色，如设置侵犯公民个人信息犯罪等。其三，刑事防线不断前移。为快速遏制社会结构变迁导致的失范行为，从刑事政策的角度适应形势变化，我国采取法益保护前置化的积极介入基本策略，如将中立帮助行为犯罪化。

总之，上述积极治理性的刑事政策都试图转变刑法对社会治理反应迟缓的印象，但刑罚有力度不等于治理有效果，持续的入罪化政策、将一般失范行为作为犯罪处理，反而会使犯罪率虚高，如此是否会导致积极治理主义刑事政策恶性循环以及刑法体系不断臃肿化，值得继续观察与反思。事实上，在积极治理的刑事政策理念下，刑法可能会进一步背离保障公民自由权利的刑法根基与罪刑法定主义的刑法信仰，导致其过度介入公众的日常生活，反而不利于社会和谐稳定，甚至可能导致公众陷入惴惴不安之中。

（五）“源头治理”刑事政策的效用评判

在社会治理迭代升级格局中，为了从源头遏制新型技术风险，应清除一切可能诱发危险的因素，切断危险源头与潜在犯罪之间的联系，以“源头治理”为目标的“打早打小”政策甚嚣尘上。尤其当它进入刑事政策领域而话语日盛时，通过“积极入罪化”体现刑事治理的优越性、通过刑罚方案实现“源头治理”就特别值得反思。如在刷单炒信、网络“爬虫”、制售外挂、微信解封、有偿删帖、恶意注册网络账号等“全国第一案”中，司法机关频频采取扩张解释甚至类推解释的方法，适用破坏生产经营罪、非法经营罪、破坏计算机信息系统罪、帮助信息网络犯罪活动罪等罪名回应新型犯罪行为方式，将虚拟社会中的不正当竞争行为以“源头治理”为由归入“黑产”予以刑罚打击，相关罪名呈现“口袋化”倾向。[1] 在社会治理迭代升级的同时，社会结构呈现多中心化，刑法规范体系只是末端规范系统中的一元，此外还存在大量更有针对性的前置法规范。刑罚的确可以在一定程度上起到行为规制作用，但新型社会交往的基本规则却不是依靠刑法确立的，社会风尚也不能指望刑法来引领，否则便混淆了不同规范的性质和功能，并非所有“打早打小”“积极预防”都能获得正当性。[2] 总之，如果一味地推崇“源头治理”刑事政策，虽然在短期内能够取得一定成效，但是从长期看将会破坏刑事司法体系的稳定性与持续性，亦将会导致刑法打击范围扩大化，最终阻碍社会各行各业的正常发展。

（六）罪刑体系“严而不厉”刑事政策的成效检讨

基于“严而不厉”的刑事政策目标，我国近年来多部刑法修正案的总体特征和趋势是“犯罪化”，如“轻罪立法”“预备行为实行化”“中立帮助行为正犯化”等，为将大量新型行为纳入刑罚范围，入罪标准不断降低，最终生成的刑法“既严又厉”。[3] 当前社会治理迭代升级的最大启示是，刑法无法独自根本性地改变孕育犯罪的社会环境，诱发犯罪的原因无法单纯通过刑法消除。“既严又厉”的策略会颠覆我国“行政处罚—刑罚”的二元惩罚体系，破坏原来的刑罚体系，将原本泾渭分明、相互独立的部门法之间的平衡打破。虚拟社会是最具创造力的领域，降低入罪门槛、从重科以刑事责任，将会抑制行业创新力，有违社会整体利益，“严而不厉”政策的目标及其运行需要加以省思。质言之，在刑事政策制定与实施过程中，当前的刑事政策存在“严

1　参见冀洋：《网络黑产犯罪“源头治理”政策的司法误区》，载《政法论坛》2020 年第 6 期，第 73 页。

2　参见齐文远：《“少捕慎诉慎押”背景下打早打小刑事政策之适用与反思——以网络犯罪治理为视角》，载《政法论坛》2022 年第 2 期，第 65 页。

3　参见冀洋：《我国轻罪化社会治理模式的立法反思与批评》，载《东方法学》2021 年第 3 期，第 124 页。

而不厉”的不足，这无疑降低了刑事政策的治理成效，也逐渐背离了刑法的根基与信仰。总之，在当前社会高速发展的过程中，对于刑事犯罪的治理需要重新回归消极预防性刑法理念，推动协同化治理与宽严相济的刑事政策，全面提升刑事政策的治理质效。

二、消极预防性刑法理念下塑造协同化刑事政策

社会结构升级以技术驱动为推进力量，技术及其风险贯穿于整个社会治理过程中，这也奠定了刑事政策的基本目标：以规制风险、控制犯罪而非消灭风险、根除犯罪为目标，遵循相对主义犯罪观，追求社会治理迭代升级与犯罪/风险控制、刑法体系的协同化。鉴于此，在社会治理过程中，刑事政策的迭代升级也要适应社会技术的发展与进步，面对当前社会发展中的各类风险，首先要坚持消极预防性刑法理念，避免刑法过度介入；其次在治理过程中强调协同化治理，对社会发展过程中的风险进行全面预防；最后基于保障公民自由权利的刑法根基并恪守罪刑法定主义的刑法信仰塑造适合社会发展的刑事政策。

（一）刑事政策的宪法维度

刑事政策对犯罪控制与预防目的的价值性追求，应当受制于更高价值目标，能够提供这种更高价值来源的便是宪法，因而刑事政策在宪法维度上的思考仍然是当前社会刑事政策与社会治理关系良善协同的重要内容。在刑事政策学上，国外学者将刑事政策分为国家模式和社会模式；我国学者则将之分为国家本位型、国家—社会双本位型和社会本位型。[1] 由刑事政策模式分析可见，刑事政策作为一种对犯罪的反应，是与权力紧密联系在一起的，因此

---

1 参见严励：《中国刑事政策的建构理性》，中国政法大学出版社 2010 年版，第 346 页。

在考察刑事政策时，必须将刑事政策与政治制度结合起来。我国宪法之下的刑事政策模式应当属于国家与社会联合控制的“国家—社会双本位型”，它也是人本主义、法治主义的模式。因此，刑事政策不仅要追求有效性，而且必须同时具备以法治、人道、科学为内容的实质合理性，[1] 尤其在思考刑法体系的范式转型问题时，应当重视宪法原则的制约作用，防止对刑法的功能化追求溢出公民基本权利边界，通过保障公民基本权利的刑事政策保证新型技术行为的自由空间。

（二）刑事政策适应性与社科法学思维的引入

面对社会治理的多元主体、双层结构，刑事政策中的利益衡量、后果考察、成本效益分析思维值得引入，因为它在法条主义之外为刑法体系的建构和运行提供了符合经济发展现状的经济分析模式。[2] 在当前所有法学派别中，最擅长这种政策分析工具的当属“社科法学”，它提倡“为了社会而学术”，与“刑法参与社会治理”的命题完全契合。[3] “社科法学”为诸如“快播案”等轰动性案件的分析提供了社会治理的政策方向——把技术保护置于相对优先的地位，以此观察，“拒不履行信息网络安全管理义务罪”等粗放型立法、放弃借助技术中立规则重塑整体治理制度的激进型司法也值得反思。[4] 因此，面对“难办案件”的频发，“社科法学”的情理法资源分析优势为案件裁决提供了具备常理性、经验性与良善性的判断模式，是动态回应“谁应为技术风险负责”的有益选择。鉴于此，在刑事治理过程中，为了保障公民自由权

1　参见韩大元：《维护人的尊严是文明社会的基本共识》，载《探索与争鸣》2018 年第 12 期，第 4-6 页。

2　参见邹兵建：《网络中立帮助行为的可罚性证成——一个法律经济学视角的尝试》，载《中国法律评论》2020 年第 1 期，第 109 页。

3　参见谢晖：《论法学研究的两种视角——兼评“法教义学和社科法学”逻辑之非》，载《法学评论》2022 年第 1 期，第 17 页。

4　参见桑本谦：《网络色情、技术中立与国家竞争力——快播案背后的政治经济学》，载《法学》2017 年第 1 期，第 81 页。

利的刑法根基并恪守罪刑法定主义的刑法信仰，需在刑事政策的制定过程中引入社科法学的思维，通过集百家之长，将社科法学的人本性思维引入刑事治理司法实践，以期取得更好的社会治理成效。

（三）强国战略的政策导向与技术创新行为的出入罪控制

在社会治理的迭代升级中，诸如信息技术、大数据、人工智能、区块链等是推动变革的主要动力，因而作为经济创新的引擎，刑事政策应当服务于科技强国的战略需求，避免“以扼杀创新为代价”对新型经济技术进行刚性法律管制，若监管过于刚猛严厉则可能葬送争夺引领全球科技创新的历史机遇。然而，刑事政策以预防犯罪为目标，但不一定意味着预防犯罪必须使用刑罚手段，“最好的社会政策就是最好的刑事政策”之诫命在当前社会中意义更加明显。[1] 虚拟社会规范极其庞杂，如传统行为规则、空间代码规则、平台垄断性资质规则并立，刑法只是法律系统的末端，行政监管机构、私营平台监管方甚至普通公民发挥的事前、事中监管作用不容忽视，以预防犯罪为目标的刑事政策应当注重优先探索犯罪治理机制的多元化，在刑罚之前引入柔性的、综合性的法律治理模式，从而在保证创新的基础上，动态防范新型技术风险，这样的刑事政策才可能是协同化的、整体性的、有实效的犯罪控制政策。

“融贯性是建构法律体系的一个可欲目标。”[2] 社会治理迭代升级的时代是技术驱动之下多重任务混合的社会转型期，它既需要维护国家意识形态安全、保证社会秩序稳定，又需要为全球贸易竞争中的中国新型技术企业营造有发展活力的法律环境，更需要在法治化治理目标中保障刑法自身的最后手段性定位。[3] 但多重任务交叠之下，刑法不能迷失方向，从传统社会到现代社

---

1 参见张智辉：《网络犯罪：传统刑法面临的挑战》，载《法学杂志》2014 年第 12 期，第 65 页。

2 陈越瓯：《新时代法制统一的政法逻辑》，载《苏州大学学报（法学版）》2023 年第 1 期，第 21 页。

3 参见张明楷：《网络时代的刑法理念——以刑法的谦抑性为中心》，载《人民检察》2014 年第 9 期，第 6 页。

会，我国刑法面临的主要任务仍然要服从“技术驱动型社会治理的法治化”而非“社会治理的政策化”。刑事政策的协同化不是平行多轨的同步化而是技术驱动时代的社会治理与刑事政策、适应时代性的刑事政策与刑法体系的融通，其核心任务是解决消极预防性刑法理念基础上的刑事政策与刑法体系的融会贯通问题。在融会贯通的整体语境下，刑事犯罪治理的刑事政策需要处理好保障公民自由权利的刑法根基与恪守罪刑法定主义的刑法信仰之间的关系，最终通过刑法的根基与信仰的融合，实现对犯罪行为的协同治理。

（四）融通语境中“刑事政策”与“刑法体系”的范畴

在社会治理的迭代升级中，当代刑法中的预防走向无疑是直面这种社会结构性变迁的政策产物，随之而来的问题是，我国刑法体系的理论创新究竟应如何规制这种预防走向。从晚近的理论发展来看，其应对策略的趋势基本是：将刑事政策的目的性考虑纳入刑法体系，推进刑法体系向功能主义的方向发展。但对这种融通语境中的“刑事政策”与“刑法体系”的范畴出现了多重理解，二者的范畴仍然是一个值得探究的问题。一方面，“刑事政策”本就具有多义性，在我国通常指国家权力主体层面的刑事权力策略，[1] 而在融通语境中，“刑事政策”主要在观念与方法论层面使用，是一种“合目的性”的思维方式而不限于明文的刑事政策规定；[2] 另一方面，“刑法体系”也具有不同的面向，它不仅包含了犯罪论的体系与刑罚论的体系，也是刑法立法体系与司法体系的总称，这是对“刑法体系”这一汉语术语最平义化的解释（本书主要采用这种层面的理解）。在新型犯罪认定上，从狭义上探究刑事政策与犯罪论体系的关系是建构“实质不法·实质罪责”二阶层犯罪论体系以

---

1 参见陈伟：《宽严相济刑事政策的定位及其功能》，载《法治研究》2014 年第 10 期，第 85 页。

2 参见［德］克劳斯·罗克辛：《刑事政策与刑法体系》（第 2 版），蔡桂生译，中国人民大学出版社 2011 年版，第 8 页。

及实质刑法观的重要内容。

（五）刑事政策与刑法体系之间关系的处理模式

对刑事政策与刑法体系之间关系的处理主要存在两种模式：一是将刑事政策放在刑法体系之外处理的分离模式，它是对体系自主性的强调，但这也导致理论与实践的疏离，这是其致命缺陷；二是将刑事政策融入刑法体系的贯通模式，它激活了刑法体系的适应性、实践性，但也有可能将刑事政策上的功利思维带入刑法体系，改变固有刑法概念。由于刑事政策游离于刑法体系之外发挥作用，我国对刑事政策与刑法体系的处理方式实际尚处于分离模式。在技术风险、管理风险日盛的时代背景下，分离模式似乎不可取，但刑事政策与刑法体系分离而成的“李斯特鸿沟”的意义也不容抹杀，所以应基于中国法治发展阶段和社会治理国情确立妥当的有限融通模式，[1] 这是协同化刑事政策研究的最大难点之一。在探究刑事政策与刑法体系的关系模式时，古典主义的刑事法治思想对化解今日的时代问题仍然具有极大的启示意义。

（六）“自我决定权”的刑事政策引导

伴随着社会治理结构的迭代升级，几乎所有的参与者都生活在存在不特定风险的环境中，无论线下生活的线上展开还是线上行为的横空出现，当前的社会风险环境注定要产生新的游戏规则，尤其对于新型失范行为、灰色地带行为，需要反思参与者在相互交往中各自充当何种角色、何者需要得到刑事政策的青睐。在公民广泛参与线上社交的时代，参与者应当提升使用新型社交工具的能力而不能依赖刑法无微不至的保护，如果刑法视所有参与者为潜在被害人并对任何新型、灰色行为加以规制，则参与者在社会交往中的错觉将会就此形成，“家长主义刑法”会让他们不假思索地信任虚拟生活的任何

---

1 参见孙万怀：《刑事政策研究的理论自觉》，载《法学研究》2013 年第 1 期，第 49 页。

事实。因此，当前应当更加关注对多元主体自我决定权的刑事政策引导，从被害角度切实考察失范行为的“实质可罚性”，倡导对灰色地带作自主判断与自主选择，避免刑事政策向民粹主义妥协，防止出现刑法滥用的危险，通过“刑事政策”的反向提示提高公民线上生活的安全意识。

以司法实践中对个人信息法益的保护为例，个人信息法益的核心是信息自决权，即个人有权自主决定自己的个人信息在何时、何地、对何人、在何种范围内公开、披露或被使用，以知情同意规则作为个人信息处理的正当性基础正是建立在承认个人信息自决权之上。保障个人信息自决权，既要保护公民权利免于遭受他人的不法侵害，又要尊重公民权利行使的意思自治和选择自由，前者表现为个人法益自决权之承认，后者表现为消极自由主义之肯定，二者并合于个人权利保护。如果信息主体根据自己的自由意思决定放弃个人信息自决权，法益保护欠缺必要性，那么国家刑罚权就不宜介入干涉公民的自由权利。所以，经信息主体同意，他人出售或提供其个人信息的情形不应轻易被认定为违法犯罪。除经过同意后有偿提供他人个人信息的行为不构成侵犯公民个人信息罪外，有偿收集提供他人已公开的个人信息的行为也应不构成本罪。自行公开个人信息是信息自决权的表达，权利人应当知晓个人信息公开的意义（包括他人对个人信息的爬取、传播、收集甚至有偿提供），基于信息自决、意志自由以及风险认识，自行公开的个人信息后被他人使用的，一般不需要权利人“二次授权”。信息处理者虽然未征得信息主体同意，但只要是在合理范围内处理该个人信息，就不构成侵犯公民个人信息罪。

总之，在刑事治理过程中，面对新兴社会中的各类风险，消极预防性刑法理念所塑造的协同化刑事政策应该充分发挥其自身价值功效。消极预防性要求刑法在介入社会治理过程中应该尤为审慎，妥善处置刑事政策与刑法体系之间的关系，在刑事政策的制定与执行过程中保护自我决定权并强调对实质出罪机制的完善，最终构建符合社会发展需要的社会治理模式。

三、协同化刑事政策下刑事治理模式的转型升级

为了维护刑法的根基与信仰，在保护社会发展的同时避免刑法过度介入社会治理过程，当前社会的刑事政策应当呈现为一种社会治理迭代升级与犯罪控制协同化的刑事政策，它动态调整着社会的治理与刑事政策的演进这一双向互动过程，也调整着刑法体系与刑事政策的协同演进过程，“协同化刑事政策”的基本内容与动态实现路径值得研究，且应根据社会发展进步逐渐推动刑事治理模式的转型升级。

（一）“协同化刑事政策”与罪刑规范的立改废

刑法体系的理论创新重心之一是刑事立法，它对社会治理迭代升级中犯罪圈的合理划定与刑罚结构的有序调整起着至关重要的作用。为了制定科学的刑事法律，也为了更好地实现刑事立法对罪刑设置的良愿，必须深入获悉刑事立法规范背后蕴藏的政策导向，并知晓刑事立法扩张化背后如何通过技术制衡达致价值兼顾的实践情形。刑法的调控范围即犯罪圈的大小是由许多客观因素决定的，其中最主要的因素就是“科技/犯罪迭代升级”中控制犯罪的客观需要。然而，当前的立法现实是“协同化刑事政策”所协同的不是犯罪控制的实际需要，而是社会的不安全感，致使犯罪化的包容量变得异常庞杂，非犯罪化的立法几乎停滞，在后果处置上刑罚日益加重。社会治理迭代升级与犯罪控制协同化刑事政策是动态化的刑事政策，只有“立改废”并举，在犯罪化与非犯罪化之间保持基本平衡，刑事立法才能实现科学性。

在当前社会治理语境下，建构与社会治理升级协同化的刑事政策，需要解决社会治理语境中“政策法学”与“规范法学”的互动机制问题。政策是社会治理压力侵入法律体系、决定法律运行的重要方式，在技术风险规制框

架中，公共政策发挥着调节社会治理速率的特殊作用，其本质上属于“政策法学”范畴。在社会治理迭代升级背景下，“政策法学”在“引政入法”的动态中如何避免陷入我国传统“政法法学”的窠臼，进而导致刑法体系（规范法学）成为社会管制的附庸，是虚拟空间治理法治化必须解决的问题，也是刑事政策制定过程中的重难点内容。“政策法学”关注利益衡量、后果考察、经济分析，这与我国当下流行的“社科法学”思维具有一致性，它们在立法论上对“良法”的创制具有论证意义，这是二者互动的最佳领域。[1] 而在法教义学上，属于政治系统的刑事政策性思维却存在“规则隐退”风险，教义学属于法律系统中法条主义的论证过程组成部分，二者的运作逻辑并不相同，刑事政策不能决定教义学按怎样的方式运作，政策上的诉求作为外在因素要想为刑法体系所接纳，必须借用教义学的固有方式产生作用，这种“借用”也会引起传统刑法概念的演变。

（二）“协同化刑事政策”与刑法解释的动态校准

随着科技时代的来临，刑事政策面临的一个根本问题是：应当赋予参与者更多的选择自由，还是对所有的新型行为进行安全控制？这是贯穿我国刑法司法过程的根本难题。但每当新的社会问题出现，司法者特别容易陷入过度能动状态，如对“黑（灰）产”的刑事打击最为突出。[2] “薅羊毛”等新型技术“黑（灰）产”先天带有“不劳而获”“少劳多获”等道德标签，且可能会与其他违法犯罪发生关联，因而以往通过民法、反不正当竞争法处理甚至无需由法律处理的一些案件被纳入刑法规制范围，全国“首例恶意反向刷单案”“首例恶意抢购软件案”“首例恶意注册案”等成为全国刑事司法的

1　参见陈兴良：《法学知识的演进与分化——以社科法学与法教义学为视角》，载《中国法律评论》2021 年第 4 期，第 73 页。

2　参见皮勇：《网络黑灰产刑法规制实证研究》，载《国家检察官学院学报》2021 年第 1 期，第 18 页。

判例“标杆”。然而，类似具有填补“司法空白”性质的“全国首例某某案”（如“全国首例‘黄牛’抢购软件案”“全国首例恶意注册网络账号案”）之所以受关注，是因为一些司法者对社会治理迭代升级的背景缺乏认知自觉，仍然沿用的是传统的犯罪压制政策，因而刑法解释上的逻辑与后果便是“社会防卫论→刑法积极介入前移→刑法主观主义（行为无价值论）”与“处罚必要性→目的解释→反文义解释→动摇罪刑法定”[1]。因此，对新型失范行为、灰色地带行为，刑事政策应当着眼于犯罪控制的整体法秩序，刑事政策不能直接作为处罚依据，[2] 其他前置法作出规制之后刑法才能作出反应，即刑事政策始终从属于整体社会治理政策，它对刑法出入罪解释起着动态校准的作用。

建构与社会治理升级协同化的刑事政策，需要把握好社会治理语境中的“价值多元化”问题。刑事政策在一个社会的实施不是自足的，而是受到这个社会的客观环境制约。随着“互联网+”的深化，高科技带来的利益诱惑和道德诱惑都将进一步蔓延，一个行为的刑事可罚性除了从行为人方面以法益的侵害或法益的危险性定义外，还与作为法益保护的手段应当具有适当性、必要性、合比例性的原则相联系，这都涉及刑事政策的价值衡量问题。为了控制刑法参与社会治理的程度，应当警惕“刑法的刑事政策化/刑事政策的刑法化”在价值与功能上的误区，[3] 尤其在刑事政策的变动性与刑法体系的安定性、刑事政策的工具性与刑法的规范性、刑事政策的功利性与刑法的正义性等取舍上，避免偏离法治的轨道导致“政策超越规范”“民意诉求替代刑法理性”“社会效果压制法律效果”等弊病。[4] “人民是一切国家权力的正当性

1　周光权：《通过刑罚实现积极的一般预防——国内首起“黄牛”抢购软件案评析》，载《中国法律评论》2018 年第 2 期，第 140 页。

2　参见周折：《刑事政策视野中的刑法目的解释》，载《中外法学》2007 年第 4 期，第 452 页。

3　参见陈兴良：《刑法研究》（第 2 卷），中国人民大学出版社 2021 年版，第 200–205 页。

4　参见柳忠卫、郭琳：《“刑法的刑事政策化”的理论解读》，载《政法论丛》2015 年第 4 期，第 3 页。

来源，也是法治建设创造性实践的源头活水。”[1] 总之，为回应社会治理的迭代升级，尽管刑法体系要积极容纳刑事政策的预防性因素，但这绝非为了摧毁刑法自由价值的根基与使命，而是为了在新时期更好地保障个体自由与公众自由。因此，刑事政策的制定与实施也需要在既有框架下实现保障公民自由权利的刑法根基与恪守罪刑法定主义的刑法信仰，以协同化治理的模式应对动态变化的社会风险，实现社会风险的常态化治理。

（三）“以刑制罪”政策的适用及其底线

在当前刑事司法实践中，“以刑制罪”即“以刑议罪”“逆向定罪”“量刑反制定罪”，是区别于传统“定罪量刑”的一种逆向思维。当前社会治理之所以频繁出现“以刑制罪”的“隐性刑事政策”，是因为社会结构迭代升级而导致经济、科技、文化面临新的转型，使一些原有刑法规范变得模棱两可、前置行政法不够明晰，刑法适用变得具有不确定性，因而司法者对于一些新型失范行为或灰色地带行为往往“先定罪（报应刑量）后寻找罪名”[2]，在罪刑互动的问题上，“以刑制罪”就成为实质性法律推理的入口之一。[3] 关于“以刑制罪”，我国理论和实务中存在肯定论、否定论、折中论的对立，但三者的共同主张是：无论正向思维抑或逆向思维，都要实现刑事司法的普遍正义与个案正义，使案件的公正裁判得到公众的认同，实现政治效果、法律效果和社会效果的统一。因此，“以刑制罪”能否使用或使用限度就成为这种“三效合一”目标中的重要问题。

建构与社会治理升级协同化的刑事政策，需要明确刑事政策在“社会治理”与“刑法体系的理论创新”之间的角色问题。当前时代技术风险的特性

1　周佑勇：《大变局下中国式民主的制度优势与宪法保障》，载《中国法学》2023年第1期，第62页。

2　李兰英：《“以刑制罪”在网络经济犯罪认定中的适用》，载《厦门大学学报（哲学社会科学版）》2020年第4期，第108页。

3　参见孙道萃：《以刑制罪的知识巡思与教义延拓》，载《法学评论》2016年第2期，第109页。

决定了社会公共政策的基调：难以根除风险，也非简单追求风险体量最小化，而是设法类型化地调控、规制风险的危险化或现实化，并根据社会交往规则尽量公正地分配风险。[1] 在犯罪学和刑法学视野中，“风险”“犯罪”分别作为社会事实现象与法律规范评价结果而存在，二者都经历了不可逆转的生成与“代谢”，尤其是信息技术、大数据、人工智能等直接导致科技/犯罪迭代升级，直接影响社会治理的内容和刑法评价的对象。[2] 因此，刑法作为风险规制的手段如何在法律的社会治理框架中不断演绎与拓展自身的体系，与国家层面的政策意志协同，社会迭代升级中的犯罪控制政策如何促成罪刑规范的创制、修正与解释，改变罪刑体系的适用范围，就成为涉及刑法体系创新路线的关键问题。根据犯罪的交替、治理的升级修正刑法体系，中间的过渡性机制是公共政策、犯罪政策、整体刑事政策，在刑法体系的理论创新过程中刑事政策充当缓冲器或黏合剂的中心角色，对立法和司法起着动态调节修正作用，刑事政策如何从犯罪学进入刑法体系变革中，[3] 并将社会治理升级中的事实转化为规范，是协同化刑事政策制定过程中的重心。

总之，在刑事政策的制定过程中，应该准确分析既有刑事政策在面对层出不穷的社会风险时所取得的成效以及自身存在的不足，即分析源头治理、严而不厉等刑事政策存在的不当之处，为后续的改进提供准确方向。在刑事政策的制定过程中，应该基于消极预防性刑法理念塑造协同化刑事政策，引入社科法学思维，协调刑事政策与刑法体系之间的关系，尊重新兴主体的自我决定权，并通过协同化刑事政策创建良好的实质出罪通道。在协同化治理的刑事政策的指引下，刑事治理模式会不断转型升级，这不仅影响罪刑规范

---

1 参见沈岿：《风险交流的软法构建》，载《清华法学》2015 年第 6 期，第 45 页。

2 参见张旭：《社会演进与刑法修改——以德国为视角的研究》，载《法制与社会发展》2003 年第 2 期，第 25 页。

3 参见［英］戈登·休斯：《解读犯罪预防——社会控制、风险与后现代》，刘晓梅、刘志松译，中国人民公安大学出版社 2009 年版，第 55 页。

的立改废，还会动态校准刑法解释模式，需要从犯罪学视角进一步完善刑法规制模式，最终实现对社会新兴风险的常态化治理。

第二节　宽严相济刑事政策下刑法根基与信仰的维护

作为我国基本刑事政策，宽严相济刑事政策在最大限度地预防和减少犯罪、化解社会矛盾、维护社会和谐稳定上发挥着极其重要的作用，同时宽严相济刑事政策也是最能体现保障公民自由权利的刑法根基与恪守罪刑法定原则的刑法信仰的刑事政策。鉴于此，为进一步落实宽严相济刑事政策在刑事司法领域的调适和指导作用，2020 年 1 月，全国检察长会议正式提出少捕慎诉慎押要求；2021 年 4 月，中央全面依法治国委员会将少捕慎诉慎押刑事司法政策列入年度工作要点，少捕慎诉慎押从刑事司法理念上升到刑事司法政策；2021 年 6 月，《中共中央关于加强新时代检察机关法律监督工作的意见》明确指出，要“根据犯罪情况和治安形势变化，准确把握宽严相济刑事政策，落实认罪认罚从宽制度，严格依法适用逮捕羁押措施，促进社会和谐稳定”。可见，随着刑事犯罪结构变化与轻罪时代到来，在占绝大多数的轻罪案件中施行少捕慎诉慎押，成为检察机关在轻罪时代贯彻宽严相济刑事政策的重要创新体现。在宽严相济的刑事政策中，对于“宽”与“严”的把握需要与保障公民自由权利的刑法根基以及恪守罪刑法定主义的刑法信仰相契合，只有准确把握宽严相济的刑事政策，才能保障公民的自由权利，避免刑法过度介入阻碍社会发展。与此同时，考虑到宽严相济也符合罪刑法定原则的需要，通过将罪刑法定原则作为衡量宽严的基准，最终可借助宽严相济的刑事政策提升刑事治理的整体质效。

事实上，在宽严相济基本刑事政策的指导下，有关捕、诉、押等重要司法裁处必须贯彻宽严相济的精神，做到“可捕可不捕的，政策倾向于不捕；

可诉可不诉的，政策倾向于不诉”[1]，能不判实刑的就提出适用缓刑建议。自少捕慎诉慎押实施以来，全国检察机关办案成效显著。而如何判断是否应该逮捕与起诉，必须要进行逮捕与起诉的必要性审查。根据《刑事诉讼法》的规定，逮捕的实质条件是犯罪嫌疑人、被告人具有社会危险性，起诉的实质条件是犯罪情节严重依照刑法需要判处刑罚。这意味着逮捕、起诉的裁量审查并非刑事程序法层面可以解决的，还须联系刑事实体法进行刑事一体化的审查。因此，如何贯通刑事程序法与刑事实体法，在宽严相济刑事政策指引下，构建坚守刑法根基与信仰的实质出罪机制，就成为深入贯彻少捕慎诉慎押刑事司法政策的重要方向。

一、价值契合：宽严相济蕴含以实质出罪实现人权保障的价值

在轻罪治理时代，宽严相济刑事政策被具象化为少捕慎诉慎押的新时代刑事司法政策。从表面上看，少捕慎诉慎押只是宽严相济政策在逮捕、起诉、羁押的刑事程序法上的具体表现；但实质上，少捕慎诉慎押也同样涉及刑事实体法问题。因此，可以先从刑事一体化角度找寻少捕慎诉慎押刑事司法政策的程序法与实体法共性，进而分析宽严相济刑事政策的刑事实体法内涵，从而为落实宽严相济刑事政策中的实质出罪机制和贯彻人权保障理念提供助力。

事实上，“宽严相济”刑事政策是我国的基本刑事政策，它对于最大限度地预防和减少犯罪、化解社会矛盾、维护社会和谐稳定发挥着特别重要的作用，在社会治理迭代升级的背景下，它仍具有基本价值，但必须结合新时代社会治理的需求，做到审时度势。在新时代下，社会治理的需求不仅表现在“维护社会安全秩序”，还需注重避免压缩技术创新空间、平衡社会中的多元

---

1 张军：《关于检察工作的若干问题》，载《人民检察》2019 年第 13 期，第 8 页。

利益。此外，考虑到刑法万能主义的存在，犯罪控制政策更应当贯彻“宽严相济”，更加体现“当宽则宽”“严中有宽”，避免过度依赖刑法保护，鼓励健全整体预防机制，注重运用前置法上的主动防御策略和替代性制裁措施。总之，面对当前社会中的安全挑战与犯罪形势，预防与惩罚应当相辅相成，刑事法网的疏密、刑罚圈的大小、刑罚结构的轻重、刑事制裁的严缓，都应区别对待、张弛有度、宽严相济。

（一）宽严相济刑事政策在价值上基于人权保障而强调实质出罪

宽严相济刑事政策的价值追求是人权保障，而人权保障机能的实现是通过实质出罪达成的。因此，宽严相济刑事政策在价值层面的实质内涵就是以人权保障为诉求的实质出罪，这也在贯彻宽严相济精神的少捕慎诉慎押政策的施行过程中得到了充分的体现。

在刑事程序法的价值上，少捕是指尽可能地通过对取保候审、监视居住等措施的适用，依法实现能不捕的不捕；慎诉是指通过对存疑不起诉、相对不起诉等不起诉条款的充分激活，发挥审查起诉的审前过滤、分流作用；慎押是指及时变更、撤销不必要的羁押。[1] 可见，少捕慎诉慎押就是通过对逮捕、起诉、羁押的依法减少，防止不必要的逮捕、起诉，避免对羁押措施的过度依赖，进而最大可能地减少对公民人身自由的剥夺，防止不该定罪的定罪，释放司法善意，修复社会关系，有效实现对公民人权的司法保障。因此，少捕慎诉慎押的内涵就是通过对逮捕、起诉、羁押的减少实现出罪率的增加。据此可见，少捕慎诉慎押的本质就是通过出罪促进人权保障。

在刑事实体法的价值上，现代法治国家并非对所有不法行为均施以刑罚，事实上只对部分不法行为科处刑罚，当能够不使用刑罚而以其他手段达到保

1　参见苗生明等：《少捕慎诉慎押刑事司法政策的内涵功能及其落实》，载《人民检察》2021 年第 15 期，第 38 页。

护法益目的时，则务必放弃刑罚。因此，在刑事实体法上也有一套“有罪不一定罚”的出罪通道，以限制犯罪圈的不当扩张，充分实现刑法的人权保障机能。刑事实体法上的出罪机制致力于从处罚必要性与合理性的角度对犯罪构成进行实质解释，通过实质解释将形式上符合刑法条文字面含义但实质上不具有可罚性的行为排除在犯罪圈之外，以此限定刑法的处罚范围，充分实现刑罚的妥当性。实体法上的出罪机制畅通与否直接影响进入刑事诉讼程序的案件数量，关系逮捕率、起诉率、审前羁押率。刑事案件首先通过实体法上的出罪机制予以化解，将起到有效的过滤、分流作用，减少逮捕、起诉、羁押的适用，从而最大限度地降低刑事追诉出现错案的可能性，可以说是宽严相济刑事政策和少捕慎诉慎押刑事司法政策的实体法贯彻。无法实质出罪的案件可以进入刑事诉讼程序，应审慎判断对犯罪嫌疑人是否适用捕诉押。

虽然《刑事诉讼法》规定了逮捕、起诉、羁押的条件，但是并非一旦符合相应情形就必须实施，而应实质判断实施的合理性与必要性。如果不具备实质合理性或必要性，就应当停止实施，即便符合形式条件也不一定捕、不一定诉、不一定押。这样做的目的在于将强制措施的适用和刑事追诉控制在合理且必要的限度内，这与实质刑法观所倡导的实质出罪一脉相承，同时也充分地体现出宽严相济刑事政策中的保障公民自由权利的刑法根基以及恪守罪刑法定主义的刑法信仰。

（二）宽严相济刑事政策在规范上基于人权保障而强调实质出罪

在当前的刑事司法实践中，根据《刑事诉讼法》和规范性文件的相关规定，在逮捕、起诉、羁押之前，必须要对捕诉押的必要性进行实质审查。实质审查之后的出罪，既体现了宽严相济刑事政策指导下以少捕慎诉慎押实现人权保障的价值目标，同时也与保障公民自由权利的刑法根基相契合。

首先，关于少捕的判断是针对逮捕必要性的实质审查，具体而言，即针对“社会危险性”的实质审查。“逮捕是最严厉的刑事强制措施，能用其他强制措施的尽量使用其他强制措施……对于不采取强制措施或者采取其他强制措施不至于妨害诉讼顺利进行的，应当不予批捕。对于可捕可不捕的坚决不捕。”[1] 至于是否可捕，则要根据《刑事诉讼法》第 81 条的规定作出判断，即对有证据证明有犯罪事实，可能判处徒刑以上刑罚的犯罪嫌疑人、被告人，采取取保候审尚不足以防止发生社会危险性的，应当予以逮捕。换言之，行为人不具备社会危险性的，就可以不适用逮捕。关于社会危险性的审查，主要是判断行为人是否“可能会妨碍刑事诉讼的顺利进行”，以及是否有“继续犯罪以致危害他人或者社会可能性”。[2] 虽然这样的审查可以通过建立量化评估体系进行，但是量化的形式标准是服务而不是取代实质审查。这些实质审查都是面向未来的审查，是对可能性的审查，是根据犯罪嫌疑人、被告人已有犯罪事实以及案件综合情况进行的社会危险性之有无以及高低的审查。

其次，关于慎诉的判断是针对起诉必要性的实质审查，具体而言，是指针对“犯罪情节轻微”的实质审查。虽然根据《刑事诉讼法》第 176 条的规定，犯罪嫌疑人的犯罪事实已经查清，证据确实、充分，依法应当追究刑事责任的，应当作出起诉决定，但《刑事诉讼法》在规定了法定起诉制度之外，还规定了不起诉制度，即法定不起诉、存疑不起诉、相对不起诉、附条件不起诉、核准不起诉制度。其中，相对不起诉制度规定在《刑事诉讼法》第 177 条第 2 款：“对于犯罪情节轻微，依照刑法规定不需要判处刑罚或者免除刑罚的，人民检察院可以作出不起诉决定。”据此规定，决定是否起诉，应对犯罪情节轻微与否进行实质审查，起诉和不起诉之间的界分是相对的，要通过对犯罪情节的综合评价来决定，而这一过程就是实质审查的运用。

最后，关于慎押的判断是针对释放或变更羁押的实质审查，具体而言，

1　《最高人民检察院关于在检察工作中贯彻宽严相济刑事司法政策的若干意见》，载《人民检察》2007 年第 4 期，第 59-60 页。

2　邱艳清：《将社会危险性量化评估融入刑事检察听证》，载《检察日报》2022 年 9 月 20 日，第 3 版。

是对羁押与刑罚或者犯罪行为本身是否具有相当性的实质审查。尽管《刑事诉讼法》第95条也对羁押必要性审查予以了规定，但是，该规定整体而言过于抽象。因此，羁押必要性审查还应基于2023年11月最高人民检察院和公安部联合印发的《人民检察院、公安机关羁押必要性审查、评估工作规定》（以下简称《羁押必要性审查规定》）展开，根据《羁押必要性审查规定》第16条的规定，具有案件证据发生重大变化，没有证据证明有犯罪事实或者犯罪行为系犯罪嫌疑人、被告人所为的，或者案件事实基本查清，证据已经收集固定，符合取保候审或者监视居住条件的等诸多情形的，人民检察院应当向办案机关提出释放或者变更强制措施的建议。根据《羁押必要性审查规定》第17条的规定，存在包括预备犯或者中止犯、从犯或者胁从犯、过失犯罪等在内的诸多情形的，人民检察院可以向办案机关提出释放或者变更强制措施的建议。据此可以发现，规范层面羁押与否的审查主要集中在羁押与刑罚或者犯罪行为之间的相当性审查。问题在于，判断犯罪事实的刑罚情况是否属于预备犯或者中止犯、从犯或者胁从犯等具体情形，也都须结合实质解释予以综合判断。因此，慎用强制羁押措施本质上也是以实质出罪为规范内涵的。

总之，根据《刑事诉讼法》和规范性文件的相关规定，在宽严相济刑事政策的指引下细化并完善对捕诉押三个方面的审查，都是基于对逮捕、起诉、羁押必要性的实质审查，这与实质刑法观所倡导的处罚值得处罚的行为异曲同工，即都是在对行为人追究刑事责任的必要性或者可罚性的基础之上讨论问题，其根基在于对是否需要动用刑事手段处罚犯罪嫌疑人、被告人进行实质判断。在刑事一体化视野下，应将实质刑法观所主张的实质出罪论引入刑事诉讼领域，通过实质判断实现实质出罪，进而实现宽严相济的刑事治理理念，最终实现对公民人权保障的价值诉求，而此时宽严相济刑事政策的具体落实也和保障公民自由权利的刑法根基以及恪守罪刑法定主义的刑法信仰间存在紧密联系。

二、理念转换：人权保障导向下刑事政策从入罪到出罪之转换

宽严相济刑事政策的价值诉求是人权保障，而且其人权保障目标是以实质出罪来实现的，这就意味着司法机关在适用宽严相济刑事政策时，首先要树立实质出罪的理念。在捕诉押必要性无法准确评估的情况下，不能以入罪理念为前提断然认定具有捕诉押的必要性，而应以出罪理念为前提认定不具有捕诉押的必要性。具言之，在无法对行为的社会危险性、犯罪情节轻重以及羁押相当性作出准确判断的情况下，深化宽严相济刑事政策的少捕慎诉慎押刑事司法政策主张，可捕可不捕的不捕，可诉可不诉的不诉，可押可不押的不押。然而，我国司法机关长期以来受“宁枉勿纵”观念的影响，司法实务一般不太主张出罪，在进行实质审查时，倾向于得出将犯罪嫌疑人、被告人入罪的不利结论。“一线办案人员对社会危险性评估往往持审慎、保守的态度，对是否具有社会危险性拿不准的时候，倾向于认为具有社会危险性。”[1]这样一来，“体现在个案办理上，就存在可捕可不捕的倾向于捕，可诉可不诉的倾向于诉，可宽可严的倾向于严，可轻可重的倾向于重”[2]。这也就意味着在社会危险性、犯罪情节轻重的认定上容易得出对犯罪嫌疑人、被告人不利的结论，即当有无社会危险性判断不明确时，会倾向于认为有社会危险性；犯罪情节轻重难以判断时，会倾向于认为情节严重。由此可见，在入罪理念的导向下，少捕慎诉慎押刑事司法政策的贯彻极有可能难以有效推进，甚至导致宽严相济司法政策的实践落空。

1　茅仲华等：《落实“少捕慎诉慎押”　有效降低诉前羁押率》，载《人民检察》2022 年第 11 期，第 3 页。

2　张军：《关于检察工作的若干问题》，载《人民检察》2019 年第 13 期，第 6 页。

（一）对逮捕“社会危险性”要件的判断缺乏实质出罪思维

在司法实务中，对于社会危险性不明显的案件，可能未有效地进行社会危险性有无及大小的实质出罪审查，对于社会危险性不大或者基本上没有社会危险性的犯罪嫌疑人、被告人也可能采取逮捕、羁押措施，体现了比较突出的入罪思维，这实际上背离了宽严相济的刑事政策，并可能侵害公民的自由权利，甚至会突破罪刑法定原则的刑法信仰。

实务中，凡提请批准逮捕的案件，检察机关都会倾向于得出行为人具有社会危险性的结论，尤其在适用认罪认罚从宽制度方面甚至衍生出“逮捕筹码化”的现象。[1] 因为“侦查机关都不会提供减轻其社会危险性的情形”，“于是，逮捕必要性审查就成为指控性证明机制。由于缺乏相反的情况信息，检察机关更容易做出倾向于侦查机关的决定”。[2] 这种情况在很多案件中都得到了体现。比如，某机械有限公司法定代表人卢某、股东胡某以支付开票费的方式，让他人在无货物购销的情况下为该公司开具增值税专用发票 11 份，价税合计 1,044,959 元，税额合计 151,831.64 元，并均已向税务部门申报抵扣税款，导致国家税款被骗。卢某、胡某犯罪后均自动投案，并如实供述自己的主要罪行，同时该机械有限公司向税务部门补缴税款 50,000 元。[3] 对于此案行为人，检察机关以虚开增值税专用发票罪逮捕起诉，审判法院也按照本罪判决卢某、胡某构成犯罪并判刑。然而，分析本案，完全可以按照不捕处理。司法实践中，检察机关不批准逮捕，有的是不作为犯罪处理而不捕，有的是证据不足而案件可能存在错误而不捕，有的则是构成犯罪但没有逮捕

---

1 参见陈卫东：《认罪认罚从宽制度与企业合规改革视角下逮捕筹码化的警惕与防范》，载《政法论坛》2022 年第 6 期，第 81 页。

2 马静华：《逮捕率变化的影响因素研究——以新〈刑事诉讼法〉的实施为背景》，载《现代法学》2015 年第 3 期，第 130 页。

3 参见（2018）苏 05 刑终 588 号刑事判决书。

必要而不捕，有的是构成犯罪但依法无需承担刑事责任而不捕，有的是构成犯罪但无逮捕必要而可取保候审或监视居住而不捕。本案犯罪金额较大，构成犯罪没有疑问。但是，本案行为人所犯之罪为法定犯，本身主观恶性不大，加之案发后行为人主动积极投案自首，所在单位也及时补缴了所欠税款，尽可能地弥补了国家的损失，社会危害性较小，综合全案事实来看，行为人的社会危险性不大。因此，本案属于构成犯罪也应依法追究刑事责任但无逮捕必要的案件类型。然而，以往实务对于刑事案件的处理往往构罪即捕，很少在构罪之后进行逮捕必要性即行为人社会危险性的实质出罪判断，以至于宽严相济刑事政策和少捕慎诉慎押刑事司法政策贯彻困难。

（二）对起诉“犯罪情节轻微”要件的判断缺乏实质出罪思维

实务中常常将一些情节轻微而理应进行相对不起诉的犯罪行为也予以起诉，体现了比较突出的入罪思维。尤其是对于一些轻罪案件，符合法定条件可以相对不起诉的，没有切实加强对起诉必要性的实质审查，没有彻底贯彻宽严相济刑事政策的实质出罪精神，没有较好发挥审查起诉的审前过滤和分流作用，如此会动摇刑法的根基与信仰。

在轻罪治理过程中忽视宽严相济刑事政策的价值指引，会导致司法机关忽视实质出罪的价值机能，而一味地强调入罪思维显然有损公众的合法权利，甚至可能突破罪刑法定原则的限制，司法实务中频发的超市盗窃案、外卖盗窃案等都是此类情况。比如，2018 年 6 月至 2019 年 3 月，洪某某分别偷走被害人祝某放在电动车外卖箱里的一份黄焖鸡米饭、被害人张某放在电动车外卖箱里的一份外卖、被害人潘某放在电动车外卖箱里的一份卤肉饭、被害人邵某放在电动车上的一份价值 103.3 元的外卖。本案由检察机关提起公诉，法院判决洪某某的行为构成盗窃罪，判处拘役 4 个月，并处罚金 1000 元。[1]

1　参见（2019）浙 0702 刑初 434 号刑事判决书。

分析本案，行为人前后盗窃了4次外卖盒饭，犯罪金额很小，社会危害性不大，行为人的社会危险性也不大。既然作为宽严相济刑事政策在刑事诉讼程序中的具体要求，少捕慎诉慎押要求对绝大多数的轻罪案件体现当宽则宽，慎重羁押、追诉，[1] 本案就应贯彻少捕慎诉慎押刑事司法政策，不对洪某某予以逮捕和起诉。在这类案件里，“即使犯罪嫌疑人提出了自己不具有社会危险性的事实、证据，检察人员在‘隧道视野’心理的影响下也会对此报以怀疑甚至否定的态度”[2]。由此可见，以入罪理念为导向，宽严相济刑事政策和少捕慎诉慎押刑事司法政策难以有效地贯彻落实。

（三）对羁押“相当性”要件的判断强调实质出罪思维

尽管《刑事诉讼法》并未对羁押必要性的具体审查内容予以详尽规定，但基于宽严相济的刑事政策仔细分析《羁押必要性审查规定》就可以发现，实务中关于是否予以羁押的审查，除审查社会危险性是否存在之外，尚需根据个案情况审查羁押与可能判处的刑罚是否具有相当性。换言之，我国的羁押必要性审查制度是一种包含了社会危险性和相当性在内的广义的羁押必要性审查。[3] 这也就意味着对羁押与否的实质审查除了需要对社会危害性予以足够关注外，还需要结合犯罪嫌疑人、被告人可能判处的刑罚而展开相当性审查。然而，受制于入罪思维，以往的司法实务往往忽视了对羁押相当性的实质判断，进而导致逮捕与羁押高度重叠；在强化羁押必要性审查的大背景下，未决羁押天数不降反升，[4] 对应适用非羁押的案件却采用了羁押措施，这显然

1 参见邱春艳、史兆琨：《少捕慎诉慎押的检察实践》，载《检察日报》2021年12月15日，第2版。

2 董林涛：《逮捕社会危险性要件的现实定位与证明机制》，载《法学杂志》2018年第11期，第119页。

3 参见万毅：《解读逮捕制度三个关键词——“社会危险性”“逮捕必要性”与“羁押必要性”》，载《中国刑事法杂志》2021年第4期，第74-75页。

4 参见王禄生：《论刑事诉讼的象征性立法及其后果——基于303万判决书大数据的自然语义挖掘》，载《清华法学》2018年第6期，第142页。

有违宽严相济刑事政策的价值指引，并且严重侵害公民的自由权利。

例如，被告人郑某滨、丘某山、丘某波等人因怀疑被害人魏某的施工队的施工属于违法行为，便阻止施工队施工。其间，魏某拿出相关证件给被告人和其他村民看，证明其填土工程合法。但是，被告人不听、不信，仍以土有毒有害和违法施工为借口继续强行扣押施工车辆，并以此为要挟手段向被害人魏某索要钱财。[1] 审判法院认为，尽管被告人以非法占有为目的，伙同他人对被害人实施威胁或要挟，已构成敲诈勒索罪，但从整个案件事实的进展过程来看，三名被告人在共同犯罪中仅起次要作用，且当庭自愿认罪、系初犯，可免予刑事处罚。然而，遗憾的是，该案中的三名被告人自逮捕之日至审判之日始终处于羁押状态。毋庸置疑，上述羁押显然与 2019 年 12 月公布的《人民检察院刑事诉讼规则》（以下简称《检察规则》）第 579 条的规定相违背。[2] 由此可见，司法实务若基于入罪理念而忽视对羁押必要性要件的实质性判断，在刑事制裁过程中忽视宽严相济的刑事政策，就会导致本不应被羁押而被羁押的现象出现，继而破坏保障公民自由权利的刑法根基。

（四）坚持罪刑法定和无罪推定原则，将入罪思维转化为出罪思维

为了更好贯彻宽严相济刑事政策，必须彻底扭转入罪思维，将入罪思维转化为出罪思维，加大对捕诉押必要性的实质审查，审查的方向是出罪，在捕诉押必要性可有可无时从无，而不是选择有。

新时代良法善治的总体要求不仅在于核心价值、共同价值、传统美德相融合，还在于自治、法治、德治相融合。[3] 因此，不放纵犯罪、不伤及无辜、

1　参见（2019）粤 1391 刑初 318 号刑事判决书。

2　根据《检察规则》第 579 条的规定，案件事实或者情节发生变化，犯罪嫌疑人、被告人可能被判处拘役、管制、独立适用附加刑、免予刑事处罚或者判决无罪的，人民检察院应当向办案机关提出释放或者变更强制措施的建议。

3　参见张文显：《习近平法治思想的政理、法理和哲理》，载《政法论坛》2022 年第 3 期，第 13-14 页。

罪责刑相适应必须“三位一体”并重推行。事实上，在追诉理念上，法律的规定和检察机关一直强调的都是“罪与非罪存疑，按无罪处理；轻罪重罪存疑，按轻罪处理”，这实际上也是中华法系早已形成的“宁失不经，不伤无辜”的慎刑思想。在贯彻宽严相济刑事政策的同时虽然也要依法惩治犯罪，但是宽严相济刑事政策强调的不是对犯罪的惩罚，而是对符合条件的犯罪给予相应的宽缓处理，从而服务于中国式法治现代化、刑罚轻缓化和文明化之需要。“中华法系凝聚了中华民族的精神和智慧，有很多优秀的思想和理念值得我们传承。出礼入刑、隆礼重法的治国策略，民惟邦本、本固邦宁的民本理念，天下无讼、以和为贵的价值追求，德主刑辅、明德慎罚的慎刑思想”[1]，都彰显了中华传统法律文化的慎刑思想。宽严相济刑事政策和少捕慎诉慎押刑事司法政策正是对中国古代传统法律文化之慎刑思想的当代贯彻和体现。

前文所述卢某案、洪某某案、郑某滨案都反映了实务中对社会危险性、犯罪情节、羁押相当性等捕诉押的审查没有贯彻实质出罪思维。“实践中有的检察官往往就案办案，认为事实证据没有问题，法律已经公布了，套得上就没有错误，就能够满足社会发展的需要，把自己仅仅等同于一个司法办案的‘工匠’。”[2] 这种表现既不可能在每一个案件中实现公平正义，也无法满足从法的统治到良法善治的中国式法治现代化的新要求。[3] 实践中有时将主观恶性不明显、客观危害性不大，尤其是轻罪案件、金额微小且危害性较小的案件中的法定犯，判断为有社会危险性；如果没有充分事实根据证明犯罪情节轻微，就判断为犯罪情节严重；如果没有充分材料表明可以判处的刑罚，就忽视对羁押相当性的审查。这种导向几乎堵塞了适用宽严相济刑事政策和少捕慎诉慎押刑事司法政策的可能性。正确的做法是，在出罪思维主导下，如果

---

1 习近平：《习近平谈治国理政》（第4卷），外文出版社2022年版，第290页。
2 张军：《关于检察工作的若干问题》，载《人民检察》2019年第13期，第8页。
3 参见汪习根：《论中国式法治现代化的理论体系》，载《政法论坛》2022年第6期，第17页。

没有充分证据证明有社会危险性或者社会危险性较高，就判断为没有社会危险性或者社会危险性较低；如果没有充分事实根据证明犯罪情节严重，就判断为犯罪情节轻微；如果没有相当的法益侵害，就判断没有羁押的相当性。

出罪思维的根基在于刑法的罪刑法定原则和刑事诉讼法的无罪推定原则。刑罚处罚必须严格遵守法律的既有规定，在没有充分证据证明行为人的社会危险性或者犯罪情节的情况下，应当依据罪刑法定原则和无罪推定原则判断为没有社会危险性、社会危险性较低或者犯罪情节轻微。无罪推定作为一项最根本的刑事诉讼法原则，意在实现保障人权功能，“对牺牲无辜者的利益来实现打击犯罪之目的的做法坚决说‘不’”，“在对被告人是否有罪或罪行轻重有怀疑时，应作有利于被告人的解释和处理”。[1] 同时，这样的出罪思维也贯彻了刑法罪刑法定原则处罚值得处罚的行为的实质侧面之要求。值得肯定的是，司法实务中也有很多案件的做法贯彻了出罪思维，也因此很好地推动了宽严相济刑事政策和少捕慎诉慎押刑事司法政策的落实，桑某某盗伐林木案即为适例。2021 年夏天，桑某某在未办理相关林业手续的情况下，以其儿子要结婚分家修建房屋为由，携带油锯斧头潜入某国有林场，利用两天时间砍伐 14 棵冷杉林木，并用蓝色油漆做标记，计划在冬天河水结冰后偷运回家。后桑某某听到村子里有人盗伐林木被当地公安局采取强制措施而心生恐惧，于是主动向当地公安局投案。后经鉴定，桑某某所盗伐的 14 棵冷杉林木的活立木蓄积达 2. 8911 立方米。检察机关认为，桑某某的行为已构成盗伐林木罪，但鉴于其犯罪以后能主动投案，如实供述自己的罪行，到案后认罪、悔罪态度明确，具有坦白情节，在审查起诉阶段自愿认罪认罚，且希望通过补种树木补偿林场的财产损失，根据《刑法》第 37 条的规定，不需要判处刑罚，依据《刑事诉讼法》第 177 条第 2 款的规定，对桑某某决定不起诉。[2]

---

1 陈卫东主编:《刑事证据问题研究》，中国人民大学出版社 2016 年版，第 256 页。

2 参见甘肃省甘南藏族自治州碌曲县人民检察院碌检刑不诉〔2022〕7 号不起诉决定书。

本案就很好地发挥了实质出罪思维的作用，检察机关基于被告人的犯罪行为、后果、主观表现，综合判断其犯罪情节，最终认定犯罪情节轻微不予起诉，作了出罪处理，切实提升了政治效果、社会效果、法律效果。

总之，我国司法机关在维护国家稳定发展和社会公平正义方面发挥了不可替代的作用，以至于长期以来司法机关被认为是代表国家惩罚犯罪，检察机关被认为是追诉机关，法院被认为是判决犯罪的机关，这样的理解直接影响了司法机关人员的办案理念，并成为贯彻落实宽严相济刑事政策和少捕慎诉慎押刑事司法政策的障碍。当前，我国司法实务在适用宽严相济刑事政策和少捕慎诉慎押刑事司法政策时，应避免陷入从严把握的误区，规避入罪思维浓厚、出罪观念淡薄的老路，以防严重阻碍宽严相济刑事政策和少捕慎诉慎押刑事司法政策的贯彻。为此，司法实践适用宽严相济刑事政策应从入罪思维转向出罪思维，以更好推动少捕慎诉慎押刑事司法政策的落实。

三、路径实现：以少捕慎诉慎押落实宽严相济的实质出罪机制

在宽严相济的刑事政策的指引下，刑事司法实践中实体法上的实质解释与程序法上的实质审查是一体两面的关系。是否逮捕、起诉、羁押的审查主要是通过对犯罪事实状况、行为人个人情况以及社会公共利益等因素的实质解释最终确定的。结合《刑事诉讼法》第 81 条以“社会危险性”为核心的逮捕审查规定、《刑事诉讼法》第 177 条以“犯罪情节轻微”为核心的起诉审查规定、《刑事诉讼法》第 95 条以“羁押的必要性”为核心的羁押审查规定，宽严相济刑事政策和少捕慎诉慎押刑事司法政策的实质出罪机制的构建需要分别基于社会危险性、犯罪情节轻微、羁押的必要性这三个维度具体展开。

（一）构建克服社会危险性虚无化的逮捕实质审查机制

宽严相济刑事政策要求实质审查行为人的社会危险性，做到“当宽则宽，当严则严”，在决定是否逮捕行为人时慎用逮捕措施，“可捕可不捕的不捕”，否则会损害保障公民自由权利的刑法根基。鉴于此，批准或决定逮捕任何犯罪嫌疑人、被告人都必须符合《刑事诉讼法》第 81 条的规定，只有具有社会危险性的，才应当予以逮捕。社会危险性是判断是否予以逮捕的核心条件。受入罪思维的影响，司法机关在办案过程中重收集有罪证据而忽视收集不具有社会危险性的证据，以至于逮捕的实质条件即社会危险性的审查存在虚无化。

1. 实质审查社会危险性应遵循“证明无可简化，证明有须充分”的规则

基于宽严相济的刑事政策展开逮捕必要性的审查，虽然聚焦于《刑事诉讼法》第 81 条规定的五种情形，但是这五种情形都是用来判断犯罪嫌疑人、被告人的社会危险性的，所以，社会危险性才是逮捕的核心条件。然而，“公安机关在提请批捕时，基本上不提供存在社会危险性的相关证据材料，在提捕书上只笼统表述‘有社会危险性’，很少阐述具体理由”[1]。根据《刑事诉讼法》第 81 条的规定，“有证据证明有犯罪事实”的即可逮捕，以至于侦查机关都积极搜查证明犯罪事实的证据，而忽视或者没有收集不逮捕的实质条件即不具有社会危险性的证据。实务中，检察机关在审查少捕慎诉慎押必要条件时，主要是围绕公安机关移送的案件材料进行的，而公安机关往往是围绕犯罪嫌疑人有罪的材料进行侦查取证，以至于他们移送给检察机关的材料也都是有罪的证据。在此情况下，检察机关对于可捕可不捕的审查，根本就不可能关注到行为人有无社会危险性，从而导致对社会危险性条件的审查虚

1　樊崇义等：《河北检察机关新刑诉法实施调研报告》，载《国家检察官学院学报》2014 年第 3 期，第 9 页。

无化。“检察机关既然认定‘主要犯罪事实已经查清’即犯罪嫌疑人有罪，为便于追诉，刑罚要件与社会危险性要件就会被虚化，从而演化为‘构罪即捕’。”[1] 比如，“公安机关仅仅在提请逮捕书上写明‘有逃跑可能’、‘有串供可能’等逮捕理由，并未提供事实根据。检察人员通常做法是以涉嫌犯罪事实的严重程度来判定逮捕必要性，造成大部分轻刑案件在没有社会危险性事实的支撑下，贸然认定具有社会危险性”[2]。为此，实务中侦查机关需要主动搜集犯罪嫌疑人有无社会危险性的证据材料并提交检察机关审查。如果对社会危险性的判断得出的是否定性的结论，此时，不需要充分证据。反之，则需要充分的证据材料予以证明。之所以如此，是因为当得出对犯罪嫌疑人、被告人有利的结论时，可以根据无罪推定的刑事诉讼法基本原理，本着有利于犯罪嫌疑人、被告人的原则，降低证明标准。在此基础上，对社会危险性的实质审查应实行“证明无可简化，证明有须充分”的机制，即证明社会危险性无，不需要充分的证据材料，根据案情即可作推论；证明社会危险性有，必须要有充分的证明材料，否则就会陷入“构罪即捕”的误区而无法走出来。

具体而言，如果对社会危险性的判断得出的是肯定性的结论，除了全案事实，还需要侦查机关提供充分的证明材料才可得出肯定结论。原因在于，社会危险性的审查旨在查明犯罪嫌疑人、被告人是否具有危害社会、妨碍诉讼程序顺利进行的潜在可能性，这种可能性与已经收集的、关于审查起诉的案件事实并不相同，如果认为犯罪嫌疑人、被告人社会危险性大而需要逮捕，仅仅根据已查明的案件事实显然不足以判断其社会危险性，还需要结合行为人是否可能实施新犯罪、危害国家安全或者社会秩序、毁灭证据等其他证明材料。徐某故意伤害案即为适例，徐某因怀疑其同居女友梁某与其他男性交

---

1 刘计划：《我国逮捕制度改革检讨》，载《中国法学》2019 年第 5 期，第 144 页。

2 许凤学：《轻刑案件中逮捕权运行的实证分析》，载《中国检察官》2017 年第 5 期，第 58-59 页。

往，用事先准备的尖刀划刺梁某胸部、背部。梁某边闪躲边求饶并试图夺刀，徐某仍继续用刀扎刺梁某手、腿等部位，见梁某身体多处伤口出血才停手，后随同他人将梁某送往医院救治。经鉴定，梁某三处伤势构成轻伤二级、一处伤势为轻微伤。案发后，公安机关提请批捕徐某，检察院在审查案卷材料的同时，进一步查明犯罪事实和情节，证明徐某社会危险性较大，应予以逮捕。相关证据材料显示，“一是同居期间，徐某曾以‘分手就骚扰你全家’等言语进行恐吓、威胁，并数次殴打梁某，曾致其受伤就医。如果采取取保候审强制措施，徐某存在再次伤害梁某或其家人的可能。二是面对梁某多处刀伤的事实，徐某对事先准备刀具、蓄意伤害梁某等关键犯罪细节予以回避，始终不认罪，无悔罪表现”[1]。本案的处理就恪守了“证明无可简化，证明有须充分”的社会危险性实质审查的原则，值得肯定。

社会危险性的否定性结论根据案情即可判断，证明标准可以降低，周某某盗窃案即为适例。该案中，检察机关主要根据案情审查行为人的社会危险性并径直得出否定结论，没有要求公安机关进行进一步证据收集，这样的做法是可取的。犯罪嫌疑人周某某的行为涉嫌构成盗窃罪，本案公安机关提请检察机关批准逮捕，检察机关在审查逮捕有关证据材料之后认为，“鉴于其本人如实供述犯罪事实，没有犯罪前科，已经退赔被害人损失得到谅解，修复社会关系，社会危险性较小，依据刑事诉讼法第八十一条第一款规定精神和贯彻‘少捕慎押’刑事司法理念，对犯罪嫌疑人周某某无逮捕必要”[2]。分析本案，周某某属初犯偶犯，盗窃金额较小，同时得到了被害人的谅解，客观上的危害性已经被降到了最低程度，主观恶性也不大，以上事实表明，周某某的社会危险性较小，适用不捕完全正确。

总之，对于证明行为人没有社会危险性或者社会危险性较小的证据材料，

---

1 《检察机关贯彻少捕慎诉慎押刑事司法政策典型案例（第一批）》，载《检察日报》2021 年 12 月 6 日，第 2 版。

2 广东省广州市荔湾区人民检察院〔2021〕278 号不批准逮捕理由说明书。

本着无罪推定原则，如果没有充分证据证明有较大社会危险性，那么，根据全案材料得出有利于行为人的结论是合理的。换言之，没有社会危险性或社会危险性较小，不需要充分的证据材料证明，只要根据案件事实作出推断即可。事实上，只有对社会危险性的实质审查遵循“证明无可简化，证明有须充分”的规则，才能克服社会危险性审查虚无化的倾向并真正践行宽严相济刑事政策，对于司法机关而言，如果在社会危险性的实质审查中背离宽严相济刑事政策，那么不仅会侵害公民自由权利，还存在违反罪刑法定原则的潜在风险，最终损害刑法的根基与信仰。

2. 实质审查社会危险性应遵循“客观优于主观，标准优于随意”的规则

在司法实践中，对逮捕必要性的审查因为聚焦于社会危险性的判断，而社会危险性有一个程度问题，加之前述侦查机关一般并不主动搜集社会危险性有无或高低的证据，以至于检察机关在判断社会危险性时往往根据其对犯罪嫌疑人、被告人的总体印象等进行，因缺乏客观的事实根据支撑而主观性色彩比较明显。为此，对社会危险性的实质审查，应建立“客观优于主观，标准优于随意”的审查机制，这是贯彻宽严相济刑事政策的具体体现，同时有助于防止司法机关动摇罪刑法定原则的刑法信仰。

《刑事诉讼法》第 81 条规定了具有社会危险性的五种情形，但是在最高司法机关没有出台五种情形的权威标准之前，前述侦查机关往往不能提供充分证明行为人有社会危险性的相关证据材料，以致办案人员只能根据案情分析推测或凭经验把握是否具有社会危险性，造成执法司法结果不一。近年来，围绕如何适用《刑事诉讼法》第 81 条五种情形，最高司法机关作出了一系列细化的规定。《检察规则》对五种情形作出逐一规定并将其细化为二十四种具体标准，极大地发挥了对社会危险性的实质审查作用。《关于适用〈中华人民共和国刑事诉讼法〉的解释》第 164 条规定，被取保候审的被告人具有九种情形之一的，就属于具有社会危险性，人民法院应当决定逮捕。该解释在立

法规定的五种情形的基础上又增加了无正当理由不到案影响审判活动、擅自改变联系方式或者居住地导致无法传唤、擅自离开所居住地、违规进入特定场所等几种具体的情形，从而对于原五种情形的适用起到了很好的细化作用。这些细化规定都是在犯罪嫌疑人、被告人的客观行为基础之上得出的判断标准，有效克服了原来对社会危险性判断的主观性和随意性的问题，减少了司法机关动摇罪刑法定原则的刑法信仰的风险。

事实上，基于宽严相济刑事政策而细化的社会危险性审查标准有效地促进了社会危险性审查的进行。然而，这些具体标准的执行还存在一些问题，一些细化的规定还存在模糊和不确定的表述，以致适用效果受到影响。《检察规则》对五种情形采用的是“列举式+兜底式”的规定，以《检察规则》第129条规定的“可能实施新的犯罪”为例，其中第7项规定的是“其他可能实施新的犯罪的情形”。此类模糊的规定难免会导致实务中对社会危险性的审查判断存在一些主观随意的情况。“尤其是在‘可能’‘企图’以及‘现实危险’等程度的把握上，由于缺乏进一步的证明材料，社会危险性审查容易带有强烈的个人主观色彩，缺乏稳定性。”[1] 一定程度上，由于缺乏实质解释与实质审查的出罪机制，尽管可以通过司法解释等规范性文件对社会危险性的审查予以不断细化，但这种细化归根结底也可能成为无实质意义的内卷式细化，[2] 不利于实践的有效实施。在此情况下，基于宽严相济刑事政策构建一体化的社会危险性实质审查的出罪机制，必须“推广社会危险性量化评估”，[3] 以推动构建以社会危险性审查的客观化与标准化为内容的社会危险性评估机制。当然，社会危险性的量化评估是一个巨大的工程。在网络科技高速发展

1　杨依：《以社会危险性审查为核心的逮捕条件重构——基于经验事实的理论反思》，载《比较法研究》2018年第3期，第132页。

2　参见王禄生：《我国司法改革的内卷化风险及其治理》，载《法商研究》2022年第3期，第17页。

3　参见蒋安杰：《少捕慎诉慎押刑事司法政策落实一年间》，载《法治日报》2022年4月27日，第9版。

的 Web 3.0 时代，使用大数据与人工智能方法，构建社会危险性评估的量化模型，进行算法评估与风险预测，是我国社会危险性评估改革的未来发展方向。目前，已有一些省份开始探讨这样一些做法并取得了良好成效。山东探索实施“三层过滤”审查机制，捕前分流过滤，从源头上减少羁押；捕中听证过滤，依法严格羁押；捕后跟踪过滤，及时变更羁押；探索建立“认罪认罚+社会危险性”动态评估跟踪机制。广西适用智能监控平台，为犯罪嫌疑人佩戴电子定位手环，实现24小时“云”监控。浙江出台《浙江省检察机关刑事案件捕诉一体办理工作规则（试行）》，研发“非羁码”作为非羁押人员智能监控系统。这些新型人工智能监测有效贯彻了宽严相济刑事政策和少捕慎诉慎押刑事司法政策，用科技手段助力现代刑事政策的落实。但是，如何借鉴“域外关于社会危险性评估的研究与实践”，建立符合我国实践需要的“可操作性强的、科学的社会危险性量化评估模型，并兼采办案人员补充矫正的定性评估方法”[1]，应是我国社会危险性评估改革的发展方向。只有真正量化的评估，才能确保社会危险性的评估客观化与标准化。

不过，在社会危险性量化评估模型和指标建立起来之前，对社会危险性的判断一定要聚焦于事实根据，并且审查的具体情况要落实到具体情形。虽然说五种情形都要审查，但一般来说审查也有重点和非重点之分，那么，应重点审查犯罪嫌疑人、被告人是否可能实施新的犯罪，还是重点审查其是否企图自杀或者逃跑等，就需要结合具体的案件事实展开，而不能泛泛地凭借办案人员的主观印象。例如，对于暴力犯罪应聚焦于审查有无可能实施新的犯罪，对于恐怖犯罪审查的重点应在于其有无危害国家安全、公共安全或者社会秩序的现实危险，对于因举报而侦破的案件审查的重点则是其有无可能对被害人、举报人、控告人实施打击报复，对于电诈类案件审查的重点应是行为人会否逃跑，对于涉侵犯名誉权或者个人权利的案件审查的重点是其有

1 邱艳清：《将社会危险性量化评估融入刑事检察听证》，载《检察日报》2022年9月20日，第3版。

无自杀可能等。虽然这样的归类不一定准确，但是，对于犯罪嫌疑人、被告人的审查来说，根据不同案件的不同类型尽量精准预判其社会危险性的审查重点，效果无疑更好。以张某某涉嫌单位行贿案为例，犯罪嫌疑人张某某系某民营公司法定代表人、总经理。张某某为使其公司提交市交管局的占路审批事项缩短审批时间，托市交管局党委书记、局长何某某提供帮助。何某某利用职务上的便利以及本人职权、地位形成的便利条件，向市交管局相关工作人员“打招呼”，某公司占路审批事项得以优先获得审批。后张某某多次送予何某某钱款共计 372 万元以表示感谢。2020 年 2 月，检察机关对张某某决定逮捕。分析本案，如果要适用宽严相济刑事政策和少捕慎诉慎押刑事司法政策，对应《刑事诉讼法》第 81 条的五种情形，对于贿赂犯罪来说，其行为实施往往是一对一，案情复杂、行为隐蔽，侦破难度大，所以其社会危险性的审查重点在于是否存在“可能毁灭、伪造证据，干扰证人作证或者串供的”情形。经查证，检察机关认为，张某某涉嫌单位行贿案事实、证据已经清楚、固定，不存在毁灭、伪造证据或者串供、干扰证人作证等可能，且其本人认罪认罚，变更强制措施不影响诉讼进行，也不具有人身危险性；同时，考虑到其公司在疫情期间遭遇了经营困难，张某某作为企业负责人，其处于羁押状态可能导致公司难以克服遇到的困难，如对张某某继续羁押将影响公司承揽的市级重点工程项目的推进。[1] 综上，检察机关决定对张某某取保候审。本案因检察机关将行为人的社会危险性的审查重点放在是否有“可能毁灭、伪造证据，干扰证人作证或者串供”的情形上，及时作出了无羁押必要性的审查判断，并对被告人适用取保候审，有效贯彻了细化宽严相济刑事政策的少捕慎诉慎押刑事司法政策。这种聚焦于某个重点情形的判断，往往事实根据充分，审查客观性和确定性强，不失为有效避免社会危险性审查主观性和随

1　参见《全国检察机关依法办理涉新冠肺炎疫情典型案例（第六批）》，载《检察日报》2020 年 3 月 21 日，第 2 版。

意性的便宜方式。

总之，对于“哪些可捕哪些不可捕”的回应，就是在适用《刑事诉讼法》第81条的规定对逮捕条件“社会危险性”进行审查时，必须以实质出罪机制为基础，以形式入罪、实质出罪思维，对社会危险性条件进行实质审查，从而真正落实宽严相济刑事政策的价值指引。在案件审查过程中，应从符合逮捕条件的入罪思维向是否具备不逮捕条件的实质出罪思维转变，加强对逮捕必要性尤其是社会危险性的实质性审查并克服虚无化倾向，主动搜集证明社会危险性的证据材料并对之予以审查判断，加强量化与客观化评估，克服社会危险性审查的不确定性和主观性特质，针对具体社会危险性进行重点审查附带审查抽象的社会危险性。上述这些举措是基于宽严相济刑事政策构建少捕慎诉慎押实质出罪机制的关键步骤，而只有这样才能真正保障公民自由权利的刑法根基并恪守罪刑法定主义的刑法信仰。

（二）构建起诉必要性检察裁量权的实质审查机制

在司法实践中，宽严相济刑事政策要求准确区分案件性质、情节和社会危害，做到“当宽则宽，当严则严”，对犯罪性质和社会影响特别恶劣的，依法从严追诉；对轻罪案件特别是因民间纠纷引发的轻微刑事案件，则要慎用起诉，“可诉可不诉的不诉”。决定对行为人进行起诉必须符合《刑事诉讼法》第176条“犯罪事实已经查清，证据确实、充分，依法应当追究刑事责任的，应当作出起诉决定”之规定，如果符合《刑事诉讼法》第177条“犯罪情节轻微，依照刑法规定不需要判处刑罚或者免除刑罚”的规定，就应作出不起诉决定。可见，犯罪情节是否轻微、是否应该追究刑事责任，是判断是否应该起诉的核心条件。受入罪思维的影响，司法机关在办案过程中往往“构罪即诉”，对起诉必要性的审查流于形式。鉴于此，应在起诉环节构建起诉必要性检察裁量权的实质审查机制，真正贯彻落实宽严相济的刑事政策。

1. 在不起诉制度领域行使起诉必要性检察裁量权的实质出罪审查

通过落实少捕慎诉慎押刑事司法政策贯彻宽严相济的刑事治理理念，在落实慎诉的层面，当然是指应将之贯彻于刑事诉讼法中的所有不起诉制度之中。如前所述，《刑事诉讼法》规定的不起诉制度主要有五种，即法定不起诉、存疑不起诉、相对不起诉、附条件不起诉、核准不起诉。但是，在这五种不起诉制度中，对于少捕慎诉慎押刑事司法政策而言，真正有意义的是相对不起诉制度，只有相对不起诉制度的自由裁量空间最大，其裁量范围既包括对情节是否轻微的判断，还包括对刑法规定的是否需要判处刑罚或免除刑罚亦即是否可以动用刑罚的可罚性判断。而这些判断都是由检察机关根据案件情况酌情决定的。因此，对于是否需要“慎诉”的判断，应主要集中在相对不起诉制度的运用之中，具体而言，是针对是否具有“犯罪情节轻微，依照刑法规定不需要判处刑罚或者免除刑罚”的不予起诉情形，进行检察裁量权的实质出罪审查。

适用法定不起诉制度必须属于《刑事诉讼法》第 16 条规定的不追究刑事责任的六种情形，它虽然也有针对情节是否显著轻微、危害不大的实质审查，但是其更多的是对犯罪已过追诉时效期限，经特赦令免除刑罚，告诉才处理的犯罪没有告诉或者撤回告诉，犯罪嫌疑人、被告人死亡等法定的具体不起诉事由的直接适用，其裁量空间明显小于相对不起诉制度。即便作为兜底性条款的“其他法律规定免予追究刑事责任”，其适用也不是因为裁量不起诉。比如，在付某盗窃案中，不起诉的原因是行为人缺乏基本的犯罪行为。时某在某快餐店工作时，其放在收银台处一部价值 1722 元的手机被盗，民警经侦查发现一男子在该快餐店盗窃手机后进入附近一网吧，使用付某的身份信息上网，后付某被抓获，次日被取保候审。付某在公安机关表示认罪认罚，且对被害人进行了赔偿。此后，案件被移送至检察机关审查起诉。经查明，付某不具备作案时间，没有实施盗窃行为。因付某曾丢失过身份证，犯罪嫌疑人使用付某的身份信息登记上网，侦查人员由此错误锁定了付某。最终，检察机关以无犯罪事实为由，对付某作出法定不起诉决定。很显然，本案作为法定不起诉案件，不属于《刑事诉讼法》第 16 条规定的前五种情形，是而且只能是该条中的第 6 项“其他法律规定免予追究刑事责任的”情形。可见，对该兜底条款的适用，主要建立在犯罪成立与否等类似于是否已过追诉时效期限等硬性条件上，动用检察官自由裁量权的空间极其有限。

存疑不起诉、附条件不起诉、核准不起诉的自由裁量空间也较为狭小。首先，存疑不起诉是《刑事诉讼法》第 175 条规定的“对于二次补充侦查的案件，人民检察院仍然认为证据不足，不符合起诉条件的，应当作出不起诉的决定”。可见，存疑不起诉是因为证据存疑或者说是有罪证据不足而不起诉。证据确实、充分是定罪的前提条件，如果证据不足当然无法进行有罪追诉，所以存疑不起诉制度又称为证据不足不起诉。而证据是否确实、充分，要依照证据规则和证据证明标准来判断，因此，存疑不起诉制度基本上没有什么自由裁量空间。其次，附条件不起诉由《刑事诉讼法》第 282 条规定，这种不起诉是专为未成年人设置的，虽然可以对其不起诉，但是设定了考验期，经过了考验期，并遵守相应规定，不起诉才具有终决效力。因此，附条件不起诉制度在适用对象上非常具有特殊性以及法定性。虽然有观点认为，目前附条件不起诉制度仅针对未成年人，可以适当扩大附条件不起诉制度的适用范围，增设成年人附条件不起诉制度，扩大未成年人认罪悔罪附条件不起诉的适用范围，针对偶犯、初犯、老年人犯罪等也可以适用，[1] 但是这涉及对《刑事诉讼法》的修改，这种建议反而彰显了附条件不起诉制度的原则性，其本身的适用裁量空间明显小于相对不起诉制度。最后，核准不起诉规定在《刑事诉讼法》第 182 条，这种不起诉的前提是“自愿如实供述涉嫌犯罪的

---

1 参见何挺：《附条件不起诉扩大适用于成年人案件的新思考》，载《中国刑事法杂志》2019 年第 4 期，第 57 页。

事实，有重大立功或者案件涉及国家重大利益的，经最高人民检察院核准”。可见，该项制度针对的是有坦白且有重大立功或者涉及国家重大利益的案件，它对应的是《刑法》第 67 条、第 68 条的规定，其适用的程序法和实体法条件都比较清楚。因此，它也不同于相对不起诉制度必须经过检察官的自由裁量才能得出起诉与否的结论。

与前述四种不起诉制度不同的是，相对不起诉制度运用范围广。它不局限于某一种特殊人群如未成年人或其他人群，也不局限于某种犯罪如重罪或轻罪，也不是因为某种法定条件欠缺或证据标准不达标。它的适用除了依照《刑事诉讼法》第 177 条的规定，还要结合其对应的《刑法》第 37 条的规定，由检察官根据案件斟酌裁量起诉与否。因此，相对不起诉也称为酌定不起诉。这种酌定不起诉制度所蕴含的正是起诉必要性检察裁量权的实质出罪之要求。“‘慎诉’是指检察机关谨慎提起公诉，充分运用起诉裁量权，在审查起诉过程中加强对起诉必要性的审查，对于符合起诉条件但没有追诉必要性的被追诉人，尽可能作出不起诉决定。”[1] 这就是一种以出罪为目的，以检察裁量权的行使为手段的审查过程。有学者认为，针对少捕慎诉慎押刑事司法政策的贯彻等司法改革对不起诉适用提出的新诉求，应对我国法定不起诉、相对不起诉、存疑不起诉、核准不起诉、附条件不起诉重新进行边界厘定及体系重塑。[2] 这种推进少捕慎诉慎押刑事司法政策实施的想法固然是良好的，但很可能会导致实务中主次不分、重点不明，以至于少捕慎诉慎押刑事司法政策的贯彻缺乏有力的抓手。

总之，基于宽严相济的刑事政策，在落实少捕慎诉慎押时坚持慎诉是一项重要内容，这有助于保护公众的自由权利，同时防止司法机关违反罪刑法定原则。“贯彻‘慎诉’的关键是行使好不起诉裁量权。不起诉裁量权的行

1 卞建林、钱程：《少捕慎诉慎押的实践检视与发展完善》，载《人民检察》2022 年第 5 期，第 11 页。
2 参见杨帆：《不起诉种类的边界厘定及体系重塑研究》，载《东方法学》2022 年第 6 期，第 136 页。

使主要在于运用好酌定不起诉制度。”[1] 在我国《刑事诉讼法》规定的五种不起诉制度中，“‘慎诉’中具有较大适用空间的是相对不起诉”[2]，而不是其他四种不起诉制度。

2. 以法益侵害性为基点建立起诉必要性检察裁量权的实质出罪机制

慎诉的适用要求检察机关充分行使起诉裁量权，强化起诉必要性审查。从刑事一体化的角度分析，对《刑事诉讼法》第 177 条规定的相对不起诉条件的审查，应该联系刑法的规定进行。《刑法》第 37 条规定：“对于犯罪情节轻微不需要判处刑罚的，可以免予刑事处罚，但是可以根据案件的不同情况，予以训诫或者责令具结悔过、赔礼道歉、赔偿损失，或者由主管部门予以行政处罚或者行政处分。”联系刑法和刑事诉讼法的有关规定，“犯罪情节轻微不需要判处刑罚”之审查，是检察机关慎诉的工作重点。

对“犯罪情节轻微不需要判处刑罚”的判断需要检察官的实质裁量，那么，实质裁量的标准是什么？刑事诉讼法学界普遍认为，应采取综合判断标准。对于起诉与否存在争议的案件，应综合考虑犯罪情节、行为人的主观恶性、行为的社会危害性、被害人是否谅解、判处刑罚的意义、社会公共利益等，全面审视追诉的必要性和不追诉的适当性，进而作出是否起诉的决定。[3] 犯罪情节本身就带有综合性，采用综合标准无可厚非。然而，犯罪情节轻微与否的判断最终是为判断犯罪嫌疑人、被告人的行为是否值得动用刑罚亦即可罚性，而可罚性的衡量在刑法里是要联系法益概念进行的。法益具有“划分刑事可罚性的界限从而使人们获得自由的内涵”的作用，作为“刑事可罚

---

1 商凤廷：《少捕慎诉慎押视角下酌定不起诉制度的完善》，载《人民检察》2022 年第 7 期，第 26 页。

2 苗生明等：《少捕慎诉慎押刑事司法政策的内涵功能及其落实》，载《人民检察》2021 年第 15 期，第 44 页。

3 参见周慧娟等：《认罪认罚轻罪案件不起诉裁量权之行使》，载《人民检察》2022 年第 5 期，第 61 页；阮建华：《公诉案件起诉必要性审查现状检视及制度构建》，载《人民检察》2015 年第 17 期，第 70 页；任磊：《在最优互动结构中推进少捕慎诉慎押》，载《检察日报》2022 年 11 月 18 日，第 3 版；等等。

性条件的法益侵害”能排除“单纯的违反道德行为”和“违反秩序行为”。[1]为此，应该以法益侵害性为基点判断犯罪情节是否轻微、是否需要判处刑罚。现代刑法是以行为的社会危害性为联结点的，在实体法上以法益侵害性作为实质裁量的标准，再辅之以程序法上的公共利益、证据是否确实充分等标准，就可以得出是否起诉的合理结论。犯罪情节、行为人的主观恶性、行为的社会危害性事实上都可以为法益侵害性所包含，以结果无价值论为基础、兼含行为无价值论的结果无价值论（而非纯粹的结果无价值论），在考虑犯罪的后果与行为的社会危害性等结果无价值论所关心的客观侧面的同时，也要考虑行为的情境、行为人的主观恶性、悔罪表现、被害人谅解与否等行为无价值论所关心的主观侧面。

在司法实践中，对于法益侵害轻微的，应尽量作出不起诉处理。所谓法益侵害轻微，是指犯罪情节轻微、依照刑法规定不需要判处刑罚或者免除刑罚的情形。法益侵害轻微与否可以从犯罪的时间和地点、犯罪的手段和方法、犯罪的动机、犯罪对象、危害结果、犯罪后的态度等方面综合判断。需要说明的是，法益侵害轻微的犯罪一般是指可能判处 3 年以下有期徒刑的犯罪，这里的 3 年以下有期徒刑是宣告刑而不是法定刑。以杨某寻衅滋事案为例，被告人杨某在打麻将时输了不少钱，身上带的钱不够，便向棋牌室老板借钱还了赌债。杨某第二天再次到棋牌室打牌时碰到张某，张某随口说道：“今天是来还老板钱的啊!”杨某认为张某在侮辱他，二人发生口角进而上升为互殴，随后杨某从口袋里掏出随身携带的水果刀刺伤了张某。经鉴定，张某的伤情构成轻微伤。公安机关以涉嫌寻衅滋事罪将杨某移送检察机关审查起诉。[2] 本案中，杨某虽然拿刀刺伤了张某，但是张某只是轻微伤。根据《刑法》第 293 条的规定，随意殴打他人情节恶劣的才能构成犯罪，轻微伤的后

1 参见［德］克劳斯·罗克辛：《德国刑法学总论》（第 1 卷），王世洲译，法律出版社 2005 年版，第 12、13、15 页。

2 参见张士海：《玩笑》，载《检察日报》2022 年 11 月 1 日，第 5 版。

果并不属于情节恶劣。而且，情节的判断还要综合其他因素。此二人发生殴打致伤事件系事出有因，杨某也属于初犯偶犯，主观恶性较小。综合全案来看，杨某的行为尚不足以认定为情节恶劣。同时，杨某对张某的伤害属于轻微伤，法益侵害性程度较低，即便认定为犯罪，也可以适用《刑法》第 37 条和《刑事诉讼法》第 177 条的规定，由检察机关作出不起诉决定。

对于法益得到恢复而实质上没有起诉必要性的案件，应尽量作不起诉处理。犯罪是对刑法保护的利益的侵害或威胁。刑罚法规对犯罪的认定主要是根据对法益的侵害性结果，[1] 虽然其对法益的威胁也很重要，但是其也是导致法益概念精神化并需要加以防范的东西。起诉必要性的裁量必须在形式入罪之后针对实质上是否还存有法益侵害性进行实质判断。[2] 如果法益侵害后自动恢复，那么，对这样的行为自然不用再追诉了。也就是说，"对行为人实施刑法禁止行为后又自动恢复原状的……作出罪处理，其实践意义在于开启合理宽容之门"[3]。法益恢复理论主要适用于财产经济犯罪，它不仅在司法实践中得到广泛的运用，[4] 而且在刑事立法上也得到了认可。《刑法修正案（十一）》第 12 条在《刑法》第 176 条所规定的非法吸收公众存款罪中增加第 3 款："有前两款行为，在提起公诉前积极退赃退赔，减少损害结果发生的，可以从轻或者减轻处罚。"《刑法修正案（十一）》第 30 条在《刑法》第 272 条规定的挪用资金罪中增加第 3 款："有第一款行为，在提起公诉前将挪用的资金退还的，可以从轻或者减轻处罚。其中，犯罪较轻的，可以减轻或者免除处罚。"这两个新增规定从立法上肯定了法益恢复理论。

---

1 参见［日］大塚仁：《刑法概说（总论）》（第 3 版），冯军译，中国人民大学出版社 2003 年版，第 91 页。

2 参见齐文远：《"少捕慎诉慎押"背景下打早打小刑事政策之适用与反思——以网络犯罪治理为视角》，载《政法论坛》2022 年第 2 期，第 71 页。

3 储槐植：《出罪应注重合理性》，载《检察日报》2013 年 9 月 24 日，第 3 版。

4 参见（2021）8 号不起诉决定书；（2022）56 号不起诉决定书；（2022）73 号不起诉决定书；（2022）37 号不起诉决定书；（2022）58 号不起诉决定书；等等。

事实上，法益恢复理论不但可以实现实体法上的出罪，而且可以落实少捕慎诉慎押刑事司法政策，最终体现宽严相济的刑事政策，保障公民自由权利的刑法根基并恪守罪刑法定主义的刑法信仰。以苗某非法吸收公众存款案为例，被告人苗某在某公司任职期间，在未经国家有关金融管理部门批准的情况下，其个人面向社会不特定人群，以承诺合法安全、保本保息为诱饵，以散发传单等方式直接或间接向社会公开宣传、推广多种理财产品，向社会公众非法吸收资金，涉案金额1000多万元，涉及40余人。苗某本人领取工资、奖金等共计50余万元。审判法院认为，被告人苗某的行为已构成非法吸收公众存款罪，应予惩处；但是，苗某能够主动退赃退赔，弥补了集资参与人的部分经济损失，依法从轻处罚；同时，苗某在共同犯罪中系从犯，且具有自首情节，依法减轻处罚，判处其有期徒刑2年，缓刑2年，并处罚金6万元。[1] 本案发生在《刑法修正案（十一）》施行以后，审判法院在判决中积极适用《刑法修正案（十一）》第12条的规定，对苗某处刑宽缓。然而，仔细分析本案，虽然苗某的非法吸收公众存款行为已达到司法解释规定的20万元的立案标准，但是，苗某主动退赃退赔弥补了被害人的部分经济损失，意味着其非法吸收公众存款行为对法益的侵害已最大限度地得到了恢复，而且苗某系公司员工，主观恶性也较低。因此，苗某非法吸收公众存款案应被认定为犯罪情节轻微，其行为构成非法吸收公众存款罪，但是依照《刑法》第37条的规定可以免予刑事处罚，进而可以对苗某作出不起诉决定。然而，遗憾的是，检察机关对苗某这种恢复了法益且犯罪情节轻微的案件也进行了追诉处理。这显然是受“构罪即诉”观念的影响。借助法益恢复理论可以实现慎诉，从而更好落实少捕慎诉慎押刑事司法政策。

总之，法益侵害性是根据刑法和刑事诉讼法判断起诉必要性的重要连接点。通过以法益侵害性为基点建立起诉必要性检察裁量权的实质出罪审查机

1　参见（2021）津0116刑初1619号刑事判决书。

制，能够推动检察机关在进行起诉必要性审查时从符合起诉条件的形式入罪向是否具备不起诉条件的实质出罪转变，建立实质化和常态化的起诉必要性审查机制，从实体法和程序法一体化贯彻落实宽严相济刑事政策，实现少捕慎诉慎押，最终保障公民自由权利的刑法根基并恪守罪刑法定主义的刑法信仰。

（三）构建以羁押—刑罚相当性为核心的羁押实质审查机制

宽严相济刑事政策要求在刑事司法实践中做到当宽则宽、当严则严、宽严相济、宽严有度。在轻罪时代，贯彻落实“宽严相济”的刑事政策实践还应围绕“宽”的主题，坚持“以宽济严”。[1] 落实在羁押领域，就要求检察机关要慎用羁押措施，“可押可不押的不押”，否则便可能侵犯公民的自由权利。决定对犯罪嫌疑人、被告人羁押需要依据《刑事诉讼法》第95条“犯罪嫌疑人、被告人被逮捕后，人民检察院仍应当对羁押的必要性进行审查。对不需要继续羁押的，应当建议予以释放或者变更强制措施”的规定进行审查。结合《羁押必要性审查规定》第15条至第18条的规定，评估犯罪嫌疑人、被告人有无羁押的必要性，需要根据犯罪嫌疑人、被告人涉嫌犯罪事实、主观恶性、悔罪表现、身体状况、案件进展情况、可能判处的刑罚和有无再危害社会的危险等因素予以综合评估。这也就意味着虽然社会危险性也是羁押与否的审查内容，但与逮捕审查相比较，以犯罪事实、主观恶性、悔罪表现、身体状况等个案情况为主要内容的相当性因素才是羁押必要性审查的关键。然而，实务中的羁押必要性审查往往过于聚焦对社会危险性的考察而忽视羁押与可能判处刑罚之间的相当性审查。同时，受制于社会危险性的审查虚无化的影响，“以羁押为原则，以不羁押为例外”成为司法实务的主流。为此，有必要在宽严相济的刑事政策的指引下，逐渐构建以羁押—刑罚相当性为核

1 参见刘仁文：《宽严相济的刑事政策研究》，载《当代法学》2008年第1期，第24-30页。

心的羁押实质审查制度。

一方面，检察机关决定羁押与否的审查重点应由社会危险性向相当性转移，确立以相当性为核心、以社会危险性为辅助的审查机制。通过对《羁押必要性审查规定》的规范性分析可以发现，检察机关提出释放或者变更强制措施的建议整体上分为强弱不同的两个层面，即“应当向办案机关提出释放或者变更强制措施的建议”和“可以向办案机关提出释放或者变更强制措施的建议”。在“应当”层面，《羁押必要性审查规定》第16条对犯罪嫌疑人、被告人适用释放和变更强制措施所规定的法定条件，要么是有证据表明犯罪事实并非犯罪嫌疑人、被告人所为；要么是犯罪嫌疑人、被告人可能被判处拘役、管制、独立适用附加刑、免予刑事处罚或者判决无罪；要么是继续羁押犯罪嫌疑人、被告人，羁押期限将超过依法可能判处的刑期；要么是案件事实基本查清，证据已经收集固定，符合取保候审或者监视居住的条件。在这四种情形中，无论是有无犯罪事实还是可能判处拘役、管制等情形，事实上都与犯罪事实可能判处的刑罚有关，即适用羁押或者继续适用羁押措施与可能判处的刑罚之间不成比例，因此必须提出释放或者变更强制措施的建议。在“可以”层面，《羁押必要性审查规定》第17条对犯罪嫌疑人、被告人适用释放和变更强制措施所规定的法定条件主要集中在预备犯、从犯、初犯、未成年人、患有严重疾病、怀孕等因素上，所列举的15种因素虽然也有基于人道主义关怀而展开的，但整体上无论是预备犯、从犯、初犯还是主观恶性、正当防卫、紧急避险，事实上均表明采取限制人身自由的羁押措施与犯罪嫌疑人、被告人可能判处的刑罚之间可能不成比例，即羁押与可能判处的刑罚之间不具有相对性。“应当”与“可以”层面的规定表明，检察机关针对羁押与否的审查首先需要基于羁押的相当性展开，判断采用羁押或者继续羁押与可能判处的刑罚之间是否具有相当性，对于不具有相当性的，及时释放犯罪嫌疑人、被告人或者变更羁押措施。在此之后，对于具备相当性者，再判断其社会危险性，通过对社会危险性的实质审查决定是否予以羁押。

另一方面，应通过以罪刑法定原则为内容的实质解释论实现对相当性的实质判断。尽管《羁押必要性审查规定》已经为羁押相当性的判断提供了一个较为明确的标准，但诸如“可能被判处拘役……”“……将超过依法可能判处的刑期”“其他不需要继续羁押……的情形”等表述都存在一定程度的模糊性。因此，如何准确界定可能处以的刑罚就成为判断羁押是否具有相当性的关键所在。面对上述问题，应以实质解释论展开对羁押相当性的审查。实质解释论事实上就是以罪刑法定原则为内容展开的，具体包括如下三个方面。一是必须禁止处罚不当的行为。行为必须具有法益侵害性，对于没有法益侵害性的行为，并不需要刑法予以规制，因而也就不能予以刑罚处罚。二是刑罚的严厉程度必须与法益侵害性大小相适应。对于应当进行刑罚处罚的行为，必须以刑法规定的法定刑作为解释的基点，[1] 进而实现“罚当其罪”“罪当其罚”。三是刑罚法规必须明确，那些模糊不清、规定不明的刑罚规定不具有法律效力。据此，羁押相当性中关于可能判处刑罚的判断就需要结合刑法中的罪刑法定原则予以实质解释。具体而言，在判断可能处以何种刑罚之时，首先，需要判定行为本身是否具有可罚性，即是否对法益具有侵害性，在没有侵害性的前提下，应当认为行为不具有处罚性，因而也就符合《羁押必要性审查规定》第 16 条规定的“案件事实……发生变化，犯罪嫌疑人、被告人可能被……判决无罪”的情形。其次，在具有法益侵害性的前提下，需要结合行为的社会危害性大小判断处以何种严厉程度的刑罚，即以相关规定的最低法定刑为基准，结合犯罪情节界定是否可能判处拘役、管制、独立适用附加刑等。最后，对于那些部分行为是否构成犯罪存有争议，而现有的法律规范又尚未明确规定的情况下，应认定不具有处罚合法性，羁押措施也就因此不具有适用的空间。

1　参见石经海、熊亚文：《何以“以刑制罪”：罪、责、刑相适应原则的定罪意义》，载《社会科学战线》2015 年第 2 期，第 213 页。

总之，基于宽严相济刑事政策，羁押必要性审查需要以羁押—刑罚相当性为核心展开，在确认羁押与可能处以的刑罚之间具有相当性的基础上，再辅之以社会危险性的综合性考量，从而尽可能减少对公众自由权利的潜在威胁。在相当性的认定上，则需要以罪刑法定原则为内容进行具体判断。唯有如此，才能在宽严相济刑事政策指导下充分落实“以不羁押为原则，以羁押为例外”的慎押刑事司法政策，实现保障公民自由权利的刑法根基并恪守罪刑法定主义的刑法信仰。

第三节　本章小结

在当前我国刑事犯罪结构出现重大变化、轻罪案件数量占比不断上升的时期，犯罪治理进入提升司法质量和人权保障水平的新阶段，国家治理体系和治理能力现代化也要求制定合适的刑事政策，并在刑事政策的制定与执行过程中坚守保障公民自由权利的刑法根基和罪刑法定的刑法信仰。一方面，协同化治理的刑事政策在经过更新和调整之后能够满足社会发展的需求，在消极预防性刑法理念基础上建构与社会治理迭代升级动态适应的协同化刑事政策，有助于推动刑事政策与刑法体系的融通，以最少的司法资源、最低的社会成本，惩戒违法犯罪行为，最终推动刑事治理模式的整体性转型升级。另一方面，传统的宽严相济的刑事政策在社会治理中已经取得了一定成效，并且应该根据社会的发展与进步进行动态调整。在当前贯彻少捕慎诉慎押政策的过程中，应建立起贯通实体法与程序法的一体化实质出罪机制，体现出人权保障机能，从而保障公民个人自由权利的刑法根基，并在刑事一体化视野下通过无罪推定原则和罪刑法定原则的法治实践实现由入罪导向向出罪导向的理论转换，最终在少捕慎诉慎押过程中构建完备合理的实质出罪机制，从而维护恪守罪刑法定主义的刑法信仰。

代　跋

以根基固本，以信仰塑魂

——中国刑法制度的守正创新

在当前高速发展的社会中，刑法发挥着愈加重要的保障作用，随着刑法介入社会治理的深度不断拓展，强调保障公民自由权利的刑法根基与恪守罪刑法定主义的信仰，无疑是当代刑法具有普遍意义的价值追求与灵魂信念。而在坚守上述价值信念的基础上，经由对中国问题现实性的探讨，随着中国意识自主性的觉醒，以刑法制度内含的中国元素弘扬中国刑法话语体系和刑事法治文化，是中国刑法制度恪守正道并不断推陈出新的必由路径。换言之，在中国刑法制度的守正创新过程中，只有夯实保障公民自由权利的刑法根基并恪守罪刑法定主义的刑法信仰，才能满足社会治理的需要，并从各个方面推动刑事治理模式转型升级，最终在发展的语境下使刑法推动并服务于中国社会的进步。

中国特色社会主义的刑法制度是在党的领导下妥善处理主体性与客体性、民族性与世界性、单一性与多元性等关系，并在此基础上坚持守正创新的制度体系。它既尊重本国法治实践、形成本国话语，也绝不故步自封，而是充分重视对人类优秀刑法文明成果的借鉴，尤其强调对刑法保障公民自由权利这一本性的坚守，并通过罪刑法定限定国家刑罚权的边界，由此推动刑事立法的本土化发展。新中国成立以后，基于中国革命和社会建设的实践经验，社会主义国家的刑法制度业已生成并实际发挥着保障社会主义现代化建设顺利推进的重要作用，从1979年第一部《刑法》颁行到1997年全面修订，进入法典化时期的刑法制度不断调整自身体系，以更科学的姿态守正中国特色社会主义法治的根本命题，而且随着新时代经济社会的全面发展，也以更合理的方式创新性地回应刑法参与国家治理的本土议题。在中国问题的现实性和中国意识的自主性之中，刑法制度的中国元素具备了弘扬中国刑法话语体系和刑事法治文化的天然属性。

一、坚守根基与信仰的中国特色刑法目的

任何法律都源于立法者的特定目的，这是支撑法律规则框架、指示制度运行方向的坐标，这种目的有的直接来自立法的明文规定，有的来自法理逻辑或体系解释，区别于域外刑法，我国《刑法》开篇旗帜鲜明地强调了刑法的根本目的。《刑法》第1条规定："为了惩罚犯罪，保护人民，根据宪法，结合我国同犯罪作斗争的具体经验及实际情况，制定本法。"以该目的为导向，《刑法》第2条明确了我国刑法的基本任务："中华人民共和国刑法的任务，是用刑罚同一切犯罪行为作斗争，以保卫国家安全，保卫人民民主专政的政权和社会主义制度，保护国有财产和劳动群众集体所有的财产，保护公民私人所有的财产，保护公民的人身权利、民主权利和其他权利，维护社会秩序、经济秩序，保障社会主义建设事业的顺利进行。"毫无疑问，其后的所有刑法规定都受该目的和任务的统摄，因而这两条可谓传达中国特色社会主义刑法思想理念的"门户"。由此，我国刑法学术体系率先面对的两对范畴是"惩罚犯罪与保护人民的关系"和"刑法目的与刑法任务的关系"，对二者的理解不仅要借助刑法原理，更要依靠国家的性质及其整体的目的。对于第一对关系，无论将"惩罚犯罪""保护人民"均解读为"目的"还是将它们分别视为"手段"与"目的"，有一个共同点无可辩驳，即目的必须正当、手

段亦必须正当，二者必须统一于一体。就此而言，第 1 条规定的“为了惩罚犯罪，保护人民”统一于“以人民为中心”的价值立场：刑法不是“为了惩罚而惩罚”，也不是“为了保护而保护”，“惩罚正义”和“保护正义”均为我国刑法目的的应有之义。尤其在新的历史条件下，将第 1 条解释为“为了准确地惩罚犯罪，更好地保护人民”比以往任何时候都有说服力和证明力。至于第 1 条与第 2 条之间的关系，可以说刑法任务是刑法目的的展开，同时也再次印证了惩罚与保护之间的统一性：刑法的任务是“用刑罚同一切犯罪行为作斗争”，这是“惩罚犯罪”的申明，后半句则具体表述了惩罚“哪些犯罪”、保护人民的“哪些利益”。我国传统刑法学话语体系中的犯罪客体即“社会关系”以及日益流行的“法益”，都要从第 2 条刑法的任务中获得其实质内容，这些内容既包括一般人的利益也包括犯罪人的利益，既包括公民个人的利益也包括社会主义国家和社会的利益，其均是保障“社会主义建设事业”顺利进行的组成部分。所以，《刑法》开篇前两条直接体现了中国特色社会主义刑法的根本立足点，彰显了刑法制度“惩罚”和“保护”双重“刑法正义原则”，以文本的方式将刑法制度统一于“以人民为中心”的立场。

二、坚守根基与信仰的中国特色犯罪概念

“为了惩罚犯罪，保护人民”，需要明确“什么是犯罪”，我国《刑法》独具特色地写明了犯罪的概念。《刑法》第 13 条规定：“一切危害国家主权、领土完整和安全，分裂国家、颠覆人民民主专政的政权和推翻社会主义制度，破坏社会秩序和经济秩序，侵犯国有财产或者劳动群众集体所有的财产，侵犯公民私人所有的财产，侵犯公民的人身权利、民主权利和其他权利，以及其他危害社会的行为，依照法律应当受刑罚处罚的，都是犯罪，但是情节显

著轻微危害不大的，不认为是犯罪。”可见，我国《刑法》关于犯罪概念的规定分为确立犯罪与排除犯罪两部分，其中前者可称为非“但书”部分，后者为“但书”部分。这也就从积极与消极两个方面规定了犯罪的完整定义和完整特征：犯罪是严重危害社会主义国家、社会、公民利益并依照法律应当受到刑罚处罚的行为，其表现为严重的社会危害性、刑事违法性、应受惩罚性。根据第 13 条及其“但书”文本，我国的犯罪概念是形式概念与实质概念的融合，行为人实施同样的构成要件行为，如果情节显著轻微危害不大，则不是犯罪。这种明确规定犯罪概念且设置了“定性+定量”双重限定标准的定义，在大陆法系和英美法系刑法制度中极为罕见，在立法和司法上都具有重要的价值和功能。其一，“犯罪分子”向来被认为是严重危害社会的人，第 13 条将“情节显著轻微危害不大”的行为排除出犯罪圈，符合我国传统刑法文化对犯罪的认知。其二，我国秉持一般违法与犯罪的性质区分，建立的是中国特色“行政处罚—刑罚”二元制裁体系，不同于域外“大刑法”模式，第 13 条体现的恰恰是我国治理违法行为的一种特别优势，避免了“大刑法”在实体和程序上的种种额外负担。其三，第 13 条坚持了形式正义与实质正义，尤其“但书”能够保证刑事处罚的实质合理性。第 13 条对犯罪概念的综合定义允许在坚持形式合理性的前提下对刑法各罪条文进行实质解释，以将那些社会危害性轻微的行为排除在刑罚处置之外，能够最大限度地保证司法平衡情理法，保证出罪功能的实现，这可以说是该项制度最大的贡献。其四，将情节轻微的违法行为出罪是各国面临的共同问题，相对于域外刑法创设实质违法性、可罚的违法性、社会相当性等理论而言，我国《刑法》第 13 条以明文的方式直接为立法和司法指示无罪渠道，不仅表现出与其他国家刑法理论体系对话的基因，更直接显示了我国刑法制度设计的优势。鉴于此，未来的刑事司法实践应当放大中国特色犯罪概念的优势面，注重强化其实质出罪功能，并以此指导当前的刑事司法实践，从而落实人权保障理念，同时恪守保障公民自由权利的刑法根基，这无疑更为理性且切合实际，为刑法未来的发展指明了方向。

三、坚守根基与信仰的中国特色罪刑法定

罪刑法定原则既是刑法信仰的凝聚和表达，也是公认的现代刑法的最基本原则，它既具备承载刑法信仰的重要功能，也被寄予了保障刑法的妥善适用、逐步推动“良法善治”目标实现的期待，使社会的公平正义和公民的自由权利都得到保障，为刑事法治现代化强基固本。我国在 1997 年全面修订《刑法》时确立了该原则。《刑法》第 3 条规定：法律明文规定为犯罪行为的，依照法律定罪处刑；法律没有明文规定为犯罪行为的，不得定罪处刑。这种告别类推制度的立法，被认为是中国刑法发展史上的里程碑。与其他域外刑法规定不同，我国《刑法》第 3 条不仅规定了现代化刑法制度所共有的“无法无罪，无法无刑”，而且在前半段规定了“法律明文规定为犯罪行为的，依照法律定罪处刑”，这种双向表述一方面保持了国际刑法的经典要义，另一方面也凸显了中国刑法的特色话语，因而第 3 条也被称为中国特色的罪刑法定原则或中国特色的罪刑法定条款。首先，应当加以肯定的是，确认罪刑法定这一基本原则是推进依法治国事业的必然逻辑，最大限度地避免了将严重危害社会但法律没有明文规定的行为定罪处刑，完整体现了禁止法外入罪的人权保障机能，宣示了以形式的成文刑法保障公民自由人权、将刑事权力“关进制度的笼子”，即入罪的形式合法性。尤其在我国社会转型时期，这种“入罪合法”导向的原则在司法中始终具有无限的实践价值，是确保我国新时代刑事法治“基本盘”的制度保证。其次，第 3 条前半段的特殊规定成为中国特色刑法话语的文本来源。比如，第 3 条被解读为积极罪刑法定与消极罪刑法定，域外的罪刑法定只片面强调了人权保障，我国的罪刑法定克服

了这种片面性，既注重保护社会、打击犯罪，又注意保障人权、限制司法权，属于“罪刑法定原则的新发展”。其实，如何准确理解刑法文本，始终是提升刑法制度和文化自信的前提。第3条后半段强调刑法的人权保障功能，前半段是对法益保护功能的提示，该条注重对两个刑法功能的平衡协调，但前半段并不意味着“有罪必罚”和“出罪禁止”。2021年1月中共中央印发的《法治中国建设规划（2020—2025年）》强调，“加强人权法治保障，非因法定事由、非经法定程序不得限制、剥夺公民、法人和其他组织的财产和权利”，中国特色的罪刑法定条款应当在全面推进依法治国战略中对切实加强“人权法治保障”发挥更大的作用。

四、坚守根基与信仰的中国特色刑事政策

刑事政策是认识犯罪、对待犯罪和预防犯罪的政策，它以“合理组织对犯罪的反应”为目标，这向来是我国刑法制度建构的特色与长项。经历了“惩办与宽大相结合”的经验积累，我国当前确立的基本刑事政策是“宽严相济”，基本内容是：该严则严，当宽则宽；严中有宽，宽中有严；宽严有度，宽严审时。这是党和国家对犯罪治理历史经验的科学总结，对于当今刑事立法、司法和执行等刑事法活动均有一体化的指导意义。

首先，“宽严相济”渊源于中国传统文化，是对传统刑法文化的发扬。例如，中国古代已提出“宽以济猛，猛以济宽，政是以和”“轻重诸罚有权，刑罚世轻世重，惟齐非齐，有伦有要”等思想。这些文字记载虽没有宽严相济的明文表述，但内容上都体现了宽严相济的精神。中国传统文化强调和谐与和睦、中庸与中道，宽严相济既不过于严厉也不过于宽松，它正是充分发掘本土资源、传承本国优良传统而形成的具有中国特色的刑法话语概念，守正并创新这一“中国元素”有助于中国特色刑事治理模式与概念体系的形成。

其次，宽严相济刑事政策是沟通政策与法律的最佳纽带，“刑事政策的刑法化”可以将党的科学理念在国家层面加以贯彻落实。虽然“刑事政策”具有多层面的含义，但在中国刑法的核心语境中，“刑事政策”一般是狭义概念即对特定主体的犯罪治理政策，作为基本刑事政策的“宽严相济”也是在这一层面确立和展开的。党领导人民管理各项事业过程中，针对各领域的从宽从严政策、理念、态度，可以通过刑事立法、司法解释等进入法治轨道，从而具有意志和效力上的普遍性。

再次，宽严相济刑事政策对于引导刑法制度供给及创新发挥了实践引领作用，并取得了积极成效。比如，宽严相济在削减死刑罪名、限制死刑适用方面为推动死刑改革作出了世界性贡献，对老年人和未成年人犯罪从宽（矜老恤幼）、社区矫正、终身监禁、认罪认罚从宽、特殊正当防卫、管制刑、量刑规范化等制度措施的创新也发挥了至关重要的影响。

最后，宽严相济刑事政策的实践也为新时代社会治理探索出一条基本经验：刑法不是万能的，制定良好的社会政策才是最好的犯罪预防政策，要注重刑法与非刑法（包括德治）的结合。从古至今，“宽猛相济”“宽严相济”的背后一定浸透着“明德慎罚”“德主刑辅”“隆礼重法”“以德化民”的思想传统，代表着对“严刑”“重刑”的审慎态度。所以，宽严相济这一中国特色的刑事政策也是一种统筹兼顾、综合施策的社会治理观念，正如《法治社会建设实施纲要（2020—2025 年）》所提出的，需要完善党委领导、政府负责、民主协商、社会协同、公众参与、法治保障、科技支撑的社会治理体系，打造共建共治共享的社会治理格局。因此，宽严相济刑事政策成为贯穿我国法治实践的一个基础性概念，它所蕴含的中国传统文化元素以及人类法治文明内涵，使其具有民族性与世界性，对于塑造中国刑事法治形象、推动中国法治文化走向世界都有着不可小觑的影响力。

五、坚守根基与信仰的中国特色的罪刑体系

现行刑法施行近30年间，我国刑法在原有基本框架的基础上历经12部修正案，刑法的罪刑规范体系随着中国特色社会主义的发展而不断丰富和完善，尤其在社会主要矛盾向“人民日益增长的美好生活需要和不平衡不充分的发展之间的矛盾”转化过程中，刑法作为社会治理的保障性手段也在不断回应时代问题和寻找时代方案，罪刑规范体系因风险社会时代、科技时代、立法活跃性时代、法定犯时代以及民法典时代的到来而频繁进行“立改废释”。例如，中国特色的“民生刑法”规范体系进一步凸显。“保障和改善民生”始终是党和国家加强社会主义建设的重中之重，是促进社会和谐与社会公平正义的重要基础，民生问题不仅是社会问题、经济政治问题，也是法律问题。在所有保障和改善民生的制度措施中，刑法是“民生保障法”的保障法，作为以“惩罚犯罪，保护人民”为目的和任务的最严厉法，在迈向“民权刑法”的同时也必然要将“民生刑法”作为核心制度内容。如在12部刑法修正案中，罪刑规范调整主要针对关涉民生的关键领域，如交通安全、生产安全、食品药品安全、人身财产安全、网络安全、公共卫生安全、生态资源安全、生物安全、教育就业保护等，涉及的犯罪包括危险驾驶罪，妨害安全驾驶罪，危险作业罪，生产、销售、提供假药罪，生产、销售有毒、有害食品罪，妨害药品管理罪，侵犯公民个人信息罪，冒名顶替罪，高空抛物罪，妨害传染病防治罪，污染环境罪，非法猎捕、收购、运输、出售陆生野生动物罪，破坏自然保护地罪，等等。即便在其他犯罪中，司法解释也将“民生保障”作为司法情节，如《关于办理贪污贿赂刑事案件适用法律若干问题的解释》第7条将“向负有食品、药品、安全生产、环境保护等监督管理职责的国家工作人员行贿，实施非法活动”作为行贿罪的重要定罪量刑情节。这

些刑法制度都旨在保护和服务于人民日益增长的美好生活需要，就“不断增强人民群众获得感、幸福感、安全感”而言，刑法需要有限度地参与到以民为本的事业中。又如，罪刑规范体系的调整还表现为“轻轻重重”的倾向，轻罪立法在保持“行政处罚—刑罚”二元区分模式的前提下呈现自身特点。历部刑法修正案中，最高刑为3年、1年有期徒刑甚至拘役的罪名开始增多，同时职务侵占罪、洗钱罪、侵犯著作权罪、组织参与国（境）外赌博罪等重罪也呈现构成要件增长、最高刑加重等趋向，轻罪立法与重罪立法并重。但是，我国的轻罪立法不同于也不应盲从于域外的轻微罪处理机制，在不断推进行政法治化的同时，应当对我国“行政处罚—刑罚”二元区分模式保持足够的制度自信。

总之，中国刑法制度的守正创新，需要以保障公民自由权利为根基、以罪刑法定为信仰，通过寻根固本、价值塑魂，将中国传统文化元素与人类法治文明内涵相融合，使我国刑法兼具民族性与世界性，积极塑造中国刑事法治形象、推动中国法治文化走向世界。我们应当在国家治理体系和治理能力现代化的提升过程中进一步锻造本土化的刑法资源，在此过程中坚持保障公民自由权利的根基并恪守罪刑法定原则的刑法信仰，从而充分体现出中国刑法的本土化特色，强调人权保障理念，总结刑事治理模式中的实践经验，凸显刑法的时代特征与理论价值。同时，对于已经形成的中国特色刑法制度、理论和话语，应当通过参与世界各项组织立法或条约公约制定活动、国际区际协议缔结以及民间学术交流等多种方式加以传播，通过与其他国家刑法学界的对话，既将域外先进制度引进来，又将富有中国文化元素和刑事法治特色的内容传播到世界舞台，为提升中国法治话语体系作出更大的努力。

主要参考文献

一、 中文译著

1. ［德］鲁道夫·冯·耶林：《法学是一门科学吗?》，李君韬译，法律出版社 2010 年版。

2. ［德］安塞尔姆·里特尔·冯·费尔巴哈：《德国刑法教科书》（第 14 版），徐久生译，中国方正出版社 2010 年版。

3. ［德］康德：《判断力批判》，李秋零译注，中国人民大学出版社 2011 年版。

4. ［德］康德：《历史理性批判文集》，何兆武译，商务印书馆 1990 年版。

5. ［德］拉德布鲁赫：《法学导论》，米健译，商务印书馆 2013 年版。

6. ［德］G. 拉德布鲁赫：《法哲学》，王朴译，法律出版社 2005 年版。

7. ［德］克劳斯·罗克辛：《刑事政策与刑法体系》（第 2 版），蔡桂生译，中国人民大学出版社 2011 年版。

8. ［德］克劳斯·罗克辛：《德国刑法学总论》（第 1 卷），王世洲译，法律出版社 2005 年版。

9. ［德］汉斯·海因里希·耶赛克、托马斯·魏根特：《德国刑法教科书》（上），徐久生译，中国法制出版社 2017 年版。

10. ［德］乌尔斯·金德霍伊泽尔：《刑法总论教科书》（第 6 版），蔡桂生译，北京大学出版社 2015 年版。

11. ［德］乌尔里希·齐白：《全球风险社会与信息社会中的刑法：二十一世纪刑法模式的转换》，周遵友、江溯等译，中国法制出版社 2012 年版。

12. ［德］乌尔里希·贝克：《风险社会：新的现代性之路》，张文杰、何博闻译，译林出版社 2018 年版。

13. ［德］埃里克·希尔根多夫：《德国刑法学：从传统到现代》，江溯、黄笑岩等译，北京大学出版社 2015 年版。

14. ［德］卡尔·拉伦茨：《论作为科学的法学的不可或缺性》，赵阳译，商务印书馆 2021 年版。

15. ［德］卡尔·拉伦茨：《法学方法论》，陈爱娥译，商务印书馆 2003 年版。

16. ［德］阿图尔·考夫曼：《法律哲学》（第 2 版），刘幸义等译，法律出版社 2011 年版。

17. ［日］西原春夫：《刑法的根基与哲学》，顾肖荣等译，中国法制出版社 2017 年版。

18. ［日］前田雅英：《刑法总论讲义》（第 6 版），曾文科译，北京大学出版社 2017 年版。

19. ［日］松原芳博：《刑法总论重要问题》，王昭武译，中国政法大学出版社 2014 年版。

20. ［日］大塚仁：《刑法概说（总论）》（第 3 版），冯军译，中国人民大学出版社 2003 年版。

21. ［日］大谷实：《刑事政策学》（新版），黎宏译，中国人民大学出版社 2009 年版。

22. ［日］高桥则夫：《刑法总论》，李世阳译，中国政法大学出版社 2020 年版。

23. ［日］山口厚：《刑法总论》（第 3 版），付立庆译，中国人民大学出版社 2018 年版。

24. ［日］平野龙一：《刑法的基础》，黎宏译，中国政法大学出版社 2016 年版。

25. ［美］E. 博登海默：《法理学：法律哲学与法律方法》，邓正来译，中国政法大学出版社 2004 年版。

26. ［美］道格拉斯·胡萨克：《过罪化及刑法的限制》，姜敏译，中国法制出版社 2015 年版。

27. ［美］哈伯特·L. 帕克：《刑事制裁的界限》，梁根林等译，法律出版社 2008 年版。

28. ［英］洛克：《政府论》，瞿菊农、叶启芳译，商务印书馆 2022 年版。

29. ［英］霍布斯：《利维坦》，黎思复、黎廷弼译，商务印书馆 1985 年版。

30. ［英］以赛亚·伯林：《自由论》（修订版），胡传胜译，译林出版社 2011 年版。

31. ［英］边沁：《道德与立法原理导论》，时殷弘译，商务印书馆 2000 年版。

32. ［英］丹尼斯·J. 贝克：《不被犯罪化的权利：刑法规制的界限》，王晓晓译，社会科学文献出版社 2023 年版。

33. ［荷］格劳秀斯：《战争与和平法》（第 1 卷）（修订版），［美］弗朗西斯·W. 凯尔西等英译、马呈元译，中国政法大学出版社 2018 年版。

34. ［法］卢梭：《社会契约论》（第 3 版），何兆武译，商务印书馆 2003 年版。

35. ［法］孟德斯鸠：《论法的精神》（上卷），许明龙译，商务印书馆 2009 年版。

36. ［意］切萨雷·贝卡里亚：《论犯罪与刑罚》，黄风译，北京大学出版社 2008 年版。

37. ［苏联］A. H. 特拉伊宁：《犯罪构成的一般学说》，薛秉忠等译，中国人民大学出版社 1958 年版。

38. ［古希腊］亚里士多德：《政治学》，颜一、秦典华译，中国人民大学出版社 2003 年版。

39. ［古罗马］奥古斯丁：《论自由意志》，成官泯译，上海人民出版社 2010 年版。

40. ［奥］凯尔森：《法与国家的一般理论》，沈宗灵译，商务印书馆 2013 年版。

二、 中文著作

1. 陈卫东主编：《刑事证据问题研究》，中国人民大学出版社 2016 年版。

2. 陈兴良：《刑法研究》，中国人民大学出版社 2021 年版。

3. 陈子平：《刑法总论》（2008 年增修版），中国人民大学出版社 2009 年版。

4. 储槐植：《刑事一体化》，法律出版社 2004 年版。

5. 冯亚东、胡东飞、邓君韬：《中国犯罪构成体系完善研究》，法律出版社 2010 年版。

6. 高铭暄、马克昌主编：《刑法学》（第 10 版），北京大学出版社、高等教育出版社 2022 年版。

7. 高铭暄、赵秉志主编：《犯罪总论比较研究》，北京大学出版社 2008 年版。

8. 高铭暄编著：《中华人民共和国刑法的孕育和诞生》，法律出版社 1981 年版。

9. 郭道晖等:《中国法治百年经纬》,中国民主法制出版社 2015 年版。

10. 何秉松:《犯罪构成系统论》,中国法制出版社 1995 年版。

11. 何跃军:《风险社会立法机制研究》,中国社会科学出版社 2013 年版。

12. 胡康生、李福成主编:《中华人民共和国刑法释义》,法律出版社 1997 年版。

13. 胡联合:《全球反恐论:恐怖主义何以发生与应对》,中国大百科全书出版社 2011 年版。

14. 黄荣坚:《刑法问题与利益思考》,台北,元照出版有限公司 1995 年版。

15. 许玉秀、陈志辉合编:《不移不惑献身法与正义——许迺曼教授刑事法论文选辑》,台北,公益信托春风煦日学术基金 2006 年版。

16. 靳宗立:《刑法总论 I——刑法基础理论暨犯罪论》,2010 年自版发行。

17. 柯耀程:《变动中的刑法思想》,中国政法大学出版社 2003 年版。

18. 李海东:《刑法原理入门:犯罪论基础》,法律出版社 1998 年版。

19. 李建伟:《公司法学》(第 4 版),中国人民大学出版社 2018 年版。

20. 李秋零主编:《康德著作全集(第 6 卷):纯然理性界限内的宗教、道德形而上学》,中国人民大学出版社 2007 年版。

21. 李小波主编:《应急反恐法规适用全书》,法律出版社 2014 年版。

22. 李勇:《刑事证据审查三步法则》,法律出版社 2017 年版。

23. 林丹:《乌尔里希·贝克风险社会理论及其对中国的影响》,人民出版社 2013 年版。

24. 林东茂:《刑法综览》(修订 5 版),中国人民大学出版社 2009 年版。

25. 林山田:《刑法通论》(上册)(增订 10 版),2008 年自版发行。

26. 林钰雄：《新刑法总则》（第 4 版），台北，元照出版有限公司 2014 年版。

27. 刘艳红：《开放的犯罪构成要件理论研究》（第 2 版），中国人民大学出版社 2022 年版。

28. 刘艳红：《实质出罪论》，中国人民大学出版社 2020 年版。

29. 刘艳红：《实质刑法观》（第 2 版），中国人民大学出版社 2019 年版。

30. 刘艳红：《网络犯罪的法教义学研究》，中国人民大学出版社 2021 年版。

31. 刘艳红主编：《刑法学》（上）（第 3 版），北京大学出版社 2023 年版。

32. 马克昌主编：《犯罪通论》，武汉大学出版社 1999 年版。

33. 马克昌主编：《刑法学》，高等教育出版社 2003 年版。

34. 马长山：《国家、市民社会与法治》，商务印书馆 2002 年版。

35. 倪春乐：《恐怖主义犯罪特别诉讼程序比较研究》，群众出版社 2013 年版。

36. 苏力：《道路通向城市：转型中国的法治》，法律出版社 2004 年版。

37. 王爱立主编：《中华人民共和国刑法释义》（第 7 版），法律出版社 2021 年版。

38. 王卫国主编：《荷兰经验与民法再法典化》，中国政法大学出版社 2007 年版。

39. 吴国盛：《科学的历程》（第 4 版），湖南科学技术出版社 2018 年版。

40. 许永安主编：《中华人民共和国刑法修正案（十一）解读》，中国法制出版社 2021 年版。

41. 严励：《中国刑事政策的建构理性》，中国政法大学出版社 2010 年版。

42. 杨春洗等：《刑法总论》，北京大学出版社 1981 年版。

43. 杨春洗主编：《刑法基础论》，北京大学出版社 1999 年版。

44. 杨临宏：《立法学：原理、程序、制度与技术》，中国社会科学出版社 2020 年版。

45. 杨延超：《机器人法：构建人类未来新秩序》，法律出版社 2019 年版。

46. 喻海松：《网络犯罪二十讲》，法律出版社 2018 年版。

47. 张军、姜伟、郎胜、陈兴良：《刑法纵横谈（总则部分）》，北京大学出版社 2008 年版。

48. 张凌、于秀峰编译：《日本刑法及特别刑法总览》，人民法院出版社 2017 年版。

49. 张明楷：《法益初论》（增订本），商务印书馆 2021 年版。

50. 张明楷：《犯罪构成体系与构成要件要素》，北京大学出版社 2010 年版。

51. 张明楷：《刑法分则的解释原理》（第 2 版），中国人民大学出版社 2011 年版。

52. 张明楷：《刑法格言的展开》（第 3 版），北京大学出版社 2013 年版。

53. 张明楷：《刑法学》（第 6 版），法律出版社 2021 年版。

54. 张明楷：《罪刑法定与刑法解释》，北京大学出版社 2009 年版。

55. 赵旭东主编：《公司法学》（第 4 版），高等教育出版社 2015 年版。

56. 郑健才：《刑法总则》，台北，三民书局 1985 年版。

57. 郑逸哲：《法学三段论法下的刑法与刑法基本句型（一）：刑法初探》（增修 4 版），2009 年自版发行。

58. 周佑勇：《行政法基本原则研究》（第 2 版），法律出版社 2019 年版。

59. 周佑勇：《行政法原论》（第 3 版），北京大学出版社 2018 年版。

三、 外文文献

1. Claus Roxin, Strafrecht Allgemeiner Teil, band I, 4. Aufl. 2006.

2. Thomas Vormbaum, Einführung in die moderne Strafrechtsgeschichte. 4. Aufl. 2019.

3. Wolfgang Frisch, Tatbestandsmäßiges Verhalten und Zurechnung des Erfolgs, 1988.

4. Günther Jakobs, Strafrecht Allgemeiner Teil, 2. Aufl. 1991.

5. Roland Hefendehl, Kollektive Rechtsgüter im Strafrecht, 2002.

6. Sven Großmann, Liberales Strafrecht in der komplexen Gesellschaft, 2016.

7. Hans-HeinrichJescheck, Theodor Weigend, Lehrbuch des Strafrechts Allgemeiner Teil, 5. Aufl. 1996.

8. JohannesWessels, Werner Beulke, Helmut Satzger, Strafrecht Allgemeiner Teil, 50. Aufl. 2020.

9. 福田平『全订刑法総论（第5版）』（有斐閣，2011年）。

10. Jonathan Herring, *Criminal Law: Text, Cases and Materials*, 5th edition, Oxford University Press, 2012.

11. Rodney T. Stamler, Hans J. Marschdorf & Mario Possamai, *Fraud Prevention and Detection: Warning Signs and the Red Flag System*, CRC Press, 2014.

12. Manacorda, Francesco Centonze & Gabrio Forti eds., *Preventing Corporate Corruption: The Anti-Bribery Compliance Medel*, Springer, 2014.